Handbuch Intergeneratives Arbeiten

Heike Binne
Jörn Dummann
Annemarie Gerzer-Sass
Andreas Lange
Irmgard Teske (Hrsg.)

Handbuch Intergeneratives Arbeiten

Perspektiven zum Aktionsprogramm Mehrgenerationenhäuser

Verlag Barbara Budrich
Opladen • Berlin • Toronto 2014

Bibliografische Information der Deutschen Nationalbibliothek
Die Deutsche Nationalbibliothek verzeichnet diese Publikation in der Deutschen Nationalbibliografie; detaillierte bibliografische Daten sind im Internet über http://dnb.d-nb.de abrufbar.

Gedruckt auf säurefreiem und alterungsbeständigem Papier.

www.budrich-verlag.de

ISBN 978-3-8474-0132-2 (Paperback)
eISBN 978-3-8474-0465-1 (eBook)

Umschlaggestaltung: Walburga Fichtner, Köln
Druck: paper & tinta, Warschau
Printed in Europe

Handbuch intergeneratives Arbeiten – Perspektiven zum Aktionsprogramm Mehrgenerationenhäuser

Teil II: Intergenerative Bildung und intergenerative Arbeit

Teil III: Ökonomische Modelle der Finanzierung generationenbezogener Interventionen in Kommune, Land und Bund

Teil IV: Traditionslinien der Gemeinwesenarbeit und Gemeindepsychologie

Teil V: Facetten des Aktionsprogramms Mehrgenerationenhäuser

Vorwort

Annemarie Gerzer-Sass

Die bisher einmalige Entwicklung in unserer Geschichte, eine längere Lebenserwartung von ca. 30 Jahren für die nächsten Generationen zu haben, bedeutet ein grundsätzliches Umdenken in allen Bereichen. Nicht nur, wie sich Kindheit, Jugend, Erwachsensein und Alter mit den jeweils spezifischen Herausforderungen verschieben, sondern vor allem auch, wie sich die bisher verfassten institutionellen Strukturen wie die der Kinder,-Jugend,-Familien,-und Altenhilfe zu verändern haben.

Eine zentrale Herausforderung, die sich aufgrund des demografischen Wandels ergibt, wurde zwar schon im Rahmen der Enquete-Kommission von 1992 in der 14. Wahlperiode thematisiert, als „Herausforderungen unserer älter werdenden Gesellschaft an den Einzelnen und an die Politik" (Berlin 2002). Aufgegriffen wurden diese Ansätze in den von den folgendenBundesregierungen eingesetzten Altenberichten und Familienberichten. Hervorzuheben sind hierfür der siebte und der achteFamilienbericht der Bundesregierung, die die Veränderung des Lebensverlaufs und die damit verbundenen Rückwirkungen auf das Familienleben thematisierten und gefordert haben, Familienpolitik an diese veränderten Lebensverläufe anzupassen. Auch die Berichterstattungen der Altenberichte der Bundesregierung, insbesondere der fünfte Altenbericht, der die Potentiale des Alters in den Mittelpunkt stellte, und der sechste Altenbericht, der sich mit den Altersbildern in der Gesellschaft auseinandersetzte, weisen darauf hin, dass sich durch die längere Lebenserwartung Verschiebungen grundsätzlicher Art ergeben. Nicht nur in der alltäglichen zu erbringenden Herstellungsleistung von Familie, sondern auch in dem Verständnis von Alter in unserer Gesellschaft generell.

Parallel dazu begann die Debatte um eine starke Bürgergesellschaft, die sich auch in der Enquete-Kommission „Zukunft des bürgerschaftlichen Engagements" ausgedrückt hat und die 1999 berufen wurde. Schon seit den 70erJahren setzten die aufkommenden „neuen sozialen Bewegungen" auf mehr kollektive Formen der Selbstorganisation, um damit die traditionellen sozialen Institutionen grundlegend zu verändern. Dies spiegelte sich nicht nur in neuen Formen der Mitbeteiligung und Partizipation im Rahmen der Familienselbsthilfeinitiativen wider, sondern auch in den Debatten zur Sozialen Arbeit, die mithilfe des Gemeinwesenansatzesneue Räume der Mitbeteiligung zur Gestaltung des öffentlichen Lebens forderten. Die damit auch einhergehenden neuen Ansätze eines Wohlfahrtsmixes (Evers 1996) versuchten, die Akteursperspektive zu verstärken und neue Mischungen zwischen professionellen Anbietern und zivilgesellschaftlichen Organisationen zu ermöglichen. Hierbei spielte aber das veränderte Lebenslaufkonzept noch nicht in dem Maße eine Rolle, dass die bisher ungenutzten Kompetenzen aller Generationen aktiviert und für unterschiedliche Bedarfe in unterschiedlichen Lebenslagen aller Generationen genutzt werden können.

Eine weitere Debatte, die über die Europäische Kommission Ende der 90er Jahre initiiert wurde und zu Beginn in Deutschland eher zögerlich aufgegriffen worden ist, ist der Bereich des lebenslangen Lernens. Damit verbunden war die Thematisierung des sog. informellen Lernens, des Lernens „en passant", außerhalb von institutionellen Lernorten, nach Dohmen eine Form des handlungsorientierten Lernens per Erfahrung (Dohmen 1999). Hierbei wurde ein Kompetenzbegriff zugrunde gelegt, der sich auf die ständige Neuorganisation der eigenen Persönlichkeitsdisposition bezieht (Kirchhöfer 2000). Dieser Ansatz hat einen verstärkten

Blick sowohl auf die Privatsphäre der Familie gelenkt als auch auf das Engagement im Freiwilligen Engagement und dem mögliche Kompetenzgewinn durch das Engagement in diesen „informellen Lernorten“.

Konsequenterweise folgte daraus auch der Blick auf das Lernen von- und miteinander in intergenerativen Bezügen, welches im Privatbereich der Familie als „selbstverständlich“ unterstellt wird, nicht aber in institutionellen, öffentlichen Räumen. Zwar gibt es in den vielfältigen Vereinszusammenhängen auch intergenerative Bezüge. Aber damit ist nicht impliziert, was Kurt Lüscher als Interesse an öffentlichen Generationenbeziehungen sieht: „dass die Gestaltung von Generationenbeziehungen in der Praxis für alle Beteiligten mit Prozessen des Lernens und der Persönlichkeitsentfaltung verwoben ist“ (siehe Artikel „Generationenprojekte – Generationendialoge als Bildung“ i.d.B.).Dafür bedarf es öffentlicher Räume, die so organisiert sind, dass verschiedene Generationen gemeinsam etwas miteinander tun, gemeinsame Ziele haben und ein Klima der gegenseitigen Wertschätzung herrscht – als Voraussetzung für das intergenerative Arbeiten und Lernen.

Erst mit dem Aktionsprogramm Mehrgenerationenhäuser konnten diese unterschiedlich geführten gesellschaftlichen Diskurse zusammen geführt werden und als Antwort darauf systematisch öffentliche Räume für mehrere Generationen anbieten. Damit konnten neue Integrationsansätze vor Ortgeschaffen werden, die auf die nicht mehr klaren und weitgehend gesellschaftlich vorgegebenen dreiteiligen Strukturen von Kindheit und Jugend als Lernphase, von Erwachsenenalter als Arbeits- und Familienphase und von Rentenalter als Ruhephase reagierten. Eine grundsätzliche Annahme war, dass die als konstitutiv gesetzte Integration aller Generationen in einem Haus unter der verstärkten Einbeziehung des zivilgesellschaftlichen Engagements die Umbrüche in den Lebensläufen so abfedern kann, dass diese nicht mehr ausschließlich individuell bewältigt werden müssen und damit auch zu einer generationenübergreifenden Solidarität beitragen können.

Die Evaluation des Aktionsprogramms Mehrgenerationenhäuser hat den Nachweis erbracht (BMFSFJ 2012), dass damit Brücken zwischen den Generationen geschlagen werden konnten. Für erwerbstätige Familien bedeutete das, auf die Ressourcen von Freiwillig Engagierten älteren Menschen zurückgreifen zu können, wenn sie Dienstleistungen für sich, ihre Kinder und ihrer älteren Angehörigen suchten. Somit ist auch ein wesentliches Charakteristikum der Mehrgenerationenhäuser, den Kompetenztransfer von Alt nach Jung und Jung nach Alt zu ermöglichen. Ebenso haben sie sich als „Orte des Zusammenspiels“ der unterschiedlichen familienpolitischer Anreize entwickelt. Bisher wurde versucht, durch vielfältige Programme für unterschiedliche Ziel- und damit auch Altersgruppen eine Familienpolitik zu gestalten. Durch die altersübergreifenden Angebote in einem Mehrgenerationenhaus für vier Generationen wird sichtbar, wie manche Programme Synergieeffekte erzielen können im Sinne der Verbesserung der Lebenssituation vor Ort, andere Programme aber konkurrierend gegeneinander stehen bzw. nicht angenommen werden.

Da aber Familienpolitik als Querschnittsaufgabe aufgefasst werden sollteund gerade das Zusammenspiel aller Maßnahmen die Lebensbedingungen vor Ort beeinflusst bzw. verbessert, haben die Mehrgenerationenhäuser durch den generationenübergreifenden Ansatz ein wichtiges familienpolitisches Ziel erreicht: Einzelne familienpolitischen Maßnahmen werden nicht als bloßes Nebeneinander angeboten, sondern können sich aufeinander beziehen. Dies zeigt sich z.B. in den unterschiedlichen Trägerschaften und in denKooperationen, die über eine spezielle Zielgruppe hinausgehen. Soz.B. in den Lokalen Bündnissen, der Umsetzung von Programmen zur frühkindlichen Erziehung, in den Integrationsprogrammen zur Familien-, Alten- und Pflegehilfesowie durch Kooperationen mit unterschiedlichen Institutionen und auch Unternehmen vor Ort.

Ein wichtiger Aspekt ist dabei der niedrigschwellige Zugang zu familienunterstützenden Angeboten – auch eine Empfehlung des Deutschen Vereins zur Weiterentwicklung von Institutionen. ImMittelpunkt steht dafür der offene Treff, der konstitutiv für alle Mehrgenerationenhäuser ist und trotz unterschiedlicher Einrichtungs- und Trägertypen mit unterschiedlichen Vorerfahrungen heute flächendeckend für über 500Mehrgenerationenhäuser implementiert werden konnte. Dieser kann sich in seiner Ausstattung, in seinen Öffnungszeiten und in der Angebotsvielfalt qualitativ unterscheiden und je nach regionaler Begebenheit unterschiedlich ausgestaltet sein. Da sowohl Familien mit Migrationshintergrund als auch Familien mit geringen finanziellen und Bildungsressourcen davon angesprochen werden sollten, stellt dies eine besondere Herausforderung dar.

Um solche Veränderungen in den bisher noch mehrheitlich „versäulten" Institutionen verstärkt zu implementieren und damit diese zu „entsäulen", sind Kenntnisse und Wissen der intergenerativen Arbeit und des intergenerativen Lernens gefragt. In Verbindung mit der großen Kraft des zivilgesellschaftlichen Engagements, die sich auch in den Ansätzen der Mehrgenerationenhäuser gezeigt hat, ist dies nicht nur eine große Herausforderung für die soziale Arbeit, sondern auch für die Kommunen. Es reicht nun nicht mehr aus, Angebote für Kinder, Jugendliche, Familien und älteren Menschen in der Kommune vorzuhalten, sondern Angebote zu ermöglichen, bei denen sich verschiedene Generationen nicht nur begegnen, sondern auch miteinander in Austausch treten können. Als neue Direktive stellen sich für die soziale Arbeit in den Kommunen die Aufgaben, Solidarität zwischen und unter den Generationen in einem öffentlichen Raum jenseits der familiären Generationenbeziehungen herzustellen. Um dies zu ermöglichen, bedarf es Strukturen und entsprechende Rahmenbedingungen.

Das Handbuch greift diese Thematik auf und versucht sowohl die gesellschaftliche Relevanz als auch die theoretischen Grundlagen des intergenerativen Arbeitens darzustellen. Dies bezieht sich sowohl auf die intergenerative Arbeit, intergenerative Bildung als auch auf neue Fragestellungen, die sich mit diesem Ansatz an die soziale Arbeit und Gemeindepsychologie richtet. Ergänzend dazu sind Praxiserfahrungen aus der Arbeit von Einrichtungen erläutert, die sich mithilfe des Aktionsprogramms Mehrgenerationenhäuser hin zu vier Generationen geöffnet haben. Begleitet wird dies von Überlegungen zu den dafür notwendigen veränderten Finanzierungskonzepten und kommunalen Mitbeteiligungsformen. Ermutigend dabei ist, wie viel Kreativität und Engagement durch die intergenerative Arbeit sowohl bei denjenigen, die diese Arbeit professionell durchführen, freigesetzt werden als auch vor allem bei denjenigen, die sich dort als Freiwillige engagieren. Gerade die Einbeziehung der Bereitschaft von Menschen, sich freiwillig für eine andere Generation zu engagieren, ist ein wichtiger Schritt in die Richtung, nicht nur das Alter neu zu denken und zu gestalten, sondern auch ein familienpolitisches Konzept, das durch Partizipation für unterschiedliche Generationen Teilhabe am gesellschaftlichen Lebenermöglicht.

Literatur

Bundesregierung(2005): Siebter Familienbericht: „Familie zwischen Flexibilität und Verlässlichkeit – Perspektive für eine Lebenslaufbezogene Familienpolitik", Berlin.

BMFSFJ (2005): Fünfter Altenbericht: „Potentiale des Alters in Wirtschaft und Gesellschaft", Berlin.

BMFSFJ (2010): Sechster Altenbericht: „Altersbilder in der Gesellschaft", Berlin.

Evers, A./Olk, T.(1996): Wohlfahrtspluralismus. Vom Wohlfahrtsstaat zur Wohlfahrtsgesellschaft, Opladen.
Dohmen, G.(1999): „Das andere Lernen. Für einen entgrenzten Lernbegriff". Psychologie heute (10), S. 46ff.
Kirchhöfer, D. (2000): „Informelles Lernen in der alltäglichen Lebensführung. Chancen für berufliche Kompetenzentwicklung". QUEM-report Nr. 66, Berlin.
Lüscher, K. (2013): Generationenprojekte –Generationendialoge (i.d.B.).

Zur Einführung: Eine gegenseitige Bereicherung von Theorie und Praxis, die ihre Zeit braucht(e)

HerausgeberInnen

Heike Binne, Jörn Dummann, Annemarie Gerzer-Sass, Andreas Lange, Irmgard Teske

Auch in Zeiten der Beschleunigung aller gesellschaftlicher Felder (Rosa 2013) brauchen manche Projekte doch ihre Zeit. Bei Handbüchern resultiert die manchmal recht lang und zermürbend erscheinende Zeitspanne zwischen Buchkonzeption und Erscheinen zusätzlich zu den üblichen Unwägbarkeiten des wissenschaftlichen Publizierens vor allem aus dem großen, integrativen und nicht zuletzt kanonisierenden Anspruch, den man sich als HerausgeberInnen auferlegt. All dies gilt auch für unsere Unternehmung, die wir mit diesem einführenden Textsowohl im Mainstream der Sozialwissenschaften als auch im Feld der Sozialen Arbeit und Gesellschaftspolitikverorten. Das gleichzeitig Spezifische wie Faszinierende an der Kombination der empirischen, theoretischen, konzeptionellen und anwendungsbezogenen-Beiträge liegt dabei in der Analyse und Rekonstruktion großer übergreifender gesellschaftlicher Trends einer Gesellschaft des langen Lebens auf der einen Seite und der Analyse und Rekonstruktion einer quasi-experimentellen Form der gemeinsamen politischen, institutionalisierten wie auch zivilgesellschaftlichen Antwort auf diese Trends in Gestalt der Mehrgenerationenhäuser auf der anderen Seite. Insgesamt gesehen erhoffen wir uns mit diesem Buch einen nachhaltigen Beitrag zu einem Bündel von Fähigkeiten und Einsichten. Dafür möchtenwir in Anlehnung an die Idee einer „Transformational Literacy", einem generellen Verständnis für die mehrdimensionalen Veränderungen der Gesellschaften heute (Schneidewind 2013), eine „Generational Literacy" erzeugen: der Literacy-Begriff umschreibt die Beherrschung grundlegender Kulturtechniken und die Weiterentwicklung vonaufeinander angewiesenen Niveaus. „Generational Literacy" meint dann, die Multidimensionalität der Gesellschaft des langen Lebens adäquat beschreiben und analysieren zu können, eben nicht nur technologisch-ökonomisch-numerisch, und diese Einsichten in das eigene darauf bezogene Handeln zu integrieren und so zur Weiterentwicklung der Gesellschaft und ihrer Teilsysteme beizutragen.

Zu diesem Zweck sind die ersten beiden Teile des Buches (I, II) den Basisinformationen über demografische und generationale Aspekte sowie spezifischen Lern- und Aneignungsmustern gewidmet, während drei weitere Teile (III, IV, V) erstens die ökonomischen Aspekte der generationenbezogenen Interventionen diskutieren, zweitens die multigenerative Arbeit einbetten in Traditionslinien der Gemeinwesenarbeit und dann drittens mit den Facetten des Aktionsprogramms Mehrgenerationenhäuser einen ebenso lebendigen wie bei aller Realistik der Darstellung von Schwierigkeiten wie Barrieren auch optimistischen Einblick geben in die alltäglichen Praktiken des generationalen Miteinanders hierzulande.

Den Ausklang bestreiten wir mit einem Blick in die sozialwissenschaftliche Kristallkugel, welche einige Konturen der Familien- und Generationenbeziehungen sowie -verhältnisse vor Augen führt.

Teil I: Gesellschaft des langen Lebens: Analysen und Problemdimensionen

Die Gesellschaft des langen Lebens wirft seit mehreren Jahren in Form einer Publikationsflut und in Gestalt einer nicht abreißenden Kette von Verlautbarungen und Veranstaltungen ihre Schatten voraus. Oftmals wird dabei empirisch-statistisch kurzatmig argumentiert, um Aufmerksamkeit und Forschungsgelder zu erhaschen. Die Schreckensszenarien geben sich die Klinke in die Hand. Umso notwendiger erscheint es vor diesem Hintergrund, den Band mit soliden theoretisch-empirischen Grundlagenbeiträgen starten zu lassen. Ganz im Sinne einer offen-inspirierenden Interdisziplinarität kommen hier Vertreter unterschiedlicher Ansätze und wissenschaftlicher Perspektiven zu Wort. Ihre vorweggenommenen Botschaften lauten: „Die" Gesellschaft des langen Lebens wird es erstens nicht geben, sie wird ebenso plural und diversifiziert sein wie unsere aktuelle Gesellschaftskonfiguration. Zweitens werden die Gesellschaften und die darin eingelassenen Institutionalisierungen und Regulierungen des langen Lebens sich nicht aus irgendwelchen Sachzwängen ableiten lassen, sondern sie sind durchaus, in bestimmten Feldern je differentiell, gestaltbar, also im guten soziologischen Sinne „soziale Konstruktionen", d.h. auch aushandelbar zwischen unterschiedlichsten Alters- und Interessensgruppen. Drittens lassen sich die theoretisch-konzeptionellen Beiträge verstehen als Hinweise auf neue Möglichkeiten für die Profilierung der Humanwissenschaften. Viertens weisen sie auf die Fruchtbarkeit und Notwendigkeit zugleich hin, eingeführte Konzepte und Diskurse aus der allgemeinen sozialwissenschaftlichen Debatte nicht vorschnell zu vergessen, sondern dezidiert auf Generationenbeziehungen und Generationenverhältnisse anzuwenden, wie es das Beispiel von Gender und Migration/Ethnizität deutlich vor Augen führt. Fünftens zeigt sich jetzt schon, dass eine zunehmende Vielfalt von Alternsstilen, Generationsbeziehungen, Generationsverhältnissen und eine ausgesprochene Widersprüchlichkeit das intergenerative Arbeiten in allen Settings, angefangen von der familialen Mikroebene bis hin zur gesellschaftlichen, Elemente der Sozial- und Alterspolitik beinhaltenden, Makrostruktur umgreifen werden. Die Bezugsdisziplinen Soziale Arbeit, Soziologie, Psychologie, Demographie, Naturwissenschaften (Biologie, Medizin) werden sechstens zur Bewältigung der Herausforderungen neue Formen der Zusammenarbeit als auch neue Formate der Dissemination finden müssen. Folgende Aspekte werden vor dieser Folie von den einzelnen Beiträgen schwerpunktmäßig bearbeitet:

In seinem Beitrag „Die Gesellschaft des langen Lebens: Soziokulturelle und soziostrukturelle Rahmenbedingungen der Gestaltung von Generationenbeziehungen" umreißt **Andreas Lange** die großen Linien der schon angesprochenen Debatten, setzt sich vor allem mit der negativen „Generationenrhetorik" auseinander und veranschaulicht die Vielfalt der Anforderungen. In seinem zweiten Beitrag „Familiale Generationenbeziehungen: Kontexte, Morphologien und Inhalte" spezifiziert er die angerissenen Argumentationslinien und zeigt die Konsequenzen der neuen demografischen Verhältnisse am Beispiel familialer Generationenbeziehungen auf, wobei auch ein differenziertes Tableau dessen präsentiert wird, was „zwischen" den Generationen in Familien passiert.

Der Beitrag von **Barbara Thiessen** schließt hier zumindest indirekt an und plädiert für eine explizite Berücksichtigung der Genderthematik, da diese gemeinhin in den alltäglichen wie wissenschaftlichen Generationenthematisierungen oft Gefahr läuft, gewissermaßen unter den Tisch zu fallen. Das aber ist konzeptionell wie empirisch wenig fruchtbar, weil ein Großteil der intergenerationell imprägnierten Denkweisen und Handlungen nur von ihrer geschlechtlichen Fundierung und Adressierung her zu verstehen ist. Die Care-Arbeit wird eben hauptsächlich durch Vertreterinnen verrichtet, auch wenn sich derzeit Grenzen der eingespielten Verhältnisse andeuten. Dies ist aber weniger emanzipatorischen Durchbrüchen zu verdanken als der Inklusion von Frauen in das Erwerbssystem.Diese Einbindung führt nicht dazu, dass die zu leistende Care-Arbeit insbesondere zwischen den Generationen in irgendeiner substanziell zu spürenden Weise umverteilt würde. Die Autorin bleibt nicht bei der Konstatierung von Verhältnissen stehen, sondern sie zeigt, dass und wie ein gender- wie generationensensibler Blick heute in vielen Feldern der Sozialen Arbeit dringend erforderlich ist, um Fehleinschätzungen und Fehladressierungen von Maßnahmen zu verhindern und stattdessen den Fluss der intergenerationellen Hilfeleistungen zu gewährleisten.

Josef Strasser und Leonie Herwartz-Emden fügen der Debatte bedenkenswerte Überlegungen zur Bedeutung des in sich schon komplexen „Faktors“ Migration und seiner politischen Bewältigung hinzu. Unterstrichen wird nämlich die zunehmende innere Heterogenität der Migrationsbevölkerung und die große Bandbreite der ins Auge zu fassenden Integrationsdomänen (Recht, Status, Bildung, etc.) sowie die Notwendigkeit, Integration nicht als Einbahnstraße zu verstehen, sondern auch die Integrationsnotwendigkeit der „eingeborenen“ Bevölkerung mitzudenken. Schließlich wird gezeigt, dass trotz eines intensiven Intergenerationenaustausches in Familien mit Migrationshintergrund ebenso für diese aufgrund des raschen sozialen Wandels alle Einrichtungen der öffentlichen Inszenierung von Generationenbeziehungen notwendig und erfolgversprechend sind.

Andreas Kruse macht entgegen pessimistischer Sichtweisen auf das Alter und insbesondere das hohe Alter die Veränderungs- und Selbstgestaltungspotentiale als Grundlage des Lernens auch in dieser Lebensphase deutlich. Besonders interessant erscheint hierbei der Gedanke, dass gerade die Selbstgestaltungspotentiale im Alter aufgrund des sukzessiven Wegfalls von Rollenverpflichtungen besser ausgeschöpft werden können. Allerdings bedarf dies dann eines vermehrten Eigenanteils an Sinnschöpfung, was als Aufgabe zu verstehen ist. Zudem müssen spezielle Bedingungen gegeben sein, um das Potenzial tatsächlich umzusetzen. Zwar ist individuell gesehen die Offenheit für Neues notwendig, diese braucht aber eine dementsprechende stimmige und förderliche Resonanz aus der Umwelt – ebenso in Form intergenerativen Arbeitens. Der Autor untermauert seine inspirierenden konzeptionellen Überlegungen durch das Beispiel des von vielfältigen Krankheiten gezeichneten Johann Sebastian Bach, der trotz seiner multiplen Handicaps bis ins Alter hoch produktiv war.

Einen weiten und anregenden Bogen schlägt **Kurt Lüscher** von der Attraktivität und Vielfalt der Generationendialoge hin zu den Prägungen der Person durch das generationale Miteinander. Seine These lautet, dass die Anziehungskraft dieser Projekte darin liegt, dass sie die Persönlichkeits- und die Identitätsentwicklung befördern. Zur Begründung rekurriert er dabeierstens auf einen Fundus von nicht zuletzt von ihm selbst seit langem in die Generationenforschung eingebrachten subtilen konzeptionellen Vorschlägen wie demjenigen der „Generationenambivalenz“. Zweitens geht er davon aus, dass die Stoßkraft intergenerativen Lernens oder der intergenerativen Sozialisation nicht zuletzt aufgrund einer weiteren großen Entwicklungslinie zeitgenössischer Gesellschaften gerade für die Ausbildung von Personen quantitativ immer bedeutsamer wird, gemeint ist die regelrechte „Kumulation“ von Bildungsrevolutionen im Grunde über den gesamten Lebenslauf. Diese Bildungsrevolutionen werden in ihrer Summe das Gesicht der Gesellschaft des langen Lebens, nicht zuletzt auch mit Blick auf deren Verwertbarkeit in Ökonomie und Politik, prägen.

Dass der demografische Wandel die Produkt- und Personalmärkte beeinflusst, stellt **Cornelia Seitz** in ihrem Artikel zu betrieblichen Dialogrunden fest. Anhand eines Projektes des Bildungswerkes der Hessischen Wirtschaft e.V. werden betriebliche intergenerative Dialoge praxisnah erläutert und konkrete Impulse für ein altersgerechtes Personalengagement geliefert. Das Fazit, dass vereinzelte Personalentwicklungsmaßnahmen nicht ausreichen, um nachhaltige betriebliche Veränderungen einzuleiten, führt in der inhaltlichen Konzeptionierung zu einem ganzheitlichen Ansatz im betrieblichen Dialog.

Zusammengenommen vermitteln die Beiträge also, wie oben schon angedeutet, ein facettenreiches und in vielerlei Hinsicht auf Gestaltungsnotwendigkeiten auf allen Ebenen hinweisendes Gesamtpanorama. Aber sie belegen gleichzeitig sehr eindrücklich a) das schon in vielen Einzelfeldern existierende profunde, freilich permanent im Sinne einer Sozialberichterstattung fortzuschreibende empirische Wissen über Generations-morphologien, intergenerative Lern- und Transferflüsse in ihrer jeweiligen Ausrichtung und Quantität und b) sie fördern ein beachtliches Maß an konzeptioneller und theoretischer Ausarbeitung zu Tage, hinter das nicht mehr zurückgefallen werden sollte. Die konzeptionellen Grundlagen einer „Generational Literacy“ warten darauf, abgerufen zu werden.

Teil II: Intergenerative Bildung und intergenerative Arbeit

Intergenerative Bildung findet in vielfältigen Formen und Arbeitszusammenhängen statt–ob informell, nonformal oder formal, ob in offenen oder (teil-)stationären Einrichtungen, ob in Mehrgenerationenhäusern oder Einrichtungen, welche sich trotz primärer Peergroupausrichtung auch intergenerativen Angeboten öffnen. Die sieben Artikel dieses Handbuchabschnittes bieten einen exemplarischen, keinen Anspruch auf Vollständigkeit erhebenden, einführenden Überblick in dieses immer noch expandierende Feld. Alle Artikel basieren auf einem ganzheitlichen Ansatz Intergenerativer Bildung. Daraus lässt sich der fachliche Anspruch ableiten, intergenerative Bildungsangebote nicht auf punktuelle Aktionen des intergenerativen Miteinanders zu beschränken, sondern stets mehrperspektivisch ganzheitlich und systematisch in Ergänzung zu bestehenden (Peergroup-)Ansätzen zu konzipieren.

Die Generation (Multi-)Generationalität und das Phänomen der transgenerativen Weitergabe werden von **Insa Fooken** unter Betrachtung einer vielschichtigen Generationendefinition bearbeitet. Den „Mehrwert“ intergenerativer Lebenszusammenhänge sieht die Autorin auf den Ebenen der Gesamtgesellschaft sowie familialer Binnenverhältnissebestätigt. Allerdings betrachtet sie zusätzlich die transgenerationelle Weitergabe als die dunkle Seite „sozialer Vererbung“, welche mitpsychosozialen Belastungen und Störungen innerhalb und außerhalb familiärer Zusammenhänge im Zusammenhang steht. Dadurch sensibilisiert und erweitert sie den Blick der transgenerativen Weitergabe. Ihr Fazit unterstreicht für den Gesamtverlauf von familialen Lebensspannen, dass auch nach Zeiten temporärer Abgrenzung durchaus wieder Formen der Annäherung zwischen den Generationen möglich sind.

Diskussionen über den anstehenden Kampf zwischen den Generationen beurteilen **Julia Franz und Annette Scheunpflug** in ihrer Ausarbeitung als nicht begründet. Zahlreiche Konzepte zu einem institutionalisierten Dialog der Generationen basieren letztendlich auf solidarischem und respektvollem Umgang der Generationen miteinander. Die Definitionen unterschiedlicher Generationenbegriffe werden mit kategorisierenden Lernzugängen in einer heuristischen Matrix zusammengeführt. Diese Matrix kann insbesondere in Planungsphasen intergenerationeller Projekte zur Reflexion unterschiedlicher konzeptioneller Möglichkeiten beitragen und dient damit insbesondere der Praxis als durchaus hilfreiches Instrument für fachlich fundierte Projektplanungen.

Die übliche Sichtweise, den intergenerativen Austausch über (neue) Medien primär als problembehaftet zu modellieren löst **Anja Klimsa** durch ihre wissenschaftliche Betrachtung auf. Trotz verschiedener Erfahrungsräume der Generationen in der Polarität zwischen „Digital

Natives“ und „Digital Immigrants“ werdendurchaus existente Gemeinsamkeiten als Chance intergenerativer Arbeit beispielsweise in Medienpraxiskulturen aufgezeigt. Dementsprechend gilt es nicht, eindimensional zwischen den „Jungen“ und den „Alten“ in der Angebotsstrukturierung zu differenzieren. Auf dieser Wissensbasis kann eine intergenerative Medienarbeit unter Beachtung einer Struktur- und Prozessqualität u.a. zur kulturellen, sozialen und ökonomischen Teilhabe der verschiedenen Generationen an der Gesellschaft beitragen.

In ihren Antworten auf die Frage nach den Gelingensbedingungen intergenerationeller Bildungsarbeit thematisieren **Annette Scheunpflug und Julia Franz**, wie ein Bildungsarrangement gestaltet werden kann, damit es zu positiven Begegnungen zwischen den Generationen beiträgt und das gegenseitige Verständnis zwischen den Generationen fördert. Die Betrachtung struktureller Herausforderungen intergenerationeller Bildung bildet die Basis für die Formulierung von sechs Gelingensbedingungen. Diese aus einem Forschungsprojekt abgeleiteten Bedingungenkonkretisieren Chancen sowie Herausforderungen intergenerativer Bildungsarbeit und bieten dadurch einen pädagogischen Rahmen für die pädagogische Konzeptentwicklung intergenerativer Bildungsangebote.

In der Entwicklung von Curriculaführt **Jörn Dummann** Möglichkeiten einer strukturierten Verortung intergenerativer Belange in der (Hochschul-)Lehre vor. Die curriculare Verortung bietet neben einer wissenschaftlichen Weiterentwicklung auch die Perspektive auf eine wissenschaftsbasierte Ausbildung von Fachkräften in dem Themenfeld Intergenerativer Bildung. Exemplarisch für denFachbereich Sozialwesen der Fachhochschule Münster werden drei curriculare Varianten für die Studienorientierungs-, Eingangs- und Vertiefungsphase nachgezeichnet. Die Inhalte intergenerativer Curricula werden abschließend als Ergänzung bestehender Arbeitsfeld- und Peergroupansätze interpretiert, welche die schon bestehenden pädagogischen Ansätze ergänzen und so zu einem ganzheitlichen Bildungskonzept beitragen.

Möglichkeiten zur Verbesserung der Berufschancen werden von **Heike Binne** im Artikel zur wohnortnahen Beschäftigung und Qualifizierung in Mehrgenerationenhäusern entwickelt. Aus Erfahrungen aus einem Bremer Fördergebiet im Bund-Länderprogramm „Soziale Stadt“ werden Strategien zur Berufschancenverbesserung durch das Projekt „Haus der Zukunft“ herausgearbeitet. Basis für die dort öffentlich geförderte Beschäftigung bildet der Ressourcenansatz der Gemeinwesenarbeit. Die abschließend dokumentierten Effekte werden als Indikatoren für eine gelungene Projektdurchführung dargestellt und bieten in andere Praxisstellen übertragbare Ansätze. Dadurch kann die intergenerative Arbeit innerhalb eines Mehrgenerationenhauses auch etwas zum Abbau sozialer Ungleichheit beitragen.

Für eine strategische Kommunalentwicklung stellen **Udo Wenzl und Erik Flügge** Planspiele als Methode der Initiierung von Generationendialogen dar. Dass die Wirklichkeitskonstruktionen bei den Generationen unterschiedliche Lebensumfelder implizieren, verlangt nach einer systematischen Betrachtung. Die Herausforderungen der strategischen Kommunalentwicklung orientieren sich nicht an düsteren Endzeitszenarien, sondern konkreten Handlungsmöglichkeiten nach einem primär ressourcenorientierten Ansatz. Exemplarisch wird die Planspielmethode in ihren Durchführungsphasen vorgestellt. Die „Unvereinbarkeit der unterschiedlichen Zielgruppen“ wird durch die Einbeziehung des Anderen in dessen Abwesenheit aufgelöst. Dadurch stellt sich das Planspiel als wahrlich unorthodoxe Methode eines intergenerativen Bildungsangebotes dar.

Teil III: Ökonomische Modelle der Finanzierung generationenbezogener Interventionen in Kommune, Land und Bund

Generationenübergreifende Projekte haben Konjunktur, das ist hinreichend dargestellt. Damit verbunden betreffen die Anforderungen nach Wandel nicht nur inhaltlich-konzeptionelle Themen, sondern auch das Verwaltungshandeln auf den Eben von Kommunen, Land und Bund. Bisher haben sich die Referatsbildungen und auch die Sozialpolitik an den überkommenden Klassifizierungen der Methoden Sozialer Arbeit angepasst. Da sich mit den intergenerativen Ansätzen die Methoden der Sozialen Arbeit und letztendlich auch die Sozialpolitik wandeln, bedarf es hier auch Änderungen.

Stefan Ross und Hille Tries beziehen sich in ihrem Artikel zur „Verschiedenheit ist bereichernd. Vom Benefit intergenerativer Angebote" darauf, dass neben dem Bund mit der Etablierung des Aktionsprogramms Mehrgenerationenhäuser im Jahr 2006 auch Bundesländer auf die Anforderungen des demografischen Wandels reagierten. Sie beschreiben u.a. das Modellprogramm „Neue Generationennetzwerke für Familien", das von 2007 bis 2009 in Baden Württemberg durchgeführt wurde. An solchen und ähnlichen Initiativen wird deutlich, in welche Richtung die Entwicklung gehen muss und wie die Begegnung der Generationen Nutzen für alle Beteiligten stiften kann. Dabei sprechen die Autoren auch die Kommunen an, wie diese im Rahmen ihrer Daseinsfürsorge den Wert von Projekten, die bereits den geänderten Bedingungen Rechnung tragen, entsprechend würdigen und auch finanzieren können.

Karl Bronke macht in seinem Artikel zu „Intergenerative Ansätze in Zeiten knapper Kassen" deutlich, dass auch sehr gute und innovative Ansätze den Praxistest dahingehend bestehen müssen, mit knappen öffentlichen Haushalten auszukommen. Er weist aber auch darauf hin, dass die Knappheit der öffentlichen Kassen nicht bedeutet, dass das Geld weg ist, sondern „nur woanders". Dieses „Woanders" fordert heraus und er zeigt auf, dass ein zielgerichtetes intergeneratives Arbeiten fiskalisch eine Investition ist, die auch den Blick von Ressourcenkritiker standhalten kann.

Nicolas Albrecht-Binseil zeigt in seinem Artikel zu „Neuen Perspektiven im demografischen Wandel" auf, dass Mehrgenerationenhausprojekte als Kristallisationspunkte zukunftsweisender Quartiersentwicklung zu sehen sind. Vor allem auch deshalb, da er in den inklusiven und generationenübergreifenden Ansätzen eine Schlüsselfunktion für die zukünftige Gestaltung sozialer Lebensräume sieht. Der neue Welfare-Mix, der gefordert wird, sollte dabei nicht nur kostendämpfend (in der Verzahnung von Freiwilligen Engagement und Professionalität), sondern auch beziehungs- und gemeinschaftsstiften wirken. Dies muss einhergehen mit dem Aufbau neuer Nachbarschaftskonzepte, die das Thema Inklusion und Pflege kombinieren. Der Autor sieht in der prospektiven Gestaltung von Nachbarschaften, Quartieren und Stadtteilen und ihrer gesellschaftsbildenden Funktion eine zentrale wichtige sozialpolitische Aufgabenstellung der Zukunft.

Teil IV: Traditionslinien der Gemeinwesenarbeit und Gemeindepsychologie

Erfahrungen nutzen, Neues schaffen. **Heike Binne und Irmgard Teske** fragen in ihrem Beitrag, ob das Aktionsprogramm Mehrgenerationenhäuser des BMFSFJ mit ihren Zielen auf

Traditionen der Gemeinwesenarbeit zurückgeführt werden können. Die Autorinnen verweisen in ihrem Artikel auf eine Traditionslinie, beginnend mit der Arbeit in den Settlements, über Nachbarschaftsheime und Mütterzentren hin zum Aktionsprogramm Mehrgenerationenhäuser. Gemeinsam ist diesen Ansätzen, durch Angebote Menschen zu befähigen, benachteiligende Strukturen zu überwinden, Ausgrenzungen zu vermeiden, eigene Interessen wahrzunehmen und Selbsthilfekräfte zu aktivieren.

Auf den Aspekt, dass Nachbarschaft heute nur noch eingeschränkt die steuernde Funktion von Primärgruppen zugutekommt und soziale Netzwerke wie Freundes- oder Bekanntenkreise, Gruppen gleicher Nationalität oder familiäre Netzwerke eine besondere Funktion zukommen, weist **Dieter Oelschlägel** in seinem Beitrag zur Bedeutung des sozialen Nahraums in Zeiten „virtueller Nachbarschhaften" hin. Er plädiert jedoch für lebendige soziale Nahräume, die nur durch innovative Konzepte und unter Berücksichtigung der Interessen und Bedürfnisse von NutzerInnen realisiert werden können. Vor allem für die Gruppen junge Familien und SeniorInnen votiert er für zuverlässige Infrastrukturangebote und Angebote für Aktivitäten und Freizeitgestaltung im Quartier.

Für **Bernd Röhrle** sind Mehrgenerationenhäuser ein Beispiel für das, was in der Tradition gemeindepsychologischer Perspektiven als ein innovatives Setting bezeichnet wird. Der Autor begründet, warum Settings mehr sind als Institutionen, sie sind vielmehr Orte der Begegnung, bestimmt durch eine Art von „Personenorientierung", die Bindung, Wohlbefinden, Identität, Beschäftigung und Inklusion gewährleisten. Auf der Grundlage neuester Studien werden Voraussetzungen für gelingende, solidarische Netzwerke erörtert. Mit Blick auf die Zukunft plädiert er für eine Analyse von Einflüssen räumlicher und kommunaler Zusammenhänge bei Mehrgenerationenhäusern und zwar in Verbindung mit informellen sowie formellen und ökonomisch geprägten sozialen Handlungszusammenhängen.

Auf die Bedeutung von Mehrgenerationenhäusern und ihre Auswirkungen auf die Zivil- und Bürgergesellschaft geht **HeinerKeupp** ein. Ausgehend von eigenen Erfahrungen in den siebziger Jahren mit Mütter- und Familienzentren stehen im Zentrum seiner Ausführungen Ansätze der Familienbildung und -selbsthilfe sowie Möglichkeiten der frühen Förderung von Kindern und ihren Familien. Die Bedeutung dieser Ansätze speziell für Familien mit prekären materiellen Möglichkeiten und Migrationshintergrund wird aufgezeigt. Armut verbaut Chancen, vergrößert gesundheitliche Defizite und ist einer der häufigsten Hintergründe für psychisches Leid. Für betroffene Familien sind deshalb Anlaufstellen, wie z.B. die Mehrgenerationenhäuser wichtig.

Im Beitrag von **Mike Seckinger** wird aus einer gemeindepsychologischen Perspektive beschrieben, warum es notwendig und fachlich geboten ist, AdressatInnen an psycho-sozialen Angeboten zu beteiligen. In seinem Artikel werden sowohl die Anforderungen, die an Beteiligungsprozesse zu stellen sind, als auch förderliche Bedingungen für Partizipation aufgezeigt. Des Weiteren werden Möglichkeiten erörtert, wie Beteiligung in Mehrgenerationenhäuser gefördert werden kann.

Teil V: Facetten des Aktionsprogramms Mehrgenerationenhäuser

Das Aktionsprogramm Mehrgenerationenhäuser, gefördert durch das Bundesministerium für Familie, Senioren, Frauen und Jugend hat mit 500 Einrichtungen versucht, die Generationenbezüge, die bisher vor allem im privat-familialen Bereich verortet waren, im öffentlichen Raum zu gestalten. Für die Umsetzung des Programms wurden drei Agenturen vom BMFSFJ beauftragt, die 500 Einrichtungen in ihrer Weiterentwicklung hin zu einem Mehrgenerationenhaus zu begleiten und zu unterstützen. Diese Agenturen waren die Wirkungsforschung, die Öffentlichkeitsarbeit und die Serviceagentur. Das gemeinsame Begleitkonzept der drei Agenturen bezieht sich auf einen breiten Wissenstransfer und Wissensverknüpfung, einem sog. Wissensmanagement, das auf der Grundlage des voneinander und miteinander Lernens basiert.

Zu den theoretischen, konzeptionellen, empirischen und curriculare Beiträgen wurden bewusst auch praktische Erfahrungen mit aufgenommen. Ziel war, die oft getrennten Diskurse näher zusammenzubringen und so auch einen Blick sowohl auf die Diskurssicht als auch auf die Akteurssicht zu erhalten. Da parallel zum Aktionsprogramm auch weitere intergenerationelle Projekte angestoßen wurden, ist es an der Zeit, eine wissenschaftliche wie auch praxisorientierte Bilanzierung zum Stand der intergenerativen Arbeit vorzunehmen. Damit kann der Dialog zwischen Theorie und Praxis befördert werden, der bisher noch keine Selbstverständlichkeit darstellt.

Der praktische Teil wird eingeleitet durch ausgewählte Ergebnisse aus fünf Jahren Wirkungsforschung von **Christopher Gess**, Ramboll-Management. Er legt in seiner Auswertung die Schwerpunkte sowohl auf die Generationenbegegnungen, auf das Freiwillige Engagement als auch auf die Frage der Nachhaltigkeit generationenübergreifender Ansätze in den Mehrgenerationenhäusern.

Die von *Scholz und Friends* durchgeführte Öffentlichkeitsarbeit begleitete die Mehrgenerationenhäuser auch bei der Entwicklung ihrer eigenenÖffentlichkeitsarbeit. Der Artikel von **Inga Draeger** zeigt auf, wie eine gelungene Presse- und Öffentlichkeitsarbeit für Mehrgenerationenhäuser aussehen kann im Sinne: „Tue Gutes und rede darüber“. Die unmittelbar in der Praxis einsetzbaren Ausführungen sind auch auf andere Einrichtungen übertragbar undbilden so das kleine Einmaleins einer guten Öffentlichkeitsarbeit ab.

Die dem *pme Familienservice* angegliederte Serviceagentur implementierte neben den mediengestützten und begegnungsintensiven Beratungsinstrumenten auch ein sog. Expertennetzwerk. Ziel dabei war, eine Denkwerkstatt aus den eigenen Reihen der Mehrgenerationenhäuser entstehen zu lassen. Das bedeutete, Personen zu finden, die über ihre eigene Mehrgenerationenhausarbeit hinaus sich für die weitergehenden Fragen des generationenübergreifenden Ansatzes und seiner Verankerung in der Gesellschaft engagieren. Damit konnte nicht nur ein weiterer Informations- und Wissenstransfer im Aktionsprogramm hergestellt werden, sondern auch ein weiteres Engagement- und Kreativpotential von engagierten Menschen im Aktionsprogramm geweckt und weiterentwickelt werden. In diesem Expertennetzwerk, das sich aus ca. 35 Personen unterschiedlicher Mehrgenerationenhäuser in der Bundesrepublik zusammensetzt, haben sich **thematische Fachgruppen** gebildet. Einige dieser Fachgruppen haben Beiträge zum Ländlichen Raum, zum Finanzierungsmix, zur Offenen Begegnung von Jung und Alt, zur Integration und zu Perspektiven, wie Mehrgenerationenhäuser als Impulsgeber für die Kommune und als Baustein einer strategischen Sozialpolitik gesehen werden können, geschrieben. Diese Artikel führen auf eindrucksvolle Weise vor Augen, wie nicht nur neue sozialpolitische Impulse gesetzt werden, sondern aufgrund der fünf Jahre gemachten Erfahrungen im Aktionsprogramm auch Vorschläge zu deren dauerhaften Umsetzungeingebracht werden können.

Alle Artikel beziehen sich auf das Aktionsprogramm I, das im September 2006 begann und im Dezember 2011 endete. Ab Januar startete das Aktionsprogramm II, an dem 450 Mehrgenerationenhäuser bis Dezember 2014 teilnehmen.

Literatur

Rosa, H. (2013): Beschleunigung und Entfremdung. Entwurf einer Kritischen Theorie spätmoderner Zeitlichkeit. Frankfurt am Main.

Schneidewind, U. (2013): Wandel verstehen – auf dem Weg zu einer „Transformative Literacy“. In: Welzer, H./Wiegandt, K. (Hrsg.): Wege aus der Wachstumsgesellschaft Frankfurt am Main, S. 115-140.

Teil I

Gesellschaft des langen Lebens: Analysen und Problemdimensionen

Altern und Generationen in der Gesellschaft des langen Lebens: Soziostrukturelle und soziokulturelle Rahmenbedingungen der Gestaltung

Andreas Lange

Der vorliegende Aufsatz umreißt das Themen- und Diskursfeld der Betrachtung des Alterns und der Generationen in der Gesellschaft des langen Lebens. Dazu wird zuerst die negativ-defätistische Alters- und Generationenrhetorik demaskiert. Diese verengt auf Basis eines ökonomistischen Blickes, der Moralisierung und Individualisierung von Demografie und Altern, den Problemlösungsradius der gesellschaftspolitischen Gestaltung dieser neuen Konstellation. Demgegenüber wird exemplarisch aufgezeigt, dass und wie die individuelle sowie gesellschaftliche Aufgabe der Generativität angegangen werden kann. Generativität als solche ist aber nur ein Mittel, um eine verbesserte Lebensqualität für alle Generationen zu erreichen. Dieser Gedanke wird im Fazit entfaltet.

1. Diagnosen eines bedrohter und prekären intergenerativen Austausches als Ausgangspunkt

Das Altern sowie verwandte Konzepte der Generation, der Generativität, der Intergenerativität erfreuen sich seit geraumer Zeit einer großen Beliebtheit im öffentlichen und auch politischen Diskurs (Lüscher u.a. 2010; Pohlmann 2012; Wissenschaftlicher Beirat 2012). Sie werden als wichtige Ressource für das gesellschaftliche Funktionieren sowie die individuelle Entwicklung angesehen. Gleichzeitig werden sie aktuell vor allem auch als prekäres, gefährdetes Gut eingeschätzt, das es zu retten und zu fördern gelte. Nachdem die Vererbung von Wissen und Gütern seit der bürgerlichen Moderne als selbstverständlicher Modus des Generationentransfers konzeptionell entstanden war, befinden wir uns in einer Epoche, in der auch dieser Transfer auf der Mikro- wie auf der Makroebene prekär zu werden scheint. In einer ausführlichen historischen Analyse zur Genese der heutigen Vorstellungen vom „Erbe“ wird dazu konstatiert: „Das Stichwort Gerechtigkeit, mit dem sich sowohl überrechtliche als auch außerökonomische Konnotationen verbinden, kann als Symptom der Krise des herrschenden Erbrechts und der dominant ökonomischen Auffassung vom Erbe(n) gedeutet werden. Die gegenwärtigen Schulden verwandeln sich im Diskurs mehr und mehr in eine Schuld der Gegenwart gegenüber der Zukunft. Während der Begriff des *Generationenvertrags* einen Ausgleich zwischen den Generationen vorsieht – in der Idealkonstruktion, dass die Eltern für die Erziehung und Ausbildung der Kinder sorgen, während im Gegenzug die Kinder später die Versorgung der Alten sichern –, signalisiert die Debatte über die *Generationengerechtigkeit,* dass kein Vertrauen mehr in diese Art symbolischen Vertrags besteht. Dadurch ist der Ruf nach neuen Regelungen laut geworden. Im Wunschnach rechtlichen, sozialstaatlichen und haushaltspolitischen Maßnahmen, die den intergenerationellen Vermögens-, besser: Schulden- und Kostentransfer jenseits der familialen Sukzessionregeln, ist das Desiderat eines überfamilialen Erbe-Konzepts deutlich geworden, das dem modernen Sozialstaat entspricht.“

(Willer/Weigel/Jussen 2013: 29). Diese Erschütterung des Vertrauens erstreckt sich weit über die Mikroebene von innerfamilialen Beziehungen hinaus und eine tiefe Skepsis über die „Weitergabe“ und die „Kontinuität“ der Gesellschaft prägen das diskursive Klima.

Verschiedenste Reaktionen auf diese Skepsis können festgestellt werden. Was bleibt sind vielfältigste Suchbewegungen, um „das Neue“, die zu stabilisierende Generativität auf allen gesellschaftlichen Ebenen zu regulieren. In diesen Diskursen werden auch der einzelne Bürger bzw. die Bürgerin adressiert: er/sie soll, von Kindes- und Jugendbeinen an bis ins Alter, dazu beitragen, dass die versiegende Quelle des Engagements wieder sprudelt. Diese Perspektive stellt eine Engführung der komplexen Thematik dar, die nur vor dem Hintergrund einer mehrdimensionalen Analyse, die vor allem die gesellschaftlichen und sozialkulturellen Umbrüche hervorhebt, angemessen verstanden werden kann. Die „Gesellschaft des langen Lebens“ muss dabei kein Nullsummenspiel und schon gar kein Schreckenszenario darstellen, wie der Rückgriff auf die interdisziplinäre Diskussion zeigen wird. Da aber eine „Gesellschaft in Angst“ (Strasser 2013) ihre eigenen Handlungsmöglichkeiten beschneidet und wenig offen ist für weiterführende soziale Innovationen, gehört eine Auseinandersetzung mit den Schreckensszenarien substanziell zur Gestaltung dazu und ist alles andere als eine akademische Spielerei, wie es Diskurs- und Rhetorikanalysen bisweilen unterstellt wird.

Im ersten Teil des Artikels wird daher diesem Reden und den damit transportierten Bildern über Generationen und Generativität sowie Alter(n) nachgegangen, bevor entfaltet wird, was die Brennpunkte und Aufgaben des im weitesten Sinne sozialpolitischen Handlungsfeldes im Spannungsfeld inner- und außerfamilialer Generationenbeziehungen als Quelle zu fördernder intergenerativer Potenziale sind. Die These lautet, dass es darum geht, die Aufgabe der Generativität zwischen allen Generationen entsprechend den sozialen, kulturellen und wirtschaftlichen Strukturumbrüchen der späten Moderne, ihrer Widersprüche, Chancen und Risiken, und der Vorgaben einer Gesellschaft des langen Lebens neu zu vermessen und zu organisieren. Dabei ist auf die Vielfalt intergenerationaler Kontakte, Formen des Alterns innerhalb und außerhalb von Familien ebenso zu achten wie die Vielfalt der sozialen Ökologien sowie Institutionen, innerhalb derer sich Intergenerationalität bzw. Intergenerativität vollzieht, im Blick zu behalten.

„Intergenerative Potenziale“ (Ette 2010) wiederum sind, so die zweite These, keine beliebige Manövriermasse wirtschaftlicher oder staatlicher Interessen. Sie sind vielmehr in erster Linie daraufhin zu untersuchen, ob sie die Lebensqualität bzw. das Wohlbefinden aller Generationen sowie die Entfaltung von deren Persönlichkeit fördern. Überdies wird aufgezeigt, dass es, anstatt zwanghaft die einzelnen Bürger und Bürgerinnen zu „daueraktivieren“, entscheidend darauf ankommen wird, diese Potenziale staatlich bzw. institutionell zu fördern. Hierfür sind diejenigen gesellschaftlichen Bedingungen in konkreten gesellschaftlichen Handlungsfeldern, vor allem in der Arbeitswelt und in der Sozialstruktur zu verändern, die das Miteinander der Generationen in und außerhalb von Familien bislang noch stark einschränken.

2. „Die Alten“ und „Die Jungen“: Der „Generationenkrieg“ und die bedrohte Generativität als mediale Konstrukte

Das oftmalige Aufrufen des Generationenbegriffes und seine starke Resonanz bei den Zeitgenossen in den letzten zehn bis zwanzig Jahren markieren zuerst einmal ein spannendes kulturelles Phänomen: Generation Golf, Generation Doof, Generation Bachelor – sie sind allesamt keine natürlichen Erscheinungen oder Bevölkerungsmengen, sondern vorwiegend medial hervorgebracht, wie der Kulturwissenschaftler Bohnenkamp (2011) in seiner Studie mit dem treffenden Titel „Doing Generation" aufzeigt und mit Blick auf die USA darauf hinweist, dass dort das Reden über „Generationen" bestenfalls Schulterzucken hervorrufe. Parallel dazu hat sich auch das Argumentieren und Reden über „das Alter" zu einem damit verwandten Topos gemausert, mit interessanten Tendenzen in der semantischen Valenz der Aussagen, weg von einer negativen, hin zu einer vielschichtigen Ausprägung (Fiehler/Fitzner 2012; Rossow 2012).

Hierzulande ist vor allem das Zücken der „Generationenkarte" durchaus erfolgversprechend. Innerhalb der vielfältigen medialen Produktionen im Umfeld der Generationensemantik wiederum taucht seit längerer Zeit und mit einer gewissen Penetranz das Thema eines Konfliktes, nicht selten sogar eines Kriegs, zwischen der alten und der jungen Generation auf (Lange 2009). Untermalt wird diese Konfliktdarstellung durch zukunftsbezogene Szenarien, welche die Konsequenzen der demografischen Alterung und Schrumpfung der Gesellschaft drastisch und in erster Linie negativ ausmalen (Bryant 2011). Zuweilen nehmen diese Schilderungen apokalyptischen Charakter an (Wuketits 2012). Dazu kommt die vgesehen wird, dass es bei der Beziehung zwischen den Generationen nicht alleine oder primäre um Werte geht, sondern um Würde und Persönlichkeitsentfaltung (Lüscher 2010; Straub 2010).

Im Konstanzer Forschungsbereich „Gesellschaft und Familie" wurden schon Mitte der 90er-Jahre exemplarisch rhetorische Muster identifiziert, die den Kampf der Generationen plausibilisieren sollen – und die sich bis heute hierzu wiederholen. Ergänzt durch eine jüngere Analyse von Haller (2007) kann stellvertretend auch für andere mediale Formate gesagt werden, dass in den „Generationenrhetoriken" eine markante Verengung des Generationenbegriffes auf das duale Konzept von „alt" und „jung" erfolgt. Als besonders diskursverengend erweist sich hierbei auch die permanente Verquickung der Argumentationen über die Beziehungen der Generationen in Familien mit den bevölkerungswissenschaftlichen Befunden des Geburtenrückgangs und des Alterns und die moralische Adressierung der dafür „Verantwortlichen".

Typisch für die öffentliche Auseinandersetzung mit dem zumeist in den Vordergrund der Betrachtung des Generationenthemas gerückten demografischen Wandel sind also Krisen- und Katastrophenszenarios (Schulze 2011). „Die" Demografie rückt in gleichsam ontologisierender Weise in den Rang eines allgegenwärtigen Problemdefinierers, inklusive der notwendigen Gegenmaßnahmen, die als Sachzwänge daherkommen:

„Vor allem in letzter Zeit ist der demografische Diskurs in einem bisher nicht gekannten Ausmaße zu einem allgegenwärtigen Teil der gesellschaftspolitischen Verständigung über gegebene Reformalternativen des Wohlfahrtsstaates geworden. Und inzwischen ist das Argumentieren mit der demografischen Entwicklung ebenso zu einer Chiffre für die Aufforderung zur Umgestaltung des Wohlfahrtsstaates in den fortgeschrittenen Ländern geworden wie dies seit längerem schon für die Diagnose der Globalisierung gegolten hat." (von Kontradowitz 2012: 279). Eine weitere Facette der dominierenden Diskurse zu Altern und Intergenerativität besteht darin, dass sie wenig von den Betroffenen selbst ausgehen. Spezifisch deutsch scheint dabei wiederum zu sein, dass die demografischen Argumentationsmuster mit scheinbar der Diskussion entrückten daraus abgeleiteten makroökonomischen Verlustrechnungen (Naegele 2013) eine suggestive Allianz eingehen, die an den gesunden Menschenverstand appelliert, den Lösungsraum aber enorm einengen und wenig soziale Innovationen zulassen. Mit Etzemüller (2009) kann dahinter auch eine bestimmte Form der Ordnungs(-wieder)herstellung einer zu komplex gewordenen Gesellschaft durch scheinbar nicht widerlegbare demografische Tatsachen vermutet werden.

Aufgabe sozialwissenschaftlicher Analysen in diesem Zusammenhang ist es daher, auf mögliche negative Implikationen solcher Bilder, Chiffren und Argumentationsrahmen hinzuweisen, um eben die möglichen Gestaltungsoptionen in einem weiteren Radius weiter abstecken zu können.

Es ist in diesem Zusammenhang beruhigend, dass bislang nur wenige Bürger solchen Argumentationen der Generationenrhetorik aufsitzen, was May (2010) in einer Kombination von empirischen Auswertungen des Eurobarometers (einer europaweiten sozialwissenschaftlichen Befragung und einer Inhaltsanalyse (Deutschland, Großbritannien, Niederlande) von Tageszeitungen überzeugend nachgewiesen hat: In allen drei Ländern sind intensive Inszenierungen eines Konflikts zwischen vermeintlichen „Wohlstandsgenerationen" in den Tageszeitungen aufzufinden, ohne dass sich überzeugende Belege für das Wahrnehmen und Erleben eines solchen Konflikts auf der individuellen Ebene der jungen und alten Menschen finden lassen.

Die medial-martialischen Inszenierungen eines Kriegs von „Sozialstaatsgenerationen" mit dem oftmals nicht mehr hinterfragten demografischen Argumentationsreservoir spielen vor allem jenen neoliberalen Positionen in die Hände, welche Kürzungen des Sozialbudgets legitimieren (Butterwegge 2012). Die Kürzungen wiederum betreffen vor allem diejenigen, die ohnehin wenige Ressourcen finanzieller Art haben, von denen gleichwohl ganz selbstverständlich erwartet wird, dass sie noch mehr in die eigene Altersvorsorge investieren sollen. Man kann begründet argumentieren (Klundt 2007), dass die Berufung auf vermeintliche demografische Sachzwänge und die sie flankierenden medialen Inszenierungen des Generationenkriegs Instrumente darstellen, die von Schieflagen in der Verteilung von Geld, Besitz, Macht und Einfluss entlang anderer sozialer Kategorien wie Schicht und ethnischer Zugehörigkeit ablenken. Eingängige Formeln und Forderungen, wie mehr Generationengerechtigkeit, Demografiefestigkeit, Nachhaltigkeit und Familienfreundlichkeit, lenken von diesen mächtigen Achsen der Ungleichheit ab und rufen das Individuum zu noch mehr Aktivität und Eigenvorsorge auf (Butterwegge 2009; Klundt 2007; Lange 2009).

Diese Adressierung gilt in jüngerer Zeit gerade auch für die Älteren: Lange Zeit, seit den 60er Jahren des 20. Jahrhundert, galt es als ausgemacht und war es auch übergreifender gesellschaftlicher Konsens, dass RentnerInnen ihren Ruhestand arbeitsfrei genießen sollen. Im Kometenschweif der Diskussionen um den demografischen Wandel und der aufgrund der längeren Lebenszeit logischerweise erfolgenden Verlängerung der Ruhestandsphase bröckelt der Konsens. Aufgrund der teilweise fragmentierten Erwerbsbiographien oder wegen geringer Renteneinzahlungen sind die finanziellen Belastungen im Blick. Also geht es erstens um die verlängerte Integration älterer Personen in den Arbeitsmarkt und die „Hebung" ihrer wirtschaftlichen Produktivität. Zum zweiten geht es um die „generationengerechte" Ausgestaltung der sozialen Sicherungssysteme. Und drittens werden die Potenziale der älteren Menschen für gemeinnützige Arbeiten aller Art „angezapft".

Da derzeit eine gesunde Generation in den Ruhestand wechselt und im Durchschnitt über gute zeitliche und finanzielle Ressourcen verfügt (Köcher/Bruttel 2012), wurde die Förderung bürgerschaftlichen und ehrenamtlichen Engagements ein ausdrückliches Ziel im übergreifenden Rahmen wohlfahrtsstaatlicher Politik. Sie sollen verstärkt in sozialen Diensten und Einrichtungen (z.B. in der Pflege, in der Altenhilfe, in Krankenhäusern oder ambulanten Diensten) tätig werden. Solche Anläufe hat es seit den achtziger Jahren immer wieder gegeben, neu ist aber: Die gesellschaftliche Aufmerksamkeit für die produktiven Tätigkeiten im Alter hat in jüngerer Zeit neuerdings enorm zugenommen. Solche Aktivitäten werden zunehmend organisiert, nicht zuletzt eben auch durch Mehrgenerationenhäuser, generationenübergreifende Freiwilligendienste, Programme zur Nutzung des Erfahrungswissens der Älteren oder die Einrichtung von Seniorenbüros, die neue Aktivitätsformen vermitteln und koordinieren.

Diese Tendenzen können weiterführend als Ausdruck einer Neuschneidung der Zuständigkeiten von Markt, Sozialstaat, Familie und Zivilgesellschaft gesehen werden (Grassl 2000). Der aktivierende Sozialstaat basiert stärker auf Selbstregulierung und subsidiären Elementen, er setzt Rahmenbedingungen, fordert und fördert Eigenverantwortung und Eigeninitiative. Er ist nicht alleine Ausdruck von scheinbar eindeutigen finanziellen Zwängen, welche die nachlassende Wirtschaftsleistung bedingt haben, sondern er stellt auch den Versuch dar (Ebert 2012: 124ff.; 127ff.), Vorstellungen von einer neuen Rolle des Individuums und damit fundamental neue Gerechtigkeitsleitlinien umzusetzen. „Und auch hier geht es keineswegs um einen einfachen „Rückzug" des Staates aus seiner „sozialen Verantwortung", sondern um die aktuelle, politisch für zeitgemäß gehaltene Interpretation derselben, sprich: Um die von gesellschaftlich machtvollen Akteuren als geltend durchgesetzte Deutung, dass den Marktkräften derzeit und bis auf Weiteres wieder eine unmittelbarere, unbeschränktere Wirkungsmacht auf die Arbeitskräfte zu gewähren sei – im vermeintlichen Interesse der Arbeitskräfte selbst und deren employability." (Lessenich 2012: 117).

Die „neuen Alten" werden im Kontext dieses aktivierenden Sozialstaats als Ressource gesellschaftlichen Engagements angesehen. Solange es darum geht, das freiwillige Engagement zu fördern und wohlfahrtsstaatlich einzubinden, sind politische Aktivierungsaktivitäten durchaus sinnvoll und begrüßenswert. Auth (2009) bezeichnet nun aber die Idee eines aktivierenden Staates allerdings dann als problematisch, wenn sie mit der Vorstellung einer moralischen Verpflichtung gegenüber „der Gesellschaft" und einer überbordenden Verantwortungszuschreibung verknüpft wird. Lessenich (2012: 128) bekräftigt diese Sichtweise und macht deutlich, was hier im Kern geschieht. „Mittlerweile greifen entsprechende institutionalisierte Erwartungshaltungen auch auf das Feld des Alters und des persönlichen Alter(n)shandelns über und durch – auf jenes soziale Risiko also, das über lange Zeit hinweg als unvermeidlich und individuell nicht zu beeinflussen galt und dessen kollektiv-öffentliche Absicherung den Funktions- wie Legitimationskern des (west)deutschen Sozialstaats in der Nachkriegszeit ausmachte."

Ähnliche Instrumentalisierungen und Indienstnahmen finden sich auch für die Population der Kinder und Jugendlichen. Da sie absolut gesehen und in Relation zu der älteren Bevölkerung immer weniger werden, werden sie auf der einen Seite wertvoller, geschätzter. Auf der anderen Seite aber bedeutet dies auch einen Blick, der sich auf ihre Nützlichkeit in der Zukunft richtet – als Arbeitskräfte, potenzielle Bürger und auch als Menschen, die jetzt und später Zivilengagement zeigen sollen (Olk/Hübenthal 2011).

Nach der Demaskierung dieser diskursiven, interessegeleiteten Position besteht eine zweite Rolle der Sozialwissenschaften darin, die veränderten Parameter einer Gesellschaft des langen Lebens zu entfalten, und zwar aus einer ausdrücklich multigenerationalen Perspektive heraus.

3. Jenseits der Rhetorik: Fakten und Bedingungen der Gesellschaft des langen Lebens

3.1. Verlängerte Lebenszeit und die Gegenläufigkeit von Entgrenzung und Ausdifferenzierung der Altersphasen

Mit Vaupel/Kistowski (2007) und (Hradil 2012) ist zuerst an die immer noch eindrücklichen Fakten zur Lebenserwartung zu erinnern. So wird für Menschen, die heute 30 Jahre und jünger sind, ein Leben bis in die späten Neunziger eher die Regel als die Ausnahme sein. Die Anzahl der Hundertjährigen ist seit 1960 um den Faktor 45 angestiegen. Ferner referieren die Autoren neuere Erkenntnisse zu den Bedingungen der Lebenserwartung: Demnach können 25 Prozent der Variation durch genetische Unterschiede, zehn Prozent den Lebensbedingungen in den ersten Jahren und die verbleibenden 65 Prozent den Bedingungen im Laufe des Lebens zugerechnet werden.

Neben diese eindrückliche „chronologische Expansion" tritt eine Verschiebung der Struktur und der kulturell als verbindlich angesehenen Inhalte der jeweiligen Lebensphasen, welche den sauber chronologisierten Lebenslauf der Hochmoderne (Kohli 1986) verwirbelt. Wie man an vielen Größen der Popmusik von Mick Jagger bis hin zu Joe Cocker sieht, ist die Gesellschaft des langen Lebens allgegenwärtig. Gerade im Feld der populären Kultur wird über das Altern und dessen vermeintliche Entgrenzung, also das Aufheben starrer Grenzen zwischen Jung und Alt, derzeit intensiv und in sehr anregender Weise nachgedacht (Heckel 2012). Ganz deutlich kristallisiert sich hierbei heraus, dass das traditionale Denken über das Altsein herausgefordert wird durch neue Modelle und Maßstäbe (Pohlmann 2012). Diese „Entgrenzungen" haben ihre Spuren auch im alltäglichen Fühlen, Denken und Handeln gefunden. So zeigt sich in aktuellen Untersuchungen eine verhaltensbezogene und mentale „Verjüngung" der Älteren (Köcher/Bruttel 2012: 47ff). Die heutigen Alten geben sich sowohl sportiver, sind mobiler als ihre Vergleichsgenerationen im Jahr 1985 und auch ihre Lust auf Neues ist wesentlich größer geworden als 1985. In die gleiche Richtung weist der Befund, dass die Mehrheit der über 65-Jährigen angibt, sich jünger zu fühlen, als es dem tatsächlichen Alter entspricht (Köcher/Bruttel 2012). Ähnliche Entgrenzungen finden sich bei den jungen Menschen, die sich tendenziell immer später als Erwachsene definieren und wahrnehmen (Bütow 2008) und man sich genötigt sieht, das Feld der „emerging adulthood" als neues entwicklungspsychologisches Vertiefungsgebiet zwischen Jugendalter und Erwachsenenalter einzuziehen (Arnett 2007). In der Forschung wird auf dieser Linie intensiv darüber gearbeitet, was eigentlich „passiert", wenn Personen mit einer Affinität zu Eltern werden: Es zeigt sich eine eigentümliche Mischung von neuer Pflichterfüllung und partieller Aufrechterhaltung des Jugendkults (Hodkinson 2011).

Gleichzeitig ist aber zu unterstreichen, dass trotz aller kulturellen Pluralisierungen und Öffnungen der Lebensinhalte eine starke Orientierung an der mittleren als der eigentlich produktiven Lebensphase weiterexistiert (Amrhein 2013) als der eigentlich anstrebenswerten und richtigen Lebensphase. Dies rührt auch von dem fundamentalen Primat wirtschaftlicher Verwertungszusammenhänge her, die zu den wesentlichsten Rahmenbedingungen der Altersstrukturierung und der Generationenbeziehungen gehören.

3.2. Relevante gesellschaftliche Makrotrends für Altern und Generationenbeziehungen

Altern und Generationenbeziehungen sowie die Generationenordnung sind nicht losgelöst von den breiteren sozioökonomischen und soziokulturellen Rahmenbedingungen einer je konkreten Gesellschaftsform zu verstehen. Sie werden einerseits davon beeinflusst, sie können aber auch auf diese einwirken (Pohlmann/Leopold/Heinecker 2012). Sie liegen primär in den Feldern der Erwerbsarbeit und neuer Technologien:

Als bedeutende Wandlungsprozesse in der Art und Weise, wie Menschen ihre Arbeitskraft einsetzen oder schärfer formuliert: veräußern, ist erstens auf den technologischen Fortschritt und dessen Nutzung hinzuweisen. Fundamental in das Gefüge von Altern und Generationenbeziehungen sowohl auf der Mikro- als auch auf der Makroebene greift die Informatisierung und Mediatisierung des gesamten Arbeits- und Wertschöpfungsprozesses ein (Boes 2012). Konkret bedeutet die Informatisierung, gedankliche Prozesse zu vergegenständlichen. Damit werden sie zeitunabhängig nutzbar und für andere zugänglich. Für viele Beschäftigte wird der Informationsraum zu einem Raum der Produktion von Kreativprodukten, Software, Steuerbescheiden, Zertifikaten etc. Unternehmen werden, forciert auch durch die neue Dominanz des Finanzkapitalismus gegenüber der Realökonomie (Nies/Sauer 2012), so immer mehr über Zahlen gesteuert (Vormbusch 2012). Mit dem Informationsraum entsteht aber auch ein neues Potenzial der Automatisierung. Das verändert nicht nur die klassischen Handarbeitsbereiche, sondern auch die Büroarbeit im weitesten Sinne. Und insgesamt immer mehr Beschäftigte arbeiten „digital“, mit und durch und über Informationen. Dazu kommt eine globale Entkopplung von sozial erzeugten und physisch definierten Orten. Das mündet dann in fluiden Wertschöpfungsketten, die die Grenzen im und außerhalb des Unternehmens verwischen. Der Betrieb wird immer seltener von seinem Ort her bestimmt. Man produziert an verschiedensten Orten der Welt, wenn es sein muss, 24 Stunden am Tag.

Zweitens gehen die neuen Formen des Arbeitens aufgrund der parallel zur Informatisierung sich durchsetzenden Flexibilisierung und Kundenorientierung einher mit einer Ablösung der industriellen Zentralisierung und Standardisierung. Sie wurden ersetzt durch dezentralisierte, netzwerkartige sowie hochgradig flexible Abläufe und Organisationsmuster. Diese schlagen sich für die Beschäftigten dann konkret in den neuen Arbeitsbedingungen, -orten und -zeiten nieder, die nicht selten eine Belastung für die Beschäftigten darstellen.

Drittens hat auch für qualifizierte Arbeit eine fundamentale Neubestimmung des Inhalts und der Motivation von Erwerbsarbeit gegriffen. In Arrangements „subjektivierter“ Arbeit kann sich der Beschäftigte mit seiner ganzen Person, inklusive seiner Emotionalität einbringen; das wird auch von ihm gefordert. Diese hohe persönliche Aufladung der Erwerbsarbeit, die bislang nur in bestimmten Professionen verbreitet war, dehnt sich auf immer mehr Beschäftigtengruppen aus, was nicht selten in eine Spirale der permanenten Selbstüberforderung mündet (Moosbrugger 2008). Gleichzeitig produziert die postfordistische Ökonomie ein erhebliches Maß an Einstiegshürden in den Arbeitsmarkt, neue Prekaritäten des Arbeitens und im Zusammenhang damit für einen nicht unerheblichen Anteil der Erwerbstätigen eine „Verwilderung“ der Anerkennungsverhältnisse (Honneth 2013). Überspitzt formuliert arbeiten die einen ohne Ende und mit immer mehr Einsatz, um jeweils nur temporär begrenzt persönliche Selbstverwirklichung und Subsistenz und Anerkennung zu erlangen, während eine zweite Gruppe in dequalifizierten Jobs keine Anerkennung aus ihrer Berufstätigkeit ziehen kann und die dritte Gruppe außerhalb des regulären Arbeitsmarktes sich andere Formen

und Resonanzen der Anerkennung verschafft, z.B. in der Sphäre des Konsums (Voswinkel 2013).
Diese Prozesse haben, berechtigt oder nicht, zu einer mental-ideologischen Bevorzugung der „jüngeren" Generation geführt. Den Jüngeren wird attestiert, hier mithalten zu können und die notwendige Energie zu besitzen, die älteren Arbeitnehmer galten in diesem Zusammenhang als Bremsen des Fortschritts. Im Fortgang des Artikels wird diese Auffassung grundlegend zu korrigieren sein.

Der zweite gesellschaftliche Megatrend, in dem sich die Gesellschaft des langen Lebens entfaltet, ist eine hochgradige Pluralisierung von kulturellen und ethnischen Lebensstilen bei anhaltender, wenn nicht sogar sich verschärfender sozialer Ungleichheit. Die Ausgangsbedingungen für ein langes Leben und für die vielfältigsten intergenerativen Kontakte multiplizieren sich nicht nur, sondern sie polarisieren sich in Begriffen der verfügbaren Ressourcen. Die Gesellschaft des langen Lebens wirft auf der einen Seite also ein buntes, kulturalisiertes und vielgestaltiges Bild auf den Schirm der Zukunftsprojektion; gleichzeitig aber sprechen viele Indikatoren dafür, dass die Wege in die Gesellschaft des langen Lebens nicht allein differenzierter, sondern ungleicher werden.

Beide Facetten des gesellschaftlichen Wandels, kulturalisierte Buntheit und sich polarisierende Ungleichheiten, wirken in die Gestaltungsherausforderungen hinein: Auf der einen Seite müssen generative Akte aller Art von Beginn an mit einer kulturell und mental sehr ausgefächerten „Geberschaft" als auch mit einer solcherart noch schwieriger einheitlich zu erreichenden „Nehmerschaft" rechnen. So werden beispielsweise hochaltrige MigrantInnen mit anderen kulturellen und pädagogischen Projekten zu versorgen sein als Einheimische; das Gleiche gilt für die VertreterInnen unterschiedlicher Milieus. Und auf der anderen Seite wird für manche Populationssegmente die Bereitstellung der elementaren Basics für das Leben und das Austauschen im Alter das vorrangige Problem sein, weit vor allen Beschäftigungen und Aktivitäten im Bereich der Zivilgesellschaft.

4. Gesellschaft des langen Lebens. Leitlinien und Herausforderungen für Handeln und Gestalten

4.1 Generativität: Schlüsselbegriff für die reflexive Gestaltung der Gesellschaft des langen Lebens

Die Idee der Generativität (Lüscher 2010) beinhaltet vor allem, dass Menschen ihr generatives Verhalten im weitesten Sinne in hohem Maße planvoll bedenken und auf dieser Basis dann auch steuern können. Diskussionen über Elternschaft heute belegen diese Reflexivität auf vielfältige Art und Weise – da wird antizipiert, ob Elternschaft sich mit den Anforderungen des Jobs in Einklang bringen lässt oder auch einen zusätzlichen, eigenständigen Beitrag zur Persönlichkeitsentwicklung leistet (Lüscher 2010). Über dieses konventionelle und eher eng begrenze Verständnis hinaus umschreibt Generativität fundamentaler und weitergehend, dass sorgendes und pflegendes Handeln gegenüber nachfolgenden Generationen auch nach und außerhalb der Elternschaft möglich sei und praktiziert werde. Diese generativen Akte im Anleiten, Erziehen, Coachen etc. (s. auch Zinnecker 1997) lassen sich demnach auch empirisch operationalisieren und sie kommen sowohl dem sich generativ im weitesten Sinne handelnden Individuum im Sinne der Persönlichkeits- und Identitätsentwicklung im dritten Lebensabschnitt zugute. Zugleich fördern sie die gesellschaftliche Integration sowie u.U. die Weiterentwicklung (Ernst 2008) von Systemen und Gesellschaften.

Überdies lässt sich Generativität mit King (2002) dahingehend auslegen, dass auch die Jüngeren als Individuen und als Kollektiv ein Bewusstsein für das Wohl der nachfolgenden Generationen entwickeln und in dementsprechende Praxis umsetzen können. „Dementsprechend lässt sich Generativität als die menschliche Fähigkeit *definieren,* individuell und kollektiv um das gegenseitige Angewiesensein der Generationen zu wissen, dies im eigenen Handeln bedenken zu können und zu sollen. Darin liegen spezifische Potenziale der Sinngebung für das individuelle und gemeinschaftlich-gesellschaftliche Leben." (Lüscher 2010: 17).

Dies gibt den gemeinsamen Gestaltungs- und Handlungsimpulsen einen konzeptionellen und damit auch diskursiven Anstrich. Gegenüber dem Konzept der Generationengerechtigkeit, das a priori immer auch das Gegeneinander aufruft, verweist Generativität auf das Gemeinsame. Es verniedlicht und verharmlost diese Aspekte keineswegs, sondern hat die Spannungen, Widersprüche und notwendigen Aufwendungen im Blick. Ernst (2008: 193ff) entwirft in diesem Zusammenhang das Projekt einer intergenerativen Ethik und verweist auf die besondere Notwendigkeit, neben individuellen Voraussetzungen für Generativität die kollektive Generativität umfassend zu fördern. Zu vermeiden ist dabei (Ernst 2008: 217) sowohl eine „selektive Generativität", die nur ausgewählte Gruppen von nachrückenden Generationen im Blick hat, als auch eine Überforderung des Einzelnen, der sich im Sinne einer pragmatischen Beschränkung auf eine bestimmte Form der Generativität fokussieren muss. Damit skizziert der Autor eine wichtige Linie der zukünftigen Andragogik und Erwachsenenbildung, die man als „Reflexive Pädagogik der Generativität" umschreiben könnte. Sie betrifft die älteren Generationen. Für die jüngeren Generationen wäre es in Analogie dazu ein bedenkenswertes Projekt, auf der Basis in die Erwartung eines langen Lebens mit den jungen Menschen prospektiv über ihre Potenziale für Generativität über die gesamte Lebensspanne nachzudenken. Auf der kollektiven Ebene geht es um eine konzertierte Anstrengung aller politischen Akteure, Aspekte des generativen Handelns systematisch in die unterschiedlichen policy-Felder einzubauen.

Transformiert auf die Ebene der in Frage stehenden Handlungen auf dyadischer und kollektiver Ebene stellen sich exemplarisch folgende Aufgabenbündel, in denen Generationalität, Intergenerationalität und Intergenerativität jeweils wichtige Bezugspunkte der Gestaltung und der sie begründenden Diskurse darstellen:

4.2. Gestaltungsfeld Pflege und Betreuung

Jenseits der skizzierten plakativen und eingängigen Thesen der Generations- und Demografierhetorik liegt in der Tat eine große Menge an Herausforderungen, Chancen und Risiken, damit aber gesellschaftspolitischen und zivilgesellschaftlichen Gestaltungsanforderungen vor: Angesichts der demografischen Umschichtungen und des intensiven Einbezugs von Müttern und Vätern ist die Pflege und Betreuung der „ganz Jungen" und „ganz Alten" eine erhebliche Herausforderung. Die Konzipierung eines nachhaltig tragfähigen Mixes von familialer, verwandtschaftlicher, professioneller und semiprofessioneller sowie zivilgesellschaftlicher Sorge ist ein nur multidisziplinär und multiprofessionell zu schulterndes Unternehmen. Es berührt allerdings nicht nur Fragen der Organisation und der professionellen Begleitung sowie die immer mitlaufende der Finanzierung, sondern auch diejenige der damit tangierten Bereiche einer Zeitpolitik (Hengsbach 2012).

In diesem Zusammenhang muss der dominierende Blick auf die Finanzierbarkeit des langen Lebens durch Systeme der Sozialversicherung (Naegele 2013) und der Eigenvorsorge auch an dieser Stelle dringend ergänzt werden um weitere Facetten des langen Lebens.

Die übliche ökonomische Verengung verdrängt konkret formuliert ein brennendes Problem des langen Lebens: Wie kann die mittlere Generation, sowohl Männer als auch Frauen, in ihrer Betreuungs- und später Pflegefunktion unterstützt werden? Zwar ist die Anzahl bzw. der Anteil derjenigen, die sich tatsächlich in einer echten Sandwichsituation befinden, gering: Schneekloth (2012: 268) berichtet von 1,5% der Frauen im Alter von 30 bis 39 Jahren, 2,4% im Alter von 40 bis 49 Jahren und 0,8% der Frauen im Alter von 50 bis 59 Jahren.

Fakt ist trotzdem, dass ein Großteil der Unterstützung von Angehörigen erbracht wird und dies so auch von den Betroffenen gewünscht wird. Aber die Hälfte der 4,5 Millionen Deutschen, die sich aktuell um ihre hilfsbedürftigen Familienmitglieder kümmern, ist berufstätig und damit auf gewisse Rahmenbedingungen für die Verknüpfung von Beruf und Pflege angewiesen. Neben dem Wunsch, Angehörige zu betreuen oder zu pflegen, tritt oftmals gleichrangig die finanzielle Notwendigkeit, dies zu tun. Heute schon, aber in der Zukunft noch verstärkt, wird eine strukturelle Arbeitskräfteknappheit dazu führen, dass die schrumpfende Anzahl von Erwerbstätigen gleichzeitig länger arbeiten muss; nicht zuletzt auch, um die steigenden Kosten für Pflege und Rente abpuffern zu können (Angermann/Solf 2012).

Dies könnte politisch abgefangen werden durch effektiveres Arbeiten, die Hebung von Beschäftigungsreserven bei MigrantInnen oder durch höhere Steuern. Da Pflegearbeit vor allem von den Familienfrauen erbracht wird, gleichzeitig die Frauen, durchaus politisch gewollt, immer stärker am Arbeitsmarkt partizipieren werden, bleibt rein numerisch ein geringeres Kontingent für Pflege- und Betreuungsaufgaben. Es bleibt auch auf die Haushalte bezogen ein geringeres Zeitkontingent für Pflegeaufgaben. Auch die Familienstrukturen wandeln sich derzeit tendenziell in Richtung stärkerer Instabilität (s. Peuckert 2013 und Lange i.d.B.). Zusammengefasst muss also langfristig mit einer Lücke im informellen Pflegepotential gerechnet werden.

Aber nicht allein dies ist zu bedenken, wenn wir uns mit der Frage nach den Pflegepotenzialen auseinandersetzen. Dazu kommt, dass diejenigen, die potenziell betreuen und pflegen wollen und können, mit erheblich veränderten Erwerbsbedingungen zu kämpfen haben, die in 3.2. ausführlich dargestellt worden sind.

Die Unternehmen dürften aber langfristig gesehen ebenfalls Interesse an Lösungen für die Vereinbarkeit von Erwerbstätigkeit und Pflege entwickeln. Dazu gehört dann neben guter Bezahlung und anderen Faktoren die Unterstützung einer besseren Vereinbarkeit. Ein entscheidender Unterschied zwischen Betreuung der Kinder und Pflege älterer Angehöriger besteht nun allerdings darin, dass es unterschiedliche Wertebesetzungen der beiden Aspekte gibt. „Die Betreuung von Kindern wird allerdings im Gegensatz zur Betreuung von älteren Angehörigen als positiver besetzt betrachtet; der/die Betreuende zieht das Kind groß, bereitet es auf das Leben als selbständige/r Erwachsener vor. Im Unterschied dazu wird die Betreuung und Pflege von älteren Angehörigen, neben der körperlichen Anstrengung, auch als psychisch anstrengend wahrgenommen, da sich oft auch mit Sterben und Tod auseinandergesetzt werden muss. Was die praktischen Belange angeht, so ist der Unterschied zwischen der Betreuung von Kindern und älteren Angehörigen vorrangig in der geringeren Planbarkeit des Eintritts und der Dauer der Pflegebedürftigkeit sowie der räumlichen Distanz der Wohnorte von Pflegendem und Pflegebedürftigem zu sehen." (Angermann/Solf 2012: 132).

Was brauchen nun pflegende Angehörige? Was wird ihnen geboten? Zum einen geht es natürlich um passende, *pflegesensible* Freistellungs- und Arbeitszeitarrangements. Neben der Möglichkeit der Teilzeitarbeit ist zudem das Pflegezeitgesetz zu erwähnen. Dieses erlaubt kurzfristige Freistellungen (bis zu zehn Tage) sowie längere Freistellungen bis hin zu sechs

Monaten. Das Manko daran ist freilich die fehlende Lohnfortzahlung, was das ganze Unternehmen wieder zu einer Frage sozialer Ungleichheit macht. Darüber hinaus gehen Überlegungen zu einer Familienpflegezeit. Hier sollen Erwerbstätige bis zu zwei Jahre ihre Arbeitszeit reduzieren, um Angehörige pflegen zu können. Während dieser Zeit bekommen sie einen großen Anteil ihres Lohns, müssen ihre Lohn- und Zeitkonten danach wieder ausgleichen. Wir haben es also nicht mit einer Lohnersatzleistung zu tun und es gibt keinen gesetzlichen Anspruch hierauf.

Auf betrieblicher Ebene existiert ein ganzes Spektrum von Arbeitszeitregelungen. Aus der Forschung wissen wir aber, dass diese ganzen Angaben der Unternehmen über das Angebot solcher Maßnahmen kritisch zu hinterfragen ist, weil die tatsächliche Inanspruchnahme nicht ganz so problemlos verläuft wie das Wort „Angebot“ suggerieren mag.

Neben die Unterstützung durch zeitliche Ressourcen für die pflegebereiten Angehörigen muss nun überdies eine weitere Unterstützung treten, nämlich diejenige durch Beratung und Vermittlung unterstützender Dienstleistungen. „Insbesondere wenn pflegende MitarbeiterInnen aufgrund beruflicher Veränderungen nicht mehr in derselben Kommune wie der/die pflegebedürftige Angehörige wohnt. Erschwert wird in einem solchen Fall die Situation durch eine vielfach zersplitterte und unübersichtliche Angebotssituation von Unterstützungsangeboten in Ballungsräumen sowie von Versorgungsdefiziten insbesondere im ländlichen Raum.“ (Angermann/Solf 2012: 136). Die Zersplitterung von Diensten sozialer und pflegerischer Art ist ein Hindernis für die spezifische Hilfe für die Angehörigen, denn aufgrund fehlender Transparenz gestaltet sich die Identifikation der passenden Dienstleister als aufwändig.

4.3. Gestaltungsfeld Erwerbsarbeit

Lange Zeit dachte man, man könne das menschliche Leben modellieren als einen Anstieg von Fertigkeiten des Denkens bis hin zum Alter von 18 Jahren, einer Erhaltung körperlicher Kräfte bis etwas zum 35. Lebensjahr und einer nicht mehr zu stoppenden Abnahme aller Grundfähigkeiten ab dem späten Erwachsenenalter. Heute wissen wir mehr und wir werden von der Entwicklungspsychologie bzw. Gerontologie darauf hingewiesen, dass sich der menschliche Geist und der menschliche Körper auf vielfältige Weise reorganisieren, um hohe Fähigkeiten auf unterschiedliche Weise gewissermaßen neu formatiert zu erhalten. Entwicklung, so die gängige Formel, umfasst in jeder Phase des menschlichen Lebens sowohl Gewinne als auch Verluste. Im späteren Erwachsenenalter (Lindenberger/Staudinger 2012) geht es vor allem um die Aufrechterhaltung von Fähigkeiten und um Verlustregulation. Und die psychologische Forschung hat überzeugend nachgewiesen: Zwar sinkt die geschwindigkeitsbezogene, inhaltsunabhängige Intelligenz mit dem Alter schon von dreißig Jahren kontinuierlich ab. Aber die kristalline Intelligenz, die stark durch Kultur bestimmt wird, erreicht ihren Zenit erst mit 40 Jahren und kann ohne große Verluste bis ins neunte Lebensjahrzehnt erhalten werden. Zwar beginnen auch dann Abbauprozesse, die aber moderat ausfallen. Sowohl körperliche als auch kognitive Aspekte des Alterns sind, so eine weitere Einsicht, durch den allgemeinen Lebensstil und durch spezielle Trainings positiv zu beeinflussen.

Mit dieser individuellen Gestaltungsmöglichkeit korrespondieren eine Reihe gesellschaftlicher Möglichkeiten. Das gilt beispielsweise für die noch im Jugendlichkeitswahn befindliche Arbeitswelt in Sachen Gestaltung von Arbeitsteams. So unterstreicht der Heidelberger Altersforscher Andreas Kruse (2012) „Rückgänge in der Leistungsfähigkeit sind häufig nicht auf das Alter, sondern auf ein Qualifizierungsdefizit zurückzuführen. Dessen Ursachen liegen weniger in einer mangelnden Fortbildungsbereitschaft als vielmehr in einer betrieblichen Weiterbildungspraxis. Diese unterschätzt nämlich die Lernfähigkeit und die Kompetenzen älterer Arbeitnehmer. Empirische Studien rechtfertigen die Annahme, dass Arbeitsprozesse, die einerseits hohe Anforderungen an Geschwindigkeit, Merkfähigkeit und das Lösen neuer Probleme stellen, andererseits einen Überblick über sehr unterschiedliche Bereiche und Abläufe sowie eine intensive Kooperation erfordern, von altersgemischten Teams besser bewältigt werden als von altershomogenen Teams. So interpretieren jüngere Mitarbeiter die Kooperation mit älteren in aller Regel als Gewinn – dies vor allem mit Blick auf deren Mentorenschaft, die speziell für Berufseinsteiger eine bemerkenswerte Form der Unterstützung darstellt. Umgekehrt bewerten ältere Mitarbeiter die Zusammenarbeit mit jungen als einen wertvollen Anstoß zur Reflexion und Erweiterung ihrer Wissenssysteme und Handlungsstrategien wie auch als eine kreativitätsförderliche Unternehmensstrategie."

Neben der technologischen Unterstützung der älteren Arbeitnehmer durch Assistenzsysteme sowie neue Medien (Patzwald/Staudinger 2012) und deren schrittweiser und systematischer Vorbereitung auf die Nacherwerbsphase (Höpflinger/Clemens 2005) schält sich also eine veränderte Personal- und Qualifizierungspolitik in den Betrieben, Unternehmen und Verwaltungen als wirkliche Aufgabe in der Gesellschaft des langen Lebens heraus. Dobischat/Schirgaz (2011: 83) unterstreichen in diesem Zusammenhang, dass die jeweilige konkrete betriebliche Personalpolitik durch das dort jeweils vorherrschende Bild von der Leistungsfähigkeit der älteren Mitarbeiter und Mitarbeiterinnen vorgebahnt wird. Werden die Älteren primär in Begriffen von Defizit und Abbau eingeschätzt, dann werden sie auch weniger in die Personalentwicklung einbezogen, was dann auch ein Faktor für die insgesamt geringere Weiterbildungsbereitschaft dieses Segmentes der Belegschaft darstellt. Wenn diese Altersdiskriminierung erkannt und überwunden wird, öffnen sich auf der einen Seite nicht nur die Fenster für ein weiteres produktives Mitarbeiten der älteren Erwerbstätigen, sondern auf der anderen Seite auch solche für eine systematisch, ansonsten eher latent und daher suboptimale „intergenerative Wissenskommunikation" in den Betrieben und Verwaltungen (Gerstenmaier/Mandl 2011). Diese könnte in Zukunft eine strategisch durchaus wichtige Ressource für den Unternehmenserfolg werden. So erhöht die Identifikation mit der eigenen Altersgruppe die Kündigungsbereitschaft und auch das Commitment bei älteren Arbeitnehmern, wohingegen eine Identifikation mit dem Unternehmen und wahrgenommene Altersdurchlässigkeit die Kündigungsabsicht reduzieren.

4.4. Intergenerativ sensible, Generativität ermöglichende Neuformatierungen sozialstaatlicher Angebote und sozialer Dienste

Oben wurde auf die instrumentalisierenden Verkürzungen der rhetorischen Indienstnahme älterer Menschen für das Gemeinwesen hingewiesen. Diese kritische Analyse schließt nicht aus, sich Gedanken über die notwendigen und gewünschten Formen des Zivilengagements aller Generationen und Altersgruppen zu machen.

Die möglichst lange Partizipation an Gesellschaft und Kommune ist eine wichtige und mit vielen Chancen verbundene Option der Gesellschaft des langen Lebens. Sie darf aber nicht zweckentfremdet werden, um Lücken des Sozialstaats zu stopfen oder professionelle Dienstleistungen zusammenzustreichen. Sie darf nicht als staatliche Pflichtleistung organisiert werden.

An dieser Stelle kommen die in den vergangenen Jahren konzipierten und entstandenen Familienzentren, Mehrgenerationenhäuser und Eltern-Kind-Zentren in den Blickpunkt. Sie stellen zum ersten einen neuen Typus sozialer Dienste dar, die alltagsnah und flexibel operieren.

Riedel (2012: 35) hat dabei eine sehr nützliche Umschreibung der Spezifik der hier im Vordergrund stehenden Mehrgenerationenhäuser vorgelegt: „Während bei Familienzentren, die sich ursprünglich am Vorbild der englischen Early Excellence Centers orientieren, der Gedanke im Vordergrund steht, ein positives Umfeld für das Aufwachsen von Kindern zu schaffen und Familien in ihrem Erziehungsauftrag zu stärken, haben die Mehrgenerationenhäuser den größeren Generationenzusammenhang im Blick. Ihnen geht es vor allem auch darum, über die Familie hinaus Begegnungen zwischen Jung und Alt zu ermöglichen und Brücken zwischen Menschen verschiedenen Alters zu schlagen. Dazu inszenieren sie vielfältige Gelegenheiten und führen Dienste und Alltagshilfen für unterschiedliche Lebensphasen und -lagen zusammen. Ein wichtiges Anliegen der Mehrgenerationenhäuser ist es, Zugänge zu freiwilligem Engagement zu öffnen. Gerade der Inszenierungscharakter von Mehrgenerationenhäusern darf nicht unterschätzt werden und sollte als Ressource noch stärker strategisch genutzt werden

5. Zusammenfassung und Ausblick: Generativität ist kein Ziel, sondern Mittel auf dem Weg zur Schaffung von mehr Lebensqualität für alle Generationen

Der Artikel hat versucht, in bewusster Opposition zu solchen Diskursen, die die Gesellschaft des langen Lebens primär als Belastung und als Legitimation für die weitere Neoliberalisierung des Sozialstaates sowie für die Daueraktivierung aller Bürger instrumentalisieren, die konzeptionellen Grundlagen für die Gestaltung dieser neuen Gesellschaftsform dazulegen und an Beispielen diese Herausforderungen aufzuzeigen, ohne dabei zu vergessen, dass dies sehr differenziert für die unterschiedlichsten Populationen erfolgen muss.

Abschließend soll darauf hingewiesen werden, dass neben der Orientierung an der Generativität als dem Modus der Bewältigung der Herausforderungen der Gesellschaft des langen Lebens die stringente Ausrichtung an Zielen der generativen Anstrengungen zu betreiben ist. Ins Raster dieser Überlegungen rücken jüngst von der Kindheits- bis hin zur Altersforschung (Waidekamp-Maicher 2010) die Konstrukte Lebensqualität und Wohlbefinden auf die individuellen sowie aggregierten gesellschaftlichen Systeme. D.h., anzustreben ist eine Abschätzung der Wirkung generativer Akte auf das Wohlbefinden unterschiedlicher Populationen als Teil einer Sozialberichterstattung, die neben anderen Indikatoren (Nachhaltigkeit, Handlungsspielräume etc.) das subjektive Wohlbefinden als wichtige Zielgröße ihrer Bemühungen ansieht (Raffelhüschen/Vatter 2012).

Literatur

Amrhein, L. (2013): Die soziale Konstruktion von „Hochaltrigkeit" in einer jungen Altersgesellschaft. In: Zeitschrift für Gerontologie und Geriatrie, 46, 1, S. 10-15.
Angermann, A./Solf, M. (2012): Folgen veränderter Lebens- und Arbeitswelten für Unternehmen. In: Pohlmann, S. (Hrsg.): Altern mit Zukunft. Wiesbaden, S. 125-140.

Arnett, J. J. (2007): Socialization in Emerging Adulthood. Form the Family to the Wider World, from Socialization to Self-Socialization. In: Grusec, J. E./Hastings, P. D. (Hrsg.): Handbook of Socialization. Theory and Research. New York, S. 208-231.
Auth, D. (2009): Die „neuen Alten“ im Visier des aktivierenden Wohlfahrtsstaates: Geschlechtsspezifische Implikationen des produktiven Alter(n)s. In: Van Dyk, S./Lessenich, S. (Hrsg.): Die Jungen Alten. Analysen einer neuen Sozialfigur. Frankfurt am Main, S. 296-315.
Boes, A. (2012): Informatisierung der Gesellschaft und Zukunft der Arbeit. Vortrag beim Kongress „Leben und Arbeiten in der digitalen Gesellschaft“. GlobeProPrint6. München.
Bohnenkamp, B. (2011): Doing Generation. Zur Inszenierung von generationeller Gemeinschaft in deutschsprachigen Schriftmedien. Bielefeld.
Butterwegge, C. (2009): Sozialstaat, demografischer Wandel und Generationengerechtigkeit – Betrachtungen aus der Perspektive einer kritischen Politikwissenschaft. In: Künemund, H./Szydlik, M. (Hrsg.): Generationen. Multidisziplinäre Perspektiven. Wiesbaden, S. 209-228.
Butterwegge, C. (2012): Die Entwicklung des Sozialstaates, Reformen der Alterssicherung und die (Re-)Seniorisierung der Armut. In: Butterwegge, C./Bosbach, G./Birkwald, M. W. (Hrsg.): Armut im Alter. Probleme und Perspektiven der sozialen Sicherung. Frankfurt am Main, S. 13-41.
Bütow, B. (2008): Der subjektive Altersstatus im Zeitvergleich. Vom Brüchigwerden sozialer Kategorien. In: Gille, M. (Hrsg.): Jugend in Ost und West seit der Wiedervereinigung. Ergebnisse aus dem replikativen Längsschnitt des DJI-Jugendsurvey. Martina Gille. Wiesbaden, S. 83-117.
Ebert, T. (2012): Soziale Gerechtigkeit in der Krise. Bonn.
Ecarius, J. (2001): Pädagogik und Generation. Ein pädagogischer Generationenbegriff für Familie und Schule. Pädagogische Generationenbeziehungen. Jugendliche im Spannungsfeld von Schule und Familie. Ralf-Torsten Kramer, Werner Helsper and Susan Busse. Opladen, S. 40-62.
Ernst, H. (2008): Weitergeben! Anstiftung zum generativen Leben. Hamburg.
Ette, A./Ruckdeschel, K./Unger, R. (2010): Potenziale intergenerationaler Beziehungen: Chancen und Herausforderungen für die Gestaltung des demografischen Wandels. In: dies. (Hrsg.): Potenziale intergenerationaler Beziehungen. Chancen und Herausforderungen für die Gestaltung des demografischen Wandels. Würzburg, S. 9-36.
Etzemüller, T. (2009): „Dreißig Jahre nach Zwölf“? der apokalyptische Bevölkerungsdiskurs im 20. Jahrhundert. In: Nagel, A./Schipper, B. U./Weymann, A. (Hrsg.): Apokalypse. Zur Soziologie und Geschichte religöser Krisenrhetorik. Frankfurt am Main, S. 197-216.
Fiehler, R./Fitzner, W. (2012): Bilder des Alters im Sprachgebrauch. In: Berner, F./Rossow, J./Schwitzer, K.-P. (Hrsg.): Individuelle und kulturelle Altersbilder. Expertisen zum Sechsten Altenbericht der Bundesregierung. Wiesbaden, S. 289-372.
Gerstenmaier, J./Mandl, H. (2011): Intergenerative Wissenskommunikation in Betrieben und Organisationen. In: Eckert, T./von Hippel, A./Pietraß, M./Schmidt-Hertha, B. (Hrsg.): Bildung der Generationen.Wiesbaden, S. 125-134.
Heckel, M. (2012): Azubi mit 50. The European, 1(4), S. 14.
Hodkinson, P. (2011): Ageing in a spectacular „youth culture”: continuity, change and community amongst older goths. In: The British Journal of Sociology, 62, 2, S. 262-282.
Honneth, A. (2013): Verwilderungen des sozialen Konflikts. Anerkennungskämppfe zu Beginn des 21. Jahrhunderts. In: Honneth, A./Lindemann, O./Voswinkel, S. (Hrsg.): Strukturwandel der Anerkennung. Paradoxien sozialer Integration in der Gegenwart. Frankfurt am Main, S. 17-39.
Hradil, S. (2012): Bevölkerung. Die Angst vor der demografischen Zukunft. In: Hradil, S. (Hrsg.): Deutsche Verhältnisse. Eine Sozialkunde. Bonn, S. 41-66.
Kessler, E. M./Lindenberger, U./Staudinger, U. (2009): „Stichwort. Entwicklung im Erwachsenenalter. Konsequenzen für Lernen und Bildung.“ In: Zeitschrift für Erziehungswissenschaft 12, 3), S. 361-381.

Klundt, M. (2007): Von der sozialen zur Generationengerechtigkeit? Polarisierte Lebenslagen und ihre Deutung in Wissenschaft, Politik und Medien. Wiesbaden.
Köcher, R./Bruttel, O. (2012): Die heutigen 65-bis 85-Jährigen: Lebensgefühl und materielle Lebenssituation. In: Institut für Demografie Allensbach & Generali. Zukunftsfonds (Hrsg.): Generali Altersstudie 2013. Wie ältere Menschen leben, denken und sich engagieren. Frankfurt am Main, S. 31-61.
Kohli, M. (1986): Gesellschaftszeit und Lebenszeit. Der Lebenslauf im Strukturwandel der Moderne. In: Berger, J. (Hrsg.): Die Moderne – Kontinuitäten und Zäsuren. Göttingen, S. 33-54.
von Kontradowitz, H.-J. (2012): Alter und Altern. In: Albrecht, G./Groenemeyer, A. (Hrsg.): Handbuch soziale Probleme. Band 1., 2. überarbeitete Auflage. Wiesbaden, S. 279-319.
Kruse, A. (2012): Die Potenziale intergenerationeller Beziehungen für Individuum und Gesellschaft. Ruperto Carolina, Heft 1, S. 19-22.
Lange, A. (2009): Schein und Zeit. DJI-Bulletin 86, 2, S. 7-9.
Lessenich, S. (2012): Theorien des Sozialstaats zur Einführung. Hamburg.
Lindenberger, U./Staudinger, U. (2012): Höheres Erwachsenenalter In: Schneider, W./Lindenberger, U. (Hrsg.): Entwicklungspsychologie. 7., vollständig überarbeitete Auflage. Weinheim, S. 283-309.
Lüscher, K. (2010): Generationenpolitik – eine Perspektive. Auf dem Weg zu einer Generationenpolitik. In: Schweizeriche Akademie der Geistes- und Sozialwissenschaften. Bern, S. 11-43.
Lüscher, K./Liegle, L./Lange, A./Hoff, A./Stoffel, M./Viry, G./Widmer, E. (2010): Generationen, Generationenbeziehungen, Generationenpolitik: Ein dreisprachiges Kompendium. Bern.
Naegele, G. (2013): Handlungsfelder einer zukunftsgerichteten Alterssozialpolitik. Aus Politik und Zeitgeschichte, (Heft 4-5), S. 18-23.
Nies, S./Sauer, D. (2012): Arbeit – mehr als Beschäftigung? Zur arbeitssoziologischen Kapitalismuskritik. In: Dörre, K./Sauer, D./Wittke, V. (Hrsg.): Kapitalismustheorie und Arbeit. Neue Ansätze soziologischer Kritik. Frankfurt am Main, S. 34-62.
Olk, T./Hübenthal, M. (2011): Kinder als Effective Citizens? Zur Reform der frühkindlichen Bildung, Betreuung und Erziehung im investierenden Sozialstaat. In: Kommission Sozialpädagogik (Hrsg.): Bildung des Effective Citizen. Sozialpädagogik auf dem Weg zu einem neuen Sozialentwurf. Weinheim, S. 157-167.
Patzwald, K./Staudinger, U. M. (2012): Medien und Altern: Forschungsperspektiven zur produktiven Entwicklung Erwachsener. Medien & Altern,1, 1, S. 64-75.
Pohlmann, M. (2012). „Wie die Gesellschaft alt und jung definiert." Ruperto Carolina(1), S. 43-48.
Pohlmann, S./Leopold, C./Heinecker, P. (2012): Richtungsentscheidungen für Jung und Alt. In: Pohlmannn, S. (Hrsg): Altern mit Zukunft. Wiesbaden, S. 19-40.
Raffelhüschen, B./Vatter, J. (2012): Bausteine einer glücklichen Gesellschaft. In Deutsche Post AG (Hrsg.): Deutsche Post Glücksatlas 2012. München, S. 56-59.
Riedel, B. (2012): Neue Orte der Begegnung. In Familienzentren und Mehrgenerationenhäusern können sich Alt und Jung treffen. Aber findet der Austausch der Generationen wirklich statt? DJI Impulse, 97(1), S. 35-37.
Rossow, J. (2012): Einführung: Individuelle und kulturelle Altersbilder. In: Berner, F./Rossow, J./Schwitzer, K.-P. (Hrsg.): Individuelle und kulturelle Altersbilder. Expertisen zum Sechsten Altenbericht der Bundesregierung. Wiesbaden, S. 9-24.
Schneekloth, U. (2012): Sandwich Generation: Status Quo und zukünftige Entwicklung. In: Becker-Stoll, F./Klös, H.-P./Rainer, H./Thüsing, G. (Hrsg.): Expertisen zum Achten Familienbericht „Zeit für Familie". München, S. 263-282.

Schönig, W. (2006): Aktivierungspolitik. Eine sozialpolitische Strategie und ihre Ambivalenz für soziale Dienste und praxisorientierte Forschung. In: Dollinger, B./Raithel, J. (Hrsg.): Aktivierende Sozialpädagogik. Ein kritisches Glossar. Wiesbaden, S. 23-39.

Schulze, G. (2011): *Krisen.* Das Alarmdilemma. Frankfurt am Main.

Strasser, J. (2013): Gesellschaft in Angst. Zwischen Sicherheitswahn und Freiheit. Gütersloh.

Straub, E. (2010): Zur Tyrannei der Werte. Stuttgart.

Vaupel, J. W./von Kistowski, K. G. (2007): Die Plastizität menschlicher Lebenserwartung und ihre Konsequenzen. In: Gruss, P. (Hrsg.): Die Zukunft des Alterns. Die Antwort der Wissenschaft. Ein Report der Max-Planck-Gesellschaft. München, S. 51-78.

Vaupel, J. W./Hofäcker, D. (2009): „Das lange Leben lernen." In: Zeitschrift für Erziehungswissenschaft, 12, 3, S. 383-407.

Vormbusch, U. (2012): Die Herrschaft der Zahlen. Zur Kalkulation des Sozialen in der kapitalistischen Moderne. Frankfurt am Main.

Weidekamp-Maicher, M. (2010): Lebensqualität und Lebenslauf – eine nützliche Verschränkung für eine soziale Lebenslaufpolitik? Wiesbaden, S. 174-214.

Willer, S./Weigel, S./Jussen, B. (2013): Erbe, Erbschaft, Vererbung. Eine aktuelle Problemlage und ihr historischer Index. In: Willer, S./Weigel, S./Jussen, B. (Hrsg.): Erbe. Übertragungskonzepte zwischen Natur und Kultur. Frankfurt am Main, S. 7-36.

Wissenschaftlicher Beirat für Familienfragen (2012): Generationenbeziehungen. Herausforderungen und Potenziale. Wiesbaden.

Zinnecker, J. (1997): Sorgende Beziehungen zwischen Generationen im Lebensverlauf. Vorschläge zur Novellierung des pädagogischen Codes. Bildung und Weiterbildung im Erziehungssystem. Lebenslauf und Humanontogenese als Medium und Form. Dieter Lenzen and Niklas Luhmann. Frankfurt a. M., S. 199-227.

Familiale Generationenbeziehungen: Gesellschaftliche Kontexte, Morphologien und Interaktionen

Andreas Lange

Zusammenfassung

Der vorliegende Aufsatz rekonstruiert ausgewählte empirische Befunde zu den allgemeinen soziodemografischen Strukturen von Generationenbeziehungen sowie zu den Inhalten und Mustern des Austausches der Generationen innerhalb von Familien, weil diese gleichsam die „Kanäle“ für die im Zentrum des Handbuches stehenden intergenerativen Sozialisationsprozesse darstellen. Eingeblendet werden neuere Ergebnisse zu Europa, und es werden einige Hinweise auf wohlfahrtsstaatliche Rahmungen vorgenommen, die Einfluss nehmen können auf den intergenerationalen Austausch. Herausgearbeitet wird, dass die familialen Generationenbeziehungen ein sozialstaatlich wesentlich fundiertes, in sich vielfältig strukturiertes Bündel an gesellschaftlich höchst relevanten Ressourcen, darstellen. Dieses Bündel bedarf aufgrund der aktuellen Entwicklungen einer ausdrücklichensozial- und arbeitspolitischen Anerkennung, um nicht ausgezehrt zu werden. Das Wissen um diese Generationenbeziehungen und deren Kontexte ist ein wichtiges Mittel gegen populistische Rhetoriken.

1. Das verkannte demografische Regime der vergrößerten gemeinsamen Lebenszeit von Familienmitgliedern

Die Eigenart und die besondere Relevanz familialer Intergenerationenbeziehungen lässt sich mit Trommsdorf/Mayer (2011: 350) wie folgt umschreiben: „Familiale Beziehungen implizieren eine reziproke Interdependenz insofern, als das eigene Verhalten und Wohlbefinden nicht unabhängig von den anderen Familienmitgliedern ist. Solche familialen Beziehungen sind asymmetrisch und bidirektional, sie sind langfristig und nicht beliebig kündbar und sie sind nicht wie bei Partnerschaften durch Vereinbarung entstanden.“ Neben den Momenten der Gegenseitigkeit, prinzipiellen Nichtkündbarkeit sowie Langfristigkeit sind intergenerationale Beziehungen überdies für den einzelnen identitätsrelevant (Lüscher 2010), weil sie lebenslange Sozialisation wesentlich mitprägen. Überdies besitzen die familial begründeten Intergenerationsbeziehungen im Hinblick auf den Wissens- und Wertehaushalt einer Gesellschaft großes Gewicht, weil sie sowohl für Individuen, Familien und die Gesellschaft einen „Transmissionsriemen“ der Weitergabe von Werten, Wissen und Handlungsbereitschaften darstellen. Die Transmissionseffekte, in Begriffen in ihrer jeweiligen Stärke und inhaltlichen Nuancierung, die in beide Richtungen verlaufen, entscheiden u.a. mit darüber, wie das Verhältnis von Kontinuität und Wandel in Gesellschaften aussieht.

Die „Stiftung“ von Generationenbeziehungen indes, die Entscheidung zur Elternschaft, ist zumindest in westlichen Gesellschaften zu einer voraussetzungsreichen, störungsanfälligen Angelegenheit geworden. Das liegt daran, dass sie ein hohes Maß an biographischer

(Birg 1992) und alltagspraktischer „Selbstbindung“ und damit auch die Verengung des Optionsrahmens für eine individualisierte Lebensführung beinhaltet.

Inhaltlich-motivational betrachtet entstehen Generationenbeziehungen heute hierzulande anders als noch in anderen Kulturkreisen, nicht mehr durch die Notwendigkeit der Mithilfe der Kinder bei der Produktion oder der Alterssicherung. „Vielmehr stehen ganz eindeutig kurzfristig der Gewinn an Stimulation und Affekt durch die Herausforderung an die Elternrolle und langfristig der dialogische Nutzen durch die wechselseitige Kommentierung des gemeinsamen Lebensweges im Mittelpunkt, als Vorbedingung für die – nach wie vor erhebliche – funktionale intergenerationale Solidarität durch die Transfers von Zeit und Raum, Dienstleistungen und Geld im Lebensverlauf.“ (Nauck 2011: 347). Zwar führt dabei das immer spätere „Timing“ der Elternschaft im Lebenslauf der Mütter und Väter zu einer geringeren Geburtenanzahl; gleichzeitig haben diese späten Elternschaften den Vorzug einer größeren ökonomischen Abgesichertheit (Zerle-Elsäßer/Cornelißen/Bien 2012) und insgesamt größerer „Ressourcivität“, was den Kindern und den Generationenbeziehungen insgesamt zugutekommen dürfte.

Die verlängerte Lebensspanne von Männern und Frauen, die vergrößerte gemeinsame Lebenszeit von Generationen in Familien (Lauterbach 1995), die sich in Zukunft auch wieder aufgrund des veränderten Fertilitätsverhaltens und erhöhter Kinderlosigkeit allerdings auch wieder zurückentwickeln kann (Grünheid/Scharein 2011); neue Anforderungen des Erwerbslebens, der Umbau des Wohlfahrtsstaates (Lessenich 2008) und eine Transformation der Lebensziele in Richtung Emanzipation und Selbstverwirklichung sowie damit einhergehende neue Lebensformen wie das unverheiratete Zusammenleben (Nazio/Saraceno 2012) werfen die Frage auf, welchen Stellenwert angesichts dieses komplexen sozioökonomischen Bedingungsgefüges familiale Generationenbeziehungen zukünftig für die Positionierung des Einzelnen und insbesondere auch seine Wohlfahrt einnehmen. In der Öffentlichkeit (s. Bräuninger/Lange/Lüscher 1998; Lange 2013 i.d.B., May 2010, Sachweh 2011) dominieren hierzu pessimistische Szenarien. Sie gehen von einer Eintrübung, einer Überlastung oder einer hedonistischen Verweigerung intergenerationaler Kontakte aus. Von da ausgehend sollen dann beispielsweise Kinderlose finanziell stärker zur Finanzierung des Sozialstaats herangezogen werden.

Bevor die empirischen Daten zu den tatsächlichen Strukturen und Hilfeleistungen familialer Generationen zur Abschätzung der Triftigkeit solcher Szenarien einerseits und zur Frage nach dem notwendigen Ergänzungsverhältnis Familie, Wohlfahrtsstaat referiert werden, sei kurz auf die zumeist stillschweigend unterstellte historische Vergleichsfigur der „selbstverständlich solidaritätsspendenden Drei-Generationen-Familie“ eingegangen (s. auch Büchner/Dorbritz/Keil/Krüsselberg/Nave-Herz/Schneider 2012: 29ff). Die historische Demografie (Imhof 1981) hat anhand der Analysen von Kirchenregistern und ähnlichen Datenquellen nachdrücklich nachgewiesen: die hohe Kindersterblichkeit und die geringe Lebenserwartung haben schon vom quantitativen Umfang her gedacht keine Dominanz von in einem Haushalt lebenden Drei-Generationen-Familien ermöglicht. Auch war der Bedarf an familialer Unterstützung für Ältere lange Zeit aufgrund der kurzen Spanne zwischen Austritt aus dem aktiven Arbeitsleben und dem Tod kurz. Erst die medizinischen Innovationen des 19. Jahrhunderts in Verbindung mit einer markanten Verbesserung der hygienischen Bedingungen und des allgemeinen Lebensstandards schufen die Voraussetzungen für ein Anwachsen der Kinderzahlen und vor allem für die Ausweitung der Lebensspanne (Laslett 1995). Auch waren die Lebensverhältnisse im ökonomischen Bereich lange Zeit so strukturiert, dass die Älteren sich noch im Ruhestand nicht mit Mitteln der Rente oder Pension einen angemessenen Lebensstandard verschaffen konnten, sondern zu vielfältigem Zuerwerb genötigt waren. Sie wurden zwar von ihren erwachsenen Kindern unterstützt, aber auch diese Unterstützung war aufgrund der wirtschaftlichen Lage weniger finanzieller denn praktischer Art und bezog sich schwerpunktmäßig auf Notfälle. Aus Sicht der Forschungen zur Zeitgeschichte hebt Rosenbaum (2011) die fundamentale Rolle der Einführung der an den Lohnzuwachs gekoppelten Rentensteigerung seit dem Jahre 1957 für die heutigen Transferbeziehungen zwischen den Generationen hervor: „Als Voraussetzung für die ausgedehnten Hilfen der älteren Generation gegenüber ihren Kindern und Enkeln erweist sich ihre finanzielle Absicherung vor allem durch die Rentenversicherung. Alle bisherigen Untersuchungen bestätigen diesen Zusammenhang." (Rosenbaum 2011: 28).

Die aktuelle gesellschaftliche Situation ist also im historischen Bezugsmaßstab als Grundlage für die näheren genaueren Betrachtungen der „Ströme" zwischen den Generationen dadurch zu charakterisieren, dass sich eine neue sozialstaatlich abgesicherte dritte Lebensphase mit durchschnittlich hoher Lebensqualität und Gesundheit herausgebildet hat, was nicht zuletzt zu einer verstärkten Präsenz der älteren Generation im Alltag geführt hat (Grandits 2010). Dies alles erlaubt die Schlussfolgerung, dass die ältere Generation auch eher als „Fürsorgegeber" betrachtet werden kann denn als Fürsorgenehmer und somit auch von den Potenzialen (Ette/Ruckdeschel/Unger 2010) von Generationenbeziehungen und nicht alleine von den Lasten längerer Lebenszeit (Lauterbach 1995) gesprochen werden sollte. Dies ist von der Öffentlichkeit über weite Strecken noch nicht zur Kenntnis genommen worden (Nave-Herz 2011). Die Variationen dieser aktuellen Konfiguration gilt es nun näher unter die Lupe zu nehmen.

2. Zur Morphologie familialer Generationenbeziehungen

2.1. Der „Urknall" der Erforschung von familialen Generationenbeziehungen

Lange Zeit lagen nur sehr spärliche Forschungen vor, welche die familialen Generationenbeziehungen über die unmittelbaren Eltern-Kind-Beziehungen in den frühen Phasen der Familienbiographie hinaus aufschlüsselten. Das lag daran, dass der Familienbegriff an den gemeinsamen Haushalt gebunden wurde. Damit gerieten die Beziehungen zwischen erwachsenen Familienmitgliedern aus dem Blick; eine Fehlsicht, wie sich später herausstellen sollte, denn auch wenn man nicht im gemeinsamen Haushalt lebt, kann man vielfältige Kontakte haben, Emotionen einander gegenüber hegen, praktische Unterstützung geben und Leistungen austauschen (Bien 2012: 35ff). Dieses gesamte Spektrum an intergenerationalen Strömen blieb im Verborgenen, da man sich auf die frühen Phasen der Familienbiographie und dementsprechend auf die „intrakernfamilialen" Beziehungen fokussierte.

Seit den 1980er Jahren wurden in der US-amerikanischen Forschung auch als empirische Auseinandersetzung mit dem immer markanter sich in den Vordergrund des Interesses schiebenden demografischen Wandel erste große Studien zu den Beziehungen zwischen erwachsenen Kindern und ihren Eltern lanciert (Rossi/Rossi 1990) und es wurde die prinzipielle Vielfalt dieser „alten Familien unterstrichen" (Bengtson/Rosenthal/Burton 1990). Einen erheblichen Einfluss auf die Neukonzeptionierung von wissenschaftlichen Perspektiven auf private Beziehungen und Familie hatte auch der Siegeszug der „life course perspective", die den Einzelnen über seine Lebensspanne hinweg eingebettet sah in wechselnde „Beziehungskonvois" (Antonucci/Akiyama 1995). In einem solchenwissenschaftlichen Umfeld konnte sich auch die Forschung zu den Vorbedingungen und Inhalten der Beziehungen zwischen Großeltern und Enkeln entfalten. Bald wurde diese Forschung in Zusammenhang mit der sich heftig entzündenden Debatte um einen vermeintlichen Generationenkrieg (s. dazu Gerzer-Sass/Lange 2012 i.d.B.) gebracht (als ein Beispiel für viele Leisering 1992; MacManus 1996).

Bahnbrechend für den neuen Blick auf intergenerationale Beziehungen über den Haushalt hinaus waren hierzulande Anfang der 90er Jahre Studien des deutschen Jugendinstituts auf der Basis des „Familiensurvey“ (Bien 1994). Diese entschlüsselten nicht nur das Ausmaß, sondern gewissermaßen die „Grammatik“ der Beziehungen zwischen den Generationen. Insbesondere wurde nachgewiesen, dass eine ausgeklügelte Kaskade der unterschiedlichsten Hilfeleistungen – von finanziellen Transfers bis hin zu Rat und Tat – zwischen den Familiengenerationen fließt. Weitere Schwerpunkte der frühen Phase der Generationenforschung lagen in grundlagentheoretischen Überlegungen zu den durch Übergänge und Krisen besonders forcierten Aktivierungen bzw. Relativierungen von Generationenbeziehungen – beispielsweise nach einer Scheidung (Moch 1993). Gleichzeitig erwies sich die Fokussierung genau auf solche „Übergangsfenster“ als methodologisch sinnvoll und heuristisch wertvoll, um die Funktionsweise von Generationenbeziehungen näher betrachten zu können (Ulbrich 2011).

Eine Reihe von Studien aus jüngerer Zeit aktualisieren diese Pionierarbeiten und nehmen Beziehungen zwischen den Generationen in Familienhaushalten und über dessen Grenzen hinaus in den Blick. Sie geben Eindrücke von der räumlichen Verteilung der Generationen, vermitteln Einsichten in die Qualität der Beziehungen und die Muster des konkreten Austausches. Bevor man sich ausgewählten Aspekten dieses Forschungsfeldes zuwendet, ist es förderlich, sich zuerst den markanten Unterschied zwischen innerfamilialen und außerfamilialen Generationenbeziehungen vor Augen zu führen: Die Kontakte zwischen unterschiedlichen Generationen außerhalb der Familie sind, das wird niemanden sonderlich erstaunen, eher gering. So berichten im Generationen-Barometer 2006 (Haumann 2006) lediglich 16 Prozent der Befragten ab 60 Jahre, dass sie viele deutlich jüngere Freunde hätten, und nur 8 Prozent der Befragten unter 30, dass sie viele weit ältere Freunde hätten. Eine wirkliche Altersdurchmischung der Freundes- und Bekanntenkreise bleibt mithin vorerst noch die Ausnahme.

2.2. Das „Skelett“ der Generationenbeziehungen im europäischen Vergleich

Einen ersten Einblick, gewissermaßen in das „Skelett“ von familialen Generationenbeziehungen, vermittelt eine Analyse des GGS (Gender and Generation Survey), einem wichtigen Datensatz der Generationenforschung, da mit jenem auch Variationen in diesem Grundgerüst in europäischem Maßstab und die spezielle Situation hierzulande aufgezeigt werden können (Puur/Sakkeus/Põldma/Herrn 2011).

Für die vorliegenden Berechnungen wurden die Daten aus Bulgarien, Estland, Frankreich, Georgien, Deutschland, Ungarn, den Niederlanden, Rumänien und Russland genutzt. Sie werden als repräsentativ für ganz Europa angesehen. Angewendet wurde der „egozentrische Netzwerkgenerator“, der von einem Befragten als Anker ausgehend die ab- und aufsteigenden Familienbeziehungen rekonstruiert. Berechnet wurde dann zuerst der Anteil der Personen, die enge Verwandte in absteigender Folge und aufsteigender Folge hat. Zweitens wurden diese Formen der Einbettung nach alt und nach jung verglichen.

Der GGS enthüllt eine bemerkenswerte Variation in der „Verfügbarkeit" von Kindern. So hat Deutschland, gemessen an der Operationalisierung, mindestens ein biologisches Kind zu haben, in dieser Variable den geringsten Wert. Hier geben nur 67% der 20-79-Jährigen an, ein Kind zu haben, gefolgt von den Niederlanden. Auf dem anderen Pol des Spektrums angesiedelt ist die Russische Föderation mit einem Wert von 82%, was die Hälfte des Werts der Kinderlosen in Deutschland und in den Niederlanden ausmacht. Die Quoten für Frankreich und Ungarn lauten ca. 73%. Mehrere Faktoren sind potenziell für die beobachteten Variationen verantwortlich: Der Anteil der Erwachsenen, die überhaupt Eltern werden, das „Timing“ des Übergangs in die Elternschaft, und das Niveau der Kinder- und Erwachsenensterblichkeit. Deutschland sticht hier wieder insbesondere hervor, weil hier mehr als 20% der mittelalten und alten Bevölkerung kinderlos geblieben sind.

Verglichen mit der Fertilität sind die Unterschiede in der Lebenserwartung über die Länder hinweg von begrenzterer Stärke. „Even in the countries included in the analysis that have relatively low life expectancy (e.g. The Russian Federation), the differences between the proportion of elderly with children ever born and surviving did not exceed 3% to 4%. However, nearly one person in five in those countries had lost a child before reaching his or her 75th birthday.“ (Puur/Sakkeus/Pöldma/Herrn 2011: 145).

Eltern

Die geringste Quote für noch lebende Eltern wurde in Rumänien, Estland und der Russischen Föderation gefunden; mit jeweils 55%, 59% und 61% der Befragten, die noch mindestens ein lebendes Elternteil haben. Am höchsten fiel diese Quote in Bulgarien (70%) und Frankreich (69%) aus; die restlichen Werte bewegten sich in der Spanne zwischen 63% und 66%.

Enkel

Ausgehend vom Befund der historischen Demographie, dass in der Vormoderne wenige Menschen überhaupt eine Chance hatten, Beziehungen zu den Enkelkindern aufzubauen, aufgrund der hohen Kindersterblichkeit und der noch eingeschränkten Lebensspanne, wird hier auf die Besonderheit dieser Generationenbeziehung eingegangen. Nur Personen, die eigene Kinder im reproduktionsfähigen Alter haben, kommen in den Genuss von EnkelInnen. Der GGS zeigt nun, dass im Durchschnitt über alle Länder hinweg 4/5 aller Personen im Alter von 60 bis 79 Jahren Großeltern sind. Rumänien, Frankreich und Deutschland wiesen etwas geringere Prozentsätze aus (76% bis 78%). In den übrigen Ländern waren 80% der 60- bis 79Jährigen Großeltern. Bulgarien und die Russische Föderation waren mit jeweils 86% die Spitzenreiter. Die Variation in der Großelternschaft ist bei der mittleren Generation am stärksten ausgeprägt. Sind es schon 43% der Russen, so sind es nur 22% der Deutschen, die in diesem Alter Großelternschaft erfahren.

Großeltern

Eine Minderheit der Befragten im Alter von 20 bis 79 Jahren hat noch Großeltern. Die größte Quote weisen Bulgarien und Frankreich mit 28% und 25% auf. In anderen Ländern ist sie mit 15% bis 18 % wesentlich geringer.

Die Gesamtmorphologie im Überblick:

Um nun über diese Einzelaussagen zu einem Gesamtporträt zu gelangen wird eine „Kompilation“ der Generationengröße, ausgehend von der befragten Ankerperson, vorgenommen. Noch kann demzufolge nicht von einer „üppigen Ausstattung“ mit vier und fünf Generationen ausgegangen werden. „In the countries included in the analysis, families consisting of three generations appear to be the most common. On average, about three-fifths of adults aged 20-79 were shown to be embedded in that type of generational structure. Despite the diversity of the underlying demographic regimes, the variation in the incidence of three-generation families was relatively small. In most countries, it was slightly above 60% (from 60% in France to 63% in Estonia). Germany, at 55%, had a lower incidence of three-generation families.” (Puur/Sakkeus/Põldma/Heim 2011: 153).

Der Hauptteil der verbleibenden 2/5 der Population im Alter von 20 bis 79 Jahren ist fast gleichmäßig aufgeteilt auf Zwei- und Viergenerationenfamilien. „At the extremes, four-generation families in Bulgaria were more than one-third more prevalent than two-generation families, while in Germany, two-generation families were nearly twice as common as those with four.“ (ebd.: 154).

Die „Solos“, als Vertreter von fehlenden intergenerationalen Bindungen, finden sich mit dem Spitzenwert von 7,8% der 20- bis 79Jährigen in Deutschland und zu 6% in Rumänien. Die geringste Quote an Solos weisen Russland (2,7%) und Bulgarien (1,8%) auf.

Schon diese rein deskriptive Darstellung macht zum einen die Trends hin zu längerer Lebenszeit und dem Bedeutungszugewinn vertikaler Familienbeziehungen offensichtlich. Gleichzeitig offenbart sie die erhebliche innereuropäische Varianz, die durch das Wechselspiel kultureller Traditionen und wohlfahrtsstaatlicher Unterschiede generiert wird. Überdies zeigt sich, dass besonders für Deutschland die These einer „Bohnenstangenfamilie“, mit einer relativ geringen „Breite“ und großen „Länge“ zutrifft (s. auch im Rahmen eines international vergleichenden Projektes Rosenbaum/Timm 2010).

3. Determinanten von Generationenbeziehungen: Ein heuristisches Grundmodell

Um eine Einordnung der vielfältigen Einzelergebnisse zu leisten, wird im Folgenden ein bewährtes konzeptionelles Modell von Generationenbeziehungen (Szydlik 1995, 2000, 2011) nachgezeichnet und mit kulturellen Aspekten angereichert.

Das Generationenmodell beinhaltet die drei Ebenen Individuen, Familie und Gesellschaft sowie vier Bündel von unabhängigen Variablen, das heißt auf die Generationenbeziehungen ausstrahlende Faktorenkomplexe; das sind: Opportunitäts-, Bedürfnis-, familiale und kulturell-kontextuelle Strukturen.

Konkret wird erstens postuliert, dass der Generationenzusammenhalt durch individuelle Faktoren mitbestimmt wird: einerseits von Bedürfnissen und Wünschen, andererseits von Möglichkeiten, Ressourcen und Gelegenheiten der einzelnen Personen. Diese betreffen alle Generationenvertreter, also Enkel, Kinder und Eltern.

Die Beziehung zwischen Eltern und Kindern wird zweitens in der Hauptsache durch vier Aspekte bestimmt: Wohnentfernung, Kontakthäufigkeit, Geschlechterbeziehungen und Lebensphase. Je geringer die räumliche Distanz, desto mehr Möglichkeiten zur Interaktion bieten sich, was sich positiv auf die Enge der Beziehung auswirkt (Szydlik 1995). Neben der Wohnentfernung, die im Zuge zunehmender beruflicher Anforderungen tendenziell größer wird (Hoff 2006, Mahne/Motel-Klingebiel 2010) ist die Häufigkeit der Interaktion wichtig für die Beziehung zwischen Eltern und Kindern. Dabei lässt sich die Kontakthäufigkeit aus einer austauschtheoretischen Sicht interpretieren, sofern Kontakt mit finanziellen Leistungen belohnt wird. Nicht zuletzt spielt die Geschlechterkombination eine wichtige Rolle. So ist aus der Netzwerkforschung bekannt, dass die Geschlechter unterschiedliche Hilfearten bevorzugen. So leisten und erhalten Frauen eher emotionale Unterstützung und Pflege, während Männer sich zum Beispiel auf handwerkliche Leistungen konzentrieren.

Kulturell-kontextuelle Strukturen

Neben individuellen und familialen Merkmalen beeinflussen auch kulturelle, kontextuelle Strukturen die Transfers zwischen Generationen (Szydlik 2000). Darunter fallen spezifische Werte und Normen inBezug auf Familie, die das Transferverhalten zwischen Eltern und ihren Kindern mitbestimmen. Erwähnenswert ist zum einen der Faktorkomplex Religion. So sind religiöse Dogmen zur gegenseitigen Hilfe und zur übergeordneten Stellung der Eltern heute immer noch wirksam. Zudem werden auch Emotionen der Verpflichtung innerhalb der Sozialisation erlernt. Kulturvergleichende Forschungen in jüngerer Zeit haben die erhebliche Durchschlagskraft spezifischer Familien- und anderer kultureller Wertedimensionen überzeugend nachweisen können. So unterscheiden sich „kollektivistische" versus „individualistische" Kulturen und es lassen sich auch Effekte unterschiedlicher Familienmodelle (independent, interdependent) feststellen (Nauck 2011; Trommsdorf/Mayer 2011).

Wohlfahrtsstaatliche Arrangements

Ein weiteres Element auf dieser übergreifenden Ebene ist die Wechselwirkung zwischen Staat und Familie, die natürlich teilweise mit den genannten makrokulturellen Aspekten kovariieren, aber nicht damit deckungsgleich sind die wohlfahrtsstaatlichenbzw. familienpoltischen Rahmenbedingungen

Zusammengenommen sind die jeweils empirisch beobachtbaren Kontakte, Interaktionen, Transfers von emotionalen und instrumentellen Hilfen sowie diejenigen finanzieller Art damit immer das Ergebnis eines komplexen Geflechts von Bedingungsfaktoren auf individueller wie familialer sowie gesellschaftlicher und staatlicher Ebene. Den konkreten Inhalten und quantitativen Ausmaßen der intergenerationalen Beziehungen ist das nächste Teilkapitel gewidmet:

4. Profile von Austauschbeziehungen zwischen den Generationen

4.1. Praktische Hilfe und Pflege: Frauen als Hauptakteurinnen und der Matthäus-Effekt

Einen vertiefenden Einblick in das Hilfegeschehen zwischen den Generationen bietet Brand (2009). Sie stützt sich auf die Untersuchung „Survey of Health, Ageing and Retirement"

(SHARE). Hier wurden die Hilfeleistungen zwischen erwachsenen Generationen in elf europäischen Ländern (Belgien, Dänemark, Deutschland, Frankreich, Griechenland, Italien, Niederlande, Österreich, Schweden, Schweiz und Spanien) in den Blickpunkt genommen. Wichtig für unseren Zusammenhang sind zwei spezielle Facetten dieser Studie: Zum einen setzt sich die Autorin mit der beliebten These auseinander, sozial- und wohlfahrtsstaatliche Leistungen unterhöhlten die familiale Solidarität: Je mehr Unterstützung der (Wohlfahrts-) Staat für Familien bereitstellt, desto mehr zieht sich die Familie aus der Verantwortung zurück (Substitution oder 'crowding out'). Dagegen wird argumentiert, dass Abhängigkeiten ebenso zwischen Familienmitgliedern entstehen können, wenn keine öffentliche Unterstützung angeboten wird und gerade die Entlastung der Familie dazu führt, dass Angehörige mehr Leistungen füreinander erbringen ('crowding in'). Wenn erwachsene Kinder nun bei der Betreuung ihrer betagten Eltern staatlich entlastet werden, können sie sich auch bei beschränkten Möglichkeiten noch engagieren. Wenn aber eine Entscheidung zwischen dem Wohlergehen der Eltern oder der eigenen Existenzsicherung gefällt werden muss, kann dies zu psychisch und physisch belastenden Situationen auf beiden Seiten führen. Die Unterstützung der Familie durch den Staat ermöglicht folglich mehr „Intimität auf Abstand".

Zweitens wurden in dieser Untersuchung alltägliche und eher weniger verpflichtende Unterstützungsleistungen sowie Pflegeleistungen unter die Lupe genommen, während ansonsten nur einer dieser beiden Typen berücksichtigt wird

Es zeigte sich erstens, dass, entsprechend dem oben referierten allgemeinen Modell der Generationenbeziehungen, sich sowohl strukturelle Gelegenheiten als auch Bedürfnisstrukturen in allen untersuchten Ländern als wichtige Erklärungsfaktoren für Hilfeleistungen und Hilfeintensitäten zwischen Eltern und Kindern erweisen.

So haben zum Beispiel das Bildungsniveau des Nachwuchses (G2) und die finanzielle Ausstattung der Betagten (G1) einen positiven Einfluss auf Hilfeleistungen von G2 an G1. Der Austausch von Leistungen könnte schlicht ein Hinweis auf eine enge Beziehung sein. Es lassen sich dahinter aber auch Reziprozitäts- und Sozialisationseffekte vermuten: Personen mit mehr Ressourcen können eher geben und erhalten daher auch eher. Der Bildungshintergrund könnte zudem prosoziale Motivationen fördern. Dasselbe gilt für die Gegenrichtung: Kinder (G3) können durch finanzielle und zeitliche (Gegen-) Gaben Hilfe ihrer Eltern (G2) anregen. Auch Transfers zwischen Familiengenerationen sind also durch Gegenseitigkeit gekennzeichnet und deuten damit einmal mehr auf die Gültigkeit des *Matthäus-Effektes hin*: Nur wer hat, kann geben – und bekommt zurück. Im Zusammenspiel aller Hilfeströme im Drei-Generationen-Zusammenhang lässt sich dem entgegen jedoch auch zeigen, dass Personen, die mehr haben, eher geben und insgesamt seltener Hilfe empfangen. Ressourcenungleichheiten werden in der Familie und über die einzelnen Beziehungen hinweg demnach ausgeglichen. Abgesehen von solchen finanziellen und bildungsbedingten Einflüssen hat die Wohnentfernung in allen Ländern und Transferrichtungen negative Auswirkungen auf die Hilfewahrscheinlichkeit.

Hingegen steigert der Gesundheitszustand oder der Hilfebedarf des potenziellen Empfängers/ der Empfängerin die Hilfewahrscheinlichkeit. Dabei gehen aber zeitintensive Hilfeleistungen an die betagten Eltern häufiger mit einem schlechten Gesundheitszustand des Helfers einher, was auf eine Belastungssituation in der Familie hindeutet, wenn Vater oder Mutter stark bedürftig sind und keine alternativen Betreuungsangebote zur Verfügung stehen oder genutzt werden.

Auch auf der Ebene der Familienstrukturen sind wichtige Einflüsse auf zeitliche Transfers, sprich den zeitlichen Umfang der Hilfeleistungen, festzumachen: je mehr potenzielle Hilfeempfänger es in der Familie gibt, desto weniger Hilfe erhält der Einzelne, und je mehr potenzielle GeberInnen existieren, desto eher werden Hilfeleistungen zwischen diesen aufgeteilt.

Wiederum sind es aber im europäischen Mittel vorwiegend Frauen, die häufig und zeitintensiv helfen. Die bekannte 'kinkeeper'-Rolle bestätigt sich grob betrachtet auchfür die hier untersuchten praktischen Hilfen. Allerdings helfen Väter der mittleren Generation (G2) ihren Kindern (G3) häufig und Eltern (G2) erhalten kaum weniger Hilfe von Söhnen als von Töchtern (G3). jedoch sind diese Hilfeleistungen der Männer durchweg weniger zeitintensiv.

Zusammenfassend: Zum jetzigen Zeitpunkt sind Hilfeleistungen in und zwischen Familien in Westeuropa durchaus ungleich verteilt. Das gilt sowohl hinsichtlich des Geschlechts als auch im Hinblick auf die sozioökonomische und gesundheitliche Lage der GeberInnenund EmpfängerInnen. An dieser Stelle seials Vorgriff auf das Resümee deutlich gemacht, dass die im gesamten Artikel zum Vorschein kommende starke intergenerationale Solidarität, die nicht im Widerspruch zu Konflikten und Ambivalenzen stehen muss, auch ihren Preis hat. Die in anderen Forschungskontexten zu Tage tretenden Phänomene vonBelastung, Überforderung, Zeitnot betreffen die mittlere Generation und hier wiederum die Frauen (Perrig-Chiello 2010: 126). Wenn Familien als wichtiges Element in der gesamten Pflegeversorgung weiter ihre Leistungen erbringen sollen (Büscher/Schnepp 2011), dann sind diese Überlastungen in der Forschung und Politik ernster zu nehmen. Sie sind Ausdruck einer simultanen Anforderung aus der eigenen (jungen) Familie, der Erwerbswelt und dann zusätzlich der eigenen Eltern. Die Belastungen durch intensive Hilfe betreffen in besonderem Maße Frauen, die noch immer eher die notwendigen Hilfeleistungen (vorrangig an die betagten Eltern) übernehmen und in konkurrierende familiale und zunehmend auch berufliche Verpflichtungen eingebunden sind (Keck/Saraceno 2008).Dieser Befund einer stärkeren Einbindung von Frauen in die Gewährleistung der Tauschkaskaden und praktische Hilfestellungen (Rosenbaum/Thimm 2010) ist nicht nur aus gerechtigkeitstheoretischen Gründen bemerkenswert, sondern auch wegen der Implikationen, welche neue EU-weite Leitbilder des „adult worker model“ (Daly 2011) mit sich bringen. Eine ohne entsprechende kompensatorische Unterstützungsleistungen in den Feldern Kinderbetreuung, familienfreundliche Zeitpolitik bei gleichzeitig forcierter Erwerbsintegration von Frauen in den Bereichen Zeit und Infrastruktur könnte hier Lücken in das feingesponnene Unterstützungsnetzwerk reißen, zumal die Pflege eines Angehörigen auch zu den stärksten Belastungen und Stressoren, nicht nur im psychischen, sondern auch im physischen Bereich gehört, woraus ein dringender Bedarf an einer echten Pflegezeitreform abzuleiten ist (Filipp/Greve 2012: 235).

Inwieweit der Staat hier einen Ausgleich schaffen kann, lässt sich wie folgt vermuten: Großzügige Sozialleistungen und Betreuungsangebote könnten zu einer höheren (Hilfe-) Beteiligung von Männern führen, da sich diese stärker an verfügbaren Ressourcen und weniger an Hilfebedürfnissen orientieren als Frauen. Zudem sollte ein staatlicher Ausgleich sozioökonomischer Ressourcen Familienangehörigen aus allen Sozialschichten ermöglichen, füreinander da zu sein und zumindest sporadisch Hilfe auszutauschen.

4.2. Finanzielle Transfers und Erbschaften: Kaskaden und der „Matthäus-Effekt“

Einleitend wurde schon auf die herausragende Rolle des Zusammenhanges von Erwerbstätigkeit im Alter, Ausgestaltung des Rentensystems und den Generationenbeziehungen hingewiesen. Die aktuelle Generationenforschung hierzulande hat auch die finanziellen Transfers und deren gewissermaßen „intensivste Form“, die Erbschaften im Blick.
Wiederum auf Basis eines europäischen Vergleichs mit dem SHARE-Datensatz und anknüpfend an das allgemeine Rahmenmodell der Generationenbeziehungen von Szydlik (2000) legt Deindl (2011) dazu einen umfassenden Forschungsbericht vor. Er kann erstens zeigen,

dass finanzielle Transfers eine wichtige Solidarleistung zwischen Eltern und ihren Kindern darstellen. In 14 Prozent aller untersuchten Eltern-Kind-Beziehungen werden finanzielle Transfers von den Befragten anein erwachsenes Kind außerhalb des Haushalts geleistet. Geldbezogene Hilfen von Kindern an die Befragten hingegen sind mit knapp über einem Prozent wesentlich geringer. Das kann als Untermauerung des „Kaskadenmodells" angesehen werden: Von den Eltern ausgehend „ergießt" sich der finanzielle Strom auf die danach folgenden Generationen. Monetäre Hilfen von Kindern an die Befragten kommen dagegen nur inknapp über einem Prozent dieser Beziehungen vor.

Kinder erhalten während der Ausbildung oder Zeiten der Arbeitslosigkeit verstärkt Geld von ihren Eltern, aberder Transferfluss verebbt nicht, wenn der Bedarf sinkt. Wenn Eltern hingegen Geld bekommen, dann aufgrund virulenter Bedarfslagen, also bei gesundheitlicher Einschränkung.

Was die Bedingungskontexte angeht, bewahrheitet sich wieder die zentrale Rolle der Wohnentfernung: Wenn Eltern und Kinder weit voneinander entfernt wohnen, nimmt auch die Transferhäufigkeit zu. Geld ist nicht an eine physische Anwesenheit gebunden.

Was schließlich den oft diskutierten Einfluss des jeweiligen sozialstaatlichen Arrangements betrifft, ist festzuhalten: Eltern unterstützen ihre Kinder inausgebauten Sozialstaaten häufiger, aber in geringerem Ausmaße. Auf der anderen Seite verzichten Kinder bei großzügigen öffentlichen Transfers auf Leistungen an ihre betagten Eltern. Eltern, die umfassende staatliche Unterstützung erhalten, sind weniger auf Hilfsleistungen ihrer Kinder angewiesen und entsprechend seltener erhalten sie auch Geldleistungen von diesen.

Resümierend betrachtet heißt dies, dass öffentliche Transfers vor allem die Unterstützungsleistungen fördern, die Eltern ihren Kindern zugutekommen lassen, was auf die staatliche Umverteilung zurückgeführt werden kann. Diese begünstigt nicht nur die ältere Bevölkerung in Form von Renten, sondern durch Familienausgaben auch die Familien mit Kindern. Ganz allgemein gesagt wird die Bevölkerung durch Sozialausgaben unterstützt, so dass hohe staatliche Leistungen (dieser Art!) die Familie davon entlastet, viel Unterstützung beibringen zu müssen.

Ebenfalls anhand des SHARE-Datensatzes ist Szydlik (2011) den wesentlichen Mustern des Erbens nachgegangen. Einerseits zeigen sich deutliche Unterschiede zwischen den Ländern: In Schweden, Dänemark, Belgien und in der Schweiz wird besonders häufig geerbt, in den ehemals sozialistischen Staaten besonders selten. Dazu kommt andererseits der erneute Nachweis des Befunds einer generellen ungleichreproduzierenden Wirkung des Erbens. So haben vor allem die höheren Schichten eine erhöhte Chance zu erben. Das heißt also, dass Eltern aus höheren Sozialschichten über größere Ressourcen für die lebenslange Generationensolidarität verfügen. Damit sind sie durchschnittlich erfolgreicher darin, ihren Kindern bessere Positionen im Gefüge sozialer Ungleichheit— inklusive höherer Bildungsabschlüsse —zu verschaffen. Zudem profitieren ihre Kinder selbst nach dem Tod ihrer Eltern in Form der Vermögensübertragung durch Vererbung. Umgekehrt verhält es sich bei den sozial schwächeren Schichten. Gerade deren Generationennachfolger, die eigentlich auf finanzielle Unterstützung angewiesen wären, bekommen weniger. Zwar erhalten und erwarten auch einige erwachsene Kinder aus unteren und mittleren Schichten durchaus beachtliche Erbschaften. Allerdings sind diese wesentlich seltener. Dieser Matthäus-Prinzip („Wer hat, dem wird gegeben") wird durch eine Reihe weiterer Befunde verstärkt: Wer über ein besonders gutes Haushaltseinkommen verfügt, gehört eher zu den Erben — in Vergangenheit und Zukunft. Insgesamt gesehen konstatiert Syzdlik (2011), dass gerade die Personengruppen, die aufgrund des Rückzugs des Wohlfahrtsstaates eher auf Finanz- und Immobilientransfers durch das private Erben besonders angewiesen wären, wenig oder gar nichts bekommen. Diese

Muster zeigen sich auch in den einzelnen Ländern. Personen mit höherer Bildung und Einkommen erhalten genauso wie Einheimische überall mehr Erbschaften. Damit werden bisherige Befunde für Deutschland auch für die anderen europäischen Länder bestätigt.

4.3. Eine ganz spezielle familiale Generationenbeziehung: Großeltern und ihre Enkel

Eine spezielle Betrachtung von Beziehungen zwischen EnkelInnen und Großeltern ist nicht alleine empirisch von Interesse, sondern ist konzeptionell deshalb von hervorgehobenem Belang: Über die unmittelbar angrenzenden Eltern-Kind-Beziehungen entwickeln sie sich nicht zuletzt aus den oben genannten demografischen Gründen zu tragenden Pfeilern im familialen Generationenverbund (Wissenschaftlicher Beirat für Familienfragen 2012: 55ff).

Wie gestalten sich die Beziehungen der Großeltern zu ihren Enkelkindern konkret in Deutschland? Etwa 40Prozent der Großeltern geben an, mindestens wöchentlich Kontakt zu ihren Enkelkindern (ab 16 Jahren) zu haben. Ein knappes Drittel hat ein- bis dreimal im Monat Kontakt. Die Gruppe derjenigen Großeltern, die ihre Enkel selten beziehungsweise nie sieht oder spricht, ist mit insgesamt circa elf Prozent vergleichsweise klein. Durchschnittlich unterhalten die Großeltern in Deutschland also kontaktintensive Beziehungen zu ihren Enkeln (Mahne 2012).

Wie häufig Großeltern und Enkel Kontakt haben, ist abhängig von vielen Faktoren, die in allen drei beteiligten Generationen verankert sind. Vor allem strukturelle Barrieren wie die ganz „banale" Wohnentfernung (Lange/Lauterbach 1998; Wissenschaftlicher Beirat 2012: 70ff) lassen sich ausmachen. Weit voneinander entfernt wohnende Großeltern und Enkel zeichnen sich durch weniger Kontakt aus und auch eine Berufstätigkeit des Großelternteils schränkt die für Interaktion verfügbare Zeit ein (Mahne 2012). Wesentlich ist aber auch die Beziehung zur mittleren Generation. Sind die Beziehungen zu den erwachsenen Kindern eher kontaktintensiv, besteht meist auch zu den Enkeln reger Kontakt. Deutlich wird hier auch der immer noch wirksame Einfluss von Geschlechterrollen. Demgemäß besteht zu den Enkeln von Söhnen weniger Kontakt als zu den Enkeln von Töchtern. Dies liegt in der Geschlechtsspezifik der Eltern-Kind-Beziehung begründet. Eltern haben in der Regel engere Beziehungen zu ihren Töchtern als zu ihren Söhnen – dies wirkt bis in die Beziehungsgestaltung zur nächsten Generation hinein (Mahne/Huxhold 2012).

Becker/Steinbach (2012) finden dies differenzierend und bekräftigend auf der Basis der PAIRFAM-Daten, dass die Beziehungen zwischen Großeltern und Enkeln erstens weniger von personalen Ressourcen wie Erwerbsstatus und Humankapitalausstattung abhängen und sie zweitens stärker von sozialen Ressourcen bestimmt werden, worunter die Beziehungsgestaltung der Großeltern- und Enkelgeneration sowie der jeweilige Partnerschaftsstatus gefasst werden. Überdies können Becker/Steinbach (2012) einen wichtigen strukturellen Faktor, der sich in der Beziehungsgestaltung niederschlägt, festmachen: In Ostdeutschland lassen sich insgesamt stärkere Beziehungen zwischen Enkeln zwischen 8 und 15 Jahren und Großeltern notieren.

Die Großeltern in Deutschland haben nicht nur kontaktintensive, sondern auch emotional enge Beziehungen zu ihren Enkelkindern. Insgesamt beschreiben mehr als zwei Drittel der Großeltern ihre Beziehungen zu den Enkeln als eng oder sehr eng. Nur eine sehr kleine Gruppe von etwa drei Prozent berichtet, Beziehungen zu haben, die überhaupt nicht eng sind.

Es zeigt sich darüber hinaus in einer Schweizer Stichprobe eine große Zufriedenheit der jugendlichen Enkel und Enkelinnen mit dieser Beziehung (Höpflinger/Hummel/Hugentobler 2006).

Großmütter empfinden eine engere Verbundenheit mit ihren Enkeln als Großväter (Filipp/Greve 2012: 233). Dies deckt sich mit oben angedeuteten Befunden zur geschlechtsspezifisch unterschiedlichen Enge in Beziehungen zwischen Eltern und Kindern (Szydlik/Schupp 1998).

Sowohl Großeltern als auch Enkel profitieren insgesamt gesehen in der Mehrzahl der Fälle von den Beziehungen. Insbesondere das Wohlbefinden von Enkeln kann positiv beeinflusst werden (Buchanan 2008). Wichtig ist bei der Untersuchung von Großelternschaft die Beachtung der Vielseitigkeit gelebter Großeltern-Enkel-Beziehungen. So ist die Ausgestaltung der Großelternrolle nämlich nicht nur von Großelternteil zu Großelternteil — also zwischen Familien — verschieden, sondern die Beziehung eines Großelternteils zu einem Enkel unterscheidet sich schon von der Beziehung zu einem anderen Enkelkind (Mahne/Huxhold 2012).

5. Zusammenfassung: Keine „familienendogene“ Bedrohung familialer Generationenpotenziale

„Überschlägt“ man die wichtigsten Trends, die hier zusammengetragen worden sind, dann kann mit Rosenbaum (2011) von einer Intensivierung der Beziehungen zwischen den Generationen im Laufe des 20. Jahrhunderts mit einer Reihe von länderspezifischen und „transferspezifischen“ Variationen ausgegangen werden.

Hintergründe sind die „Vertikalisierung der Verwandtschaftsstruktur“, d.h. der Rückgang der Kinderzahlen, die ausgedehnte gemeinsame Lebenszeit von Eltern und Kindern durch die steigende Lebenserwartung. Dazu kommt als weiterer Aspekt des vielschichtigen familialen und demografischen Wandels die Instabilität der Partnerbeziehungen durch die Zunahme von Scheidungen und Trennungen. Zudem hat sich auf der Ebene von Kommunikation und Werten ein neuer Modusdes Umgangs miteinander eingespielt, der als „Informalisierung“ bewertet werden kann. Das strikte Autoritätsgefälle zwischen Alt und Jung hat sich relativiert, Kinder und Jugendliche bestimmen mehr mit, viele Dinge des alltäglichen Lebens werden ausgehandelt. Pluralisierung und Informalisierung bedingen dann aber über die aufgezeigten Solidaritätspotenziale hinaus, dass sich Generationenbeziehungen differenzieren, verkomplizieren und individualisieren. Für den Einzelnen heißt dies auf der einen Seite ein stärkeres Maß an Freiheitsgraden und auf der anderen Seite mehr Entscheidungsnotwendigkeiten (Gloger-Tippelt/Walper 2011). Desweiteren impliziert es den Umgang mit einer Reihe von tief greifenden, aber eben doch im alltäglichen Miteinander bearbeitbaren Ambivalenzen in Generationenbeziehungen (Lüscher 2012).

Wodurch sind dann aber Generationenbeziehungen eigentlich gefährdet? Es sind die Rahmenbedingungen, die vor allem durch die neue Art des Arbeitens und Wirtschaftens in Projekten und durch die Imperative des Finanzkapitalismus etc. bestimmt werden. Es herrscht eine starke Zeitnot und Unzufriedenheit der mittleren Generation hinsichtlich der Chancen, mit Kindern, Eltern und Großeltern interagieren zu können (Jurczyk u.a. 2009). Dahinter steht die so genannte „rush-hour of life“ (Bertram 2012) und die zunehmende Entgrenzung und Verdichtung von Erwerbsarbeit. Diejenigen Menschen, die Erwerbsarbeit haben, arbeiten länger, an allen möglichen Orten und können sich oftmals auch in ihrer vermeintlichen Freizeit nicht mental und emotional von ihrer Arbeit lösen. Dass dieser Sachverhalt die intergenerationalen Kontakte wesentlich tangiert, dürfte auf der Hand liegen. In besonderer Weise ist dies der Fall, wenn gleichzeitig Erziehungs- und Unterstützungsaufgaben gegenüber den eigenen Kindern und gegenüber den Eltern bei gleichzeitiger intensiver Berufstätigkeit zu leisten sind (Pines/Neal/Hammer/Icekson 2011).

Ganz deutlich muss gesagt werden, dass die Dreiteilung klassischer Erwerbsbiografien, die das Lernen in der ersten Lebensphase, das Arbeiten in der Mitte des Lebens und die Freizeit in den späten Jahren ansiedeln, schon heute nicht mehr „überzeugt". (Vaupel/von Kistowski 2007). Mit Blick auf die noch zu erwartenden Steigerungen der Lebenserwartungen wird sich dieser Sachverhalt verschärfen. Gegenwärtig sind in Deutschland die Ausbildungszeiten lang, der Weg in das Erwerbsleben ist bisweilen eine Art Hürdenlauf. Menschen mittleren Alters, also zwischen 30 und 50 Jahren, sind durch die simultanen, anspruchsvoller werdenden Anforderungen des Familienlebens und der Erwerbstätigkeit in einem sich verändernden Arbeitsmarkt oftmals belastet. Das heißt, man müsste Arbeitsleistung gleichmäßiger über den Lebenslauf verteilen. Dann könnten die Felder Bildung, Arbeit, Freizeit, Familie freier und flexibler gewichtet werden (Vaupel/Hofäcker 2009). Die Sachverständigenkommission des siebten Familienberichts (BMFSFJ 2006) hat hierzu beispielsweise das Instrument der Optionszeiten vorgeschlagen – Zeiten, die zum Zwecke der Erziehung, der Weiterbildung aber auch der intensiven Pflege der eigenen Eltern steuerfinanziert genommen werden können. Eine solche innovative Lebenszeitpolitik (s. Klammer 2012) ist letztlich auch ein Beitrag zu einer „Generationenpolitik": Verlässliche Zeiträume für entspannte und von den Familienmitgliedern, gemäß empirischen Untersuchungen geschätzte intergenerative Beziehungen zu schaffen, wäre zwar nicht deren einziger, aber doch ein wichtiger Baustein für eine Verbesserung der Rahmenbedingungen für intergenerationale Beziehungen.

Literatur

Antonucci, T.C./Akiyama, H. (1995): Convoys of Social Relations: Family and Friendships within a Life Span Context. In: Blieszner, Rosemary/Bedford, Victoria Hilkevitch (Eds). Handbook of Aging and the Family. Westport, S. 355-371.

Becker, O.A./Steinbach, A. (2012). Beziehungen zwischen Großeltern und Enkelkindern im Kontext des familialen Beziehungssystems. Comparattive Population Studies – Zeitschrift für Bevölkerungswissenschaft, 37, 4, S. 517-542.

Bengtson, V./Rosenthal, C./Burton, L. (1990): Families and Aging: Diversity and Heterogeneity. In: Binstock, R.H. (Hrsg.): Handbook of Aging and the Social Sciences. San Diego, S. 263-287.

Bertram, H. (2012): Keine Zeit für Liebe – oder: Die Rush-hour des Lebens als Überforderung der nachwachsenden Generation? In: Bertram, H./Bujard, M. (Hrsg.): Zeit, Geld, Infrastruktur – zur Zukunft der Familienpolitik. Baden-Baden, S. 25-45.

Bien, W. (Hrsg.) (1994): Eigeninteresse oder Solidarität. Beziehungen in modernen Mehrgenerationenfamilien. Opladen.

Bien, W. (2012): 25 Jahre Surveyforschung. DJI-Surveys im Rahmen der nationalen Surveyforschung. In: Rauschenbach, T./Bien, W. (Hrsg.). Aufwachsen in Deutschland. AID: A – Der neue DJI-Survey. Weinheim: 28-51.

Birg, H. (1992): Differentielle Reproduktion aus der Sicht der biographischen Theorie der Fertilität. In: Voland, E. (Hrsg.): Fortpflanzung: Natur und Kultur im Wechselspiel. Versuch eines Dialogs zwischen Biologen und Sozialwissenschaftlern. Frankfurt, S. 189-215.
Brand, M. (2009): Hilfe zwischen Generationen. Ein europäischer Vergleich. Wiesbaden.
Bräuninger, B./Lange, A./Lüscher, K. (1998): „Alterslast“ und „Krieg zwischen den Generationen“? Generationenbeziehungen in aktuellen Sachbuchtexten. Zeitschrift für Bevölkerungswissenschaft 23, 1, S. 3-17.
Buchanan, A. (2008): Changing families, changing societies and globalization: how can we better prepare our children and young people for the challenges of the brave new world? In: Salustowitz, P. (Hrsg.): Social Policy and Social Work. From an international development perspective. Berlin, S. 145-162.
Büchner, P./Dorbritz, J./Keil, S./Krüsselberg, H.-G./Nave-Herz, R./Schneider, N. F. (2012): Familie. In: Wissenschaftlicher Beirat für Familienfragen beim Bundesministerium für Familie, Senioren, Frauen und Jugend. Familie, Wissenschaft, Politik. Ein Kompendium der Familienpolitik. Würzburg, S. 23-37.
Bundesministerium für Familie, Senioren, Frauen und Jugend (2006): Familie zwischen Flexibilität und Verlässlichkeit. 7. Familienbericht. Berlin.
Büscher, A./Schnepp, W. (2011): Die Bedeutung von Familien in der pflegerischen Versorgung. In: Schaeffer, D./Wingenfeld, K.: Handbuch Pflegewissenschaft. Weinheim, S. 469-487.
Daly, M (2011): „What Adult Worker Model? A Critical Look at Recent Social Policy Reform in Europe from a Gender and Family Perspective.” Social Politics, 18, 1, S. 1-23.
Deindl, Ch. (2011): Finanzielle Transfers zwischen Generationen in Europa. Wiesbaden.
Ette, A./Ruckdeschel, K./Unger, R. (2010): Potenziale intergenerationaler Beziehungen: Chancen und Herausforderungen für die Gestaltung des demografischen Wandels. In: dies. (Hrsg.). Potenziale intergenerationaler Beziehungen. Chancen und Herausforderungen für die Gestaltung des demografischen Wandels. Würzburg, S. 9-36.
Filipp, S.H./Greve, W. (2012): Familie und Altern. In: Wissenschaftlicher Beirat für Familienfragen beim Bundesministerium für Familie Senioren Frauen und Jugend (Hrsg.): Familie, Wissenschaft, Politik. Ein Kompendium der Familienpolitik. Würzburg, S. 27-236.
Gloger-Tippelt, G./Walper, S. (2011): Generationenbeziehungen in Familien. In: Eckert, T./von Hippel, A./Pietraß, M./Schmidt-Hertha, B. (Hrsg.): Bildung der Generationen. Wiesbaden, S. 113-123.
Grandits, H. (2010): Introduction: the reshaping of family and kin relations in European welfare systems. In: ders. (Hrsg.) Family, Kinship and State in Contemporary Europe. Frankfurt am Main, S. 23-46.
Grünheid, E./Scharein, M. (2011): Zur Entwicklung der durchschnittlichen gemeinsamen Lebenszeit von Drei- und Vier-Generationen-Familien in West- und Ostdeutschland. Comparative Population Studies – Zeitschrift für Bevölkerungswissenschaft 36, 1, S. 3-40.
Haumann, W. (2006): Generationen-Barometer 2006. Eine Studie des Instituts für Demoskopie Allensbach. Herausgegebenen vom Forum Familie stark machen. Freiburg/München.
Hoff, A. (2006): Intergenerationale Familienbeziehungen im Wandel. In: Tesch-Römer, C./Engstler, H./Wurm, S.(Hrsg.): Altwerden in Deutschland. Sozialer Wandel und individuelle Entwicklung in der zweiten Lebenshälfte. Wiesbaden, S. 231-287.
Höpflinger, F./Hummel, C./Hugentobler, V. (2006): Enkelkinder und ihre Großeltern: Intergenerationale Beziehungen im Wandel. Zürich.
Imhof, A. C. (1981): Die gewonnenen Jahre: Von der Zunahme unserer Lebensspanne seit 300 Jahren oder von der Notwendigkeit einer neuen Einstellung zu Leben und Sterben. Ein historischer Essay. München.
Jurczyk, K./Schier, M./Szymenderski, P./Lange, A./Voß, G. (2009): Entgrenzte Arbeit – Entgrenzte Familie. Grenzmanagement im Alltag als neue Herausforderung. Berlin.
Keck, W./Saraceno, Ch. (2008): Pflege und arbeite! Familiäre Pflegeleistungen sind nur schwer mit dem Beruf vereinbar. WZB-Mitteilungen, Heft 122, S. 10-13.

Klammer, U. (2012): Die Lebenslaufperspektive als Referenzrahmen und Gestaltungsaufgabe – Herausforderungen an Politik und Betriebe. In: Bertram, H./Bujard, M. (Hrsg.): Zeit, Geld, Infrastruktur – zur Zukunft der Familienpolitik. Baden-Baden.

Lange, A. (2013): Die Gesellschaft des langen Lebens: Soziostrukturelle und soziokulturelle Rahmenbedingungen der Gestaltung des Alterns und der Generationenbeziehungen i. d.B.

Lange, A./Lauterbach, W. (1998): „Aufwachsen mit oder ohne Großeltern? Die gesellschaftliche Relevanz multilokaler Mehrgenerationsfamilien." Zeitschrift für Soziologie der Erziehung und Sozialisation, 18, 3, S. 227-249.

Laslett, P. (1995): Das Dritte Alter. Historische Soziologie des Alterns. Weinheim.

Lauterbach, W. (1995). „Die gemeinsame Lebenszeit von Familiengenerationen." Zeitschrift für Soziologie 24, 1, 22-41.

Leisering, L. (1992): Sozialstaat und demographischer Wandel. Wechselwirkungen, Generationenverhältnisse, politisch-institutionelle Steuerung. Frankfurt.

Lessenich, S.(2008): Die Neuerfindung des Sozialen. Der Sozialstaat im flexiblen Kapitalismus. Bielefeld.

Lüscher, K. (2010): Generationenpolitik – eine Perspektive. Manuskript, Bern.

Lüscher, K. (2012): Ambivalence and Practice as Emerging Topics of Contemporary Family Studies. In: Scabini, Eugenia/Rossi, Giovanna (Hrsg.): Family Transitions and Families in Transition. Milano, S. 93-108.

Mahne, K. (2012): „Großelternschaft in Deutschland – aktuelle Forschungsergebnisse." Stimme der Familie, 58, 6, S. 6-9.

Mahne, K./Huxhold, O. (2012): Social contact between grandparents and older grandchildren: a three-generation perspective. In S. Arber, S./Timonen, V. (Eds.), Contemporary Grandparenting (S. 225-246). Bristol, UK: The Policy Press, University of Bristol.

Mahne, K./Motel-Klingebiel, A. (2010): Familiale Generationenbeziehungen. In: Motel-Klingebiel, A./Wurm, S./Tesch-Römer, C. (Hrsg.): Altern im Wandel. Befunde des Deutschen Alterssurveys (DEAS). Stuttgart, S. 188-214.

MacManus, S. A. (1996): Young vs. Old. Generational Combat in the 21st Century. Bolder.

May, Ch. (2010): Generation als Argument. Konflikte um die Rentenversicherung in Deutschland, Großbritannien und den Niederlanden. Frankfurt am Main.

Moch, M. (1993): Subjektive Repräsentationen von „Familie" nach einer Scheidung im mittleren Lebensalter. In: Lüscher, K./Schultheis, F. (Hrsg.): Generationenbeziehungen in „postmodernen" Gesellschaften. Konstanz, S. 215-234.

Nauck, B. (2011): Wert der Kinder und Generationensolidarität. In: Bertram, H./Ehlert, N. (Hrsg.): Familie, Bindungen und Fürsorge. Familiärer Wandel in einer vielfältigen Moderne. Opladen, S. 329-348.

Nave-Herz, R. (2011): Die Familie in Europa als „Fürsorgeinstitution" für ihre älteren Mitglieder – Historischer Rückblick und zukünftige Perspektiven. In: Bertram, H./Ehlert, N. (Hrsg.): Familie, Bindungen und Fürsorge. Familiärer Wandel in einer vielfältigen Moderne. Opladen, S. 281-298.

Nazio, T./Saraceno, Ch.(2012): „Does Cohabitation Lead to Weaker Intergenerational Bonds Than Marriage? A Comparison Between Italy and the United Kingdom." European Sociological Review PUBLISHED ONLINE, 18 Juli 2012: S. 1-16.

Perrig-Chiello, P. (2010): Generationenbeziehungen im mittleren Lebensalter. In: Schweizerische Akademie der Geistes- und Sozialwissenschaften. Auf dem Weg zu einer Generationenpolitik. Bern, S. 115-130.

Pines, A.M./Neal, M.B./Hammer, L.B./Icekson, T.(2011): „Job Bornout and Couple Burnout in Dualearner Couples in the Sandwiched Generation". Social Psychology Quarterly, 74, 4, S. 361-386.

Puur, A./Sakkeus, L./Põldma, A./Herrn, A. (2011): „Intergenerational family constellations in contemporary Europe: Evidence from the Generations and Gender Survey." Demographic Research 25(Article 4, published 12 July 2011): S. 135-172.
Rosenbaum, H. (2011): Zwischen Konflikt und Solidarität. Generationenbeziehungen im 20. Jahrhundert. In: Mohrmann, R.-E. (Hrsg.): Generationenbeziehungen in Familie und Gesellschaft. Münster, S. 11-33.
Rosenbaum, H./Timm, E. (2010): The relationship between family, kin and social security in twentieth-century Germany. In: Grandits, H. (Hrsg.): Family, Kinship and State in Contemporary Europe. Frankfurt am Main, S. 127-180.
Rossi, A.S./Rossi, P.H. (1990): Of Human Bonding. Parent-Child Relations across the Life Course. New York.
Sachweh, P. (2011): „Wohlfahrtsstaatliche Generationensolidarität und demografischer Wandel – Szenarien, Befunde, Perspektiven." Bevölkerungsforschung aktuell, 32, 5, S. 8-15.
Szydlik, M. (1995): Die Enge der Beziehung zwischen erwachsenen Kindern und ihren Eltern und umgekehrt. Zeitschrift für Soziologie, 24,1, S. 75-94.
Szydlik, M. (2000): Lebenslange Solidarität? Generationenbeziehungen zwischen Erwachsenen und ihren Kindern. Opladen.
Szydlik, M. (2011): „Erben in Europa." Kölner Zeitschrift für Soziologie und Sozialpsychologie, 63, 1, S. 543-565.
Szydlik, M./Schupp, J. (1998): Stabilität und Wandel von Generationenbeziehungen. Zeitschrift für Soziologie, 27(4), S. 297-315.
Trommsdorf, G./Mayer, B. (2011): Intergenerationale Beziehungen im Kulturvergleich. Die Rolle von sozio-ökonomischen Faktoren, Werten und Beziehungsqualität für intergenerationale Unterstützung. In: Bertram, H./Ehlert, N. (Hrsg.): Familie, Bindungen und Fürsorge. Familiärer Wandel in einer vielfältigen Moderne. Opladen, S. 349-379.
Ulbrich, K. (2011): Familiale Generationenbeziehungen und der Übergang in die Elternschaft. Eine qualitativ kulturvergleichende Studie (Betreuer. Karl Lenz). TU Dresden, Institut für Soziologie.Dresden.
Vaupel, J.W./von Kistowski, Kristin G (2007): Die Plastizität menschlicher Lebenserwartung und ihre Konsequenzen. In: Gruss, P. (Hrsg.): Die Zukunft des Alterns. Die Antwort der Wissenschaft. Ein Report der Max-Planck-Gesellschaft. München, S. 51-78.
Vaupel, J.W./Hofäcker, D. (2009): „Das lange Leben lernen." Zeitschrift für Erziehungswissenschaft, 12, 3, S. 383-407.
Wissenschaftlicher Beirat für Familienfragen beim Bundesministerium für Familie, Senioren, Frauen und Jugend (2012): Generationenbeziehungen. Herausforderungen und Potenziale. Wiesbaden.
Zerle-Elsäßer, C./Cornelißen, W./Bien, W. (2012): Frühe und späte Elternschaft. Das Timing der Familiengründung und seine Folgen. In: Rauschenbach, T. (Hrsg.): Aufwachsen in Deutschland. AID: A – Der neue DJI-Survey. Weinheim, S. 178-200.

Geschlechterdimensionen zwischen Generation – Gender – Gemeinwesen

Barbara Thiessen

Der Begriff Geschlecht wurde in den Konversationslexika bis ins 19. Jahrhundert stets als „Familie, Sippe, Gattung, Generation" verstanden, mithin also die Abfolge von Generationen einer bestimmten Gruppe von Menschen. Die althochdeutsche Wortwurzel „gislahti" meint etwas, das in dieselbe Richtung schlägt. Geschlecht ist etymologisch gesehen also ein „Teekesselchen", ein Wort, dem mehrere Bedeutungen zugrunde liegen. Die Bedeutungsänderung im 19. Jahrhundert von „Gattung" zu „Genus" ist der zunehmenden Wichtigkeit der nun als natürlich begründeten Geschlechterdifferenz geschuldet im Wandel von der einer vormodernen Ständegesellschaft zur modernen bürgerlichen Gesellschaft, die mit einer Trennung von öffentlich – privat, Erwerbsarbeit – Familienarbeit einhergeht. Der gesellschaftliche Ort wird in der Moderne mithin stärker vom biologischen Geschlecht als von der ständischen Zuordnung der Sippschaft bestimmt. In ländlichen, sehr traditionsbestimmten Regionen in Deutschland ist es allerdings heute noch üblich, sich einer Fremden zunächst mit dem Nachnamen vorzustellen, um dann erst den geschlechtsbestimmenden Vornamen zu nennen. Hier scheint Familienzugehörigkeit, also die Betonung der Genealogie noch vor der Geschlechtszugehörigkeit zu stehen.

In jedem Fall unterliegt die Einordnung in eine entweder genealogisch oder auch geschlechtlich bestimmte Ordnung der Vermutung, in eine jeweils bestimmte, dem Gegenüber bekannte Richtung zu schlagen. Sich als entweder weiblich/männlich oder einer bestimmten Familie zugehörig zu verstehen und zu verhalten, schafft Zugehörigkeitsempfinden, Kohärenz, Handlungssicherheit in alltäglichen Interaktionen. Auch das Gegenüber hat bereits eine Vermutung, in welche Richtung ein Ausschlag erfolgen kann. Geschlecht aber ebenso auch Familienzugehörigkeit wird interaktiv hergestellt. Diese Herstellungs- und Bekräftigungsprozesse werden einmal als „doing gender" und im anderen Fall als „doing family" bezeichnet (vgl. Jurczyk/Lange/Thiessen 2012).

Entscheidend scheint für das Verhältnis von Generation und Gender jedoch zu sein, dass mit dem jeweiligen Fokus auf Generation oder Gender die jeweils andere Bedeutung verschwindet. So unterschlagen Untersuchungen oder Praxisprojekte, die sich mit Generationen beschäftigen, häufig die Bedeutung des „doing gender", als der Herstellung von Geschlechterunterschieden. Ebenso scheint mir bei der Bearbeitung von Gender-Themen nicht selten eine Auslassung der Generationenperspektive vorzuliegen. Ich möchte im Folgenden versuchen, am Beispiel gemeinwesenorientierte Praxisansätze diese doppelten Auslassungen aufzuzeigen und Konsequenzen für sozialpädagogisches Handeln zu formulieren. Konkret werden die Themenfelder Erziehung und Bildung, Leitbilder guter Elternschaft sowie Interaktionen zwischen Fachkräften und AdressatInnen diskutiert.

Erziehung und Bildung im Familienalltag: Schnittstelle von Generation, Milieu und Gender

Generationenfolgen sichern den Bestand von Gesellschaften und organisieren materielle, emotionale und alltagsbezogene Fürsorge untereinander. Ohne diese *Care*-Tätigkeiten sind Gesellschaften nicht überlebensfähig (Brückner 2011). Allerdings zeigen sich aktuell Lücken in der familialen Care-Arbeit (Jurczyk 2010), die einerseits durch zunehmende Müttererwerbsarbeit bei gleichzeitiger Persistenz der häuslichen geschlechtlichen Arbeitsteilung und andererseits durch veränderte Bedarfe an familialer Fürsorge entstanden sind.

Augenfällig sind dabei gestiegene Erwartungen an Familien: Kinder sollen nicht nur aufwachsen, sondern zu kompetenten „Lernsubjekten" erzogen werden, die den komplexen Aufgaben der Wissensgesellschaft gewachsen sind und zukünftige Leistungsträger werden können. Kranke und alte Menschen sind zu versorgen und zu pflegen, die Ehe- oder Lebenspartner sollen sich gegenseitig Stütze sein, verwandtschaftliche, nachbarschaftliche und gemeindebezogene Netzwerke sind zu pflegen und weiterzuentwickeln. Der Alltag ist mit den ebenfalls zunehmenden Erwartungen an Lebensqualität zu managen. Bei all dem wollen Eltern ihren Kindern glückserfüllte Momente in ihrem Kinderalltag ermöglichen, möchten, dass ihre Kinder im Hier und Jetzt ein gutes, anregendes Leben führen können, ohne immer auf die Zukunftsdienlichkeit schauen zu müssen. Gleichzeitig haben sich die Anforderungen im Bereich der Erwerbsarbeit durch den Wandel von der Industriemoderne zur Dienstleistungs- und Wissensgesellschaft deutlich erhöht. Flexibilisierung, Intensivierung sowie räumliche Mobilität sind hierfür nur Stichworte für die veränderten Erwartungen an den „Arbeitskraftunternehmer" (Voß/Pongratz 1998). Familie steht somit zwischen den Anforderungen einer hochindividualisierten Wissensökonomie und den anspruchsvoller gewordenen Carebedarfen.

Die gestiegenen Erwartungen an Familien als generationale Netze sind quer zu allen Milieus festzustellen. Die materiellen und habituellen Voraussetzungen sind jedoch höchst unterschiedlich. Während finanziell abgesicherte Mittelschichtsfamilien die in West-Deutschland traditionelle Unterversorgung mit familienbezogenen Infrastrukturleistungen mittels privat finanzierten Dienstleistungen in Haushalt, Kinderbetreuung oder Altenversorgung abfedern können, ist diese Lösung für Familien in prekären Lebenslagen nicht finanzierbar.

Hinzu kommt im Bereich von Bildung ein selten diskutiertes Phänomen: nämlich der Wunsch generationalen Zusammenhalts innerhalb von Familien, der mit dem Anliegen des Bildungsaufstiegs kollidiert. Empirische Untersuchungen zu Erziehungsstilen (vgl. Lareau 2003) zeigen, dass Eltern zwar einerseits immer das Beste für ihr Kind wünschen, gleichzeitig jedoch mit je unterschiedlichen Erziehungsstilen (unbewusst) versuchen, ihre Kinder im jeweils eigenen sozialen Milieu zu platzieren. Während bildungsnahe Familie sich durch den Erziehungsstil der „concerted cultivation" bemühen, ihre Kinder gezielt auf Studium und Leitungsfunktionen vorzubereiten. Auch wenn diese lieber am Nachmittag terminfrei wären und sich als Jugendliche eine Handwerksausbildung wünschen, überlassen Eltern bildungsferner Schichten Bildungsangelegenheiten den schulischen Institutionen und üben einen Erziehungsstil des „natural groth" aus, bei dem keine gezielten Bildungsangebote für die Kinder innerhalb der Familie organisiert werden.

Eine weitere Differenzierung von Grundhaltungen in der Erziehung zeigt sich zwischen einheimischen und Migrantenfamilien (Thiessen 2012). Dies betrifft v.a. Migrantenfamilien, die aus ländlichen Regionen kommen, in denen traditionell-landwirtschaftliche Subsistenzgemeinschaften üblich sind und es kaum wohlfahrtsstaatliche Absicherungen gibt. Hier sind Familien auf starken Zusammenhalt und tribalistische (also gemeinschaftsorientierte) Regel-

und Austauschsysteme angewiesen (Nauck 2007). Die familiale Wohlfahrtsproduktion beruht hier auf einer stark generational und geschlechtlich segregierten Arbeitsteilung. Während sich im Heimatland durch Modernisierungsprozesse Veränderungen zeigen, gewinnt die Familienbindung durch die Migrationssituation nochmals an Bedeutung und zwar umso stärker, je mehr die aufnehmende Gesellschaft als zurückweisend, ablehnend und diskriminierend erlebt wird (Beck-Gernsheim 2002: 338). Die kollektivistische Grundhaltung zeigt sich im Erziehungsstil in einer Skepsis gegenüber autonomiestärkenden und individualisierenden Haltungen zu Kindern. Die Migrationssituation, das Ankommen in einem fremden Land erfordert als „Mehrgenerationenprojekt“ (BMFSFJ 2000) zunächst eine weitere Verstärkung dieses Familienzusammenhaltes. Dies erklärt, warum beispielsweise türkische Familien in Deutschland einen stärker behütenden und kontrollierenden Erziehungsstil praktizieren als Familien in der Türkei, wie Uslucan (2008) dies in seinen empirischen Studien deutlich gemacht hat. Für Kinder kann dieser Erziehungsstil zu einem Hemmschuh werden, denn sie sind auf Ermutigung zur Eigenständigkeit angewiesen, um durch Bildungsaufstieg jene Erwerbsmöglichkeiten zu erreichen, die moderne Dienstleistungs- und Wissensgesellschaften zu bieten haben. Gleichzeitig brauchen sie aber in einer von Alltagsrassismen (Leiprecht/Lutz 2009) gekennzeichneten Umwelt den Rückhalt der Herkunftsfamilie. Verständnis für diese Erziehungsfragen ist von Seiten der Sozialen Arbeit nicht unbedingt zu erwarten. Der Anteil der Fachkräfte mit Migrationshintergrund ist unterdurchschnittlich. Eine kritische Auseinandersetzung mit den eigenen kulturellen Leitbildern wird in der Fachliteratur gefordert, steht aber in der Praxis häufig noch aus.

Es zeigt sich also, dass Erziehungsstile in ihrem Kontext jeweils plausibel sind und sowohl Vor- als auch Nachteile aufweisen. Sie sind allerdings – und dies perpetuiert soziale Ungleichheit –unterschiedlich anschlussfähig an institutionelle Bildungsprozesse (vgl. Lange/Xyländer 2011). Damit starten Kinder ihre Bildungskarrieren bereits in den vorschulischen Einrichtungen mit höchst unterschiedlichen Voraussetzungen. Erklärbar wird dadurch, warum mittels Familienbildungsangebote für Problematiken in Unterversorgungslagen und mit Migrationshintergrund kompensatorisch versucht wird, insbesondere die Liberalität zu fördern. Damit wird gleichzeitig das Defizit mangelnder Sprach- und Leseförderung in diesen Familien fokussiert. Vergessen wird dabei jedoch, dass das Anliegen der Familien, ihre Kinder nah am eigenen Milieu zu halten, ebenso legitim wie notwendig ist, allerdings zu Lasten möglicher Bildungsaufstiege der Kinder geht. Diese generationale Ambivalenz ist m.E. in Familienbildungsangeboten noch entsprechend konzeptionell aufgenommen. In der Praxis zeigen sich dagegen mitunter Abwertungen gegenüber bildungsdistanzierten Familien.

Leitbilder guter Elternschaft

Mit der Debatte um das Betreuungsgeld zeigt sich aktuell erneut ein Ringen um Familienleitbilder, Vorstellungen zu Elternschaft und Fürsorge zwischen den Generationen. Dabei wird das Dilemma deutlich zwischen den neuen Anforderungen der Ökonomie hinsichtlich Fachkräftemangel und konservativen Vorstellungen einer Hausfrauenehe mit männlichem Versorger. Tatsächlich sind heute ein Drittel der Mütter mit Kindern unter drei Jahren erwerbstätig sowie zwei Drittel der Mütter von Schulkindern (Statistisches Bundesamt 2008).

Eine deutliche Bevölkerungsmehrheit ist mittlerweile gegen die Einführung eines Betreuungsgeldes (ZDF-Politbarometer, Statista 2012). Hieran zeigt sich ein deutlicher Wandel des Leitbildes der „guten Mutter". Neben der gestiegenen Erwerbsbeteiligung spielen dabei auch die zunehmenden Bildungsanforderungen bei Kindern eine wichtige Rolle. Die „gute Mutter" ist demnach nicht mehr die Hausfrau und Gattin, sondern die erwerbstätige Mutter, die ihre Kinder fördern, anregen und sie auch – nicht nur im Trennungsfall – versorgen kann. Bemerkenswert ist dabei, dass die Annahme einer scheinbar auf Instinkten beruhenden, naturhaften Mutterliebe für gelungenes Aufwachsen offensichtlich nicht mehr plausibel und ausreichend erscheint (Thiessen/Villa 2008). Diskreditiert wird, nicht zuletzt in der Debatte um das Betreuungsgeld, dabei gleichzeitig die bildungsferne Mutter, die – angewiesen auf Transferleistungen – ihren Kindern scheinbar nichts „bieten" kann.

Ebenso zeigen sich bemerkenswerte Veränderungen in den letzten beiden Dekaden hinsichtlich der Familienorientierung von Männern: Väter wollen heute mehrheitlich nicht mehr nur „earner" sondern auch „carer" im Leben ihrer Kinder sein und grenzen sich damit bewusst von den Erfahrungen mit ihren überwiegend abwesenden Vätern ab. Gleichzeitig gibt es kaum Anzeichen für veränderte Praxen von Vätern, sieht man einmal von der überraschend hohen Teilhabe von Vätern an der im Jahr 2006 eingeführten Elternzeit ab (25,3%, Statistisches Bundesamt 2012). Auch wenn bislang drei Viertel der Väter in Elternzeit nur die Minimallösung von zwei Monaten in Anspruch nehmen, wird das Vereinbarkeitsproblem zunehmend auch von Vätern wahrgenommen. Teilweise bemühen sie sich neben ihrer unverändert fortbestehenden Vollzeiterwerbstätigkeit um eine aktivere Vaterschaft. Gerade junge Männer und Väter sind jedoch gefangen im Modell des „modernisierten Ernährers" (Zerle/Krok 2008), das die vollzeitberufliche Identität nicht in Frage stellt, es aber um aktive Vaterschaft ergänzt. Diese wird jedoch bislang weder durch politische noch betriebliche Maßnahmen wirklich gestützt. Vor allem die zunehmend räumlich und zeitlich entgrenzte Erwerbsarbeit von Vätern lässt sich mit Familienaktivitäten immer schwieriger vereinbaren. Hier aber liegt ein hohes Belastungspotenzial für Familien.

Darüber hinaus ist der „neue Vater" noch auf der Suche nach einer angemessenen Rolle, die seine Geschlechtsrepräsentation nicht unterminiert. In Werbespots, Soaps und Kinofilmen kann dieses Unterfangen beobachtet werden: Die neuen Väterbilder knüpfen an alten männlichen Vorlagen von Genialität und Heldenhaftigkeit an und weiten sie aus mit Elementen des Care. Durch die abwesende Mutter jedoch entsteht erst dieser erweiterte Raum für Neuinszenierungen von Väterlichkeit sowie für die Ausweitung von Rollenkonzepten. Der „neue Vater" ist einfühlsam, bleibt aber der Held im Kinderleben. Wie er nun die erfolgreiche Erwerbsarbeit, die die Familie weiterhin sichern soll, mit Care-Arbeit verbindet, bleibt in den neuen Vaterkonzepten allerdings bislang ausgespart. Noch prekärer erweist sich ein Wandel von Vaterschaft, wenn keine erfolgreiche Erwerbsarbeit vorgewiesen werden kann.

Deutlich werden sowohl bei den neuen Leitbildern für Mütter als auch für Väter Momente der Überforderung. Wenn insbesondere die Rahmenbedingungen nicht mit in den Blick geraten, unter denen heute Familienleben stattfindet (Entgrenzung, Intensivierung, Prekarität), bleiben individuelle Gestaltungsmöglichkeiten von Frauen und Männern überschätzt. Ich möchte an dieser Stelle daher an ein bekanntes Konzept von Elternschaft erinnern, das Winnicott bereits 1951 entwickelt hat.

Winnicott geht von den Grundbedürfnissen von Säuglingen und Kindern aus, die sich im Laufe ihrer Entwicklung wandeln. Der Säugling ist existenziell angewiesen auf die Fähigkeit einer Bindungsperson, so auf die Bedürfnisse des Kindes einzugehen, dass es sich nie komplett verlassen fühlt. Allerdings soll sich die Bindungsperson aus dieser engen Bindung lösen, so dass das Kind lernen kann, dass sie nicht Teil von ihm ist. Mutterschaft kann vor diesem Hintergrund als stete Balancierung von Bindung und Trennung in der Beziehung zum Kind verstanden werden. Dies gilt nicht nur für Mütter, sondern damit ist jede Bindungsperson eines Kindes gemeint. Nach dem Gebären und Stillen haben Frauen keine exklusive Funktion und Bedeutung für das Kind. Die Figur der „good-enough mother" – und ergänzt werden kann: des „good-enough father" – zeigt, es geht beim gedeihlichen Aufwachsen von Kindern um die Balance von Verlässlichkeit (Bindung) und Autonomieentwicklung durch Trennung, es geht nicht um Gender oder die ausschließliche Hinwendung zum Kind. In der Praxis der Familienbildung und sozialräumlichen Förderung von Familien zeigt sich jedoch nicht selten ein Festhalten an traditionellen Gendermustern von Elternschaft, wie dies im dritten Abschnitt an Beispielen deutlich gemacht wird.

Nur am Rande kann hier darauf hingewiesen werden, dass ebenso wie Leitbilder von Elternschaft auch Leitvorstellungen hinsichtlich der Care-Zuständigkeiten erwachsener Kinder gegenüber hochbetagten Eltern im Veränderungsprozess begriffen ist. Hier erweist sich die Zuweisung an Pflegeverantwortung an Frauen noch weitgehend ungebrochen (Kunstmann 2010), gleichzeitig kann sie nicht mehr selbstverständlich von Töchtern und Schwiegertöchtern wahrgenommen werden. Gegenwärtig werden von den knapp über zwei Millionen Menschen, die im Sinne des Pflegeversicherungsgesetzes pflegebedürftig sind, zwei Drittel (68%) zu Hause versorgt, davon nur knapp 500.000 mit Unterstützung von Pflegediensten (Statistisches Bundesamt 2007). Mit dem weiteren bereits prognostizierten Anstieg von alten und hochbetagten Menschen an der Gesamtbevölkerung wird sich die Frage „who cares?" weiter verschärfen. Fraglich ist, ob die „guten Töchter" weiterhin den Hauptteil der Pflege nahezu unbezahlt übernehmen können angesichts hoher Scheidungsraten, niedriger (Frauen-)Löhne und der weiter bestehenden „gender pay gap" sowie zunehmender Mobilität von Familien.

Interaktionen zwischen Fachkräften und AdressatInnen im Sozialraum

Soziale Arbeit hat im Kern die Aufgabe der Stützung des Generationengefüges. Die sich zu Beginn des 20. Jahrhunderts konstituierte Jugend- und Familienfürsorge adressierte v.a. die Erziehungsfähigkeit der Eltern (Bauer/Wiezorek 2009) und entwickelte dafür – insbesondere in der deutschen Sozialarbeit – das Konzept der „geistigen Mütterlichkeit" (Allen 1991). Auch wenn viele historische konzeptionelle Ansätze, etwa von Jane Addams, Empowerment-orientierte Stärkung von Müttern und Gemeinwesenstrukturen beinhalten, lässt sich als Ideal gleichwohl die „erziehungskompetente Familie" orientiert am Leitbild der bürgerlichen Familie belegen (Bauer/Wiezorek 2009). Welche Bedeutung dabei die meist (groß-)bürgerliche Herkunft der Protagonistinnen der Sozialen Arbeit haben, ist bislang noch zu wenig untersucht worden. Die Erziehungsfähigkeit der (proletarischen) Klientenfamilien wurde und wird an Kriterien der Sauberkeit häuslicher Verhältnisse, Häuslichkeit der Mutter, sittlichem Verhalten der Familienmitglieder festgemacht (Bauer/Wiezorek 2009). Hier zeigen sich deutliche historische Parallelen. Es könnte auch postuliert werden, dass zu Beginn des 20. Jahrhunderts Soziale Arbeit dazu diente, die Proletarierfamilie fit für die Industriemoderne zu machen und es heute, zu Beginn des 21. Jahrhunderts, um Optimierungsprozesse für die Dienstleistungs- und Wissensgesellschaft geht.

Am Beispiel Früher Hilfen im Kontext der sozialräumlich orientierten Familienbildung zeigt sich besonders eindrücklich, wie gegenwärtig neue Leitbilder von Elternschaft verhandelt werden (vgl. Sandner/Thiessen 2010). Zu Recht stellt dieser Bereich ein wichtiges Aufgabengebiet Sozialer Arbeit dar, bei dem es darum geht, Familien mit Säuglingen und Kleinkindern in den ersten Jahren zu unterstützen. Wurden Kinder vor Schuleintritt lange von der Jugendhilfe eher nachlässig behandelt, werden Frühe Hilfen in den letzten Jahren in westlichen Gesellschaften mit großer Dynamik entwickelt und ausgebaut. Hintergrund sind keineswegs steigende Zahlen von Kindstötungen aber ein veränderter medialer und politischer Umgang mit Vernachlässigung und Gewalt bei Säuglingen und Kleinkindern. Diese erschreckenden und emotional aufwühlenden Ereignisse sind zu einem Zeitpunkt medial und politisch aufgegriffen worden, wo in den westlichen Gesellschaften durch zunehmende soziale Spaltungsprozesse strukturelle Armutsfolgen sichtbar wurden.

An politischen Programmen zu und Konzepten über Frühe Hilfen lassen sich spezifische Negativfolien festmachen, die Familien in Unterversorgungslagen als „dysfunktional“ und Gefahr für andere brandmarken. Ein Beispiel aus Großbritannien zitiert Featherstone (2006) aus dem „White Paper Respect and Responsibility” des Anti-Social Behaviour Act (2004): „There are a small number of families that can be described as dysfunctional. Two or three families and their wider networks cancreate havoc in a neighbourhood or estate. It is always in areas of greatest disadvantage that this *corrosive effect* is seen and felt most clearly. Sometimes it occurs where there has been considerable family breakdown; multiple partners can pass through the house; children do not have a positive role model; little in the way of a predictable orderly routine; and the lifestyle is such that it makes the lives of neighbours a complete misery. Some professionals have refrained from demanding changes in standards and behaviour from such families, in an effort to remain non judgemental“. „This stance alienates those living alongside chaotic families and who legitimately complain that professionals can go home to areas not beset by this kind of misery. It also fails children in dysfunctional families by not asserting their need for care and discipline.” (Home Office, 2003: 23).

Auch in Deutschland fokussieren Programme des Early Prevention auf die Entwicklung von Erziehungsfähigkeit von Eltern. Sie schließen dabei an Konzepte von Elternkompetenzen an, die für Eltern insgesamt vorgesehen, wie sie etwa der Wissenschaftliche Beirat des Bundesfamilienministeriums (2005) formuliert hat: „Kindbezogene Kompetenzen: Eltern sollen fähig sein, sensibel und auf das Kind seinem Entwicklungsstand entsprechend einzugehen; Selbstbezogene Kompetenzen: Eltern sollen in der Lage sein, über Erziehung nachzudenken, sich Wissen über die kindliche Entwicklung aneignen, eigene negative Emotionen kontrollieren und nicht impulsiv handeln; Handlungsbezogene Kompetenzen: Eltern sollen Vertrauen in die eigene Wirksamkeit entwickeln, Versprechen einhalten, beim Umgang mit dem Kind nicht widersprüchlich sein und sich an neue Gegebenheiten anpassen; Kontextbezogene Kompetenzen: Eltern sollen fähig sein, auch außerhalb der Familie für das Kind positive Entwicklungsarrangements zu treffen.“ (Wiss. Beirat 2005). Ein hoher Anspruch, der idealisiert und Scheitern vorprogrammiert.

Wenn in den Frühen Hilfen versucht wird, Erziehungskompetenzen bei Eltern zu stärken, stehen die Begriffe Bindung und Feinfühligkeit an erster Stelle. Adressiert werden faktisch – trotz anderslautender Konzepte – fast ausschließlich Mütter. Ziel der ExpertInnen ist es, das Kind und seine Bedürfnisse bei der Mutter an erste Stelle zu setzen. Sie sind vor dem Hintergrund der geschlechtshierarchischen Arbeitsteilung Hauptverantwortliche für das Kind und daher ebenso leichter als Klientinnen als auch als Untersuchungspersonen greifbar. Vermutet werden muss jedoch auch neben dieser projekt- und forschungseffizienten Begründung, dass nicht reflektierte Annahmen einer traditionellen Zuständigkeit von Frauen für Säuglinge hier fröhliche Urstände feiern. So spricht beispielsweise Hellbrügge explizit von der Mutter als „für das Kind und seine Entwicklung einzigartige Person und Institution der Mutter“ (2008: 8). Rhetorisch werden Väter in Maßnahmen der Frühen Hilfen nicht selten mit benannt. Tatsächlich werden sie aber in der Praxis kaum erreicht (Liel/Kindler 2009: 9f).

Eine Ursache könnte darin liegen, dass Inhalte und Rahmenbedingungen der Angebote Früher Hilfen möglicherweise nicht auf Väter eingestellt sind und nicht deren geschlechtlich unterlegten Vorstellungen von Vatersein entsprechen.

Hier zeigen sich Normalitätsvorstellungen von Fachkräften im Hinblick auf Familien, Vaterschaft und Mutterschaft, die die Konzepte und Ausrichtung sozialpädagogischer Interventionen bestimmen, ohne dass diese explizit werden. Hierzu ein Beispiel aus meinen Forschungsbefunden im Projekt „Teenage mothers“: In einer Schwangerschaftskonfliktberatungsstelle wird eine schwangere 17-Jährige, die ihren weiteren Schulbesuch angesprochen hatte, an die Familienhebammen verwiesen, während ihr gleichaltriger Freund stark motiviert wird, sich doch nun besonders auf Ausbildung und Erwerb zu orientieren. Das Beispiel (ausführlicher in: Thiessen 2007) macht deutlich, dass in der Sozialen Arbeit häufig unreflektiert traditionelle Familienleitbilder transportiert werden. Diese erscheinen weder besonders geeignet den Familienzusammenhalt zu fördern, noch sind sie bei möglichen Trennungssituationen hilfreich. Der durch Ausbildung und Erwerbsarbeit abgezogene Vater hat so kaum Chancen Bindung aufzubauen. Die zu Hause festgesetzte junge Mutter ist im Falle einer Trennung eher dauerhaft auf Transferleistungen angewiesen. Wieso nicht Teilzeitberufsausbildung für beide? Durchaus strittig ist die Frage, was Familien ausmacht und welche Fähigkeiten notwendig sind, gelungene Verantwortungsgemeinschaften zu leben. Hier spielen milieuspezifische Unterlegungen eine wichtige Rolle. Risikoeinschätzungen werden eher bei arbeitslosen Eltern in Unterversorgungslagen vorgenommen als bei zwei vollzeiterwerbstätigen „High Potential“-Eltern mit überlangen Arbeitszeiten.

Auch in der sozialräumlichen Arbeit mit Migrationsfamilien zeigen sich bemerkenswerte Geschlechterdifferenzen in der um Integration bemühten Elternarbeit. Auswertungen von Praxiserfahrungen belegen, dass bei geringen Deutschkenntnissen und damit einhergehenden Verständigungsproblemen bei Müttern eine deutliche Abwertung der Fachkräfte sichtbar wird. Dagegen werden Väter vorwiegend in ihren Stärken wahrgenommen. Gleichzeitig werden Frauen in traditionell weiblicher Arbeit bestärkt, etwa wenn für internationale Feste Essensbeiträge angefragt werden (Lüters/Romppel/Schreier 2011).

Fazit: Bedeutung eines generationen- und gendersensiblen Blicks

Der Blick der Fachkräfte in Familienbildung und Gemeinwesenarbeit ist allzu oft auf Fehlersuche ausgerichtet. Dabei werden Mütter meist alleine verantwortlich gemacht für das gelingende Aufwachsen ihres Kindes. Als Maßstäbe gelten die Normen der Mittelschicht. Ein Problem von bindungstheoretisch-basierten Konzepten – wie sie etwa in den Frühen Hilfen mit durchaus bemerkenswertem Erfolg Anwendung finden – liegt in der Fokussierung auf das Verhalten der Bezugsperson. Andere Faktoren wie Einkommen, Wohnungsbedingungen, die u.E. mindestens ebenso wichtig sind, werden nicht berücksichtigt. Insbesondere hinsichtlich der Nachhaltigkeit solcher Beratungs- und Trainingsansätze von Erziehungskompetenzen möchte ich zu bedenken geben, dass verbesserte Feinfühligkeit und Bindungsverhalten nach kurzer Zeit wieder verloren gehen, wenn sich an den Rahmenbedingungen der Familien nichts ändert (Jungmann 2010). Dies betrifft in erster Linie die Möglichkeit einer eigenständigen materiellen Absicherung durch Ausbildung und existenzsichernde Erwerbsarbeit. In diesem Zusammenhang ist auch darauf hinzuweisen, dass die Eröffnung einer eigenständigen Lebensperspektive durch Ausbildung und Beruf ebenso zu einer Verbesserung der Mutter-

Kind-Bindung führen kann (Thiessen 2007). Wesentlich für das gute Aufwachsen von Kindern sind neben feinfühligen Eltern eben auch ausreichendes Selbstbewusstsein und Selbstwirksamkeitsüberzeugung der Mütter, Ausschluss von Existenzängsten bei Eltern und möglichst eine gelungene Partnerschaft. Die Einführung eines existenzsichernden Mindestlohns könnte eine ebenso wirksame Maßnahme zur Kindeswohlsicherung sein wie Programme zur Förderung von Elternkompetenz. Damit rückt die politische Dimension Sozialer Arbeit neu in den Fokus. Deutlich wird, dass die Leitbilder von Familie, Mutter- und Vaterschaft seitens der ExpertInnen konsequent überprüft und offen diskutiert werden sollten. Eine gute Mutter kann auch diejenige sein, die Grenzen ihrer Möglichkeiten benennen kann und begründete Hoffnung hat, genderreflektierte Ansprechpersonen zu finden, die ihr dies auch zugestehen.

Der Blick der Fachkräfte sollte dann entsprechend auf die tatsächlichen Care-Konstellationen im Alltag von Menschen gerichtet sein. Wo brauchen Generationenverbünde Stärkung? Wer kommt dafür unter welchen Bedingungen in Frage? Wenn dabei keine genderbezogenen Kompetenzen vorliegen, werden traditionelle Geschlechterzuweisungen unbemerkte Fortsetzung finden: Wer ist im Leitungsgremium des Mehrgenerationenhauses? Wer findet sich in der Küche des Stadtteilcafés wieder? Angesichts der fortgeschrittenen Veränderungen im Familienalltag können auch im Bereich des sozialraumorientierten intergenerativen Arbeitens neue Modelle von Gender- und Generationengerechtigkeit erprobt werden.

Literatur

Ahnert, L. (2010): Wie viel Mutter braucht ein Kind? Heidelberg.

Ainsworth, M. D. S./Blehar, M. C./Waters, E./Wall, S. (1978): Patterns of attachment. A psychological study of the strange situation. Hillsdale.

Allen, A.T. (1991): Feminism and Motherhood in Germany, 1800-1914. New Brunswick.

Bauer, R. (1988): „... sich wechselseitig veredeln..." Zur sozialgeschichtlichen Durchsetzung des Familienideals. In: DJI (Hrsg.): Wie geht´s der Familie? Ein Handbuch zur Situation der Familien heute. München, S. 13-21.

Benz, U. (2010): Mütter- und Familienbilder im gesellschaftlichen Wandel. In: Bundesarbeitsgemeinschaft der Kinderschutz-Zentren e.V. (Ed.): Frühe Hilfen II: Vertrauen aufbauen, Kontakt halten, Perspektiven entwickeln. Köln, S. 13-39.

Bowlby, J. (1975): Bindung (Bindung und Verlust, Bd. 1). München.

Brisch, K. H. (2010): SAFE® – Sichere Ausbildung für Eltern: Sichere Bindung von Eltern und Kind. Stuttgart.

Brückner, M. (2011): Zwischenmenschliche Interdependenz – Sich Sorgen als familiale, soziale und staatliche Aufgabe. In: Böllert, K./Heide, C. (Hrsg.): Sozialpolitik als Geschlechterpolitik. Wiesbaden, S. 105-122.

Bündnis Kindergrundsicherung (2009): Kinder brauchen mehr! Unser Vorschlag für eine Kindergrundsicherung – Unterstützerliste. Online im Internet: http: //www.kinderarmut-hat-folgen.de/download/090408_Papier_KGS.pdf.

Cohen, S. (2002): Folk Devils and Moral Panics. London/New York.

Crittenden, P. M. (2005): Der CARE-Index als Hilfsmittel für Früherkennung, Intervention und Forschung. In: Frühförderung interdisziplinär, vol. 24, no. 3, S. 99-106.

Derr, R. et al. (2010): Tagung Frühe Hilfen und häusliche Gewalt. Frankfurt.

Featherstone, B. (2006): „Why gender matters in child welfare and protection". In: Critical Social Policy, 26(2), S. 294-315.

Heitkötter, M./Thiessen, B. (2009): Familienbildung: Entwicklungen und Herausforderungen. In: Macha, H./Witzke, M. (Hg.): Handbuch der Erziehungswissenschaften, Band III, 1: Familie – Kindheit –Jugend – Gender. Paderborn/München/Wien/Zürich, S. 423-436

Hellbrügge, T. (2008): Vom Dauerschlafwesen zum kompetenten Menschling. In: Brisch, K. H./Hellbrügge, T. (Hg.): Der Säugling. Bindung, Neurobiologie und Gene. Stuttgart, S. 12-28.
Helming, E. (2006): „Die haben nichts – die bringen nichts“?! Sozialpädagogische Familienhilfe: Familienbildung für sozial benachteiligte Familien. In: Recht der Jugend und des Bildungswesens. Jg. 54, H. 2, S. 207-219.
Helming, E./Schattner, H./Blüml, H. et al. (1999): Handbuch Sozialpädagogische Familienhilfe. Bundesministerium für Familie, Senioren, Frauen und Jugend (Hrsg). Stuttgart.
Jungmann, T. (2009): Das Hausbesuchsprogramm des Modellprojekts „Pro Kind“. In: Kißgen, R./Heinen, N. (Hrsg.): Frühe Risiken und Frühe Hilfen. Grundlagen, Diagnostik, Prävention. Stuttgart, S. 183-193.
Jurczyk, K./Lange, A. (2007): Blurring Boundaries of Family and Work. Challenges for Children. In: Zeiher, H./Devine, D. (eds.): Flexible childhood? Exploring Children`s Welfare in Time and Space. Odense, S. 215-238.
Jurczyk, K./Lange, A./Thiessen, B. (Hrsg.) (2012): Doing family. Familienalltag heute. Wiesbaden.
Jurczyk, K. (2011): Neue Familienpolitik und Geschlechterverhältnisse. Sozialpolitische Dimensionen als Leerstelle. In: Böllert, K./Oelkers, N. (Hrsg.): Frauenpolitik in Familienhand. Neue Verhältnisse in Konkurrenz, Autonomie oder Kooperation. Wiesbaden, S. 57-78.
Lareau, A. (2003): Uneqal Childhoods: Class, race, and Family Life. Berkeley and Los Angeles, California.
Liel, C./Kindler, H. (2009): Selbstevaluation des Caring Dads Programms. München.
Lüters, R./Romppel, J./Scheier, M. (2011): Fremdheit überwinden – Zusammenarbeit gestalten. Ein Praxisleitfaden für die Arbeit mit Müttern und Vätern in Kindertageseinrichtungen. Hannover.
Sandner, E./Thiessen, B. (2010): Die „gute Mutter“ revisited – genderkritische Anmerkungen zu Frühen Hilfen. In: IzKK-Nachrichten, Heft 1. München, S. 28-31.
Staub-Bernasconi, S. (2007): Soziale Arbeit als Handlungswissenschaft. Systemtheoretische Grundlagen und professionelle Praxis. Ein Lehrbuch. Bern/Stuttgart/Wien.
Suess, G. J. (2010): Schritte zu einer effektiven, Freud bereitenden Elternschaft – das STEEP™-Programm. In: Kißgen, R./Heinen, N. (Hrsg.): Frühe Risiken und Frühe Hilfen: Grundlagen, Diagnostik, Prävention. Stuttgart, S. 194-208.
Thiessen, B. (2007): Eigenständige Lebensperspektiven junger Mütter. Interventionen auf der Basis von Fallrekonstruktion. In: Miethe, I./Fischer, W./Giebeler, C./Goblirsch, M./Riemann, G. (Hrsg.): Rekonstruktion und Intervention. Interdisziplinäre Beiträge zur rekonstruktiven Sozialarbeitsforschung, Reihe Rekonstruktive Forschung in der Sozialen Arbeit, Band 4. Opladen, S. 259-269.
Thiessen, B. (2013): Alles so schön bunt hier? Kulturelle Diversität und Familien. In: Jurczyk, K./Lange, A./Thiessen, B. (Hrsg.): Doing family. Familienalltag heute. Wiesbaden, (i.E.).
Thiessen, B./Jurczyk, K. (2008): Väterbilder – Mütterbilder: Die Kluft zwischen Leitbildern und Alltag. In: DJI-Bulletin, 83/84, S. 27-29.
Thiessen, B./Villa, P.-I. (2008): Die „Deutsche Mutter“ – ein Auslaufmodell? Überlegungen zu den Codierungen von Mutterschaft als Sozial- und Geschlechterpolitik. In: Brunner, J. (Hrsg.): Mütterliche Macht und väterliche Autorität. Elternbilder im deutschen Diskurs. Göttingen, S. 277-292.
Thiessen, B./Villa, P.-I. (2010): Entweder – oder? Mutterschaft zwischen Funda-mentalismen und vielschichtigen Praxen. In: querelles-net, Jg. 11, Nr. 2 (http: //www.querelles-net.de/index.php/qn/article/view/875/872). [Zugriff 28.08.2012]

Thiessen, B. (2013): „Anlass zur Sorge“? Diskurse zu Geschlecht, Familie und Migration. In: Keddi, B./Jurczyk, K. (Hrsg.): Gender und Familie. (Un)klare Verhältnisse. Opladen, (i.E.).

Winnicott, D.W. (1953): Transitional objects and transitional phenomena, International Journal of Psychoanalysis, 34, S. 89-97.

Integration und das Zusammenleben der Generationen in der Einwanderungsgesellschaft

Josef Strasser, Leonie Herwartz-Emden

Grundlegendes und gesellschaftspolitische Einordnung

Integration kann sich auf das Eingliedern von Personen in die Gesellschaft oder deren Subsysteme beziehen wie auch den Zustand der erreichten Kohäsion beschreiben. In Gesellschaften können einzelne Personen oder auch bestimmte Bevölkerungsgruppen von Exklusion aufgrund unterschiedlicher Bedingungen oder Merkmale betroffen sein (Friedrichs/Jagodzinski 2010). In europäischen Gesellschaften zählen zu den potentiell marginalisierten Gruppen Minderheiten aufgrund religiöser, kultureller und sprachlicher Zugehörigkeiten oder sonstiger Merkmale. Mit Prozessen der Separierung, Exkludierung oder Marginalisierung haben in der jüngeren Geschichte die verschiedenen Gruppen von Zuwanderern zu kämpfen. Auf den Begriff der Integration wird vor allem rekurriert, wenn die Folgen zunehmender sozialer Pluralisierung in den Blick genommen werden, die gegenwärtig vorwiegend mit Migrationsprozessen einhergehen. Integration wird in Deutschland als Gradmesser des erfolgreichen Umgangs mit der zunehmenden, migrationsbedingten Heterogenität angesehen (Bade 2007). In der Diskussion um die Teilhabe von Menschen mit Behinderungen wurde der Integrationsbegriff inzwischen weitgehend vom Begriff der Inklusion abgelöst (Lütje-Klose/Langer/Serke/Urban 2011).

Im Alltag findet Integration da statt, wo Menschen zusammenleben. Die Mehrzahl der Europäer lebt in Städten und Großstädten, und die Realität kulturell vielfältiger Gesellschaften wird tagtäglich hier gelebt. Menschen verschiedener kultureller Herkünfte müssen sich zu Hause fühlen können und ihren Beitrag zum allgemeinen sozialen Zusammenhalt leisten (Europarat 2011: 54), was auf der anderen Seite heißt, dass die Mehrheitsbevölkerung die Minderheiten anerkennt und im Zusammenleben Interaktion und Dialog möglich werden. Dazu verhelfen integrative Wohnformen in Kommunen und Stadtteilen.

Migration, Heterogenität und Integration

Migration und Integration sind mit einiger Verspätung zu zentralen Themen der gesellschaftlichen und politischen Debatte in Deutschland geworden. Dass Einwanderung zur sozialen Realität in Deutschland gehört und der Alltag multikulturell geprägt ist, ist inzwischen unbestritten ebenso wie die Feststellung, dass ein gelungener Umgang mit den Folgen dieser Realität von hoher sozialer, ökonomischer und politischer Relevanz ist (Bade 2010). Statt als Einwanderungsland ist Deutschland jedoch wohl angemessener als Migrationsland zu kennzeichnen, denn während die Abwanderung zunimmt, geht die Zuwanderung zurück (Sachverständigenrat 2010). Kennzeichnend für das Migrationsland Deutschland ist die hohe transnationale Mobilität, die sich vor allem innereuropäisch entfaltet, und bei der sich Aus- und

Einwanderung etwa die Waage halten. Trotz abnehmender Zuwanderung[1] entfaltet sich die binnengesellschaftliche Heterogenität mehr und mehr. Demografische Faktoren bewirken, dass auch ohne Einwanderung zunehmend mehr Personen mit Migrationshintergrund in Deutschland leben. Denn in demografischer Hinsicht zeichnen sich zugewanderte Bevölkerungsgruppen durch ihr jüngeres Alter und eine höhere Geburtenrate aus, im Gegensatz zur alternden und schrumpfenden Gruppe der „Einheimischen" (ebd.). Den Prozessen der Migration und des sozialen und demografischen Wandels innewohnende Dynamiken haben zu einer größeren Pluralität und Unübersichtlichkeit geführt. So ist Integration einerseits zu einem alltäglichen Phänomen geworden, das viele Menschen betrifft. Gleichzeitig genügt es nicht mehr, Integration als mehr oder weniger unidirektionalen Vorgang der Eingliederung in eine statische und homogene Gesellschaft zu verstehen. Prozesse der Integration wirken auf das Integrationsland zurück und entwickeln eine Eigendynamik, die auch die aufnehmende Gesellschaft verändert: „Auf dem Weg zur Einwanderungsgesellschaft ist Integration zu einer die Gesellschaft insgesamt erfassenden und sie immer wieder aufs Neue umgestaltenden Dynamik geworden, die alle in ihrer Teilhabe an den verschiedensten Bereichen auf unterschiedlichste Weise betrifft" (Sachverständigenrat 2010: 16). Integration bezieht sich aktuell nicht mehr auf den Einbezug großer Herkunftsgruppen, wie das etwa in den 1970er Jahren der Fall war, als sich Zuwanderer vornehmlich auf fünf Nationalitäten (Italien, Spanien, Griechenland, Türkei, Jugoslawien) verteilten. 2010 hingegen stammten mehr als der Viertel der zugewanderten Personen aus mehr als 80 unterschiedlichen Herkunftsgruppen (ebd.).

Ebenso wenig wie die großen Gruppen in sich homogen waren, ist auch bei den aktuell Zuwandernden von einer internen Vielfalt auszugehen, die durch ethnische, sprachliche und religiöse Merkmale, durch unterschiedliche kulturelle Identitäten und Praktiken wie durch unterschiedlichste Migrationsanlässe und -wege gekennzeichnet sind. Die Vielfalt von Milieus, Lebenslagen und Lebensformen stellt die Annahme der Homogenität in Frage, die hergebrachten Konzepten von Integration zugrunde liegt, welche Integration ausschließlich als Assimilation begreifen.

In dem Maße wie Vielfalt und Unterschiedlichkeit die Lebenswirklichkeit bestimmen, wird Integration zu einer Anforderung, die potentiell jeden betreffen kann. Vom Sachverständigenrat deutscher Stiftungen für Integration und Migration (2010) wird Integration im Sinne von Partizipation konzipiert, es geht um die „möglichst chancengleiche Teilhabe an den zentralen Bereichen des gesellschaftlichen Lebens" (S. 21). Ob und wie diese Teilhabe gelingt, lässt sich an konkreten Indikatoren festmachen. So operationalisiert der „Zweite Integrationsindikatorenbericht der Beauftragten der Bundesregierung für Migration, Flüchtlinge und Integration" Indikatoren in den folgenden Bereichen:

1) Rechtsstatus
2) frühkindliche Bildung und Sprachförderung
3) Bildung und Ausbildung
4) Arbeitsmarkt, soziale Integration und Einkommen
5) Wohnen
6) Gesundheit
7) interkulturelle Öffnung von Schule, Verwaltung, Wirtschaft, Politik und Medien (vgl. Engels/Köller/Koopmans/Höhne 2011)

---

1 Inwieweit künftig abnehmende Zuwanderung festzustellen ist, bleibt angesichts jüngster Zuwanderungsbewegungen hochqualifizierter Arbeitskräfte aus den von der europäischen Finanzkrise am stärksten betroffenen Ländern abzuwarten (vgl. Pressemitteilung des Statistischen Bundesamtes vom 04.04.2012: http: //www.presseportal.de/pm/32102/2229212/auslaendische-bevoel kerung-im-jahr-2011-deutlich-angestiegen).

Bildung als zentrale Voraussetzung gelungener Integration

Die auch im Bereich der Bildung zu beobachtende Heterogenität wird zum gesellschaftlichen Problem vor allem dann, wenn damit systematische Gleichheiten in Bezug auf den Bildungserfolg (Bildungsbeteiligung, schulische Leistungen, erzielte Abschlüsse etc.) einhergehen. Sind erkennbare Bildungsunterschiede mit askriptiven Merkmalen wie dem Geschlecht, der ethnischen oder sozialen Herkunft der Lernenden assoziiert und nicht mit der tatsächlichen Leistungsfähigkeit, stellt dies die Bildungsgerechtigkeit in Frage. In Deutschland ist die mit Migration und sozialem Hintergrund verknüpfte Bildungsungerechtigkeit besonders ausgeprägt (Aktionsrat Bildung 2007). Gesamtgesellschaftlich bleiben dadurch nicht nur wichtige Bildungsreserven ungenutzt, zugleich werden gesellschaftliche Teilhabechancen und damit die Integration verschiedener Bevölkerungsgruppen aufs Spiel gesetzt.

Die Grundlagen einer erfolgreichen Teilhabe werden schon im frühen Kindesalter gelegt. So wird bspw. der frühe Besuch einer Kindertageseinrichtung als positiv für den Erwerb grundlegender Kompetenzen in der Verkehrssprache gesehen. Zwar ist in den letzten Jahren die Betreuungsquote gestiegen, doch sind es bei den unter 3-Jährigen nur 12,2% der Kinder mit Migrationshintergrund, die eine Kindertageseinrichtung besuchen, bei den 3 bis 6-Jährigen sind es dagegen inzwischen 85,7%, die in den Kindergarten gehen (Engels et al. 2011).

Wie entscheidend der Migrationshintergrund für den Bildungserfolg ist, wurde für den Grundschulbereich in den IGLU-Studien gezeigt. Mit Blick auf die Daten zu den Lesekompetenzen von Kindern mit Migrationshintergrund werden für Deutschland relativ hohe Unterschiede in den Leseleistungen von Kindern aus Familien mit im Ausland geboren Elternteilen und jenen, deren Elternteile beide im Inland geboren wurden, offensichtlich (vgl. Bos et al. 2007). Ein entscheidender Faktor ist die Sprache, die in den Familien gesprochen wird (Engels et al. 2011). Dabei ist die sprachliche Heterogenität an den Grundschulen beträchtlich. Verschiedene Studien zeigen, dass in großen Städten rund ein Drittel der GrundschülerInnen mehrsprachig ist. Häufig überwiegt dabei in der familialen Kommunikation mit den Eltern die nichtdeutsche Familiensprache, in der Kommunikation mit Freunden und Geschwistern hingegen die deutsche Sprache (Schroeder 2007). Eine Studie an Grundschulen einer süddeutschen Großstadt ergab, dass gut 50% der SchülerInnen über einen Migrationshintergrund verfügen und in ihren Familien Multilingualität vorherrscht. Es konnten 115 Familiensprachen identifiziert werden (Herwartz-Emden 2005).

Der Blick auf den Sekundarbereich präsentiert ebenfalls eine beträchtliche Heterogenität hinsichtlich kultureller Herkunft. In der PISA-Erhebung von 2009 zeigte sich, dass die in Deutschland lebenden 15-jährigen Schülerinnen und Schüler mit Migrationshintergrund mehrheitlich in Deutschland geboren sind und damit der zweiten Generation angehören. Dieser Anteil hat seit der ersten PISA-Studie im Jahr 2000 deutlich zugenommen. Zahlenmäßig am bedeutsamsten sind dabei Schülerinnen und Schüler aus der Türkei, aus der ehemaligen UdSSR und aus Polen. Die letztgenannte Gruppe war in allen PISA-Erhebungen die bedeutsamste. Dies kann als Hinweis auf die erhebliche Heterogenität von Zuwanderern in Deutschland gesehen werden. Die meisten der SchülerInnen mit Migrationshintergrund können als Bildungsinländer betrachtet werden, da sie ihre gesamte schulische Laufbahn in Deutschland absolviert haben (Stanat/Rauch/Segeritz 2010). Kinder und Jugendliche aus migrierten Familien sind häufiger in den unteren Bildungsgängen anzutreffen. Laut einer Auswertung von auf dem Mikrozensus 2005 basierenden Daten kann der Anteil von SchülerInnen mit Migrationshintergrund an weiterführenden Schulformen „in Hauptschulen und integrierten Gesamtschulen […] an 80% und mehr heranreichen“ (Konsortium Bildungsberichterstattung

2006: 162), während er am Gymnasium durchschnittlich lediglich bei 16,2% liegt (ebd.). Innerhalb der Bevölkerung mit Migrationshintergrund verfügt die Gruppe der AusländerInnen tendenziell über das niedrigste Bildungsniveau. Die „sonstigen Deutschen mit Migrationshintergrund" verfügen über das relativ höchste, die (Spät-)AussiedlerInnen und die Eingebürgerten – mit einer gewissen internen Differenz – über ein mittleres Bildungsniveau (ebd.). Trotz positiver Entwicklungen, wie etwa einem Rückgang von 15% bei den jungen Menschen mit Migrationshintergrund, die keinen Schulabschluss erreichen (Engels et al. 2011), bestehen nach wie vor erhebliche Schwierigkeiten im Bildungssystem mit der Integration dieser Gruppen. Die PISA-Daten etwa zeigen, dass insbesondere Jugendliche türkischer Herkunft im deutschen Schulsystem weiterhin eher schlecht abschneiden (Stanat et al. 2010). Ihre Kompetenzen beispielsweise im mathematischen Bereich sind deutlich unter jenen von SchülerInnen ohne Migrationshintergrund angesiedelt. Wie die Untersuchungen in Bezug auf die Integration von SchülerInnen mit nichtdeutscher Herkunftssprache zeigen, sind auch institutionelle Kontextmerkmale wie unterrichtsbezogene Organisationsformen (Kristen 2002), sozialstrukturelle Variablen und Mechanismen im Bildungssystem (Allemann-Ghionda 2006; Gomolla/Radtke 2002) sowie diskriminierende Selektionsmechanismen (vgl. Krohne/Tillmann 2006) von Bedeutung im Prozess des Zustandekommens von gescheiterten Bildungskarrieren. Eine weitere wesentliche Ursache der institutionellen „Inkompetenz" im Umgang mit kultureller Vielfalt und insbesondere Multilingualität ist der „monolinguale Habitus" der LehrerInnenschaft sowie der gesamten Schulkultur (Gogolin 1994).

Von entscheidender Bedeutung für gesellschaftliche Integration ist eine qualifizierte Berufstätigkeit. Voraussetzung hierfür ist entweder eine abgeschlossene Berufs- oder Hochschulausbildung. Obwohl in beiden Bereichen mehr Abschlüsse seitens Personen mit Migrationshintergrund zu verzeichnen sind, ist der Nachholbedarf nach wie vor groß. So haben doppelt so viele Migrantinnen und Migranten keinen berufsqualifizierenden Abschluss wie Personen ohne Migrationshintergrund. Ebenso liegt der Anteil an Akademikerinnen und Akademikern unter den Personen mit Migrationshintergrund beträchtlich hinter dem entsprechenden Anteil in der Gesamtbevölkerung zurück (Engels et al. 2011). Diese nachteilige Situation spiegelt sich auch am Arbeitsmarkt wider: So ist in der Bevölkerung mit ausländischer Staatsangehörigkeit die Arbeitslosigkeit mehr als doppelt so hoch wie in der Gesamtbevölkerung (ebd.).

Die beschriebenen Defizite in der Integration verschiedener Bevölkerungsgruppen sind weder bestimmten globalen Merkmalen (wie dem Migrationshintergrund) oder einzelnen Faktoren anzulasten. Sie entstehen in einem Geflecht vielfältiger Wirkzusammenhänge. Ein Blick darauf, was es heißt in (gewanderten) Familien mit unterschiedlichen kulturellen Bezügen aufzuwachsen, kann das Verständnis für unterschiedliche Voraussetzungen für und Wege zu gelingender Integration befördern.

Familie, das Zusammenleben der Generationen und Integration

Aufwachsen in verschiedenen Kulturen

Unabhängig von der Herkunft kann davon ausgegangen werden, dass Familie den zentralen Erfahrungsbereich im Lebenslauf darstellt. An diesem Ort formiert sich das Individuum grundlegend im alltäglichen Zusammenspiel zwischen gesellschaftlichen Einflüssen und familiären Prozessen. Unter sozialisationstheoretischer Perspektive finden die zentralen Prozesse der Sozialisation, der Entwicklung und der Erziehung von Kindern und Jugendlichen in der Familie statt.

Weit mehr als vier Millionen Kinder in Deutschland lebten im Jahr 2008 in einer Familie, in der mindestens ein Elternteil einen Migrationshintergrund aufwies (Statistisches Bundesamt 2010). Ein großer Teil der Kinder und Jugendlichen mit Migrationshintergrund sind die Nachfahren von ArbeitsmigrantInnen. Ihre Familien kamen nach Deutschland, um für sich und ihre Kinder günstigere Lebensumstände zu ermöglichen. Unter dem Einfluss des positiven Wirtschaftswachstums in Deutschland fand die Anwerbung von Arbeitskräften vor allem in Südeuropa und der Türkei statt. Die Ressourcen dieser Personen waren oder sind auf allen Ebenen oft geringfügig. Umso bedeutsamer ist der soziale und ökonomische Hintergrund der Familien für ihre Akkulturationsleistungen. Diese Gruppen haben für sich und ihre Kinder gänzlich andere Leistungen zu erbringen als hochqualifizierte Arbeitskräfte mit hervorragendem sozialem Hintergrund. Von ihnen werden spezifische Anstrengungen erwartet, zugleich unterstellt man ihnen besondere Anpassungs- und Akkulturationsprobleme (Zick 2010). Die Sichtweise der Akkulturationsforschung war vor diesem Hintergrund vor allem durch eine Problem- und Konfliktsicht geprägt (ebd.). Es werden Schwierigkeiten von Personen und Gruppen bei der Aneignung ihrer neuen kulturellen Umwelt sowie interkulturelle Konflikte analysiert, jedoch weniger persönliche Erfolge, gesellschaftliche Vorteile und positive Entwicklungen aufgrund von Wanderungsprozessen (ebd.).

Wie für die gesamte Bevölkerung ist für die Gruppe der MigrantInnen Heterogenität und Vielfalt kennzeichnend. Dies trifft ebenfalls für die Lebenslage innerhalb der Herkunftsgruppen zu. Angesichts der verschiedenen Wanderungsformen und -geschichten sowie der sprachlichen, kulturellen, rechtlichen und sozioökonomischen Mannigfaltigkeit sind divergierende Familienformen anzutreffen; auch finden sich innerhalb der Generationen oder Familien unterschiedliche Erfahrungshintergründe. Die familiären Leitbilder, Orientierungen und Erziehungseinstellungen der Gewanderten zeichnen sich ähnlich durch eine hohe Pluralität aus – und auch hier spielen Merkmale der kulturellen und sozialen Herkunft eine Rolle, die weit über ein einfaches Verständnis der nationalen Zugehörigkeit hinausgeht. Sozialisationsprozesse in Einwandererfamilien und die in ihnen vollzogenen, auf Erziehung ausgerichteten Praktiken sind somit nur im Zusammenhang mit der differenzierten Erfassung der Migrationserfahrung, der Lebenslage im Aufnahmeland sowie der gesamten, ineinander wirkenden Dynamik der vielfältigen, alltäglichen Lebensbezüge von eingewanderten Familien erforschbar (Herwartz-Emden 2000; Herwartz-Emden/Waburg/Schurt 2010).

Familie und Sozialisation

Einwandererfamilien leben in spezifischen Bezügen zu ihrer Herkunftsgesellschaft und dem Aufnahmeland ebenso wie zu ihrem Migrationskontext, zu dem je spezifische Beziehungen in der engeren und weiteren Verwandtschaft zählen sowie die ethnische „Community" (Herwartz-Emden 2002). Die Aufnahmegesellschaft mit ihren Strukturen, Werten und Normen bildet quasi den weiteren Kontext, in dem die verschiedenen Bezogenheiten alltäglich zu realisieren sind. Dieser Ausgangspunkt für die Prozesse von Erziehung und Sozialisation wurde in der bundesdeutschen Forschung von verschiedenen theoretischen Ansätzen aus beschrieben und untersucht (Baros 2008).

Generationenbeziehungen werden unter den Vorzeichen der Migration intensiver erfahren (Nauck 2011). Eine hohe subjektive Bedeutsamkeit für die Entwicklung individueller

Bewältigungskompetenzen der Familienmitglieder kommt dabei familiären Beziehungen zu, vor allem wenn es darum geht, psychosoziale Belastungen zu verarbeiten, die sich im Kontext der Migration ergeben: „Trennung“ und „Familienzusammenführung“ sind und bleiben, auch im Zusammenhang mit der Erfahrung der „Transnationalität‘ zentrale Themen. Auch ab dem Zeitpunkt, von dem an die Kernfamilie in Deutschland zusammenlebt, löst sich die Problematik nicht einfach wie von selbst. Die individuellen sowie die familienbiographisch relevanten Folgen müssen von allen Mitgliedern jeder Generation neu und dauerhaft bewältigt werden. Vor dem Hintergrund, dass Transmigration, Pendeln, Remigration und möglicherweise eine erneute Einwanderung für viele Familien bedeuten, immer wieder eine (auch emotionale) Situation und Struktur zu gestalten, werden Trennung und Zusammenführung jedes Mal aufs Neue relevant. Bereits Mitte der 1970er Jahre bis Ende der 1980er Jahre war die migrationsbedingte Trennung in Deutschland eine weit verbreitete Erfahrung, allerdings werden Trennungserfahrungen als Thema und Herausforderung für das Bindungserleben der Individuen und Identitätsbildungsprozesse in Migrantenfamilien erst in jüngerer Zeit empirisch untersucht (Hajji 2008).

Im Zusammenhang mit der besonderen Bedeutung, die der Familie im Kontext von Migration zukommt, ist ein Forschungsergebnis zentral: Die familiäre Sozialisation zeichnet sich in Einwandererfamilien generell und unabhängig von der jeweiligen Herkunft durch eine hohe Kohäsion aus (Herwartz-Emden 2000). Nach Bernhard Nauck (1994) wissen die Familienmitglieder mehr übereinander und kommunizieren häufiger miteinander als vergleichbare deutsche Familien. Innerhalb der Familien bestehen neben einer zumeist starken Verbundenheit oftmals hohe Ansprüche an die Kinder; die Eltern setzen ihre Hoffnung in die heranwachsende Generation und sind stolz auf gute Leistungen in der Schule.

Nauck (1994) greift vor diesem Hintergrund auf den Begriff des Familialismus zurück. Familialismus in Familien mit Migrationshintergrund versteht sich als eine Orientierung, die gemeinsam mit als eher individualistisch zu beschreibenden Tendenzen gelebt werden kann. Individualisierende Entwicklungen und Familialismus schließen einander also nicht aus; familiäre Orientierungen sind vielmehr in ihrem protektiven Charakter zu würdigen, sie wirken schützend und psychisch stabilisierend – gerade dann, wenn es schwierige außerfamiliäre Erfahrungen zu bewältigen gilt. Arbeitsmigrantenfamilien türkischer Herkunft sind etwa im Gegensatz zu nicht-gewanderten Familien in der Türkei viel stärker an der Kernfamilie orientiert als an der Verwandtschaft und an Freundschaften (Nauck 1997). „Die Generationenbeziehungen sind keineswegs nur durch Zerrüttung oder schwerwiegende Konflikte charakterisiert, sondern durch ein hohes Maß an Unterstützung und gegenseitigem Respekt“ (Herwartz-Emden 2002: 119).

Im Rahmen eines Vergleichs intergenerativer Transmissionsprozesse stellt Bernhard Nauck (2000) bei Familien griechischer, italienischer, türkischer und vietnamesischer Herkunft eine so hohe Dichte an Integration und Interaktion fest, dass es nicht zu segregativen intergenerativen Beziehungen zwischen Eltern und Kindern kommt – womit sich einmal mehr die Bedeutung der Familie als unverzichtbare Ressource bestätigt. Für die Jugendlichen ist Bindung in der Familie nicht mit Abhängigkeit und Verschmelzung gleichzusetzen.

Das Empfinden familiären Zusammenhaltes stellt vielmehr die Ressource dar und ist dabei offensichtlich nicht so sehr auf eine konkrete Bezugsperson fixiert. Der familiäre Zusammenhalt ist für die Jugendlichen von hoher Relevanz. Die Eltern sind auch dann wichtige emotionale Bezugspersonen, wenn nicht alles miteinander besprochen wird. Berücksichtigt werden muss in diesem Zusammenhang, dass sich die elterlichen Wege und Alltagswelten der Heranwachsenden keinesfalls in allem treffen oder gar decken, was auf einen Wandel des Autoritätsgefüges zwischen den Generationen zurückzuführen ist. Eltern kommen den Freiheitsansprüchen ihrer Kinder entgegen, finden situationsadäquate Lösungen und entwickeln

Anpassungsmechanismen in Erziehungssituationen (Herwartz-Emden/Westphal 2002). Ursachen von Generationskonflikten sind häufiger in altersspezifischen Auseinandersetzungen im Prozess des adoleszenten Entwicklungsgeschehens zu finden als in dem „Zwei-Welten“- bzw. „Kultur-Konflikt-Theorem“ (ebd.).

Es bleibt festzuhalten, dass sich in der Einwanderungsgesellschaft auch in den Familien verschiedene Migrationsgenerationen mit oft ganz unterschiedlichen Integrationserfahrungen und Ressourcen begegnen. Wohnhäuser, Wohngebiete, integrative Wohnformen und integrative Kontexte verschiedener Art, die alltäglich und selbstverständlich Gelegenheiten zu einer Begegnung unterschiedlicher Generationen mit unterschiedlichen Erfahrungshorizonten bieten, dienen letztlich der Integration aller.

Literatur

Aktionsrat Bildung (Hrsg.) (2007): Bildungsgerechtigkeit. Jahresgutachten 2007. Wiesbaden.

Allemann-Ghionda, C. (2006): Klasse, Gender oder Ethnie? Zum Bildungserfolg von Schüler/innen mit Migrationshintergrund. Von der Defizitperspektive zur Ressourcenorientierung. In: Zeitschrift für Pädagogik, 52, S. 350-362.

Bade, K. (2007): Leviten lesen – Migration und Integration in Deutschland. In: IMIS Beiträge, 31, S. 43-66.

Bade, K. (2010): Von der Arbeitswanderung zur Einwanderungsgesellschaft. In: Zeitschrift für Ausländerrecht und Ausländerpolitik, 1, S. 7-14/2, S. 59-63.

Baros, W. (2008): Wirklichkeitskonstruktionen und Familienbeziehungen von Migrantinnen und Migranten: Theoretische Ansätze und methodische Perspektiven. In: Rosen, L./Farrokhzad, S. (Hrsg.): Macht – Kultur – Bildung. Festschrift für Georg Auernheimer. Münster, S. 311-328.

Bos, W./Hornberg, S./Arnold, K.-H./Faust, G./Fried, L./Lankes, E.-M./Schwippert, K./Valtin, R. (2007): IGLU 2006. Lesekompetenzen von Grundschulkindern in Deutschland im internationalen Vergleich. Zusammenfassung Handout zur Pressekonferenz in Berlin. Online im Internet: http: //www.iglu.ifsdortmund.de/assets/files/iglu/IGLU2006Pressekonferenz.pdf. [Zugriff: 01.12.2007].

Engels, D./Köller, R./Koopmans, R./Höhne, J. (2011): Zweiter Integrationsindikatorenbericht erstellt für die Beauftragte der Bundesregierung für Migration, Flüchtlinge und Integration. Berlin.

Europarat (2011): Zusammenleben im Europa des 21. Jahrhunderts. Empfehlungen für offene Gesellschaften. Bericht der hochrangigen Expertengruppe des Europarates. Online im Internet: http: //book.coe.int/ftp/3667.pdf. [Zugriff: 21.05.2012].

Friedrichs, J./Jagodzinski, W. (1999): Theorien der Sozialen Integration. In: Friedrichs, J./Jagodzinski, W. (Hrsg.): Soziale Integration. In: Sonderband der Kölner Zeitschrift für Soziologie und Sozialpsychologie, S. 9-43.

Gogolin, I. (1994): Der monolinguale Habitus der multilingualen Schule. Münster.

Gomolla, M./Radtke F.-O. (2002): Institutionelle Diskriminierung. Die Herstellung ethnischer Differenz in der Schule. Opladen.

Hajji, R. (2008): Transnationale Familien. Zur Entstehung, zum Ausmaß und zu den Konsequenzen der migrationsbedingten Eltern-Kind-Trennung in Familien aus den klassischen Gastarbeiterländern in Deutschland. WZB Discussion paper. Online im Internet: http: //bibliothek.wz-berlin.de/pdf/2008/iv08-704.pdf. [Zugriff: 25.03.2010].

Herwartz-Emden, L. (Hrsg.) (2000): Einwandererfamilien: Geschlechterverhältnisse, Erziehung und Akkulturation. Osnabrück.

Herwartz-Emden, L. (2002): Kindheit, Erziehung und Geschlechterbilder in interkultureller Perspektive. In: Breitenbach, E./Bürmann, I./Liebsch, K./Mansfeld, C./Micus-Loos, C. (Hrsg.): Geschlechterforschung als Kritik. Bielefeld, S. 119-137.

Herwartz-Emden, L. (2005): Migrant/-innen im deutschen Bildungssystem. In: Bundesministerium für Bildung und Forschung (Hrsg.): Migrationshintergrund von Kindern und Jugendlichen: Wege zur Weiterentwicklung der amtlichen Statistik. Bonn/Berlin, S. 7-24.

Herwartz-Emden, L./Westphal, M. (2002): Konzepte mütterlicher Erziehung. In: Herwartz-Emden, L. (Hrsg.): Einwandererfamilien. Osnabrück, S. 99-120.

Konsortium Bildungsberichterstattung (2006): Bildung in Deutschland. Ein indikatorengestützter Bericht mit einer Analyse zu Bildung und Migration. Bielefeld.

Kristen, C. (2002): Hauptschule, Realschule oder Gymnasium? Ethnische Unterschiede am ersten Bildungsübergang. In: Kölner Zeitschrift für Soziologie und Sozialpsychologie, 54, S. 534-552.

Krohne, J./Tillmann, K.-J. (2006): Förderung statt Selektion. Zur Wirksamkeit des Sitzenbleibens. Schul-Management, 37 (3), S. 8-10.

Lütje-Klose, B./Langer, M.-T./Serke, B./Urban, M. (Hrsg.) (2011): Inklusion in Bildungsinstitutionen – eine Herausforderung an die Heil- und Sonderpädagogik. Bad Heilbrunn.

Nauck, B. (1997): Intergenerative Konflikte und gesundheitliches Wohlbefinden in türkischen Familien. In: Nauck, B./Schön-Pflug, U. (Hrsg.): Familien in verschiedenen Kulturen. Stuttgart, S. 324-354.

Nauck, B. (1994): Erziehungsklima, intergenerative Transmission und Sozialisation von Jugendlichen in türkischen Migrantenfamilien. Zeitschrift für Pädagogik, 40, S. 43-62.

Nauck, B. (2011): Wert der Kinder und Generationensolidarität. In: Bertram, H./Ehlert, N. (Hrsg.): Familie, Bindungen und Fürsorge. Familiärer Wandel in einer vielfältigen Moderne. Opladen, S. 329-348.

Sachverständigenrat deutscher Stiftungen für Integration und Migration (2010): Einwanderungsgesellschaft 2010. Jahresgutachten mit Integrationsbarometer. Berlin.

Schroeder, C. (2007): Integration und Sprache. Aus Politik und Zeitgeschichte (22-23), S. 6-12.

Stanat, P./Rauch, D./Segeritz, M. (2010): Schülerinnen und Schüler mit Migrationshintergrund. In: E. Klieme, C. Artelt, J. Hartig, Jude, N., O. Köller, M. Prenzel, W. Schneider, P. Stanat (Hrsg.). PISA 2009. Bilanz nach einem Jahrzehnt. Münster, S. 200-230.

Statistisches Bundesamt (2010): Bevölkerung und Erwerbstätigkeit. Bevölkerung mit Migrationshintergrund – Ergebnisse des Mikrozensus 2008. Wiesbaden.

Zick, A. (2010). Psychologie der Akkulturation: Neufassung eines Forschungsbereiches. Wiesbaden.

Intergeneratives Arbeiten aus der Perspektive der Gerontologie – eine theoretisch-konzeptionelle und anthropologische Fundierung

Andreas Kruse

1. Veränderungs- und Selbstgestaltungspotentiale als Grundlage des Lernens im Alter

„Doch werde ich alt nicht, ohne dass ich ständig vieles lerne" (gerasko d'aei polla didaskomenos): Diese Aussage des griechischen Staatsmannes, Lyrikers und Philosophen Solon (640-560 v. Chr.) deutet die – durch viele empirische Untersuchungen belegte – Erkenntnis an, dass im Alternsprozess *Veränderungspotentiale* im Hinblick auf Lernen und Denken gegeben sind, die Grundlage für die Fähigkeit zur Lösung neuartigerAufgaben und Anforderungen bilden. Auch wenn die Geschwindigkeit, mit der neue Aufgaben und Anforderungen gelöst werden, im Alter zurückgeht, auch wenn die Veränderungspotentiale im Alter nicht jenes Ausmaß erreichen wie in jüngeren Lebensaltern, so darf daraus nicht geschlossen werden, dass diese Potentiale nicht mehr gegeben wären, dass die für jede Veränderung notwendige *neuronale Plastizität* im Alter nicht mehr existierte. Neben diesen Veränderungspotentialen sind auch *Selbstgestaltungspotentiale* nennen, die ihrerseits Grundlage für die Fähigkeit des Individuums bilden, das Leben an selbstdefinierten Zielen und Leitbildern sowie an subjektiv bedeutsamen Werten und Normen auszurichten – dieses Potential zur Selbstgestaltung (Autopoiesis) besteht dabei über die gesamte Lebensspanne. Angesichts der Tatsache, dass im hohen Alter vielfach soziale Rollen fortfallen, die die Lebenssituation des Individuums in früheren Lebensabschnitten geprägt haben, gewinnt der Aspekt der Selbstgestaltung nun noch einmal zusätzlich an Bedeutung: Dem Individuum ist nun die Aufgabe gestellt, in noch stärkerem Maße als früher subjektiv bedeutsame Ziele zu definieren, deren Verwirklichung das Erleben von Stimmigkeit wie auch die Erfahrung von Sinn zu vermitteln vermag. Schon von daher ist die seelisch-geistige und soziale Entwicklung im hohen Alter nicht nur als Potential zu verstehen, sondern auch als *Aufgabe*, ja, als *Notwendigkeit*. Diese Aussage gewinnt zusätzlich an Bedeutung, wenn man sich vor Augen führt, dass im hohen Alter die *körperliche Verletzlichkeit* (wie sich diese in einer erhöhten Auftretenswahrscheinlichkeit von chronischen Erkrankungen und Funktionseinbußen) wie auch die *soziale Verletzlichkeit* (bedingt durch den Verlust nahestehender Menschen) zunimmt.

Für die Umsetzung der Veränderungs- und Selbstgestaltungspotenziale grundlegend ist zum einen die *Offenheit* des Individuums für Neues, das heißt, eine innere Haltung oder Einstellung, die von Interesse an neuen Erfahrungen und Erkenntnissen bestimmt ist, zum anderen eine Umwelt, die an den Erkenntnissen, Erfahrungen und schöpferischen Kräften des Individuums interessiert ist – und zwar im Sinne des von Bert Brecht (1898-1956) im Jahre 1938 verfassten Gedichts „Die Legende von der Entstehung des Buches Tao te king auf dem Weg des Lao Tse in die Emigration", dessen letzte Strophe wie folgt lautet: „Aber rühmen wir nicht nur den Weisen, dessen Name auf dem Buche prangt!Denn man muss dem Weisen seine Weisheit erst entreißen.Darum sei der Zöllner auch bedankt: Er hat sie ihm abverlangt." Mit diesen Zeilen ist angedeutet, dass allein das Gegebensein von reflektierten Erfahrungen und Erkenntnissen nicht genügt – diese können erst dann ihren Nutzen entfalten, wenn die

Umwelt Interesse an ihnen zeigt und sie abruft. Damit ist schon ein erster Hinweis auf intergeneratives Arbeiten gegeben: In derartigen intergenerativen Kontexten können ältere Menschen erfahren, dass nachfolgende Generationen an ihrem Wissen, ihren Erfahrungen, ihren Handlungsstrategien lebendiges Interesse zeigen – damit sind bedeutende motivationale Grundlagen für Engagement, Offenheit und fortgesetztes Lernen gegeben.

Bleiben wir aber noch kurz bei Lao Tse und dem Tao te king stehen, weil wir hier viel über die Bedeutung von Selbstverantwortung und Mitverantwortung (diese verstanden als Übernahme von Verantwortung in der Generationenfolge) erfahren. Der „Tao te king", die Sammlung jener 81 Sinnsprüche, die auf den chinesischen Philosophen Lao Tse (604 v. Chr.-531 v. Chr.) zurückgehen, schließt einen Sinnspruch ein, der neben der Selbstverantwortung die Mitverantwortung des Menschen hervorhebt, wobei Mitverantwortung auch die verantwortliche Stellung des Individuums in der Generationenfolge meint. So ist im „Tao te king" zu lesen:

„Was gut gepflanzt ist, wird nicht ausgerissen.
Was gut festgehalten wird, wird nicht entgehen.
Wer sein Gedächtnis Kindern und Enkeln hinterlässt, hört nicht auf.
Wer seine Person gestaltet, dessen Leben wird wahr.
Wer seine Familie gestaltet, dessen Leben wird völlig.
Wer seine Gemeinde gestaltet, dessen Leben wird wachsen.
Wer sein Land gestaltet, dessen Leben wird reich.
Wer die Welt gestaltet, dessen Leben wird weit."

Die beiden ersten Zeilen dieses Gedichts beschreiben die Grundlagen der Selbstverantwortung – diese sind in den vertrauens-, autonomie- und identitätsförderlichen Sozialisationsprozessen in Kindheit und Jugend zu sehen. In den weiteren sechs Zeilen tritt die Mitverantwortung in das Zentrum – wobei sich die Mitverantwortung zunächst auf die Weitergabe von reflektierten Erfahrungen, Erkenntnissen und Lebenswissen an nachfolgende Generationen bezieht (es wird hier ausdrücklich von Kindern und Enkeln gesprochen), sodann auf das Engagement in familiären und außerfamiliären Kontexten; diese Kontexte erweitern sich – folgen wir dem Gedicht – im Lebenslauf kontinuierlich, deren Erkennen und Ausfüllen ist auch als Ergebnis einer zunehmend tieferen seelisch-geistigen Auseinandersetzung mit sich selbst und der Welt anzusehen.

2. Ein erweitertes Verständnis von Bildung als eine Grundlage für intergeneratives Arbeiten

Ein für gerade für das intergenerative Arbeiten fruchtbares Verständnis von Bildung findet sich in der Schrift „L'immatériel. Connaissance, valeur et capital" des französischen Soziologen André Gorz: „Die körperlich-sinnlichen Wahrnehmungen, die körperlich bedingten Gefühle, Affekte, Bedürfnisse, Erwartungen, Ängste schwingen in den intellektuellen Tätigkeiten immer mit. Ohne ihr Mitwirken fehlt die Fähigkeit zu beurteilen, zu interpretieren, sinnvolle Entscheidungen zu treffen, aus Erfahrungen zu lernen. Ohne ihr Mitwirken bleibt von der Intelligenz nur die Fähigkeit zu rechnen, zu kombinieren, zu analysieren, Informationen zu speichern: die Maschinen-Intelligenz." (Gorz 2003: 84)
Dieses Verständnis von Bildung ist umfassend konzipiert: Bildung ist danach ein Prozess, der alle Qualitäten der Persönlichkeit anspricht und sich nicht allein auf kognitive Qualitäten

beschränkt. Neben den kognitiven Qualitäten sind emotionale, empfindungsbezogene, sozialkommunikative, alltagspraktische und körperliche Qualitäten angesprochen. Erst wenn diese ausdrücklich in ein Bildungskonzept aufgenommen werden, kann von der *Bildung der Person* gesprochen werden. Diesem Verständnis folgend, ist ein *mehrdimensionaler* Bildungsbegriff wichtig, der kognitive und emotionale Elemente ebenso wie körperliche Elemente betont, der zugleich auf das gesundheitliche und seelische Wohlbefinden, auf die Reflexion des eigenen Erlebens und Handelns, auf die Reflexion des eigenen Alternsbildes sowie auf die gedanklich-emotionale Vorwegnahme (Antizipation) der eigenen Zukunft gerichtet ist. Dieses umfassende Bildungskonzept erweist sich als hilfreich für das intergenerative Arbeiten. Denn dieses gründet auch auf der Kommunikation von Erkenntnissen und Erfahrungen, die im Umgang mit Anforderungen des Lebens gewonnen wurden, in diesem spielt auch die Persönlichkeit der Lernenden mit ihrer Biografie eine wichtige Rolle, was vor allem dann stimulierend wirkt, wenn alte und junge Menschen gemeinsam an einem konkreten Projekt arbeiten oder wenn alte Menschen Patenschaften für junge Menschen in Bildung und Beruf wahrnehmen.

Setzen wir die Darlegung unseres Bildungsverständnisses mit einer Reflexion des Handlungsbegriffs fort. Wie ist der Handlungsbegriff zu differenzieren, wenn ein Verständnis von Bildung präferiert wird, welches das Recht und die Verpflichtung zu Bildungsaktivitäten über die gesamte Lebensspanne und zugleich das intergenerative Arbeiten betont? In seiner Schrift „Theorie kommunikativen Handelns" differenziert Jürgen Habermas (1987) zwischen drei Handlungsformen, in denen sich zugleich drei verschiedenartige Aktor-Welt-Bezüge widerspiegeln – dem teleologischen, dem normenregulierten, dem dramaturgischen Handeln. Die Umschreibung dieser Handlungsformen – wie auch der Aktor-Welt-Bezüge – sei in den Worten Habermas" (1987) vorgenommen: „Der Begriff des teleologischen Handelns setzt Beziehungen zwischen einem Aktor und einer Welt existierender Sachverhalte voraus. Diese objektiv Welt ist als Gesamtheit der Sachverhalte definiert, die bestehen oder eintreten bzw. durch gezielte Interventionen herbeigeführt werden können. Das Modell stattet den Handelnden mit einem kognitiv-volitiven Komplex aus, so dass er einerseits (durch Wahrnehmungen vermittelt) Meinungen über existierende Sachverhalte ausbilden und andererseits Absichten mit dem Ziel entwickeln kann, erwünschte Sachverhalte zur Existenz zu bringen." (ebd.: 129f). „Hingegen setzt der Begriff des normenregulierten Handelns Beziehungen zwischen einem Aktor und genau zwei Welten voraus. Neben die objektive Welt existierender Sachverhalte tritt die soziale Welt, der der Aktor als Rollen spielendes Subjekt ebenso angehört wie weitere Aktoren, die untereinander normativ geregelte Interaktionen aufnehmen können. Eine soziale Welt besteht aus einem normativen Kontext, der festlegt, welche Interaktionen zur Gesamtheit berechtigter interpersonaler Beziehungen gehören. Und alle Aktoren, für die entsprechende Normen gelten (von denen sie als gültig akzeptiert werden), gehören derselben sozialen Welt an." (ebd.: 132).

„Der Begriff des dramaturgischen Handelns ist in der sozialwissenschaftlichen Literatur weniger klar ausgeprägt als der des teleologischen und des normengeleiteten Handelns. (...) Unter dem Gesichtspunkt dramaturgischen Handelns verstehen wir eine soziale Interaktion als Begegnung, in der die Beteiligten ein füreinander sichtbares Publikum bilden und sich gegenseitig etwas vorführen. (...) Eine Vorführung dient dazu, dass sich der Aktor vor seinen Zuschauern in bestimmter Weise präsentiert; indem er etwas von seiner Subjektivität zur Erscheinung bringt, möchte er vom Publikum in einer bestimmten Weise gesehen und akzeptiert werden." (ebd.: 135f)

Mit diesen drei differenzierten Handlungsformen wird ein Spektrum von Bildungsaufgaben und Bildungszielen angedeutet, die in besonderer Weise geeignet sind, die Potenziale intergenerativen Arbeitens zu veranschaulichen; zudem lassen sich mit diesen Handlungsformen die spezifischen Potenziale von Bildung für älter werdende Menschen charakterisieren. Mit dem teleologischen Handeln ist die kritisch reflektierende Aneignung von Welt gemeint – ein genuines Gebiet von Bildung, bei dem sich die verschiedenen Generationen gegenseitig unterstützen können (dies zeigen bestehende Modellprojekte sehr deutlich auf). Das normenregulierte Handeln kann auch im Sinne von sozialer Teilhabe und Engagement im öffentlichen Raum verstanden werden – ein weiterer wichtiger Effekt von Bildung, wobei das intergenerative Arbeiten von drei grundlegenden Haltungen der Aktoren bestimmt sein sollte: (a) dem gegenseitigen Respekt, (b) der gegenseitigen Offenheit, (c) der Bereitschaft aller, sowohl Lernende(r) als auch Lehrende(r) zu sein.Das dramaturgische Handeln schließlich beschreibt die Schaffung öffentlicher Räume, die – folgt man den Worten Hannah Arendts in ihrem 1960 veröffentlichten Buch „Vita activa oder vom tätigen Leben" – Initiativen des Individuums anzustoßen vermögen, in denen sich die Gebürtlichkeit (Natalität) des Menschen zu verwirklichen vermag. (Hier sei angemerkt, dass Hannah Arendt in einer Replik auf Martin Heideggers „Sein und Zeit" dargelegt hat, dass dem dort ausführlich beschriebenen „Vorlauf zum Tode", der – Martin Heidegger zufolge – die Existenz besonders auszeichnet, die Gebürtlichkeit, die Initiative, das Immer-Anders-Können vorausgehe, ja, diesem geradezu vorgeordnet sei.) Dabei trägt der Austausch zwischen den Generationen zur Vielfalt und Lebendigkeit des öffentlichen Raumes bei, denn nun treffen verschiedenartige Weltdeutungen und Lebensperspektiven aufeinander (siehe auch Kapitel III): im Falle gegenseitiger Offenheit für die Einzigartigkeit des Anderen ergibt sich hier ein bemerkenswertes Potential zur wechselseitigen Motivation, Stimulation und Aktivation.

Eine eigene Definition von Bildung sei hier angeführt, die deutlich machen soll, dass Bildung in unterschiedlichen Kontexten stattfindet, was für das Verständnis von intergenerativem Arbeiten wichtig ist:

Bildung beschreibt zum einen den Prozess der Aneignung und Erweiterung von Fähigkeiten, Fertigkeiten, Erfahrungen und Wissenssystemen in formellen und informellen Kontexten, zum anderen das Ergebnis dieses Prozesses. Bildung beschränkt sich nicht allein auf den Erwerb von Wissen und Qualifikationen, sondern umfasst auch Fähigkeiten, Fertigkeiten und Erfahrungen, die die effektive, kreative Auseinandersetzung mit aktuellen oder zukünftigen Aufgaben und Anforderungen fördern – seien dies Aufgaben und Anforderungen im Beruf, in der Familie, in der Freizeit oder im bürgerschaftlichen Bereich. Bildung vollzieht sich nur zum Teil in institutionellen Kontexten, in denen versucht wird, durch die gezielte Anwendung spezifischer Methoden die Aneignung definierter Lerninhalte und das Erreichen von Lernzielen zu fördern, zu beurteilen und in Form von Zeugnissen oder Zertifikaten zu dokumentieren. Bildung umfasst auch non-formale Kontexte, in denen Erfahrungen im Umgang mit Aufgaben und Anforderungen gewonnen werden sollen, ohne dass Lernziele, Lerninhalte und Lernmethoden vorgegeben werden. Des Weiteren vollzieht sich Bildung auch mehr oder weniger beiläufig in informellen Kontexten, etwa durch den Austausch von Erfahrungen in sozialen Interaktionen, wie er natürlicher Bestandteil gleichberechtigter Kommunikation über Alltag und Lebenswelt ist. Unter der Voraussetzung, dass die Erfahrungen älter werdender Menschen ernst genommen werden, bieten schon alltägliche, scheinbar beiläufige intergenerationelle Kontakte für Angehörige jüngerer Generationen prinzipiell die Möglichkeit, von den in konkreten Auseinandersetzungsformen und Problemlösungen zum Ausdruck kommenden kreativen Potenzialen älter werdender Menschen zu profitieren.

Hier findet nun folgende Aussage des römisch-lateinischen Philosophen Lucius Annaeus Seneca (4 v. Chr.-65 n. Chr.) ihren Platz: „Die Mühen eines rechtschaffenen Bürgers sind nie ganz nutzlos. Er hilft schon dadurch, dass man von ihm hört und sieht, durch seine Blicke, seine Winke, seine wortlose Widersetzlichkeit und durch seine ganze Art des Auftretens. Wie gewisse Heilkräuter, die – ohne dass man sie kostet oder berührt – schon durch ihren bloßen Geruch Heilung bewirken, so entfaltet die Tugend ihre heilsame Wirkung auch aus der Ferne und im Verborgenen." (1984: 41) Seneca macht damit deutlich, dass ältere Menschen schon durch Vorbildfunktion einen wichtigen Beitrag zur Förderung des Lebens junger Menschen leisten können. Und umgekehrt: Wir sollten nicht unterschätzen, dass Jugendliche durch ihr Engagement, ihren Mut, ihre Offenheit durchaus älteren Menschen als Vorbild dienen können. Vorbild heißt übrigens nicht, zu jemandem „aufzuschauen", Vorbild heißt vielmehr, dass uns andere Menschen durch ihren Umgang mit Fragen des Lebens Impulse geben, uns motivieren, uns anregen, fordern und fördern. Auch daraus ergeben sich wichtige Anregungen für das intergenerative Arbeiten.

Setzen wir kurz fort mit der Darlegung unseres Verständnisses von Bildung. Zum Bildungsbegriff gehören sowohl die Ausbildung einer Motivstruktur, die das Interesse an Bildungsinhalten weckt und die aktive Auseinandersetzung mit Bildungsinhalten fördert, als auch die Fähigkeit des Menschen, Möglichkeiten und Grenzen eigenen Handelns zu reflektieren sowie zukünftige Aufgaben und Herausforderungen zu antizipieren. Die für die Verwirklichung individueller Entwicklungspotentiale – bzw. allgemeiner für den Erfolg einer bestimmten Kultur – jeweils relevanten Bildungsinhalte spiegeln sowohl individuelle Reifungsprozesse und lebensaltersspezifische Entwicklungsaufgaben wider als auch sozialen Wandel und gesellschaftlichen Fortschritt.

3. Generationenperspektive und kulturelle Entwicklungsperspektive

Der Soziologe Karl Mannheim hat in einem Gedankenexperiment – „Wie würde eine Gesellschaft aussehen, in der eine Generation ewig lebt und keine weitere Generationenfolge stattfindet?" – Grundphänomene der Generationslagerung herausgearbeitet und in ihrer Bedeutung für gesellschaftliche Entwicklung analysiert (Mannheim 1928). Die Ergebnisse seiner Analyse seien im Folgenden zusammengefasst, da sie für das Verständnis des kulturellen Entwicklungspotenzials des Generationendialogs und des intergenerativen Arbeitens von grundlegender Bedeutung ist.

(1) Das stete Neueinsetzen neuer Kulturträger, der stete Abgang früherer Kulturträger und die Tatsache, dass die Träger eines jeweiligen Generationszusammenhangs nur an einem zeitlich begrenzten Abschnitt des Geschichtsprozesses teilhaben, haben zur Folge, dass Kultur von Menschen fortgebildet wird, die einen neuartigen Zugang zu kulturellen Errungenschaften haben, was gleichbedeutend damit ist, dass in einer bestimmten Gesellschaft vorher Angeeignetes neu bewertet, relativiert, modifiziert und gegebenenfalls korrigiert wird.

(2) Zu einer bestimmten Zeit in einer bestimmten Gesellschaft geboren zu sein, konstituiert eine charakteristische Erlebnisschichtung. Für die Formierung des Bewusstseins ist entscheidend, in welchem Alter historische Ereignisse erlebt und entsprechende Eindrücke gebildet werden. Frühe Eindrücke haben die Tendenz, „sich als natürliches Weltbild festzusetzen". Entsprechend ist die Art, wie spätere Ereignisse und Entwicklungen erlebt werden, durch frühere Erlebnisse und Erfahrungen beeinflusst. Da sich aufeinander folgende Generationen notwendigerweise in der Art der Erlebnisschichtung unterscheiden, entwickelt sich Kultur nicht lediglich durch die Addition von Inhalten, sondern dialektisch. (Dies ist für das intergenerative Arbeiten besonders wichtig!)

(3) Die Notwendigkeit des steten Tradierens und Übertragens ererbter Kulturgüter sowie der ständige Generationenwechsel haben unmittelbare Auswirkungen auf die Struktur der Gesellschaft. Dabei ist entscheidend, dass Lebenshaltungen, Gefühlsgehalte und Einstellungen nur in geringem Maße bewusst gelehrt und gelernt werden. Gegenstand bewussten Lehrens und Lernens wird nur, was im Laufe der Geschichte problematisch und deshalb Gegenstand von Reflexion geworden ist. Was hingegen unproblematisch weiterfunktioniert, in den Worten Mannheims also den „Fond des Lebens“ bildet, wird unbewusst übertragen. Wichtig für das Verständnis kultureller Entwicklung ist nun, dass die bewusste Übertragung von Kulturgütern erst zu einem Zeitpunkt einsetzt, zu dem dieser Fond des Lebens, also das, was innerhalb einer Kultur unproblematisch weiterfunktioniert, von der neuen Generation schon übernommen ist.

(4) Der neuartige Zugang nachfolgender Generationen bedeutet keine grundlegende Distanzierung von den für die jeweilige Kultur charakteristischen Inhalten. Die als neuartiger Zugang gekennzeichnete Unterschiedlichkeit der Perspektiven bedingt vielmehr die Notwendigkeit einer ständigen Wechselwirkung. Kultur kann nicht einfach vom „Lehrer“ an den „Schüler“ weitergegeben werden; die Weitergabe von Kulturgütern kann vielmehr auf Dauer nur gelingen, wenn diese im Prozess der Übertragung auf ihre Begründung hin reflektiert und an veränderte Perspektiven angepasst werden.

(5) Dies führt Mannheim schließlich zu der Aussage, dass der Prozess der Weitergabe von Kultur nur deshalb gelingt, weil nicht nur der Lehrer den Schüler, sondern auch der Schüler den Lehrer erzieht. Auch im Falle einer erhöhten gesellschaftlichen Dynamik, die sich in deutlicheren Unterschieden zwischen den Lebenswelten jüngerer und älterer Generationen manifestiert, resultieren nicht notwendigerweise intergenerationelle Konflikte. Die erhöhte gesellschaftliche Dynamik wirkt sich auch insofern auf das Verhältnis zwischen den Generationen aus, als ältere Generationen in stärkerem Maße die Notwendigkeit wahrnehmen, der Jugend gegenüber offen zu sein – ein für das intergenerationelle Lernen wichtiger Aspekt.

Die Auseinandersetzung mit den von Karl Mannheim herausgearbeiteten Grundphänomenen der Generationslagerung führt damit zu dem Ergebnis, dass gesellschaftliche Entwicklung wesentlich die Beziehungen zwischen den Generationen widerspiegelt, durch diese angestoßen und nachhaltig geprägt wird. So notwendig es für eine Gesellschaft ist, dass die Erfahrungen, die Angehörige einer spezifischen Generation gewonnen haben, nicht verloren gehen, so wenig ist es gesellschaftlich funktional, dass Generationen einmal erworbene Werte, Einstellungen, Interessen und Präferenzen unreflektiert beibehalten und nachfolgende Generationen diese einfach übernehmen. Der neuartige Zugang nachfolgender Generationen und die aus diesem resultierenden Neubewertungen, Modifikationen und Korrekturen kulturellen Erbes sind als Motor gesellschaftlicher Entwicklung zu verstehen. Dies zeigt uns wieder das große gesellschaftliche Potential intergenerativen Arbeitens.

Eine derartige Sichtweise des Generationendialogs unterstreicht die Bedeutung des intergenerativen Arbeitens für gesellschaftliche und kulturelle Entwicklung. Mit Blick auf das Alter lässt sich dabei konstatieren: In dem Maße, in dem ältere Menschen aktiv in diesen Dialog, in dieses Lernen einbezogen werden, in dem Maße, in dem sie diesen Dialog, dieses Lernen aktiv und offen mitgestalten, leisten sie einen wertvollen Beitrag zur kulturellen Entwicklung (ausführlich dazu Kruse, 2013a). Für die Bildungsforschung und Bildungspraxis ergibt sich daraus die Forderung, das intergenerative Arbeiten als Komponente des Bildungsangebots zu werten (siehe auch Sechster Altenbericht der Bundesregierung, 2011).

4. Bezogenheit

Es sei im Folgenden auf die Bezogenheit des Individuums eingegangen, da diese für das Verständnis der intergenerationellen Beziehungen und das intergenerative Arbeiten wichtig ist. In Arbeiten des Philosophen Emmanuel Levinas (zum Beispiel 1995) wird der unbedingte Anspruch des Anderen hervorgehoben, der dem eigenen Anspruch vorgeordnet sei. Die zentrale Stellung des Subjekts wird zugunsten des unbedingten Anspruchs des Anderen aufgegeben. Bevor ich zu mir selbst komme, so Levinas, steht mir der Andere gegenüber, dieser besitzt die Qualität der unbedingten vorausgehenden Verpflichtung zu – und erst durch den Anderen komme ich zu mir selbst. Dieser unbedingten Inanspruchnahme durch den Anderen ist das Subjekt unterworfen, weswegen Immanuel Levinas den lateinischen Begriff subjectum im Sinne von subjactum – nämlich „unterworfen“ – übersetzt. Diese Anthropologie bildet nicht nur eine bemerkenswerte Grundlage für ein tieferes Verständnis von Freundschaft, sondern auch für ein tieferes Verständnis der Lebenssituation alter Menschen, die in der Verwirklichung von freundschaftlich gemeinter Sorge eine Möglichkeit finden, die eigene Verletzlichkeit und Endlichkeit anzunehmen und in dieser schöpferisch zu leben – wobei die vertiefte Auseinandersetzung mit dem eigenen Selbst (siehe hier die Aussagen zur Ich-Integrität in Kapitel VI) Wissen und Erkenntnisse zutage fördert, die in die Beziehung zu anderen Menschen (vor allem nachfolgender Generationen) eingebracht werden und diese in besonderer Weise befruchten können: Ein wichtiges Fundament der freundschaftlich gemeinten Sorge. Dieses Verständnis von Sorge ist für das intergenerative Arbeiten wichtig: In dem Maße, in dem sich ältere Menschen vom Motiv der freundschaftlichen Sorge um und für junge Menschen leiten lassen, werden sie diese nicht nur inhaltlich, sondern auch persönlich befruchten – ganz im Sinne der von Lucius Annaeus Seneca getroffenen Aussage (siehe Kapitel III).

5. Generativität

Dem Verständnis von Erik Homburger Erikson zufolge (Erikson 1998) ist die Verwirklichung von Generativität als Entwicklungsaufgabe des mittleren Erwachsenalters zu verstehen. Nachdem das Individuum in früheren Lebensaltern ein grundlegendes Verständnis seiner Identität und der relevanten sozialen Rollen ausgebildet hat, nachdem es längerfristige Bindungen eingegangen ist, geht es nun um dessen Verpflichtung und Verantwortung gegenüber der Gesellschaft; vor allem geht es darum, einen Beitrag zum Fortbestand, gegebenenfalls auch zur Weiterentwicklung der Gemeinschaft zu leisten, insbesondere durch das Engagement für nachfolgende Generationen, deren Lebenschancen und Entwicklung. Zwar ist bei Erikson der prototypische Kontext von Generativität die *Familie* – Kinder zu haben und diese zu erziehen –, doch hat er in seinen psychoanalytisch orientierten Biografien von Martin Luther und Mahatma Gandhi deutlich gemacht, dass sich Generativität zu einem guten Teil und in ihrer vielleicht kreativsten und produktivsten Ausdrucksform auch*außerhalb der Familie*, nämlich im öffentlichen Raum, verwirklicht.

Dan McAdams orientiert sich in seiner Sichtweise von Generativität an den Beiträgen von Erikson, versteht Generativität aber eher als Merkmal der *Person-Umwelt-Beziehung* denn alslebensphasenspezifisches Anliegen (McAdams et al. 2006). Ein umfassendes Verständnis von Generativität muss danach vier Ebenen in den Blick nehmen:

- die Ebene der Motivation, auf der zwischen individuellen Anliegen und Bedürfnissen (Wunsch nach symbolischer Unsterblichkeit, Wunsch, von anderen gebraucht zu werden) sowie kulturellen Anforderungen (soziale Rollen, Normen) zu differenzieren ist;
- die Ebene der Gedanken und Pläne, auf der die Aspekte der Verbundenheit mit nachfolgenden Generationen, das Ausmaß erlebter Verpflichtung (im Sinne relevanter Zielsetzungen und Entscheidungen) und allgemein auf menschliches Zusammenleben bezogene Meinungen und Überzeugungen zu differenzieren sind;
- die Ebene des Verhaltens bzw. der erbrachten Leistung;
- die Sinnebene, bei der relevante Erfahrungen, Bewertungen und Erwartungen in ein Generativitätsskript integriert werden, das einen guten Teil der narrativen (das heißt, durch biografische Erzählungen konstituierten) Identität des Individuums konstituiert.

Die Frage nach der Verwirklichung von Generativität stellt sich diesem Verständnis zufolge also nicht in einem bestimmten Lebensalter, auf einer bestimmten Entwicklungsstufe. Vielmehr gewinnt das Thema „Generativität" über das gesamte Erwachsenenalter hinweg an Bedeutung und bleibt auch im hohen und sehr hohen Erwachsenenalter für das Selbstverständnis der Person und ihren Umgang mit anderen zentral.

Dabei könnte man allerdings, gerade wenn das intergenerative Arbeiten betont wird, noch einen Schritt weiter gehen: Das Verständnis von Generativität sollte nämlich um das Bedürfnis des Individuums erweitert werden, sich als *Teil einer Generationenfolge* zu verstehen, und dies heißt, die psychologischen und kulturellen Leistungen vorausgehender Generationen in sich aufzunehmen, zu reflektieren, weiterzuentwickeln und – vermittelt durch eigene Erfahrungen und Erkenntnisse – an die nachfolgenden Generationen weiterzugeben. Das in der psychologischen Diskussion vorherrschende Verständnis von Generativität als Anteilnahme am Leben nachfolgender Generationen und als Engagement für diese greift zu kurz: Denn es kann angenommen werden, dass das Selbstverständnis des Individuums als *verantwortlich handelndes Glied in der Generationenfolge* dem Generativitätsmotiv noch einmal besondere Bedeutungverleiht: Wir werden in eine Welt geboren, in der vor uns bereits zahlreiche Generationen gelebt haben, und wir werden aus einer Welt gehen, in der nach uns zahlreiche Generationen leben werden. Die individuelle *Lebenszeit*, so hat es einmal der Philosoph Hans Blumenberg ausgedrückt, wird in *Weltzeit* integriert: Ein inspirierendes Bild für das intergenerative Arbeiten.

6. Ich-Integrität

Nach Erik Homburger Erikson (1998) lässt sich die lebenslange Persönlichkeitsentwicklung als eine Sequenz von acht qualitativ voneinander abgrenzbaren, durch spezifische psychosoziale Krisen gekennzeichneten Phasen beschreiben. Persönlichkeitsentwicklung meint dem Verständnis von Erikson zufolge vor allem Entwicklung von Ich-Identität, das heißt das vom Individuum – als Resultat seiner verschiedenen sozialen Erfahrungen – erworbene subjektive Empfinden seiner eigenen Situation, seiner eigenen Kontinuität und seiner Eigenart. Zentral für das von Erikson vertretene Verständnis von Ich-Identität ist, dass diese

- weniger im Sinne einer Errungenschaft denn im Sinne einer immer wieder neu zu erbringenden und deshalb prinzipiell lediglich vorläufigen Integrationsleistung zu verstehen ist;

- wesentlich von den vermeintlichen oder tatsächlichen Sichtweisen und Bewertungen anderer Menschen geprägt ist;
- nicht allein privaten, sondern immer auch gemeinschaftsbezogenen Charakter hat.

Dabei stellt sich die Frage nach der Ich-Identität *lebensaltersspezifisch*. Die Zufriedenheit des Menschen in verschiedenen Lebensaltern hängt mit der Lösung psychosozialer Krisen in früheren Lebensabschnitten und der Auseinandersetzung mit der jeweils thematischen psychosozialen Krise zusammen.

Die für die einzelnen Phasen charakteristischen psychosozialen Krisen kennzeichnen dabei ein Spektrum von Aufgaben und Anforderungen, mit dem Menschen, die sich zu einer „voll funktionsfähigen Persönlichkeit" entwickeln, im Laufe ihres Lebens konfrontiert werden. Die lebenslange Entwicklung der Persönlichkeit folgt – nach diesem Modell – einem epigenetischen Prinzip: Für jede Entwicklungsstufe gibt es eine optimale oder organismische Zeit des Auftretens.

Für das höhere und hohe Lebensalter kennzeichnend ist nun nach Erik Homburger Erikson eine als „Integrität *vs.* Verzweiflung" gekennzeichnete Thematik, die sich nach Robert Peck (1968) in die drei Bereiche

- „Körper-Transzendenz *vs.* Körper-Präokkupation",
- „Ich-Differenzierung *vs.* Berufspräokkupation",
- „Ich-Transzendenz *vs.* Ich-Präokkupation"

differenzieren lässt. Eine positive Lösung dieser Thematik führt zur Akzeptanz von gelebtem und ungelebtem Leben, von Endlichkeit und Endgültigkeit sowie zu Empfindungen von Zugehörigkeit und Kontinuität. Das Bemühen um die Herstellung von Ich-Identität zeigt sich im Alter im verstärkten Bemühen, das eigene Leben zu ordnen („Ich-Integrität"): Die Beschäftigung mit der persönlichen Vergangenheit ist im Vergleich zu früheren Lebensabschnitten nicht nur häufiger, sie hat auch stärker integrative und weniger instrumentelle Funktion.

In einer posthum erschienenen, erweiterten Auflage des im Original 1982 erschienenen Buches „The life cycle completed" hat Joan Erikson, Ehefrau und Kollegin von Erik Homburger Erikson, die Theorie um eine neunte Stufe erweitert (Erikson 1998). Ihr zufolge wurde diese neunte Stufe erst im Zuge der Erfahrung ihres eigenen Alterns, des Erlebens der letzten Jahre von Erik Homburger Erikson und der Durchsicht von dessen Anmerkungen und Erläuterungen zu dieser Neuauflage evident: „Old age in one's 80s and 90s brings with it new demands, reevaluations, and daily difficulties. These concerns can only be adequately discussed, and confronted, by designating a new ninth stage to clarify the challenges." (Erikson 1998: 105)

Auf einer neunten, im sehr hohen Lebensalter erreichten Stufe der Entwicklung von Ich-Identität werden nach Joan Erikson die zuvor gelösten Krisen infolge der für das sehr hohe Alter charakteristischen Verluste erneut thematisch. So könnten körperliche und geistige Verluste im sehr hohen Alter dazu beitragen, dass Menschen das zu Beginn ihrer Entwicklung gewonnene (und die weitere Entwicklung begünstigende) Vertrauen in ihre Unabhängigkeit und Leistungsfähigkeiten infrage gestellt sehen und sich vor diesem Hintergrund erneut mit der Thematik der ersten psychosozialen Krise „Urvertrauen *vs.* Urmisstrauen" auseinandersetzen müssen. Die erneute Konfrontation psychosozialer Konflikte, diesmal aber unter umgekehrten Vorzeichen – in dem Sinne, dass die in früheren Lebensabschnitten eher negativen Konfliktlösungen (der dystone Pol des jeweiligen Kontinuums) angesichts nicht zu leugnender Veränderungen integriert werden müssen – wird von Joan Erikson ausdrücklich als mögliche Quelle eines weiteren Wachstums der Persönlichkeit angesehen, von dem, wie sie ausdrücklich feststellt, auch junge Menschen profitieren – vorausgesetzt, dass sie dem alten Menschen auch in seiner Verletzlichkeit möglichst offen begegnen. Die über das Erreichen von Ich-Integrität (die erfolgreiche Lösung der achten psychosozialen Krise) hinausgehende psychosoziale Entwicklung charakterisiert Joan Erikson in Anlehnung an Lars Tornstam als *Gerotranszendenz*.

7. Gerotranszendenz

Ähnlich wie Erik Homburger und Joan Erikson nimmt Tornstam in seiner Theorie der Gerotranszendenz (Tornstam 1992) an, dass die Entwicklung der Persönlichkeit als ein lebenslanger Prozess anzusehen ist, der erst im hohen Alter seinen Höhepunkt erreicht bzw. abgeschlossen wird. Die Theorie der Gerotranszendenz nimmt Veränderungen auf drei Ebenen an:

- einer kosmischen Ebene,
- einer Ebene des Selbst sowie
- einer Ebene sozialer Beziehungen.

Auf der *kosmischen Ebene* geht die Theorie von einem veränderten Weltverständnis aus, das sich unter anderem in einer stärkeren Integration von Vergangenheit, Gegenwart und Zukunft, einer als intensiver empfundenen Verbundenheit mit nachfolgenden Generationen, verminderter Todesfurcht, größerer Empfänglichkeit für vermeintlich Bedeutungsloses und einer allgemein erhöhten Akzeptanz der mystischen Dimension des Lebens zeigt.

Auf der *Ebene des Selbst* werden der Theorie zufolge neue Aspekte der eigenen Person entdeckt, wobei die Integration von positiv und negativ bewerteten Aspekten, Errungenschaften und Versäumnissen besser gelingt. Des Weiteren ist die Entwicklung zur Gerotranszendenz auf der Ebene des Selbst mit einer stärker altruistischen und weniger egoistischen Einstellung, einer Transzendenz der eigenen Körperlichkeit, einer Wiederentdeckung persönlicher Wurzeln in der Kindheit sowie mit der Ausbildung der von Erikson beschriebenen Ich-Integrität verbunden.

Veränderungen auf der Ebene sozialer Beziehungen sind vor allem durch eine zunehmende Selektivität gekennzeichnet. Emotional bedeutsame Beziehungen werden wichtiger, während auf oberflächliche Beziehungen eher verzichtet wird. Weitere Veränderungen auf der sozialen Ebene umfassen ein vertieftes Verständnis der Differenz zwischen Selbst und Rolle, einen modernen Asketismus, der durch eine bewusste Relativität materieller Werte gekennzeichnet ist, sowie reifere Urteile in Fragen des täglichen Lebens, wie sie in psychologischen Weisheitstheorien beschrieben werden. In diesen Veränderungen liegt ein hohes Potential für intergeneratives Arbeiten beschlossen.

Während die von Erikson vorgeschlagene Theorie lebenslanger Persönlichkeitsentwicklung impliziert, dass eine erfolgreiche Lösung der achten und letzten psychosozialen Krise – im Sinne von Ich-Integrität – dazu führt, dass Menschen zufrieden auf ihr gelebtes und ungelebtes Leben zurückblicken und gleichzeitig in der Lage sind, das Ende der eigenen Existenz zu akzeptieren, postuliert Lars Tornstam in seiner Theorie der Gerotranszendenz, dass Persönlichkeitsentwicklung im Sinne von weiterem Wachstum im sehr hohen Alter vielmehr beinhaltet, dass Menschen eine weitere Perspektive einnehmen, die sich ausdrücklich auch in die Zukunft erstreckt und nicht auf die eigene Person beschränkt. Im Zuge der Entwicklung von Gerotranszendenz nimmt die Selbstbezogenheit des Individuums ab; dieses verbringt mehr Zeit in zurückgezogener Reflexion. Jenseits der Akzeptanz des Unabänderlichen verliert die Endlichkeit der eigenen Existenz ihren bedrohlichen Charakter, das Verständnis von Zeit, Raum und Objekten verändert sich grundlegend. Der Rückzug aus sozialen Rollen und Bezügen in der Theorie von Tornstam ein selbstgewählter und positiv konnotierter Prozess. Dieser Rückzug ist auch als Ergebnis einer grundlegend veränderten Sicht auf das Selbst und die Welt sowie als eine neue, reife Form des Engagements anzusehen. Dieser sollte von Bezugspersonen nicht mit Kontakt- und Aktivierungsangeboten begegnet werden, da derartige Interventionen den Interessen der Menschen offenkundig zuwiderlaufen.

Inwieweit die Herstellung von Ich-Integrität oder Gerotranszendenz im Alter gelingt, ist nicht zuletzt vom sozialen Umfeld abhängig. Ich-Integrität oder Gerotranszendenz werden nicht erreicht, wenn sich zentrale Bezugspersonen – so zum Beispiel junge Menschen – an einseitig negativ akzentuierten Altersbildern orientieren, individuelle Bemühungen um Sinnfindung als Selbstbezogenheit oder übertriebene Vergangenheitsorientierung zurückweisen oder das Bedürfnis, über das Alter(n), soziale Rollen und eigene Entwicklung zu reflektieren, ignorieren.

Abschluss

Wenn wir die Potential- und Verletzlichkeitsperspektive des Alters zusammenschauen und nach einem Beispiel suchen, das für seelische und geistige Entwicklungspotentiale auch bei hoher körperlicher Verletzlichkeit spricht, so fällt der Blick auf den Komponisten Johann Sebastian Bach (1685-1750). In dem gerade erschienenen Buch Die Grenzgänge des Johann Sebastian Bach – Psychologische Einblicke (Kruse 2013b) habe ich die körperliche, die seelische und die geistige Entwicklung dieses Komponisten in den letzten Jahren seines Lebens ausführlich dargestellt. Johann Sebastian Bach litt in diesen Jahren an einem Diabetes mellitus Typ II (dieser wurde durch eine Skelettanalyse bei der Umbettung des Leichnams Anfang der 1950er Jahre nachgewiesen), der seinerseits mit Schädigungen der Nervenzellen und Sinneszellen einherging; weiterhin waren bei ihm stark ausgeprägte motorische Läsionen erkennbar, die ihn mehr und mehr daran hinderten, seine Kompositionen selbst aufzusetzen (hier war er auf die Unterstützung durch seine Schüler angewiesen); schließlich traten eine Erblindung sowie ein Schlaganfall hinzu. Trotz dieser körperlichen Verletzlichkeit unterrichtete Johann Sebastian Bach Schüler (was damals hieß, diese bei sich aufzunehmen): Ein eindrucksvolles Beispiel freundschaftlich gemeinter Sorge für die junge Generation, die ihrerseits das Fundament intergenerativen Arbeitens bildet. Trotz dieser Verletzlichkeit arbeitete er an zwei Werken, die mit zu den größten gehören, die in der europäischen Kompositionsgeschichte je geschaffen wurden: der Kunst der Fuge (BWV 1080) und der Missa in h-Moll (BWV 232). Die h-Moll-Messe führte er zum Abschluss, die Kunst der Fuge blieb unvollendet, da sich Bach am Ende seines Lebens intensiv mit der h-Moll-Messe befasste und nicht mehr die Zeit fand, den 14. Kontrapunkt in Gänze niederzuschreiben (bzw. niederschreiben zu lassen). Die Kunst der Fuge wird in der Musikwissenschaft auch aufgrund ihres „experimentellen" Charakters als ein außergewöhnliches Werk eingestuft (Johann Sebastian Bach entfaltet in diesem Werk die unterschiedlichsten Fugentechniken, er entwickelt in diesem Werk geradezu eine „Fugenlehre" für nachfolgende Musikergenerationen), die h-Moll-Messe erfährt ihrer umfassenden Gesamtanlage, der Vielfalt der Kompositionsformen, der eindrucksvollen Passung von Wort und Musik und ihrer ästhetischen Wirkung wegen eine derartige Bewertung. Nun muss man wissen, dass sich Johann Sebastian Bach am Ende seines Lebens vor allem mit dem Credo in unum deum und dem Confiteor in unum baptisma beschäftigt hat, also mit zwei Teilen der Missa, die in besonderer Weise auf seinen Glauben an den Großen Gott verweisen. In beiden Sätzen baut er über das jeweilige Cantus firmus-Motiv eine Fuge auf, die jeden Hörer in ihren Bann zieht: Hier wird das Ich glaube (credo), hier wird das Ich bekenne (confiteor) mit einer musikalischen Kraft deklamiert, dass man nie glauben würde, ein körperlich hoch verletzlicher, die Endlichkeit schon sehr deutlich spürender Mensch hätte diese Sätze geschrieben. Die darin zum Ausdruck kommende, seelisch-geistige Energie kontrastiert mit der immer schwächer werdenden körperlichen Leistungsfähigkeit. Dies zeigt, dass selbst im Angesicht des eigenen Todes Entwicklungsschritte vollzogen werden können – so bei Johann Sebastian Bach die Bekräftigung seines Glaubens an den Großen Gott bei zunehmender Gewissheit, bald zu sterben.

Literatur

Erikson, E. (1998): The life cycle completed. Extended version with new chapters on the ninth stage by Joan M. Erikson. New York.
Gorz, A. (2003): L'immatériel. Connaissance, valeur et capital. Paris: Éditions Galilée.
Habermas, J. (1997): Theorie kommunikativen Handelns, Erster Band (4. Auflage). Frankfurt.
Kommission Sechster Altenbericht der Bundesregierung (2011): Altersbilder in unserer Gesellschaft. Bundestagsdrucksache. Deutscher Bundestag Berlin.
Kruse, A. (2013a): Alternde Gesellschaft – eine Bedrohung? Ein Gegenentwurf. Soziale Arbeit kontrovers, Band 2. Freiburg.
Kruse, A. (2013b): Die Grenzgänge des Johann Sebastian Bach – Psychologische Einblicke. Heidelberg.
Levinas, E. (1995): Zwischen uns. Versuche über das Denken an den Anderen. München
McAdams, D.P./Josselson, R./Lieblich, A. (2006): Identity and story: Creating self in narrative. Washington.
Mannheim, K. (1928): Das Problem der Generationen. Kölner Vierteljahreshefte für Soziologie, 7, S. 157-185; S. 309-330.

„Generationenprojekte – Generationendialoge" als Bildung. Eine These zum Gespräch zwischen Praxis und Theorie[1]

Kurt Lüscher

Vorbemerkung

Fasziniert von der wachsenden Zahl der „Generationenprojekte und Generationendialoge", der einfallsreichen Vielfalt und dem eindrücklichen Engagement der Teilnehmenden frage ich, was die Anziehungskraft dieser Aktivitäten ausmacht. Sind es tatsächlich die demografischen Entwicklungen und die Sorge um den gesellschaftlichen Zusammenhalt? Substituieren sie familiäre und verwandtschaftliche Beziehungen? Ich stelle eine Antwort zur Diskussion, die auf den ersten Blick wenig spektakulär scheint, jedenfalls nicht im Vordergrund steht. Sie lautet: Die Anziehungskraft von „Generationenprojekten und Generationendialogen" liegt darin, dass sie – mehr oder weniger offensichtlich – zur Erfahrung seiner selbst, mithin zur Persönlichkeitsbildung beizutragen vermögen. – Ich verstehe dies ausdrücklich als eine These, die zum einen dazu einlädt, die Praxis der Generationenarbeit unter einem besonderen Blickwinkel zu betrachten und zu bedenken, zum anderen in der Praxis teils bestätigt, teils verworfen oder teils modifiziert werden kann. Dem Charakter eines Handbuchs Rechnung tragend wende ich mich mit diesem Beitrag in erste Linie an diejenigen, die mit der Organisation und der Moderation von „Generationenprojekten und Generationendialogen" befasst sind.[2]

Aktualität

Die Tatsachen sind beeindruckend. Ich nenne einige wenige Fakten. In der Datenbank des Projektbüros „Dialog der Generationen" (Berlin), das in Deutschland als Pionier tätig war und seit nunmehr fast 20 Jahren eine herausragende Rolle bei der Dokumentation von Generationenprojekten, ihrer Beratung und der Förderung des Erfahrungsaustausches unter den Beteiligten spielt, werden über 600 Programme und ihre Träger ausführlich dokumentiert.

---

1 Im Folgenden stütze ich mich auf frühere Arbeiten zur Generationenanalyse, sowie über Generationenprojekte und über Generationenpolitik, ohne dies im Einzelnen nachzuweisen. Dazu gehören insbesondere Lüscher/Liegle 2003, Lüscher 2010a, 2010b sowie aktuell das mehrsprachige Kompendium, das im Rahmen der Forschungsgruppe *Generationes* entstanden ist und dort weiterentwickelt wird (Lüscher/Hoff 2013, abrufbar unter: https: //edupad.uni-konstanz.de/generationes-v8bmkqNO1z-KN). Zum speziellen Thema der Ambivalenzanalyse siehe *Interdisziplinärer Arbeitskreis Ambivalenz (IAA)*, abrufbar unter: https: //edupad.uni-konstanz.de/IAA-gOo71eevYn-KN). [Zugriff 08.03.2013]

2 Ich danke insbesondere Volker Amrhein für einen sich über Jahre erstreckenden anregenden, weiterführenden Gedankenaustausch, insbesondere auch zu diesem Text. Insbesondere hat er mir zahlreiche Hinweise auf aktuelle Projekte gegeben, auf die in den Fußnoten verwiesen wird. – Im Weiteren danke ich Christoph Sinz für die Mitarbeit an Text und Dokumentation.

Viele davon wirken ihrerseits als Koordinatoren für lokale Initiativen. Nimmt man hinzu, was Fachleute über die Aktivitäten der Fachverbände, der Länder und der Kommunen wissen, dann dürfte es nicht unrealistisch sein, von tausenden, vielleicht sogar zehntausend größeren oder kleineren Projekten auszugehen, die im Jahr 2012 in Deutschland stattgefunden haben. Entsprechend eindrücklich ist die Zahl derjenigen, die aktiv daran beteiligt sind. – Über zahlreiche Projekte und Tagungen in der Schweiz informiert laufend die Plattform http: //www.intergeneration.ch. Die „Generationenakademie" von Migros-Kulturprozent (http: //www.genak.ch) bietet Starthilfe und fachliche Begleitung für Projekte. Angebote dieser Art machen auch zahlreiche Trägerorganisationen der Erwachsenenbildung und der Altenbildung. – Bemerkenswert ist, dass die Initiativen ebenso „von unten", also von engagierten Einzelnen ausgehen wie auch „von oben", also von Behörden. Teilweise tragen die Entwicklungen Züge „sozialer Bewegungen".[3] Zur Begründung dieses steigenden Interesses wird in der Regel auf den demografischen Wandel verwiesen, aus dem sich Herausforderungen für das Zusammenleben in den Feldern ergeben, in denen sich Familie, Gesellschaftlichkeit und Staat überschneiden oder ergänzen. Bemerkenswert ist dabei der internationale Einschlag[4]. Hervorgehoben werden die Gefahren für den sozialen Zusammenhalt und der Bedarf an „Solidarität". Doch sind tatsächlich diese abstrakten Zusammenhänge und Ideen die Motivation für das praktische Engagement in „Generationenprojekten und Generationendialogen"? Könnte es vielleicht auch sein, dass die allgemeinen Begründungen auch dazu dienen, die Projekte für politische Zwecke zu instrumentalisieren?[5]

Dass sich Menschen unterschiedlicher Generationen organisiert außerhalb von Familie und Verwandtschaft, Bildungseinrichtungen und Betrieben treffen, ist nicht neu. Vereine aller Art zur Pflege von Sport, Musik und Hobbies, Aktivitäten in Kirchengemeinden und Nachbarschaften, politische Aktionen sowie regelmäßige oder spontane Festlichkeiten boten und bieten dazu mannigfache Anlässe. Neu ist jedoch die besondere, ausdrückliche Aufmerksamkeit auf die Generationenzugehörigkeit und dementsprechend die Gestaltung der Generationenbeziehungen. Lassen sich daraus Besonderheiten der Inhalte, der Organisation und der gesellschaftlichen Tragweite ableiten? Als Zusatzfrage schließt sich an, ob sich daraus Einsichten für die traditionellen Aktivitäten und Veranstaltungen ergeben.

Dementsprechend bietet es sich an, darüber nachzudenken, ob Generationenbeziehungen Eigenheiten und Potentiale aufweisen, die unter den aktuellen gesellschaftlichen Bedingungen von besonderer Bedeutung sind und denen wir im Lichte des aktuellen Nachdenkens und Forschens besondere Aufmerksamkeit schenken sollten. Ich will eine mögliche Antwort zur Diskussion stellen. Sie gründet in einer *These*, die in ihrer einfachsten Form folgendermaßen lautet: *Die Gestaltung von Generationenbeziehungen ist in der Praxis für alle Beteiligten mit Prozessen des Lernens und der Persönlichkeitsentfaltung verwoben. Darin liegt ein wichtiger Aspekt der – offenen und verdeckten, expliziten und impliziten – Anziehungskraft von „Generationenprojekten und Generationendialogen" in Praxis, Forschung und Politik.*

3 Beispiele für Projektansätze, die sozialen Bewegungen gleichen: http: //www.7generationen.at/; http: //www.siebenlinden.de; http: //jugendmentoring.wordpress.com/. [Zugriff 08.06.2012]

4 Siehe http: //www.icip.info/; http: //mixages.eu/; http: //www.centreforip.org.uk/resources/tool kits-and-guides. [Zugriff 08.03.2013]

5 Siehe dazu: http: //www.b-b-e.de/fileadmin/inhalte/aktuelles/2012/06/nl11_jakob.pdf (Gisela Jakob, Darmstadt) und http: //www.agspak-buecher.de/Gisela-Notz-Die-neuen-Freiwilligen. Mit guten Gründen wird festgestellt, die Forderung nach "mehr" Zivilgesellschaft und bürgerschaftlichem Engagement mit dem Verweis auf "rückläufige" öffentliche Mittel zu begründen, greife zu kurz. Der Ruf nach Zivilgesellschaft und bürgerschaftlichem Engagement sei vielmehr Ausdruck einer grundlegenden gesellschaftlichen und politischen Modernisierung. Dazu bedarf es neben Staat und Wirtschaft eines flexiblen, lebensweltlichen und problemlösungsorientierten bürgerschaftlichen Engagements in unabhängigen und handlungsfähigen Verbänden, Vereinen, Stiftungen und Initiativen. [Zugriff 08.01.2013]

Darin liegt auch ein möglicher Ertrag des Nachdenkens über diese Arbeit. Im Hinblick auf diese Interessen lohnt es sich daran zu erinnern, dass unterschiedliche Wissensformen von Belang sind. Seitens derjenigen, die primär im Feld tätig sind, besteht ein Interesse an einem Erfahrungsaustausch über das, was mittlerweile neudeutsch als „best practices“ bezeichnet wird. Dabei geht es auch um den Vergleich von Gemeinsamkeiten und Unterschieden. Man kann von einem Bedarf an „*Orientierungswissen*“ sprechen. Darüber hinaus stellen sich Fragen der politischen Rechtfertigung der Projekte. Erwünscht ist – insbesondere auch seitens der Träger – ein „*Begründungswissen*“. Durchgängig von Belang ist schließlich, was ich „*Analysewissen*“ bezeichnen möchte. Es betrifft die soziale, kulturelle und wissenschaftliche Fundierung der tragenden Programmideen und der Praktiken. Analysewissen kann auch die Verknüpfung der verschiedenen Wissensformen in Blick nehmen, auch deswegen, weil sich die Wissensformen überschneiden. In diesem Sinn sind die folgenden Überlegungen ein Versuch, die unterschiedlichen Wissensformen konzeptuell im Blick zu behalten. Sie kreisen im Übrigen um das Thema, die verschiedenen Aspekte und Facetten der „Selbstverständlichkeit“ von Generationenbeziehungen aufzudecken. Genau dies – das Selbstverständliche zur Sprache zu bringen – ist ein Beitrag, der seitens der Sozialwissenschaften in die Dialoge zwischen den Disziplinen sowie zwischen Theorie und Praxis eingebracht werden können. Kritisch kann gegenüber der von mir vertretenen These verständlicherweise eingewendet werden, dass sie aus der Perspektive des Älteren entfaltet wird. Demgegenüber ist zu bedenken, inwieweit „Persönlichkeitsentfaltung“ nicht auch eine starke Motivation der Jüngeren ist, wenngleich dies auf den ersten Blick weniger offensichtlich scheint. Jedenfalls scheint es wünschenswert, die mit dem Begriff der Generation zusammenhängenden Orientierungen und Sachverhalte näher zu betrachten.

Schlüsselbegriffe und Leitideen

Generationenverwobenheit und Generationenketten

Generationenprojekte sind Begegnungen von „Alt und Jung“. Dieses Verständnis von Generation überwiegt im alltäglichen Zusammenleben. Es steht auch in aktuellen Debatten über den demografischen Wandel im Vordergrund. Doch Generationen und folglich Generationenbeziehungen kommen in vielen Lebensbereichen vor: in Familie und Verwandtschaft, in Arbeit und Freizeit und insbesondere auch dort, wo es um Bildung und Erziehung geht. Diese unterschiedlichen „Generationenverhältnisse“ überschneiden und ergänzen sich. Dies sind Überschneidungen und Gemeinsamkeiten, die in der unmittelbaren Begegnung erfahren werden. Bei näherem Hinsehen zeigt sich, dass in vielen „Generationenprojekten und Generationendialogen“ ebenfalls mehrere unterschiedliche Generationenzugehörigkeiten im Spiel sind. Ein Beispiel ist die doppelte Generationenzugehörigkeit – persönliches Lebensalter und politische Erlebnisgemeinschaft – in den so genannten „Zeitzeugen“-Projekten. Bei Tanz oder Musik trifft die altersbedingte Leistungsfähigkeit auf die kulturhistorischen Dimensionen der ästhetischen Urteile.[6]Oft übersehen, doch bedenkenswert ist der Umstand, dass in den

6 Vgl. http: //www.mitfeuerspielen.de/schulprojekte-Feuerzeugen-fritzkarsenschule.html; http: //www.medienwirkstatt.com/Die_Rose.html; http: //www.werteerleben.de/projekte.html; http: //www.youtube.com/watch?v=vUV8XBQe5mg.

„Generationenprojekten und Generationendialogen", neben „Alt" und „Jung" durch diejenigen, die organisierend, moderierend oder leitend tätig sind, eine dritte Altersgruppe beteiligt ist. Sie repräsentieren jene mittlere Generation, die in anderen Zusammenhängen oft als „Sandwichgeneration", jedoch eigentlich, jedenfalls in den Generationenprojekten, treffender als „Scharniergeneration" bezeichnet werden. – Zu diesem Thema besteht dementsprechend ein Bedarf an Fortbildungsveranstaltungen.[7]

Aufmerksamkeit und Aufarbeitung verdient die Tatsache, dass eigentlich jede Frau und jeder Mann mehr als einer Generation zugehört: Jemand ist anfangs 50 und gleichzeitig das Älteste unter den Geschwistern, ist neu (also „jung") im Quartier und gehört zu den Ältesten im Betrieb. Diese mehrfache persönliche Generationenzugehörigkeit kann in den Projekten sowohl eine Ressource als auch eine Erschwernis sein. Vermutlich ist sie eine besondere Herausforderung in Projekten „Gemeinsamen Wohnens".[8]

Im Laufe des Lebens erfährt der Einzelne unterschiedliche Generationenzugehörigkeiten. Sie verdichten und bündeln Lebensläufe und Biographien. Diese wiederum sind eingebunden in die Geschichte von Familien, von Betrieben, Gemeinschaften, Völkern und Gesellschaften. Im Kern veranschaulichen Generationen lebensnah das Erleben von Geschichte. Generationen der gleichen Art folgen aufeinander und überlappen sich. Werden diese Zusammenhänge bedacht, können „Generationenprojekte und Generationendialoge" Anlass sein, am konkreten Erleben die Erfahrung und die Vorstellungen von Zeit und Zeitlichkeit zu thematisieren. Diese wenigen Beobachtungen legen den Schluss nahe: Will man die unmittelbar erfahrbare Praxis von „Generationenprojekten und Generationendialogen" vertieft bedenken, ist es unerlässlich, die einfache Gegenüberstellung „Alt" und „Jung" zu hinterfragen.

Was alles kann „Generation" bedeuten?

Was auf den ersten Blick im alltäglichen Reden über Generationen selbstverständlich scheint, erweist sich bei näherem Zusehen als vieldeutig und vielschichtig, in gewisser Weise sogar als unergründlich, offen und unbestimmt. Für die Praxis der Generationenarbeit mag es durchaus angehen, sich mit dieser Vieldeutigkeit nicht näher zu befassen. Häufig kann man sich ohne weiteres verständigen. Doch es kann auch notwendig und wünschbar sein, sich näher damit zu befassen, was mit Generation gemeint ist und welches Verständnis im Vordergrund stehen soll.

Da es in den „Generationenprojekten und Generationendialogen" um persönliches Begegnen und gemeinsames Tun geht, scheint es mir fruchtbar dem Sachverhalt besondere Aufmerksamkeit zu schenken, was geschieht, wenn wir uns als einer Generationen zugehörig wahrnehmen, erleben und kennzeichnen: Wir schreiben einander Facetten der Persönlichkeit zu. Mit anderen Worten: die Generationenzugehörigkeit ist ein Aspekt der persönlichen Identität. Das trifft auch zu, wenn wir über uns selbst nachdenken.

Das legt ein personen- und handlungsbezogenes Verständnis des Begriffs der Generationen nahe. Es lässt sich in folgenden Worten zusammenfassen: Das Konzept der Generation dient dazu, das identitäts-relevante Zusammenspiel von Handeln, sozialen Beziehungen mit der Zugehörigkeit zu spezifischen demografischen Kohorten, der verwandtschaftlichen Stellung,

---

7 Siehe hierzu: http: //www.mgepa.nrw.de/mediapool/pdf/alter/studie_intergenerative-projekte.pdf sowie die bereits erwähnten Tätigkeiten der „Generationenakademie" von „Migros-Kulturprozent".

8 Vgl. hierzu: http: //complangmbh.de/wp-content/uploads/Bundeskongress_Web.pdf Beitrag von Albrecht Göschel, S. 8ff. [Zugriff 08.03.2013]

der Mitgliedschaft in einer Organisation oder des Erlebens historischer Ereignisse zu analysieren. Die Aufmerksamkeit richtet sich auf das Denken, Fühlen, Wollen und Handeln, die Lebensformen und Lebensverläufe von Individuen ebenso wie von kollektiven Akteuren.

Der Schlüssel liegt im Begriff „identitätsrelevant“. Er öffnet den Blick dafür, dass wir mit dem Wort Generation beispielsweise einen Zusammenhang zwischen einer bestimmten politischen Einstellung und der Persönlichkeit eines Mitmenschen herstellen, indem wir annehmen, sie sei vom Erleben historischer Ereignisse beeinflusst. Die Zugehörigkeit zur 68er-Generation ist ein Beispiel, das unmittelbar einfällt. Ein generationenspezifisches Verhalten, beispielsweise hinsichtlich des Umgangs mit Kindern, hängt mit der Familienrolle als Mutter oder Großmutter zusammen und kann überdies durch die Zugehörigkeit zu einer bestimmten Jahrgangsgruppe von Eltern beeinflusst sein.

Dieser Umgang mit dem Begriff scheint zunächst ein anderer als die Kennzeichnung von Generationen als „gesellschaftliche Einheiten“, vergleichbar etwa mit sozialen Klassen oder Erlebnisgemeinschaften. Das ist beispielsweise der Fall, wenn allgemeine gesellschaftliche Entwicklungen von Interesse sind. Generationen werden dann als „kollektive Akteure“ betrachtet. Allerdings sind diese „Generationen“ dadurch erfahrbar und konkret, indem einzelne Menschen als ihnen zugehörig oder für sie repräsentativ bezeichnet werden. Letztlich vermittelt der Begriff der Generation zwischen Individuum und Gesellschaftlichkeit und lässt ihr Verhältnis zugleich in der Schwebe. Das macht gleichermaßen seine Stärke und seine Schwäche aus. Für die Arbeit in den „Generationenprojekten und Generationendialogen“ liegt es nahe, von den Möglichkeiten der Zuschreibung von Facetten der Persönlichkeit auszugehen, weil auf diese Weise die Gestaltung der Generationenbeziehungen in den Vordergrund rückt. Sie ist das Herzstück der praktischen Arbeit.

Generation und Geschlecht[9]

Wird die gesellschaftliche Bedeutung der Generationenbeziehungen wirklichkeitsnah betrachtet, ist ausdrücklich hervorzuheben, was ob seiner Selbstverständlichkeit ebenfalls leicht übersehen wird, der Umstand nämlich, dass in sozusagen allen Lebensbereichen enge Zusammenhänge zwischen Generation und Geschlecht bestehen. Die Lebenserwartung von Männern und Frauen ist verschieden, dementsprechend auch ihr Anteil an den Alterspopulationen. Hinsichtlich der Gestaltung der Generationenbeziehungen in der Verwandtschaft sowie in einzelnen Berufsfeldern lässt sich bis heute so etwas wie ein Geschlechterparadoxon feststellen: Die alltägliche Pflege (verwandtschaftlicher) Generationenbeziehungen galt und gilt zum Teil noch heute in erster Linie als eine Aufgabe der Frauen. Die formellen Regelungen sind indessen traditionellerweise in einzelnen Bereichen nach wie vor männlich geprägt. Die praktische und politische Tragweite dieses Sachverhalts ist offensichtlich. Generationenprojekte, in denen die Geschlechterthematik primär angesprochen wird, scheinen vergleichsweise selten zu sein. Doch sie ist – oft subtil – von Belang, wie wir miteinander und übereinander sprechen. Es ist beispielsweise bekannt, dass stereotype, abwertende Redeweisen über alte Frauen stärker verbreitet sind als über Männer. Den Verflechtungen zwischen Generation

9 Siehe hierzu: http: //www.generationendialog.de/infomaterial/generationendialog_jahresbericht_2007.pdf; S. 12. [Zugriff 08.01.2013]; http: //www.geschlechterdialoge.de/dokumente/Dialogverfahren_gumpert.pdf; [Zugriff 09.03.2013] sowie http: //www.geschlechterdialoge.de/dokumente/BroschuereGeschlechterdialoge2008.pdf. [Zugriff 09.03.2013].

und Geschlecht durchgängig Aufmerksamkeit zu schenken, bietet sich als ein unterschwelliges, durchgängiges Thema für „Generationenprojekte und Generationendialoge" an.

Generationenbeziehungen

Um nochmals das Selbstverständliche anzusprechen: Was ist eigentlich mit sozialen Beziehungen gemeint? Eine naheliegende Antwort lautet: Sie bilden sich, wenn Menschen gemeinsam miteinander etwas tun und sich dabei gegenseitig aneinander orientieren. Dies geschieht im Wechselspiel von Erwartungen und im Austausch von Erfahrungen sowie Überzeugungen. Es ist auszuhandeln, wie sie im Blick auf gemeinsame Ziele eingebracht werden können. Dabei sind zum einen überkommene Regeln, mithin die „Organisation" – im doppelten Sinne des Worts – von Belang. Zum andern sind es der Einfluss, die Durchsetzungskraft und die Autorität, mithin die Persönlichkeit der Beteiligten. Viele „Generationenprojekte und Generationendialoge" sind vergleichsweise wenig organisiert; sie erschaffen sich ihre Strukturen. Dann fällt das Persönliche vergleichsweise stark ins Gewicht.

Zu bedenken ist indessen ein weiteres: Nebst der Erfüllung von Aufgaben und dem Erreichen von konkreten Zielen geht es auch um *die Pflege und Erhaltung der Beziehungen als solche*. Das trifft grundsätzlich für alle Beziehungen und Organisationen zu, ist indessen dann, wenn das gemeinsame Tun freiwillig ist, wie das in vielen Generationenprojekten der Fall ist, besonders wichtig. Im Grunde genommen geht es um „*Anerkennung*". Der Sinn dieses Begriffs erschließt sich bereits in der Alltagsprache: Es geht um gegenseitige Achtung und um Wertschätzung. Doch der Begriff findet sich auch in philosophischen Diskursen, bietet sich also für die vertiefte Analyse der Generationenarbeit an.

Ich will hier ein Thema hervorheben, das in der Praxis ebenso wie in der Theorie bedeutsam ist: das Erleben und der Umgang mit „*Differenz*". Sie ist in allen Beziehungen mit im Spiel. Doch in der Generationenarbeit sind Unterschiede allgegenwärtig. Die Beispiele liegen auf der Hand: die Kleidung, der Umgang mit einem Werkzeug, Redensarten, ästhetische Urteile, moralische Vorstellungen und Urteile. Dabei durchmischen sich die Ebenen des eigentlichen Tuns mit jenen der Beziehungspflege. Sie beruhen auf jenen vielfältigen Erfahrungen, die die Unterschiede zwischen den Generationen ausmachen. Sie können – so der Vorschlag – in unterschiedlichen Facetten der Persönlichkeit ausgedrückt und umschrieben werden. So besteht ein innerer Zusammenhang zwischen dem Verständnis von Generation als Persönlichkeitszuschreibung, der Erfahrung von Differenzen und der Gestaltung von Generationenbeziehungen. Diese wiederum stehen in den „Generationenprojekten und Generationendialogen" unter dem Primat, also dem übergreifenden Ziel der Suche nach den Möglichkeiten der Verständigung über ein konstruktives Tun, kurz: der Suche nach dem Gemeinsamen. Damit kann die Erfahrung gegenseitiger Hilfe und Unterstützung sowie wechselseitiger Abhängigkeit einhergehen. Dies alles bildet den Horizont für die Suche gegenseitigen Anerkennens und dessen Erleben sowie die Einsicht gegenseitigen Angewiesenseins. Einiges spricht dafür, dass dieser Sachverhalt mit im Spiel ist, wenn in den allgemeinen Ankündigungen der Generationenprojekte die Idee der „Solidarität" hervorgehoben wird, was bekanntlich oft der Fall ist. Eine nähere Befassung mit dem Thema zeigt, worum es dabei in der Praxis geht. Das trifft auch auf die in den Generationenprojekten stattfindenden Lernprozesse zu.

Lernen – entwickeln – entfalten: „Generative Sozialisation“

Kurz und bündig formuliert: In Generationenprojekten lernt Jung von Alt. Das Umgekehrte gilt ebenso: Alt lernt von Jung. Beide lernen voneinander. Das ist mittlerweile Allgemeingut. Doch es gibt noch ein Drittes: Alt und Jung lernen *miteinander und übereinander.*

Veranschaulicht zunächst am einfachen Beispiel der Großeltern: Es geht nicht schlicht nur darum, dass diese aus „früheren Zeiten“ berichten und so eine gewisse Beständigkeit repräsentieren. Ebenso wichtig dürfte sein, dass die Enkelkinder schon früh die Erfahrung machen, dass es nebst der Mutter und dem Vater Menschen gibt, die ihnen ihre volle Zuneigung zeigen und dennoch etwas anders mit ihnen umgehen als die Eltern dies tun. Eine Anregung von Lothar Krappmann aufnehmend und weiterführend kann man sagen: Großeltern können Enkelkindern vor dem Hintergrund einer grundsätzlich voraussetzbaren persönlichen Zuwendung und Wertschätzung wichtige Erfahrungen von „Differenz“ vermitteln. Das trifft auch in späteren Lebensphasen zu. Doch das Beispiel lässt sich auch umkehren: Großeltern können im Umgang mit ihren Enkeln eine doppelte Differenzerfahrung machen. Sie stellen fest, dass die Enkel andere Kinder sind als seinerzeit ihre eigenen Töchter und Söhne. Und: Die Enkel, vor allem, wenn sie älter werden, leben in anderen aktuellen und virtuellen Welten. Dennoch gilt das Bemühen, sich gegenseitig zu verstehen, zu verständigen und anzuerkennen.

Dabei spielt ein weiterer Umstand eine Rolle. Großeltern und Enkel stehen offensichtlich in einer Generationenfolge. Sie haben – in mehrfacher Weise – ein *gemeinsames Erbe.* In ihrem gemeinsamen Tun setzen sie sich – gewollt oder ungewollt – damit auseinander. Großeltern wählen angesichts der aktuellen Situation aus, was sie im Großen und Kleinen den Enkeln davon vermitteln wollen und können. Diese wiederum reagieren darauf, zustimmend oder ablehnend. Der Sachverhalt ist nicht immer offensichtlich, dennoch wichtig: Die Älteren geben nicht einfach – sozusagen mechanisch – das Erbe weiter. Schlicht von „Transfers“ zu reden, wie das oft geschieht, greift zu kurz. Denn die Älteren haben etwa die Chance, zu bedenken, *was* sich weiter zu geben lohnt und *wie* dies geschehen soll. Diese geschieht unter aktiver Beteiligung der Enkel. Den Rahmen bildet die Gestaltung der Beziehungen als solche.

Nicht nur die Beziehungen zwischen Großeltern und Enkel sind in Generationenketten eingebunden. Grundsätzlich gilt dasselbe auch in allen anderen Generationenbeziehungen, auch wenn dies oft weniger offensichtlich ist, also auch in „Generationenprojekten und Generationendialogen“. Es gibt somit offensichtlich Lernprozesse, die eben vom Bewusstsein geprägt sind, dass die Beteiligten unterschiedlichen Generationen angehören. Der Kerngedanke lautet wie folgt: Statt Lernprozesse in ihrer vertikalen Ausrichtung – „Jüngere lernen von Älteren“ oder auch, im Sinne der „Umkehrung“: „Ältere lernen von Jüngeren“ – zu betrachten, ist es fruchtbar, von gemeinsamen und wechselseitigen Lernprozessen auszugehen. Die Frage lautet nicht, ob und wie Ältere „von“ Jüngeren lernen und umgekehrt; sie lautet, ob und wie sie dadurch lernen, dass Jüngere und Ältere *miteinander, gemeinsam* leben, handeln, sprechen können und dabei mit Differenzen umgehen.

Um es mit dem Blick auf das aktuelle Thema der Technik- und Medienkompetenz zu illustrieren, die auch in der Generationenarbeit wichtig ist: Zwar sind Kinder und Jugendliche in manchen Aspekten der Medienbeherrschung und -nutzung den Erwachsenen überlegen, z.B. in der motorisch-sensuellen Manipulation von Video- und PC-Spielen oder in der unkonventionellen oder auch „subversiven“ Nutzung von Medienangeboten. Im Ganzen setzt jedoch ein angemessener Umgang mit den neuen Medien Lerntechniken und Kompetenzen voraus, die sich die junge Generation durch die Vermittlung der älteren aneignen muss. Diese aber sind in die Lernprozesse auch dadurch miteinbezogen, dass sie sich mit dem anzueignenden Erbe in seinen Inhalten und Formen auseinander setzen müssen.

Zusammenfassend formuliert: Im Generationenlernen sindspezifische Differenzen im Spiel, die als Anreiz und als Schwierigkeit die Herausforderungen der „Generationenprojekte und Generationendialoge" ausmachen. Es sind dies *kleine* Differenzen hinsichtlich praktischer Kenntnisse und im gegenseitigen Umgang ebenso wie *„gewichtige"* Differenzen des Wissens, der Lebensführung und der Weltanschauung. Es ist offensichtlich, dass es sich um ein Lernen handelt, in dem die Beteiligten mit ihrer „ganzen Person" involviert sind und sich dementsprechend beteiligen, entwickeln und entfalten können. Dieses Geschehen wird in den Sozialwissenschaften ganz allgemein als Sozialisation bezeichnet. Es bietet sich an, auch und gerade im Blick auf „Generationenprojekte und Generationendialoge", eine spezifische Form zu umschreiben und von Prozessen *generativer Sozialisation* zu sprechen. Diese lässt sich definieren als der Erwerb von Facetten sozialer Identität in den Prozessen des Lernens zwischen Angehörigen unterschiedlicher Generationen und der kritischen Auseinandersetzung mit dem gemeinsamen wirtschaftlichen, sozialen und kulturellen Erbe. Dies ist die eine allgemeine kulturelle Bedeutung generativer Sozialisation als Bildungsgeschehen.[10]Damit verbindet sich ein erweitertes Verständnis von Generativität. Kurz umschrieben lautet es, dass Generativität unter den aktuellen gesellschaftlichen Bedingungen nicht nur die Sorge der Älteren um die Jüngeren, sondern auch jener der Jüngeren um die Älteren beinhaltet. In der Zusammenschau ergibt sich daraus der Vorschlag, *Generativität* als die menschliche Fähigkeit zu bezeichnen, individuell und kollektiv um das gegenseitige Angewiesensein der Generationen zu wissen, dies im eigenen Handeln bedenken zu können und zu sollen. Darin liegen spezifische Potenziale der Sinngebung für das individuelle und gemeinschaftlich-gesellschaftliche Leben.[11]

Die Herausforderungen und Chancen des Ambivalenten

Dass Generationenbeziehungen eine bewegte und nachhaltige Dynamik zu entwickeln vermögen, wissen viele aus eigener Erfahrung. Eltern und Kinder fühlen sich einander nahe, stimmen in vielem miteinander überein, erleben sich als Vertraute, doch gleichzeitig können sie die Dinge ganz anders sehen, einander fremd vorkommen und den Wunsch haben, auf Distanz zu gehen. Erbschaften bekräftigen die verwandtschaftlichen Bindungen und können Anlass zu Streitigkeiten sein. Diese oszillierenden Zwiespältigkeiten können sich in bestimmten Situationen zuspitzen, beispielsweise beim Auszug aus dem Elternhaus, sie können aber auch die Beziehungen über eine längere Zeitspanne prägen. – Zieht man den Kreis weiter, sind beispielsweise Lehrpersonen sowohl Vorbilder als auch Schreckbilder.

Viele Sachverhalte tragen zu diesem widersprüchlichen Beziehungsgeschehen bei. Dazu gehören die prinzipielle Unauflösbarkeit des Eltern-Kind-Verhältnisses, die Intimität des gemeinsamen Alltags, die wechselseitige Abhängigkeit und das Ausgeliefertsein an die Wechselfälle des Lebens. Autorität, Regeln zum richtigen Leben und Idealvorstellungen von- und

---

10 Das gilt beispielsweise in einer besonderen Weise für die Arbeit mit Kindern und Jugendlichen mit Migrationshintergrund, die sich mit den religiösen Vorstellungen ihrer Eltern kritisch auseinandersetzen, siehe das Projekt im Berliner Kreuzberg: http: //www.lange-tafel.com/stichwoerter/isabella-mamatis. [Zugriff 08.03.2013]

11 Siehe hierzu ausführlicher Lüscher 2012: 215-217. Dort findet sich auch (218-220) Ausführungen zum Thema des hier folgenden Abschnitts, der Analyse von Ambivalenzen in Generationenbeziehungen.

füreinander bieten Anlass sowohl für Gemeinschaftlichkeit als auch für offene und verdeckte Auseinandersetzungen. Diese Zwiespältigkeit kommt in der Doppeldeutigkeit der Metapher der „Generationenkette“ trefflich zum Ausdruck.

In der neueren Forschung über die familialen und verwandtschaftlichen Generationenbeziehungen wird vorgeschlagen, diese widersprüchliche Dynamik mit der Idee der Ambivalenz zu erhellen. Sie kreist im Kern um die Erfahrungen intimer Verbundenheit und Gebundenheit. Diese sind von Interesse wegen ihrer Tragweite für das Selbstbild, die Persönlichkeitsentfaltung und überhaupt die Fähigkeit, „selbstbewusst“, also verantwortlich zu handeln. Das gilt in besonderem Maße für die frühen Lebensphasen, trifft jedoch auch für die Generationenbeziehungen unter Erwachsenen zu. In Zeiten intensiver Pflege und Fürsorge kann es – wie man weiß – zu Spannungen zwischen Zuwendung und Kontrolle, letztlich zwischen „Selbst“- und „Fremd“-Bestimmung kommen. Kennzeichnend ist im Weiteren, dass es nicht um Konflikte geht, die mit einer raschen Entscheidung aufgelöst werden können, sondern um ein Hin und Her, das sich über eine gewisse Zeit erstreckt. Auch ist nützlich, nicht jede banale Unentschiedenheit als „ambivalent“ zu verstehen, obwohl dies im Alltag bisweilen geschieht. Ambivalenzerfahrungen sind kaum je allgegenwärtig, sondern werden in besonderen Situationen akut. Auch unterscheiden sich Menschen hinsichtlich der Sensibilität für Ambivalenzen. Schließlich ist es hilfreich, diese nicht nur als belastend zu betrachten, sondern darauf zu achten, dass sich daraus Anstöße für eine neue Sicht der Beziehungen und der Dinge ergeben können: Ambivalenzerfahrungen können der Nährboden für Kreativität sein.

Diese und weitere Einsichten ergeben sich aus der Befassung mit dem Konzept der Ambivalenz, insbesondere seit dem frühen 20. Jahrhundert, zunächst in der Psychoanalyse, der Psychotherapie, der Philosophie, dann in den Sozial- und Kulturwissenschaften sowie in weiteren Disziplinen und Feldern, beispielsweise in der Organisationslehre. – Vor diesem Hintergrund kann man fragen, inwiefern das Konzept auch nützlich für das Verständnis der Arbeit in „Generationenprojekte und Generationendialoge“ sein kann. Zu beachten sind meiner Ansicht nach zunächst drei Punkte; weitere lassen sich bei näherer Befassung mit dem Thema bestimmt finden.

Von familialen und verwandtschaftlichen Generationenbeziehungen unterscheiden sich jene in der Generationenarbeit dadurch, dass sie freiwillig eingegangen werden, mithin kurzfristig aufgelöst werden können. Das legt nahe, einen anderen Bezugspunkt als „Verbundenheit vs. Gebundenheit“ zu wählen. Gestützt auf die Arbeiten mit dem Konzept in anderen Feldern bietet sich dafür die Erfahrung von „Differenz“ an. Sie verweist – wie der Begriff nahelegt – auf das Erleben und Erfahren von Unterschieden und Verschiedenheit. Doch sie ist untrennbar mit der Vorstellung verbunden, dass es auch ein Gemeinsames gibt, jedenfalls etwas, das den Vergleich ermöglicht. Diese „Denkoperation“ wird nicht immer gleich thematisiert. Doch in der praktischen Arbeit sind die Unterschiede zum Greifen nahe und offensichtlich, beispielsweise in Handhabung eines Werkzeugs, in der körperlichen Gewandtheit (der „Körperbeherrschung“), im Reden und den Umgangsformen oder in der Art, wie Meinungsverschiedenheiten angesprochen und ausgehandelt werden. Es gibt Generationenprojekte, die sogar ausdrücklich Unterschiede thematisierendabei die ästhetischen Werturteile in Beziehung zur Generationenzugehörigkeit setzten.[12]

12 Siehe http: //konfliktkultur.at/abgeschlossene-projekte/fehdehandschuh/. Siehe auch http://www.tagesspiegel.de/weltspiegel/generation-solidaritaet-streetart-vernetzt-sich/7302052.html; http://www.seniorstreetart.de/bisher.html; http: //www.amsoc-patenschaften.de. [Zugriff 15.04.2013]

Die Beteiligten bringen aus Familie und Verwandtschaft Erfahrungen mit „Generationenambivalenzen“ in die Projektarbeit ein. Man könnte sagen, dass es ambivalente Vorverständnisse hinsichtlich der Ambivalenzen in „Generationenprojekten und Generationendialogen“ gibt. Beides kann verstärkt oder gemindert werden, namentlich, beispielsweise durch das Zursprachebringen verschiedener Arten von Generationenbeziehungen. Das gilt sinngemäß auch für die pädagogischen Generationenverhältnisse, wie sie in der Schule oder in der Ausbildung erlebt worden sind, im Rückblick auf diese Zeit erinnert werden oder auch noch aktuell erlebt werden. Hier wird bedeutsam, was man eine „kompensatorische Komponente“ der Generationenarbeit nennen kann.

Das eben angesprochene Thema ist eines unter mehreren, dass für diejenigen wichtig ist, die organisierend, leitend und oft professionell in der Generationenarbeit tätig sind. Allgemeiner gesprochen: Ihnen obliegt es, die Dynamik der Generationenbeziehungen sensibel für die dabei auftretenden Generationenambivalenzen zu bedenken. Zugleich bringen sie ihre persönlichen Generationenerfahrungen ein, ebenso wie ihre persönliche Generationenzugehörigkeit, oft als einer Scharniergeneration zugehörig. Dabei stehen sie zu den Teilnehmenden in der mehr oder weniger „professionellen“ Beziehung. Diese wiederum entfaltet sich in einem Feld gleichzeitiger Empathie und Distanz. Das heißt beispielsweise, dass die Bezugnahme auf eigene Erfahrungen und Überzeugungen wünschenswert, zugleich aber Zurückhaltung geboten ist. Wie man weiß und berufssoziologische Studien zeigen, können damit spezifische Ambivalenzerfahrungen einhergehen. Sie sind im Feld der Generationenarbeit verstärkt zu erwarten, wo diese – was oft der Fall ist – keine feste, überkommene Struktur aufweisen. In vielen Projekten ist das Moment des Improvisierens und des Spontanen stark, macht ihren Reiz und ihren Erfolg aus. Daran kann man erkennen, dass Ambivalenzen sowohl belastend als auch befreiend sein können. Das wiederum beinhaltet spezifische „Bildungserfahrungen“ für das Personal in traditionellen Einrichtungen der Erwachsenenarbeit und in den Feldern der Pflege. Auf diese Weise kann Neues entstehen, beispielsweise, wenn „Tandems“ zwischen Fachleuten und Freiwilligen gebildet werden.[13] Ihre Potentiale liegen nicht nur in der Kombination von Arbeitskraft, sondern auch in dem damit notwendigerweise einhergehenden Austausch von generationsspezifischen Beziehungskompetenzen.[14]

Zusammenfassend ergibt sich: Wenn wir unsere Aufmerksamkeit auf das Lernen in „Generationenprojekten und Generationendialogen“ richten, werden wir gewahr, dass in diesen spezifische Bildungsprozesse ablaufen. Das trifft zu, wenn wir – als eine mögliche Sichtweise – davon ausgehen, dass Generationenzugehörigkeiten mit der Zuschreibung von Facetten der soziale Identität verbunden sind, eingeschlossen den Vorstellungen seiner selbst. In der Praxis ist dies kein harmonisches Geschehen, sondern kann den Umgang mit Zwiespältigkeiten und Spannungsfeldern erfordern. Diese sind nicht nur belastend, sondern können auch befreiend sein. „Ambivalenz“ bietet sich als ein nützliches Konzept an, um im Alltag ebenso wie in vertieften Analysen diese Sachverhalte zur Sprache zu bringen. Dabei geht es nicht nur um die Analyse von Ambivalenzerfahrungen, ihren Bedingungen und Konsequenzen. Es geht auch um den Stellenwert und den Nutzen ihrer Analyse. Das ist eine methodische Haltung, die man als *„Achtsamkeit für das Ambivalente“* bezeichnen kann.

Einiges spricht dafür, dass Ambivalenzen in der Generationenarbeit besonders dicht auftreten. Sie sind jedoch auch ein wichtiges Thema der Lebensführung in einer Gegenwart, für die die Erfahrung von Differenzen, Widersprüchen und Verwerfungen kennzeichnend ist.

---

13 Siehe http: //www.b-b-e.de/fileadmin/inhalte/aktuelles/2012/07/nl14/dokumentation.pdf und ganz aktuell http: //www.b-b-e.de/fileadmin/inhalte/PDF/publikationen/beinkitas2012web.pdf. [Zugriff 08.03.2013]

14 Vgl. auch http: //www.marienheim-ac.de/generationsbruecke/index.php3. [Zugriff 08.03.2013]

Folglich sind die Bildungserfahrungen, die in „Generationenprojekte und Generationendialoge“ gemacht werden, über diese hinaus von allgemeiner Tragweite. Es kann sehr wohl sein, dass darin eine ihrer Anziehungskräfte liegt, selbst wenn dies nicht gleich offensichtlich ist, weil die praktischen Tätigkeiten im Vordergrund stehen. Jedenfalls rechtfertigt es sich, die Generationenarbeit in den gesellschaftlichen Rahmen der Bildungspolitik einzuordnen.

Gesellschaftliche Perspektiven: Bildungsrevolutionen und Generationenpolitik

Bildungsrevolutionen

„Generationenprojekte und Generationendialoge“ lassen sich als Bildungsprojekte verstehen und als solche in den größeren Rahmen der global und ebenso kommunal umwälzenden Entwicklungen rücken, die man förmlich als drei miteinander verflochtene „*Bildungsrevolutionen*“ kennzeichnen kann.

- Die *erste Bildungsrevolution* betrifft die Zeit der *frühen Kindheit*. Noch nie in der Geschichte wurden Kinder so jung und umfassend direkt und indirekt (nämlich über die Familienförderung) in institutionelle Bildungs- und Erziehungsprogramme einbezogen.
- Die *zweiteBildungsrevolution* ergibt sich aus der verlängerten durchschnittlichen Lebensdauer und dem neuen Verständnis des *Alterns*. Dazu gehört u.a., dass alte Menschen länger als früher erwerbstätig sind, dass sie sich in vielfältigen Freiwilligentätigkeiten engagieren und insgesamt in der Öffentlichkeit das Bewusstsein besteht, dass Altern eine eigenständige Lebensphase darstellt, die ihrerseits wieder in verschiedene Phasen unterteilt werden kann. Dabei bestehen – nicht zuletzt aus gesundheitlichen, sozialen und kulturellen Gründen – große Unterschiede darin, wie alte Menschen ihr Leben und dementsprechend auch ihre sozialen Beziehungen zu gestalten vermögen.
- Die *dritteBildungsrevolution*, scheinbar weniger spektakulär, jedoch nicht weniger einflussreich, betrifft die Menschen *im mittleren Erwachsenenalter*. Sie werden angehalten, sich in und außerhalb ihrer beruflichen Verpflichtung ständig weiter zu bilden. Ebenso werden Aufgaben, die lange Zeit durch Brauch und Sitte geprägt wurden, zu Bildungsthemen. Ein treffendes Beispiel ist die Elternbildung.

Die drei Bildungsrevolutionen stehen in einem inneren Zusammenhang miteinander, der gerade durch die Generationenbeziehungen konkretisiert wird. Dementsprechend erfordern sie die Aufmerksamkeit und die aktive Mitgestaltung von Seiten derjenigen, die in der Politik und der Verwaltung tätig sind. Das betrifft die konkreten Bildungsprogramme ebenso wie die Schaffung der notwendigen Rahmenbedingungen. Insbesondere sollen Bildungs- und Fortbildungsangebote geschaffen werden, damit sich möglichst viele nach der Beendigung ihrer Berufslaufbahn mit ihrem Wissen und ihren Fähigkeiten aktiv an der Gestaltung und Weiterentwicklung der Gesellschaft beteiligen können. Bildung, Aus- und Weiterbildung stellen eine unersetzbare Basis für ein eigenverantwortliches Leben und für die Teilhabe am gesellschaftlichen, wirtschaftlichen und kulturellen Leben dar. Mit Bildung bereiten wir unsere Kinder auf die Herausforderungen einer sich verändernden und immer stärker globalisierten Welt vor. Zugleich hilft die Förderung von Wissenschaft und Forschung, einen Standort zu schaffen, an dem Aus- und Weiterbildung auf höchstem Niveau möglich sind.

An dieser Stelle bietet sich der Hinweis auf eine ökonomische Würdigung an. In der Art und Weise, in der die Angehörigen verschiedener Generationen voneinander, miteinander und übereinander lernen, tragen sie zur Entwicklung und Anhäufung von „*Humanvermögen*" bei. Mit Bedacht wird hier das deutsche Wort „Vermögen" verwendet und nicht das leicht zu übersetzende Wort „Kapital". Es soll ausgedrückt werden, dass es nicht nur um den Wohlstand geht, der in Geldwert ausgedrückt werden kann, sondern um ein umfassendes Wohlergehen und um eine Leistungsfähigkeit, welche die intrinsische und altruistische Motivation und die Freude an der Erbringung von Leistungen und der Gestaltung von Beziehungen und Netzwerken einschließt.

Generationenpolitik[15]

Die vorausgehenden Überlegungen legen nahe, „Generationenprojekte und Generationendialoge" mit einer politischen Programmatik zu verknüpfen und dadurch aufzuwerten, jener der Generationenpolitik. Die Idee ist nicht neu. Da die Beziehungen zwischen den Generationen von fundamentaler Tragweite für das Leben eines jeden einzelnen Menschen und gleichzeitig für das Zusammenleben in den sozialen Gemeinschaften aller Art sind, dürften sich schon früh Regeln der Gestaltung der Generationenbeziehungen herausgebildet haben. Spätestens mit der Entstehung von Staatswesen gibt es sie nicht nur als Brauch und Sitte, sondern auch als formuliertes Recht. So gesehen gab es eine implizite Generationenpolitik seit jeher. In der Gegenwart zeichnen sich nun Ansätze einer expliziten Generationenpolitik ab. Anstöße dazu gehen von den bekannten demografischen Entwicklungen, den Arbeitsmärkten und den Anforderungen an die wohlfahrtsstaatlichen Institutionen aus. Sie betreffen das Wechselspiel zwischen den persönlichen Generationenzugehörigkeiten und -beziehungen in Familie und Verwandtschaft und jenen im öffentlichen Leben, also in der Arbeitswelt, in Kunst, Literatur und Religion. Die Medien rücken sie ins öffentliche Bewusstsein. „Generationenprojekte und Generationendialoge" artikulieren sich als so etwas wie eine dritte Kraft, teils substituieren sie die traditionellen Beziehungen, teils ergänzen sie diese.

An welcher Idee kann sich unter diesen Prämissen die Programmatik von Generationenpolitik als einem allgemeinen Postulat orientieren? Programmatisch kann man formulieren: *Generationenpolitik betreiben soll heißen, gesellschaftliche Bedingungen zu schaffen, die es ermöglichen, in Gegenwart und Zukunft die privaten und öffentlichen Generationenbeziehungen und die damit einhergehenden Prozesse generativer Sozialisation so zu gestalten, dass sie der freien Entfaltung der Persönlichkeit in Verantwortlichkeit gegenüber anderen und vor sich selbst gerecht werden sowie dem sozialen Zusammenhalt und der gesellschaftlichen Entwicklung förderlich sind.*

Hier lässt sich in den Lern- und Bildungsprozessen der Generationenarbeit ein erweitertes Verständnis von Gerechtigkeit praktizieren. Es handelt sich darum, Differenzen zwischen Menschen als Voraussetzung individueller und gesellschaftlicher Entwicklung zu sehen. Insbesondere ist dies erkennbar an jenen anthropologisch bedeutsamen Differenzen, die sich in

15 Hinweise dazu bietet eine Reihe der Körber-Stiftung http: //www.koerber-stiftung.de/gesell schaft/schwerpunkt-alter-neu-erfinden/kampagne-2012/generationendialog.html und natürlich die Referate in den Bundesländern, die dazu neu entstanden, z.B.: http: //www.zukunfts ministerium.bayern.de/generationen/index.php. [Zugriff 08.03.2013]

den Unterschieden zwischen Menschen unterschiedlicher Generationenzugehörigkeiten zeigen. Die Gestaltung der Generationenbeziehungen obliegt letztlich der *Verantwortlichkeit* des Einzelnen, doch der Einzelne muss in der Lage sein, diese Verantwortlichkeit vor sich selbst und gegenüber anderen wahrzunehmen.

Zusammenfassend ergibt sich: „Generationenprojekte und Generationendialoge“ sind vielfältig und facettenreich. Sie wurzeln zum Teil in traditionellen Formen des Miteinanders der Generationen, teils werden sie angeregt durch Initiativen des aktuellen bürgerschaftlichen Engagements. Sie lediglich als Begegnungen von „Alt“ und „Jung“ zu bezeichnen, wie das bisweilen geschieht, trägt der Vielfalt der Generationenzugehörigkeit der Beteiligten nicht ausreichend Rechnung. Unter dem Gesichtspunkt des für die Organisation und Gestaltung erforderlichen *Analysewissens* ist es wünschenswert, die unterschiedlichen Facetten des Konzepts der Generation zu bedenken. Auf diese Weise kommen auch die verschiedenen Aspekte der praktischen Arbeit in Blick. Sie sind wichtig im Hinblick auf das *Orientierungswissen*. Dieses lässt sich durch eine realistische Sicht der Beziehungsdynamik anreichern, wozu insbesondere auch die Sensibilität für das Ambivalente gehört. Schließlich zeigt sich – mit Blick auf das *Begründungswissen*: „Generationenprojekte und Generationendialoge“ sind nicht bloß Substitute für familiale und verwandtschaftliche Generationenbeziehungen. Eine Möglichkeit, sich ihrer Dynamik und ihren Potenzialen anzunähern, besteht darin, sie in einem umfassenden Sinne des Wortes als „Bildungsprojekte“ zu sehen. So lässt sich auch die Bedeutung erkennen, die sie für diejenigen haben, die sich darin engagieren und persönlich entfalten können.

Literatur

Lüscher, K. (2012): Familie heute: Mannigfaltige Praxis und Ambivalenz. In: Familiendynamik, 37, 3, S. 212-223.

Lüscher, K. (2010a): Ambivalenz der Generationen. Generationendialoge als Chance der Persönlichkeitsentfaltung. In: forum Erwachsenenbildung, 56, 1, Themenheft „Generationendialog“, S. 9-13.

Lüscher, K. (2010b): Generationenpolitik – eine Perspektive. In: Schweizerische Akademie der Geistes- und Sozialwissenschaften (Hrsg.): Auf dem Weg zu einer Generationenpolitik. En route vers une politique des générations. Bern, S. 11-43.

Lüscher, K./Hoff, A. (Hrsg.) (2013): Generationen, Generationenbeziehungen, Generationenpolitik: Ein mehrsprachiges Kompendium. Online im Internet: https: //edupad.unikonstanz.de/generationes-v8bmkqNO1z-KN [ohne Zugriff]

Lüscher, K./Liegle, L. (2003): Generationenbeziehungen in Familie und Gesellschaft. Konstanz.

Demografieanalyse und Dialogrunden – Entwicklung einer neuen Unternehmenskultur zum demografischen Wandel

Cornelia Seitz

Die Auswirkungen des demografischen Wandels beeinflussen aktuell unsere Produkt- und Personalmärkte. Ein langfristig ausgerichtetes Personalmanagement wird für Unternehmen immer wichtiger, da die potentiellen Risiken des demografischen Wandels bereits heute Arbeitsbedingungen verändern. Ein gutes Instrumentarium zur Entwicklung unternehmensspezifischer Lösungen unter Einbindung der Belegschaft ist eine Kombination von betrieblichen Dialogrunden mit einer demografischen Strukturanalyse.

Die Auseinandersetzung mit den Auswirkungen des demografischen Wandels und eines späteren Renteneintrittsalters auf die Arbeitswelt ist komplex und gleichzeitig unbequem. Sie eröffnet unterschiedliche Handlungsfelder und erfordert eine langfristige strategische Personalplanung. Für eine an der Unternehmensstrategie ausgerichtete Personalarbeit sind die demografischen Handlungsfelder nicht neu. Neu ist jedoch die inhaltliche Ausrichtung auf Zielgruppen, die vorher nicht im Fokus der HR-Aktivitäten waren sowie eine Zusammenführung von bisher getrennten Themenfeldern. Vielfältige Forschungs- und Umsetzungsprojekte aus den letzten 20 Jahren zeigen, dass vereinzelte HR-Aktivitäten für eine nachhaltige Veränderung nicht ausreichen. Wichtig sind:

- das Einbinden verschiedener Akteure in den Unternehmen und die Umsetzung mehrerer Aktivitäten auf unterschiedlichen Ebenen,
- die Etablierung der Demografie als einen Begründungs- und Deutungsrahmen in die Unternehmenskultur,
- das Vorlegen klarer Ziele seitens des obersten Managements,
- der interaktive Einbezug von Mitarbeitern und Mitarbeiterinnen als Handelnde und als Experten/-innen ihrer Lebens- und Arbeitswelt,
- der Einbezug der Interessensvertretung als Partner
- und die zentrale Rolle der Führungskräfte als Transporteure der Unternehmenskultur.

Ein altersgerechter Personalmanagement-Wandel beginnt optimaler Weise mit einer genauen personaldemografischen Analyse. Sie beinhaltet die Betrachtung der Belegschaftsstruktur nach Alter, Geschlecht, Hierarchieebenen, Dauer der Unternehmenszugehörigkeit sowie weiteren relevanten Merkmalen der Human Resources, wie beispielsweise Qualifikation, Weiterbildungsteilnahme oder Arbeitszeitvolumen. Auch eine Ausdifferenzierung nach Geschäftsbereichen, nationalen bzw. internationalen Spezifika und zukünftigen Bedarfen ist denkbar. Eine erste Einschätzung, ob und in welchen Bereichen Handlungsbedarfe oder gar Risiken wahrscheinlich sind, wird so möglich. Um die Ergebnisse der demografischen Analyse angemessen interpretieren zu können und konkrete Maßnahmen zu entwickeln und umzusetzen, bieten sich innerbetriebliche Dialogrunden mit Führungskräften, Personalleitern, Personalentwicklern und ausgewählten Mitarbeitern unter Einbindung des Betriebsrates an. Die subjektive Perspektive der Belegschaft und deren Akzeptanz sind dabei von zentraler Bedeutung. Das Ziel ist die Sichtweisen und Ideen von allen Akteuren aufzugreifen und mit der Unternehmensstrategie zu verzahnen. In dem Projekt „Betrieblicher Dialog zum demografischen Wandel – mit offenen Augen in die Zukunft" des Bildungswerkes der Hessischen

Wirtschaft e. V.[1], wurde mit Unternehmen eine solche Vorgehensweise entwickelt und erprobt und wird gegenwärtig im Rahmen unserer Qualifizierungsberatung für kleine und mittlere Unternehmen angeboten.Das Angebot umfasst drei Schritte:

Gemeinsamer Beginn

In einem ersten Schritt werden im Rahmen einer Eingangsberatung mit der Geschäfts- oder Personalleitung die Ziele und notwendigen Daten für ein Demographie-Screening festgelegt. Die Sammlung dieser unternehmensbezogenen Daten enthält

- die Altersstruktur des gesamten Unternehmens, der jeweiligen Bereiche/Abteilungen, Führungsebenen sowie die Verteilung nach Geschlecht,
- eine deskriptive Fortschreibung der Belegschaftsentwicklungen für die nächsten fünf und zehn Jahre,
- die Entwicklung der Altersstruktur in den letzten zehn Jahren und
- die Verteilung der Beschäftigten nach Qualifikationen und Funktionen sowie nach Geschlecht in den jeweiligen Alterskohorten.

Um die Bedeutung dieser Daten genauer erfassen zu können, werden diese in einem zweiten Schritt durch qualitative Informationen im Rahmen von Dialogrunden mit Führungskräften ergänzt. Die Dialogrunden sind hierarchie- und abteilungsübergreifend zusammengesetzt, wobei die Gruppengröße variieren kann.

Weist eine Analyse bspw. einen hohen Anteil an Beschäftigten im mittleren oder höheren Lebensalter aus, wäre zu prüfen, ob die bestehenden Instrumente des Personalmanagements hinreichend geeignet sind, um die Leistungsmotivation dieser Altersgruppen zu erhalten, wie die Erfahrung der Älteren adäquat für die Geschäftsprozesse genutzt und die Veränderungsbereitschaft gefördert werden können. Weiterhin ist zu prüfen, ob genügend Karriere- bzw. Entwicklungsmöglichkeiten für jüngere Kollegen zur Verfügung stehen und wie die Kompetenzprofile durch lebenslanges Lernen den Anforderungen für die Gestaltung und Umsetzung von Innovationen angepasst werden können.

1 Das Projekt wurde in der Zeit von 2003 bis 2005 durchgeführt und vom Hessischen Ministerium für Wirtschaft, Verkehr und Landesentwicklung (HMWVL) und dem Europäischen Sozialfond (ESF) gefördert.

Design der Dialogrunden

Die Dialogrunden beginnen mit der Vermittlung von demografischen Daten und Fakten aus dem Unternehmen unter Einbeziehung der demografischen Entwicklung in der jeweiligen Region.

Eigene Darstellung

Es folgt eine Auseinandersetzung mit den vorhandenen Vorstellungen von Alter und deren Überprüfung an realen Personen. Vertiefend werden die im Vorfeld erstellten und als Grafiken aufbereiteten demografischen Daten u.a. mit Hilfe von Leitfragen besprochen:

- Wer sind die Wissensträger?
- Wie ist die Fluktuation in den Bereichen?
- Wie sehen die Fehlzeiten aus?
- Wie hoch ist die Weiterbildungsbeteiligung?
- Wie aufwändig gestaltet sich die Rekrutierung neuer Mitarbeiter und Mitarbeiterinnen?

Auf die Auseinandersetzung der Führungskräfte mit der Frage, wie die Arbeitsfähigkeit bis 67 Jahren erhalten werden kann, folgt die Festlegung relevanter Handlungsfelder und die Entwicklung sowie Umsetzung von Maßnahmen.

In einem dritten Schritt werden Dialogrunden für die Beschäftigten angeboten. Diskutiert wird, unter welchen Bedingungen sie bis 67 Jahren arbeiten können/wollen, welchen Beitrag sie selbst dazu leisten können und welche Unterstützung durch das Unternehmen hilfreich sein könnte.

Handlungsfelder

Gegenwärtig wenden sich immer mehr Unternehmen dem Thema Demografie zu. Einige nutzen unsere Demografieanalyse und die Dialogrunden. Aus den unternehmensspezifischen Vorgaben ergeben sich unterschiedliche Handlungsfelder und Problemlagen.

Führung – Unternehmenskultur

Der demografische Wandel wird das Unternehmen als Ganzes betreffen. Veränderte Kundenwünsche, ein größeres Altersspektrum innerhalb der Belegschaft, eine zunehmende Internationalisierung, ein breiteres Fähigkeitsspektrum sind nur wenige Stichworte, die Ergebnis dieser Entwicklung sein werden. Dies stellt zusätzliche Anforderungen an die Führung dar. Führungskräfte vermitteln Ziele, Leitlinien und Werte eines Unternehmens und haben daher einen wesentlichen Einfluss auf das Verhalten der Beschäftigten. In besonderer Weise sollten sie eine Unternehmenskultur vorleben, in der Verständnis für die Menschen anderer Altersgruppen besteht, Kompetenzen und Potenziale Älterer ebenso wertgeschätzt werden, wie auch Talente und Begabungen junger Mitarbeiter erkannt und gefördert werden. Neben der Schaffung einer solchen Unternehmenskultur sollten weitere Aspekte eines altersgerechten Führungsverhaltens berücksichtigt werden wie z.B.:

- Wissenserhalt und -transfer sicherstellen
- Anreize für einen längeren Verbleib im Unternehmen gestalten
- Individuelle Entwicklungsberatung für ältere Beschäftigte einführen
- Aktualisierung des Wissens älterer Beschäftigter sicherstellen
- Gesundheitsprävention in die Führungsaufgaben integrieren.

Mögliche Wege und Instrumente zur Gestaltung einer demografierobusten Unternehmenskultur sind:

- Erfahrung als ein Wert in das Wertesystems integrieren
- Dialogrunden mit Führungskräften, um einen Einstellungswandel gegenüber Älteren zu erzeugen
- Standortbestimmungsseminare einführen
- Einbeziehung der Beschäftigte als Experten und Expertinnen ihres Arbeitsplatzes bspw. durch Dialogrunden und Großgruppenveranstaltungen
- Anwendung von intergenerativen Wisssenstransferprozessen.

Flexibilisierung im Führungskräftebereich

Führungsaufgaben sind im Wandel begriffen. Teamarbeit, die Fähigkeit, bestimmte Fachaufgaben aus dem eigenen Aufgabenbereich heraus an Mitarbeiter zu delegieren, Verantwortung und Selbständigkeit bei den Beschäftigten zu fördern, sind zu relevanten Führungsanforderungen geworden. Auch im privaten Umfeld sind vor allem junge Führungskräfte mit Veränderungen in Bezug auf die familiäre Arbeitsteilung konfrontiert. Doch orientieren sich viele Unternehmen nach wie vor bei Verteilung von Führungsaufgaben an der Präsenz und Verfügbarkeit. Vollzeitnahe Varianten wie eine stundenweise Reduzierung der Wochenarbeitszeit, freie Nachmittage, verbunden mit alternierender Telearbeit, sind für junge Führungskräfte attraktiv und können gut mit den Führungsaufgaben kombiniert werden.

Erfahrene, ältere Führungskräfte sind in der Regel für ihre Weiterbildung selbst verantwortlich und daher nicht im Fokus der üblichen Personalentwicklungsprogramme. Für diese Klientel ist ein modulares Konzept interessant, welches ihnen ermöglicht, sich gezielt Angebote aussuchen und zusammenstellen zu können. Weiterhin sollten Wege entwickelt werden, wie Führungskräfte, die auf eigenen Wunsch von ihren Führungsaufgaben entbunden werden möchten, bei der Suche nach Veränderungsmöglichkeiten ohne Ansehensverlust unterstützt werden können.

Arbeitszeitgestaltung

In den letzten Jahren wird Arbeitszeitgestaltung hinsichtlich ihres Volumens und ihrer Verteilung vor dem Hintergrund der Attraktivität als Arbeitgeber und Lebensphasengerechte Arbeitszeit diskutiert. Arbeitszeit ist zu einem wichtigen Entscheidungskriterium für Bewerber/-innen geworden. Der Wunsch nach flexiblen Arbeitszeiten statt einem starren Arbeitszeitkorsett steigt und trägt somit dem Wunsch nach Vereinbarkeit von Beruf und Familie, Pflege und Freizeit, aber auch anderen Aspekten, wie z.B. der Länge von Fahrzeiten zur Arbeit etc. Rechnung. Darüber hinaus ermöglichen flexible Arbeitszeiten bestimmten Zielgruppen, denen bisher der Arbeitsmarkt weitgehend verwehrt war, den (Wieder-)Einstieg ins Erwerbsleben. Eine eigenverantwortliche Arbeitszeitverteilung steigert die Arbeitsmotivation und die Attraktivität als Arbeitgeber. Neben den Bedürfnissen des Unternehmens sollte die Arbeitszeit auch den Bedürfnissen der Mitarbeiter in ihren unterschiedlichen Lebensphasen Rechnung tragen. Dazu gehören z.B. Interessen wie Hausbau, Kindererziehung, Pflege von Angehörigen und Ehrenämtern. Eine sich allmählich verringernde Arbeitszeit kann ein sinnvolles Instrument zu einem gleitenden Ausstieg aus dem Arbeitsleben darstellen. Schließlich sollte die Gestaltung der Arbeitszeit auch unter dem Aspekt des Gesundheitserhaltes und der Gesundheitsförderung stehen. Vollzeitnahe Arbeitsmodelle (auch für Führungskräfte) kurze Schichtzyklen, Sabbaticals oder Korridormodelle sind Wege zur Gestaltung einer flexibleren altersgerechten Arbeitszeit.

Betriebliche Gesundheitsförderung

Der Betrieblichen Gesundheitsförderung kommt bereits heute eine wichtige Aufgabe zu. Attraktive Vorruhestandsregelungen, wie sie bis vor einigen Jahren gerade bei Großunternehmen und Konzernen an der Tagesordnung waren, werden sich weder die Gesellschaft noch die Unternehmen künftig leisten können. Schließlich sorgt auch die Erhöhung des Renteneintrittsalters auf 67 Jahre dafür, dass künftig wesentlich mehr Ältere im Arbeitsprozess bleiben werden bzw. müssen. Dies kann nur erfolgreich gelingen, wenn die Leistungsfähigkeit einer alternden Belegschaft erhalten bleibt. Entsprechend sollte betriebliche Gesundheitsförderung präventiv bei allen Beschäftigen ansetzen. Maßnahmen der betrieblichen freiwilligen Gesundheitsförderung sollten Beschäftigte sensibilisieren und befähigen, Verantwortung für ihre eigene Gesundheit zu übernehmen. Neben den bekannten Präventionsmaßnahmen wie ergonomische Arbeitsplatzgestaltung, Reduktion einseitiger Belastungen, Anti-Stress Trainings, Gesundheitszirkel oder Kooperationen mit Krankenkassen sind die Anwendung eines Arbeitsbewältigungscoaching für Führungskräfte und Beschäftigte sowie der Arbeitsfähigkeitsindex *WAI – Workability Index* (Frevel, Ilmarinnen, Geißler) – der vom Finnischen *Institute for Occupational Health* in den 90er Jahren entwickelt wurde, eine hilfreiche Vorgehensweise. Bei der Bestimmung des *WAI* werden die mentalen und physischen Anforderungen zusammen mit dem gesundheitlichen Status des Beschäftigten betrachtet. Der Vorteil ist die interaktive Einbeziehung der Mitarbeiter/-innen in die Analyse und die Bewertung der Ergebnisse.

Personalgewinnung

Auf einem sich verknappenden Bewerbermarkt kommt der professionellen Personalgewinnung eine stärker werdende Bedeutung zu. Der Kampf um die Talente beginnt dabei bei weitem nicht erst, wenn offene Stellen zu besetzen sind. Frühzeitige Maßnahmen bestehen z.B. im Eingehen von Kooperationen mit Schulen und Hochschulen oder einer besseren Information von Schülern und Schulabgängern über relevante und zukunftsträchtige Berufsbilder. Neben der Suche von geeigneten Auszubildenden wird eine zukünftige Aufgabe darin bestehen, lernschwächere Jugendliche sowie Menschen mit Einschränkungen an das Berufsleben heranzuführen. Schließlich wird eine wesentliche Aufgabe der Personalgewinnung darin bestehen, Arbeitsplätze für Zielgruppen interessant und attraktiv zu gestalten, deren Potenzial bisher nur wenig in Anspruch genommen wurde, z.B. Frauen im Anschluss an Erziehungszeiten oder Ältere als neue Mitarbeiter zu bewerben (Senior recruitment).

Handlungsfeld Personalbindung, -einsatz und -entwicklung

Eine weitere wesentliche Aufgabe der Unternehmen wird darin bestehen, Fachkräfte an das Unternehmen zu binden. Dies gelingt in aller Regel am besten über motivationale Aspekte. Darüber hinaus bedarf es verstärkter Anstrengung, um dem Leistungsabfall und der inneren Kündigung von Beschäftigten entgegenzuwirken. Voraussetzung hierfür ist in erster Linie eine wertschätzende und tolerante Führungs- und Unternehmenskultur. Aber auch eine entsprechende Laufbahngestaltung kann hilfreich sein, um als Mitarbeitern eine langfristige und altersgerechte Perspektive im Unternehmen zu erkennen.

Ein weiterer wichtiger Aspekt der Personalbindung besteht im richtigen Personaleinsatz auf Basis eines Kompetenzmanagements. Die Arbeit mit einem Komptenzerfassungsbuch[2] bietet kleinen und mittleren Unternehmen eine gute Möglichkeit, Kompetenzen ihrer Beschäftigten zu erfassen und die Möglichkeit, diese entsprechend ihren Fähigkeiten und Interessen einzusetzen.

Schließlich werden zur Sicherung der Wettbewerbsfähigkeit von Unternehmen Qualifizierung und Personalentwicklung eine zunehmende Bedeutung erhalten. Neben der Schaffung entsprechender altersgerechter Angebote wird eine weitere Aufgabe darin bestehen, die Lern- und Veränderungsbereitschaft bspw. durch eine Bereitstellung von Entscheidungsfreiräumen und Lernmöglichkeiten im Arbeitsprozess positiv zu beeinflussen. Dazu zählen Jobrotation, Übertragung von Beratungs-, Sonder- und Vertretungsaufgaben sowie Projektgruppeneinsätze. AuchPaten-, Coaching- und Mentorenkonzepte werden eingesetzt. Bei dem sogenannten *„X%-Job“,* der von der Deutschen Bank AG entwickelt wurde,verbringt ein/e älterer/e Mitarbeiter/-in einen zuvor definierten Teil der Arbeitszeit in einem Bereich außerhalb des eigenen Tätigkeitsbereiches, um aufgabenrelevante Erfahrungen zu sammeln und neues Wissen aufzubauen (Drewniak 2003).

Ein weiteres Instrument zur Qualifizierung Älterer und zur Erhöhung der Motivation sind *Standortbestimmungsseminare* wie sie bspw. bei der Fraport AG mit dem Titel: „50 + Fit im Beruf und noch weiter...“ durchgeführt werden. Altershomogene Maßnahmen sollten mit altersgemischten Lernangeboten kombiniert werden. So bietet bspw. das *E-Learning* eine

2 Das Kompetenzbuch ComKom wurde vom DIPF in Kooperation mit dem Bildungswerk, sechs Unternehmen Förderung des ESF und HMWVL 2010 entwickelt und erprobt.

gute Möglichkeit, Lernpartnerschaften zwischen Jung und Alt aufzubauen. Ein weiterer Vorteil von *E-Learning* ist die Möglichkeit, das eigene Lerntempo selbst bestimmen zu können.

Wissenstransfer

Komplexe betriebliche Aufgabenstellungen werden vor allem durch die Vernetzung von Wissen und Erfahrung erfolgreich bewältigt. Das an subjektive Erfahrungen gebundene Wissen ist Kapital, deshalb sollten Strukturen aufgebaut werden, in denen das aktuelle Fachwissen der Jüngeren im Sinne „Alt lernt von Jung“ aufgegriffen wird und ein systematischer Wissenstransfer in der Phase des Übergangs in den Ruhestand im Sinne „Jung lernt von Alt“ erfolgt. Ausgangspunkt können Wissenstransferworkshops, wie sie bspw. die Adam Opel AG im Rahmen eines unserer Projekte durchführte, oder die Erstellung von Wissenslandkarten sein. Zielführend ist dabei, im Vorfeld festzulegen, welche Wissensbestandteile vermittelt werden sollen und an wen. Darauf aufbauend können intergenerative Teams und folgende Instrumente angewendet werden:

Das *Tandem-Modell* hat das gemeinsame Lernen und Arbeiten älterer und jüngerer Fachkräfte zum Ziel. Beim *Job-Sharing* (auch Partner-Teilzeitarbeit) teilen sich zwei bis mehrere Mitarbeiter einen Vollzeitarbeitsplatz oder einen Arbeitsplatz mit verlängerter Besetzungszeit. Dabei legen sie selbst sowohl die Arbeitsdauer als auch die Anwesenheit in gegenseitiger Abstimmung im Rahmen der vorgegebenen Betriebszeit fest. Zur Gestaltung eines konstruktiven Berufendes bieten sich Lerninseln, „lessons learned“ und Reflexionseinheiten ein, bei denen nicht nur der Nachfolger eingearbeitet (soweit vorhanden), sondern das relevante Erfahrungswissen weitergegeben wird. Da Erfahrungswissen nicht bzw. nur sehr aufwendig dokumentiert werden kann, werden zur Wissensweitergabe die Methode der „Learning History“ angewendet und im Vorfeld Wissenslandkarten erstellt.

Gute Beispiele – Impulse für ein altersgerechtes Personalmanagement

Der Frage, wie ein ganzheitliches strategisch ausgerichtetes Personalmanagement, das von den Beschäftigten angenommen wird, im Unternehmen etabliert werden kann, stellt sich unser Qualifizierungsberatungsprojekt. An unserer überbetrieblichen Dialogrunde „Impulse für ein altersgerechtes Personalmanagement“ beteiligen sich 32 Unternehmen. Im Folgenden sollen drei Beispiele von Unternehmen, die schon Konzepte entwickelt haben, die Personalentwicklungsmaßnahmen mit Organisationsentwicklung verbinden, vorgestellt werden.

Der Teilkonzern *Vinci Energies Deutschland* arbeitete in seinem Ansatz, der demografischen Entwicklung vorausschauend zu begegnen, mit dem Personalplanungstool *Echo*. Es ermittelt den Personalbedarf und identifiziert die Potenzialträger in der Organisation. Im Anschluss wurde das Konzept „Lebensphasenorientierte Personalpolitik“ entwickelt und in einem „Berufslebensbaum“ (Grafik anbei) umgesetzt. Der zentrale Grundsatz, die Individualität fördern zu wollen, wird hier veranschaulicht. In diesem Bild findet man eine Vielfalt von Maßnahmen, die Mitarbeiter/innen und Unternehmen zu einer passgenauen Karriereplanung nutzen können. Dazu gehören Qualifizierungsreihen und Führungstrainings, aber auch individuelle Zeitgestaltung, Lebensplanung, Altersversorgung, Ernährung, Gesundheit und Arbeitsumgestaltung.

Die *AOK Hessen* nutzt ihr Diversity-Management, um zunächst in zwei Aspekten Alter und Geschlecht, proaktiv auf die demografischen Herausforderungen zu reagieren. Eine Personalstrukturanalyse zeigte u.a. das Ungleichgewicht zwischen männlichen und weiblichen Mitarbeitern. Während die Mitarbeiterinnen das Gros der Beschäftigten stellten, waren sie auf der Führungsebene nicht vertreten. Auf der Basis der Analyse wurde 2002 das Konzept „Chancengleichheit für Frauen und Männer in der AOK Hessen" mit dem Ziel, in allen Unternehmensbereichen geschlechtsgemischte Teams zu bilden, eingeführt. Zu diesem Zweck wurden arbeitsorganisatorische und Sensibilisierungsmaßnahmen geschaffen, die eine Vereinbarung von Beruf und Familie ermöglichen, Frauen auf Führungsebene fördern sowie die Positionierung des Unternehmens als attraktiver Arbeitgeber für junge Männer. Ergänzend wurde das Vorhaben Generationenvielfalt mit allen Generationen in die Zukunft auf den Weg gebracht. Der Fokus der AOK liegt in der Verknüpfung der Handlungsfelder Gesundheit, Nachwuchsförderung, Führung, Unternehmenskultur, Personalgewinnung und -einsatz durch das Diversity Konzept.

Unilever verfolgt mit seinem Demografiekonzept zwei Wege. Zum einen schließt auf nationaler Ebene die Geschäftsleitung gemeinsam mit dem Konzernbetriebsrat eine Konzernbetriebsvereinbarung zum Thema Demografie für alle Standorte im DACH-Ländercluster ab. Diese beinhaltet u.a. die einheitliche Durchführung von Altersstrukturanalysen. Gleichzeitig werden an den Produktionsstandorten Sensibilisierungsworkshops durchgeführt, an denen das Management, der Betriebsrat und Beschäftigte teilnehmen. Mit einer Ausstellung „Die Welt der Demografie", welche die Ergebnisse der betrieblichen Altersstrukturanalysen, allgemeine Daten, Comics und Best Practice Beispiele zeigt, beginnen die Workshops. Das Besondere dabei sind Fotos von alten Arbeitsplätzen, Firmenzeitschriften und anderen Unilever-Produkten, die ausgestellt werden, um die Fantasie der Workshop-Teilnehmer anzuregen, wie Arbeitsplätze von morgen aussehen könnten und wie sich Unilever auf die zukünftige Gestaltung der Arbeitswelt vorbereiten muss. Ziel ist es, in den Workshops von und mit den Beschäftigten Wege für ein produktives Arbeiten bis 67 Jahren oder darüber hinaus zu entwickeln und Ideen für die Realisierung von Veränderungsmaßnahmen in den Handlungsfeldern Rekrutierung, Qualifizierung, Gesundheit, Arbeitsorganisation sowie Kultur und Führung zu generieren. Weiterhin erarbeiten die Teilnehmer Ideen, wie sie als Multiplikatoren das Thema Demografie ins Unternehmen tragen. Die weitere lokale Ausgestaltung des Demografie-Projektes liegt aufbauend in den Händen der jeweiligen Standorte. So wurden z.B. zur Sensibilisierung bereits in mehreren Werken Demografiewochen mit unterschiedlichen Angeboten für die Beschäftigten erfolgreich durchgeführt.

Fazit

Aus Organisationsentwicklungsprozessen ist bekannt, dass vereinzelte Personalentwicklungsmaßnahmen nicht ausreichen, um nachhaltige betriebliche Veränderungen auszulösen. Einige der Maßnahmen, die den Erhalt der Arbeitsfähigkeit bis 67 Jahren ermöglichen, erfordern sowohl vom Unternehmen als auch von den Beschäftigten Mitwirkung und ggf. eine Verabschiedung von bisherigen Gewohnheiten. Die notwendigen Weichenstellungen für ein altersgerechtes Personalmanagement können daher nicht allein vom obersten Management vorgegeben werden, sondern brauchen die Unterstützung der mittleren Führungsebene und der Interessensvertretung, eine breite Akzeptanz in der Belegschaft und die aktive Mitarbeit der Beschäftigten. Dialogrunden sind ein gutes Instrumentarium, um erste Schritte im Unternehmen zu etablieren und die Akzeptanz, auch unbeliebter Maßnahmen, zu fördern.

Literatur

Drewniak, U.: Altersvielfalt und Beschäftigungsfähigkeit. Online im Internet: www.mit-offenen-augen.de [Zugriff: 30.09.2003].

Ilmarinnen, J. E./Frevel, A./Geissler, H.: Online im Internet: /www.arbeitsfaehigkeit.uni-wuppertal.de

Lambert, S. (2004): In der Vielfalt liegt die Zukunft, Heft 11/2004.

Teil II

Intergenerative Bildung und intergenerative Arbeit

Intergenerative Bildung – Generation, (Multi-) Generationalität, Generativität und das Phänomen der transgenerationalen Weitergabe

Insa Fooken

Einleitung: Zur Vielfalt der Betrachtungsperspektiven

Die Ansprüche an eine intergenerativ ausgerichtete Bildung lassen sich aus ganz unterschiedlichen Perspektiven ableiten. Ohne jeglichen Anspruch auf Vollständigkeit werden im folgenden Beitrag exemplarisch drei Zugangswege gewählt: (1) Überlegungen zur Frage des Generationenbegriffs und seiner Varianten, (2) die (wiederentdeckte) Betrachtungsperspektive der Mehrgenerationalität und ihr augenscheinlicher „Mehrwert" als Lebenszusammenhang und (3) Erkenntnisse zum Phänomen der transgenerationalen Weitergabe als unsichtbarer Schatten.

Generation – ein vielschichtiger Begriff und ein komplexes Phänomen

Die etymologische Herleitung des Wortes Generation und seiner substantivierten Spielarten (Generationalität, Generativität etc.) verweist auf den lateinische Wortstamm „genus" bzw. auf das Verb „gignere" und damit auf das Phänomen der Zeugungskraft bzw. des zu Erzeugenden, des Hervorbringens und Gebärens (vgl. Kluge 1883/1995). Ausgehend von der lateinischen Wort-Sippe hat sich über das Französische mitsamt den verschiedensten Ableitungen und Wurzelformen ein schillerndes Begriffs- und Bedeutungsfeld herausgebildet: Beginnend mit Genre, General, generell, generalisieren, generieren, Gendarm, genetisch, Genie, genital, Genetiv, Gentleman, genuin über Ingenieur, prägnant, imprägnieren sowie naiv, Nation, Natur, Renaissance reicht das Spektrum bis hin zum germanischen Wort Kind (ebd.: 314). Gerade in den Wortverbindungen mit relationalen Bezügen (inter-, trans- und mehrgenerational) wird deutlich, dass dieses „im Begriff zu Werdende" bzw. „Entstandene" immer auf vielschichtige und komplexe soziale Beziehungsverhältnisse verweist. So wundert es nicht, dass der Generationenbegriff seit Jahrzehnten ungebrochen Konjunktur hat – in den historischen sowie Sozial- und Gesellschaftswissenschaften, in den Verhaltenswissenschaften, in den verschiedenen psychotherapeutischen und pädagogischen Disziplinen und nicht zuletzt in den medial und feuilletonistisch rhetorisch mehr oder weniger versiert aufbereiteten Diskursen. In einer historisch akzentuierten Bestandsaufnahme der Begriffsgeschichte macht Jureit (2006, 2010) noch einmal deutlich, dass es sich um ein höchst facettenreiches bzw. schillerndes Konzept handelt, das sich angesichts seiner heterogenen disziplinären Verortung und Verwendung einer einheitlichen und kontextübergreifenden begrifflichen Bestimmung weitgehend entzieht. Dennoch können für den hier gegebenen disziplinären Kontext der Bildungswissenschaft einige Kriterien herangezogen werden, die auch transdisziplinär – zumindest partiell – Gültigkeit besitzen:

(1) *Generation*: Geschichtswissenschaftlich wird davon ausgegangen, dass die zu einer bestimmten historischen Zeit gegebenen überdauernden Sozialisationsbedingungen kollektiv auf Menschen einwirken und mit einer Ausbildung relativ ähnlicher Formen des Fühlens, Denkens und Handelns einher gehen – unabhängig davon, ob das den Menschen bewusst ist oder nicht. Handelt es sich hier vor allem um eine gleichzeitig und damit horizontal einwirkende Form der Prägung eines Kollektivs von Menschen, konstituieren sich in familienwissenschaftlichen Zusammenhängen hingegen Generationenverhältnisse eher vertikal bzw. vor- und nachgeordnet, beispielsweise im Sinne von Eltern-Kind oder erweiterten verwandtschaftlichen Beziehungen. In beiden Fällen verweist der Generationenbegriff sowohl auf immanent ablaufende Sozialisations- Erziehungs- und Tradierungsprozesse als auch auf die Tatsache einer jeweils distinkten Abgrenzung: die jeweiligen Generationeneinheiten unterscheiden sich per definitionem voneinander.

(2) *Generationalität*: Nach Reulecke (2003: 8) verweist der Begriff der Generationalität aufsubjektive Deutungskonstruktionen der Menschen, auf ihre jeweils individuell und subjektiv erlebte Erfahrungsgeschichte samt den wahrgenommenen Kontexten, in denen diese verortet wird. Trotz des zeitgleichen Auftretens zeithistorischer Ereignisse lassen sich letztlich keine draus ableitbaren objektiv festzumachenden Generationsstrukturen bestimmen, sondern es sind subjektive Sinnstiftungen, die als erlebte Generationenzugehörigkeit ihre nachhaltige Wirkung entfalten.

(3) *Generativität*: Auch wenn der Begriff der Generativität gleichfalls in verschiedenen wissenschaftlich-disziplinären Kontexten unterschiedlich verwendet wird, geht es im hier interessierenden Zusammenhang um eine entwicklungspsychologische Bedeutung dieses Konzepts, so wie es beispielsweise im epigenetischen Modell der Ich-Entwicklung über die gesamte Lebensspanne von Erik H. Erikson (1959/1966) konzipiert wurde. Sowohl in Bezug auf das gesamtgesellschaftliche Generationengefüge als auch auf die grundsätzlich gegebene Mehrgenerationalität familiärer und verwandtschaftlicher Strukturen geht es hier um die Idee der Weitergabe von Wissens-, Erfahrungs- und Gefühlsstrukturen vor allem im Kontext einer Für-Sorge sowohl für zeitlich vorhergehende als auch für nachfolgende Generationen. Es geht somit um Anteilnahme, Achtsamkeit, Sich-Kümmern und darum, etwas zu hüten und zu bewahren. Es geht damit gerade nicht um die abgegrenzte bzw. ausgrenzende Distinktheit der Generationseinheiten, sondern um die Verbindung und Kontinuität zwischen ihnen. Erweitert man den häufig zu eng gesteckten Rahmen des Eriksonschen Konzepts, dann handelt es sich hier um ein lebenslanges Entwicklungsthema (das im Prinzip auch schon kleine Kinder erfahren und ausdrücken können) bzw. es handelt sich auch um Prozesse einer „generative(n) Sozialisation" (Liegle/Lüscher 2008) im Sinne der Erfahrung eigener sozialer Wirksamkeit auf andere als auch der erfahrenen sozialen Prägung durch andere.

Mehrgenerationalität – Zum „Mehrwert" intergenerativer Lebenszusammenhänge

Mit den massiven demografischen und altersstrukturellen Veränderungsprozessen der deutschen Bevölkerung scheint sich eine neue Sensibilität über die Bedeutung des gesellschaftlichen Generationengefüges eingestellt zu haben – ein „Generationenbewusstsein". Die neuen Zuschnitte der politischen Administrationen (z.B. kommunale Demografie-Beauftragte, Generationen-Ministerien etc.) geben Kunde davon, dass es nicht mehr um Gewinner und Verlierer im Generationengefüge des 21. Jahrhunderts gehen darf („Krieg der Generationen",

„Alt vs. Jung"), sondern darum, dass neue Balancen und Konsens über einvernehmlich geteilte intergenerative Reziprozitätsnormen gefunden werden müssen. Die wissenschaftsbasierte Politikberatung macht dem entsprechend seit geraumer Zeit deutlich, dass es um einen „Dialog der Generationen" gehen muss und entsprechende programmatische Modell-Projekte finden sich seit ca. 15 Jahren in der deutschen Gesellschaft nach der (Wieder-)Vereinigung. Die große Ausstellung mit dem Titel „Alt & Jung. Das Abenteuer der Generationen" im Deutschen Hygiene-Museum in Dresden von Dezember 1997 bis Mai 1998 ist ein eindrückliches Beispiel für dieses veränderte Bewusstsein (Lepsius 1997). In der Folge wurden von den einschlägigen Landes- und Bundesministerien eine Fülle von Projekten und Maßnahmen zur Thematik intergenerationeller Dialoge gefördert. So ist für die Bedeutung der wechselseitigen Wahrnehmung zwischen den (auch zeithistorisch verorteten) Generationen erwachsener Kinder mit ihren alten Eltern im Rahmen intergenerationeller Gespräche in Familien die psychologische Untersuchung von Anne-Kathrin Mayer ein weiteres gutes Beispiel für neue Sichtweisen dieses Phänomens (Mayer 2002). Und nicht zuletzt wurde unlängst einmal mehr vom Ausstellungsverbund verschiedener Freilichtmuseen eine Ausstellung mit dem Titel „Alt und Jung. Vom Älterwerden in Geschichte und Zukunft" auf den Weg gebracht (Schürmann, Geuther/Thaut 2011).

Auch das bereits seit mehreren Jahren etablierte Projekt der „Mehrgenerationen-Häuser" des Bundesfamilienministeriums kann in diesem Zusammenhang erwähnt werden, zumal sich auch ein Bildungsauftrag festmachen lässt. So geht es hier um Fragen einer generationsgerechten öffentlichen Angebotsstruktur von sowohl Dienst- und Hilfeleistungen einerseits als auch Bildungsangeboten andererseits. Im Gesamt der Generationenbeziehungen kommt dabei der bereits seit Mitte der 1960er Jahren gültigen Beziehungs-Formel „Intimität auf Abstand" (Rosenmayr/Köckeis 1965) bzw. „Innere Nähe durch äußere Distanz" (Tartler 1968) immer noch Gültigkeit zu. Gerade im Zuge der weiter steigenden Singularisierung in der Lebensphase Alter zeigt sich eine komplizierte Bedürfnis-Gemengelage zwischen der Wahrung personaler bzw. sozialer Autonomie und Angst vor Abhängigkeit einerseits und der Sehnsucht nach Einbindung, Zugehörigkeit und Verlässlichkeit im Rahmen von sozialen Netzwerken (vgl. Fooken 1999). Gemäß der bioökosystemischen Perspektive geht es demnach um eine adäquate Vernetzung der verschiedenen Ebenen des personalen „Individualsystems" älterer Menschen mitsamt der Ebene relevanter „Mikrosysteme" (z.B. Haushaltsformen, Familienverbund, Tagesstätte) im Sinne der Herausbildung differenzierter „Mesosysteme" (Bronfenbrenner/Morris 1998). Als theoretisch interessant erweisen sich in diesem Zusammenhang auch Ansätze zur Bedeutung des sozialen Kapitals. So definiert Coleman (1990) beispielsweise Beziehungen und Interaktionen innerhalb von Familien als soziales Kapital, das sich durch die Intensität der intergenerativen Beziehungen, die strukturelle Geschlossenheit und die zeitliche Stabilität der familiären Beziehungen auszeichnet. Putnam (2000) wiederum unterscheidet zwischen überbrückendem und bindendem sozialen Kapital (bridging vs. bonding), wobei bindendes soziales Kapital die Familienmitglieder intergenerativ enger zusammen schweißt und nach außen hin abgrenzt, während überbrückendes Sozialkapital eine stärkere Offenheit nach außen und damit eine Integration von Außenstehenden ermöglicht.

Dem potenziellen Mehrwert von mehrgenerational ausgerichteten Generationsverhältnissen wird somit sowohl auf der Ebene der Gesamtgesellschaft entsprochen als auch auf der Ebene familialer Binnenverhältnisse. Es ist die im psychischen Programm des Menschen angelegte „Generativität", die demnach für den „Kitt" zwischen den Generationen sorgt. Eine solche

Betrachtung geht in jedem Falle von wechselseitigen, reziproken bzw. retroaktiven Sozialisationsprozessen zwischen den Angehörigen der verschiedenen Generationen aus, insbesondere dann, wenn es den Bereich der Familie betrifft. Der intergenerative „Bildungsort Familie" tritt– gemäß dem Habituskonzept von Bourdieu – besonders prägnant zu Tage, „wenn Bildung nicht nur als *input* (Vermittlung, Weitergabe), sondern zugleich auch als *intake* (Aneignung, Übernahme) gesehen wird, die in die soziale Praxis der Familie eingebunden ist" (Brückner/Brake 2006: 29).

Transgenerationelle Weitergabe – die dunkle Seite „sozialer Vererbung"

Anders als die Tendenz der Medien, das Thema der intergenerationalen Beziehungszusammenhänge vorzugsweise zu skandalisieren, zeigen die meisten repräsentativen bzw. empirischen Erhebungen, dass – zumindest im familialen Feld – das Gebot der sozialen Reziprozitätsnorm für viele Menschen weiterhin handlungsleitend ist. Gleichwohl verweisen andere Untersuchungen und Erfahrungen von Praktikern aus den professionellen Bereichen, die mitpsychosozialen Belastungen und Störungen zu tun haben, auf die Tatsache, dass Generationenbeziehungen, innerhalb und außerhalb familiärer Zusammenhänge, von tief sitzenden, oft unbewusst weitergegebenen Tabus bzw. von weiter wirksamem Leid überschattet sind. Die vergangenen Erfahrungen, Taten und Entscheidungen von Familienmitgliedern hinterlassen ihre Spuren nicht nur in den unmittelbar Betroffenen, sondern werden häufig auf die eine oder andere Weise weitergegeben. Man spricht von „unsichtbaren Bindungen", „Familien-Mythen und -Geheimnissen", Tabus und Traumata, die ihre nachhaltige Wirksamkeit auf subtile Weise über mehrere Generationen hinweg entfalten können (Borszomenyi-Nagy/Spark 1981). Bereits in den Anfängen familientherapeutischer Ansätze wurde sehr schnell deutlich, dass kindliche Problemlagen oft nur aus einer Drei-Generationen-Perspektive heraus verstanden werden konnten (Sperling, Massing, Georgi u.a. 1982). Mittlerweile gelten Erkenntnisse über mehrgenerationale Wirkfaktoren auf die neuropsychischen Schemata der einzelnen Familienmitglieder als weitgehend gesichert (Kaiser 2008). Als besonders einflussreich für das Verständnis transgenerationaler Tradierungen und Weitergaben von Trauma und Leid haben sich die Erfahrungen im Kontext der Arbeiten zur Auswirkung des Holocausts auf die Nachgeborenen erwiesen (vgl. z.B. Kestenberg 1972; Kogan 2008; Rosenthal 1987). Insofern kann man davon ausgehen, dass die Kriege und Menschenverfolgungen bzw. -vernichtungen im 20. Jahrhundert massive seelische Spuren in den nachgeborenen Kindern und teilweise Kindeskindern hinterlassen haben bzw. bis weit ins 21. Jahrhundert hinein hinterlassen werden. Nicht zuletzt wurde diese Form der transgenerationalen Weitergabe im Kontext der Thematisierung (früh-)kindlicher Kriegsschädigungen 60 Jahre nach Ende des Zweiten Weltkriegs deutlich (vgl. Radebold/Bohleber/Zinnecker 2008). All diese Erfahrungen wirken wie eine Bestätigung der alten biblischen Erkenntnis (Ezechiel 18): „Die Väter haben saure Trauben gegessen, aber den Kindern sind die Zähne davon stumpf geworden". Der Mechanismus einer solchen Übertragung wird beispielsweise als „Telescoping" bezeichnet, als Ineinanderrückung der Generationen (Faimberg 1987). Diese Formen der intergenerationalen Verdichtung und Verschmelzung infolge fehlender Abwehr bzw. unzureichender Ich-Grenzen lassen sich nicht mehr als Ausdruck von Generativität im Eriksonschen Sinn bezeichnen, weil sozusagen das notwendige Ausmaß einer seelisch gesunden Selbstabsorption fehlt.

Aber auch jenseits der Möglichkeit von transgenerationalen Weitergaben traumatischer Erfahrungen in vorangegangenen Generationen findet sich das Phänomen, dass bestimmte typische Erfahrungen und exponierte Selbstverständnisse in manchen Generationen als reverser Echoeffekte in der nachfolgenden Generation Spuren hinterlassen, häufig in der (janusköpfigem) Variante von Gegenbewegungen. Zumindest im binnenfamilialen Raum scheint in solchen Fällen der Generationendialog eher verstellt und schafft in der Regel zumeist keine psychische Nähe. So war es nicht zuletzt die als „Jugendbewegung" etikettierte Generation der bündischen Jugend in den 1920er und 1930er Jahren, die sich in gewisser Weise lebenslang als „jugendbewegt" definierte und sich interessanterweise zwar teilweise durchaus mit Forderungen der späteren Jugend-Revolten (Stichwort: 68er) identifizierte, aber eher gespannte Beziehungen mit den eigenen Kindern unterhielt (Reulecke 1996; Kohut 2012). Als ein anderes Beispiel solcher intergenerationaler Verwerfungen können Eltern aus der so genannten „Hippie-Generation" gelten, die häufig mit der Tatsache konfrontiert werden, dass die eigene Kindergeneration eher konservative Lebensentwürfe praktiziert. Andererseits scheinen die Studien, die Familienentwicklung über mehrere Generationen hinweg verfolgen konnten, anzudeuten, dass es im Gesamtverlauf von familialen Lebensspannen auch nach Zeiten temporärer Abgrenzung in Anbetracht der Endlichkeit menschlichen Lebens letztlich auch wieder zu Formen der Annäherung kommen kann.

Literatur

Borszomenyi-Nagy, I./Spark, G. M. (1981): Unsichtbare Bindungen. Zur Dynamik familiärer Systeme. Stuttgart.

Bronfenbrenner, U./Morris P. (1998): The Ecology of Developmental Processes. In: Damon, W. (Series Ed.)/Mussen, P. H. (Vol. Ed.), Handbook of Child Psychology: Vol. 1. Theoretical models of human development(5th ed., pp.993-1028). New York.

Brückner, P./Brake, A. (2006): Bildungsort Familie. In: Brückner, P./Brake, A. (Hrsg.): Transmission von Bildung und Kultur im Alltag von Mehrgenerationenfamilien. Wiesbaden.

Coleman, J, S. (1990): Foundations of Social Theory. Cambridge.

Erikson, E. H. (1959/1966): Identität und Lebenszyklus. Frankfurt/M.

Faimberg, H. (1987): Die Ineinderrückung (Telescoping) der Generationen. In: Jahrbuch für Psychoanalyse, 20. S. 114-142.

Fooken, I. (1999): Intimität auf Abstand. Familienbeziehungen und soziale Netzwerke. In: Niederfranke, A./Naegele, G./Frahm, E. (Hrsg.): Funkkolleg Altern 2. Lebenslagen und Lebenswelten, soziale Sicherung und Altenpolitik. Opladen/Wiesbaden, S. 209-243.

Jureit, U. (2006): Generationenforschung. Göttingen.

Jureit, U. (2010): Generationen, Generationalität, Generationenforschung. Version: 1.0. In: Docupedia-Zeitgeschichte. Online im Internet: https: //docupedia.de/zg/Generation?oldid=75515. [Zugriff: 11.02.2010].

Kaiser, P. (2008): Mehrgenerationenfamilie und neuropsychische Schemata. Göttingen.

Kestenberg, J. (1972): How children remember and parents forget. In: International Journal of Psychoanalytic Psychotherapy, 1-2.,S. 103-123.

Kluge (1883/1995): Etymologisches Wörterbuch der deutschen Sprache. Berlin/New York.

Kohut, T. A. (2012): A German generation. An experimental history of the twentieth century. New Haven/London.

Kogan, I. (2008): Die Durchlässigkeit der Grenzen in Holocaust-Überlebenden und ihren Nachkommen. In: H. Radebold/H. Bohleber/J. Zinnecker (Hrsg.): Transgenerationale Weitergabe kriegsbelasteter Kindheiten. Interdisziplinäre Studien zur Nachhaltigkeit historischer Erfahrungen über vier Generationen. Weinheim/München, S. 119-127.
Lepsius, A. (Hrsg.) (1997): Alt & Jung. Das Abenteuer der Generationen. Eine Publikation des Deustchen Hygiene-Museums Dresden. Basel/Frankfurt a.M.
Liegle, L./Lüscher, K. (2008): Generative Sozialisation. In: Hurrelmann, K./Grundmann, M./Walper, S. (Hrsg.): Handbuch Sozialisationsforschung. Weinheim/Basel, 7. Auflage, S. 141-156.
Mayer, A.-K. (2002): Alt und Jung im Dialog. Weinheim u.a.
Putnam, R. D. (2000): Bowling Alone . New York.
Radebold, H./Bohleber, W./Zinnecker, J. (Hrsg.) (2008): Transgenerationale Weitergabe kriegsbelasteter Kindheiten. Interdisziplinäre Studien zur Nachhaltigkeit historischer Erfahrungen über vier Generationen. Weinheim/München.
Reulecke, J. (Hrsg.) (1996): Die Freideutschen: Seniorenkreise aus jugendbewegter Wurzel – ein Modell für sinnerfülltes Alter. Abschlussbericht eines Forschungsprojekts des BMFSFJ. Siegen.
Reulecke, J. (Hrsg.) (2003): Generationalität und Lebensgeschichte im 20. Jahrhundert. München.
Rosenmayr, L./Köckeis, E. (1965): Umwelt und Familie alter Menschen. Neuwied/Berlin.
Rosenthal, G. (1987): Der Holocaust im Leben von drei Generationen. In: Mansel, J./Rosenthal, G./Tölke, A. (Hrsg.): Generationen-Beziehungen. Austausch und Tradierung. Opladen, S. 57-73.
Schürmann, T./Geuther, M./Thaut, L. (Hrsg.) (2011): Alt und Jung. Vom Älterwerden in Geschichte und Zukunft. Rosengarten-Ehestorf.
Sperling, E./Massing, A./Gergi, H. (1982): Die Mehrgenerationen-Familientherapie. Göttingen.
Tartler, R. (1968): Innere Nähe durch äußere Distanz. Die neue Harmonie zwischen Alter und Familie. In: Thomae, H./Lehr, U. (Hrsg.): Altern. Probleme und Tatsachen. Frankfurt a. M., S. 410-414.

Voneinander, übereinander und miteinander lernen. Felder intergenerationeller Bildungsarbeit[1]

Julia Franz, Annette Scheunpflug

Die Frage nach Möglichkeiten der institutionalisierten intergenerationellen (Bildungs-)Arbeit wird in Deutschland vor allem vor dem Hintergrund demografischer und gesellschaftlicher Veränderungsprozesse diskutiert (vgl. Statistisches Bundesamt 2007). Schließlich stellt sich die Frage, wie unterschiedliche Generationen in einer älter werdenden Gesellschaft miteinander leben und lernen können. Die aufgeregten Debatten über den anstehenden Kampf zwischen den Generationen (vgl. Gronemeyer 1991; Schirrmacher 2004) lassen sich in der aktuellen empirischen Forschung jedoch nicht bestätigen. Der Kontakt zwischen Generationen erscheint im Lichte der aktuellen Forschung durchaus solidarisch und respektvoll (vgl. z.B. für den Bereich Familie Kohli/Szydlik 2000; für den außerfamiliären Bereich Deutsche Shell 2010). Gleichwohl zeigt sich, dass sich Familienstrukturen verändern und die Beziehung zwischen mehreren Generationen aufgrund von Arbeitsmigration zunehmend multilokal arrangiert wird (vgl. Bertram 2000). In diesem Zusammenhang wird mitunter die Befürchtung laut, dass der Kontakt zwischen Generationen abnehmen könne und angesichts demografischer Entwicklungen institutionell unterstützt werden solle (vgl. Klerq 1997).

In den letzten Jahrzehnten sind darauf aufbauen zahlreiche Konzepte zu einem institutionalisierten Dialog der Generationen entstanden (vgl. Amrhein/Schüler 2005): Mehrgenerationenhäuser sollen als Begegnungsstätte für verschiedene Generationen dienen (vgl. von der Leyen 2007; → Mehrgenerationenhäuser), intergenerationelle Wohnprojekte zielen auf die Erprobung alternativer Formen des intergenerationellen Zusammenlebens außerhalb der Familie (→ intergenerationelle Wohnprojekte) und intergenerationelle Patenschaftsprogramme (→ Patenschaftsprogramme → Mentoring Projekte) beziehen sich auf die gegenseitige Unterstützung der beteiligten Generationen.Darüber hinaus wurden im Feld der Bildungsarbeit Konzepte entwickelt, in denen die Frage im Mittelpunkt steht, wie verschiedene Generationen in pädagogischen Institutionen voneinander, übereinander und miteinander lernen können (vgl. Meese 2005, Franz et al. 2009; Antz et al. 2009; Marquard et al. 2008).

Dieses recht junge Praxisfeld der intergenerationellen Bildungsarbeit differenziert sich in verschiedene Felder aus, die in diesem Beitrag in den Mittelpunkt gerückt werden. Um diese vielen verschiedenen Ansätze heuristisch zu systematisieren wird in einem ersten Schritt danach gefragt, wie der Begriff „Generation“ theoretisch gefasst werden kann. Im zweiten Schritt wird dann skizziert, welche strukturellen Lernmöglichkeiten zwischen verschiedenen Generationen beschrieben werden können. Aus beiden Kategorien wird in einem dritten Schritt eine Matrix erstellt, mit der die Felder intergenerationeller Bildungsarbeit geordnet und systematisiert werden. Die einzelnen Felder der Matrix werden dann konzeptuell skizziert. Im abschließenden Ausblick wird der Nutzen einer solchen heuristischen Matrix für die intergenerationelle (Bildungs-)Arbeit reflektiert.

---

1 Dieser Beitrag geht auf ein vom Bundesministerium für Bildung und Forschung (BMBF) gefördertes und von der Katholischen Bundesarbeitsgemeinschaft für Erwachsenenbildung (KBE) getragenen Projekts „Generationen lernen gemeinsam“ zurück (2006-2008). Für die damalige finanzielle Förderung danken wir dem BMBF.

Generationenbegriffe

In der Alltagssprache werden Generationen meist durch die Kategorisierung des Lebensalters beschrieben – beispielsweise „alt“ oder „jung“. Streng genommen wird mit dieser Kategorisierung jedoch nicht eine Generation beschrieben, sondern unterschiedliche Geburtskohorten. Für die Konzeption intergenerationeller Angebote bietet die Einteilung in „alt“ oder „jung“ lediglich eine grobe Orientierung im Hinblick auf die intergenerationelle Zielgruppe. Sozialwissenschaftliche Theorieperspektiven (vgl. Liebau 1997, Jacobs 2006) ermöglichen hingegen differenzierte Beschreibungen, was Generationen ausmachen und wie sie miteinander verbunden sind. Anhand solcher Verbindungslinien können drei theoretische Generationenbegriffe differenziert werden, die unterschiedliche Anschlussmöglichkeiten für die intergenerationelle Bildungsarbeit bieten.

Generationen können zum einen über die familiäre, genetische Abstammungsfolge miteinander verbunden werden. Dieser *genealogische Generationenbegriff* bezieht sich auf die Abfolge von Familienangehörigen (vgl. Höpflinger 1999: 6). Es geht um die biologisch verwandten Familienmitglieder, also um (Groß-)Eltern, Kinder und Enkel.

Zum zweiten können Generationen auch als Lernverbindung konzeptualisiert werden. Mit diesem *pädagogische Generationenbegriff* wird davon ausgegangen, dass Generationen bewusst und intentional zum Lernen zusammengeführt werden, bei der eine Generation die Position der Vermittelnden einnimmt und die andere Generation die der Lernenden. Dieses Verständnis geht auf Friedrich Schleiermacher zurück, der die Frage stellte: „Was will denn eigentlich die ältere Generation mit der jüngeren?“ (Schleiermacher 1826/1966: 9). Nach Schleiermacher sollte die ältere Generation der jüngeren helfen, erwachsen und selbst zur älteren Generation zu werden. Die hier vorgegebene Richtung war für das angehende 19. Jahrhundert sicherlich angemessen, allerdings trifft dies für sich dynamisch wandelnde Gesellschaften nicht mehr in allen Bereichen so zu, da heute durchaus auch Ältere von Jüngeren lernen können (vgl. Liebau 1997: 32). Vor diesen Hintergrund wird der pädagogische Generationenbegriff als altersunabhängig beschrieben, bei dem es primär um die Übernahme unterschiedlicher Rollen im Lernprozess gehe.

Schließlich kann drittens die Verbindung einer Generation auch über gemeinsam geteilte Erfahrungsräume beschrieben werden. Dieser *historisch-soziologische Generationenbegriff* bezieht sich auf gesellschaftliche Gruppierungen, die bestimmte historische, politische, kulturelle oder soziale Ereignisse gemeinsam erlebt und ähnlich verarbeitet haben. Beispiele hierfür sind die „skeptische Generation“ (vgl. Schelsky 1957) oder die 68er-Generation. Dieser Generationenbegriff geht auf die Arbeiten des Soziologen Karl Mannheim (1928/1964) zurück, der drei verschiedene Ebenen des Generationenbegriffs differenziert: Mit der *Generationenlagerung* beschreibt er die objektive und potenzielle Zugehörigkeit zu einer Alterskohorte. Ein *Generationszusammenhang* kann entstehen, wenn Ereignisse (wie zum Beispiel der Fall der Mauer) gemeinsam erlebt werden. Darüber hinaus entsteht eine *Generationseinheit*, wenn diese Ereignisse subjektiv in gemeinsamen Handlungs- und Orientierungsmustern verarbeitet werden (vgl. Liebau 1997: 21).

Diese unterschiedlichen Generationenbegriffe könnten in der Konzeption von intergenerationellen Angeboten Klarheit schaffen; schließlich kann mit allen drei Generationsbegriffen gearbeitet werden. Die Differenzierung ermöglicht also eine Reflexion darüber, welche Generationenbegriffe in der Bildungsarbeit zum Tragen kommen sollten. Sollen historische Erfahrungen der Generationen hervorgeholt werden? Sollen familienorientierte Settings eingesetzt werden? Oder sollen Generationen als Lernverbindungen thematisiert werden?

Kategorisierende Lernzugänge

Neben der Zielgruppe intergenerationeller Bildungsarbeit, die über verschiedene Generationenbegriffe differenziert werden können, beinhalten intergenerationelle Arrangements auch stets die Frage nach der Art und Weise des gemeinsamen Lernprozesses (vgl. Messe 2005).

So können Menschen unterschiedlicher Generationengruppen zum einen „*Voneinander lernen*". Hier treffen zwei Generationen aufeinander und eine Generation lernt von der anderen, die sie unterstützt und informiert. Dabei hat die unterstützende Generation die entsprechenden Wissens- und Erfahrungsinhalte inne und gibt es an die noch unwissende Generation weiter.

Verschiedene Generationen können zum zweiten auch institutionell zum „*Miteinander lernen*" angeregt werden. Hier arbeiten Menschen unterschiedlicher Generationen gemeinsam an einem Projekt, an einem Lerninhalt, an einem Thema, das für die gesamte Gruppe neu und zugleich – im Sinne eines generativen Themas nach Freire (vgl. 1970) – von Bedeutung ist.

Zum dritten können Generationen auch „*Übereinander lernen*". Hier geht es darum, im Rahmen eines Bildungsprozesses etwas über die Lebenswelt und die historisch-biografische Perspektiven anderer Generation zu erfahren. Bei solchen Konzepten wird das Lernen über die jeweils andere Generation in den Mittelpunkt gerückt und explizit in die didaktische Konzeption eingebunden (vgl. Meese 2005: 38).

Felder intergenerationeller Bildungsarbeit: Eine heuristische Matrix

Setzt man diese intergenerationellen Lernmöglichkeiten mit den vorher skizzierten Generationenbegriffen in Beziehung, so ergibt sich folgende Übersicht (Abb. 1):

Abbildung 1: Matrix intergenerationellen Lernens

	Voneinander Lernen	**Miteinander Lernen**	**Übereinander Lernen**
Genealogischer Generationenbegriff	a)	b)	c)
Pädagogischer Generationenbegriff	d)	e)	f)
Historisch-soziologischer Generationenbegriff	g)	h)	i)

Quelle: Eigene Erstellung

Im Folgenden wird auf dieser heuristischen Struktur aufgebaut und danach gefragt, welche Konzepte in den jeweiligen Feldern liegen. Dazu werden die Möglichkeiten der neun Felder differenziert beschrieben.

a) Genealogisch – Voneinander

Genealogisch voneinander zu lernen beschreibt zunächst mal einen Regelfall in der Familie. In der Regel geben die älteren Familienmitglieder hier ihre Erfahrungen und Fertigkeiten an die jüngeren weiter – wobei sich dies im Bereich der Medienpraxis inzwischen umgekehrt hat. In der Bildungsarbeit wird an diese Modelle angeknüpft, wenn beispielsweise Familienbildungsstätten Angebote für Großeltern und Enkelkinder oder auch für Eltern und Kinder anbietet, in denen es entweder darum geht, dass die Jüngeren etwas von den Älteren lernen sollen (beispielsweise Kochen, handwerkliche Fähigkeiten, Wissen über Naturphänomene) oder dass die Älteren etwas von den (Enkel-)Kinder lernen sollen (beispielsweise den Umgang mit dem Handy, dem Computer oder dem Internet).

b) Genealogisch – Miteinander

Beim genealogisch orientierten Miteinander Lernen steht das gemeinsame Lernen einer Familie im Mittelpunkt, die sich mit einem Thema beschäftigt, das für alle beteiligten Generationen neu ist. Hierunter fallen Bildungsangebote, die sich an die gesamte Familie wenden. Ein klassisches Beispiel sind hier Familientickets für kulturelle Aktivitäten wie zum Beispiel der gemeinsame Besuch in Museen. In der museumspädagogischen Arbeit könnte dies pädagogisch begleitet werden, indem durch spielerisch gestaltete Materialien Anregungen zur Auseinandersetzung mit ausgewählten Kunst- und Kulturgegenständen geboten werden. Diese Form der geleiteten Stationenarbeit kann auch in anderen Bereichen, wie der kirchlichen Bildungsarbeit oder der Gemeindepädagogik gewinnbringend eingesetzt werden.

c) Genealogisch – Übereinander

Bei genealogisch orientierten Konzepten des Übereinander Lernens stehen die biografisch-historischen Erfahrungen einer Generation im Mittelpunkt. Es geht darum, etwas über die Lebensbedingungen einer Generation zu erfahren. In der Familie finden solche Prozesse zu unterschiedlichsten Anlässen statt und werden inzwischen durch Veröffentlichungen wie „Alles über meinen Vater/Mutter“ (Fröhlich/Kleis 2007, 2008) unterstützt, in denen nach vorstrukturierten Fragen die Möglichkeiten geben wird, mehr über die Lebensbedingungen der eigenen Eltern zu erfahren. In der Bildungsarbeit wird eher implizit an solche familiären Lernprozesse angeknüpft, indem beispielsweise im Geschichtsunterricht Schülerinnen und Schüler angeregt werden, zu bestimmten Themen ihre Großeltern zu befragen, um so den institutionellen Unterricht durch biografische Erfahrungen zu bereichern.

d) Pädagogisch – Voneinander

Bei diesem pädagogischen Zugang werden zwei Generationen zusammengeführt um voneinander zu lernen. Dies wird in vielen pädagogischen Bereichen als Mentoring bezeichnet. Dabei geben in einem bestimmten Bereich erfahrene Mentorinnen und Mentoren, ihr Wissen, ihre Erfahrungen oder ihre Fähigkeiten an einen noch unerfahrenen Mentee weiter. Die Mentees werden dadurch in ihrer persönlichen oder beruflichen Entwicklung unterstützt und begleitet. Im Bereich der intergenerationellen (Bildungs-)Arbeit gibt es hierzu inzwischen eine Vielzahl von verschiedenen Angeboten, die nach einem ähnlichen Patenschaftsprinzip erfolgen. So gibt es beispielsweise ältere Leselernhelfer, die Kinder beim Lesen lernen unterstützen oder Programme wie „Biffy“ (big friends for youngsters) in Berlin, bei denen jüngere in der Übergangsphase von Schule zu Beruf durch erwachsene Mentoren begleitet werden. Neben solchen Programmen, die im Bereich von Bildungs- und Reflexionsmöglichkeiten angesiedelt sind, gibt es inzwischen auch Mentorenprogramme in großen Unternehmen wie zum Beispiel der Lufthansa (vgl. Gilies 2010), bei der jüngere und ältere Ingenieure gegenseitig voneinander lernen sollen, um die Produktivität der Unternehmen zu erhöhen.

e) Pädagogisch – Miteinander

Bei Konzepten, die einen pädagogischen Generationenbegriff mit einem „Miteinander"-Lernzugang kombinieren, werden zwei Generationen zu einem bestimmten Thema zusammengebracht. In der Bildungspraxis sind dies meist Jugendliche, junge Erwachsene und Ältere, die sich gemeinsam mit einem für sie relevanten Thema auseinandersetzen. Dabei gibt es in der Bildungspraxis vielfältige handlungsorientierte Konzepte, beispielsweise Theater- und Radioprojekte, bei denen die Generationen gemeinsam ein Theaterstück bzw. eine Reportage zu ausgewählten Themen entwickeln. Es geht in diesem Bereich darum, gemeinsam an einen Thema handlungsorientiert zu arbeiten und zu lernen, während sich Prozesse des Miteinander- und Übereinander-Lernens nebenbei einstellen.

f) Pädagogisch – Übereinander

Pädagogisch übereinander zu lernen ist ein klassischer Bereich intergenerationellen Lernens, der eng mit der Tradition der oralen Geschichtstradierung verknüpft ist (vgl. Niethammer 1980). Im Mittelpunkt steht dabei das Erzählen von biografisch-historischen Erfahrungen einer Generation. In der Bildungsarbeit fallen hierunter sämtliche Formen von Zeitzeugenarbeit sowie das Arrangieren von Erzählcafés, bei denen mehrere Personen einer Generation ihre Erfahrungen zu einem bestimmten Thema und Zeitpunkt erzählen. Im Rahmen einer Zeitzeugenreihe kann die Intergenerationalität noch vervielfältigt werden, indem an einem Tag die älteren, an einem weiteren die mittleren und schließlich die jüngeren Generationengruppen ihre biografisch-historisch geprägte Sichtweise auf ein bestimmtes historisches Ereignis, wie zum Beispiel den Fall der Mauer, darstellen.

g) Historisch-soziologisch – Voneinander

Bei diesem Zugang lernen Angehörige verschiedener Generationseinheiten voneinander und unterstützen sich gegenseitig. Dabei spielt die Reflexion der jeweiligen historischen Kontexte – im Gegensatz zu den anderen Konzepten – eine ganz besondere Rolle. Für die Bildungsarbeit kann dieses Konzept vor allem durch Methoden der Biografiearbeit nutzbar gemacht werden, da so die gesellschaftlich-historischen Perspektiven an die Oberfläche geholt werden können. So können sich die Generationen gegenseitig zu der Frage interviewen, welche Ereignisse ihr Leben warum geprägt haben. Über solche Übungen der intergenerationellen Bildungsarbeit entstehen schnell intensive Gespräche über die unterschiedlichen Lebensbedingungen und -Erfahrungen der Generationen.

h) Historisch-soziologisch – Miteinander

Im Bereich der intergenerationellen Bildungsarbeit die Generationen unter einer gesellschaftlich-historisch Perspektive zum Miteinander Lernen anregt, steht die thematische Projektarbeit von gesellschaftlichen Generationengruppen, mit völlig unterschiedlichen Prägungen im Mittelpunkt. Ein schönes Beispiel dafür ist das Projekt „Lieder der Generationen" der Initiative Kreisau e.V. (vgl. Kreisau-Initiative Berlin e.V. 2009). Bei diesem Projekt steht das generative Thema Musik im Mittelpunkt. An ein paar Tagen im Jahr treffen sich Polen und Deutsche im Alter von 20-99 Jahren, um gemeinsam über die Bedeutung bestimmter (Volks-

)Lieder zu diskutieren. Dabei wird jeweils reflektiert, welche Bedeutung diese Stücke historisch-gesellschaftlich haben und wie diese die eigene Biografie geprägt haben.

i) Historisch-soziologisch –Voneinander

In diesem Bereich ist das Museum als Institution des gesellschaftlich-historischen voneinander Lernens an erster Stelle zu nennen. Das Museum ist eine Institution in der per se „übereinander Lernen" initiiert wird, da es durch die ausgestellten historischen Kunst- und Kulturgegenstände zentrale prägende Ereignisse – und damit auch Generationenlagen – dokumentiert. In der intergenerationellen Bildungsarbeit bietet es sich daher an, Exkursionen ins Museum zu bestimmten Ausstellungen zu integrieren – sofern sie zum Thema der Veranstaltung passen. Weniger aufwendig kann diese Perspektive in der intergenerationelle Bildungsarbeit aufgenommen werden, indem die Generationen gebeten werden einen Gegenstand zur Veranstaltungen mitzubringen, der ihre Generation repräsentiert. Diese Gegenstände können dann ausgelegt werden und regen durch ihre Unterschiedlichkeit zur Reflexion generationsspezifischer Prägungen an.

Zusammenfassung und Ausblick

Die vorgestellte Matrix dient zur heuristischen Orientierung in den Feldern intergenerationeller (Bildungs-)Arbeit. Ein solches Instrument kann gerade in der Planungsphase eines intergenerationellen Projektes zur Reflexion unterschiedlicher konzeptueller Möglichkeiten beitragen. Dadurch wird sichtbar, wie Generationen in der Bildungsarbeit systematisch zusammengeführt werden können. Die vorgenommene Differenzierung zwischen den einzelnen Feldern ist daher für den strukturierten Blick während der Planung und Reflexion notwendig, allerdings lässt sich diese klare Trennung in der Bildungspraxis häufig selbst nicht mehr aufrecht erhalten. Hier sind die Grenzen zwischen den einzelnen Feldern eher fließend und ineinander übergehend, so dass wenn beispielsweise das Miteinander Lernen fokussiert wird, die Generationen auch die Möglichkeit haben etwas von und über die anderen Generationen zu lernen.

Literatur

Amrhein, V./Schüler, B. (2005): Dialog der Generationen. In: Aus Politik und Zeitgeschichte. Beilage zur Wochenzeitung „Das Parlament". Bd. 8, S. 9-17.

Antz, E.-M./Franz, J./Frieters, N./Scheunpflug, A. (2009): Generationen lernen gemeinsam. Methoden für die intergenerationelle Bildungsarbeit. Bielefeld.

Bertram, H. (2000): Die verborgenen familiären Beziehungen in Deutschland. Die multilokale Mehrgenerationenfamilie. In: Kohli, M./Szydlik, M. (Hrsg.): Generationen in Familie und Gesellschaft. Opladen, S. 97-121.

Deutsche Shell Holding GmbH (Hrsg.): Jugend 2010, 16. Shell Jugendstudie, Frankfurt am Main.

Franz, J./Frieters, N./Scheunpflug, A./Tolksdorf, M./Antz, E.-M. (2009): Generationen lernen gemeinsam. Theorie und Praxis intergenerationeller Bildung. Bielefeld.
Freire, P. (1970): Bildung als Erkenntnissituation. In: Schreiner, P./Mette, N./Oesselmann, D./Kinkelbur, D. (Hrsg.) (2007): Paulo Freire – Unterdrückung und Befreiung. Münster/New York/München/Berlin, S. 67-88.
Fröhlich, S./Kleis, C. (2007): Alles über meine Mutter. Frankfurt.
Fröhlich, S./Kleis, C. (2008): Alles über meinen Vater. Frankfurt.
Gillies, J.-M. (2010): Alte Hasen, junge Hüpfer. Die Mischung machts in Unternehmen. In: exclusive Lufthansa (1), S. 44-48.
Gronemeyer, R. (1991): Die Entfernung vom Wolfsrudel. Über den drohenden Krieg der Jungen gegen die Alten. Frankfurt/Main.
Von der Leyen, U. (2007): Füreinander da sein, miteinander handeln. Warum die Generationen sich gegenseitig brauchen. Freiburg.
Höpflinger, F. (1999): Generationenfrage – Konzepte, theoretische Ansätze und Beobachtungen zu Generationenbeziehungen in späteren Lebensphasen. Lausanne.
Jacobs, T. (2006): Dialog der Generationen. Leben – Gesellschaft – Schule. Plädoyer für eine intergenerative Pädagogik. Baltmannsweiler.
Klerqc, J. (1997): Intergenerationelles Lernen. Der Blick über die Ländergrenzen hinweg. In: Meisel, Klaus (Hrsg.): Generationen im Dialog. Frankfurt am Main, S. 84-94.
Kreisau-Initiative Berlin e.V. (Hrsg.) (2009): Lieder der Generationen. Online http: //www.kreisau.de/fileadmin/media/Dokumente/Publikationen/liederdergenerationenfarbevers 02012010.pdf [Zugriff: 21.12.2011].
Kohli, M./Szydlik, M. (Hrsg.): Generationen in Familie und Gesellschaft. Opladen.
Liebau, E. (1997): Generationen – ein aktuelles Problem? In: Liebau, Eckart (Hrsg.): Das Generationenverhältnis. Über das Zusammenleben in Familie und Gesellschaft. Weinheim/München, S. 15-38.
Mannheim, K. (1928/1964): Wissenssoziologie. In: Wolff, K.H. (Hrsg.): Wissenssoziologie. Berlin.
Marquard, M./Schabacker-Bock, M./Stadelhofer, C. (2008): Alt und Jung im Lernaustausch. Eine Arbeitshilfe für intergenerationelle Lernprojekte. Weinheim und München.
Meese, A. (2005): Lernen im Austausch der Generationen. In: DIE – Zeitschrift für Erwachsenenbildung II. Heft. 37-39. Online im Internet. URL: http: //www.uni-koeln.de/ew-fak/paedagogik/meese/IntergenerationelleDidaktik.pdf
[Zugriff: 11.06.2009].
Niethammer, L. (1980): Lebenserfahrung und kollektives Gedächtnis. Die Praxis des „Oral History". Frankfurt am Main.
Schelsky, H. (1957): Die skeptische Generation. Eine Soziologie der deutschen Jugend. Düsseldorf u.a.
Schirrmacher, F. (2004): Das Methusalem-Komplott. München.
Schleiermacher, F. (1826/1966): Die Vorlesungen aus dem Jahre 1826. In: Schleiermacher, Friedrich: Pädagogische Schriften. Bd. 1 herausgegeben von E. Weniger, Düsseldorf.
Statistische Ämter des Bundes und der Länder (2007): Demografischer Wandel in Deutschland. Heft 1. Bevölkerungs- und Haushaltsentwicklung im Bund und in den Ländern. Wiesbaden

Medienarbeit in der intergenerativen Arbeit

Anja Klimsa

Die „normale“ Form des intergenerationellen Austausches, die auch durch Mehrgenerationenhäuser gefördert werden soll, besteht in face-to-face-Kontakten, Gesprächen und Interaktionen im Alltag sowie vielfältigen speziellen Projekten. Im Artikel soll darüber hinausgehend gezeigt werden, dass die oftmals als generationenspaltenden kolportierten Medien ebenfalls ein großes Potenzial für den Austausch zwischen Alt und Jung gerade in den Mehrgenerationenhäusern aufweisen. Dazu wird zuerst gefragt, ob es stimmt, dass die Generationen in Sachen Medien tatsächliche keine gemeinsamen Schnittstellen aufweisen. Daraufhin werden schon existierende Projekte intergenerationeller Medienarbeit vorgestellt und beschrieben, bevor dann argumentiert wird, dass Mehrgenerationenhäuser von ihrem inhaltlichen und organisatorischen Zuschnitt her eine gute Plattform für die intergenerationelle Medienarbeit darstellen.

Mediengenerationen

Medien sind Teil der verschiedenen Erfahrungsräume der Generationen. Die Mediennutzung der verschiedenen Generationen ist gut erforscht, wobei der Fokus eher auf der Kohorte als Geburtsjahrgang und weniger auf den Generationen (Menschen mit ähnlichen biographischen Erfahrungen) liegt. Menschen gleichen Alters unterscheiden sich jedoch je nach Lebenswelt und Geschlecht auch in ihrem Mediennutzungsverhalten voneinander. Die in der Medienforschung verbreitete „Defizitperspektive auf Ältere“ (Schäffer 2006: 18) blendet diese individuellen Unterschiede und anderen Faktoren zumeist aus. Der Medienaneignungsprozess Älterer ist differenziert und gekennzeichnet durch ihre Lebensentwürfe und ihre Biographie sowie die bisherige Erfahrung und Bedeutung der Medien in ihrem Leben (Schorb 2011: 74).

Studien bescheinigen jüngeren Menschen eine hohe Affinität zu den „Neuen Medien“ (z.B. MPFS 2011; van Eimeren/Frees 2011). Nicht selten werden sie als „Digital Natives“ bezeichnet. Damit ist gemeint, dass sie sich selbstverständlich und auf eigene Weise in den digitalen Medien bewegen. Im Gegensatz dazu wird von der älteren Generation als „Digital Immigrants“ gesprochen, deren Zugang zu den digitalen Medien weniger intuitiv und eher nach rationalen Gesichtspunkten ausgerichtet sei. (Prensky 2001; Schäffer 2009: 46) beschreibt den Modus der Medienaneignung Jüngerer als den einer „vergleichsweise mühelosen Habitialisierung“, während Ältere einen Prozess der „mühsamen kognitiven Vergegenwärtigung“ durchlaufen. Der Umgang mit den Medien ist geprägt von „zumeist in der Jugendzeit erworbenen medienpraxiskulturbezogenen, habitualisierten Handlungsroutinen“ (Schäffer 2010: 122). Dies bedeutet, dass Menschen mit den in ihrer Jugendzeit zur Verfügung stehenden Medien je eigene Umgangsweisen entwickeln und auf Basis dieser Erfahrungen auch späteren medientechnischen Entwicklungen begegnen. Bei neuen Medientechnologien und -angeboten wird z.B. entsprechend der in der Jugend habitualisierten Bedienstruktur von jüngeren NutzerInnen eher intuitive Bedienbarkeit vorausgesetzt, während ältere

NutzerInnen eher eine Gebrauchsanweisung suchen. Schäffer (Schäffer 2009) stellt folgende Typologie generationenspezifischer Medienpraxiskulturen vor:

Arbeit (Medienumgang ist auf Zweckrationalität ausgerichtet)	vs.	Spiel (Spielerischer Umgang mit den Medien)
Vertrautheit (intuitives Zuwenden ohne Scheu)	vs.	Fremdheit (ängstliches und geplantes Bedienen)
Nähe (Unpersönlichkeit der Kommunikation/Interaktion wird negativ bewertet)	vs.	Distanz (Unpersönlichkeit der Kommunikation/Interaktion wird geschätzt)

Neben dem Alter sind auch Bildungsstand und Geschlecht entscheidend für die individuelle Ausprägung der Dimensionen. Jäckel (2010: 254) schließt aus der Analyse mehrere Studien zur Mediennutzung der Generationen folgendes:

- Jüngerer Menschen nutzen innerhalb ihrer Altersgruppe Medien eher homogen.
- Ältere Menschen weisen eine große Binnengruppenvarianz bezüglich der Mediennutzung auf.
- Der Unterschied zwischen den Altersgruppen ist in jüngeren Jahren groß und nimmt mit zunehmendem Alter ab.
- Der Generationenbegriff erscheint für die jüngeren Kohorten untauglich, da das Mediennutzungsverhalten schon bei kleineren Altersunterschieden stark variiert.

Zusammenfassen kann festgestellt werden, dass es „*die* Jungen" und „*die* Alten" in Bezug auf ihr Mediennutzungsverhalten nicht gibt. Intergenerative Medienprojekte bringen Menschen zusammen, die biographisch zu bestimmten Generationen gehören, sich in ihrem Medienzugang jedoch auch entlang weiterer Kriterien wie Milieu, Bildung, Geschlecht, Erwerbstätigkeit unterscheiden. Der ausschließliche Blick auf das Alter genügt nicht, um treffende Aussagen über die jeweilige Zielgruppe zu formulieren.

Bestandsaufnahme

Kurse und Projekte, in denen die jüngeren zu mehr Medienkompetenz geführt werden sollen, sind üblich und knüpfen häufig an Jugendarbeit oder Schule an. In diesen Feldern sich viele Institutionen spezialisiert und unterstützen schon seit etlichen Jahren Kinder und Jugendliche im Bereich der Medien.

Mit der Entwicklung einer verlängerten Lebensarbeitszeit und einem Mehr an relativ gesunden und wohlhabenden sogenannten „jungen Alten" wird Medienkompetenzförderung auch für diese ältere Generation gesellschaftlich, politisch und wirtschaftlich interessant. Hartung (2009) beklagt, dass die bislang vorliegenden Projekte der Medienkompetenzförderung für Ältere aus Ermangelung an Kenntnissen und Konzeptionen umfassende medienpädagogische Ziele verfehlen. Insbesondere ist hier „ein vereinseitigendes und asymmetrisches Lernverständnis, in dem Lerninhalte in keinem inneren Zusammenhang zur Lebenswelt der Lernsubjekte stehen" (Hartung 2010: 27) charakteristisch.

Grundlegende Kenntnisse in der Verwendung von Software, die Voraussetzung für die Berufswelt sind (Office Programme, basale Web-Fähigkeiten, wie Recherche und Kommunikation) werden in der Regel in altershomogenen Gruppen vermittelt. Für jüngere Generationen geschieht das im Rahmen ihrer Ausbildung, für mittlere Generationen am Arbeitsplatz oder in Fortbildungen, für ältere Generationen in Seniorenangeboten der VHS o.Ä. Kreative Arbeit und kritische Auseinandersetzung mit Medien hingegen findet meist außerhalb der verpflichtenden Lernsituationen statt. Auch hier sind homogene Gruppen die Regel. Jugendzentren setzen auf digitale und multimediale Medien, die es zu erproben und selbst herzustellen gilt. Im mittleren Alter bleibt in der Regel neben Erwerbstätigkeit und Familie wenig Zeit für Medienworkshops. Die Angebote, die sich hier noch am deutlichsten durchsetzen, sind Angebote an Eltern bezüglich der Medienerziehung ihrer Kinder. Leider beschränken sich diese oft auf Informationen. Ein gutes Beispiel, dass es auch anders geht, wäre die Computerspielschule Leipzig (http: //www.uni-leipzig.de/~compsp/Csl/index.html). Hier spielen (Groß-)Eltern/LehrerInnen und Kinder/Jugendliche zusammen, werden von MedienpädagogInnen begleitet. So kann sich Verständnis, Sicherheit und Wissen sowie Netzwerke entwickeln.

Projekte, in denen die verschiedenen Generationen *miteinander* Medien nutzen und produzieren, existieren ebenfalls schon seit längerem. Den Wettbewerb „Video der Generationen" (KJF) gibt es beispielsweise schon seit 1998. Aus der Vorstellung der preisgekrönten Filme dieses Wettbewerbs (Tweles 2008) wird deutlich, dass die Projekte die Generationen zwar verbinden, von echter intergenerativer Arbeit im unten ausgeführten Sinn jedoch seltener gesprochen werden kann. In der Mehrzahl der Filme wird die ältere Generation von der jüngeren thematisiert oder Ältere gehen ihrem Hobby Medien nach. Im Projekt „Generationen im Dialog" (JFF) wurde durch das Ansetzen an einem gemeinsamen Interesse und einer gemeinsamen Aufgabe der Projektbeteiligten versucht, diesem Manko zu begegnen. So entstanden in 11 Projekten Medienprodukte; beispielsweise eine GPS Schnitzeljagd oder eine Ausstellung zum Thema Internet. Die Mitglieder der verschiedenen Generationen setzten sich auf Basis der eigenen Interessen auf Augenhöhe und unter Zuhilfenahme der Medien miteinander auseinander, gewannen neue Einsichten übereinander sowie über das Thema und präsentierten diese öffentlich in Form eines Medienproduktes. Das Besondere an den Projekten ist, dass die Dimensionen des intergenerationellen Lernens also voneinander, miteinander und übereinander Lernen gleichzeitig bedient werden (Franz/Frieters/Scheunpflug/Tolksdorf/Antz 2009).

Intergenerative Medienarbeit, vor allem in diesem fortgeschrittenen Sinne, bleibt jedoch zumeist noch eine Ausnahme. Dies ist nicht zuletzt mit der Schwierigkeit der Zielgruppenakquisition zu begründen. Normalerweise halten sich die verschiedenen Generationen nicht am selben Ort auf, auch ihre Einbindung in Institutionen sieht mit wenigen Ausnahmen wie Parteien oder Sportvereine eher unterschiedlich aus. Mehrgenerationenhäuser können hier große Chancen bieten, da Themen und Orte der Generationen sich hier stark überschneiden.

Intergenerative (aktive) Medienarbeit

In der (aktiven) Medienarbeit (vgl. Schell 2003) werden in der gemeinsamen und handelnden Auseinandersetzung mit der Lebensrealität unter Zuhilfenahme der Medien neue Erfah

rungen gewonnen. Menschen verschiedener Generationen nehmen die Medien in Dienst, um ihre soziale Realität zu be- und erarbeiten und so zusammen Neues gestalten. Neues wird hier in zweierlei Hinsicht verstanden. Erstens das Erzeugen einer eigenen, neuen Realitätssicht, die auf mindestens einen der folgenden Zielbereiche nach Schell (2009: 11ff) bezogen ist:
Medien als Mittel:

- der Reflexion von Einstellungen, Verhaltens- und Handlungsweisen
- der Exploration
- der Herstellung von (Gegen-) Öffentlichkeit bzw. der Artikulation
- zum örtlich und zeitlich ungebundenen Erfahrungsaustausch und zur Organisation gemeinsamer Aktivitäten
- der Analyse und Kritik der Massenmedien bzw. massenmedialer Produkte.

Zweitens meint Neues aber auch die Herstellung eines Dritten Generationenraumes. In Anlehnung an den in der Kulturwissenschaft diskutierten „Dritten Raum“ (vgl. Bhabha 2000; Dirscherl 2004) kann ein intergenerationeller Dritter Raum als Möglichkeit der gemeinsamen Konstruktion von Identität und Differenz verstanden werden. „Intergenerativer Dritter Raum“ bedeutet hier nicht die Dichotomisierung der Generationen in Jung und Alt und auch nicht die Assimilation der vermeintlich unterlegenen Generation (je nach kulturellem Hintergrund sind eher altersorientierte oder jugendorientierte Werte vorherrschend). Vielmehr ermöglicht das Entstehen eines Dritten Raumes zwischen den Generationen ein gemeinsames und individuelles Aushandeln der Differenz und Spannung untereinander, was durchaus auch mit nicht-harmonischem Austausch einhergehen darf. Wenn es keine festgelegte junge bzw. alte Identität gibt, dann sind in den Konstruktionen der eigenen Identität und Generationenzugehörigkeit Widersprüche, Vielschichtigkeiten und Gemeinsamkeiten mit anderen Identitätskonstruktionen auszumachen. Der in der intergenerativen Medienarbeit entstehende Dritte Raum ist gekennzeichnet von dem gemeinsamen Aushandeln von Bedeutungen der Identität mit Hilfe der Medien. Intergenerative Medienarbeit stellt absichtsvoll medienpädagogisch gestaltete Dritte Räume zwischen den Generationen her. Solche Reflexionsräume sind hierarchiearm. Offenheit, Flexibilität und Transparenz sowie Toleranz sind wichtige Voraussetzungen für das Gelingen von intergenerativer Verständigung im Dritten Raum.

Eine solche intergenerative (aktive) Medienarbeit ist keinesfalls mit der Schaffung von Medienprodukten gleichzusetzen. „Pädagogisch ambitionierte Medienarbeit hebt sich in zwei Punkten von anderen Formen des Medienhandelns ab: Sie ist auf Kompetenzvermittlung und Veränderung aus, indem sie Kommunikation als Mittel der Emanzipation begreift“ (Hüther 1991: 71) Intergenerative Medienarbeit in diesem Sinne zielt auf die Steigerung von Mündigkeit, Emanzipation, die Steigerung der kommunikativen Kompetenz und insbesondere der Medienkompetenz (Schell 2009). Im Kontext intergenerativer Medienarbeit ist darunter insbesondere zu verstehen, dass:

- die Generationenbeziehungen und die sie behindernden und begleitenden Bedingungen; Normen und Werte durchschaut, hinterfragt und beurteilt werden können,
- die Generationenbeziehungen aktiv im eigenen Sinne gestaltet werden können,
- die Bedeutung der Kommunikation insbesondere der Medien für die Teilhabe der Generationen an der Gesellschaft erkannt werden können,
- Medien selbst aktiv zu Nutze gemacht werden können, um eine gerechtere gesellschaftliche Teilhabe der Generationen zu erreichen.

Bei der Steigerung der Medienkompetenz geht es also nicht nur um den Erwerb von medienpraktischen, medienkritischen Fähigkeiten und Wissen über die Medien. Alltagsbewältigung,

Orientierung und Selbstreflexion sowie Teilhabe durch und mit Medien sind zentrale Anliegen der intergenerativen Medienprojekte.

Auch die scheinbar so kompetent mit den Medien agierenden Jüngeren profitieren davon. „Die kritische Distanz, die (in der intergenerativen Medienarbeit) zum eigenen Verhalten entsteht, ist ein wichtiger Bestandteil von Medienkompetenz.“ (Kupser/Pöttinger 2011: 28)

Schäffer (2006) bezweifelt, dass die Förderung der Medienkompetenz Älterer sich aus dem Alter begründen lässt, da viele ältere Menschen aus ihrem Berufsleben sicher, wenn auch anders, mit den Medien umgehen. Vielmehr wird es notwendig, diejenigen zu unterstützen, „die auch ansonsten mangelnde kulturelle, soziale und ökonomische Teilhabe an der Gesellschaft aufweisen“ (Schäffer 2006: 18). Damit ist die Medienarbeit auch im intergenerativen Kontext als Empowerment zu verstehen.

Dieser Prozess gelingt am besten, wenn die Prinzipien Handelndes Lernen, Exemplarisches Lernen, kooperative Selbstqualifikation, Gender Mainstreaming und Qualitätsmanagement berücksichtigt werden (vgl. Klimsa 2007).

Intergenerative Medienarbeit kann begründet werden:

- aus der hohen Relevanz der Medien in unserer Gesellschaft für alle Generationen (Medien durchdringen und gestalten Freizeit, Arbeitswelt, Politik, Bildung)
- aus der Bedeutung der Medienkompetenz und für die Gestaltung des Miteinanders der Generationen (insbesondere Partizipation und Teilhabe am intergenerativen Dialog)
- aus dem Potential der Medienarbeit (u.a. Motivation und Freude durch Medienaffinität, schult kompetenten Umgang mit den Medien, erfordert und übt Teamarbeit, ist gekennzeichnet durch hohe Intensität und Zielgerichtetheit, ermöglicht ein Kommunizieren auf kreativer, künstlerischer, handwerklicher Ebene, ermöglicht einen narrative Umsetzung von Themen, erleichtert Anschlusskommunikation und Transfer durch die Veröffentlichung und Reflexion der Ergebnisse, Produkte können mehrfach weiter verwendet werden)
- aus dem Potential des intergenerativen Arbeitens/Lernens (Dritter Raum, über- von- und miteinander lernen)

In der Evaluation der Einzelprojekte aus dem Projekt Generationen im Dialog (Eggert/ Gerlich 2011) konnte festgestellt werden, dass intensiver Austausch zwischen den Generationen stattfand, Positionen und Einstellungen reflektiert wurden, Vorurteile aufgebrochen werden konnten und die Sichtweisen der jeweils anderen Generation besser verstanden wurden.

Intergenerative Medienarbeit in Mehrgenerationenhäusern

Von der Leyen (2008: 5) macht in ihrem Vorwort zum Praxishandbuch Intergenerative Videoarbeit deutlich, dass passende Rahmenbedingungen die Schwierigkeiten im „Teamwork der Generationen“ überwinden helfen. Mehrgenerationenhäuser bieten bereits vorhandene Strukturen. Da es hier selbstverständlich ist, auch anderen Generationen zu begegnen, ist die erste Kontaktaufnahme zu möglichen Projektteilnehmern tendenziell niederschwellig. Auch der erste Kontakt der Projektteilnehmer untereinander bahnt sich leichter an, da sich die Generationen hier zwangsläufig begegnen und da die Mehrgenerationenhäuser in ihren Kommunen auch eine Dienstleistungsdrehscheibe für die verschiedenen Generationen sind. Wenn aus diesen Begegnungen echte Zusammenarbeit z.B. in Medienprojekten erwächst, interagieren die Vertreter der verschiedenen Generationen auf der Basis von Interessen und gemeinsamer Arbeit und können Vorurteile und Klischees gegenüber anderen Generationen anhand eigener Erfahrungen überprüfen. Der dabei entstehende Dialog ist bedeutend, da der demografische Wandel vermehrten Dialog zwischen den Generationen notwendig macht, um auf neue Herausforderungen gemeinsam neue Antworten finden zu können. Generationendialog meint, dass die Generationen miteinander ins Gespräch kommen und zwar so, dass sie einander wirklich zuhören und verstehen und im Idealfall der bereits erläuterte Dritte Raum entsteht. Dafür braucht es Kommunikation auf Augenhöhe, denn nur so wird es möglich, einander zu verstehen. Das erfordert Empathie, denn das Gesendete muss auch empfangbar sein. Das beginnt bei der Sprachwahl und endet bei der Bereitschaft, die Perspektive des Anderen wertzuschätzen. „Indem sich Angehörige unterschiedlicher Generationen über gemeinsames Medienhandeln mit [...] der Medienwelt auseinander setzen, [...] partizipieren sie über eigenes lebensweltliches Erfahren andersartiger kultureller Strukturen der Weltanschauung nicht nur an der Komplexität und Vielschichtigkeit gesellschaftlicher Realität, sondern schulen dabei wesentlich ihre Fähigkeit zur Perspektivübernahme und Reflexion." (Hartung 2010: 31)

Um in solch intensiver Zusammenarbeit den Dritten Raum zu initiieren, müssen Ängste, die am Anfang von intergenerativen Medienprojekten typisch sind – die Jungen haben eher Angst, nicht ernst genommen zu werden, die Älteren haben eher Angst, unterlegen zu sein (Hartung 2010) –, ernst genommen werden. Trotz dieser Schwierigkeit finden sich freiwillige, intergenerative Gruppen zur gemeinsamen Medienarbeit. Freiwilliges Engagement resultiert aus einem positiven erwarteten Nutzen. Dieser Nutzen in der Intergenerativen Medienarbeit muss größer sein als die Scheu/Angst vor der anderen Generation und dem Projekt. Auch der Aufwand muss für die Teilnehmer überschaubar beleibt. Die heterogene Zielgruppe (große Unterschiede bezüglich technischem Vorwissens, Lebenslage, Wert- und Moralvorstellungen etc.), die technischen Anforderungen (Medientechnik), der hohe organisatorische Aufwand (Akquirierung der Teilnehmer, Zeit- und Materialaufwand etc.) sowie die hohen Anforderungen der Prozessbegleitung (Reflexionsprozesse initiieren, bei Konflikten vermitteln) in der intergenerativen Medienarbeit erfordert pädagogisch, organisatorisch und technisch geschulte Begleitung. Ein Mehrgenerationenhaus bietet hierfür eine gute Infrastruktur, wenngleich insbesondere der Bereich der technischen Begleitung ggf. erst über Kooperationen hinzukommt. Wenn es gelingt, den Teilnehmern der intergenerativen Projekte solche Ressourcen (pädagogische, technische und organisatorische) zur Verfügung zu stellen, sind die Teilnehmer entlastet und frei von unnötigen Störungen des Lernprozesses.

Neben der eben aufgeführten Strukturqualität bedarf es einer hohen Prozessqualität, um intergenerative Medienarbeit gelingen zu lassen. Insbesondere die Themenwahl ist von hoher Bedeutung. In intergenerativen Medienprojekten treffen sich nicht nur verschiedene Generationen, sondern verschiedene Individuen, die mehr eint bzw. unterscheidet als ihre Zugehörigkeit zu einer Generation. Genau auf diesem fruchtbaren Boden der Vielfalt wachsen gemeinsam interessierende Inhalte und verbindende Lebenswirklichkeiten. Eine Themenfindung dieser Qualität zu unterstützen ist wichtigster Bestandteil der Prozessqualität. Hinzu kommt die sensible Prozessbegleitung bei typischen intergenerativen Problemen. Solche Probleme sind insbesondere die unterschiedliche Herangehensweisen der Jüngeren und Älteren an Technik und Produktionsprozess sowie die unterschiedlichen Erwartungen an den Umgang miteinander. Mehrgenerationenhäuser bieten für neue Erfahrungen der Prozessqualität insbesondere im Umgang mit Problemen einen unbelasteten Ort, da hier im Vergleich zu den bekannten Orten wie Schule, Arbeitsplatz oder Seniorenheim wenig strukturelle Gewalt herrscht. Hier kann eine neue Prozessqualität, die sich durch Anerkennung und Wertschätzung auszeichnet, wachsen.

Die Mehrgenerationenhäuser profitieren neben der Umsetzung der eigenen pädagogischen Ziele auch als Institution selbst von einer systematischen Berücksichtigung der intergenerativen Medienarbeit. Die mit der intergenerativen Medienarbeit entstehende Öffentlichkeit ist groß. So können neue Zielgruppen erschlossen werden. Im Sinne einer mit der Präsentation der Ergebnisse der intergenerativen Medienarbeit verbundenen Öffentlichkeitsarbeit/PR können neben neuen NutzerInnen der Mehrgenerationenhäuser auch Geldgeber, die allgemeine Öffentlichkeit, die Politik oder Netzwerkpartner erreicht werden.

Die intergenerative Medienarbeit ist für Mehrgenerationenhäuser ein anspruchsvolles Betätigungsfeld, mit dem große Chancen für die Zielgruppe, das Mehrgenerationenhaus selbst aber auch für unsere Gesellschaft verbunden sind.

Literatur

Bhabha, H. K. (2000): Die Verortung der Kultur. Tübingen.

Dirscherl, K. (2004): Der Dritte Raum als Konzept der interkulturellen Kommunikation. Theorie und Vorschläge für die Praxis. In: Bolten, J. (Hrsg.): Interkulturelles Handeln in der Wirtschaft. Positionen – Modelle – Perspektiven – Projekte. Göttingen, S. 12-24.

Eggert, S./Gerlich, P. (2011): Ergebnisse der wissenschaftlichen Begleitung. In: Kupser, T./Pöttinger, I. (Hrsg.): Mediale Brücken. Generationen im Dialog durch aktive Medienarbeit. München, S. 221-242.

Franz, J./Frieters, N./Scheunpflug, A./Tolksdorf, M./Antz, E.-M. (2009): Generationen lernen gemeinsam. Theorie und Praxis intergenerationeller Bildung. Bielefeld.

Hartung, A. (2009): Alter und Medienarbeit. In: Schorb, B./Anfang, G./Demmler, K. (Hrsg.): Grundbegriffe Medienpädagogik. Praxis. München, S. 14-18.

Hartung, A. (2010): Medienkulturen des Miteinanders. Ansätze und Möglichkeiten intergenerativen Medienhandelns. In: Medien + Erziehung, 54. Jahrgang Nr. 4, S. 26-32.

Hüther, J. (1991): Aktive Medienarbeit. In: Institut Jugend Film Fernsehen (Hrsg.): Von Sinnen und Medien. Dialoge zur Medienpädagogik. München, S. 71-75.

Jäckel, M. (2010): Was unterscheidet Mediengenerationen? Media-Perspektiven, 5/2010, S. 247-257.

JFF. Generationen im Dialog Retrieved. Online im Internet: http: //www.generationenimdialog.de[Zugriff: 01.03.12]

KJF. Video der Genrationen Retrieved. Online im Internet: http: //www.video-der-generationen.de/[Zugriff: 01.03.12]

Klimsa, A. (2007): Prävention und Medienpädagogik. Entwicklung eines Modells der medienpädagogischen Präventionsarbeit. Göttingen.

Kupser, T./Pöttinger, I. (2011): Vorwort. In: Kupser, T./Pöttinger, I. (Hrsg.): Mediale Brücken, Generationen im Dialog durch aktive Medienarbeit. München, S. 27-29.

MPFS (Hrsg.). (2011): JIM-Studie 2011. Jugend, Information, (Multi)Media. Basisuntersuchung zum Medienumgang 12- bis 19-Jähriger. Stuttgart.

Prensky, M. (2001): Digital Natives, Digital Immigrants. On The Horizon, ISSN 1074-8121, MCB University Press, Vol. 9 No. 5, Oktober 2001.

Schäffer, B. (2006): Die Bildung Älterer mit neuen Medien: Zwischen Medienkompetenz, ICT-Literacy un dgenerationenspezifischen Medienpraxiskulturen. In: Bildungsforschung, 2/2006, S. 1-28.

Schäffer, B. (2009): Mediengenerationen, Medienkohorten und generationsspezifische Medienpraxiskulturen. Zum Generationenansatz in der Medienforschung. In: Schorb, B./Hartung, A./Reißmann, W. (Hrsg.): Medien und höheres Lebensalter. Theorie – Forschung – Praxis. Wiesbaden, S. 31-50.

Schäffer, B. (2010): Medien und Generation. In: Vollbrecht, R./Wegener, C. (Hrsg.): Handbuch Mediensozialisation. Wiesbaden, S. 117-124.

Schell, F. (2003): Aktive Medienarbeitmit Jugendlichen. In: Theorie und Praxis, Vol. 4. München.

Schell, F. (2009): Aktive Medienarbeit. In: Schorb, B./Anfang, G./Demmler, K. (Hrsg.): Grundbegriffe Medienpädagogik – Praxis. München, S. 9-13.

Schorb, B. (2011): Erfahren und neugierig. Medienkompetenz und höheres Lebensalter. In: Kupser, T./Pöttinger, I. (Hrsg.): Mediale Brücken. Generationen im Dialog durch aktive Medienarbeit. München, S. 49-79.

Twele, H. (2008): Generationen-Videos: Unterschiedliche Ansätze. In: Kinder- und Jugendfilmzentrum in Deutschland (Hrsg.): Intergenerative Videoarbeit. Ein Praxishandbuch. Remscheid, S. 10-13.

van Eimeren, B./Frees, B. (2011): Drei von vier Deutschen im Netz – ein Ende des digitalen Grabens in Sicht? Ergebnisse der ARD/ZDF-Onlinestudie 2011. Media-Perspektiven, Heft 7-8/2011, Heft 7-8/2011, S. 334-349.

von der Leyen, U. (2008): Teamwork der Generationen. In: Kinder- und Jugendfimzentrum in Deutschland (Hrsg.): Intergeneratve Videoarbeit. Ein Praxishandbuch. Remscheid, S. 4-5.

Computer Spiel Schule Leipzig. Online im Internet: http: //www.uni-leipzig.de/~comZpsp /Csl/index.html [Zugriff: 27.03.12]

Unterschiedliche Lebens- und Erfahrungswelten zwischen den Generationen. Gelingensbedingungen intergenerationeller Bildungsarbeit

Annette Scheunpflug, Julia Franz

Im Kontext des gesellschaftlichen und demografischen Wandels gewinnen Ansätze intergenerationeller Bildungsarbeit zunehmend an Bedeutung. Sie bieten die Möglichkeit eines bildungstheoretisch fundierten Umgangs mit demografischen Wandlungsprozessen. Häufig wird über intentionale Bildungsarrangements der sonst in der Regel mitgängig sich vollziehende Austausch zwischen den Generationen organisiert. Im Folgenden geht es um die Frage, wie ein solches Bildungsarrangement aussehen kann, damit es potenziell zu positiven Begegnungen zwischen den Generationen beiträgt und das gegenseitige Verständnis zwischen den Generationen fördert. Dazu wird zunächst auf die strukturellen Herausforderungen intergenerationeller Bildung verwiesen, bevor dann empirisch fundierte Gelingensbedingungen für dieses Arbeitsfeld beschrieben werden.

Strukturelle Herausforderungen intergenerationeller Bildung

Künstliches Arrangement eines sonst mitgängigen Lernens

Lernprozesse zwischen verschiedenen Generationen spielen sich im Alltag eher beiläufig und mitgängig in sozialen Gemeinschaften wie in Familien oder Vereinen ab. Diese *funktionalen* Lernprozesse verfolgen in der Regel kein explizites Ziel, sondern ereignen sich während gemeinsamer Aktivitäten – sozusagen als Nebenwirkungen. Die Herausforderung für Bildungseinrichtungen im Kontext intergenerationeller Bildung besteht hingegen darin, *intentionale* intergenerationelle Bildungsangebote zu entwickeln, die über das funktionale Modell hinaus gehen, um gezielt Perspektivwechsel und Bildungsprozesse zwischen Generationen zu initiieren. Insofern stellen intentionale Bildungsangebote künstliche Arrangements dar, in denen das sonst implizite, mitgängige Lernen zwischen Generationen im Alltag in Bildungsinstitutionen intentional expliziert wird.

Unterschiedliche Lebens- und Erfahrungswelten zwischen den Generationen

In intentionalen intergenerationellen Lernarrangements treffen verschiedene Generationen mit ganz unterschiedlichen Lebenserfahrungen, Wertvorstellungen und Perspektiven aufeinander. Dies kann an drei Beispielen verdeutlicht werden:

- Die Erfahrungswelten verschiedener Generationen unterscheiden sich zunächst durch unterschiedlich biografisch verarbeitete historische Ereignisse. Die heute Älteren sind potenziell durch die Erfahrungen der Nachkriegszeit, der sozialen Bewegungen der 1970er Jahre oder den Kalten Krieg und dessen Ende in den 1980er Jahren geprägt. Die heute jüngeren Generationen wachsen in einer durch Pluralität geprägten „postmodernen“ Gesellschaft auf, die ihnen mehr Wahlmöglichkeiten bereit stellt, als die älteren Generationen hatten, in der es aber auch zunehmend schwieriger wird, historische Ereignisse kollektiv zu verarbeiten.

- Darüber hinaus zeigen sich Unterschiede hinsichtlich der Lernerfahrungen. Während die heute Älteren in ihrer Schulsozialisation stärkere autoritäre Strukturen und Frontalunterricht erlebt haben, werden die heute Jüngeren in ihrer Bildungssozialisation in der Schule durch die Integration „neuer Lernkulturen“ zu aktiveren Lernprozessen angeregt.
- Schließlich, um ein weiteres prägnantes Beispiel für unterschiedliche Lebens- und Erfahrungswelten herauszustellen, verfügen Generationen über differenzierte Alltagspraxen mit Medien. Die heute Älteren sind in ihrer Mediensozialisation vor allem durch „alte Medien“ geprägt. Sie nutzen vornehmlich Printmedien, das Radio und den Fernseher, während „neuen Medien“ in ihrem Alltag eine verhältnismäßig kleine Rolle spielen (vgl. Schorb 2011: 50). Im Gegensatz werden die heute jüngeren Generationen weitaus stärker mit „neuen Medien“ sozialisiert und ihr Alltag ist durch das Internet und die Kommunikation in Social-Media-Plattformen geprägt (vgl. mpfs 2011: 34).

Diese exemplarisch aufgezeigten Unterschiedlichkeiten wirken auf den Lernprozess zwischen Generationen ein und stellen eine große Chance für Differenzerfahrungen dar, gleichzeitig aber auch eine große Herausforderung, intentionale intergenerationelle Lernangebote heterogenitätssensibel didaktisch zu arrangieren.

Unterschiedliche generative Interessen an intergenerationeller Bildung

Intergenerationelle Lernarrangements sind auch deshalb nicht einfach zu gestalten, da die Interessenslagen der Generationen am Kontakt mit jeweils anderen Generationen unterschiedlich ausgeprägt sind. Das Lernen mit jüngeren Generationen ist vor allem ein Anliegen der älteren Generationen, wie in einer Studie zu den Bildungsinteressen Älterer deutlich wurde (vgl. Tippelt et al. 2009; vgl. für den Medienbereich Schäffer 2003). Sie wünschen sich explizit den Austausch mit den jüngeren Generationen, da dies potenziell zur Sinnstiftung im dritten Lebensalter beiträgt, Anregungen bietet und den häufig nicht mehr familiär gegebenen Kontakt zur jüngeren Generation ermöglicht. Die jüngeren Generationen stehen Älteren aktuellen Jugendstudien zufolge zwar durchaus respektvoll gegenüber (vgl. Deutsche Shell 2010),allerdings zeigt sich hier kein expliziter Wunsch nach intergenerationellen Lernprozessen. Vielmehr orientieren sich Heranwachsende in besonderem Maße an ihrer Altersgruppe und sind weniger interessiert an gemeinsamem Lernen mit Älteren, vor allem mit den Generationen, die deutlich älter sind als sie selber. In dieser strukturellen Asymmetrie besteht eine weiter der Herausforderungen intergenerationeller Bildungsarbeit.

Gelingensbedingungen

Wie kann nun mit diesen Herausforderungen sinnvoll umgegangen werden und was ist bei der intergenerationellen Bildungsarbeit zu beachten? Die nachfolgenden Überlegungen basieren auf den empirischen Befunden eines Forschungsprojekts. In einem vom Bundesministerium für Bildung und Forschung (BMBF) geförderten und von der Katholischen Bundesarbeitsgemeinschaft für Erwachsenenbildung (KBE) getragenen Forschungs- und Entwicklungsprojekt wurde exemplarisch das gemeinsame Lernen verschiedener Generationen in

Einrichtungen der Erwachsenenbildung gefördert und das Bildungsarrangement wissenschaftlich begleitet. Dazu wurden 16 Erwachsenenbildnerinnen und Erwachsenenbildner aus 15 erwachsenenpädagogischen Einrichtungen zum intergenerationellen Lernen fortgebildet, die dann Bildungsarrangements für ihre Einrichtungen entwickelten und durchführten. Das gesamte Modellvorhaben wurde von der Universität Erlangen-Nürnberg wissenschaftlich begleitet. Vor und nach den Maßnahmen wurden Gruppendiskussionen mit den Erwachsenenbildnerinnen und Erwachsenenbildner sowie mit ausgewählten Teilnehmergruppen durchgeführt und diese dokumentarisch ausgewertet (vgl. Bohnsack 2001; Bohnsack et al. 2007). Zudem wurde die Perspektive aller 272 Teilnehmenden durch Fragebögen erhoben.

Die empirischen Ergebnisse dieser Forschungsarbeit (vgl. z.B. Franz/Scheunpflug 2009; Franz 2010) werden im Folgenden zu Gelingensbedingungen der intergenerationellen Bildungsarbeit verdichtet, die für die Planung und Durchführung intergenerationeller Bildungsangebote Anregungen bieten können.

(1) In intergenerationellen Lehr-/Lernarrangements werden häufig Rollenmuster aktiviert, nach denen Jüngere von Älteren lernen sollten. Sollen jedoch reziproke Formen des gemeinsamen Lernens angeregt werden, gilt es diese Rollenmuster zu reflektieren

In den empirischen Ergebnissen zeigt sich zunächst, dass alle Teilnehmenden sich zu Beginn intergenerationeller Bildungsveranstaltungen daran orientieren, dass Ältere Wissen und Erfahrungen an Jüngere vermitteln. Verbunden damit sind beispielsweise Vorstellungen von erzählenden Großeltern (vgl. Höpflinger et al. 2006), die ihre Lebenserfahrungen an Enkelkinder tradieren. Diese Vorstellung ist eng mit einem genealogischen Generationen-begriff verknüpft (vgl. Liebau 1997), mit dem Generationen über ihre verwandtschaftliche Verbindungslinien beschrieben werden (vgl. Beitrag Franz/Scheunpflug i.d.B.). Dieser Begriff impliziert ein Senioritätsprinzip der Älteren sowie ein asymmetrisches Rollenverhältnis von Älteren und Jüngeren: „Jüngere sollen von Älteren lernen". Diese durchaus robuste Orientierung beeinflusst intergenerationelle Lernprozesse und ist im Hinblick auf zwei Aspekte bedeutsam:

- Zum einen wird damit darauf aufmerksam gemacht, dass Bildungsangebote für Kinder und Ältere in hohem Maße anschlussfähig an solches Rollenverständnis sind. In der Familienbildung sind beispielsweise Arrangements, bei denen anhand gemeinsamer Aktivitäten (Kochen, Handwerk etc.), die Jüngeren von den Älteren lernen können, zum Teil schon verankert.
- Zum zweiten macht die stabile Rollenzuschreibung deutlich, dass diese reflektiert werden sollte, wenn in der Bildungsarbeit Jugendliche, junge Erwachsene und Ältere gemeinsam lernen wollen. Nach unseren empirischen Erfahrungen orientieren sich gerade zu Beginn von Veranstaltungen alle Beteiligten implizit an einem Senioritätsprinzip der Älteren. Dies äußert sich beispielsweise darin, dass manche Ältere diese Rollenvorstellung vehement im Habitus der Lehrenden verkörpern, während sie sich bei Jüngeren in einem tendenziell eher zurückhaltenden Verhalten äußert. Daher ist es in solchen Veranstaltungen bedeutsam, diese impliziten Erwartungen zu thematisieren und zu reflektieren, um ggf. die Orientierung am Senioritätsprinzip zu verflüssigen und damit Platz für neue Orientierungsmuster zu schaffen.

(2) Intergenerationelle Lernprozesse, in denen über das gewohnte „Jung lernt von Alt"-Muster hinausgegangen wird, bedürfen einer sensiblen pädagogischen Begleitung.

Wenn in Bildungsveranstaltungen über ein genealogisches Generationenverhältnis hinausgegangen wird, sollten die Teilnehmenden die Möglichkeit haben, voneinander, übereinander und miteinander zu lernen (vgl. Beitrag von Franz/Scheunpflug i.d.B.). Da solche Prozesse in der Regel nicht automatisch geschehen, wenn verschiedene Generationen aufeinandertreffen, bedarf einer sensiblen pädagogischen Begleitung. Schließlich treffen in intergenerationellen Bildungsveranstaltungen unterschiedliche Lernbiografien und vielfältige Lerngewohnheiten aufeinander. Die Aufgabe der pädagogischen Begleitung besteht vor dem Hintergrund unserer Forschungserfahrungen in einer generationssensiblen Gestaltung und Begleitung intergenerationeller Arrangements die sich in drei Teilbereiche ausdifferenzieren lässt:

- Zum einen betrifft die Generationssensibilität die Reflexion von unterschiedlichen theoretischen Generationenbegriffen, von Ambivalenzen in Generationenbeziehungen (vgl. Lüscher 2005), von möglichen verbindenden Themen zwischen unterschiedlichen Generationen sowie die Reflexion der eigenen Generationszugehörigkeit. Diese theoretisch-reflexive Brille ermöglicht einen sensiblen Umgang sowie eine sensible Moderation in unterschiedlichen Generationengruppen.
- Eng damit verbunden sind zweitens die eigene Rollenklarheit und die damit verbundene Aufgabe, behutsam zwischen den Bedürfnissen der Teilnehmenden zu vermitteln. Die Begleitung sollte daher neutral für die Bedürfnisse aller teilnehmenden Generationen stehen und jeweils den Generationen, die gerade weniger zum Zuge kommen, flexibel alternative Bildungsangebote machen.
- Schließlich gilt es drittens diese Sensibilität auch in der Auswahl und Durchführung unterschiedlicher Methoden geltend zu machen. Das bedeutet, dass bei der Auswahl und Anwendung von Methoden (sowie bei der Auswahl des Lernortes) sorgfältig abgewogen werden sollte, ob sie für alle anwesenden Altersgruppen geeignet und für die jeweilige altersgemischte Gruppe passend sind. Neben altersbezogenen kognitiven und körperlichen Voraussetzungen spielen dabei auch mögliche Barrieren – wie zum Beispiel die Skepsis gegenüber neuen Lernmethoden bei den Älteren – eine wichtige Rolle.

(3) Die Gestaltung intergenerationeller Arrangements hängt im hohen Maße von den jeweils beteiligten Generationen ab.

In unserer Forschungsarbeit wurde anhand der empirischen Ergebnisse deutlich, dass die Reflexion der Zielgruppen bzw. deren bewusste Auswahl im Planungsprozess von intergenerationellen Bildungsarrangements entscheidend zum Gelingen einer Veranstaltung beiträgt. Gerade außerschulische Bildungseinrichtungen haben häufig zu Teilnehmenden aus unterschiedlichen Altersgruppen Zugang. Dieses intergenerationelle Potenzial kann sichtbar gemacht werden, indem beispielsweise danach gefragt wird, welche Generationen bereits in die Einrichtung kommen, welche Erfahrungen mit diesen Generationengruppen vorliegen und welche Möglichkeiten sich für intergenerationelle Ansätze anbieten. Neben dieser Reflexion der eigenen Potenziale erscheint es von Bedeutung, für die ausgewählten Zielgruppen ein angemessenes Bildungskonzept zu entwickeln. Im Rahmen der Auswertung des Modellprojekts konnten diesbezüglich drei idealtypische Arrangements herausgearbeitet werden, die unterschiedliche Zielgruppen bedienen (vgl. ausführlicher bei Franz 2010).

Für die Zielgruppe *Kinder und Ältere* eignen sich nach unserer Erfahrung vor allem genealogisch orientierte Lernarrangements. Bei diesen stehen im Sinne eines genealogisch verwandtschaftlichen Generationenbegriffs Lernprozesse zwischen Kindern, Eltern und Großeltern bzw. zwischen Kindern und Älteren, die diesem Rollenbild entsprechen, im Mittelpunkt. Hier wird häufig davon ausgegangen, dass die Jüngeren im Rahmen einer gemeinsamen Aktivität (Kochen, handwerkliche Tätigkeiten, Naturexkursionen etc.) beiläufig von den Erfahrungen und dem Wissen der Älteren profitieren können.

Solche Lernarrangements scheinen für Bildungsprozesse zwischen Kindern und Älteren besonders fruchtbar zu sein, da Kinder es gewohnt sind, dass Ältere ihnen gegenüber als Vermittler auftreten und sie – im Gegensatz zu Jugendlichen – Ältere unbefangen als Vertreter der Großelterngeneration, als „Omas" oder „Opas" wahrnehmen. Die Älteren genießen – aus entwicklungspsychologischer Perspektive betrachtet – ihre Rolle als Vermittler, da sie sich in einer so genannten generativen Entwicklungsphase befinden, in der die Weitergabe von Wissen und Erfahrungen mitunter zentral sei (vgl. Kessler 2005).

Für das Zusammentreffen von *Jugendlichen/jungen Erwachsenen und Älteren*eignen sich differenzorientierte Lernarrangements, die auf die didaktische Ermöglichung von Differenz- und Alteritätserfahrungen abzielen. Bei der Gestaltung dieser Arrangements wird davon ausgegangen, dass alle Teilnehmenden über spezifische generationsspezifische Orientierungen und Perspektiven verfügen. Anhand unterschiedlicher Themen der Veranstaltungen werden Differenzen didaktisch an die Oberfläche geholt, diskutiert und reflektiert, beispielsweise indem die Teilnehmenden dazu angeregt werden, ihre generationsspezifische Sichtweise zum Thema einzubringen. Die daraus resultierende Heterogenität sollte in der Diskussion wertgeschätzt werden, da es auf diese Weise es möglich wird, eigene Standpunkte vor dem Hintergrund der Auseinandersetzung und Anerkennung des Anderen zu reflektieren. Dies berichteten ältere wie jüngeren Teilnehmende solcher Arrangements in Fragebögen oder Gruppendiskussionen (vgl. Franz 2010). Differenzorientierte Lernarrangements sind vor diesem Hintergrund gerade in postmodernen Gesellschaften von Bedeutung, da in ihnen das Erleben und auch das Aushalten von Differenz und Dissens erprobt werden kann.

Sollen *alle Generationen* von Bildungsangeboten erreicht werden, bieten sich sozialraum- oder gemeinschaftsorientierte Arrangements an. Bei diesen Arrangements geht es darum, ein Angebot für alle Generationen eines begrenzten Sozialraumes zu entwickeln, dass für alle angesprochenen Generationen von Bedeutung ist. Bei diesem Ansatz muss also im Vorfeld im Rahmen einer Sozialraumanalyse danach gefragt werden, welche Themen aktuell in der Region oder der Gemeinde diskutiert werden. Bei einer Auftaktveranstaltung werden dann die genaue Ausrichtung und die zu behandelnden Schwerpunkte gemeinsam mit den Teilnehmenden abgestimmt. Auf diese Weise wird das partizipative Lernen aller Beteiligten fokussiert, da die verschiedenen Generationen so das Thema zu ihrem eigenen „generativen Thema" (vgl. Freire 1970) machen können. Darauf aufbauend bietet es sich für die pädagogische Begleitung an, möglichst vielfältige Anschlussmöglichkeiten zum Thema zu bieten. Beispielsweise können die verschiedenen Generationen durch Exkursionen zu thematisch relevanten Orten neue Erfahrungen in ihrem Sozialraum machen, die dann im Rahmen eines Erzählcafés, bei dem die Älteren etwas über die historische Entwicklung des Sozialraumes erzählen historisch-biografisch fundiert werden. Auf diese Weise lernen die Generationen etwas über ihren eigenen Sozialraum, sowie über die Perspektiven der jeweils anderen Generationen. Sozialraumorientierte Arrangements haben zudem – im Gegensatz zu den anderen beiden Arrangements – das große Potenzial, die so genannten mittleren Generationen zu erreichen, die sonst weniger in der intergenerationellen Bildungsarbeit angesprochen werden.

(4) Ein gemeinsames Thema fördert das Miteinander-Lernen in intergenerationellen Lerngruppen.

Bei allen intergenerationellen Lernprozesse sollte ein für alle Beteiligten bedeutendes Themas im Mittelpunkt stehen, anhand dessen gemeinsam gelernt werden kann. Dabei sollte nicht das Generationenthema selbst fokussiert werden; vielmehr sollte davon abstrahiert und ein Thema gefunden werden, das für alle Generationengruppen von Interesse ist. Für die Auswahl von Inhalten und Themen können keine grundsätzlichen und allgemeingültigen Empfehlungen gegeben werden. Es eignen sich vielmehr alle Themen und Inhalte, sofern sie von den Teilnehmenden als relevant eingestuft werden. Die Passung von Thema und der jeweiligen intergenerationell gemischten Zielgruppe ist daher eine große Herausforderung für die didaktische Gestaltung intergenerationeller Bildungsarbeit. Aus unseren Forschungserfahrungen lässt sich folgern, dass Themen hilfreich sind, die zur Reflexion von Vergangenheit und Zukunft einladen, wie zum Beispiel das Thema Nachhaltigkeit. Allerdings zeigen unsere Forschungserfahrungen auch, dass solchen Themen aufgrund ihrer Komplexität unter Umständen auch zu Überforderungen führen können.

(5) Sechs didaktischen Grundorientierungen haben sich für die Gestaltung intergenerationeller Bildungsarrangements als unterstützend erwiesen.

Anhand der Auswertung der empirischen Daten konnten hinsichtlich der didaktischen Gestaltung intergenerationeller Lernarrangements sechs hilfreiche didaktische Grundorientierungen identifiziert werden. Einige dieser Orientierungen sind altbewährte Prinzipien in der Erwachsenenbildung (vgl. Antz et al. 2009).

- Mit einer *Orientierung an der Biografie* der Teilnehmenden wird die explizite Integration der generationsspezifischen Lebenserfahrungen in den Lernprozess möglich.
- Mit einer *Orientierung am Sozialraum* wird eine Perspektivenerweiterung auf die generationsspezifische Lebens- und Alltagswelt der Lernenden ermöglicht.
- Durch *Interaktionsorientierung* werden der Austausch und der Dialog der Generationen gefördert und damit Möglichkeiten zum Perspektivwechsel initiiert.
- Bei der *Partizipationsorientierung* steht ein offener Prozess des Miteinander-Lernens im Mittelpunkt, bei dem alle Generationen als gleichberechtigte Partner agieren.
- Die *Aktionsorientierung* (auch Handlungsorientierung) verweist auf die Bedeutung des gemeinsamen Erlebens, Handelns und Gestaltens.
- Bei der *Reflexionsorientierung* geht es schließlich um die gemeinsame Auswertung dieser individuellen und kollektiven Erfahrungen.

(6) Intergenerationelle Lernprozesse brauchen Zeit.

Aus den bereits genannten Gelingensbedingungen ergibt sich schließlich, dass intergenerationelle Lernprozesse oft eine Umorientierung in eingeschliffenen Orientierungsmustern bedingen und sie daher – so banal es klingt – Zeit brauchen. Deshalb sollten die Bildungsangebote nicht zu kurz angesetzt werden. Zu kurze Lernangebote, die nicht wieder aufgegriffen werden, führen nicht unbedingt zu einem intensiven Perspektivwechsel zwischen Generationen, sondern können auch zur Verfestigung von Vorurteilen führen. So braucht es Zeit, bis die oben angesprochene Eingangsorientierung, dass die Jüngeren von den Älteren lernen sollten, aufweicht und die damit einhergehenden Hemmungen abgebaut werden können. Die

Annäherung zwischen den Generationen braucht Zeit und eine intensive didaktische Begleitung, die das tiefere Kennenlernen der Generationen ermöglicht. Erst nach dieser Annäherungsphase können mehrperspektivische und tief greifende intergenerationelle Bildungsprozesse entstehen.

Literatur

Antz, E.-M/Franz, J/Frieters, N./Scheunpflug, A. (2009): Generationen lernen gemeinsam. Methoden für die intergenerationelle Bildungsarbeit. Bielefeld.

Bohnsack, R. (2001): Dokumentarische Methode: Theorie und Praxis wissenssoziologischer Interpretation. In: Hug, T. (Hrsg.): Wie kommt Wissenschaft zu Wissen? Band 3. Baltmannsweiler, S. 326-345.

Bohnsack, R./Nentwig-Gesemann, I./Nohl, A.-M. (Hrsg.) (2007): Die dokumentarische Methode und ihre Forschungspraxis. Grundlagen qualitativer Sozialforschung. 2. Auflage. Wiesbaden.

Deutsche Shell Holding GmbH (Hrsg.): Jugend 2010, 16. Shell Jugendstudie. Frankfurt am Main.

Franz, J. (2010): Intergenerationelles Lernen ermöglichen. Orientierungen zum Lernen der Generationen in der Erwachsenenbildung. Bielefeld.

Franz, J./Scheunpflug, A. (2009): Zwischen Seniorität und Alterität. Eine empirische Rekonstruktion intergenerationellen Lernens. In: Zeitschrift für Erziehungswissenschaft, Heft 437-456.

Freire, P. (1970): Bildung als Erkenntnissituation. In: Schreiner, P./Mette, N./Oesselmann, D./Kinkelbur, D. (Hrsg.) (2007): Paulo Freire – Unterdrückung und Befreiung. Münster/New York/München/Berlin, S. 67-88.

Höpflinger, F./Hummel, C./Hugentobler, V. (2006): Enkelkinder und ihre Großeltern. Intergenerationelle Beziehungen im Wandel. Zürich.

Kessler, E.-M. (2005): Interaktion zwischen älteren Menschen und Jugendlichen – ein psychologisch förderlicher sozialer Kontext für beide Seiten? Eine experimentelle Laborstudie im theoretischen Rahmen der Entwicklungspsychologie der Lebensspanne. Dissertation. Jacobs University Bremen.

Liebau, E. (1997): Generationen – ein aktuelles Problem? In: Liebau, Eckart (Hrsg.): Das Generationenverhältnis. Über das Zusammenleben in Familie und Gesellschaft. Weinheim/München, S. 15-38.

Lüscher, K. (2005): Ambivalenz. Eine Annäherung an das Problem der Generationen. In: Jureit, U./Wildt, M. (Hrsg.): Generationen. Zur Relevanz eines wissenschaftlichen Grundbegriff, Hamburger Edition,S. 53-78.

Mpfs – Medienpädagogischer Forschungsverbund Südwest (Hrsg.) (2011): JIM 2011. Jugend, Information, (Multi-) Media. Basisstudie zum Medienumgang 12- bis 19-Jähriger in Deutschland. Online im Internet: http: //www.mpfs.de/fileadmin/JIM-pdf11/JIM2011.pdf. [Zugriff 15.07.2012]

Schäffer, B. (2003): Generationen – Medien – Bildung. Medienpraxiskulturen im Generationenvergleich. Opladen.

Schorb, B. (2011): Erfahren und neugierig. Medienkompetenz und höheres Lebensalter. In: Kupser, T./Pöttinger, I. (Hrsg.): Mediale Brücken. Generationen im Dialog durch aktive Medienarbeit. München, S. 49-80.

Tippelt, R./Schmidt, B./Schnurr, S./Sinner, S./Theisen, C. (2009): Bildung Älterer – Chancen im demografischen Wandel. Bielefeld.

Methoden zur Vermittlung intergenerationellen Arbeitens im Studium der Sozialen Arbeit

Jörn Dummann

1. Notwendigkeit professioneller Ausbildung

Professionelles Handeln setzt eine professionelle Ausbildung voraus. Die in Deutschland primär noch für Praxistätigkeit geltende Säulenstruktur wirkt sich im professionellen Handeln durchaus positiv auf eindeutig definierbare Fallkonstruktionen aus. Die Kinder- und Jugendhilfe beispielsweise zeigt ihre Handlungs- und Kompetenzfelder deutlich verortet im Sozialleistungsgesetzt (SGB VIII). Innerhalb ihrer Handlungsdomäne vermag sie somit professionell zu arbeiten.

Eine gesetzlich verankerte Handlungsdomäne wie für die Kinder- und Jugendhilfe existiert für intergenerative Arbeit derzeit (2013) noch nicht. Dennoch ist positiv wahrzunehmen, dass die intergenerative Arbeit eine konzeptionelle Festigung erfährt: Der Koalitionsvertrag zwischen CDU, CSU und SPD „Deutschlands Zukunft gestalten" der 18. Legislaturperiode (November 2013) formuliert eine dauerhafte Sicherung der Mehrgenerationenhäuser sowie deren Etablierung in möglichst allen Kommunen. Diese Anerkennung der geleisteten und in Wirkungsforschungen evaluierten intergenerativen Arbeit in Deutschland erfordert künftig eine erhöhte Fachlickeit und Professionalität, mit welcher intergenerative Arbeit umgesetzt wird. Die Professionen (insbes. Soziale Arbeit und Pflege) müssen die Erkenntnisse intergenerativer Arbeit in neue Arbeitsfeldtheorien und Methoden überführen. Es gilt, intergenerative Angebote mit ihrer alterssäulen-übergreifenden Handlungsstruktur auf eine fachlich fundierte Basis zu stellen.

Intergenerative Arbeit bedient sich im Vergleich zu altersspezifischen Angebotsstrukturen neuer zusätzlicher Arbeitsfeldtheorien und Methoden. Diese gilt es über die benannte Theorieentwicklung hinaus, im Studium sowie in Ausbildungsberufen, insbesondere im erzieherischen und pflegerischen Bereich, zugänglich zu machen.

Explizit intergenerative Arbeit findet derzeit in den Curricula der meisten (Fach-)Hochschulen nur periphere Bedeutung. Dies dürfte sich bei einer Etablierung der intergenerativen Arbeit auf Bundesebene deutlich ändern. Am Bespiel der Fachhochschule Münster (NRW) werden im Folgenden Möglichkeiten aufgezeigt, in welchen Formen intergenerative Arbeit bereits in die dortige (Hoch-)Schulausbildung eingebunden wird. Die folgenden Beispiele verstehen sich als Anregungen für (Re-)Akkreditierungsprozesse in anderen Hochschulen und Bildungseinrichtungen.

2. Studien-Einstiegsphase

Durchschnittlich 200 Studierende der Sozialen Arbeit, aufgeteilt in Kleingruppen zu ca. 8 Studierenden, geben sich pro Semester zwischen einer Studien-Einführungsphase und dem Beginn der laufenden Lehrveranstaltungen für eine knappe Woche in einen interaktiven Studieneinsteg mit Schwerpunkt auf die intergenerative Arbeit ein. Die Studierenden des Bachelorstudienganges haben eine dreimonatige Praxisphase vor dem Studium zu absolvieren. Da dieses Vorpraktikum in der Regel nur innerhalb einer Säule der Sozialen Arbeit absolviert wird, soll mit dem interaktiven Einstieg durch die intergenerative Arbeit die Vielfältigkeit der Sozialen Arbeit vor Beginn der ersten Lehrveranstaltungen verdeutlicht werden. Mehrgenerationenhäuser mit ihrer offenen Programmstruktur verstehen sich u.a. als Dienstleistungsdrehscheibe und in die Professionen wie Beratung, Jugendhilfe oder Pflege vermittelnde Einrichtungen. Dadurch stellt sich die intergenerative Arbeit für Studierende im ersten Semester als Angebotsform dar, welche Kontakte und Kooperationen in sämtliche Bereiche der Sozialen Arbeit sowie Pflege vorhält. Die Studierenden erhalten die Möglichkeit, die Soziale Arbeit sowie die Pflege facettenreich in ihren diversen Angebotsspektren wahrzunehmen und zu Studienbeginn mehr als nur eine der Handlungssäulen Sozialer Arbeit kennenzulernen.

Die Studierenden arbeiten mit unterschiedlichen Methoden einer Rallye (kognitiv sowie erlebnisorientiert) fachspezifische Fragen ab. Dazu formulierten die Hochschulfachgruppen der Bezugswissenschaften jeweils mehrere Fragen, welche aus ihrer jeweiligen Fachperspektive für einen intergenerativen Arbeitsansatz relevant sind. Die an dem interaktiven Einstieg beteiligten Fachgruppen sind alle Bezugswissenschaften der Sozialen Arbeit, welche an der Fachhochschule Münster gelehrt werden: Erziehungswissenschaft, Heilpädagogik, Sozialmedizin, Musik und Musikgeragogik, Philosophie, Politikwissenschaft, Psychologie, Recht, Sozialmanagement, Soziologie, Theater- und Bewegungspädagogik (Ethik sowie Theologie sind noch in der Vorbereitung). Es gilt dabei nicht, Praktika oder gar Angebote mit Klienten/innen in den Praxisstellen umzusetzen. Vielmehr sollen die Fragen aus den Bezugswissenschaften auf den Facettenreichtum Sozialer Arbeit sensibilisieren.

Da innerhalb eines Sozialraumes nur wenige Einrichtungen mit intergenerativem Ansatz tätig sind und teilweise über 200 Studierende pro Semester an dem interaktiven Studieneinstieg teilnehmen, wird nur ein kleiner Teil in den Mehrgenerationenhäusern als Praxisstellen umgesetzt. Die knapp einwöchige Aktion zur intergenerativen Arbeit splittet sich methodisch in verschiedene Bereiche auf: 1) Praxisbesichtigung in Mehrgenerationenhäusern, 2) Besuch und Eruierung von Angeboten der Kooperationspartner von Mehrgenerationenhäusern, 3) Praktische und theoretische Kleingruppenübungen in der Hochschule, 4) Onlinerecherche, 5) Plenumsveranstaltungen, 6) Markt der Möglichkeiten/Darstellungen im Eventcharakter als Aktionsabschluss.

3. Praxisprojekt

In einem Umfang von zwei Semestern werden Studierende theoretisch und praktisch an die arbeitsfeldbezogenen Spezifika intergenerativer Arbeit herangeführt. Das Studienkonzept beinhaltet die Vermittlung theoretischer Wissensbestände (Theorien und arbeitsfeldbezogene Methoden) sowie die Konzepterstellung und Umsetzung sowie Evaluation in die Praxis. In

Kooperation mit vier Mehrgenerationenhäusern werden die Fachkonzepte in Kleingruppenarbeit (2-4 Studierende) erstellt. Nach dem Raster (1) Eruierung der Rahmenbedingungen sowie Lebensweltanalysen, (2) Situations- und Problemanalyse, (3) Zielentwicklung, (4) Operationalisierung und Angebotsumsetzung, (5) Evaluation werden die Konzepterstellungen sowie -umsetzungen fachlich durch die Hochschule und die Praxisstellen begleitet.

Die Studierenden wählen sich die Praxisstellen selbstständig aus. Möglich sind Projekte direkt in Mehrgenerationenhäusern in offener Angebotsstruktur oder als Wohnprojekt durchzuführen. Alternativ erfolgt die Umsetzung in Senioren- und Jugendzentren, Kindertagesstätten, Schulen, Heimeinrichtungen, Krankenhäusern,... welche sich intergenerativen Angeboten öffnen möchten.

Die Studierenden profitieren von einer abwechslungsreichen intergenerativen Angebotsstruktur und können ihre bisherigen Erfahrungen aus einer Angebotssäule der Sozialen Arbeit um weitere Ansätze erweitern. Die teilnehmenden Einrichtungen hingegen profitieren von dem Ideenreichtum der Studierenden. Das Angebotsportfolio fast aller teilnehmenden Einrichtungen erweitert sich durch die Praxisprojekte, da keine bestehenden Angebote der Einrichtungen fortgeführt, sondern neue Angebot durch die Studierenden erschlossen werden.

4. Vertiefungsphase

Für den onlinebasierten Studiengang Soziale Arbeit (BASA-online[1]: blended learning mit 75% Online- und 25% Präsenzzeit) wird eine auf drei Module ausgerichtete Vertiefung zu intergenerativer Arbeit erarbeitet. Drei aufeinander aufbauende Module mit jeweils 5 ECTS-Credits führen zu einemganzheitlichen Lehransatz intergenerativer Arbeit. Modul 1: Einführung in die Soziale Arbeit mit unterschiedlichen Lebensaltern, Modul 2: Altersbilder und Peeransätze, Modul 3: Theorieansätze und Methoden intergenerativer Arbeit.

Das 1. Modul beschreibt die Auswirkungen des demografischen Wandels auf die unterschiedlichen Altersgruppen.

Im 2. Modul zeigt der Fokus auf die Lebensphasen und Lebenswelten unterschiedlicher Altersgruppen die Schnittmengen zu traditionellen Peergroupansätzen auf. Der Fokus liegt auf den für die Peers spezifischen Ansätze und Haltungen, welche für intergenerative Ansätze förderlich (beispielsweise durch Ressourcenorientierung) oder hinderlich (beispielsweise durch Emanzipation) wirken.

Das abschließende 3. Modul beinhaltet eine Konzepterstellung als Theorie-Praxis-Transfer. Von der beschriebenen Analyse von Rahmenbedingungen bis zur abschließenden Evaluation werden intergenerative Ansätze in Kooperation mit und für die Praxis erarbeitet. Der für die intergenerative Arbeit elementar wichtige Einbezug von Kooperationsbeziehungen wird dadurch ebenso eingeübt wie der mehrperspektivische Blick der Sozialen Arbeit auf deren Handlungsfelder.

Die 15 ECTS (450 Arbeitsstunden) umfassende Vertiefungsphase bietet durch ihren zeitlich hohen Umfang die Möglichkeit, intergenerative Arbeit als neue Domäne der Sozialen Arbeit in einem Theorie-Praxistransfer intensiv zu vertiefen.

1 Weitere Informationen unter www.basa-online.de oder www.basa-muenster.de

Keines der dargestellten Beispiele für Lehrcurricula, nicht einmal das Vertiefungsmodul mit 15 ECTS, vermag als Ausbildungslogo „Fachkraft für intergenerative Arbeit“ für sich zu beanspruchen. Erste Vernetzungen zwischen Hochschulen sowie ein Austausch über intergenerative Arbeitsfeldtheorien lassen perspektivisch jedoch Bedarfe bzw. durchaus optimistische Schlüsse für die Weiterentwicklung intergenerativer Curricula zu:

1. Intergenerative Curricula sind für die Fachkräfteausbildung dringend erforderlich, um der seit 2007 bestehenden Praxis intergenerativer Arbeit (Mehrgenerationenhaus-Aktionsprogramme 1 und 2) gerecht zu werden.
2. Intergenerative Curricula sind als Ergänzung bestehender Arbeitsfeld- und Peergroupansätze zu verstehen, um eine ganzheitliche (soziale) Bildung und Sozialisation in einer Gesellschaft mit sich stetig ändernden Strukturen zu ermöglichen. Curricula Intergenerativer Arbeit bilden Fachkräfte in einer neu zu erschließenden Domäne für Soziale Arbeit aus und ergänzen dadurch bestehende etablierte Professionsansätze, ohne diese infrage stellen oder ablösen zu wollen.

Literatur

Brandt, M. (2009): Hilfe zwischen Generationen - Ein europäischer Vergleich. Wiesbaden.

Bundesministerium für Familie, Senioren, Frauen und Jugend (2010): Sechster Bericht zur Lage der älteren Generation in der BRD.

Butterwegge, C. (2009): Sozialstaat, demografischer Wandel und Generationengerechtigkeit – Betrachtungen aus der Perspektive einer kritischen Politikwissenschaft. In: Künemund, H./Szydlik, M. (Hrsg.): Generationen. Multidisziplinäre Perspektiven. Wiesbaden.

Kommission Sechster Altenbericht der Bundesregierung (2011): Altersbilder in unserer Gesellschaft. Bundestagsdrucksache. Deutscher Bundestag Berlin.

Kruse, A. (2012): Die Potenziale intergenerationeller Beziehungen für Individuum und Gesellschaft. Ruperto Carolina, Heft 1.

Künemund, H./ Szydlik, M. (2009): Generationen – Multidisziplinäre Perspektiven. Wiesbaden.

Riedel, B. (2012): Neue Orte der Begegnung. In Familienzentren und Mehrgenerationenhäusern können sich Alt und Jung treffen. Aber findet der Austausch der Generationen wirklich statt? DJI Impulse, 97(1).

Schmidt, B./ Schnurr, S./ Sinner, S. Theisen, C./Tippelt, R. (2009): Bildung Älterer. Chancen im demographischen Wandel, Bielefeld.

Vaupel, J. W./Hofäcker, D. (2009): „Das lange Leben lernen.“ In: Zeitschrift für Erziehungswissenschaft, 12,3.

Die Berufschancen verbessern – Wohnortnahe Beschäftigung und Qualifizierung im Mehrgenerationenhaus

Heike Binne

„Als Mensch bin ich wieder was wert, man steht auf, geht zur Arbeit und hat eine Aufgabe", sagt Frau S. aus dem „Küchenprojekt". – Wenn man die Biografie der meisten Frauen im „Küchenprojekt" kennt, versteht man, dass die Möglichkeit zu „wohnortnaher Beschäftigung und Qualifizierung" für diese Frauen, und manchmal auch Männer, mehr ist als Existenzsicherung: sie bietet eine Lebensperspektive, bedeutet soziale Integration und verschafft ein positives Selbstwertgefühl.

Das Quartier Bremen-Lüssum – ein Fördergebiet im Bund-Länderprogramm „Soziale Stadt"

Im Stadtteilmonitoring der Bau- und Sozialbehörde wird Lüssum als Ortsteil mit „gefährdetem Wohlstand und verfestigter Armut" charakterisiert (Senatorin für Arbeit 2009: 369). Viele Alleinerziehende sind auf die Unterstützung durch das Arbeitslosengeld II angewiesen, über 60% der Kinder leben in ALG II-Haushalten. Der Anteil der Menschen mit Migrationshintergrund beträgt 48%. Die Teilhabe am gesellschaftlichen Leben ist stark eingeschränkt, unter anderem bedingt durch die Verringerung der zur Verfügung stehenden finanziellen Mittel. Menschen ohne Arbeit verbringen die meiste Zeit in ihrem Stadtteil, sie werden sozusagen auf ihr Quartier verwiesen. Neben dem in Teilen negativen Image Bremen-Lüssums sind wesentliche strukturelle Probleme des Ortsteils seine randständige Lage und das Fehlen wohnortnaher Arbeitsplätze.

Die Förderung von Bildung, Qualifizierung und Beschäftigung ist ein Schwerpunkt im Soziale Stadt-Programm[1], wie auch im Bremer Senatsprogramm „Wohnen in Nachbarschaften (WiN) – Stadtteile für die Zukunft entwickeln". Trotz aktuell besserer Arbeitsmarktdaten kommt der Aufschwung in den benachteiligten Gebieten nicht in dem Maße an, wie es die Verlautbarungen der Agentur für Arbeit glauben machen wollen. Die Langzeitarbeitslosigkeit gering qualifizierter, älterer Personen und Menschen mit Migrationshintergrund hat sich oftmals zur Dauerarbeitslosigkeit entwickelt (Butterwegge 2011). Aufgrund der damit einhergehenden Verarmung wird die Lebenssituation für viele Menschen in diesen Quartieren schwieriger.

---

1 Weitere Informationen unter www.soziale.stadt.bremen.de

Wohnortnahe Beschäftigung und Qualifizierung im Mehrgenerationenhaus –*Haus der Zukunft*

Das *Haus der Zukunft* ist mit einem Arbeitslosenprojekt und ortsansässigen Unternehmen errichtet worden und engagiert sich seit seiner Eröffnung im Juli 1997 für die Integration von langzeitarbeitslosen Menschen in das Erwerbsleben bzw. zunächst in das Leben und Arbeiten im Mehrgenerationenhaus *Haus der Zukunft* und in das soziale Leben im Quartier.

Das Mehrgenerationenhaus ist ein Verbundprojekt, zu dem das *Haus der Zukunft*, die benachbarte ev. Kindertageseinrichtung (Krippe, Kindergarten, Hort) und die ev. Kirchengemeinde gehören.

Mit den Arbeitsstellen im Mehrgenerationenhaus sollen langzeitarbeitslose und bildungsungewohnte Menschen den Einstieg in eine Berufstätigkeit erhalten. In der Zusammenarbeit soll das Selbstvertrauen der Menschen gestärkt und die eigenen Kräfte und Fähigkeiten erkannt werden. „Menschen, die lange Zeit nicht mehr Teil der Arbeitsgesellschaft waren, leiden oftmals nicht nur unter materieller Armut, sondern unter dem Verlust von sozialen Bindungen."[2] Erfahrungen zeigen, dass Angebote in dem Bereich von Arbeit, Beschäftigung und Qualifizierung von den betroffenen Menschen insbesondere dann angenommen werden, je lebensraumorientierter sie angelegt sind.

Im gesellschaftlichen Diskurs herrschen oftmals individuelle Schuldzuweisungen vor. Dem einzelnen Arbeitslosen wird eine ständige Bereitschaft abverlangt, sich dahingehend zu legitimieren, dass er nicht zu jenen Gruppen von Arbeitslosen gehört, denen unterstellt wird, ihre Situation selbst verschuldet zu haben. Diese individualisierenden Schuldzuschreibungen bestehen beispielsweise darin, dass Arbeitslosen „Arbeitsunwilligkeit", „zu geringe oder falsche Qualifikationen" sowie „zu hohe Ansprüche" an einen Arbeitsplatz oder „bewusster Missbrauch" staatlicher Leistungen zugeschrieben werden (Kieselbach 1999: 80).

Für die Arbeit im Bereich der öffentlich geförderten Beschäftigung lassen wir uns vom Ressourcenansatz der Gemeinwesenarbeit leiten und wollen die Potenziale und verschütteten Ressourcen dieser Menschen entdecken (Hinte/Lüttringhaus/Oelschlegel 2001: 263ff.) und sichtbar machen.

Wir setzen mit unseren Arbeitsangeboten an das Lebensumfeld der BewohnerInnen des Stadtteils an und wollen mit dem Projekt an einer „Verbesserung der immateriellen Faktoren" arbeiten. Durch die Bereitstellung von Personal, das vor allem beratende und qualifizierende Aufgaben erfüllt, strebt die Gemeinwesenarbeit eine Verbesserung des sozialen Klimas, des kulturellen Lebens und des nachbarschaftlichen Engagements an (Hinte/Lüttringhaus/Oelschlegel 2001: 263ff). Hinzu kommt die *Verbesserung der infrastrukturellen Bedingungen* durch die Angebote des Mittagstisches und der Internationalen Frauenwerkstatt[3]als weiteren Treffpunkt im Quartier. Alles das ist nur möglich durch die *Vernetzung und Kooperation* mit der ev. Kindertageseinrichtung im Verbund des Mehrgenerationenhauses aber auch mit der Wohnungsbaugesellschaft GEWOBA.

---

2 Zitiert nach: Pressemitteilung der Bundesagentur für Arbeit: BA und Bundesfamilienministerium unterzeichnen Kooperationsvereinbarung vom 13.01.2012

3 Die Internationale Frauenwerkstatt ist eine Außenstelle des Mehrgenerationenhauses in einem Hochhaus der Wohnungsbaugesellschaft GEWOBA im Wohnquartier. Sie bietet für Frauen einen weiteren niedrigschwelligen, betreuten Treffpunkt. Die Werkstattarbeit unterstützt die sozialen und kulturellen Projekte im Stadtteil. Frauen aus allen Kulturen lernen unter Anleitung Nähen oder andere kreative Arbeiten und können diese je nach Kenntnis auch vermitteln. Die Räumlichkeiten bieten über die Nutzung der Werkstatt hinaus auch die Möglichkeit kleinkulturelle Veranstaltungen durchzuführen, wie Ausstellungen, Lesungen, Erzählabende, Informationsveranstaltungen.

Kooperation mit dem Arbeit- und Lernzentrum Bremen Nord e.V. (alz)

Das *Haus der* Zukunft ist seit der Umstellung auf das SGB (Sozialgesetzbuch) nicht mehr selbst Arbeitgeber für die TeilnehmerInnen im Projekt, sondern die Einsatzstelle bzw. der Anbieter für Arbeitsstellen. Neben den sieben Stellen im sog. Küchenprojekt hat der gemeinnützige Verein Haus der Zukunft e.V. eine weitere Arbeitsstelle in der Internationalen Frauenwerkstatt im Hochhaus der GEWOBA und eine im Bereich Quartierservice, für die Pflege des Außengeländes des Mehrgenerationenhauses. Bis Ende 2011 konnten auch sozialversicherungspflichtige Entgeltstellen angeboten werden, durch die Kürzungen und die Instrumentenreform des Bundesministeriums für Arbeit können wir nur noch sog. In-Jobs (Ein-Euro-Jobs) mit 1,20 € die Stunde zusätzlich zum Arbeitslosengeld II (ALGII) zur Verfügung stellen. Voraussetzung für die Teilnehmer/innen ist der Bezug von ALG II.

Arbeitsalltag

Die oftmals im Stadtteil wohnenden TeilnehmerInnen werden über das Mehrgenerationenhaus angesprochen. Häufig sind es Mütter und auch Großmütter, die ihre Kinder bzw. Enkelkinder in der Kindertageseinrichtung untergebracht haben. An einem Probetag können sie erst einmal ausprobieren, ob ihnen die Arbeit gefällt und gemeinsam mit uns einschätzen, ob sie ihren Alltag, besonders mit Kindern, auch mit einer Berufstätigkeit organisieren können.

Gerade für die jungen deutschen (alleinerziehenden) Frauen ist es oftmals der Einstieg in eine Erwerbstätigkeit. Die Vereinbarkeit von Familie und Beruf kann in diesem geschützten Rahmen ausprobiert und gelebt werden. Die Arbeitszeiten und die Kinderbetreuungszeiten sind gut aufeinander abgestimmt. Da sie an der Herstellung des Essens, auch für ihre Kinder beteiligt sind, ist die Motivation zur Arbeit oft hoch – jede/r wird gebraucht.

Die qualifizierte Anleitung für die TeilnehmerInnen im „Küchenprojekt" wird durch die Küchenchefin der ev. luth. Kindertageseinrichtung gewährleistet, außerdem ist sie Fachkraft für gesunde Kinderernährung. In der Küche findet eine lernorientierte Beschäftigung statt. In einem Jahr lernen sie Kochen und alles, was damit zusammenhängt. Der Zusammenhang von Gesundheit und Ernährung wird ganz praktisch über das Zubereiten von ernährungsphysiologisch ausgewogenen Speisen vermittelt. Soviel wie möglich wird frisch hergestellt.

Dienstleistungen für den Stadtteil – Alle gewinnen: gesunder Mittagstisch, gesundes Kindergartenfrühstück

Die Produkte des „Küchenprojektes" finden dankbare Abnehmer. Der regelmäßig von Montag bis Freitag stattfindende Mittagstisch wird von den BewohnerInnen des Stadtteils und auch von Kollegen aus den benachbarten Institutionen gut angenommen. Für alleinstehende ältere Menschen ist es eine gute Möglichkeit, andere zu treffen, ein bisschen zu reden, Neues zu erfahren und sich über wichtige Dinge des Alltagslebens auszutauschen.

„Ich habe über meine Nachbarin vom Mittagstisch erfahren. Das war für mich ein Glücksfall. Seit acht Monaten bin ich Witwer, und ich wollte nicht für mich alleine kochen und essen. Im Haus der Zukunft kann ich in einer schönen Atmosphäre zusammen mit netten

Menschen essen. Da habe ich Unterhaltung und das Essen schmeckt mir ganz ausgezeichnet", sagt Herr A. aus Lüssum.

Für den Cafébetrieb am Nachmittag, für die Bewirtung von Seminaren und Angeboten des Mehrgenerationenhauses wie z.B. „Kaffee und mehr" werden Torten und Kuchen gebacken, Tische eingedeckt und es wird für den Abwasch gesorgt. Aber auch besondere Veranstaltungen, wie der erstmals in Bremen durchgeführte „Marktplatz für gute Geschäfte" werden durch ein Büfett unterstützt, das für die Teilnehmerinnen viel Lob und Anerkennung einbringt.

Ohne die TeilnehmerInnen im „Küchenprojekt" kann kein gesundes Kindergartenfrühstück für die 80 Kindergarten-, die 20 Hort und die 34 Krippen- und Spielkreiskinder hergestellt werden.

Jeden Mittwoch wird ein Frühstücksbüfett angeboten, das vor allem von vielen jungen Frauen gut angenommen wird. Einige verabreden sich, um beim gemeinsamen Frühstück über Kindererziehung, ihre Erfahrungen in der Mutter-Kind-Gruppe zu reden oder sich auch einfach nur so in Ruhe zu unterhalten.

Zertifikat für den Dienstleistungssektor

Um die Erfolgsaussichten für eine Arbeitsaufnahme zu steigern, ist in Zusammenarbeit mit dem alz, marlex Seminare[4]und dem *Haus der Zukunft* ein Konzept für ein Dienstleistungsseminar entwickelt worden, mit dem Ziel der Rückgewinnung des Vertrauens in die eigene Kraft, eine maßgebliche Prämisse, um sich sozial wie auch am Arbeitsmarkt erfolgreich zu etablieren.

Neben der beruflich orientierten praktischen Arbeit in den einzelnen Betriebsteilen konzentriert sich die Vermittlung von theoretischem Wissen auf die Schlüsselkompetenzen im Dienstleistungsgewerbe, wie Kundenorientierung, Kommunikationstraining, Selbstpräsentation, Arbeitstechniken, Service im Dienstleistungsbereich, Ernährungslehre, Hygienevorschriften, Interkulturelles Training, Staatsbürgerkunde, Berufsfindung. Die Lernerfolge werden mittels Tests nach jedem Modul überprüft. Das erfolgreiche Abschneiden in diesen Tests ist die Voraussetzung für den Erhalt des Nachweises „Zertifikat für den Dienstleistungssektor" als Abschluss der Qualifizierung. Für viele TeilnehmerInnen ist dieses Zertifikat der erste Nachweis ihres Lebens, in dem ihnen ein Lernerfolg bescheinigt wird.

Fazit

Durch die öffentlich geförderte Beschäftigung im *Haus der Zukunft* – Mehrgenerationenhaus können wir folgende Effekte für die TeilnehmerInnen feststellen, die auch in der Arbeitslosenforschung beschrieben werden (Kieselbach 1999: 85ff): Arbeit strukturiert den Tagesablauf und die Freizeit, Arbeit bildet einen wichtigen Orientierungsrahmen, Arbeit führt dazu, sich nützlich für die Gesellschaft zu fühlen, Arbeit ist eine wesentliche Grundlage zur Ent-

4 *Marlex seminare* ist zertifiziert nach AZWV §8. Sie bieten als Qualifikationspartner Seminarmodule für unterschiedliche Projekte an.

wicklung kooperativer Fähigkeiten, Arbeit stellt ein wesentliches Kontaktfeld dar. Die negativen Auswirkungen von Arbeitslosigkeit, wie z.B. psychische Belastungen, können abgemildert werden. Soziale Netze und Beziehungen können durch die Arbeit aufgebaut werden.

Bei einer Abschlussbefragung der Teilnehmer in einem weiteren Projekt vom *Haus der Zukunft* (Binne/Weber 2007; In: Gillich 2007: Nachbarschaften und Stadtteile im Umbruch, 190) wurde nach deren Lebenssituation und weiteren Perspektiven gefragt „Hat sich seit Beginn der Arbeit im Projekt etwas in ihrem Leben verändert?“ Benannt wurden unter anderem:

- ich habe eine Struktur in meinen Alltag bekommen,
- ich komme raus,
- ich mache Arbeit, die mir Spaß macht,
- ich achte auf mein Äußeres,
- es ist gut für meine Psyche,
- ich habe mehr Kontakte mit anderen
- ich habe eine bessere Alltagsorganisation,
- ich bin ausgeglichener.

Diese Aussagen, die wir auch immer wieder von den TeilnehmerInnen im „Küchenprojekt“, und in weiteren Arbeitsbereichen der öffentlich geförderten Beschäftigung, wie in der Internationalen Frauenwerkstatt und im Quartierservice hören, belegen eindrücklich den Gewinn für die Einzelnen. Durch die Arbeit hat sich der Status der TeilnehmerInnen in ihrem Umfeld positiv verändert. Ein kleines Beispiel: Wenn sie oder ihre Kinder krank sind, lassen sie sich „stolz“ eine Krankmeldung ausstellen, weil sie ja nun in einem „Arbeitsverhältnis“ stehen. Auffallend ist aber auch, dass der Krankenstand relativ gering ist und mit zunehmender Dauer der TeilnehmerInnen im Projekt mehr und mehr abnimmt.

Für den Stadtteil können mit Hilfe der TeilnehmerInnen nützliche Dienstleistungen angeboten werden. Sie stellen damit einen Gewinn für die Verbesserung der Infrastruktur und der Angebote im Mehrgenerationenhaus *Haus der Zukunft* her.

Einige TeilnehmerInnen finden im Anschluss eine Stelle auf dem Arbeitsmarkt. Von anderen wissen wir, dass sie wieder Ansprüche an ihre Lebensgestaltung entwickeln konnten und wieder Mut fassen, nach Arbeit zu suchen. Ihnen steht der Weg ins Mehrgenerationenhaus *Haus der Zukunft* offen zur Verbesserung der Deutschkenntnisse („Mit dem Dativ in die Arbeitswelt“), zur Beratung bei der AlSo – Arbeitslosen- und Sozialberatung, die monatlich im Haus angeboten wird – zu Sportangeboten, zu Kulturangeboten oder einfach um Menschen zu treffen.

An der Veränderung sozialer Ungleichheit zu arbeiten, bedeutet unterschiedliche Anknüpfungspunkte der Beteiligung zu bieten. Dies kann die Organisation von wohnortnaher Beschäftigung sein, aber auch die kulturelle Aufwertung eines Quartiers durch attraktive Angebote in einem Mehrgenerationenhaus.

Literatur

Binne, H./Weber, R.: Lokale Beschäftigung als Chance für die Nachbarschaften. In: Gillich, S. (Hrsg) (2007): Nachbarschaften und Stadtteile im Umbruch. Gelnhausen, S. 179-192.

Butterwegge, C. (2011): Kinderarmut in einem reichen Land. In: Frühe Kindheit, die ersten sechs Jahre. Zeitschrift der Deutschen Liga für das Kind in Familie und Gesellschaft e.V. Berlin.

Hinte, W./Lüttringhausen,M./Oelschlegel, D. (2001): Grundlagen und Standards der Gemeinwesenarbeit. Ein Reader für Studium, Lehre und Praxis. Münster.

Kieselbach, T. (1999): Arbeitslosigkeit und Gesundheit: Perspektiven eines Umgangs mit beruflichen Transitionen. In: Armut im Überfluss – Gesundheit als Privileg. Bremen.

Senatorin für Arbeit, Frauen, Gesundheit, Jugend und Soziales der Freien Hansestadt Bremen (2009): Lebenslagen im Land Bremen. Armuts- und Reichtumsbericht des Senats der Freien Hansestadt Bremen.

Strategische Kommunalentwicklung – Planspiele als Methode der Initiierung von Generationendialogen

Erik Flügge, Udo Wenzl

Ein Gespräch zwischen den Generationen findet oft statt. Die Großeltern unterstützen ihre Enkel dabei, die eigene Stadt oder Gemeinde zu erkunden. Gemeinsam begeistert man sich für das Schöne im eigenen Lebensumfeld. Dennoch unterscheiden sich die Perspektiven, Anliegen und Bedürfnisse von Kindern und Jugendlichen und die der Senioren grundlegend. Dabei lässt sich nicht pauschalierend sagen, dass die einen Ruhe und Beschaulichkeit, die anderen Orte zum Toben und Lärmen oder Feiern suchen. Allerdings kann festgehalten werden, dass beide Gruppen in unterschiedlicher Weise Wirklichkeit betrachten und es zu oft am gegenseitigen Verstehen des jeweils anderen mangelt.

Kommunen, die heute mehr denn je vor der Herausforderung stehen, ihre eigenen Bürgerinnen und Bürger in Entscheidungs- und Planungsprozesse mit einzubeziehen, müssen demnach Wege finden, wie sich unterschiedliche gesellschaftliche Gruppen artikulieren können und wie gleichzeitig wechselseitige Wertschätzung für die Unterschiedlichkeit der Perspektiven zwischen den einzelnen beteiligten Gruppen gestärkt werden kann.

Herausforderung kommunaler Dialog

Die Kommune stellt das unmittelbare Lebensumfeld dar. Sie ist damit gleichermaßen Lebensraum, als auch gemeinschaftlich gestaltetes Miteinander. Bürgerinnen und Bürger verfügen über großes Detailwissen über die Zusammenhänge in der Kommune, kennen die spezifischen lokalen Problemlagen und können eigene Lösungen entwickeln. Dies beschränkt sich jedoch nicht ausschließlich auf die Planung von Straßen und Gewerbegebieten, sondern ist Ausgangspunkt für vielfältige Gestaltungsmöglichkeiten von Zukunft.

„Was global zu einer nachhaltigen Zukunftssicherung getan werden muss, muss lokal, dort, wo die Menschen leben, veranlagt werden, in der Gemeinde. In der örtlichen Gemeinschaft entstehen deshalb die Grundlagen für eine zukunftsfähige Gesellschaft.“ (Bertelsmann Stiftung o.J.: 3).

In der Kommune können gemeinsam sich wandelnde Herausforderungen konstruktiv und lösungsorientiert gestaltet werden. Globale Probleme können nur beantwortet werden, wenn dort, wo Menschen wohnen und leben, die lokalen Antworten auf globale Veränderungen gesucht werden. Bürgerinnen und Bürger, Politik und Verwaltung müssen sich daher dieser Zukunftsaufgabe stellen.

Betrachtet man die großen Herausforderungen unserer Gesellschaft, wird dieser Zusammenhang unmittelbar klar. Klimawandel und demografischer Wandel haben beide gleichermaßen Einfluss auf das Zusammenleben in der Kommune, lassen sich aber auch nur ausgehend von dieser Basiseinheit der Gesellschaft lösen. Der Klimawandel stellt die Energieversorgung unserer Gesellschaft unter den Schlagworten von Dezentralität und Nachhaltigkeit auf neue Füße. Kommunen sollen in Zukunft weitaus stärker als heute dazu übergehen, eine grundlegende Daseinsvorsorge für die eigenen Bürgerinnen und Bürger bereitzustellen.

Energie wird zukünftig vor Ort erzeugt werden und braucht damit gleichermaßen den Ratschlag der eigenen Bevölkerung. Welche Energieerzeugungsformen passen zur gemeinschaftlichen Identität und in die Landschaft und sind für die Bürgerinnen und Bürger unterstützenswert? Wie kann vor Ort nachhaltig gehandelt werden und das Bewusstsein für eine globale Verantwortung gestärkt werden? Wie wird auf klimatische Veränderungen, beispielsweise beim Hochwasserschutz, adäquat reagiert? All diese Fragen markieren deutlich, dass sich im kommunalen Raum die Überforderung angesichts einer globalen Herausforderung in einzelne kleine Handlungsschritte übertragen lässt.

Gleiches gilt auch für den demografischen Wandel. Eine alternde Gesellschaft muss sich vor Ort darauf einstellen, wie Mobilität, ärztliche Versorgung und soziales Miteinander in einer alternden Gesellschaft weiterhin realisiert werden können und gleichzeitig muss auch vor Ort die Frage gestellt werden, wie Jüngere in einer Gesellschaft der Überzahl der Älteren noch ihre eigenen Bedürfnisse erfüllen können.

„Gerade bei Kindern und Jugendlichen ist der Einbezug in Entscheidungsprozesse von Bedeutung. Denn demokratische Wertemuster werden in jungen Jahren erworben. Hier und heute jungen Menschen gesellschaftliche Teilhabe zu ermöglichen, ist der erfolgversprechendste Weg, auch morgen engagierte, demokratiefähige und dem Gemeinwohl verpflichtete Bürger zu haben.“ (Bertelsmann 2008: 7)

Die Konsequenz ist klar: Nur im Dialog mit den Bürgerinnen und Bürgern und insbesondere Kindern und Jugendlichen können große zukünftige Herausforderungen gelöst und Widerstände minimiert werden. Dafür braucht es Prozesse, die gleichermaßen die Artikulation unterschiedlicher Interessensgruppen ermöglichen und einen konstruktiven Ausgleich unterschiedlicher Interessen möglich machen. Besonderes Augenmerk wird in Zukunft dabei auf die herausfordernden Aushandlungsprozesse zwischen Jung und Alt gelegt werden müssen, da junge Menschen zunehmend in eine Minderheitenposition geraten und Gefahr laufen, nur noch eine gesellschaftliche Randposition einzunehmen.

„Dabei geht es in erster Linie gar nicht um die schrecklichen Folgen und düsteren Endzeitszenarien, von denen das Thema demografischer Wandel in der politischen und öffentlichen Diskussion häufig begleitet wird. Es sind vielmehr die kommunalen Entwicklungschancen und Potenziale, die es zu entdecken und zu nutzen gilt.“ (Bertelsmann 2007: 38)

Strategische Kommunalentwicklung

Strategischen Kommunalentwicklung – in unserem Sinne verstanden – entwickelt systematische Abfolgen von Handlungsschritten im Rahmen einer Gesamtkonzeption. Diese Gesamtkonzeption will umsetzungsorientiert alle Handlungsfelder einer Kommune maßgeblich gestalten und weiterentwickeln. In den Prozess der Entwicklung einer Gesamtkonzeption sind Bürgerinnen und Bürger selbstredend als aktive Gestalterinnen und Gestalter involviert und werden kontinuierlich beteiligt. Im Rahmen einer Kommunalentwicklung wird ein Bild von einem großen Ganzen entwickelt und einzelne Schritte auf dem Weg hin zu diesem Bild geplant und verbindlich vereinbart. Diese systemische Abfolge von Handlungsschritten erfolgt transparent und im Kontakt mit unterschiedlichen Interessensgruppen. Im Kern geht es also um die Gestaltung und Entwicklung kommunaler Handlungsfelder und um konkrete Handlungskonzepte.

Wachsende kommunale Aufgaben bei gleichbleibender, bzw. rückläufiger Finanzausstattung der Kommunen bedeuten, dass eine an der Zukunftsfähigkeit von Städten und Gemeinden ausgerichtete Politik neue Wege beschreiben muss. Insbesondere die Kooperation zwischen unterschiedlichen Kommunen wird entscheidend für die zukünftige Handlungsfähigkeit sein. Kooperationen umfassen dabei gleichermaßen Anlagen (Klärwerke, Elektrizitätswerke etc.) wie auch Personalressourcen (JugendreferentInnen, Seniorenbüros etc.). Dass solche Kooperationen heute noch schwer gelingen, resultiert aus einer noch zu oft am eigenen Kirchturm ausgerichteten Politik in den Städten und Gemeinden. Gerade hier können übergreifende Beteiligungskonzepte Handlungsdruck erzeugen, der zum Kooperieren zwingt. Einigen sich Bürger verschiedener Kommunen beispielsweise auf Landkreisebene auf interkommunale Einrichtungen im gemeinschaftlichen Interesse, so steigt die Wahrscheinlichkeit, dass diese auch gegen lokalpolitische Widerstände realisiert werden können. Ganz im Sinne der Habermassen These von der deliberativen Demokratie, die bereits im Verhandlungsprozess zwischen Bürgerinnen und Bürgern und der daraus resultierenden Einigung den Aufbau einer eigenen Machtressource erkennt, die andere Widerstände zu überwinden vermag. (Habermas 1992: 108).

Handlungsfelder

Im Prozess der strategischen Kommunalentwicklung werden heute oftmals noch voneinander getrennt verhandelte Handlungsfelder von Kommunen miteinander vernetzt und ineinander integriert gedacht. Wichtige Handlungsfelder sind hierbei das Stadtmarketing, die Wirtschaftsfreundlichkeit, Ansiedlungsfreundlichkeit und lokale Wirtschaftsförderung. Darüber hinaus eine zielgruppengerechte Angebotsgestaltung für beispielsweise Kinder, Jugendliche, Familien, Senioren und Alleinstehende sowie eine zukunftsorientierte Wohn- und Flächenentwicklung und Infrastrukturpolitik. Selbstredend gilt es auch, die kommunalen Finanzen zu sichern und die Formen kommunaler Politik neu zu denken und stetig weiterzuentwickeln.

Zukünftig werden weitere Handlungsfelder die klassischen ergänzen. Bildung und Beteiligung gewinnen genauso an Bedeutung wie Einwanderung und Integration und der Gedanke der Inklusion.

Die Komplexität der unterschiedlichen Handlungsfelder und die Vielzahl der unterschiedlichen Interessenslagen, die sich bezogen auf diese Handlungsfelder in einer Kommune darstellen lassen, erfordern besondere Formen der Beteiligung. Im Folgenden soll nun anhand der Methode des Planspieles deutlich gemacht werden, dass sowohl die Vernetzung von Handlungsfeldern, als auch die Interessensdifferenz von Beteiligungsprozessen aufgegriffen und konstruktiv bearbeitet werden kann. Hierzu stellen wir strukturiert die Grundlagen der Methode dar und eröffnen Perspektiven für die Nutzbarmachung im Rahmen von Generationendialogen. Wenn Sie sich von der Planspielmethode angesprochen fühlen, so finden Sie am Ende des Kapitels den Hinweis auf ein komplettes Planspiel zur strategischen Kommunalentwicklung und zum Generationendialog.

Das Planspiel/Die Planspielmethode

Planspiele haben zum Ziel, Beziehungen und Zusammenhänge zwischen Personen, Gruppen, Organisationen und Systemen zu durchleuchten und zu verstehen.

„Ein Planspiel ist ein Simulationsspiel zur Einübung von kommunikativen Verhaltensweisen. Es versucht, problem- und sachorientiert, komplizierte und abstrakte Zusammenhänge durch eine vereinfachte Darstellung durchschaubar und nachvollziehbar zu machen.“ (Sommer 1993: 8)

Beim pädagogisch eingesetzten Planspiel liegen die Ziele entweder im Bereich des Erkennens von komplexen Zusammenhängen (z.B. ökonomischer oder politischer Art) oder sie beziehen sich auf konkrete Konfliktsituationen, von denen die Teilnehmenden direkt betroffen sind bzw. sein könnten. Dabei geht es im Planspiel sowohl um die Aneignung von Wissen, als auch um die Entwicklung von Methoden der Konfliktbewältigung und Strategien zur Problemlösung. Planspiele können bei der strategischen Kommunalentwicklung einen wichtigen Beitrag leisten, denn diese Methode ermöglicht einen Perspektivwechsel: Jugendliche können in die Rolle von Politikern und Senioren schlüpfen und umgekehrt.

Planspiele, die Alltagswirklichkeiten zur Ausgangssituation haben und bei denen Zukunftsperspektiven, die Arbeitsbedingungen, die Interessen von Gruppen, Individuen und Organisationen Grundlage für den Spielverlauf sind, leisten mehr als nur Lernmedium zu sein: sie ermöglichen einen Perspektivwechsel, eine konkrete Strategieentwicklung und die Erarbeitung von konkreten Handlungsschritten innerhalb eines vorgegebenen Rahmens.

In den Planspielvorgaben sind Faktoren der Wirklichkeit festgehalten, die für die Entstehung und die Bewältigung einer Situation grundlegend wichtig sind. Bei dieser Form des Planspieles muss Wissen vermittelt werden, das eigene Aktivität der Spielenden ermöglicht, Zusammenhänge erkennen hilft und dazu befähigt Lösungen zu entwickeln.

Planspiele können in einem konkreten Vorgang Entscheidungshilfen geben. Durch Probehandeln in vorgegebenen Situationen werden Entscheidungsmöglichkeiten und Lösungen durchgespielt und ihre Konsequenzen erläutert.

Planspiele sind in der Regel offen konzipiert, d.h. Ausgangslage, Ort, Zeit und Rollenträger sind festgelegt, das Ende ist jedoch offen und hängt vom gesamten Spielverlauf ab. Jede einzelne Entscheidung einer Planspielgruppe kann den Lösungsprozess verändern und fordert alle anderen Planspielgruppen auf, darauf zu reagieren.

Phasen einer Planspielaktion

Planspiele durchlaufen verschiedene Phasen. Diese sind von großer Bedeutung und müssen bei der Vorbereitung berücksichtigt werden. Ein sehr wesentlicher Schritt ist der Transfer des Planspielgeschehens in die eigene Lebenswelt, in die eigene kommunale Praxis. Ohne diesen Schritt wäre das Planspiel inhalts- und perspektivlos.

Folgende Phasen kennzeichnen das Planspiel

Anleitungsphase

Zu Beginn einer Planspielaktion begrüßt ein Mitglied der Planspielleitung die TeilnehmerInnen und vermittelt das Ziel einer Planspielaktion. Danach wird auf das Planspiel eingegangen, das in den nächsten Stunden gespielt werden soll. Die Vorgeschichte und Ausgangssituation wird den TeilnehmerInnen erzählt. Hierbei empfiehlt es sich, die Ausgangssituation lebendig zu vermitteln und nicht nur abzulesen (die Gruppen können nach der Anleitungsphase die detaillierten Informationen nachlesen). Die Spielregeln einer Planspielaktion werden vorgestellt und auf deren verbindlichen Charakter hingewiesen. Im Anschluss daran werden die einzelnen Rollen vorgestellt. Abschließend erhält dann jede/r TeilnehmerIn die notwendigen Arbeitsunterlagen und geht in den vorgesehenen Gruppenraum.

Informationsphase

Die SpielerInnen sitzen in ihren Gruppenräumen zusammen und arbeiten gemeinsam die Planspielvorgaben durch. Die Planspielleitung geht nochmals zu jeder Gruppe und beantwortet noch offene Fragen. Falls beim Spieleinstieg Probleme auftreten, kann die Spielleitung noch strategische Hilfestellung leisten.

Strategiebildungsphase

Die einzelnen Spielgruppen diskutieren über die vorgegebene Problemsituation und das Gruppenziel. Geeignete Problemlösungsstrategien werden entwickelt und deren Konsequenzen durchdacht (wenn wir dies oder jenes tun, kann dies zur Folge haben, dass...). Verbündete, aber auch Gegner werden definiert.

Handlungsphase

In der Handlungsphase werden Kontakte zu den anderen Gruppen oder zu Institutionen, Personen usw., die nicht als Planspielgruppe agieren, aufgenommen. Das eigentliche Planspiel hat somit seinen Lauf genommen. Gruppen informieren und holen Informationen ein. Sie verfolgen ihre Strategien, verhandeln und reagieren auf die Strategien der anderen Gruppen. Diese Phase wird in der Regel durch die Diskussionsphase abgelöst.

Diskussionsphase

In der Diskussionsphase werden Argumente und Positionen zwischen den einzelnen Spielgruppen ausgetauscht. Häufig ist es ein Treffen (z.B. Gemeinderatssitzung), das durch die Spielleitung einberufen worden ist. Oft sind es aber auch direkte Gespräche, die zwischen einzelnen Konfliktparteien geführt werden (hierbei ist immer jemand von der Planspielleitung anwesend). In dieser Phase nimmt die Spielleitung z.B. die Rolle der Konferenzleitung/den Vorsitz des Gemeinderates/die Moderation eines Hearings ein.

Reflexions- und Auswertungsphase

In dieser Phase wird der Spielverlauf ausgewertet. Die Auswertung von Planspielen beinhaltet zwei verschiedene Kriterien: Die Teamauswertung und die Auswertung in der Gesamtgruppe.

Teamauswertung

Die Planspielleitung sollte anhand eigener Beobachtungen und Dokumentationen eine eigene Auswertung vornehmen. Diese sollte Grundlage für eine Gesamtauswertung mit allen Spielgruppen sein. Folgende Fragen sollten von der Planspielleitung reflektiert werden:

- Wie waren die Rollen verteilt?
- Konnten sich die SpielerInnen mit den Rollen identifizieren? Stieg ein/e MitspielerIn aus der Rolle aus? Wenn ja, zu welchem Zeitpunkt? Wie kam es dazu?
- Ist der Einstieg in das Planspiel gelungen?
- Welche Gruppe wurde wann aktiv? Welche Lösungsstrategien wurden von welcher Gruppe und zu welchem Zeitpunkt entwickelt?
- Welche Funktionen/Rollen wurden von der Planspielleitung eingenommen?

Gesamtauswertung

„Der eigentliche Abschluss eines Planspieles findet in der Gesamtauswertung mit allen Planspielgruppen statt. Dies kann erstmal eine mühsame Herausforderung sein, da die Teilnehmenden meist sehr ungern aus ihren Spielrollen aussteigen wollen. Festzustellen ist jedoch, dass ein Planspiel ohne ausführliche Auswertung mit den TeilnehmerInnen seine Lernziele nicht erreicht, weil die gemeinsamen Erfahrungen nicht bewusst werden, weil ihre Übertragbarkeit auf Alltagssituationen nicht kritisch genug geprüft werden kann, und weil manche Erkenntnisse, die im Spiel gemacht wurden, zu Fehlschlüssen führen können, wenn sie nicht verarbeitet werden." (Freudenreich 1979: 121)

Vor diesem Hintergrund ist eine Planspielauswertung notwendig, die folgende Aspekte aufgreift (folgende Fragen sind für eine Gesamtauswertung notwendig):

- Welche Fragen konnten durch das Planspiel beantwortet werden?
- Konnte der Zusammenhang zwischen Alltagskonflikt und thematisch vorgegebenen Grundkonflikt im Planspiel erkannt werden?
- Was ist offen geblieben oder überhaupt erst im Spiel zum Problem geworden?
- Wie hat die Gruppe in Bezug auf gemeinsame Strategieentwicklung zusammengearbeitet?
- Wie konnte sich jede/r SpielerIn in diesen Prozess mit einbringen?

Zu Beginn jeder Auswertung stellt die Spielleitung ihre Beobachtungen den Teilnehmenden vor. Wie im Anschluss daran der weitere Verlauf der Auswertung aussieht, ist abhängig von der Gruppengröße und der Zielsetzung des Planspieles.

Planspiel und Generationendialog

Kinder und Jugendliche in gemeinsame Arbeitsformen zu integrieren ist schwer genug, diese auch noch für Senioren zu öffnen im Grunde nicht möglich. Zu sehr unterscheiden sich Arbeitstempo, methodische Bedürfnisse, Vorwissen und Diskussionsstile voneinander. Diese „Unvereinbarkeit" der unterschiedlichen Zielgruppen in einem gemeinsamen Diskussionsmoment erfordert die Einbeziehung des Anderen in dessen Abwesenheit. Hier entfaltet das Planspiel seine besondere Stärke: Das Verstehen des Anderen im Erleben von dessen Perspektive.

Das Planspiel zum demografischen Wandel

von Udo Wenzl unter Mitarbeit von
Dr. Paul Stefan Ross/Dr. Ralf Vandamme/Dr. Ursula Weber

Die Stadt Schwarzenberg ist eine stabile Mittelstadt mit rund 45.000 EinwohnerInnen und nimmt als eine von 35 Städten und Gemeinden im Landkreis Markgrafen Büttingen eine wichtige Funktion im Bereich sozialer Dienstleistungen und wirtschaftlicher Entwicklung wahr. Trotz seiner großen regionalen Bedeutung als Mittelzentrum leidet die Stadt seit langem an einem relativ geringen Familienanteil.

Der demografische Wandel führt auch in Schwarzenberg und den umliegenden Gemeinden zu einem Wandel der Bevölkerungsstruktur. Die Zahl der schulpflichtigen Kinder und Jugendlichen hat in den vergangenen Jahren dramatisch abgenommen. ....
So, oder ähnlich klingen die Einführungen in konkrete Planspielsituationen zu lesen.

Real haben wir in Baden-Württemberg im Rahmen eines MultiplikatorInnen-Workshops das Planspiel mit rund 30 Fachkräften des bürgerschaftlichen Engagements gespielt. Neben dem Kennenlernen des Planspiels ging es u.a. auch darum, die Fachkräfte mit der Planspielmethode vertraut zu machen.

Das Planspiel „Schwarzenberg", ein Planspiel zum demografischen Wandel, ist mit 10 Spielgruppen und 50 formulierten Rollen konzipiert und hat zum Ziel, eine kommunale Entwicklungsstrategie zu erarbeiten und diese im Rollen- und Planspiel real zu erfahren und zu erleben. Nach dem Spiel ist der Transfer in die eigene kommunale Situation der wichtige Schritt, um Konsequenzen und reale Handlungsschritte aus dem Planspiel ableiten und entwickeln zu können[1].

Parallel können in einem strukturierten Beteiligungsprozess sowohl Kinder und Jugendliche, als auch Senioren in Planspielen jeweils die Bedürfnisse der anderen Gruppe mit reflektieren. Besondere Qualität erhält diese Form, wenn die jeweiligen Ergebnisse und Perspektiven, die im Planspiel entwickelt wurden, der jeweils anderen Gruppe noch vorgelegt werden. So können Missverständnisse ausgeräumt und Thesen konstruktiv ergänzt werden. Darüber hinaus dient ein solcher Prozess der Perspektiverweiterung einzelner Gruppen. Senioren begreifen die Bedürfnisse von Kindern und Jugendlichen und umgekehrt und können diese dann in konkreten Fragen der kommunalen Beteiligung besser verarbeiten und als valide Ansprüche an die Kommune identifizieren.

So können in Planspielen Bildung und Generationenprojekte, Freiwilligenengagement und Generationenziehungen, Nachhaltigkeit und Generationengerechtigkeit, gemeinschaftliche Wohnformen sowie kommunale Mehrgenerationenkonzepte, Mehrgenerationenhäuser, Gesundheit, Ernährung und Bewegung zum Thema gemacht werden. Bei all diesen Themen lohnen der Perspektivwechsel und die Betrachtung des Gegenstandes aus den Augen einer anderen Zielgruppe. Wie gestaltet sich beispielsweise Nachhaltigkeit aus den Augen von Menschen, die nur noch wenige Jahre leben, bzw. aus der Sicht von Kindern und Jugendlichen, die noch das ganze Leben vor sich haben? Eine Veränderung des Blickwinkels, die

1 Die Planspielunterlagen können per Mail (info@udowenzl.de) angefordert werden.

konstruktive gemeinschaftliche Planungen für eine Kommune erst ermöglicht und Widerstände abbaut.

Kommunalentwicklung und Beteiligung

Kommunalentwicklung hat eine wachsende Bedeutung. Diese Entwicklung strategisch und unter Einbezug der eigenen Bürgerinnen und Bürger zu gestalten entspricht ganz dem Zeitgeist offener Bürgerkommunen und Beteiligungsgesellschaften. Heute werden Beteiligungen in komplexen Fragen noch zu selten für Beteiligung geöffnet. Es besteht stets die Sorge, dass Komplexität und Multiperspektivität nicht mitgedacht werden kann. Hier bietet das Mittel des Planspieles einen lohnenswerten Ansatz, der Beteiligungs- und Planungsprozesse in Kommunen unterstützen kann.

Literatur

Bertelsmann Stiftung (Hrsg.) (2008): Eine Stadt für uns alle. Gütersloh.
Bertelsmann Stiftung (2008): Kommunen in Bewegung – für Teilhabe und Gerechtigkeit. Gütersloh.
Bertelsmann Stiftung/Hans-Böckler-Stiftung/KGSt: Junge Kommune – Strategien für eine zukunftsfähige Stadtgesellschaft. Gütersloh.
Freudenreich, D. (1979): Das Planspiel in der sozialen und pädagogischen Praxis. München.
Habermas, J. (1992): Vom pragmatischen, ethischen und moralischen Gebrauch der praktischen Vernunft. In: Erläuterungen zur Diskursethik. 2. Aufl. Frankfurt am Main.
Klippert, H. (1988): Planspiele in der politischen Bildung. In: Bundeszentrale für politische Bildung (Hrsg.). Erfahrungsorientierte Methoden der politischen Bildung. Bonn. S. 24-27
Landesjugendring Baden-Württemberg (2005): Wir bauen an der Zukunft: Arbeitshilfe zum Verhältnis der Generationen. Stuttgart.
Landeszentrale für politische Bildung Baden-Württemberg (2007): Städtepolitik und Stadtentwicklung. Stuttgart.
Landeszentrale für politische Bildung Baden-Württemberg (2007): Demografischer Wandel – wir werden älter und wir werden weniger. Stuttgart.
Roß, P.-S. (2012): Demokratie weiter denken. Reflexionen zur Förderung bürgerschaftlichen Engagements in der Bürgerkommune. Baden-Baden.
Sommer, J. (1983): Action! Planspiele in der Jugendbildungsarbeit. Langenbeutingen.
Sommer, J./Oetzel, S. (1991): Big deal – das Planspiel-Baukasten-System. Kemnat.
Stiftung Mitarbeit (2008): Das Planspiel-Buch: Anregungen und Spiele für Engagierte. Bonn.
Stiftung Mitarbeit (2009): Bürgerbeteiligung als Weg zur lebendigen Demokratie. Bonn.
Wenzl, U. (1995): Planspiele in der Jugendarbeit. Östringen.
Wenzl, U. (1998): Himmelstadt im Höllental. Ein jugendpolitisches Planspiel. In: Politik ins Spiel bringen. Arbeitsgemeinschaft Evang. Jugend Deutschland (aej). Hannover.
Zentrum für zivilgesellschaftliche Entwicklung (Hrsg.) (2011): Kommunen gemeinsam gestalten. Handlungsansätze zur Beteiligung Älterer vor Ort. Freiburg.

Teil III

Ökonomische Modelle der Finanzierung generationenbezogener Interventionen in Kommune, Land und Bund

Verschiedenheit ist bereichernd. Vom Benefit intergenerativer Angebote

Paul-Stefan Roß, Hille Tries

Begegnungen zwischen den Generationen – ein Thema mit Hochkonjunktur

Die Frage, wie Kontakte zwischen den Generationen ermöglicht werden können, hat gegenwärtig Hochkonjunktur. Das im Jahr 2012 in eine weitere Förderphase gehende Bundesprogramm „Mehrgenerationenhäuser“ und das für das Jahr 2012 ausgerufene „Europäische Jahr für Aktives Altern und die Solidarität der Generationen“ sind nur zwei Indikatoren. Mehr noch: Die eigentliche Zukunft des Themas scheint erst zu kommen. Der „demografische Wandel“ ist zwar mittlerweile in aller Munde und die sich durch ihn verändernden Lebens- und Arbeitsbedingungen werden nach und nach im Alltagsbild der Gesellschaft und damit auch im Alltagsbewusstsein manifest. In der kommunalen Praxis werden jedoch konkrete Konsequenzen nach wie vor nur zögerlich und selten systematisch gezogen. Positive Beispiel wie die „Demografie-Kommune“ Arnsberg[1] in Nordrhein-Westfalen oder jene Städte und Gemeinden, die im Demografie-Netzwerk[2]mitwirken, bilden eher die Ausnahme als die Regel.

Bereits die SIGMA-Studie zu „Generationenverhältnis und Generationenkonflikt in der Bürgergesellschaft“ von 1999 (Ueltzhöffer 1999) war zu dem Ergebnis gekommen, dass Kontakte zwischen den Generationen – wenn sie sich denn ergeben – i.d.R. innerhalb von Familie stattfinden. Stellt man dem gegenüber, dass bereits heute deutlich mehr Menschen in Einpersonenhaushalten als in Mehrgenerationenhaushalten leben, zeigt dies, dass generationenübergreifende Begegnungen immer weniger selbstverständlich sind. Dieser Trend setzt sich fort: Nach entsprechenden Prognosen wird im Jahr 2020 etwa ein Drittel der über 65-Jährigen keine Kinder oder Enkel haben.

Vor diesem Hintergrund plädiert etwa das Generationenbarometer von 2006 (Forum Familie Stark Machen 2006) für die Entwicklung neuer Konzepte: Die Zukunft der Familie kann nicht darin liegen, zu althergebrachten Vorstellungen und Verhaltensweisen zurückzukehren. Zu viele gesellschaftliche Entwicklungen und Transformationen haben bereits stattgefunden. Es gilt also, neue Wege zu gehen. In diesem Sinne finden sich derzeit bundesweit mehr als 10.000 Initiativen, die alle zum Ziel haben, Menschen unabhängig von ihren verwandtschaftlichen Beziehungen miteinander in Kontakt zu bringen und neue Unterstützungsformen zwischen den Generationen zu initiieren oder zu unterstützen. Dabei geht es um mehrjährige Bundesprogramme (z.B. Mehrgenerationenhäuser) genauso wie um lokale Projekte, die von Kommunen, Verbänden oder bürgerschaftlichen Initiativen angestoßen werden. Verbindendes Ziel ist, Möglichkeiten zur Interaktion von Menschen verschiedener Generationen und deren gegenseitige Unterstützung zu fördern. Darüber hinaus sollen die Projekte und Initiativen zu mehr Toleranz und Verständnis für die Belange, Wünsche und Probleme der verschiedenen Generationen beitragen. Beispiele finden sich in diesem Handbuch.

1 Vgl. http: //www.arnsberg.de/demografischer-wandel
2 Vgl. http: //demographie-netzwerk.de

Intergenerative Initiativen: Praxis ohne Theorie?

Es tut sich also einiges. Auch entwickelt sich allmählich eine Sichtweise, in der die Folgen des demografischen Wandels nicht einseitig als Drohkulisse, als über der Gesellschaft schwebendes Damoklesschwert erscheinen. Allerdings scheint bisweilen an die Stelle pessimistischer Betrachtungsweisen der demografischen Entwicklung – gleichsam wie ein entgegen gesetzter Pendelausschlag – eine gewisse „Generationenromantik" zu treten. Die These, generationenverbindende Angebote seien wichtig, stößt allenthalben auf Zustimmung; und an Projekten und Initiativen zur Stärkung der Beziehungen zwischen verschiedenen Generationen fehlt es nicht (s.o.). Warum genau solche Angebote wichtig sind und welchen Nutzen sie konkret stiften, wird dagegen selten schlüssig beantwortet. Auch was die fachlich-wissenschaftliche Auseinandersetzung mit der Thematik betrifft, so fällt auf: Forschungen zu den Bedingungen und zur Qualität intergenerativer Beziehungen in Deutschland finden sich immer noch eher spärlich. In der Diskussion zu generationenübergreifenden Projekten und Initiativen übertreffen momentan die Hoffnungen, Postulate und Beschwörungen deutlich das handfeste Wissen als Basis für theoriegeleitetes, fachlich angemessenes Handeln.

Im Südwesten der Bundesrepublik hat die Baden-Württemberg Stiftung mit einem Modellprogramm „Neue Generationennetzwerke für Familien" (2007-2009) die Thematik der intergenerativen Arbeit aufgegriffen (Roß/Tries 2010). Der Beitrag, den das Programm mit insgesamt 16 geförderten Projekten in diesem Zusammenhang leisten konnte, mag aufs Ganze gesehen bescheiden wirken. Aber die Initiativen zeigen gerade in ihrer Vielfalt, in welche Richtung die Entwicklung gehen muss, was möglich ist und wie die Begegnung von Generationen Nutzen für alle Beteiligten stiften kann. Der folgende Beitrag fasst auf Grundlage der wissenschaftlichen Begleitung des Programms zentrale Erkenntnisse zusammen. Als Ausgangs- und Referenzpunkt bietet sich eines der im Rahmen des Programms umgesetzten Projekte an, das daher beispielhaft vorgestellt werden soll.

Praxisbeispiel: „Humor verbindet Generationen“ – Bürgerschaftliches Viergenerationenprojekt[3]

Am Anfang des Projekts in Reutlingen (Baden-Württemberg) stand die Idee, die Lebenswelten von Kindergartenkindern und demenzkranken bzw. bettlägerigen Menschen so miteinander in Kontakt zu bringen, dass die Begegnung für beide Seiten bereichernd sein kann. Wesentliches Ziel ist es, Raum und Orte für die Begegnung von verschiedenen Generationen zu schaffen, wo diese von selbst nicht mehr stattfinden. Brücke und Vermittler zwischen Kindern und Senioren sind ausgebildete Pflegeheim-Clowns. Bürgerschaftlich engagierte Eltern ermöglichen durch die Begleitung und Betreuung der Kinder die Begegnungen. Kooperationspartner des Projekts sind die Abteilung für Ältere und die Abteilung Tagesbetreuung für Kinder der Stadt Reutlingen, die Reutlinger Altenhilfe (RAH) mit ihren Einrichtungen Haus Voller Brunnen und Haus Ringelbach, die beiden städtischen Kindergärten Humboldt- und Bellinostraße sowie der Verein „Clowns im Dienst, Kinderberg International e.V.“.

Beim Projekt „Humor verbindet Generationen“ begleiten alle zwei Wochen engagierte Eltern eine Gruppe von fünf bis sechs Kindern aus den beiden Kindergärten ins Pflegeheim und besuchen dort BewohnerInnen eines Wohnbereichs. Im Wohnbereich werden sie von den Pflegeclowns in Empfang genommen und begrüßt. Daraufhin besuchen die beiden ausgebildeten Pflegeheimclowns mit einzelnen Kindern demenzkranke und bettlägerige Menschen auf ihren Zimmern. Die Eltern begleiten die Kinder beim gemeinsamen Tun mit den Senioren und werden dabei von weiteren Ehrenamtlichen unterstützt. Kinder, Senioren, Engagierte und Pflegeclowns teilen gemeinsam Erfahrungen. Sie spielen, singen, beschäftigen sich mit jahreszeitlichen oder anderen Themen. Die Clowns sind für die Kindergartenkinder und Eltern Brücke und Modell für humorvollen, spielerischen und an den Sinnen orientierten Kontakt mit Menschen mit Demenz und Pflegebedürftigkeit. Die Gemeinsamkeit von Kindern und dementiell erkrankten Menschen ist, dass sie über die Sinne, über spielerische Kommunikation, Musik, Lieder und Gesang besonders ansprechbar sind. Unterstützt durch die speziell ausgebildeten Clowns gehen die Kinder offen und interessiert auch auf bettlägerige und verwirrte alte Menschen zu. Grundlage der Arbeit der Clowns ist die Kenntnis biographischer und aktueller Informationen aus den Übergabegesprächen mit den Mitarbeitern der Pflege vor den jeweiligen Besuchen. Sehr wichtig sind auch die regelmäßigen Vor- und Nachbesprechungen mit den engagierten Eltern und allen Projektbeteiligten.

Im Projekt „Humor verbindet Generationen“ wird die Pflegeeinrichtung zum Lern- und Erfahrungsort, in dem sich unterschiedliche Lebenswelten begegnen und alle Beteiligten neue und bereichernde Erlebnisse haben können. Die Kinder lernen spielerisch in familiärer Vertrautheit, Berührungsängste zu alten und verwirrten Menschen abzubauen. Sie entwickeln soziale Kompetenzen wie Mitgefühl und Fürsorge. Die Senioren erfahren eine Teilhabe am ganzen Leben, an Freude und Spiel und erleben, dass sie trotz Einschränkungen viel zurückgeben können. Auch die engagierten jungen Eltern erfahren durch die Begegnungen im Pflegeheim wichtige neue Perspektiven für ihren Alltag.

Aus diesem exemplarisch geschilderten Projekt, aber auch den übrigen innerhalb des Programms „Neue Generationennetzwerke für Familien“ geförderten Modellen, lassen sich sieben Faktoren herausarbeiten, die für das Gelingen intergenerativer Initiativen wichtig sind.

---

3 Ansprechpartnerin: Ulrike Gössl (Reutlinger Altenhilfe gGmbH, Haus Voller Brunnen); ugoessl@rah-reutlingen.de

Zugleich lässt sich deutlich machen, wo die Grenzen lokaler Aktivitäten liegen, die im Rahmen von Modellprogrammen gefördert werden. Aber auch Perspektiven können angedeutet werden

Erfolgsfaktoren intergenerativer Initiativen

Eine erste Erkenntnis mag zunächst banal erscheinen: Intergenerative Begegnungen gelingen nicht einfach dadurch, dass Menschen verschiedenen Alters aufeinander treffen. Wichtig ist, dass es gemeinsame Themen und Interessen gibt, die als Anknüpfungspunkt dienen können.[4]Im oben geschilderten Projekt sind es die Clowns, die den gemeinsamen Anknüpfungspunkt für die Generationen bilden: Die Kinder sind fasziniert von ihrer Verkleidung und ihren Späßen, für viele BewohnerInnen der Pflegeeinrichtung sind sie eine willkommene Abwechslung und verbunden mit (vielleicht tief im Bewusstsein verborgenen) Kindheitserinnerungen, für die Eltern und die ErzieherInnen sind sie ein sinnvolles Element der pädagogischen Arbeit in der Kita, für die Pflegekräfte ein Farbtupfer in der Routine des Betreuungsalltags. Damit hebt sich das Reutlinger Projekt positiv von anderen Beispielen ab, die sich leider nach wie vor allzu häufig finden: Kleine Kinder in ein Altenpflegeheim zu bringen und dort ein paar Lieder singen zu lassen, ist sicher eine gut gemeinte Aktion. Vielleicht freuen sich „die älteren Herrschaften" sogar darüber. Für die Kinder ist es aber oft eine eher befremdende Erfahrung. Und auch Eltern und ErzieherInnen bleiben meist mit zwiespältigen Gefühlen zurück.

Wie wichtig der ehrliche Abgleich von Interessen ist, zeigte sich auch in sog. „Leihgroßeltern-Projekten". Als ein (zumindest anfänglicher) Stolperstein erwies sich, dass die Ausgangsinteressen der beteiligten Generationen keineswegs von vornherein kongruent waren. Vor dem Hintergrund, dass eigene (Enkel)Kinder entweder nicht vorhanden sind oder aber weit entfernt leben, begegneten potentielle „Leihomas" bzw. „Leihopas" den Projekten mit der Erwartung, den Alltag junger Familien mit(er)leben zu können. Vielen der interessierten jungen Eltern ging es dagegen zunächst schlicht darum, die Betreuung ihrer kleinen Kinder sicher zu stellen – ob dies nun durch jugendliche Babysitter oder Senioren als Leihgroßeltern erfolgte war ihnen relativ gleichgültig.

Von gemeinsamen Interessen zu sprechen bedeutet auch, intergenerative Beziehungen nicht als Einbahnstraße zu sehen: Generationenprojekte führen dann zu bereichernden Begegnungen, wenn nicht ausschließlich die eine Gruppe etwas für die andere tut, sondern alle Beteiligten einen Nutzen haben. Damit ist zu einem zweiten relevanten Faktor übergeleitet.

Ein echtes Interesse an intergenerativen Aktivitäten ist dann auszumachen, wenn die Beteiligten für sich einen Nutzen, einen „Benefit" [5]identifizieren können. Um genauer beschreiben zu können, worin ein solcher Benefit bestehen kann, haben wir auf die Ergebnisse einer Studie zur intergenerativen Pädagogik zurückgegriffen

4 Zu ähnlichen Ergebnissen gelangt die Begleitforschung zum Bundesprogramm „Mehrgenerationenhäuser" (vgl. Gess, 2011).

5 Wenn im Zusammenhang mit intergenerativen Projekten Begriffe wie „Nutzen", „Profit" oder „Gewinn" verwendet werden, mag dies zunächst irritieren. Gemeint sind jene Konnotationen, die mitschwingen, wenn es etwa heißt, man habe ein „Buch mit Gewinn gelesen" oder „vom Jahr im Ausland profitiert". Der englische Ausdruck „benefit" transportiert unseres Erachtens am besten diese vielschichtige Bedeutung.

Exkurs: Zur Wirkung intergenerativer Arbeit

Zur Frage, welche Wirkungen (im Sinne eines Benefits für die Beteiligten) generationenübergreifende Projekte zeitigen, liegen – so war bereits einleitend vermerkt worden – bislang fast ausschließlich beschreibende, erfahrungsorientierte Berichte vor. Eine gründliche sozialwissenschaftliche, empirisch belegte Forschung jedenfalls noch aus. In eher allgemeiner Weise wird Bezug genommen auf die Fachdiskussion zur Förderung freiwilligen Engagements oder auf das Theorem des „Sozialen Kapitals“ (so z.B. im Zusammenhang mit dem erwähnten „Aktionsprogramm Mehrgenerationenhäuser“; vgl. BMFSFJ, 2008; Emminghaus/Staats/Gess 2012). Verwiesen werden kann jedoch auf eine Studie von Timo Jacobs „Dialog der Generationen“ (Jacobs 2006), die den Versuch unternimmt, mögliche theoretische Anknüpfungspunkte für eine genauere Analyse intergenerativer Praxis zu finden. Jacobs unterscheidet zunächst zwischen einem gesellschaftlichen Nutzen („social benefit“) und einem individuellen Nutzen („individual benefit“) intergenerativer Arbeit. Den social benefit erblickt er v.a. in der Verbesserung und Stabilisierung der „Solidarität zwischen den Generationen“ (ebd. 65). Mit Blick auf den individuellen Nutzen differenziert er zwischen den drei Teilaspekten „Ontogenetischer Gewinn“, „Materialer Gewinn“ und „Situativer Gewinn“.

Die erste Kategorie (ontogenetischer Gewinn) umschreibt den Wirkungsaspekt, durch generationenübergreifendes Engagement einen Zuwachs an Entwicklung und Erfahrung machen zu können (vgl. ebd. 70-82). Unter „Ontogenese“ versteht Jacobs in Anschluss an die Life-Span-Psychologie den lebenslangen Prozess der menschlichen Identitätsentwicklung. Dieser Prozess umfasst bestimmte Entwicklungsaufgaben; und intergenerationelle Beziehungen können „möglicherweise einen Beitrag für die Erfüllung von Entwicklungsaufgaben leisten“ (ebd. 75). Für die Jüngeren erschließen sich Möglichkeiten für neue Entwicklungen vor allem im Übergang von Schule und Beruf. Die parteiliche Vertretung ihrer Interessen durch ältere Menschen eröffnet ihnen nicht nur neue Chancen und Entwicklungsmöglichkeiten, sondern ebenso den Raum, vorgefertigte, unreflektierte oder mangels Erfahrung vorhandene Vorurteile gegenüber der älteren Generation abzubauen. Auch für die älteren Menschen ergeben sich Möglichkeiten, ihrem Leben trotz fortgeschrittenen Alters nochmals eine Wende zu geben; Möglichkeiten, sinnvolle und bereichernde Erfahrungen zu machen. Auch alte Menschen haben im direkten Kontakt mit jungen Menschen die Möglichkeit, Vorurteilen, die sich gegenüber der „Jugend von heute“ manifestiert haben, wirksam entgegen zu treten.

Die Kategorie „Materialer Gewinn“ bezieht Jacobs auf jene Aspekte intergenerativer Arbeit, „die positiv in die momentane Lebenssituation des Einzelnen eingreifen“ (ebd. 84f.). Für Eltern besteht der Gewinn nicht selten in der Möglichkeit, durch entsprechende Projekte notwendige Zeitressourcen zu erhalten: Eine Betreuung der Kinder durch „andere Generationen“ ermöglichen ihnen eine Berufstätigkeit oder schenkt ihnen Zeit für sich selber. Für Jugendliche kann der Gewinn in der Überprüfung späterer Berufsoptionen und in nützlichen Kontakten für den Berufseinstieg bestehen. Älteren Menschen werden möglicherweise alltägliche Verrichtungen abgenommen, zu denen sie nicht mehr in der Lage sind (Rasenmähen, Einkaufen usw.). In diesem Zusammenhang warnen die AutorInnen der von der Hans-Böckler-Stiftung geförderten Studie „Generationenbeziehungen im Wohlfahrtsstaat“ (Blome/Keck/Alber 2008), die sich intensiv mit den Austauschbeziehungen zwischen Generationen im Sozialstaat und Familien auseinandersetzt, jedoch davor, Leistungen und Belastungen von jungen und alten Menschen gegeneinander aufzurechnen. Die vielfältigen Lebenssituationen und Lebensformen der Generationen bringen jeweils ihre eigenen Chancen und Risiken hervor (vgl. ebd. 17). Außerdem lassen sich die Angehörigen der verschiedenen Generationen nicht ohne weiteres in die Gruppe von „Gebern“ oder „Empfängern“ einteilen. Die Älteren sind nicht nur passive EmpfängerInnen von sozialstaatlichen und privaten Transfers, sondern sie treten häufig als Unterstützungsleistende in Familien auf. Erst in sehr hohem Alter verschiebt sich die Relation des Gebens und in Anspruchnehmens von Unterstützung. Aber auch in solchen Konstellationen wird immer wieder die Erfahrung berichtet, dass auch jene Menschen, die in hohem Maße auf Unterstützung angewiesen sind und selbst keine „Leistung“ mehr erbringen können, das Leben anderer Menschen in vielfältiger Weise emotional bereichern können. Der „Tausch“ zwischen den Generationen kennt also verschiedene „Währungen“. Fazit: In der Praxis intergenerationeller Unterstützungen sind überwiegend Kombinationen von Erwartungen bzw. Motiven ausschlaggebend (vgl. Künemund/Motel, 2004: 134).

Geht es bei den beiden gerade angesprochenen Aspekten eher um lang- bzw. mittelfristige Wirkungsperspektiven, so besteht eine dritte von Jacobs identifizierte (individuelle) Nutzenkategorie generationenverbindender Projekte in dem mit ihnen verbundenen unmittelbaren „situativen Gewinn“ (vgl. Jacobs 2006: 84-86). Durch die Betätigung im Projekt erleben die Beteiligten Spaß oder fühlen sich im Austausch mit anderen Menschen einfach wohl. Bei den Kindern geht die Beteiligung in Generationenprojekten häufig mit einem erhöhten Freizeitwert einher.

In den Projekten des Programms „Generationennetzwerke für Familien“ war der von Timo Jacobs angesprochene „situative Gewinn“ vielfach greifbar: Den Spaß, den Kinder und ältere Menschen an den Auftritten der Clowns haben; die Freude der Kinder und SeniorInnen beim Vorlesenachmittag im Kindergarten (Projekt „Dialog der Generationen“ in Heidelberg) oder bei der Begegnungswoche für Großeltern und Enkelkinder (Bildungshaus Kloster Schöntal); interessante Gespräche am Rande der Proben des Generationenchores („Generationen in-takt“, Caritasverband für den Landkreis Emmendingen e.V.) usw.

Ein „materialer Gewinn“ wurde z.B. zurückgemeldet aus dem Projekt „Großeltern für alle Fälle“ (Rheinfelden) im Sinne einer Entlastung für junge Eltern, aber auch aus dem Projekt „Generation Plus“ (Tauberbischofsheim), das interessante Einblicke für Jugendliche bot, die beruflich in die Altenpflege gehen wollen.

Auch ontogenetische Gewinne wurden angesprochen. Ein großer Teil der interviewten ProjektteilnehmerInnen berichteten von Erfahrungen, dass sich die Menschen der verschiedenen Generationen gegenseitig bereichern und in ihrem Leben auf diese Weise neue Wertschätzung erfahren. So äußerte bspw. eine ältere Dame im Interview: „Erlebtes und Geschenktes (Erfahrungen) weitergeben und andere unterstützen. Was für sich selber tun, eine sinnvolle Tätigkeit ausführen, unter junge Menschen kommen, Wertschätzung erfahren, gebraucht werden, also, ein Geben und Nehmen“.

Ontogenetischer Nutzen deutet sich auch dort an, wo junge Menschen zunächst über verpflichtende schulische Programme an Generationenbegegnungen herangeführt wurden: Nicht wenige pflegen auch im Nachhinein freiwillig Kontakte zu „ihren Alten“.

Einrichtungen und Projekte, in denen Menschen unterschiedlichen Alters aufeinander treffen, gibt es viele. *„Dass [...] bedeutet jedoch nicht zwangsläufig, dass sich die Generationen auch begegnen!“* (Gess 2011: 17) Diese Feststellung, zu der Christopher Gess auf Grundlage der Begleitforschung zum Bundesprogramm „Mehrgenerationenhäuser“ gelangt, deckt sich mit unseren Ergebnissen: Damit bei intergenerativen Aktivitäten aus (punktuellen und vielleicht zunächst ambivalenten) „Erlebnissen“ nachhaltig wirksame „Erfahrungen“ werden können; damit (um auf die gerade zuvor angesprochenen Überlegungen zurück zu kommen) ein individueller Benefit zu Stande kommt, bedarf es der sorgfältigen und durchdachten *Inszenierung von Gelegenheiten generationenübergreifender Begegnung*und deren Begleitung. Der Begriff der „Inszenierung“ steht dabei für ein fachliches Vorgehen, das sich in der Tradition lebensweltorientierter Sozialer Arbeit sowohl von „Zufälligkeit" als auch von technizistisch verstandener „Steuerung" abgrenzt (vgl. Roß 2012: 526f.).

Das Reutlinger Pflegeclown-Projekt ist ein Paradebeispiel für eine solche Inszenierung. Da kommen nicht „einfach mal so" ein paar Kinder aus der Kita in die Pflegeeinrichtung, weil es ja „nett" ist, wenn die „Kleinen" und die „Alten" zusammentreffen. Und da werden auch nicht „einfach mal so" Clowns ins Heim geschickt, weil das lustig zu werden verspricht. Vielmehr wird sehr genau bedacht, wie durch eine pädagogisch reflektierte Intervention – nämlich das Tätigwerden der Clowns einschließlich einer sorgfältigen Vor- und Nachbereitung dieser Intervention sowohl in der Kindertagesstätte als auch in der Pflegeeinrichtung – gezielt Gelegenheiten geschaffen werden können, die allen beteiligten Altersgruppen Erfahrungen ermöglichen, die sie sonst möglicherweise nicht machen würden. Andererseits wird die Generationenbegegnung nicht zur durchdeklinierten Stoffvermittlung oder Verhaltenssteuerung: Was aus der Begegnung entsteht – welche Irritationen bisheriger Vorstellungen, welche neuen Sichtweisen und Einstellungen, welche konkreten Beziehungen –, all das bleibt bewusst offen. Auch für diese Offenheit stehen die gewisse spielerische Leichtigkeit, der Stehgreifcharakter und die eigentümliche Mischung aus Provokation, Verfremdung und Tragikomik einer guten Clown-Nummer.

Mit dem gerade erläuterten Aspekt hängt ein weiterer Faktor für das Gelingen intergenerativer Begegnungen eng zusammen. Die o.g. Inszenierungen leben davon, dass es konkrete Personen im Sinne festerAnsprechpartner gibt, die als Vermittler und Unterstützer dafür sorgen, dass verschiedene Generationen miteinander in Kontakt kommen, voneinander lernen und voneinander profitieren können.

Im Reutlinger Projekt sind gleich mehrere solcher „Vermittler und Unterstützer" aktiv. Allen voran sind es die Pflegeclowns, die dafür sorgen, dass die beteiligten Gruppen miteinander in (verbale und nonverbale) Interaktion kommen. Auftretende Kommunikationsirritationen zwischen den Kita-Kindern und den z.T. demenzerkrankten älteren Menschen können in Situationskomik verwandelt werden usw. Vermittlungs- und Übersetzungsarbeit leisten aber auch die ErzieherInnen: Sie bereiten die Kinder auf die Begegnungen in der Pflegeeinrichtung vor und geben im Nachhinein ihren Erlebnissen und Emotionen Raum. Und sie beziehen die Eltern mit ein (und zwar nicht nur jene, die die Kinder in die Pflegeeinrichtung begleiten), indem sie ihnen den Sinn des Projekts erläutern, ihre (z.T. durchaus kritischen) Fragen aufgreifen und sie ermuntern, mit ihren Kindern über deren Erfahrungen zu sprechen. Vermittler und Unterstützer gibt es schließlich auch auf Seiten des Pflegeheims: Die Mitarbeiterin des Sozialdienstes kündigt das Projekt nicht nur bei den BewohnerInnen an, damit diese den ungewöhnlichen Besuch einordnen können, sondern bespricht es auch mit den KollegInnen aus der Pflege, die ihre Arbeitsroutinen entsprechend umstellen müssen und hinterher die ersten Ansprechpartner für die älteren Menschen sind, wenn diese von ihren Erlebnissen mit den Kindern und den Clowns berichten.

Die Erfahrung, dass Generationenbegegnungen (fachlich) begleitet werden müssen, sollen sie gewinnbringend für alle Beteiligten verlaufen, hat in sehr deutlicher Weise auch das Projekt „Großeltern für alle Fälle" gemacht. Nachdem sich die Initiatoren zunächst vorgestellt hatten, das Zusammenfinden von jungen Familien und potentiellen „Paten-" oder „Leihgroßeltern" würde problemlos funktionieren, stellten sie schon bald fest, „dass gemeinsame Kaffeetreffen nicht geeignet sind, um zwischen Familien und Senioren einen ersten Kontakt herzustellen. Dies geschieht nun ausschließlich in einem oder mehreren Einzelberatungsgesprächen mit einer Projektmitarbeiterin" (Roß/Tries 2010: 119f).

Für die damit angesprochene wichtige Aufgabe wurden in den Projekten verschiedene interessante Formulierungen gefunden: Von „Begegnungs-Dolmetschern" war z.B. die Rede, von „Moderation" oder von „Begegnungs-Assistenz". Ohne solche MitarbeiterInnen, die die entsprechende Zeit eingeräumt bekommen (Hauptberufliche) bzw. sich nehmen (Freiwillige), funktionieren Generationenprojekte nicht. Sie haben den Projekten ein nach außen erkennbares, attraktives Gesicht gegeben. Die Projekte leben von der Begegnung von Mensch zu Mensch, müssen jedoch nicht selten erst um das Vertrauen werben, sich auf ungewohnte bzw. ungewohnt gewordene Begegnungen einzulassen.

1. Deutlich wurden die *Chancen und Risiken des Arbeitens in Netzwerken.* Ein stabiles Kooperationsnetzwerk aufzubauen, wurde von Anfang an als wichtigster Garant für Erfolg und langfristigen Bestand der Projekte angesehen. Der Verlauf zeigte: Nur im Verbund vieler Beteiligter auf gleicher Augenhöhe und den engen Austausch der verschiedenen beteiligten Gruppen, Einrichtungen und Träger kann eine Begegnung von Generationen inszeniert werden. Auf der anderen Seite sind Aufbau und Pflege von Netzwerken sehr zeitaufwändig. Zudem braucht es Zeit, bis sich herausstellt, welche Kooperationen tragfähig sind und welche nicht. Hier kamen die verantwortlich beteiligten Haupt- und Ehrenamtlichen oft an Kapazitätsgrenzen, die als zentrale Schwäche der Projekte benannt wurden. Auch hier stellt das Clown-Projekt ein gutes Beispiel dar: Ohne die enge (und zeitintensive) Zusammenarbeit von Pflegeeinrichtung (mit BewohnerInnen, Sozialdienst und Pflegepersonal), Kindertagesstätte (mit Kindern, ErzieherInnen und Eltern), kommunalem Sozialamt sowie dem freiberuflichen Clown-Team – also in einem Netzwerk von acht Kooperationspartnern! – hätte das Vorhaben nicht gelingen können.
2. Generationenprojekte sind ohne die Mitwirkung freiwillig Engagierter nicht denkbar (ähnlich Gess 2011: 17). Dabei geht es nicht allein und nicht vorrangig – pragmatisch – um die kurzfristige Entlastung von Hauptberuflichen. Es geht vielmehr v.a. darum, die Projekte einerseits in der Breite des lokalen Sozialraums zu verankern und sie andererseits über den zeitlich begrenzten Modellzeitraum hinweg zu erhalten. Freiwillige zur Mitarbeit zu gewinnen, erweist sich freilich einmal mehr als systematisch wahrzunehmende Aufgabe, die Aufwand bedeutet und Professionalität verlangt („Freiwilligen-Management"; vgl. etwa Reifenhäuser/Hoffmann/Kegel 2009). In diesem Zusammenhang sind zwei Teilergebnisse der Evaluation von Bedeutung. Zum einen geschieht die Ansprache Freiwilliger am erfolgreichsten über deren eigene Hobbys oder deren eigene Interessen (womit sich der Kreis mit den im Zusammenhang mit dem ersten Faktor angestellten Überlegungen schließt). Im Reutlinger Projekt ist es zum Beispiel das Interesse an spannenden, „horizonterweiternden" Erfahrungen und Begegnungen für ihre Kinder, das Eltern motiviert, sich ehrenamtlich als Begleitpersonen zu engagieren. Die Liebe zur Musik steht im Zentrum des Projekts „Generationen in-takt" (Caritasverband für den Landkreis Emmendingen e.V.) mit einem Mehrgenerationen-Chor, der die offene Kapelle im Foyer eines Pflegeheims als Proberaum nutzt und sich bei BewohnerInnen wie NachbarInnen eine feste Fangemeinde erworben hat. Zum anderen lassen sich freiwillig Engagierte am besten über institutionelle Zusammenhängeansprechen; d.h. wenn die Menschen über eine andere Organisation zu den Projekten Kontakt bekommen, wie beispielsweise über Kindergärten, Schulen, Vereine, Kirchengemeinden oder Bürgerinitiativen. Innerhalb dieser Kooperationsbeziehungen werden zahlreiche Menschen aktiv. Allerdings sind die Ehrenamtlichen, die sich jetzt bereits engagieren, oft schon über einen längeren Zeitraum und nicht nur für das Generationenprojekt aktiv. Um weitere bisher nicht engagierte Menschen und insbesondere jüngere Menschen und Männer zu gewinnen, muss sich die Akquise stärker auf deren Lebenswelt zu bewegen. Die Menschen sollten in ihrem Umfeld, ihrem Stadtteil, ihrer Nachbarschaft am besten persönlich angesprochen werden.

3. Ein letzter Faktor bewegt sich gewissermaßen auf der Metaebene. Ertragreiche und innovative Generationenprojekte kommen dann zustande, wenn es gelingt, TeilnehmerInnen von Anfang an in den Ablauf zu „verwickeln", sie zu Beteiligten zu machen *(Partizipation).* Die Menschen wissen selbst am besten, wo ihr Interesse liegt und wo es Bedarf gibt: ob Großeltern-Enkel-Freizeiten, ob Mehrgenerationenchor, ob Kochduell. Im Idealfall können die Menschen innerhalb der Projekte ihre eigenen Ideen und Vorstellungen einbringen und verwirklichen – statt lediglich „HelferInnen" zu sein und von Profis entwickelte Konzepte lediglich umzusetzen.

Grenzen intergenerativer Initiativen

Neben den Erfolgsfaktoren traten in der Begleitforschung auch deutliche Grenzen intergenerativer Projekte zu Tage, und zwar auf verschiedenen Ebenen. Dabei deutet eine der grundsätzlichen Grenzen zugleich Perspektiven für eine Weiterentwicklung des intergenerativen Ansatzes an.

Auch das Programm *„Neue Generationennetzwerke für Familien"* der Baden-Württemberg Stiftung offenbarte das hinlänglich bekannte und benannte *Dilemma von Modellförderungen.* Dabei liegt das Problem nicht in der projektförmigen Arbeitsweise als solcher – sie ist für generationenverbindende Aktivitäten und Initiativen durchaus angemessen (vgl. Jacobs 2006: 97-106), sondern in der Form der Modellförderung und der damit verbundenen Crux zeitlich begrenzter Finanzierung. Das vorliegende Programm hat jedenfalls gezeigt, dass das Generationenthema zwar als solches *„in"* und unmittelbar konsensfähig ist; dass aber in dem Moment, wo es um ein verbindliches politisches und finanzielles Engagement geht, die Notwendigkeit einer systematischen Förderung von Generationenbegegnungen nicht ohne weiteres einsichtig zu machen ist.

Die 16 im Programm geförderten Initiativen haben gegen Ende des Förderzeitraums v.a. in drei Richtungen gedacht (oft in Kombination miteinander), um die Nachhaltigkeit der Generationenprojekte zu sichern. Da diese Strategien auch auf andere Projekte übertragbar sein könnten, seien sie kurz benannt:

1. *DieOrganisationsform der Projekte weiterentwickeln.* Das jeweilige Angebot soll nicht an einen einzelnen Träger angebunden sein, sondern an ein (mehr oder weniger formalisiertes) Kooperationsnetzwerk. Auch ein solches Netz braucht jedoch eine Koordination, einen Motor und v.a. eine/n auch nach außen klar wahrnehmbare/n AnsprechpartnerIn. Diese Funktion kann i.d.R. nur auf beruflicher Basis geleistet werden. Aber die Verantwortung und damit auch der Ressourceneinsatz ruhen auf mehreren Schultern.
2. Für eine stärkere ideelle und finanzielle *Beteiligung der Kommunen* werben. Den Anforderungen der sich wandelnden Gesellschaft wird sich über kurz oder lang jede Kommune stellen müssen. Im Rahmen ihrer Daseinsfürsorge sollten die Kommunen den Wert von Projekten, die bereits heute diesen geänderten Bedingungen Rechnung zu tragen versuchen, würdigen. Dabei geht es um positive öffentliche Anerkennung, die Präsenz und Mitwirkung bei Veranstaltungen, aber auch um finanzielle Unterstützung. Hinzu kommt, dass die Haltung der Kommunen bzw. ihrer RepräsentantInnen Signalwirkung hat gegenüber der allgemeinen Öffentlichkeit, insbesondere jedoch gegenüber Unternehmen, Stiftungen und privaten SpenderInnen.

3. ProfessionelleVorgehensweisen entwickeln, wie *Unternehmen als Kooperationspartner*gewonnen werden können. Im Bereich der Unternehmenskooperationen war in den Projekten zunächst vor allem an Spenden gedacht worden. Geld- oder Sachspenden stellen aber nur einen Teilaspekt dar: „Unternehmerische soziale Verantwortung“ und „unternehmerisches Bürgerschaftliches Engagement“ werden heute unter den Stichworten „Corporate Social Responsibilty“ bzw. „Corporate Citizenship“ sehr viel breiter diskutiert (Freiwilligeneinsätze von MitarbeiterInnen, zur Verfügung stellen fachlichen Know-hows usw.). Tatsache ist aber auch hier, dass die Gewinnung von Unternehmen als Kooperationspartnern zwar manchmal wie eine Zauberformel erscheint, sich in der Realität aber als eine anspruchsvolle und höchst aufwändige Aufgabe erweist.

Perspektive: Von intergenerativen Projekten zu Diversity-Konzepten?

Neben den gerade genannten typischen, fast chronisch zu nennen Grenzen modellfinanzierter Projekte außerhalb kommunaler Pflichtleistungen deutet sich eine grundsätzliche Grenze intergenerativer Arbeit an. Um sie zu beschreiben, müssen wir etwas weiter ausholen.

Betrachtet man die gerade herausgearbeiteten Faktoren in der Gesamtschau, fallen interessante Parallelen auf. „Inszenierung von Gelegenheiten für Begegnung“, „Ansprechpartner als Vermittler und Unterstützer solcher Begegnungen“, „gemeinsame Themen und Interessen als Anknüpfungspunkt“, „Nutzen stiften für alle Beteiligten“, „Notwendigkeit der Mitwirkung freiwillig Engagierter“ – es sind nahezu dieselben Stichworte, die genannt werden, wenn es um Initiativen zur Stärkung der *gesellschaftlichen Teilhabe von Menschen mit Behinderungen* geht; und es sind nahezu die gleichen Faktoren, die für gelingende Projekte zur *Teilhabe von Menschen mit Migrationshintergrund* angeführt werden. Was ist der gemeinsame Nenner? Es handelt sich erstens um Aktivitäten, bei denen es darum geht, unterschiedliche Menschengruppen in Kontakt und Austausch zu bringen; Menschen, die sich „normaler Weise“ im Alltag kaum begegnen. Es geht zweitens um Aktivitäten, die mit der Hoffnung verbunden sind, allen Beteiligten einen Benefit zu ermöglichen, v.a. aber gesellschaftliche Ausschlussphänomene zu reduzieren bzw. (präventiv) zu verhindern. *Verschiedenheit* (alt/jung, einheimisch/migrantisch, behindert/nicht-behindert, männlich/weiblich/transsexuell usw.) soll nicht entlang von – mehr oder weniger explizit benannten – „Normalitätsvorstellungen“ zu *Ausgrenzung* führen, sondern als Bereicherung interpretiert und erfahren werden. Und als ein Schritt, diesem Ziel näher zu kommen, werden *Begegnungen* unterschiedlicher Menschengruppen „inszeniert“. Worum es bei dieser Thematik analytisch, normativ und handlungspraktisch geht, wird seit einiger Zeit (auch in der Sozialen Arbeit) unter den Stichworten „Diversity“, „Intersektionalität“ oder „Diversity-Management“ thematisiert (vgl. Winker/Degele 2010; Mecheril/Plößer 2011).

Zurück zu unserer Ausgangsfrage. Der demografische Wandel ist – endlich – in der gesellschaftlichen, politischen und wirtschaftlichen Wahrnehmung angekommen. Vor diesem Hintergrund ist es weder verwunderlich noch überflüssig, dass über intergenerative Begegnungen, Dialoge und Aktivitäten diskutiert wird und entsprechende generationenverbindende Initiativen auf den Weg gebracht werden. Ohne Zweifel: Hier werden wichtige Erfahrungen gesammelt. Und zwar parallel zu zahlreichen Projekten, die die selbstverständliche gesellschaftliche Teilhabe von Menschen mit Behinderungen zum Ziel haben, und parallel zu vielfältigen Initiativen zum interkulturellen Dialog. Aber in einer Gesellschaft, in der Differenzierung weiter zunimmt und die damit immer „bunter“ wird, steht mittelfristig vielleicht ein nächster Entwicklungsschritt an: Nämlich der Schritt von der Thematisierung *einzelner* spezifischer Unterschiede – eben alt/jung, einheimisch/migrantisch, behindert/nicht-behindert, männlich/weiblich/transsexuell – zu einem *Gesamtblick auf Unterschiedlichkeit und Vielfalt*; der Schritt von entsprechenden „Spartenstrategien" hin zu einer *Gesamtstrategie des Umgangs mit Verschiedenheit*. Das übergreifende gesellschaftspolitische Ziel würde lauten: Mit Verschiedenheit so umzugehen, dass sie nicht zum Anlass für Ausgrenzungen wird, sondern als Bereicherung erfahren werden kann.

Begegnungen zwischen verschiedenen Generationen zu ermöglichen, die für alle Beteiligten gewinnbringend sind, bliebe auch in einer solchen Gesamtperspektive ein wichtiges Anliegen. Aber es wäre nicht (letztlich „künstlich") separiert von dem parallelen Anliegen, Begegnungen zwischen Menschen verschiedener kultureller Prägung oder zwischen Menschen mit unterschiedlichen Handicaps zu inszenieren. AdressatInnen eines solchen Gesamtansatzes sind auf der lokalen Ebene die Kommunalpolitik, aber ebenso die Akteure des assoziativen dritten Sektors und der Wirtschaft. Sie alle werden vor die Herausforderung gestellt, in ihren jeweiligen Bereichen verschiedensten Menschen gleichberechtigten Raum zu geben, Begegnung zu ermöglichen und Unterschiedlichkeit als Bereicherung erlebbar zu machen.

Eine solche Perspektive, die Unterschiedlichkeit übergreifend in den Blick nimmt, steht zweifellos in der Gefahr, diffus zu werden und sich in ein letztlich unverbindliches „von allem etwas, aber nichts richtig" aufzulösen. Sie ist daher nur vertretbar auf Grundlage solider Erfahrungen mit spezifischen Arbeitsansätzen aus intergenerativen, interkulturellen und inklusiven Projekten. Sie hätte aber zwei wesentliche Vorteile. Zum einen den Vorteil einer ganzheitlichen Betrachtung von Menschen (die ja *zugleich* jung, weiblich, Migrantin und ohne wesentliches Handicap sind; *zugleich* alt, männlich, ohne Migrationshintergrund und mit einem körperlich Handicap; usw.). Zum anderen hätte sie den Vorteil, beispielsweise das Anliegen der intergenerativen Begegnung als (hoffentlich selbstverständlichen) Teilaspekt sozialer Kommunalpolitik, Teilaspekt der Angebotspolitik freier Träger oder Teilaspekt des betrieblichen Personalmanagements zu verankern. Damit bestünde vielleicht auch die Chance, aus dem oben skizzierten Dilemma der Finanzierung von „Sondermodellen" heraus zu kommen.

Entscheidend scheint uns zu sein, dass es bereits Beispiele gibt, die diese Gesamtperspektive erfolgreich umsetzen: Vom Diversity-Management in Unternehmen bis zu Wohnprojekten, denen es längst nicht allein darum geht, Menschen verschiedener Generationen einzubeziehen, sondern auch Menschen mit unterschiedlichen kulturellen Hintergründen und unterschiedlich ausgeprägten Handicaps.[6]

„Unterschiede sind normal", haben Behinderten-Organisationen bereits vor zwei Jahrzehnten als Motto formuliert. „Verschiedenheit ist bereichernd" – das wäre ein guter Leitsatz für unsere Gesellschaft im 21. Jahrhundert.

6 Vgl. etwa das Mühlbachhaus in Schorndorf (Rems-Murr-Kreis, BadenWürttemberg); http: // www.muehlbachhaus.de/

Literatur

Blome, A./Keck, W./Alber, J. (2008): Generationenbeziehungen im Wohlfahrtsstaat. Wiesbaden.

BMFSFJ – Bundesministerium für Familie, Senioren, Frauen und Jugend (2008): Starke Leistung für jedes Alter. Erste Ergebnisse der Wirkungsforschung im Aktionsprogramm Mehrgenerationenhäuser. Berlin.

Emminghaus, C./Staats, M./Gess, C. (2012) Lokale Infrastruktur für alle Generationen: Ergebnisse aus dem Aktionsprogramm Mehrgenerationenhäuser. Bielefeld.

Forum Familie stark machen (Hrsg.) (2006): Generationenbarometer 2006. Eine Studie des Instituts für Demoskopie Allensbach. Freiburg/München.

Gess, C. (2011): Ein Ort, wo Alt und Jung zusammenkommen. In: neue caritas, 20/2011, S. 16-19.

Jacobs, T. (2006): Dialog der Generationen. Plädoyer für eine intergenerative Pädagogik.. Baltmannsweiler.

Künemund, H./Motel, A. (2000): Verbreitung, Motivation und Entwicklungsperspektiven privater intergenerationeller Hilfeleistungen und Transfers. In: Kohli, M./Szydlik, M. (Hrsg.): Generationen in Familie und Gesellschaft. Opladen.

Mecheril, P./Plößer, M. (2011): Diversity und Soziale Arbeit. In: Otto, H.-U./Thiersch, H. (Hrsg.): Handbuch Soziale Arbeit. München. S. 278-287.

Reifenhäuser, C./Hoffmann, S. G./Kegel, T. (2009): Freiwilligen-Management. Augsburg.

Roß, P.-S. (2012): Demokratie weiter denken. Reflexionen zur Förderung bürgerschaftlichen Engagements in der Bürgerkommune. Baden-Baden.

Roß, P.-S./Tries, H. (2010): Neue Generationennetzwerke für Familien. Wissenschaftliche Evaluation des Förderprogramms der Stiftung Kinderland Baden-Württemberg (Schriftenreihe der Landesstiftung Baden-Württemberg Bd. 45). Stuttgart.

Ueltzhöffer, J. (1999): Generationenkonflikt und Generationenbündnis in der Bürgergesellschaft. Europa der Bürger. Eine sozialempirische Repräsentativerhebung in der Bundesrepublik Deutschland des Sozialwissenschaftlichen Instituts für Gegenwartsfragen Mannheim (SIGMA). Reihe: Europa der Bürger, Bd. 3., Sozialministerium Baden-Württemberg (Hrsg.). Stuttgart.

Winker, G./Degele, N. (2010): Intersektionalität. Zur Analyse sozialer Ungleichheiten. Bielefeld.

Intergenerative Ansätze in Zeiten knapper Kassen

Karl Bronke

Intergenerative Ansätze erfreuen sich in jüngster Zeit hoher öffentlicher Aufmerksamkeit – so berichtete die ZEIT über die neue Rolle von Großeltern und das verbesserte Verhältnis zwischen Großeltern und Enkeln unter der Überschrift „So nah wie nie zuvor“. Wenn es sich aber um mehr als eine publizistische Modewelle handeln sollte, müssen entsprechende Erkenntnisse und Projekte erst den Praxistest bestehen, und zwar im „Dauerbetrieb“, unter normalen – und nicht unter modellhaft besonders geförderten – Bedingungen. Dazu gehört auch, mit den Bedingungen der knappen öffentlichen Haushalte auszukommen. Nachfolgend wird daher nach einer einleitenden Systematisierung untersucht, welchen Beitrag intergenerative Ansätze zu den gesellschaftlichen Problemen auch unter restriktiven fiskalischen Bedingungen leisten können.

Die Formen intergenerativen Arbeitens

Intergeneratives oder – wie es früher oft hieß – generationenübergreifendes Arbeiten ist in der Sozialarbeit und Sozialpolitik nicht neu. Es bezeichnet eine Arbeitsform, die zwei oder mehrere Generationen zusammenbringt, deren VertreterInnen nicht unmittelbar anschließenden Generationen angehören und in keiner familiären Beziehung zueinander stehen[1].
Sie kann in vier Formen stattfinden:

- auf Individuen bezogen: z.B. durch die Vermittlung von Partnerschaften, gegenseitigen Hilfen, Kontakten
- auf Begegnungen in Gruppen bezogen: durch intergenerative Lernaktivitäten, kulturelle, politische oder Sportprojekte
- durch die Schaffung von Institutionen: z.B. Wohnprojekte oder Mehrgenerationenhäuser
- durch eine gemeinwesenbezogene Strategie, die bewusst alle Generationen einbezieht und auf ihre Begegnung bzw. ihr Zusammenwirken setzt.

Diese Unterscheidung knüpft an die überkommene Klassifizierung der Methoden Sozialer Arbeit an. Intergeneratives Arbeiten steht daher in vergleichbaren Begründungszwängen wie Soziale Arbeit und Sozialpolitik insgesamt.

Intergenerative Ansätze werden darüber hinaus noch in zwei weiteren inhaltlichen Kontexten verortet: als Beitrag zur besseren Bewältigung der aus der demografischen Entwicklung entstehenden Probleme und als Möglichkeit der Aktivierung bürgerschaftlichen Engagements.
„Grundsätzliche Intention intergenerativer Projekte ist es, Defizite in familialen, gesellschaftlichen bzw. pädagogischen Generationengefügen durch die Nutzung vorhandener Potentiale

1 In Anlehnung an die Definition der Forschungsgesellschaft für Gerontologie 2005, S. 15.

auszugleichen – wie ein erhöhtes Qualifikationsniveau junger SeniorenInnen, ein verbesserter Gesundheitszustand und die Verlängerung der nachberuflichen Phase durch eine gestiegene Lebenserfahrung, die als positive Kehrseite der demografischen Veränderungen angesehen werden können."[2]

Intergenerative Ansätze als „lokaler Generationenvertrag"

Bei der Diskussion des intergenerativen Leistungstransfers steht traditionell der Generationenvertrag durch die Sozialversicherungssysteme im Vordergrund. Er entfaltet vor dem Hintergrund der demografischen Entwicklung und der damit einhergehenden erwarteten Belastung des Rentensystems in der öffentlichen Debatte allerdings eher eine negative Wirkung auf das Miteinander der Generationen.

Im Kontext mit diesem „großen Generationenvertrag" wird auf den „kleinen Generationenvertrag" verwiesen, der persönliche Hilfen wie Enkelbetreuung und Hausaufgabenhilfe, aber auch finanzielle Leistungen umfasst. Er ist in diesem Umfang nur denkbar vor dem Hintergrund einer sozialen Absicherung des Alters im „großen Generationenvertrag".

In Weiterführung dieser Debatte könnte man die intergenerativen Ansätze außerhalb der familiären Strukturen als „lokalen Generationenvertrag" bezeichnen. Hier werden nicht-finanzielle Leistungen zwischen den Generationen ausgetauscht, die eine gesellschaftliche Absicherung voraussetzen (hier die rechtzeitige und ausreichende Rente bzw. Alterssicherung – dort die Versorgung mit ausreichend Kinderbetreuungsangeboten und einem qualitativem Bildungssystem) und auf dieser aufbauend gegenseitige Hilfe und Unterstützung, gemeinsames Lernen, Wissenstransfer und sozialen Austausch ermöglichen.

Die fiskalische Bedeutung intergenerativer Ansätze

Es gibt mehrere Versuche, die Wirkung sozialer Aktivitäten (i.w.S.) auch als Geldwert auszudrücken, sie jedenfalls zumindest grundsätzlich in dieser Dimension zu beschreiben. Auf gesamtstaatlicher Ebene werden soziale Aktivitäten einerseits als Mittel zur Abfederung von Krisen bewertet[3], andererseits als „Wachstumsmotor" insbesondere wegen der damit verbundenen Arbeitsplatzeffekte bezeichnet (Dauderstädt 2011). Die Bedeutung ehrenamtlichen Engagements wurde auf Basis der dort geleisteten „Arbeitsstunden" versucht, in Geld auszudrücken, und auch der Beitrag des sog. Dritten Sektors am Bruttoinlandsprodukt wird mit 4,1% quantifiziert, was einem Betrag von 89 Mrd. € p.a. entspricht[4]. Diese Berechnungen haben jedoch den Nachteil, dass sie zwar die politische Bedeutung von sozialer Sicherheit auch in ökonomischen Dimensionen beschreiben, sie aber kaum eine unmittelbare Auswirkung auf die öffentlichen Haushalte haben.

---

2 Ebd., S. 26.

3 Vgl. dazu die Ausführungen der International Social Security Association, am 30.12.2011: www.issa.int/Observatory/In-Focus/In-Focus-Social-security-responding-to-the-financial-crisis

4 Vgl. Destatis unter http: //www.stifterverband.info/statistik_und_analysen/drittersektor/veroeffentlichungen/zivilgesellschaftinzahlenabschlussberichtmodul1.pdf

Die Knappheit öffentlicher Kassen – „das Geld ist nicht weg, sondern nur woanders“

Aufrund zwei Billionen Euro ist die deutsche Staatsverschuldung mittlerweile angewachsen[5]. Als die sogenannte Schuldenbremse im Jahr 2009 verabschiedet wurde, waren es noch eineinhalb Billionen Euro. Diese dramatische Lage der öffentlichen Haushalte ist allerdings nicht etwa vorrangig das Ergebnis einer ungezügelten Ausgabenpolitik. Vielmehr haben in den letzten Jahren und Jahrzehnten zahlreiche Steuerreformen zugunsten von Unternehmen, Vermögensmillionären und Beziehern hoher Einkommen kumulierte Steuerausfälle in Höhe von mehreren hundert Milliarden Euro verursacht. Die gesamtwirtschaftliche Steuerquote Deutschlands liegt heute deutlich unter dem gewichteten Durchschnitt der 27 Mitgliedsstaaten der Europäischen Union. Ohne die Steuersenkungen hätten Bund, Länder und Kommunen wesentlich mehr Geld in ihren Kassen und müssten deutlich weniger Kredite aufnehmen. Die Kosten der Finanz- und Wirtschaftskrise, insbesondere auch die Maßnahmen zur Bankenrettung, haben die Verschuldung Deutschlands ebenfalls um viele Milliarden Euro ansteigen lassen. Es wird viele Jahre und eine gemeinsame große Kraftanstrengung brauchen, diese Belastungen wieder abzutragen. Selbst bei stetigem Wachstum werden die Grundlagen unseres Gemeinwesens durch die zu leistenden Zinszahlungen unter einen hohen Druck gesetzt.

Besonders drastisch zeigen sich die Folgen der Unterfinanzierung der öffentlichen Haushalte bei den Kommunen. Ihre Verschuldung hat in den Jahren nach der Finanzkrise noch einmal deutlich zugenommen, sodass der Umfang der Kassenkredite der Gemeinden und Gemeindeverbände (ohne Stadtstaaten) Ende 2010 bei 40,5 Milliarden Euro lag. Kassenkredite, die eigentlich nur der kurzfristigen Überbrückung von Liquiditätsengpässen dienen sollen, werden damit faktisch zu einem Instrument kommunalen Schuldenmanagements. Die Verschuldung der kommunalen Gebietskörperschaften hat sich seit dem Jahr 2000 versechsfacht.

Der öffentlichen Verschuldung steht ein erheblicher privater Reichtum – wenn auch in den Händen weniger – gegenüber. Das private Vermögen in Deutschland wurde bereits 2007 auf 6,5 Billionen € geschätzt, dem Verbindlichkeiten von 1,1 Billionen € gegenüberstehen, so dass sich ein Netto-Gesamtvermögen von 5,4 Billionen € ergibt[6], also ein Mehrfaches der Staatsverschuldung. Das Geld ist also nicht weg, sondern nur woanders, wie ein beliebter Facebook-Spruch lautet.

Diese Probleme der öffentlichen Haushalte sind vor allem auf der Einnahmenseite durch eine sozial gerechte Steuerpolitik und durch eine angemessene Verteilung der Aufkommen zwischen Bund, Ländern und Gemeinden zu lösen. Dennoch bleibt der Druck auf die öffentlichen Haushalte hoch – jede einzelne Maßnahme wird auch unter fiskalischen Kriterien beurteilt. Dem müssen sich auch intergenerative Maßnahmen stellen.

5 Dieser und der folgende Absatz sind in Teilen entnommen aus einem Beschlussantrag zum SPD-Landesparteitag Bremen, an dem der Verfasser mitgewirkt hat. Dort sind auch Aussagen zu den zur Behebung der Haushaltskrise notwendigen Maßnahmen gemacht, vgl. http: //www.spd-land-bremen.de/uploads/media/Beschluesse_und_Ueberweisungen_Landesparteitag_28-09201101.pdf

6 DIW-Wochenbericht 45/2007, S. 667.

Intergenerative Ansätze unter fiskalischen Gesichtspunkten

Die Auswirkungen intergenerativer Ansätze, Projekte und Programme auf die öffentlichen Haushalte unterscheiden sich nach den oben dargestellten unterschiedlichen Handlungsformen und werden nachfolgend entsprechend beschrieben.

a) Intergenerative Ansätze auf individueller Ebene

Beim sozialarbeiterischen Case-Management (in Weiterentwicklung der Einzelfallhilfe, vgl. Neuffer 2002) werden sämtliche Ressourcen des Klienten und seines Umfeldes eingesetzt. Der bewusste Einsatz intergenerativer Handlungsformen wird oft notwendig, um gelungene Generationenbeziehungen, die sich in der Familie selbst aus unterschiedlichen Gründen nicht mehr herstellen lassen, quasi zu inszenieren und damit erfahrbar zu machen. Der bewusste Einsatz dieser Handlungsformen ist relativ neu (vgl. Knopf 2001) und kaum in der Ausbildung des entsprechenden Fachpersonals zu finden. Es bedarf daher eines besonderen Fortbildungsaufwandes – ob er zusätzlich zu leisten ist (und damit Ressourcen erfordert) oder in Ablösung anderer, nicht mehr zeitgemäßer Themen erfolgen kann, muss im jeweiligen institutionellen Kontext entschieden werden.

Die bewusste Aufnahme intergenerationeller Handlungsformen erschließt dagegen zusätzliche Handlungsoptionen im Case-Management und bietet damit bessere Erfolgsaussichten. Der damit verbundene mögliche Ressourcengewinn ist allerdings nicht zu quantifizieren. *Fiskalische Auswirkungen*: gering bzw. nicht zu quantifizieren.

b) Intergenerative Ansätze in Form von Gruppenbegegnungen

Soziale Angebote und Aktivitäten sind bislang meist generationen- oder zielgruppenbezogen: Computerkurse für Ältere (auch wenn sie oft mit auf die Zielgruppe nur indirekt bezogenen Bezeichnungen versehen werden, die nicht ausgrenzend wirken sollen), Sportangebote für Jugendliche bestimmter Alters- und Neigungsgruppen, Kinderbetreuungsangebote, die zudem oft streng nach Altersgruppen gestaffelt werden, stehen nebeneinander. Dies hat mit der historisch beobachtbaren zunehmenden Sonderung der Altersstufen und insbesondere mit einer Ausgrenzung des Alters (vgl. Borscheid 1987) zu tun. Auch wenn – wie u.a. im 8. Jugendbericht nachzulesen – die Lebensweltorientierung von Kinder- und Jugendeinrichtungen gefordert und auch parallel die „Öffnung der (Alten-)Heime“ zum Stadtteil propagiert wurden (vgl. Bremer Heimstiftung 1993: 82ff.), hat sich doch das intergenerative Denken erst schrittweise in Handeln umgesetzt.

Die sich inzwischen mehr und mehr durchsetzenden intergenerativen Ansätze haben sich zunächst im Kontext von Institutionen wie Altenheimen und Kindergärten entwickelt, die ihre Angebote durch Besuche und gemeinsame Aktivitäten erweitert haben. Miedaner (2011) unterscheidet nach:

- Kinder tun etwas für Senioren (Geburtstagssingen, kleine Aufführungen etc.)
- Senioren tun etwas für Kinder (Geschichten vorlesen, Kuchen backen etc.)
- Kinder und Senioren tun etwas gemeinsam (Pflanzaktionen, Kochen etc.).

Knopf (2001: 2) kritisiert, dass „solchen Versuchen etwas Angestrengtes und Bemühtes anhaftete, was ihren Wert nicht schmälert, aber eben doch die Schwierigkeiten verdeutlicht.

Diese auf den ersten Blick sympathisch, aber irgendwie auch harmlos wirkenden Entwicklungen könnten zu Tage fördern, dass ein das Generationsverhältnis ursächlich betreffender Bereich der Gesellschaft, die pädagogisch angelegte Interaktion zwischen Angehörigen jüngerer und älterer Altersgruppen, viel grundlegender in Turbulenzen geraten ist" – nämlich indem deutlich wird, dass das gegenseitige Lernen in beide Richtungen stattfindet, und nicht nur die Jungen von den Alten lernen.

Dementsprechend haben sich die Konzepte weiterentwickelt, gut ablesbar an den Konzepten der oben zitierten Bremer Heimstiftung: Es heißt nun: „Die Bremer Heimstiftung verbindet Generationen" (Bremer Heimstiftung 2008: 58ff.), und konkret werden bei der Planung und Weiterentwicklung der Standorte der Heimstiftung inzwischen nicht nur Räume für Krabbelgruppen eingeplant, sondern das ganze Spektrum der Angebote für „andere Generationen" (von der Schule bis zur Volkshochschule) findet Platz in den „Stiftungsdörfern" der Heimstiftung. Die Begegnungen finden nun tendenziell „auf Augenhöhe" statt.

Fiskalische Auswirkungen: Gruppenbegegnungsangebote werden meist statt anderer Angebote durchgeführt und führen dann nicht zu Mehrkosten. Da sie für beide Gruppen von Nutzen sind, aber grundsätzlich nur auf einer Seite Kosten entstehen, ist hier ein Ressourcengewinn möglich. Die konzeptionelle Verbindung von Angeboten führt nicht zu Mehrkosten, wenn die Bereitstellung von Räumen etc. zu Selbstkosten erfolgt. Das Miteinander der Angebote macht auch hier einen Ressourcengewinn möglich.

c) Intergenerative Institutionen

Die Zusammenführung von Generationen in Institutionen und damit in Gebäuden erfreut sich besonderer Aufmerksamkeit. Im Vordergrund standen hier zunächst Modelle gemeinschaftlichen Wohnens. Bereits im 2. Altenbericht der Bundesregierung von 1998 unter dem Titel „Wohnen im Alter" wurde die „Vorbereitung und Erprobung neuer Mehrgenerationenkonzepte" (BMFSFJ 1998: 240, Rd. Nr.9) empfohlen. Zahlreiche Projekte entstanden, auch auf Eigeninitiative von Bürgerinnen und Bürgern. Die Mehrzahl der dann realisierten Projekte blieb allerdings dann generationenbezogen. Gemeinschaftliche Wohnformen wurden und werden zu einer Alternative für Ältere Menschen (Narten 2004: 70ff).

Einen wesentlichen weitergehenden Aspekt machen die im Rahmen des Aktionsprogramms der Bundesregierung entstandenen Mehrgenerationenhäuser aus, auf die an anderer Stelle dieses Buches ausführlich eingegangen wird und die hier nicht näher betrachtet werden müssen. Bemerkenswert ist hier z.B. die Vereinbarung der Mehrgenerationenhäuser mit der Bundesagentur für Arbeit vom 13.1.2012. Darin wird u.a. festgestellt, dass „die Jobcenter und Agenturen für Arbeit [...] von der Arbeit der Mehrgenerationenhäuser profitieren (können), da ihre Kunden durch die Beratung und Unterstützung der Mehrgenerationenhäuser zur Teilnahme an Qualifizierungsangeboten motiviert oder beim beruflichen (Wieder-) Einstieg unterstützt werden."[7]

Generationenübergreifende institutionelle Formen[8] entstehen auch durch eine intergenerative Sichtweise in Planungsprozessen, wie das folgende Beispiel deutlich macht.

In einem Stadtteil entsteht ein neues Wohngebiet: Wohnungen werden gebaut, Familien mit Kindern ziehen ein, eine Grundschule wird geplant, Grundstücke für die Nahversorgung

7 Vgl. die Pressemitteilung der Bundesagentur für Arbeit vom 13.1.2012 und den Text der Vereinbarung unter www.mehrgenerationenhaeuser.de
8 Zu weiteren Beispielen vgl. Biehahn 2011.

durch Geschäfte sind vorgesehen, eine Seniorenwohnanlage ist ebenfalls geplant. Die Grundschule stellt sich auf einen Ganztagsbetrieb ein und plant eine Mittagessenversorgung in einer Mensa. Die Seniorenwohnanlage soll für rüstige und Senioren mit Betreuungsbedarf geeignet sein und eine Mahlzeitenversorgung vorsehen.

Normalerweise wären hier – und auch noch in einem Abstand von weniger als 100 Metern – zwei Mensen, zwei Küchen und zwei Essensangebote entstanden. Durch eine intergenerative Planung und die Kooperation beider Einrichtungen hat man sich auf eine gemeinsame Mensa, eine gemeinsame Küche und ein flexibles Essensangebot geeinigt: die Seniorinnen und Senioren können um 12 Uhr in Ruhe essen, die Schulkinder kommen um 13 Uhr. Hier werden investive und konsumtive Mittel gespart, auch wenn man bei der Planung auf die Bedürfnisse beider Gruppen Rücksicht nehmen muss.

Ein indirekter Effekt kam mit der Zeit hinzu: einige Seniorinnen und Senioren schätzen die Gesellschaft von Kindern mehr als die Ruhe und verlegten ihre Mittagszeit auf 13 Uhr. Begegnungen fanden statt. Weitere Aktivitäten folgten: gegenseitige Besuche und gemeinsame Veranstaltungen, ähnlich wie unter b) geschildert. Eine Partnerschaft beider Institutionen, gefördert durch Träger und die Leitungen, entstand. Die Kooperation ist zu einer „Bereicherung“ für beide Seiten geworden.

Das Beispiel macht deutlich: hier werden die nicht quantifizierbaren Vorteile der generationenübergreifenden Begegnungen verbunden mit nachvollziehbaren Kosteneinsparungen auf Seiten der Träger. Es bedarf aber einer intergenerativen Planung, die aus dem Zufall ein durchgängiges Prinzip macht. *Fiskalische Auswirkungen*: Ressourceneinsparung bei rechtzeitiger Planung

Intergenerative Arbeit als Teil einer gemeinwesenbezogenen Strategie

Aus der intergenerativen Planung in einem Sozialraum zur Ermöglichung generationenübergreifender Projekte folgt der nächste Schritt: auf ein Quartier bezogen intergenerative Ansätze in den Formen a) bis c) systematisch zu fördern. Dazu müssen allerdings keine neuen, zusätzlichen Strukturen aufgebaut werden. Vorhandene Strukturen wie z.B. das Quartiersmanagement[9] in Gebieten der „Sozialen Stadt“ oder lokale politische Strukturen wie Ortsbeiräte, Stadtteilbeiräte und deren administrative Unterstützungsstrukturen können genutzt und müssen dann bei Bedarf erweitert werden.

Eine solche quartier- oder regional bezogene Arbeitsweise vereint die dargestellten Vorteile intergenerativen Arbeitens: Schaffung von Gelegenheiten des Erfahrungs- und Wissensaustausches sowie des Miteinanders aller Generationen, das Fördern von „helfenden Nachbarschaften“ (Hummel 2011: 129).

Dies entspricht auch – bezogen auf die Gruppe der älteren Menschen – der neueren Fachdebatte[10] im Bereich der Pflege. Grundlage ist die Einschätzung, dass den zunehmenden und sich zudem verändernden Pflege- und Versorgungsbedarfen nicht mehr allein durch die traditionellen Formen wie Pflegedienste und Pflegeheime nachgekommen werden kann. Die Pflegepolitik steht vor neuen demografischen und fachlichen Herausforderungen: Die Gruppe der „jungen Alten“ wird im Jahr 2030 um rund fünf Millionen Menschen steigen. Die Zahl der über 80-Jährigen wird von jetzt drei Millionen auf fast acht Millionen im Jahr

9 Zur Rolle des Quartiersmanagements vgl. Bronke 2004, S. 115ff. und Mühlberg 2011.

10 Die hier folgenden Überlegungen sind Teil eines von der Arbeits- und Sozialministerkonferenz im Nov. 2011 beschlossenen Eckpunktepapiers zum Thema Pflegereform, an dem der Verfasser mitgewirkt hat.

2050 wachsen. Die Zahl der Pflegebedürftigen steigt in den nächsten Jahrzehnten deutlich an, nach aktuellen Prognosen um fast 50% bis zum Jahr 2030. Zugleich werden familiäre Unterstützungspotentiale schwächer. Geburtenrückgang, die zunehmende Entfernung jüngerer Menschen vom Lebensort ihrer Eltern und auch ein sich verändernder Arbeitsmarkt mit einer höheren Erwerbstätigkeit von Frauen führen dazu, dass die Aufgaben von Pflege und Betreuung auf immer weniger Schultern lasten.

Die zunehmende Anzahl hochaltriger, dementer Personen stellt das Hilfesystem auch fachlich vor neue Aufgaben und offenbart Lücken in den gesetzlichen Grundlagen und im Leistungssystem des SGB XI, die geschlossen werden müssen. Die Menschen wollen zu Hause alt werden und von denen betreut werden, die ihnen vertraut sind. Und auf der anderen Seite wollen die allermeisten für ihre Eltern, Lebenspartnerinnen und -partner oder Freundinnen und Freunde sorgen. Sie brauchen aber hierfür verlässliche, kompetente und bezahlbare Hilfen. Pflegen und gepflegt werden sind Teile eines ganz normalen Lebensweges. Es ist Aufgabe der Politik, dies zu ermöglichen. Hierfür ist grundlegend, dass Pflege als gesellschaftliche Aufgabe begriffen und gestaltet wird, bei der die Akteure mit ihren unterschiedlichen Kompetenzen gemeinsam agieren. Die demografische Entwicklung unterstreicht die Notwendigkeit, an einem Gesamtkonzept für die Unterstützung und Versorgung pflegebedürftiger, behinderter und alter Menschen zu arbeiten. Insbesondere in Bezug auf die personelle Absicherung der Pflege, in Bezug auf eine altersgerechte Gestaltung der Wohn- und Verkehrsinfrastruktur und an den Schnittstellen zur Gesundheitspolitik sind über die Pflegeversicherung hinaus Reformanstrengungen notwendig, um das Ziel einer insgesamt demografiegerechten Infrastruktur zu erreichen. Dabei ist deutlich, dass es sich nicht um einen Ersatz der ärztlichen, medizinischen und pflegerisch-professionellen Dienstleistungen handeln soll, sondern um deren Absicherung und Ergänzung z.B. im kommunikativen Bereich, zur Verringerung von Isolation und zur besseren sozialen Integration, die nur lokal geleistet werden kann[11].

Die Pflege der Zukunft ist daher eine *Pflege im Quartier*. Die Ressourcen der Familien, der Nachbarschaften, des freiwilligen und ehrenamtlichen Engagements müssen gestärkt und mit den professionellen Pflege- und Betreuungsstrukturen sinnvoll verknüpft werden. Einen Wandel der Angebotsstrukturen hin zu neuen Wohn- und Pflegeformen sowie eine umfassende, sozialräumliche Koordinierung und Gestaltung kann nur auf örtlicher Ebene und in Federführung der Kommunen geleistet werden. Sie brauchen hierfür gesetzliche Kompetenzen und Ressourcen.

„Das Netzwerk SONG (Soziales neu gestalten), dem u.a. Träger der Altenhilfe und die Bertelsmann-Stiftung angehören, betont im Rahmen einer Analyse von sog. Leuchtturmprojekten der quartiersbezogenen Versorgung, dass, in Quartiersprojekten Selbstbestimmung und gesellschaftliche Teilhabe älterer Menschen durch das Zusammenwirken von Staat, Markt und informellen sozialen Netzen erhalten und ausgebaut werden können. In Fallstudien wurde untersucht, wie durch die Vermittlung vielfältiger Interessenlagen soziale Beziehungsnetze geknüpft und kleinräumige Unterstützungspotenziale erhalten und entwickelt werden können. [...] Insgesamt zeichnet sich eine neue Kultur des Zusammenlebens ab, in der die Beteiligten jenseits der eigenen Handlungslogiken füreinander mitdenken. Das institutionelle Rückgrat des Miteinanders bildet die in den Wohnmodellen fest verankerte Gemeinwesenarbeit. Die Analyse der Leuchtturmmodelle zeigt, dass sich stabile Netzwerke entwickelt haben." (SONG 2009: 7)

11 Zur Debatte um die Grenzen ehrenamtlicher Tätigkeit vgl. bereits BMJFFG 1989, S. 104ff.

Weiter heißt es: „Die im Projekt SONG erstmals nach dem SROI-Ansatz (Social-Return-on-Investment) durchgeführte sozio-ökonomische Mehrwertanalyse weist unter anderem nach, dass (moderierte) gemeinschaftliche Aktivitäten von BewohnerInnen professionelle Unterstützungsleistungen zum Teil substituieren und dass die projektierten Modelleinrichtungen die Lebens- und Wohnqualität im Quartier verbessern können. Die SROI-Analyse belegt außerdem, dass der Hilfebedarf der BewohnerInnen sinkt und sich damit auch die Unterstützungskosten vermindern." (ebd.)

Fiskalische Auswirkungen: Die dargestellte Strategie kostet Ressourcen zur Stärkung der kommunalen Ebene, spart aber in vermutlich größerem Umfang auch Ressourcen ein, die sonst im Rahmen einer deutlichen Ausweitung der Regelangebote der Pflegeversicherung zu leisten wären – und bei zunehmender Altersarmut auch im Bereich der Hilfe zur Pflege im SGB XII. Es kommt hier darauf an, die Strategie der „Pflege im Quartier" mit dem intergenerativen Ansatz zu verbinden, um die durch ihn zu weckenden Ressourcen in ein Gesamtkonzept einzubauen.

Zielgerichtetes intergeneratives Arbeiten – ein Gewinn für alle

Die Anmerkungen zu den fiskalischen Effekten intergenerativen Arbeitens machen deutlich: intergeneratives Arbeiten ist eine Investition, die sich – wenn sie nicht nur „aus guter Absicht", sondern zielgerichtet erfolgt – auch den kritischen Blicken von ressourcenkritischen Betrachtern stellen kann und zur Bewältigung gesellschaftlicher Probleme beiträgt.

Literatur

Biehahn, C. (2011): Diakonische Dienstleistungen in Zeiten knapper Kassen. In: Devap-Impuls, 4/2011, S. 10f.

Bundesministerium für Familie, Senioren, Frauen und Jugend (Hrsg.) (1998): Zweiter Altenbericht – Wohnen im Alter. Bonn.

Bundesministerium für Jugend, Familie, Frauen und Gesundheit (Hrsg.) (1989): Ehrenamtliche soziale Dienstleistungen. Bonn.

Borscheid, P. (1987): Geschichte des Alters. Münster.

Bremer Heimstiftung (Hrsg.) (1993): Bremer Heimstiftung 1953 Gestern, 1993 Heute, … Morgen. Bremen.

Bremer Heimstiftung (Hrsg.) (2008): Wohnen, wo das Leben weitergeht. Bremen.

Bronke, K. (2004): Die Organisation der kommunalen Sozialen Dienste – vom Fachamt zur Bürgerorientierung. Bremen.

Bronke, K. (2011): Die Debatte um eine Kindergrundsicherung. In: Lange, J./Nullmeier, F. (Hrsg.): Kindergrundsicherung – (k)eine gute Idee? Rehburg-Loccum, S. 15ff.

Dauderstädt, M. (2011): Der vorsorgende Sozialstaat als Wachstumsmotor. In: spw, 5/2011, 25ff.

Forschungsgesellschaft für Gerontologie/Institut für Gerontologie an der Universität Dortmund (2005): Intergenerative Projekte in NRW. Dortmund.

Hummel, K. (2011): Sozialraumarbeit und die Stadt der Zukunft. In: Blätter der Wohlfahrtspflege, 4/2011, S.128ff.

Knopf, D. (2001): Die Inszenierung „gelungener" außerfamilialer Generationsbeziehungen – Tendenzen und Beispiele intergenerationeller Projektarbeit,Eingangsreferat von Prof. Dr. Detlef Knopf anlässlich der Auftaktveranstaltung zur Gründung der Regionalgruppe

für generationsübergreifende Arbeit Berlin/Brandenburg am 13.11.01 in Potsdam. Online im Internet: http: //www.generationendialog.de/vortrag.php?id=4 [Zugriff 15.11.2011].
Miedaner, L. (2011): Intergenerative Pädagogik mit Kindern und Senioren. Online im Internet: Fundort http: //www.generationendialog.de/vortrag.php?id=7 [Zugriff 15.11.2011].
Mühlberg, P. (2011): Auf Vernetzung kommt es an. In: Blätter der Wohlfahrtspflege, 4/2011, S. 123ff.
Narten, R. (2004): Wohnen im Alter – Bausteine für die Wohnungswirtschaft. Hannover.
Neuffer, M. (2002): Stichwort Case Management. In: Fachlexikon der sozialen Arbeit, 5. Auflage, Frankfurt/Main.
Soziales Netzwerk neu gestalten (Hrsg.) (2009): Lebensräume zum Älterwerden – Für ein neues Miteinander im Quartier. Bielefeld.
Spiewak, M. (2011): So nah wie nie zuvor. Großeltern engagieren sich als Betreuer und Spielkameraden ihrer Enkel, als Kulturvermittler und Ratgeber. DIE ZEIT, Nr.52/2011.

Neue Perspektiven im demografischen Wandel: Mehrgenerationenhausprojekte als Kristallisationspunkte zukunftsweisender Quartiersentwicklung

Nicolas Albrecht-Bindseil

Angesichts der zu beobachtenden gesamtgesellschaftlichen Transformationsprozesse gilt es einerseits natürlich die paradigmatischen Systemveränderungen zu beschreiben andererseits aber auch zu fragen, welche Handlungsfelder und -zusammenhänge die neuen Lösungsansätze aufzeigen und welche Herausforderungen und Chancen sich daraus gerade für den Dritten Sektor ergeben.[1] So soll sich der nachfolgende Beitrag auch im Kern an den Erfahrungen einer praktischen Umsetzung sozialer Innovationsprojekte orientieren, die der Verfasser in den vergangenen Jahren entwickeln und begleiten konnte.

In den zu beobachtenden Prozessen der Individualisierung von Lebenslagen und Lebensstilen, die mit gravierenden Veränderungen bekannter Milieustrukturen[2] und einer Heterogenisierung der Gesellschaftsbezüge einhergehen, kommt der Entwicklung neuer praktikabler Handlungsmaximen an sich modifizierenden Handlungsorten in den Feldern sozialen Arbeit eine besondere Bedeutung zu.

In der Frage, wie und an welchen Orten[3] sich die Zukunft der Wohlfahrtspflege gestalten wird, weist der Autor dem inklusiven und generationenübergreifenden Ansatz zielgruppenunabhängiger Quartierszentren eine Schlüsselfunktion in der Gestaltung sozialer Lebensräume[4] zu, deren sozio-ökonomische Voraussetzung und Bedeutung es im Folgenden zu klären gilt.

In den notwendigen Konzeptionen inhaltlicher Zusammenhänge, die mit dem Aufbau und der Finanzierung neuer Formen der Sozialen Arbeit verbunden sind, hat sich für den Autor eine gewisse Matrix der Nachhaltigkeit ergeben, die von ihm in ein Fünf-Elemente-Prinzip[5] zur Umsetzung der Gestaltung vitaler Stadtquartiere überführt wurden, welches nachfolgend zur Darstellung kommen soll. An diesem lassen sich nicht nur die axiomatischen Voraussetzungen lebendiger Stadtentwicklung beschreiben. In einer Darstellung der einzel-

---

1 Unter neuen Formen Sozialer Arbeit möchte der Autor an dieser Stelle die praktische Umsetzung jener innovations- und sozialraumorientierten Mehrgenerationenhausprojekte als exemplarische Wesensäußerung eines jahrzehntelang von der Theorie geforderten Paradigmenwechsels sehen. An ihrer Existenz lassen sich viele Modernisierungsprozesse der Sozialen Arbeit festmachen, in denen die traditionellen Rollen und Handlungsmuster von NutzerInnen, Anbietern sozialer Hilfen und öffentlichen Kostenträgern zunehmend verändert werden.

2 Nebst den Auflösungsprozessen traditioneller Familienstrukturen.

3 In vielen praktischen Umsetzungsversuchen innovativer Konzepte zur Gestaltung nachhaltiger Lebenswelten geht es , im Sinne eines erweiterten theologisch fundierten „Oikos“-Begriffes darum, lebendige Vielfaltsgemeinschaften zu gestalten, an dem der Topos des heilenden oder geheilten Ganzen in seiner ganzen Vielschichtigkeit eine besondere Bedeutung hat. Vgl. hierzu auch Albrecht-Bindseil, Nicolas (2007): Inklusive Lebensräume, S. 22ff, Siegen.

4 Seien dies vitale Stadtquartiere oder Dorfstrukturen, urbane Nachbarschaften oder Konversionsflächen im ländlichen Raum.

5 Vgl. hierzu Frey (2010): Das „Fünf-Finger-Prinzip“ einer nachhaltigen Architektur, Freiburg.

nen Module kommt auch deren Bedeutung für das Zustandekommen jenes vor allem theoretisch beschworenen Welfare-Mixes zur Sprache, werden Erfordernisse und Optionen neuer Finanzierungsmöglichkeiten aufgezeigt und beschrieben.

Die gestiegene Wertschätzung innovativer und systemerweiternder neuer Ansätze hängt mit dem enormen Handlungsdruck zusammen, dem die bestehenden Organisationsformen der Sozialen Arbeit ausgesetzt sind und dem diese mehr und mehr mit einer gewissen Ratlosigkeit begegnen. Waren die neuen Formen Sozialer Arbeit[5] in den letzten Jahrzehnten des vergangenen Jahrhunderts vor allem Experimentierstationen, die von Vielen als Wirkungsforen einiger hochengagierter Weltverbesser[6] und altruistisch motivierter Gutmenschen gesehen wurden, so hat sich inzwischen wahrnehmbar der Wind gedreht. Vor dem Hintergrund der demografischen Tsunami, der wir – nicht nur – in der westlichen Welt wohl entgegensehen und der das Spektrum aller Gesellschaftsbereiche tangieren wird (in den Auswirkungen auf die sozialen Sicherungssysteme werden sich die Symptome der Veränderung vielleicht am deutlichsten widerspiegeln), entwickeln sich aus den einstigen Visionären und Pionieren Projektentwickler und Sozialunternehmer neuer Ansätze in der Gestaltung sozialwirtschaftlicher Wirkungsfelder in veränderten Wohn- und Lebensformen. *Tempora mutantur et nos in illis.* (Die Zeiten ändern sich und wir ändern uns in ihnen).

Das „Fünf-Elemente-Prinzip“ vitaler Stadtquartiere

Heterogenität der Bewohnerschaftoder die Frage wie wir die Pflege im Sinne von Community Care zurück in das *Gemeinwesen holen*

Ein grundlegendes Signum aller westlichen Gesellschaftsformen ist ihre Betonung von Selbstbestimmung und Individualität. Auf die Pluralität der Lebensstile und die Entstehung neuer gesellschaftlicher Milieus als Folge gesellschaftlicher Veränderungsprozesse in der Moderne ist bereits einführend hingewiesen worden. Es erscheint dem Autor an dieser Stelle deshalb unverzichtbar, einem modernistischen Konzept uneingeschränkter Autonomie, die besondere Kategorie des sozialen Raumes einer interdependenten Bezogenheit[7] gegenüberzustellen. Im Zusammenhang mit der Frage wie sich ein Lebensraum der Vielfalt konzipieren lässt, kommt der Durchmischung derBewohnerschaft eben nicht nur eine anthropologische herausragende Bedeutung zu. Darüber hinaus sind es vor allem architektonische und städte-

5 Erinnert sei hier an die unwegsamen Entwicklungspfade der Mütter- und Familienzentren aber auch an die Entstehungsprozesse generationenübergreifender, gemeinschaftlicher Wohn- und Stadtteilprojekte in den 1970 und 1980er Jahre.

6 Im Folgenden wird auf die zusätzliche weibliche Schreibweise verzichtet. Die Weltverbesserinnen, die BewohnerInnen, die Investorinnen sei bei jedem erwähnten Weltverbesserer, Bewohner, Investor mitgedacht.

7 Die systematische „Entgleisung ganzheitlicher Alters- und Menschenbilder“ spiegelt sich m.E. auch in dem gegenwärtigen Verständnis von Pflegebedürftigkeit wider, das individuelle Unterstützungsbedarfe und Leistungsansprüche allein auf der Grundlagekörperlicher Funktionstüchtigkeit festlegt. Eine solche Gleichsetzung von Pflege mit körperlicher Versorgung beruht auf einem reduktionistischen und defizitorientiertem Bild vom Menschen, „dass das emotionale Erleben, die Bezogenheit auf andere und Möglichkeiten von Teilhabe vernachlässigt.“ (Vgl. hierzu Sechster Bericht der Sachverständigenkommission zur Lage der älteren Generation in der BRD. BMSFSJ in Berlin, S. 31).

planungsrelevante Weichenstellungen, ohne die sich die Konzeption inklusiver Stadtentwicklung und Städteplanung der Zukunft nicht realisieren lassen wird. Ihnen wird im Hinblick auf den Grad innovativer Nachhaltigkeit und Investitionen eine zentrale Rolle zukommen. Denn parallel zu der Frage wie sich nachhaltige Sozialräume entwickeln lassen, ist die richtige Durchmischung unterschiedlichster Wohnformen und Eigentumsverhältnisse[8] auch ein elementares Kriterium im Zustandekommen jenes neuen Welfare-Mixes, den die Sozialpolitik zunehmend fordert und der im Kern nicht nur kostendämpfend (in der praktischen Verzahnung von Ehrenamt und Professionalität) sondern auch beziehungs- und damit gemeinschaftsstiftend wirken soll. Der neue Welfare-Mix meint im Sinne eines Care Managements die sozialräumliche Vernetzung von gemeinschaftlicher Selbsthilfe, von nahräumlichen Beziehungen, von freitätigem Engagement mit Dienstleistungen aller Art. Wolf Rainer Wendt räumt in diesem Kontext ein „dass Angehörige, Freunde, Nachbarn und nicht zuletzt die hilfebedürftigen Menschen selbst, eine oft vergessene Ressource in der Wohlfahrtsproduktion sind. Die Rolle der professionellen Helfer" – so der Stuttgarter Sozialwissenschaftler und Vorsitzende der Deutschen Gesellschaft für Care und Case Management – „ist hier in Ihrer Bedeutung nicht zu ersetzen muss aber völlig neu überdacht werden."[9] Im Sinne des von aller Theorie geforderten und hier skizzierten umfassenden Paradigmenwechsels wäre es nicht nur eine logische Konsequenz, wenn sich die Träger der Sozialen Arbeit konsequent an den Lebenslagen und Ressourcen der Menschen im Quartier orientieren würden. Sondern dies könnte endlich auch die sogenannte Versäulung im Sozialraum überwinden helfen und dafür sorgen, dass die inhaltlichen Notwendigkeiten für neue Leistungsgesetze erkannt und auf den Weg gebracht werden könnten (Stichwort: „Sozialraumbudget"[10]). Eindrücklich wurde dies kürzlich auf einer bundesweit beachteten Tagung zur Rolle der frei-gemeinnützigen Wohlfahrtspflege formuliert.[11] Vor dem Hintergrund des rasant wachsenden Bedarfs an Pflegeleistungen einerseits und dem Wunsch der Menschen nach Selbstbestimmung und Teilhabe auch im hohen Alter andererseits geht es darum, alle infrastrukturellen Vernetzungsoptionen so zu überdenken, dass die Vermeidung von (professioneller) Pflege als umfassendes Ausrichtungsziel einer kommunalen Daseinsvorsorge definiert werden kann. „Wenn wir gut Pflege vermeiden, beziehungsweise bei Bedarf einen Pflegemix schaffen, wenn wir gut sozial integrieren, wenn wir Leuten assistieren in ihrer Selbständigkeit, dann

8 Oft sind die kommunalen Planungsämtermit einer differenzierten Grundstückvergabe als Ausgangspunkt innovativer inhaltlicher Konzepte schlechterdings überfordert. Anstatt einen Sack Flöhe aus Einzelbauherren oder neuerdings Baugruppen zu hüten, werfen sie weiterhin lieber große, ungeteilte Flächen auf den Markt und überlassen Projektentwicklern großer Fondsgesellschaften das Bauen und Verwerten. Die Gefahr, dass dabei dann wieder nur innerstädtischer Siedlungsbau oder Gated Communities herauskommen ist groß. (Vgl. Hierzu Mönninger, Michael: Nasszelle war gestern, Wellness ist heute. In: Frankfurter Allgemeine Zeitung. Nr. 46 (23.02.2012): S. 34.

9 Vgl. Wendt (2011): Mit den Sorgenden ist zu rechnen – Personelle Konsequenzen im neuen Wohlfahrtmix. In: Blätter der Wohlfahrtspflege. Deutsche Zeitschrift für Soziale Arbeit 6/2011, S. 208-209, Baden-Baden.

10 Sozialraumbudgets sind „pauschale und raumbezogene Abrechnungsverfahren". Neben der fallbezogenen Pauschale zur Einbeziehung verschiedener Leistungserbringer (bisher nur in der Jugendarbeit) werden über sog. FUAs (fallunspezifische Anteile) auch Ressourcen von Bürgern, und Organisationen mobilisiert, um diese wiederum in Falllösungen einzusetzen. („vom Fall zum Feld und wieder zum Fall zurück"). Vgl. hier: Bude, W./Früchtel, F. (2007) In: Deutscher Verein (Hrsg.), Fachlexikon der Sozialen Arbeit (6. Aufl.), S. 908. Baden-Baden.

11 Fachtagung des SONG Netzwerkes: Nur gemeinsam sind wir stark; Welche Rolle hat die freigemeinnützige Wohlfahrtspflege in Zukunft? Berlin im September 2011.

haben wir unseren Job gemacht.“[12] Auch der Hamburger Mediziner und Soziologe *Klaus Dörner* glaubt an den neuen Welfare-Mix und die damit verbundenen Veränderungen im Zusammenspiel von Staat, Markt, Zivilgesellschaft und Sozialraum. Einprägsam lautet sein Diktum innovativer sozialintegrierender Pflegekonzepte: „so viel Nachbarschaft wie möglich, so viel professionelle Hilfe wie nötig“.[13]

Sozialraummoderation

Von der Kunst der Regieführung die Vielfalt im sozialen Raum zu orchestrieren

Ganz im Sinne dieser Veränderungen in den Berufsbildern und im Selbstverständnis der Sozialen Arbeit liegt es, dass der Autor als eine weitere „conditio sine qua non“ neuer Formen Sozialer Arbeit die sogenannte sozialräumliche Moderations- und Regiearbeit identifiziert hat. Bei der intendierten sozio-kulturellen Heterogenität neuer Nachbarschaften sollte den späteren Steuerungs- und Organisationsformen der unterschiedlichen Beteiligten und ihrer Lebenswirklichkeiten schon in der Projektierung neuer Quartiersentwicklungen umfassend Tribut gezollt werden und die damit verbundenen Überlegungen – gerade was die Finanzierungsmodalitäten dieses Integrals sozialräumlich orientierter Sozialkonzepte aus einer Hand angeht, von Anfang an mit in den Planungsprozess aufgenommen werden. Noch gibt es im Leistungskatalog sozialer Sicherungssysteme keine belastbare Grundlage der Finanzierung, dieses elementaren Bausteins neuer Quartiersmodelle. Auch in den Überlegungen der modernen Sozialwissenschaft kommt der Moderation und damit inhaltlichen Verknüpfung unterschiedlicher Lebensstile im Aufbau zukünftiger Nachbarschaftsgefüge eine der zentralen Rollen zu. Ihr muss die Quadratur des Kreises gelingen, will sie die Strukturen einer soziokulturellen Nachhaltigkeit befördern und dauerhaft mit Impulsen ausrüsten. In der Verwirklichung neuer Nachbarschaftskonzepte, die auch das Thema Inklusion und Pflege kombinieren, denken wir „im Grunde über die Schaffung familienähnlicher Strukturen unter Nichtverwandten nach.“[14] Damit es zu quartiers- und sozialräumlich orientierten Modellen kommen kann, so zeigen alle empirischen, auf die Evaluation dieser Standorte bezogenen, Studien,[15] bedarf es jener Nachbarschaftsarrangeure, die schon im Vorfeld die inhaltlichen Planungsprozesse koordinieren und an Strategieentwicklung, Bürgerbeteiligung und kommunalen Kooperationen feilen. Darüber hinaus gehören wie beschrieben auch die Fragen der Gesamtinvestition (Identifizierung von Förderprogrammen, Fundraising etc.) sowie die Aufgaben der Gemeinwesenarbeit als zentraler Aspekt bei der Schaffung der sozialen Beziehungsdichte zu ihrem Portfolio. Bemerkenswert sei in diesem Zusammenhang auch noch einmal die Möglichkeit zukunftsweisender Quartiersmodelle und ihrer Förderer, die zentralen ge-

12 Alexander Künzel (Sprecher des SONG-Netzwerkes) im Verlauf der abschließenden Podiumsdiskussion; Berlin, den 13.09.2011.

13 Vgl. Dörner 2011: Nachbarschaft ist die Lebendigkeit des Sozialraums. In: Blätter der Wohlfahrtspflege. Deutsche Zeitschrift für Soziale Arbeit , 6/2011, S. 211-213, Baden-Baden.

14 Dr. Volker Then ist Geschäftsführer des Zentrums für soziale Investitionen und Innovationen (CSI) der Universität Heidelberg. Zitat entstammt einem Referat, das er auf der auf einer Fachtagung in der katholischen Akademie Berlin am 13.11.2011 gehalten hat.

15 Siehe hierzu besonders: Netzwerk SONG (Hrsg.) (2010): Zukunft Quartier – Lebensräume zum Älterwerden, Band 3; Soziale Wirkung und Social Return– Eine sozioökonomische Mehrwertanalyse gemeinschaftlicher Wohnprojekte, Gütersloh.

sellschaftlichen Fragestellungen in den Bereichen von Inklusion und ambulanter wohnortnaher Pflegekonzepte zu realisieren.[16] Wie jüngste Entwicklungen zeigen, lassen sich die großen Träger der Alten- und Eingliederungshilfe zunehmend darauf ein, gemeinsam mit der ja eher ökonomisch orientierten Wohnungswirtschaft nach neuen Modellen zu suchen. Auch scheinen sich gegenwärtig einige „windows of opportunity“ zu öffnen, in denen institutionelle Kapitalanleger – vor dem Hintergrund der Finanzmarktkrise – Risikokapital zur Verfügung stellen und damit nicht nur eine marktwirtschaftliche Dynamik entfalten, sondern auch sozialen Innovationsprojekten ungeahnte Perspektiven bahnen. In allen Szenarien kommt der modellhaften Vernetzung des bürgerschaftlichen Engagements eine tragende Bedeutung zu. Wenn man so will, kann man in jenen Formen des „Neuen Ehrenamtes“[17] die „Herzkammer“ einer aktiven Bürgergesellschaft sehen, deren richtungsweisende Schrittmacheraufgaben wiederum von den professionellen Moderatoren des Sozialraums gewährleistet werden muss. Wie man aus den angedeuteten Entwicklungen entnehmen kann, werden es für die Sozialraumregisseure insgesamt völlig neue Aufgabenstellungen sein, mit denen sich diese Impulsgeber neuer Formen sozialer Arbeit auseinandersetzen müssen. Natürlich können sie die sich aufzeigende umfassende Aufgabenvielfalt nicht alleine bewältigen. Auch hier gilt das schon erwähnte Prinzip der interdependenten Bezogenheit; ist es das Zusammenwirken unterschiedlicher Akteure, die Vielfalt Gestalt werden lässt.

Identifikation von Menschen, die Energie und Leidenschaft haben

Liegt eine Schlüsselkompetenz zukünftiger Nachbarschaftsforen und ihrer Sozialraummoderatoren sicherlich im Aufbau und in der Erhaltung von Netzwerken, so sind doch alle Bemühungen vergeblich, wenn es nicht gelingt sog. „Treiber“ von Nachbarschaften[18] zu finden, Menschen und Interessensgruppen die bereit sind, sich langfristig ehrenamtlich[19] in die zivilgesellschaftlichen Erneuerungsprozesse im Kontext von Quartier und Stadtteil einzubringen. Zusammen mit den professionellen Regisseuren sind sie es, deren Engagement über Gelingen

---

16 Hier üben gesetzliche Vorgaben wie die UN-Behindertenrechtskonvention Wirkung und das Persönliche Budget eine katalysatorische Wirkung auf die Schaffung neuer Nachbarschaften. Übersetzt man Inklusion mit „Aufgabe der Besonderung“ oder „Verehrung der Vielfalt“ wird deutlich das Inklusion eigentlich ein Sozialraumkonzept ist, welchem die Einsicht zugrunde liegt, dass alle Menschen mit Assistenzbedarf sich „eine Lebensform wünschen, bei der sie möglichst weitgehend in ihrer angestammten Nachbarschaft, in ihrer bisherigen Wohnung, in ihrem Lebensumfeld weiter leben, teilhaben, mitgestalten können.“ (Zitat entstammt einem Vortrag des Geschäftsführers des Heidelberger CSI, Dr. Volker Then; Vgl. hierzu Fußnote 12).

17 Nach Elisabeth Haines sind die heutigen Motive für ehrenamtliches Arbeiten vor allem: “... die Freizeit sinnvoll mit anderen Menschen gemeinsam zu gestalten, Spaß und Freude haben, Anerkennung erfahren, Kenntnisse zu vertiefen, Qualifikationen zu erwerben oder zu erweitern oder anderen zu helfen, um auch sich selbst zu helfen.” Haines, Elisabeth (1998): Ehrenamt in der öffentlichen Diskussion – Public discussion concerning voluntary work. In: Zeitschrift für Schule, Berufsbildung und Jugenderziehung, Jg. 46, H. 3, 1998, S. 303-311. Vgl. zum Thema auch die Arbeiten von Mike Peglow (siehe Fußnote 19).

18 Siehe hierzu besonders: Peglow, Mike (2000): Das neue Ehrenamt. Erwartungen und Konsequenzen für die soziale Arbeit. Marburg.

19 Über die Implementierung eines Sozialraumbudgets kann und muss u.a. im Hinblick auf die komplexen Zusammenhänge des „Neuen Ehrenamtes“ zwingend nachgedacht werden.

und Scheitern neuer Quartierskonzepte entscheiden wird. Wie beschrieben, wird auf der Suche die relevanten Merkmale vitaler Stadtquartiere zu beschreiben immer wieder deutlich, welche besonderen Beziehungen und impliziten Wirkkräfte zwischen der inhaltlichen Ausprägung einerseits (BewohnerInnen, Akteure etc.) und den Fragen des Raumprogrammes andererseits (Öffentliche Foren des Lebens und Arbeitens, kleinräumige Gewerbeideen etc.), bestehen. Ohne nachhaltige Anreize[20] werden „Changemaker" und langfristige Netzwerkakteure keine angemessene Verortungsgrundlage im Kontext neuer Quartiersstrukturen finden. Nur durch sie wird der Welfare-Mix Realität, wird Partizipation nachhaltig und Vielfalt aktiviert. Denn letztlich gilt: Nur Bürger können Bürger integrieren. „Eine lebendige Nachbarschaft kann", so die diskursweisende These Klaus Dörners, „zum Ausfallbürgen für Familie und Sozialstaat werden."[21] Bisher muss konstatiert werden, dass die Komplexität der aufgezeigten Wechselwirkungen noch immer unterschätzt wird, und so oft schlicht die Voraussetzungen fehlen, neuen Modellen die nötige Entwicklungszeit zu geben.[22] Hier sind alle Entscheidungsträger aufgefordert, die Erkenntnisse und Erfahrungen aus Theorie und Praxis endlich so ernst zu nehmen, dass sie sich auch substantiell in den zukünftigen Planungs- und Investitionsprozessen unserer Landkreise und Städte widerspiegeln. Letztlich geht es ja darum, Spielräume und Horizonte für jene Zusammenhänge zu eröffnen, in denen sich all die Menschen beheimaten können, für die soziale Beteiligungsformen zum wesentlichen Merkmal der eigenen Lebensidee gehören. Ohne eine Ermöglichungsstrategie zur Umsetzung langfristiger Engagementstrukturen werden alle Versuche, den neuen Welfare-Mix in unserer Gesellschaft zu befördern, nicht zu verwirklichen sein.

Stimmige Interdependenz zwischen Bezogenheit (Geborgenheit – Heimat – Pflege) und Autonomie (Individualität – Kultur – Stimulation)

Wieder rückt die Frage ins Zentrum wie sich Menschen beheimaten und somit überhaupt erreichbar für jedwede Formen des bürgerschaftlichen Engagements als Grundlage neuer

20 Zu nennen ist hier sicherlich die Frage ob neue Stadtstrukturen in angemessener Weise Mietwohnungsraum bereithalten. Ob die sozialräumliche Infrastruktur stimmig arrondiert ist (Kleinräumiges Gewerbe; Öffentliche Flächen; Kulturelle Zonen).

21 Vgl. hierzu besonders: Dörner, Klaus (2011): Nachbarschaft ist die Lebendigkeit des Sozialraums. In: Blätter der Wohlfahrtspflege. Deutsche Zeitschrift für Soziale Arbeit, 6/2011, S. 211-213, Baden-Baden.

22 Aus schlichter Unkenntnis werden die Möglichkeiten sozialräumlich orientierter Quartiersprojekte noch immer von vielen gesellschaftlichen Akteuren in den Bereich eines „nice to have" und damit mit folkloristischen Vorzeichen versehenem Additiv gerückt. Für den Autor hat die nachhaltige und vorsorgende Gestaltung des sozialen Raumes jedoch den gleichen Stellenwert, wie die flächendeckende Versorgung mit Fernwärme oder Breitbandversorgung.

Wohlfahrtsformen werden.[23] Hier kommt dem Nukleus des Quartierszentrums, eines Mehrgenerationenhauses[24] mit allen seinen konzeptionellen Überlegungen eine weitreichende Funktion zu. Es bildet mit seinen zielgruppenübergreifenden Impulsen einen Ort der individuellen Stimulation. So geht von einem solchen „Haus der Ideen" eine Vielzahl an inhaltlichen Überlegungen aus.[25] Neben diesen Quartiersmittelpunkten, als „Brennstoffzellen nachhaltiger Sozialraumorientierung", sollte sich aber auch das weitere Raumprogramm des städtebaulichen Zusammenhangs durch eine spezifische Kleinteiligkeit, d.h. individuelle und damit attraktive Gewerbebereiche in hoher Nutzungsdichte, und den Gedanken der kurzen Wege (gute Orientierung, Wiedererkennbarkeit) auszeichnen. Funktionierende Nachbarschaften, und nur die sind – wie im Verlauf des vorliegenden Beitrages ja wiederholt beschrieben wurde – der langfristige Garant eines neuen *Wohlfahrts-Pluralismus*[26], der die personenorientierte Hilfe unterstützt und als „Dritter Sozialraum" einer Marktwirtschaft das Gemeinwohl sichert.[27] Aus Theorie und Praxis der großen gesellschaftlichen Transformationen der vergangenen Jahrzehnte kann deutlich werden, dass die umfassenden Prozesse von „Change"[28] fast immer von den Rändern der betroffenen Systeme ausgehen. So sind es zurzeit neben einer Handvoll großer Wohlfahrtsträger[29] vor allem einige kleine freie Pionierorganisationen und private Initiativen, die als Pfadfinder in der Entwicklung neuer Quartiersszenarien gerade auch im Hinblick auf neue Formen des politisch intendierten Welfare-Mixes

23 Die ganzen Zusammenhänge der Fragen nach dem Mehrwert (SROI) inklusiver Wohn- und Lebensräume in den vielleicht eindrücklichsten empirischen Feldern von Lebenszufriedenheit und Lebensstandard, aber auch in Punkto Gesundheitszustand der BewohnerInnen, die Quantität und Qualität des Freiwilligenengagement können an dieser Stelle nicht ausreichend erörtert werden. In ihnen kommt die tatsächliche Leistungsfähigkeit sozialraumorientierter Modelle zur Geltung. Unbedingt beachtenswert sind in diesem Forschungsfeld die sehr aussagekräftigen Studien, die das Heidelberger CSI in Kooperation mit dem Zentrum für Europäische Wirtschaftsforschung (ZEW) am Beispiel der SONG-Netzwerkpartner bereits ermittelt hat. Alle bisherigen Untersuchungen zeigen, auf zum Teil dramatische Weise, welche Wirkung ein Welfare-Mix im lokalen Sozialraum hat.

24 In den Überlegungen nahhaltiger Quartiersentwicklungen ist das Mehrgenerationenhaus immer Quartiersmittelpunkt und Wohnort zugleich. Es gilt dauerhafte Präsenz (24/7) als „Oikos" der guten Nachbarschaft konzeptionell zu berücksichtigen.

25 Der Nukleus des Inklusionsvorhabens eröffnet ein breites Spektrum an Beteiligungsoptionen: Neben konzeptionell fest verankerten Modulen wie KITA/Kindergarten, einer attraktiven Gastronomie und einer Anzahl an unterschiedlichen Wohnungen, gehören ein Nachbarschaftscafé und Foren ehrenamtlichen Engagements (Talentbörse, Agentur haushaltsnaher Dienstleistungen etc.) zum integralen Bestand des Konzeptes. Daneben bilden Co-Working-Ideen jenes Netzwerk, das besondere Perspektiven für moderne Freiberufler (Fotografen, Bildende Künstler, Programmierer, Grafiker, Unternehmen der Beratungsbranche etc.) bietet und durch einen Sport- und Freizeitbereich für die Nachbarschaft komplementiert wird.

26 Vgl. hierzu auch: Esping-Andersen, Gösta: (1990): The Three Worlds of Welfare Capitalism. Princeton University Press.

27 Vgl. hierzu: Dörner, Klaus (2011): Nachbarschaft ist die Lebendigkeit des Sozialraums. In: Blätter der Wohlfahrtspflege. Deutsche Zeitschrift für Soziale Arbeit 6/2011, S. 211-213, Baden-Baden.

28 Eines der mit Abstand am besten rezipierbaren Werke zur Thematik des Veränderungsmanagements, Doppler, Klaus & Lauterburg, Christoph (2000): Change Management – Den Unternehmenswandel gestalten. Frankfurt/Main.

29 Auf die Initiative des sog. SONG-Netzwerkes wurde im Verlauf des vorliegenden Textes ja bereits mehrfach hingewiesen.

ganz neue Wege beschreiten.[30] Da es, wie der vorliegende Text ausweist, noch keine sozialpolitisch und letztlich dann auch sozialrechtlich begründete systematische Finanzierung (im Sinne einer kommunalen Pflichtleistung) der sozialräumlich orientierten Quartiersforen gibt, sollen an dieser Stelle vier angewandte Finanzierungsmodelle beispielhaft zur Darstellung kommen, mit denen die Praxis Möglichkeiten gefunden hat, ihre Mehrgenerationenhausprojekte zu realisieren. Erneut sei an dieser Stelle auf die Forschungsarbeit des Heidelberger Centrums für Soziale Innovation und Investition (CSI) hingewiesen. Zum einen besteht die Möglichkeit eines Mietaufschlags, mit dem die BewohnerInnen für die nicht sozialwirtschaftlich finanzierte Infrastruktur bezahlen. Zweitens existiert ein Stiftungsmodell, bei dem aus den Gewinnen der Immobilienentwicklung, aus Mieteinnahmen selbst vermieteter Wohnungen und aus lokalen Fördermitteln ein Treuhandfonds gebildet wird. Eine dritte Möglichkeit, die gegenwärtig vereinzelt praktiziert wird, liegt in dem modellhaften Aufbau eines Pflegedienstes, dessen Mitarbeiter auch für die Fragen der Sozialraummoderation zuständig sind. Viertens werden die Aufgabenfelder der Sozialraummoderation – dort wo sie vom Träger als „conditio sine qua non“ identifiziert und konzeptionell in Personalstellen umgesetzt werden – immer wieder auch quersubventioniert.

Weil sich in der so existentiellen Frage: „Wie wünsche ich mir meine Heimat?“, zukünftig alle Überlegungen auch mit individuellen, lebensstilentspechenden Pflege- und Betreuungskonzepten auseinandersetzen müssen, laufen die Planungszusammenhänge in den neusten Quartierskonzepten auch dahin, dass der oben skizzierte Mittelpunkt/Nukleus eines neuen Stadtviertels, jenes Synergien erzeugende Mehrgenerationenhaus/Nachbar-schaftsforum/Quartierszentrum, mit den sozialräumlichen Ausprägungen interdisziplinärer Pflegekonzepte auch eine erkennbare Achse im architektonischen Raumprogramm bildet. In einem so entstehenden, konzeptionsimmanenten Zusammenklang zwischen Kultur und Geborgenheit, der sich ganzheitlich durch die Alltags- und Erlebnisstruktur des neuen Stadtquartiers zieht, wird den BewohnerInnen neben dem Erfahrungsspektrum einer Vielfaltsgesellschaft auch eine dauerhafte Präsenz von vielfältigen Assistenzdienstleistungen[31] als optionales Element einer funktionierenden Nachbarschaft zur Verfügung gestellt. Einer der grundlegenden Zukunftsfragen danach, wie wir allen Gesellschaftsschichten einen möglichst lebenslangen Verbleib in den eignen vier Wänden ermöglichen können, wird mit dieser Konzeption eine substantielle Antwort gegeben.

Langfristige Perspektiven – Die Frage der Nachhaltigkeit zukunftsweisender Modelle

Die oben beschriebenen Zusammenhänge können einerseits eindrücklich die Interdependenzen des sozialraumorientieren Ansatzes im Hinblick auf das Zusammenspiel zwischen Architektur[32] und einer Bewohnerschaft beschreiben, deren intendierte Heterogenität sich re-

30 Stellvertretend können die sozialräumlich orientierten Wohnprojekte der Diakonischen Hausgemeinschaften e.V. stehen, die der Autor in den vergangenen Jahren in der Metropolregion Rhein-Neckar begleiten konnte (www.hausgemeinschaften.de).

31 In toto: Ein Kristallisationspunkt multioptionaler Pflegearrangements entsteht.

32 Selbstverständlich muss auch die Architektur, als integraler Bestandteil eines umfassenden Konzeptes von sozio-ökologischer Nachhaltigkeit in ihrer Bau-und Konstruktionsweise, in allen zukunftseröffnenden Belangen dem Stand der Kunst entsprechen.

ziprok in den Raumprogrammen moderner Ansätze in der Verwirklichung inklusiver Lebensräume widerspiegeln muss[33]. Andererseits verdeutlichen sie jedoch auch, dass es im Hinblick auf die praktische Umsetzung eines zumeist theoretisch geführten Diskurses zur Erschließung neuer sozial-ökonomisch relevanter Ressourcen auch darauf ankommen wird, gänzlich neue Kooperationsformen, Handlungs- bzw. Geschäftsfelder aber auch veränderte Leistungsgesetze zu befördern. Da die Fragen von Nachhaltigkeit quartiersbezogener Formen Sozialer Arbeit nur vor dem Hintergrund neuer Finanzierungsgrundlagen für deren infrastrukturelle Ausstattung befriedigend beantwortet werden können, ist – wie beschrieben – gegenwärtig leider festzustellen, dass noch immer die systemimmanenten Voraussetzungen fehlen, den messbaren Erfolg der bereits heute schon funktionierenden Modelle nicht nur zu evaluieren sondern darüber hinaus an den verschiedensten Orten dieser Republik „akteursneutral“[34] zu erproben. Dies liegt vor allem an der angedeuteten Komplexität der Herausforderung: Zum einen müssen die im vorliegenden Beitrag aufgezeigten fünf Elemente erkannt und bei der Umsetzung neuer sozialraumorientierter Modelle angewandt werden. Zum anderen kann dieser Prozess zur Verwirklichung von neuen lokal-kooperativen Sozialmodellen nur gelingen, wenn es ein Umdenken aller Beteiligten gibt. Hier ist nicht nur die Politik in Bund, Ländern und Gemeinden gefordert, sondern stehen auch die Entscheidungsträger bei den Sozialleistungsträgern und Dienstleistungsanbietern sowie die Lobbyisten und Verantwortlichen bei den Wohlfahrtsverbänden in der Pflicht.“[35] Darüber hinaus bedarf es umfassender Veränderungen auf der Strukturebene von Diensten und Einrichtungen. In einem geschlossenen System sozialer Arbeit, das viele Jahrzehnte ohne eine marktimmanente Ausrichtung, also ohne jene kundenorientierte Notwendigkeit von „*bestpractice*“ und „*benchmarking*“, eine quasi systemerhaltende Innovationapathie pflegen konnte, fehlen bis dato noch die spezifischen Anreize, die letztlich zu einer konsequenten Umsetzung von inklusiven Stadtteilmodellen führen könnten. Noch, so hat es auch die wissenschaftliche Begleitforschung der neuen Ansätze ermittelt, sind die Nutznießer der Projekte (vor allem die BewohnerInnen und Sozialleistungsträger[36]) nicht diejenigen, die die Innovationskosten tragen. So konnten neue und von der Forschung evaluierte sozialraumorientierte Modelle[37] bisher nur in begrenztem Um-

---

33 Vgl. hierzu vor allem Frey, Wolfgang (2010): Das „Fünf-Finger-Prinzip“ einer nachhaltigen Architektur.

34 Eine häufige Kritik an den bereits gut funktionierenden Modellen und ihrer Protagonisten zielt meistens auf die personelle Abhängigkeit des Gesamtbetriebes von den Hochengagierten und der damit verbundenen eingeschränkten Übertragbarkeit des Konzeptes in die Realität der Sozialen Arbeit. In der Tat gibt es vermehrt Konstellationen, in denen die verantwortlichen Gestalter sozialräumlich orientierter Quartiersprojekte zwischen beruflicher Profession und ehrenamtlicher Passion kaum zu unterscheiden wissen. Ob dies nicht grundsätzlich zu den Voraussetzungen individuellen Lebensglücks zählt, sei hier nur am Rande angefragt, spielt aber bei der Ausrichtung neuer Konzepte in der sozialen Arbeit, gerade auch für die Fragen von Berufsbildern, Mitarbeiterzufriedenheit und Nachwuchsakquise eine relevante Rolle.

35 Vgl. hierzu: Netzwerk SONG: Soziales neu gestalten (Hrsg.) (2010): Zukunft Quartier – Lebensräume zum Älterwerden, Band 3; Soziale Wirkung und „Social Return“– Eine sozioökonomische Mehrwertanalyse gemeinschaftlicher Wohnprojekte, Verlag Bertelsmann Stiftung, Gütersloh.

36 Die Forschungsergebnisse des Centrums für Soziale Innovation und Investition (CSI) zeigen, dass die Gesamtaufwendungen für die Unterstützung von Menschen mit Assistenzbedarf (vor allem ältere BewohnerInnen) im Vergleich zwischen 30 und 50 Prozent niedriger sind.

37 Vgl. hierzu besonders: Netzwerk: Soziales neu gestalten (Hrsg.) (2010): Zukunft Quartier – Lebensräume zum Älterwerden, Band 3; Soziale Wirkung und „Social Return“– Eine sozioökonomische Mehrwertanalyse gemeinschaftlicher Wohnprojekte, Verlag Bertelsmann Stiftung, Gütersloh.

fang realisiert werden. Alle wissenschaftlich ausgewerteten Vorhaben belegen jedoch in vielerlei Hinsicht jenen Mehrwert der Vielfalt, den der neue Welfare-Mix im Sinne eines „Social Return on Investment“ erzeugen kann.

Abschließend sei festgehalten, dass die bestehenden sozialraumorientierten Mehrgenerationenhausprojekte, die ja schon heute ihre Kompetenzen als Innovationsinkubatoren in der Schaffung neuer Netzwerkstrukturen sehr umfassend entfalten, Modelle jener zielgruppenübergreifenden Drehscheiben im Quartier sind. Orte an denen Tag für Tag mannigfaltige Beteiligungsoptionen gefunden und erfunden werden und sich ein neues Schnittstellenmanagement entwickelt, an dem die fragilen Interessenslagen aller QuartiersbewohnerInnen zu neuen Netzwerken zusammengeführt werden können. Diese besondere Aufgabe der Zukunft, die gegenwärtig schon so vielerorts virtuos erprobt wird, müsste eigentlich viel stärker politisch erkannt und honoriert und ob ihrer großen Wirkung nachhaltig finanziert werden. Die prospektive Gestaltung von Nachbarschaften, Quartieren und Stadtvierteln wird in all ihren infrastrukturellen Zusammenhängen und in ihrer gesellschaftsbildenden Funktion *vielleicht die sozialpolitische Aufgabenstellung der Zukunft.* Hier können Mehrgenerationenhausprojekte als „Orte der Bezogenheit“, die unterschiedlichen Impulse einer Stadtgesellschaft aufnehmen, das darin enthaltende Sozialkapital katalysieren und als Agenturen guter Nachbarschaft vielfältige Kooperationsdividenden zwischen den Beteiligten generieren. Solchermaßen fungieren sie als Kristallisationspunkte für die beiden gesellschaftlichen Megathemen „*Teilhabe*“ und „*Nachhaltigkeit*“. Es lässt sich annehmen, dass genau in diesen Zusammenhängen letztlich der Kitt jenes neuen Welfare-Mixes angerührt wird, der unser Land in den kommenden Jahrzehnten stabilisieren und zusammenhalten wird.

Literatur

Albrecht-Bindseil, N. (2007): Inklusive Lebensräume. Siegen, S. 22ff.

Bude, W./Früchtel, F. (2007): Sozialraumorientierung. In: Deutscher Verein (Hrsg.): Fachlexikon der Sozialen Arbeit, (6. Aufl.). Baden-Baden, S.908.

Bundesministerium für Familie, Senioren, Frauen und Jugend (2010): Sechster Bericht zur Lage der älteren Generation in der BRD. Berlin.

Doppler, K./Lauterburg, C. (2000): Change Management – Den Unternehmenswandel gestalten. Frankfurt/Main.

Dörner, K. (2011): Nachbarschaft ist die Lebendigkeit des Sozialraums. In: Blätter der Wohlfahrtspflege, 6/2011. Baden-Baden, S.211-213.

Esping-Andersen, G. (1990): The Three Worlds of Welfare Capitalism. Princeton University Press.

Frey, W. (2010): Das „Fünf-Finger-Prinzip“ einer nachhaltigen Architektur. Freiburg.

Mönninger, M. (2012): Nasszelle war gestern, Wellness ist heute. In: Frankfurter Allgemeine Zeitung, Nr. 46 (23.02.2012), S. 34.

Netzwerk SONG(Soziales neu gestalten) (Hrsg.) (2010): Zukunft Quartier – Lebensräume zum Älterwerden, Band 3; Soziale Wirkung und „Social Return“ – Eine sozioökonomische Mehrwertanalyse gemeinschaftlicher Wohnprojekte. Gütersloh.

Peglow, M. (2000): Das neue Ehrenamt. Erwartungen und Konsequenzen für die soziale Arbeit. Marburg.

Wendt, W. R. (2011): Mit den Sorgenden ist zu rechnen – Personelle Konsequenzen im neuen Wohlfahrtmix. In: Blätter der Wohlfahrtspflege, 6/2011. Baden-Baden, S. 208-209.

Zeitschrift für Schule, Berufsbildung und Jugenderziehung, Jg. 46, H. 3, 1998, S. 303-311.

Teil IV

Traditionslinien der Gemeinwesenarbeit und Gemeindepsychologie

Mehrgenerationenhäuser in der Tradition der Gemeinwesenarbeit

Heike Binne, Irmgard Teske

Vom Settlement zum Mehrgenerationenhaus

Zurück zu den Wurzeln oder Aufbruch in eine neue Zeit? Auf welche Traditionen wird zurückgegriffen, wenn ein neues, millionenschweres Programm des Bundesministeriums für Familien, Senioren, Frauen und Jugend (BMFSFJ) im November 2006 startet, das aufzeigen soll, wie in Städten und Gemeinden eine Förderung des Miteinanders und der gegenseitigen Unterstützung unterschiedlicher Generationen, Ethnien und Geschlechter gelingen kann? Denn mit Schlagworten von einer lebendigen Gemeinschaft, aktiver Nachbarschaft, Stärkung von Selbsthilfekräften, politischem und sozialem Engagement werden Erinnerungen wach an erste Ansätze in der Gemeinwesenarbeit, wie Toynbee Hall in London und Hull House in Chicago. Von den Nachbarschaftsheimen bis hin zum Programm „Soziale Stadt" finden sich Ideen und Ziele wieder, die zur Gründung von Settlements[1] führten. Sind Mehrgenerationenhäuser also eine Renaissance oder konsequente Weiterentwicklung der Gemeinwesenarbeit? Diesen Fragen soll im folgenden Artikel nachgegangen werden. Beginnend mit den Anfängen der Gemeinwesenarbeit, der Arbeit in den Settlements, bis hin zum Aktionsprogramm Mehrgenerationenhäuser soll aufgezeigt werden, wie durch nützliche Dienstleistungen[2] Menschen befähigt werden, benachteiligende Strukturen zu überwinden, Ausgrenzungen zu vermeiden, eigene Interessen wahrzunehmen und Selbsthilfekräfte zu aktivieren, um den Alltag selbstbestimmt bewältigen zu können.

Toynbee Hall – ein soziales Zentrum im Armenviertel

Konkrete Notlagen in den Armenviertel Londons und die Ablehnung einer unsystematischen und prinzipienlosen Verteilung von Almosen, die Abhängigkeit erzeugt und keine Selbsthilfekräfte weckt, bestimmen die Situation im 19. Jahrhundert, die das Ehepaar Barnett veranlasst, ihre Idee einer gerechteren Welt zu verwirklichen[3]. Realisiert werden soll dies durch ein Miteinander von „Gebildeten" und „Armen". Ein Austausch zwischen Helfern und Bedürftigen soll zu einer Veränderung sozialer Verhältnisse führen. Selbstvertrauen und Eigenverantwortung sollen durch Bildungsarbeit, gemeinschaftliche Zusammenschlüsse und das

---

1 Ein Settlement ist eine Vereinigung von Männern und Frauen, die freiwillig zusammenarbeiten, um ihrer Nachbarschaft zu dienen und ihr eigenes Leben zu bereichern. Es ist ein Zentrum, in welchem Menschen ohne Unterschied der Rasse, Klasse und des Glaubens sich treffen." (Dornseifer 1971: 56).

2 Beispielsweise durch Beratungen, Qualifizierung, Verbesserung der Infrastruktur, Bereitstellen von Zeit und Räumen.

3 Vorläufer waren vielfältige Initiativen und Vorschläge zum Aufbau einer dezentralen Volksbildung, u.a. von Arnold Toynbee, der diese in einer Kirchengemeinde im Londoner Stadtteil Whitechapel mit dem Pastor Barnett erprobte (Buck 1982: 123).

Erleben von Gemeinschaft geweckt werden. Den Barnetts ist bewusst, dass strukturelle Veränderungen nur in Kooperation mit Kirchen, Regierungs- und Verbandsvertretern möglich sind. Bildung wird von ihnen als Schlüssel für gesellschaftlichen Aufstieg gesehen.

Ausgehend von ihrem eigenen Verständnis von Bildungsarbeit gibt es spezielle Abendklassen und Vorlesungen im Rahmen der Universitäts-Ausdehnungsbewegung. Diese werden jedoch von den Arbeitern nicht in dem gewünschten Ausmaß angenommen. Erfolgreicher sind gemeinsame Essen, Gartenpartys, Konzertbesuche, Museumsbesuche und Ausflüge, welche die Menschen aus allen sozialen Schichten miteinander in Kontakt bringen. Zusätzlich bilden sich zahlreiche Interessensgruppen und Clubs, beispielsweise für Musik, Fußball, Schach, Literatur und Kunst. Jugendarbeit ist in erster Linie Jungenarbeit. Für sie werden verschiedene Formen von Freizeitaktivitäten und Camps durchgeführt. Fabrikmädchen können sich in einem Club zu gemeinsamem Tanz, Essen und Ausflügen treffen. Rechtsberatung wird als Rechtshilfe, Mieterberatung und Sozialberatung geleistet.

Zahlreiche Veröffentlichungen und Vorträge tragen dazu bei, die Umsetzung der Idee von einer gerechteren und sozialeren Gesellschaft über London hinaus bekannt zu machen (Buck 1982: 124).

Hull House – Frauen, Demokratie und Wissenschaft

Jane Addams (1860-1935) begegnet auf der Suche nach ihrem Lebenssinn dem Ehepaar Barnett. Im Chicago zum Ausgang des 19. und Anfang des 20. Jahrhunderts ist sie konfrontiert mit konkreten Notlagen und menschenunwürdigen Lebensbedingungen der Einwanderer aus Europa. Für sie stellt das Settlement einen Versuch dar, zur Lösung der sozialen und industriellen Probleme beizutragen, die durch die Lebensbedingungen in einer modernen Großstadt geschaffen werden (Müller 1994: 69ff).

Ihr Demokratieverständnis, das für alle Menschen einen offenen Zugang zum politischen und sozialen Leben beinhaltet, ihre christlich humanitäre Grundhaltung und ihr Verständnis von gegenseitigem Lernen gelten als Handlungsmotivation dieser Pionierin der Gemeinwesenarbeit.

Ihre Idee, Hull House[4] zum Zentrum der Nachbarschaft auszubauen, kann als ein Beispiel für gelungene Integrationsarbeit gesehen werden. Voraussetzungen ist für sie u.a. das Erlernen der englischen Sprache, da eine gemeinsame Sprache das Einleben erleichtert und Menschen unterschiedlicher Herkunft miteinander kommunizieren können. Über den Zugang zu Bildungsangeboten sollen Einwanderer verloren gegangene soziale Strukturen wieder herstellen. Ferner soll Hull House dazu beitragen, dass Immigranten ihre Traditionen, Sprachen und Bräuche pflegen können, da dies zur Identitätsentwicklung der Einwandererkinder beiträgt (Alexander 1997: 70-72; Eberhart 1996: 126, 134). Integration wird in Hull House als wechselseitiger Lernprozess gesehen, der nicht linear und einseitig stattfindet. Vielmehr müssen Wechselwirkungen und gegenseitiger Austausch geschickt initiiert und organisiert werden, damit es zu einem beiderseitigen Lernprozess zwischen Migrantinnen und Einheimischen kommt, der tatsächliche Integration erst möglich macht. Kunst wird dabei als methodisches Instrument verstanden und dementsprechend eingesetzt.

---

4 Hull House wurde 1889 von Jane Addams und Ellen Gates Starr gegründet. Es war das erste Settlement-House in Chicago und wurde nach seinem Vorbesitzer und Erbauer Charles J. Hull benannt und gehörte zu den ersten Versuchen, die Idee der Londoner Toynbee Hall auf Nordamerika zu übertragen (Müller 1999: 65).

Mit speziellen Berufsvorbereitungs- und Berufsbildungsprogrammen sollen die beruflichen Chancen für Jugendliche verbessert werden (Alexander 1997: 72). Kinderbetreuung zur Förderung der Kinder ist ein weiterer zentraler Aspekt ihrer Arbeit (Schüler 2004: 78ff).

Zu den Aktivitäten der Frauen von Hull House gehören praktische Kurse, beispielsweise Kochen, Nähen, Hausarbeit, Gartenarbeit und künstlerische Kurse, wie Zeichnen, Tonarbeiten, Musik, Sprachen, Literatur. Es gibt Clubs für junge Arbeiterinnen, präventive Jugendarbeit, um die Kriminalitätsrate von Jugendlichen zu senken, politische Arbeit, beispielsweise Gründung einer Immigrantenschutzliga, Gründung von Gewerkschaften sowie Kulturarbeit und die Errichtung eines „Labor Museum“, Arbeitsvermittlung und kostenlose Rechtsberatung. Zeitweise gewährt Hull House misshandelten Frauen und Kindern Zuflucht und hat die Funktion eines „Frauenhauses“ (Schüler 2004: 84-86). Jane Addams weiß, wie wichtig die Unterstützung der Öffentlichkeit bei ihren Vorhaben ist. Mit zahlreichen Publikationen, Vorträgen und Aktionen setzt sie sich für den Kinderschutz, das Frauenwahlrecht und die Friedensbewegung ein (Müller 1994: 93-95). Die von Hull House ausgehenden wissenschaftlichen und politischen Untersuchungen[5]. haben das Ziel, Veränderungen in der Arbeitswelt der BewohnerInnen zu erstreiten und zu sichern. Die gewonnenen Daten sind somit Argumentationsmaterial für Eingaben an Stadtväter und Fabrikdirektoren und führen zur Gründung von Gewerkschaften (Staub-Bernasconi in Bitzan/Klöck 1994: 44ff).

Das Hamburger Volksheim – eine Brücke zwischen Bürgertum und rebellierenderArbeiterschaft

Der Kandidat des Predigtamtes Walter Classen wird von interessierten Industriellen nach London geschickt, um die Arbeit von Toynbee Hall kennen zu lernen. Es sollen Ideen entwickelt werden, wie „das größte soziale Problem Deutschlands“ (= die Arbeiterbewegung) gelöst werden kann. Die herrschende Klasse hat Angst vor dem Umsturz der gesellschaftlichen Verhältnisse und den Verlust ihrer Macht. Mit den Erkenntnissen von Toynbee Hall sollen neue Mittel und Wege zur Versöhnungsarbeit zwischen den Klassen eröffnet werden (von Kietzell 1998: 73-74; Picht 1913: 121). 1901 gründet dann eine Gruppe wohlhabender und zumeist auch promovierter Männer, unter ihnen auch Walther Classen und der Senator und Inhaber der Hamburger Gummiwerke Dr. Traun, das erste Nachbarschaftshaus auf deutschem Boden. Nach dem Vorbild der Londoner Toynbee Hall wird versucht, durch einen Ort der persönlichen Begegnung, eine Brücke zwischen gebildetem Bürgertum und Not leidender rebellierender Arbeiterschaft zu bauen. Ein Settlement im herkömmlichen Sinne ist das Volksheim jedoch nie. Von den Mitgliedern ist es allein der spätere Professor Walter Classen, der sich tatsächlich auch innerhalb des Arbeiterviertels niederlässt. (von Kietzell 1998).
Zum Konzept des Volksheimes zählt von Beginn an die Jugendarbeit. Neben den verschiedenen Freizeit-, Mädchen- und Jungenclubs sindes vor allem die so genannten Lehrlingsvereine, welche die Jugendlichen im besonderen Maße anziehen. Zu den beliebten Aktivitäten gehören Ausflüge in die Hamburger Umgebung. Ähnlich wie in der Toynbee Hall erkennen die Jugendgruppenleiter die beziehungsfördernde Komponente von gemeinsamen Erfahrun-

5 Die Soziologin Jane Addams war Mitbegründerin der Chicago School of Sociology (gemeinsam mit G.H. Mead, W.I. Thomas u.a.).

gen und Erlebnissen, die in nicht alltäglichen Situationen gemacht werden. Für die Erwachsenen gibtes Bildungsangebote, meistens als Vorträge zur Erfrischung der Arbeiter nach einem langen anstrengenden Arbeitstag, aber auch Spieleabende und die Bereitstellung von Lesezimmern. Ergänzt werden die Angebote durch die Einrichtung einer allgemeinen Rechtsauskunftstelle. Die kostenlosen Beratungen werden von ehrenamtlich tätigen Juristen erbracht und finden guten Zuspruch in der Hamburger Arbeiterbevölkerung. Die Palette reicht von Mietrechtsstreitigkeiten über Rentenansprüche bis hin zu zivilrechtlichen Klagen.

Während es bei den Konzepten von Toynbee Hall und Hull House vorrangig um das Aktivieren von Selbsthilfepotenzialen innerhalb der Nachbarschaft geht, liegt im Volksheim der Fokus stärker auf persönlicher Begegnung und Entwicklung aufrichtiger zwischenmenschlicher Beziehungen. Gesellschaftliche Integration soll über Freundschaft und Verständnis zwischen Mitarbeitern und Arbeitern entstehen. Dieser Ansatz basiert auf der Annahme, dass es möglich ist, gegenseitige Toleranz und Akzeptanz sowie solidarisches Handeln unterschiedlich geprägter Menschen über die persönliche Begegnung zu initiieren.

Milde Gaben und jedwede andere Form materieller Unterstützung werden– ähnlich wie bei dem Londoner Vorbild–ebenfalls abgelehnt. Die Begründung ist jedoch eine andere. Nicht der entmündigende und korrumpierende Charakter der Almosen steht im Mittelpunkt der Kritik, vielmehr blockiere jede materielle Unterstützung „den Aufbau einer freundschaftlichen Beziehung“ (von Kietzell zitiert den Jahresbericht 1901/1902, S. 6 in von Kietzel 1998: 289).

Dieter von Kietzell beschreibt den historischen Beitrag des Hamburger Volksheimes folgendermaßen: „Das Hamburger Volksheim hat eine Tradition in Deutschland begonnen, die in den Nachbarschaftsheimen und auch im Arbeitsansatz der Gemeinwesenarbeit bis heute fortgeführt wird: Bestimmte gesellschaftliche Gruppierungen des Bürgertums begreifen die gesellschaftliche Ausgrenzung der Armutsbevölkerung als Skandal. Sie wollen der Auseinanderentwicklung der Reichen und Armen entgegenwirken. Sie setzen – anders als die Gewerkschaften – im Wohnbereich und den dort offenkundigen Benachteiligungen an. Das Volksheim begann mit einer in den Nachbarschaftsheimen bis heute fortgesetzten, auf gesellschaftliche Integration zielenden Arbeit, die sich um ein lokales Zentrum entwickelt.“ (ebd).

Nachbarschaftsheime – Fürsorge für sozial Benachteiligte

Nach dem Zweiten Weltkrieg kommt es zu etlichen Neugründungen von Nachbarschaftsheimen, in einer Zeit, in der ein Viertel der Bevölkerung aus Vertriebenen und Flüchtlingen besteht, Wohnungsnot herrscht und die materielle Not wächst. Ihr vorrangiges Ziel ist zunächst, Fürsorge für sozial Benachteiligte zu leisten und die unmittelbare materielle Not zu bekämpfen.

1951 schließensich 12 Heime zum „Verband Deutscher Nachbarschaftsheime e.V.“[6] zusammen. Mitte der 60er Jahre des vorigen Jahrhunderts verlagert sich die Arbeit der bisher vorrangig in traditionsreichen, innerstädtischen Arbeiterquartieren tätig gewesenen Nachbarschaftsheime auf die Trabantenstädte am Rande der Großstadt (Müller 2009: 209). Die heute noch existierenden Nachbarschaftsheime (z.B. Nachbarschaftsheim Neukölln e.V.; Nachbarschaftshaus Urbanstraße Berlin, Nachbarschaftsheim Steglitz e.V.; Quäker Nachbarschaftsheim e.V., Köln) sind soziale Einrichtungen in einem Wohnviertel/Kiez oder Quartier mit

6 Heute „Verband für sozial-kulturelle Arbeit“ mit ca. 40 Mitgliedern.

vielfältigen Angeboten und Aktivitäten. Markus Runge vom Nachbarschaftshaus Urbanstraße beschreibt in der Jubiläumsbroschüre „50 Jahre mittendrin" die Herausforderungen, die sich aktuell für die Arbeit im Haus stellen: „Mit der Überlastung von Familienstrukturen und -beziehungen muss sich Nachbarschaftsarbeit zunehmend für notwendige soziale Bindungen und die gegenseitige Unterstützung zwischen Menschen verschiedener Generationen und Kulturen eines Stadtteils engagieren. Generationsübergreifende, interkulturelle Arbeitsansätze für ein vernünftiges Zusammenleben im Stadtteil werden auch in Zukunft wichtige Bestandteile unserer Nachbarschaftsarbeit bleiben." (Runge 2005: 72). Bürgerbeteiligung und die Bereitstellung von Dienstleistungen (beispielsweise Kindertagesstätten, ambulante Krankenpflege, Unterstützung bei der Jugend- und Familienarbeit) gehören heute zum Programm der Nachbarschaftsheime. Mit ihren Erfahrungen in der Stadtteilarbeit waren und sind diese Häuser prädestiniert, im Programm Soziale Stadt bzw. im Aktionsprogramm Mehrgenerationenhäuser aktiv zu sein, wie beispielsweise das Nachbarschaftsheim Wuppertal e.V.[7] und das *Haus der Zukunft* – Mehrgenerationenhaus Bremen[8].

Das Bund-Länder-Programm „Soziale Stadt – Unterstützung für Stadtteile mit besonderem Entwicklungsbedarf"

Ende der 90er Jahre wird von der Rot-Grünen Bundesregierung das Bund-Länder-Programm „Soziale Stadt" verabschiedet[9]. Eine zentrale Zielsetzunglautet, durch eine aktive und integrativ wirkende Stadtentwicklungspolitik die Lebensbedingungen der Menschen in den so genannten benachteiligten Stadtquartieren nachhaltig zu verbessern. Hier treffen verschiedene gesellschaftliche Problemlagen aufeinander, wie beispielsweise Arbeitslosigkeit, Einkommensarmut, erschwerter Zugang zu Bildung und politischer Teilhabe. Es konzentrieren sich dauerhaft die Folgeprobleme sozialer Benachteiligung, einer ungünstigen demografischen Entwicklung sowie einer unzureichenden Integration von Zuwanderern. Durch Wegzüge aus diesen Quartieren verstärken sich die ohnehin schon vorhandenen Probleme. In der Folge zeichnet sich soziale Ungleichheit immer stärker räumlich ab.

Eine Effizienzsteigerung öffentlicher Maßnahmen soll durch frühzeitige Abstimmung und Bündelung öffentlicher und privater Finanzmittel für die Stadtteile erreicht werden. Durch die Stärkung der lokalen Wirtschaft sollen Beschäftigungsimpulse gegeben, örtliche Arbeitsplätze geschaffen und gesichert werden. Dazu zählt auch eine Qualifizierung von Arbeitssuchenden. Soziale Impulse sollen durch die Verbesserung der Wohnverhältnisse, der Unterstützung des sozialen Miteinanders, die Wiederherstellung von gemischten Bewohnerstrukturen, die Schaffung von mehr Sicherheit im öffentlichen Raum und die Verbesserung der Infrastruktur gesetzt werden. Zur Verbesserung der Infrastruktur gehören auch der Aus- und Aufbau von Quartierzentren mit einem Quartiermanagement als strategisches Instrument. Einige der Quartierzentren werden ab 2006 auch als Mehrgenerationenhäuser gefördert.

---

7 www.nachbarschaftsheim-wuppertal.de [Zugriff 08.01.2012]

8 www.haus-der-zukunft-bremen.de [Zugriff 08.01.2012]

9 Ursachen und Hintergründe, die zur Entstehung von Stadtteilen mit besonderem Entwicklungsbedarf geführt haben sind u.a. in Franke, Thomas; Löhr, Rolf-Peter und Sander, Robert (2000): Soziale Stadt – Stadterneuerungspolitik als Stadtpolitikerneuerung, in: Archiv für Kommunalwissenschaften, II. Halbjahresband, nachzulesen.

Dieses Programm unterscheidet sich von früheren Programmen für benachteiligte Stadtteile dadurch, dass nicht nur die Verbesserung der Bausubstanz im Mittelpunkt steht, sondern auch das zivile Miteinander der Menschen eines Wohnquartiers.

Neben den sozialen Aspekten sollenauch ökologische[10] und politische[11] Impulse gestärkt und die Beteiligung der Bürger, als Experten für die Lebenssituation vor Ort, ausgebaut werden (Deutsches Institut für Urbanistik 2000; Krummacher u.a. 2003).

Quartierzentren – Bündelung von Ressourcen

Mit Hilfe des Bund-Länder-Programms „Soziale Stadt" können in vielen benachteiligten Stadtteilen Quartierzentren bzw. Nachbarschaftsheime auf- und ausgebaut, attraktiver gestaltet und damit die soziale Infrastruktur entscheidend verbessert werden. Da die Lebensbedingungen in den Fördergebieten oftmals zusätzlich benachteiligen, ist es für viele Bürger und Bürgerinnen entscheidend, ob sie Zugang zu geeigneten Unterstützungs- und Hilfeleistungen erlangen (Groeger-Roth 2009: 35ff). Ein zentraler Ansatz, dies zu gewährleisten, kann ein attraktives lokales Zentrum sein (vgl. Thies 2006). Alle wichtigen Angebote können im Sinne eines integrierten Ansatzes an einem Ort gebündelt werden. Ein niedrigschwelliger und nicht stigmatisierender Zugang ist wichtig, um mögliche Schwellenängste zu überwinden und alle Gruppen erreichen zu können. Dafür sind Angebote, wie der „Offene Treff" und der Mittagstisch, die in einem unverbindlichen Bereich angesiedelt sind, wichtig. Je nach Standort und Bedürfnissen aus den Quartieren verknüpfen die integrierten Angebote im Sinne „Alles unter ein Dach" beispielsweise die Frühförderung von Kindern mit der Erziehungskompetenz der Eltern, spezifische professionelle Beratungsleistungen mit der Ermöglichung von freiwilligem Engagement in vielen Bereichen usw. (Groeger-Roth 2009: 35ff). Durch vielfältige Angebote, die die sozialen Netze und Stützsysteme im Quartier nutzen, werden Ressourcen gebündelt. Die Quartierzentren werden dadurch zu einem Ort des sozialen Managements.

Das Bundes-Aktionsprogramm Mehrgenerationenhäuser – Bewährtes nutzen und Neues entwickeln!

Mit dem Aktionsprogramm Mehrgenerationenhäuser (MGH) startet das Bundesministerium für Familien, Senioren, Frauen und Jugend (BMFSFJ) im November 2006 ein Programm, welches auf den demografischen Wandel, die zu dieser Zeit noch verkürzte Lebensarbeitszeit, auf geforderte berufliche und private Flexibilität, das Zusammenleben unterschiedlichster Bevölkerungsgruppen und die Anforderungen an eine Wissensgesellschaft reagiert. Hinzu kommt, dass Familie als gesellschaftliche Stütze „wiederentdeckt" wird.

In den ersten veröffentlichten Leitbildern und Zielen des Aktionsprogramms wird das Mehrgenerationenhaus propagiert als soziales Lebensmodell, als eine aktive Gemeinschaft der vier Lebensalter und Zentrum einer lebendigen Nachbarschaft.Dabei soll das Mehrgenerationenhaus als Teil sozialer Nachhaltigkeit zum sozialen Wachstum beitragen und den Zusammenhalt der Generationen fördern (BMFSF 2006).

---

10 wie beispielsweise ökologisches Planen, Bauen und Wohnen
11 im Hinblick auf Partizipation

Das Leitbild „Mehrgenerationenhaus als soziales Lebensmodell" soll durch eine Erweiterung gesellschaftlicher und wirtschaftlicher Kompetenz erreicht werden. Die Häuser sollen aktive und aktivierende Zentren für Jung und Alt sein. Hier findet Interaktion zwischen den vier Lebensaltern statt, wird freiwilliges Engagement und Hilfe zur Selbsthilfe gefördert bei gleichberechtigtem Miteinander von Hauptamtlichen und bürgerschaftlich Engagierten. Eine frühe Förderung von Kindern und Jugendlichen, Nutzung der Potentiale älterer Menschen, Qualifizierung und Möglichkeiten zum (Wieder)einstieg in den Beruf, Ermöglichung einer Balance von Arbeit und Leben sowie eine Vereinbarkeit von Familie und Beruf durch Patenschaften zwischen Jung und Alt sollen gesellschaftliche Kompetenzen steigern.

In das Programm aufgenommen werden Kreise und Städte, die eine freundliche, einladende und erreichbare Immobilie vor Ort und eine engagierte, innovative und vernetzte Trägerinitiative aufweisen konnten. Grundlagen für die Fördermodalitäten des Aktionsprogramms Mehrgenerationenhaus sind u.a. positive Erfahrungen aus Niedersachsen und Untersuchungendes Deutschen Jugendinstituts zu Mütter- und Familienzentren (vgl. Pettinger 1988 und 2003; DJI 2006).Das Aktionsprogramm wurde im damaligen Koalitionsvertrag verankert und ist auch im aktuellen von 2009 aufgenommen worden.

Zur Umsetzung der Ziele im Aktionsprogramm entsteht in jeder kreisfreien Stadt und in fast jedem Landkreis in Deutschland mindestens ein Modellhaus. Bis Ende 2011 werden insgesamt 500 Häuser gefördert. Ab Januar 2012 nehmen 450 Häuser am Aktionsprogramm II teil. Handlungsschwerpunkte im Aktionsprogramm II sind die Themen Alter und Pflege, Integration und Bildung, haushaltsnahe Dienstleistungen sowie freiwilliges Engagement. Je nach Ursprung und bisheriger inhaltlicher Ausrichtung lassen sich vielfältige Unterschiede zwischen den geförderten Häusern feststellen[12].

Von den ersten Settlements und Nachbarschaftshäusern im 19. und 20. Jahrhundert zu den Mehrgenerationenhäusern im 21. Jahrhundert

Die Tradition der Settlements wird weitergeführt in den Bemühungen, Integration von Menschen verschiedener Generationen und Nationen sowie eine Identifikation mit dem Gemeinwesen zu fördern. Im Zentrum aller Bemühungen der Settler stand die Weckung bzw. Stärkung der Selbsthilfekräfte der BewohnerInnen und ImmigrantInnen. Damit eng verknüpft sind der Wiederaufbau von Ressourcen (wie Mut und Würde) sowie der Abbau von Abhängigkeiten (milde Gaben, staatliche Armenhilfe). In den Anfängen der Gemeinwesenarbeit wird versucht, Strukturen innerhalb einer Gemeinschaft/Gesellschaft zu schaffen, damit Menschen in die Lage versetzt werden, angemessen am sozialen Leben teilnehmen zu können (Bünder 2002: 123). Bereits die Settler erkennen, dass sozialpolitische und bildungspolitische Unterprivilegierung einander bedingen und deshalb zur sozialen auch die geistige Emanzipation gehört (Oelschlegel et al. 2001: 225f).

Der Blick in die Geschichte der Nachbarschaftsheimbewegung macht *aber auch* deutlich, dass hier gemeinsame Wurzeln von Gemeinwesenarbeit und soziokultureller Arbeit liegen. Gemeinsamkeiten sind hier besonders in der sozialen Komponente der soziokulturellen

12 Programmbeschreibung Aktionsprogramm Mehrgenerationenhäuser II, Stand Juli 2011 unter www.mehrgenerationenhaeuser.de

Arbeit zu finden: die Verbesserung der Qualität des Zusammenlebens und die solidarische, gemeinschaftliche Gestaltung der eigenen Lebensbedingungen (ebd.: 228f). Die Nachbarschaftsheime werden im Laufe der Zeit zu Modellen für die Arbeit kleiner, freier Träger, die in einem engen Miteinander von ehrenamtlichen und hauptamtlichen Mitarbeitern bestehen. Ihre Programme können als Vorläufer der Quartierzentren und Mehrgenerationenhäuser von heute gesehen werden.

Viele Inhalte des Bund-Länder-Programms „Soziale Stadt" decken sich mit dem Arbeitsansatz der Gemeinwesenarbeit (GWA). Denn mit der Beteiligung der Bürger als Akteure vor Ort kommt der Gemeinwesenarbeit im Rahmen der sozialen Stadtentwicklung eine entscheidende Rolle zu. Gemeinwesenarbeit wird nicht als Aufgabe einer einzelnen Profession, sondern als umfassendes Arbeitsprinzip verstanden. Gemeinwesenarbeit ist somit eine sozialräumliche Strategie, die sich ganzheitlich auf den Stadtteil/das Quartier und nicht pädagogisch auf einzelne Individuen richtet. Sie arbeitet mit den Ressourcen des Quartiers und seiner BürgerInnen, um Defizite aufzuheben. Damit verändert sie dann allerdings auch die Lebensverhältnisse der BürgerInnen (Hinte, Lüttringhausen, Oelschlegel 2007: 100). Ganz im Sinne der amerikanischen Settlements, deren Arbeit immer auch eine wirkungsvolle Verbesserung der Infrastruktur der Wohngebiete, in denen die materielle und soziale Not am größten war, zum Ziel hatte (Müller 2009: 36). Steht im Mittelpunkt des Bund-Länder-Programm „Soziale Stadt" bei der Finanzierung mit öffentlichen Geldern die Erkenntnis, dass investive Maßnahmen im Stadtteil mit sozialen Prozessen verbunden werden müssen, um langfristig Verbesserungen in benachteiligten Gebieten zu erzielen, so reagiert das AktionsprogrammMehrgenerationenhäuser des Bundesministeriums für Familie, Senioren, Frauen und Jugend auf aktuelle gesellschaftliche Herausforderungen (eine veränderte Arbeitswelt, den demografischen Wandel, Deutschland als Einwanderungsland und überforderte Nachbarschaften). Die Bedeutung der Familie und des sozialen Nahraums werden wieder betont. Untersuchungen zeigen, dass komplementär zur Individualisierung eine neue Gemeinschaftssehnsucht entstanden ist (vgl. Harloff et al. 2002). Dieser Gemeinschaftswunsch erfüllt sich heute weniger im Verein, einer Partei oder einer Kirche, sondern im Nachbarschaftlichen, stellt z.B. die Schrader-Stiftung fest. Wenn es nun gelingt, durch familien- und sozialpolitische Arrangements soziale Ausgrenzung und Ungleichheit zu verringern, können inszenierte Nachbarschaften eine gesellschaftliche Chance darstellen. Wenn diese jedoch ein Programm bessergestellter Minderheiten verkörpern, wird durch diese Zentren die soziale Ausgrenzung im Milieu der Familien und Kinder wachsen. Deshalb bedarf es einer Unterstützung durch das System der öffentlichen Dienste, um Ausgrenzungen zu verhindern und Selbsthilfepotentiale von benachteiligten Familien zu entdecken, zu unterstützen und zu fördern (= ressourcenorientiertes Arbeiten).

Eine weitere Chance der Mehrgenerationenhäuser – auch in der Traditionslinie der Settlements – ist darin zu sehen, dass ein Wechsel von der Betroffenen-Perspektive zur Akteurs-Perspektive stattfinden soll und kann. Menschen erhalten die Chance, durch ihr Engagement im Nachbarschaftszentrum eine Aufwertung zu erhalten, zu lernen und zu Akteuren ihres Alltags zu werden. „Besonders wichtig ist die Ressource Netzwerk. Hier wird emotionale Unterstützung und praktische Alltagshilfe geleistet, Kompetenzen und Ressourcen können ausgetauscht, Sicherheit und Selbstwertgefühl gewonnen werden" (Oelschlegel et al. 2001: 102f/Oelschlägel i.d.B.). Oelschlegel beschreibt diese nützlichen Dienstleistungen als ein wesentliches Handlungselement der Gemeinwesenarbeit (ebd.) und so spielen die Mehrgenerationenhäuser mit ihrer vielfältigen und an den regionalen Bedarfen orientierten Angebotspalette eine wichtige Rolle im lokalen Umfeld.

Handelt es sich bei den Settlements um eine „Bottom-Up-Strategie", bei der engagierte Personen Nachbarschaften organisierten, persönliche Notstände verbesserten und politische Maßnahmen zur Verbesserung von Lebensbedingungen durchsetzen, so sind die heutigen

Förder- und Aktionsprogramme eher als Top-Down-Programme zu sehen, mit denen gesellschaftliche Ressourcen gefördert und genutzt werden sollen. Waren die Pioniere und hier vor allem die Pionierinnen in den Anfängen der Gemeinwesenarbeit IdealistInnen, die aufgrund ihres finanziellen und ideellen Hintergrundes ihre Idee von einem gerechteren Leben umsetzen wollen, so sind es heute politisch Verantwortliche, die über staatliche Fördermittel Anstöße zur Umsetzung neuer Ideen geben sollen. Dabei ist ein Perspektivenwechsel von der Arbeit für Betroffenen- hin zur Arbeit mit Akteuren festzustellen. Wenn dabei bewährte Strategien wie Alltags- und Lebensweltorientierung, zielgruppenübergreifendes Handeln, Methodenintegration, Netzwerkarbeit, Vernetzung und Öffentlichkeitsarbeit als wesentliche Elemente erfolgreicher Gemeinwesenarbeit genutzt werden, kann Eigenverantwortung, Zufriedenheit, Identifikation, Verantwortungsübernahme der Bürgerinnen und Bürger und letztlich monetäres und soziales Kapital geschaffen werden. Die Top-Down-Strategie muss jedoch zu einer Bottom-Up-Strategie werden, damit nicht eintrifft, was W. Picht, ein deutscher Chronist der englischen Settlement-Bewegung, als „ruhige Ablehnung“ der SlumbewohnerInnen gegenüber den Settlern feststellte (Picht zit. n. Buck 1982: 125).

In Zukunft wird es darum gehen, das Konzept der Mehrgenerationenhäuser weiter zu entwickeln und die positiven inhaltlichen und strukturellen Prozesse in den Kommunen zu verstetigen. Der sozialen Segregation soll in enger Vernetzung von Mehrgenerationenhäusern, Kommunen und weiteren Akteuren entgegen getreten werden. Durch ihre bedarfsorientierte und sozialräumliche Ausrichtung soll gleichzeitig ein wichtiger Beitrag zur Verbesserung der Beschäftigungsfähigkeit geleistet werden.

Aus Sicht der Mehrgenerationenhäuser ist die Kommune der wichtigste Kooperationspartner. Die Kommune profitiert, da die Häuser durch ihre vielfältigen Angebote insbesondere in den Bereichen Vereinbarkeit von Familie, Pflege und Beruf die Standortattraktivität sowohl für Familien als auch für Unternehmen erhöht[13]. Das Aktionsprogramm Mehrgenerationenhäuser ist noch jung. Es hat die Chance, die Erfahrungen aus der Geschichte der Gemeinwesenarbeitzu nutzen. Dies sind vor allem die lokale Verankerung der Häuser, das Bereitstellen professioneller Dienstleistungen, das Bauen von Brücken zwischen den Kulturen, die Nutzung von Potentialen und das bürgerschaftliche Engagement der Akteure, die Aktivierung von Selbsthilfekräften, die Zusammenarbeit mit anderen Institutionen und Initiativen, die Öffnung dieser Häuser für alle und ihre Offenheit für Ideen (vgl. auch Zinner 2006: 4ff). Somit können Mehrgenerationenhäuser als eine Weiterentwicklung der Nachbarschaftsheime und Mütterzentren gesehen werden und haben die Möglichkeit, zu einer Renaissance der Prinzipien der Gemeinwesenarbeit beizutragen!

Literatur

Alexander, R. (1997): Hull House in Chicago. In: Lindner, R. (Hrsg.): Wer in den Osten geht, geht in ein anderes Land. Die Settlementbewegung in Berlin zwischen Kaiserreich und Weimarer Republik. Berlin, S. 61-77.

ARGEBAU, Ausschuss für Bauwesen und Städtebau und Ausschuss für Wohnungswesen (2000): Leitfaden der Gemeinschaftsinitiative „Soziale Stadt“, Zweite Fassung.

Bitzan, M./Klöck, T. (Hrsg.) (1994): Jahrbuch Gemeinwesenarbeit 5. Politikstrategien – Wendungen und Perspektiven. München.

13 Programmbeschreibung Aktionsprogramm Mehrgenerationenhäuser II, Stand Juli 2011

Buck, G. (1982): Gemeinwesenarbeit und kommunale Sozialplanung. Untersuchung zur sozialpolitischen Funktion und historischen Entwicklung eines Handlungsfeldes der Sozialarbeit. Berlin.

Bünder, P.(2002): Geld oder Liebe? Verheißungen und Täuschungen der Ressourcenorientierung in der Sozialen Arbeit. Münster.

BMFSFJ Bundesministerium für Familie, Senioren, Frauen und Jugend (2006): Alle(s) unter einem Dach. Das Aktionsprogramm Mehrgenerationenhäuser. Online im Internet: http: //www.mehrgenerationenhaeuser.de

BMFSFJ Bundesministerium für Familie, Senioren, Frauen und Jugend (2011): Programmbeschreibung Aktionsprogramm Mehrgenerationenhäuser II.

Deutsches Institut für Urbanistik (2000): Programm-Grundlagen. Arbeitspapiere zum Programm Soziale Stadt. Band 3. Berlin.

Deutsches Jugendinstitut (Hrsg.) (1998): Annemarie Gerzer-Sass: Familienselbsthilfe und ihr Beitrag zur kommunalen Wertschöpfung. Dokumentation einer Tagung. München.

Deutsches Jugendinstitut (2006): Mehrgenerationenhäuser – intergenerative Aktivitäten in unterschiedlichen Institutionstypen. Rechercheberlcht im Auftrag des BMFSFJ. München.

Eltern-Kind-Zentren (Hrsg.) (2005): Diller, A.: Eltern-Kind-Zentren – Die neue Generation kinder- und familienfördernder Institutionen. Grundlagenbericht im Auftrag des BMFSFJ. München.

Dornseifer, M. (1971): Die englische Residential Settlement-Bewegung und ihre Bedeutung in der Gegenwart. Ein Beitrag zur Geschichte der Erwachsenenbildung und Sozialarbeit. Osnabrück.

Eberhart, C. (1996): Jane Addams: Sozialarbeit, Sozialpädagogik und Reformpolitik. Rheinfelden und Berlin.

Franke, T./Löhr, R.-P./Sander, R. (2000): Soziale Stadt – Stadterneuerungspolitik als Stadtpolitikerneuerung. In: Archiv für Kommunalwissenschaften. II. Halbjahresband.

Gillich, S. (Hrsg.) (2004): Gemeinwesenarbeit: Die Saat geht auf. Grundlagen und neue sozialraumorientierte Handlungsfelder. Gelnhausen.

Groeger-Roth, F. (2009): Armutsprävention durch Lokale Zentren in benachteiligten Stadtteilen. In: SpielRäume. Pädagogische Fachzeitschrift zur Arbeit mit Kindern, Jugendlichen und Familien. Bremen.

Harloff, H. J./Christiaanse, K./Dienel, H. L./Wendorf, G./Zillich, K. (Hrsg) (2002): Nachhaltiges Wohnen. Befunde und Konzepte für zukunftsfähige Stadtquartiere. Heidelberg.

Hinte, W./Lüttringhaus, M./Oelschlägel, D. (2001): Grundlagen und Standards der Gemeinwesenarbeit. Ein Reader für Studium, Lehre und Praxis. Münster.

Klöck, T. (Hrsg) (1998): Solidarische Ökonomie und Empowerment. Jahrbuch Gemeinwesenarbeit 6. Neu Ulm.

Klöck, T. (2006): Das Arbeitsprinzip Gemeinwesenarbeit als Qualitätsmerkmal von Sozialraumorientierter Sozialer Arbeit. Online im Internet: http//www.stadtteilarbeit.de [Zugriff 08.01.2012]

Krummacher, M. u.a. (2003): Soziale Stadt – Sozialraumentwicklung – Quartiersmanagement. Herausforderungen für Politik, Raumplanung und Soziale Arbeit. Opladen.

Müller, C. W. (1994): Wie Helfen zum Beruf wurde. Eine Methodengeschichte der Sozialarbeit. Band 1: 1883-1945. Weinheim und Basel.

Müller, C.W. (2009): Wie Helfen zum Beruf wurde. Eine Methodengeschichte der Sozialen Arbeit. Weinheim und München.

Pettinger, R. (1988/2003): Stellungnahme zur öffentlichen Förderung von Familienselbsthilfeeinrichtungen (z.B. Mütter- und Familienzentren). München.

Runge, M. (2005): Einen Ausblick wagen. In: Nachbarschaftshaus Urbanstraße 50 Jahre mittendrin. Berlin-Kreuzberg.

Schüler, A (2004): Frauenbewegung und soziale Reform. Jane Addams und Alice Salomon im transatlantischen Dialog. Stuttgart.

Staub-Bernasconi, S. (1994): Waren die Frauen von Hull House wirklich Sozialarbeiterinnen? In: Bitzan, M./Klöck, T. (Hrsg): Jahrbuch Gemeinwesenarbeit 5. Politikstrategien – Wendungen und Perspektiven. München, S. 40-56.
Thies, R. (2006): Integrierte Angebote brauchen einen Ort – Die Idee lokaler Zentren, in: E&C Zielgruppenkonferenz: Die Soziale Stadt für Kinder und Jugendliche. Berlin.
von Kitzell, D. (1998): Das Hamburger Volksheim zwischen Settlement und Arbeiterbewegung: Über die Vermeidung von Solidarökonomie in sozialkultureller Arbeit. In: Klöck, T. (Hrsg): Solidarische Ökonomie und Empowerment. Jahrbuch Gemeinwesenarbeit 6. Neu Ulm, S. 281-304.
Zinner, G. (2006) „Mehrgenerationenhäuser“: Ein Aktionsprogramm der Bundesregierung zur Schaffung neuer Nachbarschaftseinrichtungen. In: Verband für sozial-kulturelle Arbeit, Rundbrief 1, 42. Jahrgang,Mai 2006, Berlin, S. 4-6.

Die Bedeutung des sozialen Nahraums in Zeiten „virtueller Nachbarschaften“

Dieter Oelschlägel

Nachbarschaft ist ein ambivalenter Begriff. Er suggeriert Wärme und Nähe und wird gern bemüht, wenn Menschen den Wunsch nach der kleinen überschaubaren Einheit, nach Heimat, Rückzug und Sicherheit verspüren. Auf die „neuen Nachbarschaften“ richten sich Hoffnungen und Erwartungen. Jedoch müssen stadtplanerische Bemühungen, nachbarschaftliche Beziehungen durch bestimmte Siedlungstypen zu erzeugen, als gescheitert angesehen werden.

Nachbarschaft hat auch eine andere Seite: „Es kann der Frömmste nicht in Frieden leben, wenn‘s seinem bösen Nachbarn nicht gefällt“ (Schiller), also Störungen, Streit, soziale Kontrolle, oder aber Gleichgültigkeit. Extremes Beispiel sind die Berichte von Menschen, die tagelang tot in ihrer Wohnung liegen, ohne dass es von den Nachbarn wahrgenommen wird.

Nachbarschaft geht nicht von Personen aus, sondern vom Haus oder der Wohnung. Die Personen sind austauschbar. Die Nachbarposition wird zugeschrieben, man ist Nachbar, ob man will oder nicht. Wie man die Rolle als Nachbar ausfüllt, das ist eine eigene Entscheidung.

Nachbarschaft hat zwei Dimensionen: räumliche Nähe und soziale Interaktion. So kann Nachbarschaft auch bedeuten, Fremden auf beunruhigende Weise ausgeliefert zu sein. Potentiale gemeinsamen Handelns werden auf einer unverbindlichen Ebene gesehen. Eine Untersuchung von Tanja Schwinn hat ergeben: „Nachbarschaft kommt nur eingeschränkt die steuernde Funktion von Primärgruppen zu, diese übernehmen in erster Linie verstärkt andere soziale Netzwerke wie Freundes- oder Bekanntenkreise, Gruppen gleicher Nationalität oder familiäre Netzwerke…“ (LAG Soziale Brennpunkte Niedersachsen 2002: o.S.). Nachbarschaft spielt vor dem Hintergrund bestehender Probleme, wie der sozialen Situation innerhalb eines Wohngebietes,nur eine untergeordnete Rolle. Deshalb wird sie von den BewohnerInnen auch nicht als ein Instrument zur Problemlösung oder gar als Ersatz gewisser wohlfahrtsstaatlicher Leistungen wahrgenommen. „Nachbarschaft ist in der Stadt zwar immer eine Tatsache, aber sehr selten ein Lebenskonzept. Meist gehört Nachbarschaft nicht zum sozialen Raum, sondern fungiert nur als soziale Kulisse. Gute Nachbarschaft bedeutet vor allem leben und leben lassen, sich nicht zu nahe kommen, keinen Anstoß zu erregen.“ (Beck/Berry 2008: 118).

Nun gibt es Menschen, die gar keine Nachbarn brauchen, deren Tor zur Welt ihr PC ist. Sie chatten mit Menschen in aller Welt und haben viele Freunde, die auf Facebook als solche bezeichnet werden. Dieser Tatbestand wird vielfach als „virtuelle Nachbarschaft“ bezeichnet. Das halte ich allerdings für falsch. Zur Definition von Nachbarschaft gehört die räumliche Nähe und – Nachbarn hat man sich nicht ausgesucht. Beides trifft für die sogenannte „virtuelle Nachbarschaft“ nicht zu.

Hinter „Zeiten virtueller Nachbarschaft“ steht ein viel umfassenderer gesellschaftlicher Prozess: Der Prozess der Individualisierung. Ulrich Beck hat den Begriff der Individualisierung in die Diskussion um den sozialen Wandel der modernen Gesellschaft eingebracht (Beck 1983/1986). In Deutschland, aber auch in den anderen Industriestaaten, „hat sich in der wohlfahrtsstaatlichen Modernisierung nach dem Zweiten Weltkrieg ein gesellschaftlicher

Individualisierungsschub von bislang unbekannter Reichweite und Dynamik vollzogen" (Beck 1986: 116). Diese gesellschaftliche Entwicklung bedeutet die Herauslösung des Einzelnen aus seinen traditionellen Klassenbindungen und Sozialmilieus zugunsten individueller Existenzformen, „die die Menschen dazu zwingen, sich selbst [...] zum Zentrum ihrer eigenen Lebensplanung und Lebensführung zu machen" (ebd.). Gleichzeitig werden die traditionellen Siedlungsstrukturen mehr und mehr ersetzt durch neue urbane Stadtsiedlungen mit sehr viel loseren Nachbarschaftsstrukturen. „Vorgegebene Nachbarschaft wird so durchbrochen und die entstehenden Sozialbeziehungen und Kontaktnetze müssen nun individuell selegiert, hergestellt und erhalten werden. Das kann heißen: Nicht-Beziehungen, soziale Isolation; aber auch selbstgewählte und selbstgebaute Netzwerke von Bekanntschafts-, Nachbarschafts- und Freundschaftsbeziehungen" (Beck 1986: 138).
Die Städte verändern ihre räumliche und soziale Struktur im Rahmen des gesellschaftlichen Wandels. Sie werden heterogener in dreifacher Hinsicht (vgl. Häußermann/Läpple/Siebel 2008: 182ff):

- Mit der Zunahme von Dienstleistungstätigkeiten nimmt auch die Einkommensungleichheit in der Stadt zu.
- Der Anteil der Migranten in der Stadt wächst ständig, die Stadt wird multiethnisch und multikulturell. Das hat auch Konsequenzen für die Nachbarschaften.
- Schließlich – und das ist für unseren Zusammenhang entscheidend – entwickeln sich viele differenzierte Milieus, die die alten Klassenstrukturen ablösen. „Konnte man vor vier Jahrzehnten mit den Begriffen der Klassen- und Schichtungstheorien noch eine realistische Vorstellung von den Lebensformen der StadtbewohnerInnen gewinnen, so ist das heute kaum mehr möglich. Vom gleichen Beruf und gleichen Einkommen lässt sich heute kaum mehr auf eine ähnliche Lebensführung [...] schließen" (ebd. 183). Dadurch verlieren auch Quartiere und Nachbarschaften ihre Bindekraft.

Wir haben gesehen, dass Individualisierung bedeutet, dass sich die Lebensführung des Einzelnen von traditionellen kollektiven Bindungen löst. Dazu gehören auch die räumlichen Bindungen. „Die Milieustrukturen werden dynamisiert und können ihren Sinngehalt nicht länger aus der lokalen Bindung beziehen" (Keim 1997: 392). Hierzu haben vor allem die Verkehrsentwicklung und die Entwicklung der Kommunikationstechnologien entscheidend beigetragen. ISDN, Internet, Teleshopping und -banking etc. greifen tief in die Alltagswelt ein und machen viele face-to-face-Beziehungen überflüssig. „Es scheint daher vieles dafür zu sprechen, dass der durch den gesamten Aufenthalt definierte Ortsbezug an Prägekraft verliert, wenn man einmal von subproletarischen Armutsgruppen absieht, die kaum in der Lage sind, real oder gedanklich ihrer Umgebung zu entkommen" (Herlyn 2000: 159).
Trotzdem bleiben Quartiere und Nachbarschaften für viele BewohnerInnen bedeutungsvolle Orte. Manche BewohnerInnen halten sich einen großen Teil des Tages dort auf: Eltern mit kleinen Kindern, Schulkinder, Erwerbslose, Senioren. Obwohl sich die Welt für viele durch Telefon, Internet und Fernsehen erweitert hat, bleibt der Nahraum relevant. „Menschen nehmen die Identität des Ortes, für den sie sich als Lebens- und Arbeitsort entschieden haben, viel ernster, da sie sich nicht mehr selbstverständlich durch Geschichte und Tradition an einen bestimmten Ort gebunden fühlen, sie sehr viel mobiler geworden sind. Mit anderen Worten: In einer ungebundenen Gesellschaft hat die ‚Identität' des Ortes und der Nachbarschaft an Bedeutung gewonnen" (Duyvendak 2004: 161). Die Rückkehr gesellschaftlicher Nähe ist eine Existenzfrage geworden. Wenn auch die neuen Formen des gesellschaftlichen Zusammenhalts nicht mehr so sehr auf örtlichen Gegebenheiten beruhen, so gewinnt der soziale Nahraum doch an Bedeutung, „es bildet sich ein neuer Ort der Entstehung sozialer Bindungen und Konflikte heraus: die Verfügung und Gestaltung der privaten Sozialbeziehungen,

Lebens- und Arbeitsformen: entsprechend kommt es zur Ausprägung neuer sozialer Netzwerke, Identitäten und Bewegungen“ (Beck 1986: 152).

Hier wird es notwendig, etwas zum sozialen (Nah-)Raum zu sagen. Der Begriff „Sozialraum“ wird derzeit ziemlich inflationär gebraucht. Deshalb sollte jeder, der diesen Begriff gebraucht, gefragt werden, was er denn damit meint. In einer sozialwissenschaftlichen Konzeption von Raum wird davon ausgegangen, dass Räume aus der „fortwährenden wechselseitigen Konstitution von sozialem Handeln und sozialen Strukturen“ (Löw2006: 17) entstehen. Das Konzept des sozialen Raumes befasst sich also mit den Wechselwirkungen zwischen sozialer Struktur, sozialen Verhältnissen und sozialem Verhalten. Dadurch wird Raum konstituiert. Einerseits ist Raum ein Ergebnis sozialer Organisation, sozialen Handelns: Städtebau, Stadtplanung (zum Beispiel Siedlungsstrukturen, Industriebranchen) oder Aktivitäten der Bürger und Bürgerinnen bei der Gestaltung oder Erhaltung des Raumes (beispielsweise Baugenossenschaften, wilde Gärten), andererseits hat die räumliche Organisation Folgen für die soziale Struktur, für Handlungsmöglichkeiten der Menschen: sie ermöglicht Aktionsräume, Infrastrukturausstattung bedingt Lebensqualität, unterschiedliche Kommunikationsmöglichkeiten in öffentlichen oder halböffentlichen Räumen. Der Sozialraum ist also eine gewachsene, gelebte Struktur innerhalb bestimmbarer materieller und sozialer Grenzen. Mehr noch: Die Konstitution des Raums wird selbst als sozialer Prozess gefasst. Es geht also nicht zuerst um die Räume, verstanden als die Territorien, in denen die Menschen leben, sondern es geht um das Handeln der Menschen. „Das handelnde Subjekt konstituiert [...] den Sozialraum vor dem Hintergrund seiner biographischen Bewältigungsaufgabe und der Bedeutung, welche es der physisch-materiellen, subjektiven und sozialen Welt beimisst“ (Reutlinger 2005: 105). Die Menschen positionieren sich im sozialen Raum, strukturieren die Wahrnehmung von seiner Beschaffenheit und ihrer sozialen Situation in ihm für sich. Sie eignen sich den sozialen Raum an. Der soziale Raum erweist sich so „als vielschichtiger Lebensraum von Akteuren und Akteursgruppen“ (Sommerfeld 2004: 239). Lebensräume und Lebenswelten differenzieren sich immer mehr aus, das führt zu einer Vielfalt und Vielzahl der sozialen Räume in der Stadt mit großen sozialkulturellen Unterschieden. „Die sozialen Räume der heutigen Stadtgesellschaft sind vom Wohnort selbst weitgehend entkoppelt. Mobilität (räumlich, mental, sozialhierarchisch, beruflich etc.) spielt dabei in vielfacher Hinsicht eine zentrale Rolle. Administrative Grenzen haben mit der Wirklichkeit der individuellen sozialen Räume nicht viel zu tun“ (Beck/Perry 2008: 117).

Aber – wie wir sahen – das Bedürfnis der Menschen nach Grenzen nimmt nicht ab. Es sind jedoch weniger räumliche Grenzen als soziale. Stabilität und Geborgenheit sucht man über das direkte Wohnumfeld, die geographische Nachbarschaft hinweg, beispielsweise in einem sozialkulturellen Zentrum oder im gemeinsamen Engagement bis hin zu sozialen Netzwerken. „Das Netz ist ein Raum, in dem ich gemeinsam mit anderen lebe“, sagte Martina Weisband, Geschäftsführerin der Piraten, kürzlich in einem Interview. Deshalb stellt sich die Aufgabe für Stadtentwicklung und stadtteilbezogene soziale Arbeit, den sozialen Nahraum zu stärken. Das ist – teilweise – schon erkannt worden. „Angesichts der mit den zunehmenden (sozial-) räumlichen Ungleichheiten verbundenen sozialen Desintegrationstendenzen und Konflikte, welche die Zivilgesellschaft und somit auch die ungehinderte Wirtschaftstätigkeit zu gefährden drohten, wurde schon in den 1980er Jahren damit begonnen, rein unternehmerische Stadtentwicklungsstrategien durch territorial ausgerichtete Maßnahmen zur Bekämpfung der sozialen Exklusion zu flankieren“ (Rund 2010: 25). So wurde auf der Ebene der Stadterneuerung, also bezogen auf die Quartiere selbst, Stadtentwicklung „in zunehmendem Maße als eine Verknüpfung städtebaulicher, sozial- und beschäftigungspolitischer, ökologischer, kulturpolitischer und umweltrelevanter Aspekte begriffen" (Pfotenhauer 2000: 251).

Diese soziale Stadtentwicklung machte vor allem diskursive Verfahren, also Beteiligung aller Betroffenen, erforderlich. Stadtentwicklung bedarf des aktiven Engagements und der Mitentscheidung der betroffenen Bevölkerung. Die Einführung von Stadtteilbüros u.a. als Mittler und Motoren der Bürgerbeteiligung hat dem schon ein Stück weit Rechnung getragen. Soziale Nahräume können nur lebendiger werden durch innovative Konzepte bei der Planung und Realisierung von Wohnprojekten, Gemeinschaftseinrichtungen und urbanen Freiräumen. Wesentlich dabei ist, dass die Interessen und Bedürfnisse der NutzerInnen einbezogen werden und sie in unterschiedlichen Formen und Konstellationen einbezogen werden. Die gemeinsame Arbeit und Sorge für den eigenen Stadtteil, das eigene Quartier schafft auch Nähe. Für Eltern und Kinder ist es wichtig, dass Kindergärten und Schulen gut erreichbar sind. Daneben brauchen sie, wie auch die SeniorInnen, ein zuverlässiges Infrastrukturangebot und Angebote für Aktivitäten und Freizeitgestaltung im Quartier sowie die Gelegenheit, generationsübergreifend Kontakte zu knüpfen und zu pflegen. Ein Themenfeld ist auch der Einsatz innovativer Technologien zur Unterstützung und Förderung sozialer Nahräume. Dabei geht es vor allem um:

- praxisnahe Formen technisch gestützter Kommunikation und Information zur Steigerung der Identitätsbildung von Nachbarschaften (z.B. Nachbarschafts-Intranet),
- die „technologiegestützte Stärkung nachbarschaftlicher Netze im Hinblick auf versorgungs- und Dienstleistungen,
- Aspekte der Sicherheit – insbesondere für Kinder und ältere Menschen" (BMVBS 2007: 31).

So kann ein webbasiertes Nachbarschaftsnetzwerk aufgebaut werden, wie im Nachbarschaftstreff in Schwerin Neu-Zippendorf (ebd. 58-59), bei dem WLAN-Rooter im Quartier flächendeckend Internetzugang bieten und den BewohnerInnen die Funktionen eines Quartiersinternets zu Verfügung stellen, wo sie Tausch- und Kompetenzbörsen finden, Räume im Nachbarschaftszentrum buchen, Hilfsdienste für Senioren abrufen können und anderes mehr. Hier zeigt sich ein neues Planungsverständnis, das erkennt, dass man „Menschen nicht so sehr mit Mauersteinen hilft als mit Menschen" (Häußermann/Läpple/Siebel 2008: 250). Das heißt aber, dass diese Planung Gemeinwesenarbeit als Partner braucht.

Gemeinwesenarbeit ist eine sozialräumliche Strategie, die sich auf den sozialen Nahraum richtet und nicht pädagogisch auf einzelne Individuen. Es geht ihr um die Lebensverhältnisse, Lebensformen und Lebenszusammenhänge der Menschen, auch so, wie diese sie selbst sehen (Lebensweltorientierung). Das Arbeitsprinzip Gemeinwesenarbeit sieht seinen zentralen Aspekt in der Aktivierung der Menschen in ihrer Lebenswelt. Sie sollen zu Subjekten politisch aktiven Handelns und Lernens werden und zunehmend Kontrolle über ihre Lebensverhältnisse gewinnen. Dabei darf Gemeinwesenarbeit sich nicht auf die Unterstützung subjektiver Bewältigungsstrategien beschränken, sondern muss die Widersprüchlichkeit prekärer Lebensverhältnisse thematisieren und auf kollektive Strategien der Bewältigung hinarbeiten.

Gemeinwesenarbeit – da bin ich sicher – kann wesentliche Beiträge zur Erweiterung der individuellen und kollektiven Handlungsfähigkeit der Menschen, zu aktiven Teilhabe am politischen und gesellschaftlichen Leben und zur Verbesserung der Lebensbedingungen in den Stadtteilen leisten. Voraussetzung aber ist, sich der politischen Geschichte und Bedeutung von GWA bewusst zu bleiben.

Wenn wir von Individualisierung – und damit auch von Entsolidarisierung – als einer Grundtatsache moderner Gesellschaften ausgehen (müssen), dann ist es eine Aufgabe der Gemeinwesenarbeit, „Bedingungen für Alltagssolidarität zu schaffen, die sich offenbar in modernen Gesellschaften nicht ohne weiteres ergeben“ (Hondrich/Koch-Arzberger 1992: 58).

So kann GWA zu Solidarisierungsprozessen auch unter den erschwerten Arbeits- und Lebensbedingungen prekarisierter Menschen beitragen „und neue kollektive Aktivitäten zur Veränderung der Verhältnisse einleiten (Reorientierung auf familiäre Stützen, solidarische Ökonomien, Selbsthilfeinitiativen und nachbarschaftliche Hilfen, Tauschringe etc.)“ (Candeias 2004: 406). Allerdings darf sie sich nicht auf die lokale Ebene beschränken, sondern muss einerseits Verbindungen herstellen zu gesellschaftlichen Ressourcen und Machtpotentialen, die außerhalb des eigenen Sozialraums liegen, und andererseits sich öffentlich, kritisch und parteilich mit politischen und ökonomischen Entwicklungen auseinandersetzen.

Dieses Konzept der Gemeinwesenarbeit kann auch durch die Mehrgenerationenhäuser genutzt werden. Sie sind Knotenpunkte einer aktiven Nachbarschaft. „Die lokale Verankerung der Häuser, das Bereitstellen professioneller Dienstleistungen, das Bauen von Brücken zwischen den Kulturen, die Nutzung von Potentialen und das bürgerschaftliche Engagement der Akteure, die Aktivierung von Selbsthilfekräften, die Zusammenarbeit mit anderen Institutionen und Initiativen, die Öffnung dieser Häuser für alle und ihre Offenheit für Ideen“ (Binne/Teske i.d.B.) sind Merkmale der Mehrgenerationenhäuser, die den Weg zur Gemeinwesenarbeit weisen.

Literatur

Beck, S./Berry, T.: Studie Soziale Segregation. Nebeneinander und Miteinander in der Stadtgesellschaft. In: Forum Wohneigentum, 2008/3, S. 115-122.

Beck, U. (1983): Jenseits von Stand und Klasse? Soziale Ungleichheiten, gesellschaftliche Individualisierungsprozesse und die Entstehung neuer sozialer Formationen und Identitäten. In: Reinhard Kreckel (Hrsg.): Soziale Ungleichheiten. Soziale Welt, Sonderband 2. Göttingen,S. 35-74.

Beck, U. (1986): Risikogesellschaft. Auf dem Weg in eine andere Moderne. Frankfurt am Main.

Bundesministerium für Verkehr, Bau und Stadtentwicklung (Hrsg.) (2007): Stadtquartiere für Jung und Alt. Das ExWoSt-Forschungsfeld „Innovationen für familien- und altengerechte Stadtquartiere“. Berlin.

Candeias, M.: Prekarisierung der Armut und Handlungsfähigkeit. In: Das Argument 256, 46. Jg., 2004/3-4, S. 398-419.

Duyvendak, J. W. (2004): Spacing Social Work? Möglichkeiten und Grenzen des Quartiersansatzes. In: Kessl, F./Otto, H.-U. (Hrsg.): Soziale Arbeit und Soziales Kapital. Zur Kritik lokaler Gemeinschaftlichkeit. Wiesbaden, S. 157-168.

Häußermann, H. (Hrsg.) (2000): Großstadt. Opladen.

Häußermann, H./Läpple, D./Siebel, W. (2008): Stadtpolitik. Bonn.

Herlyn, U.: Milieu. In: Häußermann, H. (Hrsg.) (2000): Großstadt. Opladen, S. 152-162.

Hondrich, K. O./Koch-Arzberger, C. (1992): Solidarität in der modernen Gesellschaft. Frankfurt am Main.

Keim, K.-D. (1997): Milieu und Moderne. Zum Gebrauch und Gehalt eines nachtraditionalen sozial-räumlichen Milieubegriffs. In: Berliner Journal für Soziologie, 1997/3, S. 387-399.

LAG Soziale Brennpunkte Niedersachsen e.V. (2002): Nachbarschaft. Grenzen und Potentiale. Hannover.
Löw, M. (2006): Einstein, Techno und der Raum. Überlegungen zu einem neuen Raumverständnis in den Sozialwissenschaften. In: Deinet/Gilles/Knopp (Hrsg.): Neue Perspektiven in der Sozialraumorientierung. Berlin, S. 9-22.
Pfotenhauer, E. (2000): Stadterneuerung – Sanierung. In: Häußermann, H. (Hrsg.): Großstadt. Opladen, S. 247-257.
Reutlinger, C. (2005): Gespaltene Stadt und die Gefahr der Verdinglichung des Sozialraums – eine sozialgeographische Betrachtung. In: Projekt „Netzwerke im Stadtteil" (Hrsg.): Grenzen des Sozialraums. Wiesbaden, S. 87-106.
Rund, M. (2010): Planung des Sozialen – Planung des Raumes: Konturen eines erweiterten Planungsverständnisses. In: Hammer, V./Lutz, R./Mardorf, S./Rund, M. (Hrsg.): Gemeinsam leben – gemeinsam gestalten. Zugänge und Perspektiven Integrierter Sozialraumplanung. Frankfurt am Main, S. 17-71.
Schwinn, T. (2001): Perzeption und Potentiale von Nachbarschaft in großen Neubausiedlungen – Eine Untersuchung am Beispiel Monheim am Rhein/Berliner Viertel. Bonn.
Sommerfeld, P. (2004): Sind gesellschaftliche Probleme gemeinschaftlich lösbar? Soziale Arbeit und der zivilgesellschaftliche Umbau des Wohlfahrtstaates. In: Kessl, F./Otto, H.-U. (Hrsg.): Soziale Arbeit und Soziales Kapital. Wiesbaden, S. 225-250.

Partnerschaft, Kooperation und Solidarität als Voraussetzung für eine gelingende Vernetzung eines intergenerativen sozialen Settings

Bernd Röhrle

Mehrgenerationenhäuser sind nicht nur ein aus der Not gesellschaftlicher und gemeinschaftlicher Entwicklungen hervorgegangener Prototypus eines Versuchs kompensatorischer Bemühungen, der sich aus der zunehmenden Pluralität von Lebensformen ergibt. Vielmehr sind solche Innovationen auch als eine Maßnahme gegen abnehmende soziale Unterstützungs- und Solidaritätspotentiale (nicht von allen als dramatisch eingeschätzt) zu verstehen. Sie versuchen einen Ausgleich für die Reduktion intergenerationellen gemeinsamen Wohnens und die zugleich geringen Anteile nichtfamiliärer intergenerationeller Beziehungen zu schaffen. Auch generationengebundene gegenseitige Vorurteile und der zunehmend problematische Umgang mit der sozialen Gerechtigkeitsfrage zwischen den Generationen sind Anlass, Mehrgenerationenhäuser zu schaffen. Nicht zuletzt ist es aber auch die soziale Abschottung von Altenheimen, denen entgegengewirkt werden soll (vgl. Eisentraut 2008; Filipp/Mayer 1999; Lange i.d.B.; Otto 2005 a,b; Ruggles 2007; Vogel/Künemund2010; Wagner/Franzmann/Stauder 2001; Williams/Nussbaum 2001; Wisensale 2003).

Mehrgenerationenhäuser sind ein Beispiel für das, was man in der Tradition gemeindepsychologischer Perspektiven als ein innovatives Setting bezeichnen möchte. Settings sind mehr als Institutionen, weil sie platzgebunden sind und im begrifflichen Verständnis auch mehr als festgefügte Organisationen darstellen. Jarrott und Bruno (2007) bezeichnen Plätze dieser Art als „Sharedsite intergenerational programs" (SSIPs) und beschreiben damit Orte der Begegnung, bestimmt durch eine Art von „Personorientierung", die Bindung, Wohlbefinden, Identität, Beschäftigung und Inklusion gewährleistet. In der Tradition der Allportschen Kontakttheorie sehen sie diesen Ort als Ausgangspunkt für positive Formen von Intergruppenbeziehungen, die mit Stakeholdern und Traditionen Verbindung herstellen, gemeinsame Ziele definieren und Kooperation zwischen den Settingmitgliedern ermöglicht, einen gemeinsamen sozialen Status der Beteiligten definiert und Möglichkeiten zur Bildung freundschaftlicher Beziehungen bietet (Allport 1954; Pettigrew 1998). Gemeindepsychologische Perspektiven rücken dieses Verständnis von Settings noch in die Nähe von kollektiver sozialer Wahrnehmung (Sense of Community), von Kompensation gemeinschaftlicher Defizite und Ausgangspunkt für soziale Innovationen und letztlich im Kern getragen von Kooperation und Partnerschaft zwischen den Beteiligten (Nelson/Prilleltansky 2010; Prilleltensky/Nelson 2004; Sarason 1972). Für Kagan, Burton, Duckett, Lawthom und Siddiquee (2011) sind sie der Kern für Diversität, Solidarität und kommunale Verbundenheit. In der Bindung dieser Kräfte wachsen sie sich aus zu kollaborativen Kapazitäten, die Verschiedenheit binden, Beziehungen nach außen und innen definieren, Programm bieten und auch zu organisatorischen Strukturen führen (Foster-Fishman/Berkowitz/Lounsbury/Jacobson/Allen 2001; Orford 2008). Kelly (2006) überhöht Settings dieser Art zu ökologischen Einheiten mit historisch bedeutsamen, sinnstiftenden und rollenambiguitätsmindernden Momenten, die informelle und formelle Sektoren (Bürger und Professionelle) in Beziehung setzen und als solche für die Gemeinde als gutes Beispiel auch tragend werden. Nicht nur Cherniss und Deegan

(2000) erinnern daran, dass insbesondere neugeschaffene Settings auch zumindest mit äußeren Konflikten und Konkurrenz rechnen müssen.

Kern der intergenerationellen Beziehungsaspekte ist, unabhängig von der Frage, ob Voraussetzung oder konstituierendes Merkmal von Kooperation und Partnerschaft, der in diesem Zusammenhang theoretisch am besten ausgearbeiteten Begriff der Solidarität. Cruz-Saco (2010) setzt sie mit sozialer Kohäsion gleich und definiert entsprechende intergenerationelle Zusammenhänge wie folgt: „*Intergenerational solidarity (IG) is an intentional connectionbetweentwoormorepersons of different agegroups*“ (Saco 2010: 1).Diesen Begriff hat die Europäische Union mit der Nominierung des Jahres 2012 als Europäisches Jahr des aktiven Alterns und der Solidarität zwischen den Generationen in den Mittelpunkt gerückt. Ausgangspunkt war das 2005 formulierte Greenpaper „Confronting Demographic Change: A New SolidarityBetween the Generations“ (European Commission 2005). Die dort eingeklagte Solidarität ist theoretisch vielfältig zwischen Durkheims (1964) Vorstellungen von arbeitsteiligem Zusammenhalt bis hin zu Homans (1961) austauschtheoretischem Konzept von Kosten-Nutzenrelationen entsprechenden sozialer Strukturen und interaktiven Handlungen angelegt und in seiner Vielfalt auch für intergenerationelle Beziehungen sowohl theoretisch als auch empirisch von höchst unterschiedlicher Bedeutung (vgl. Hammerström 2005).

Als soziales Potential wird intergenerationelle Solidarität mit sozioökonomischem Wachstum und Stabilität Brückenbauer zwischen Netzwerkmitgliedern und auch der „Community“ in Verbindung gebracht, die gemeinsame Identität und Interessen besitzen und den auf Reziprozität beruhenden Austausch von Ressourcen gewährleisten. Als solche sind sie in größere, auch gesellschaftliche Zusammenhänge eingebettet, die u.a. normativ-moralische Regularien, Rollenzuweisungen, ökonomisch geprägte Austauschstrukturen, kollektiven Initiativen und auch formalisierte (rechtlich gebundene) Austauschbeziehungen vorgeben werden (s.u. zu den Voraussetzungen).

Angelehnt an die Gemeinschaftsvorstellungen von Tönnies (1887/1957) wurden die differenziertesten Vorstellungen von intergenerationeller Solidarität von Bengtson und Kollegen entwickelt (z.B. Bengtson/Schrader 1982; Bengtson/Roberts 1991; Bengtson/Olander/Haddad 1976; Mangen/Bengtson/Landry 1988; Silverstein/Bengtson 1997). Sie unterscheiden sechs Formen der Solidarität: strukturelle, konsensuale, affektive, assoziative, funktionelle und normative Solidarität (vgl. zur Übersicht Grünendahl/Martin 2005). Die strukturelle Solidarität beschreibt die Struktur und auch ökologisch bestimmte Lebensform der Familie in ihren intergenerationellen Bezügen. Das Ausmaß der Übereinstimmung in Hinsicht auf Einstellungen und Werte zwischen den Generationen wird in der konsensualen Solidarität erfasst. Die affektive Solidarität definiert die emotionale Qualität der intergenerativen Beziehungsmuster und Interaktionen. Ganz in der Tradition, auch von Taxonomien von Merkmalen sozialer Netzwerke, steht die assoziative Solidarität für die Häufigkeit medial unterschiedlicher Kontakte (vgl. Röhrle 1994). Funktionelle Solidarität ist mit dem Netzwerkmerkmal der sozialen Unterstützung in all seinen Varianten (von emotionaler bis praktischer Hilfe) gleichzusetzen. Das Ausmaß, indem die normative Solidarität umgesetzt wird, bestimmt die Zuverlässigkeit intergenerationeller Beziehungen, der gemeinsamen Verantwortlichkeit und Kohäsion.

Ergänzt durch konfligierende Aspekte solcher Beziehungen hat sich diese Taxonomie trotz mancher Kritik an der definitorischen Schärfe empirisch bei vielen Untersuchungen zu intergenerationellen Beziehungen bewährt. So wurden z.B. verschiedene Kulturen und Nationen auf dem Hintergrund dieser Begrifflichkeiten in ihrer Unterschiedlichkeit beschreibar (Bengtson/Martin2001; Bengtson/Oyma 2010; Bengtson/Giarrusso/Silverstein/Wang 2000; Silverstein/Gans/Lowenstein/Giarrusso/Bengtson 2010). Die Wahrnehmung von Mitgliedern von Stieffamilien erwies sich als maßgeblich von den unterschiedlichen Arten der Solidarität geprägt (Schmeeckle/Giarrusso/Feng/Bengtson 2006). Nach Silverstein,

Conroy, Wang, Giarrusso und Bengtson (2002) hing die Bereitschaft, den eigenen Eltern zu helfen, stark ab vom Ausmaß verschiedener Arten der Solidarität (insbesondere funktionelle und affektive Solidarität). Silverstein und Parrott (1997) stellten fest, dass der intergenerationelle Kontakt negative Einstellungen gegenüber öffentlichen Diensten für ältere Menschen moderierte. Enge, auch statistisch zwischen den Merkmalen vermittelnde intergenerationelle Zusammenhänge ließen sich zwischen struktureller, assoziativer und affektiver Solidarität nachweisen (Howard/Singleton 2001; Silverstein/Marenco 2001). Die Ausprägung der jeweiligen Solidaritätsarten kann dabei höchst unterschiedlich sein (Steinbach/Kopp 2008).Dabei scheint nicht jede Art für intergenerationelle Beziehungen relevant zu sein. So wurde in einer Studie nachgewiesen, dass die affektive Solidarität für die Kontakthäufigkeit und Hilfe zwischen Großeltern und Enkeln sich als notwendig herausstellte; dies im Gegensatz zur konsensualen Solidarität (Even-Zohar 2011; Steinbach 2008). In einer groß angelegten Studie sagten reziproke intergenerationelle Unterstützung (funktionelle Solidarität) und ambivalente Beziehungen die Lebensqualität Älteren vorher (Lowenstein 2007). Es zeigte sich, dass die affektive Solidarität generationenübergreifend für israelischer Migranten aus der Sowjet-Union für die Lebenszufriedenheit bedeutsam war; die funktionale Solidarität war es nur für die ältere Generation (Lowenstein/Katz 2005).

Kritisch betrachtet werden muss, dass diese Solidaritätsarten zu wenig im Prozess lebenslanger Entwicklung oder sequentieller Lebensaufgaben betrachtet wird. Hierzu bietet sich eine ergänzende Betrachtungsweise von intergenerationellen Beziehungen an, wie man sie im Kontext des Konvoy-Modells von Antonucci, Jackson und Biggs (2007) finden kann. Hier wird das über Generationen hinweggehende Beziehungsgefüge als sozialisatorisch bedeutsamer Begleitschutz aufgefasst (vgl. Kahn/Antonucci 1980). Zudem machen sie keine Aussagen zur Modifizierbarkeit von Solidarität. Auch ist die empirische Bedeutung für verschiedene Merkmale wie Gesundheit, Wohlbefinden und kultureller Transmission zu wenig untersucht. Die Bedeutung für Beziehungen in sozialen Netzwerken und vor allem auch im Gefüge von formellen und wirtschaftlich geprägten Beziehungsformen, wie wir sie in Mehrgenerationenhäusern vorfinden, ist auch noch ungeklärt.

Bengtson und Oyama (2010) unterscheiden zwar zwischen makro- und mikrosozialen Betrachtungsweisen („Macrogens vs. Microgens") des solidarischen oder auch konfligierenden Verhältnisses zwischen den Generation, jedoch bleiben dabei netzwerkspezifische Betrachtungsweisen dabei außen vor (vgl. auch Sánche/Sáez/Pinazo 2010). Makrosoziale Blickwinkel rücken abstrakte gesellschaftliche Verhältnisse im Sinne von Alterskohorten in den Vordergrund, während mikrosoziale Zugänge auf innerfamiliäre Verhältnisse beschränkt werden. Die Analyse intermediärer Instanzen macht es demgegenüber möglich, auch nicht familiäre Beziehungen als sektorspezifische oder sektorübergreifende intergenerationelle solidarische Beziehungen ins Auge zu fassen (z.B. zwischen Nachbarn oder zwischen Freunden und Kollegen).

Die auf Solidarität beruhenden Strukturen der Beziehung der Akteure in intergenerationellen Systemen werden prozessual umgesetzt als kooperatives oder auch solidarisches Handeln. Beziehungen dieser Art stellen einen Selbstzweck dar, sind aber auch Voraussetzung für eine Reihe von ultimativen Zielen dieser Systeme. Zugleich sind Solidarität, Kooperation und Partnerschaft an eine Reihe von Vorausbedingungen geknüpft, stoßen vielfach auch an ihre Grenzen und können von daher auch nur bedingt entwickelt und trainiert werden. Einen besonderen Aspekt gilt es zudem zu berücksichtigen, da die in diesem Band angesprochenen intergenerationellen Beziehungen an den Platz des Mehrgenerationenhauses gebunden sind; es kommt also noch eine besondere ökologische Komponente des Solidarischen dazu. Zwar ist mit der assoziativen und strukturellen Solidarität die Bedeutung der räumlichen Nähe für intergenerationelle Beziehungen angedeutet, jedoch sind ökopsychologischen Bedeutungszusammenhänge gemeinsamer Plätze deutlich darüber hinaus gehend (Ruggiano 2012). Platzgebundenheiten gelten als Identität stiftend (Pretty/Chipuer/Bramston 2003). Mehrgenerationenhäuser, begriffen als Settings, können als Orte aufgefasst werden, in denen bestimmte Gesetzmäßigkeiten zur Aufrechterhaltung von Verhaltensströmen innewohnen (Setting Claims; vgl. Norris-Baker 1999). So fanden Epstein und Boisvert (2006), dass Umgebungen, welche das interaktive Interesse der Generationen anregen, auch mehr intergenerationelle Aktivität produzierten. Salari (2002) wiederum stellte fest, dass Ältere zu Infantilisierung neigten, wenn die Umgebung stark kindorientiert ausgestattet war. Für Personen höheren Alters wirkten physikalische und soziale Eigenschaften eines intergenerationellen Programms, wie Lärmpegel und Ressourcenumverteilung, zu Gunsten der jüngeren Generation eher negativ (Jarrott/Bruno 2007; Ruggiano 2012). Es gilt zu untersuchen, ob neben den Kontaktmöglichkeiten auch solche Platzgebundenheiten und situativ gegebene normativen Einflussnahmen u.a. auch solidarisches und kooperatives Handeln fördern.

Auswirkungen solidarischer und kooperativer intergenerationeller Beziehungen

Beziehungen dieser Art können als in sich hinreichendes Verwertungskonzept begriffen werden oder zumindest als Teil eines umfassenderen Zweckbegriffs wie der des Sozialen Kapitals (Boström 2009, 2011). Diese Einordnung bietet sich auch deshalb an, weil die Öffnung hin zu extrafamiliären Beziehungsformen eine übergreifende Teilhabe und auch ein Vertrauen in gesellschaftliche und gemeinschaftliche Institutionen eröffnet, wie wir sie z.B. in Mehrgenerationenhäusern vorfinden (Gregson/Sowa/Flynn 2011). Von den vielen Zielen, die mit der Pflege intergenerationeller Beziehungen (in Mehrgenerationenhäusern) vom Bundesministerium für Familie, Senioren, Frauen und Jugend (2011) verbunden werden, wird nicht nur die funktionelle Solidarität, sondern auch die mit dem Begriff des Sozialen Kapitals eng verbundene Integration und Inklusion, aber auch Vernetzung und kommunale Verankerung von intergenerationellen Beziehungsgefügen in Verbindung gebracht (vgl. vom Bundesministerium für Familie, Senioren, Frauen und Jugend 2008).

Intergenerationelle Beziehungen als Spezialfall des Sozialen Kapitals sind zumindest als familiäre Ressourcen mit einer Vielzahl von positiven Ergebnissen in Zusammenhang gebracht worden. Dazu zählen fast immer Wohlbefinden, Lebenszufriedenheit, Langlebigkeit, Gesundheit, aber auch kognitive und sprachliche Fertigkeiten (DeSouza/Grundy 2007; Katz 2009; Levy 2003; Levy/Slade/Kasl 2002; Silverstein/Bengtson 1994; Silverstein/Chen/Heller 1996; Swanson 2011). Aber auch rekursiv wirkende Effekte, wie z.B. die Stärkung der familiären Kohäsion durch intergenerationelle Kontakte konnten nachgewiesen werden (Boon/Megan 2007). Das Engagement der älteren Generation vergrößerte deren soziale Netzwerke, Stützpotentiale, Stabilität ehelicher Beziehungen, Moral und prosoziale Einstellungen (Gillath/Johnson/Selcuk/Teel 2011; Högnäs/Carlson 2010; Kessler/Staudinger 2007; Litwin 2001; Litwin/Landau 2000; Pilkington/Windsor/Crisp 2012).Aber auch nichtfamiliäre intergenerationelle Kontaktmuster entfalten positive Effekte. So wiesen Funderburk, Damron-Rodriguez, Storms und Solomon (2006) nach, dass diese sich günstig im Sinne einer positiven Einstellung gegenüber dem Alterungsprozess auswirkten. Extrafamiliäre große soziale Netzwerke von Älteren und Seniorenzentren waren Voraussetzung für Engagement in diesen Einrichtungen (Ashida/Heaney 2008).

Neben all diesen positiven Wirkungen intergenerationeller Beziehungen und Interaktionen zeigen sich zumindest für die familiären Zusammenhänge allerdings auch zahlreiche negative Wirkungen. Dazu zählen über Generationen tradierte negative Erziehungspraktiken (Bailey/Hill/Oester/Hawkins 2009; Neppl/Conger/Scaramella/Ontai 2009; Pettit/Olino/Roberts/Seeley/Lewinsohn 2008) und gewaltsames Verhalten (D'Ofrino et al. 2007; Dunlap/Sturzenhofecker/Sanabria/Johnson 2004; Uslucan/Fuhrer 2009). Für nichtfamiliäre Beziehungsmuster, wie sie in intergenerationellen Projekten und Institutionen, wie auch in Mehrgenerationenhäusern, in Form von Kontakten zu Professionellen und wirtschaftlich interessierten Anbietern von Dienstleistungen beobachtbar sind, werden mögliche kulturelle Deformationen der informellen Systeme, aber auch Exklusionsprozesse gegenüber Personen diskutiert, welche nicht die Voraussetzungen zur Teilhabe an entsprechenden Projekten mitbringen (Grünendahl/Martin 2005).

Voraussetzungen intergenerationeller Solidarität und Kooperation

Solidarität zwischen den Generationen wird erwiesenermaßen mitgeprägt durch Alter, Geschlecht, kulturelle, religiöse und ethnische Hintergründe, räumliche Distanz, vor allem auch von sozio-ökonomisch geprägten Handlungsmöglichkeiten (Daatland 2007; Hillcoat-Nalletamby/Dharmalingam/Baxendine 2006; Schans/Komter 2010; vgl. insgesamt Cruz-Saco 2010; Even-Zohar 2011: Lange i.d.B.). Beispielsweise gilt als meta-analytisch über 272 Effektstärken gesichert, dass gleichgeschlechtlichr männliche Kooperation zwischen den Generationen sich im Vergleich zu anderen Kombinationen am deutlichsten ausweist (Balliet/Norman/Macfarlan/Van Vugt 2011). Migranten zeigen vergleichsweise deutlicher normative, strukturelle Formen der Solidarität. Aber auch eher individuelle Eigenschaften, wie Gesundheit, persönliches Wachstum, soziale Kompetenz, Altruismus und Toleranz, werden als notwendige Bedingungen der Solidarität angesehen (Prilleltensky/Nelson, 2004; Ward 2001). Das Ausmaß an intergenerationeller Solidarität ist zudem von affektiv getönten Beziehungen bzw. Vertrauen und gegenseitiger sozialer Unterstützung in den Netzwerken und der normativen Bindung in intergenerativen Familienbeziehungen bestimmt (Bogaert/Boone/Declerck 2008; Komter/Vollebergh 2002).

Nicht an intergenerationellen Beziehungen sind die Befunde gewonnen, wonach prosoziale Einstellungen und Vertrauen das Ausmaß an Kooperation prägen (Bogaert/Boone/Declerck 2008). Auch die durch Face-to-Face-Kontakte hergestellte soziale Dichte und auch geschlechtertypische Kombinationen der Interaktion und Kooperation scheinen nach meta-analytisch abgesicherten Ergebnissen wesentlich zu sein, wobei Mann-Mann-Beziehungen in Hinsicht auf das Ausmaß an Solidarität und Kooperation ausgeprägter zu sein scheinen (Balliet 2010; Balliet/Norman/Macfarlan/Van Vugt 2011). Es gibt Hinweise, wonach insbesondere die entsprechende Kontaktdichte durch informelle soziale Systeme für öffentliche soziale Einrichtungen und ihre Funktionstüchtigkeit von besonderer Bedeutung sind (LeRoux/Brandenburger/Pandey 2010).

In Hinsicht auf die sozio-ökonomische Diversität solidarischer intergenerationeller Beziehungen lehren Erfahrungen, dass das Durchmischen entsprechender Netzwerke problematisch werden kann, insbesondere dann, wenn Momente der Unfreiwilligkeit hinzukommen. Dies zeigen uns Studien, die über das Nichtgelingen von Netzwerkanreicherungen in Wohnprojekten mit ethnischer und ökonomischer Vielfalt berichten (Kleit/Bohme 2011). Die Solidarität intergenerationeller Beziehungen wird insbesondere auch durch antizipierte Ressourcennutzung durch Ältere, aber auch durch soziale Ungleichheit in den Beziehungen belastet (Henrard 1996: Wade-Benzonie 2008; Wade-Benzonie/Tost 2009). Als entscheidende Voraussetzung für intergenerationelle Solidarität gilt die soziale Gerechtigkeit in Hinsicht auf die Verfügung über Handlungsmittel und auch der Zugang zu den Infrastrukturen auch von intergenerationellen Projekten. Was als intergenerationell getragene Gerechtigkeit angesehen wird, hängt wiederum von gegenseitigen Obligationen der Generationen und deren normativen Grundlagen ab. Diese wiederum hängen von der Stabilität sozialer und auch legislativer Systeme ab und auch von der Betrachtung unterschiedlich geprägter Gerechtigkeitsvorstellungen (vgl. Gosseries 2009; Gosseries/Meyer 2009; Michels 2008). Spannungen zwischen den Generationen dürften auch auf Ungleichgewichte solcher Obligationen und Austauschmöglichkeiten zurück zu führen sein (Lange i.d.B.; Schlesinger/Kronebusch 1994). Es wird angenommen, dass die Ungleichgewichte durch Modernisierungsprozesse der Gesellschaft , begleitet durch Phänomene wie den Rückgang des ökonomischen Status älterer Menschen, hoher Innovationsdruck und durch Mobilität bedingte familiäre Dislokationsprozesse, immer schwerer zu bewältigen sind (Lowenstein 2010).

Hinzu kommt, dass angenommen wird, dass solidarische Verhältnisse zwischen den Generationen stark davon abhängen, ob sie familiärer Art sind. Dabei spielen diese Beziehungsverhältnisse durch die steigende Lebenserwartung eine zunehmend bedeutsame Rolle bei der Transmission des sozialen Kapitals (Brake 2005). Nicht-familiäre intergenerationelle Bindungen sind wesentlich distanzierter und gründen auf weniger gegenseitiger Kenntnis der jeweiligen Bedürfnisse. Familiäre Beziehungen werden stärker durch Normen der Gerechtigkeit und Bedürfnisorientierungen geprägt, während formell geprägte intergenerationelle Beziehungen mehr von einer Mischung aus normativen Vorgaben und utilitaristischen Austauschbeziehungen geprägt werden; dies etwa auch bei professionell getragenen und damit auch stark an ökonomischen Interessen orientierten Verhältnissen in intergenerationellen sozialen Einrichtungen wie Mehrgenerationenhäusern (vgl. Silverstein/Bengtson 1997). Allerdings zeigen groß angelegte Studien, wie die von Ward (2001), dass gemeinschaftliche und eher gesellschaftliche Formen der intergenerationellen Solidarität in etwa gleichem Ausmaß nachgewiesen werden können. Auch muss von einem Interesse der familiären Netzwerke, die noch immer überwiegend pflegerisch für alte Menschen sich verantwortlich zeichnen, an möglichen Entlastungen durch mehr formell bestimmte Hilfesysteme ausgegangen werden (Cox 2008; Heusinger/Klünder 2005; MacManus 1996; Otto 2005b; Pinquart/Sörensen 2005; Zemann 2005).

Eine große voraussetzende Bedeutung für das Gelingen solidarischer intergenerationeller Beziehungen stellen räumliche Merkmale dar: Wohnnähe und gegenseitige Hilfe erwiesen sich als bedeutsame Prädiktoren intergenerationeller assoziativer Solidarität (Atkinso/Kivett/Campbell 1986; vgl. auch Grünendahl/Martin 2005). Face-to-Face-Kontakte und Kommunikation waren über 45 Effektstärken hinweg im meta-analytischen Sinne als besonders wirksam bei der Bewältigung intergenerationeller Konfliktsituationen (Balliet 2010). Insofern erfüllen Mehrgenerationenhäuser als semi-offene Räume bezeichnete „öffentliche Wohnzimmer" vielfach diese Voraussetzungen (Bundesministerium für Familie, Senioren, Frauen und Jugend 2011).

Auch historische Hintergründe intergenerationeller Einrichtungen wie Mehrgenerationenhäuser definieren die Attraktion der intergenerationellen Kooperationsbeziehungen. Dies bildet sich auch in den Entstehungsgeschichten der verschiedenen Typen von Mehrgenerationenhäuser ab, die sich entweder als begegnungs-, aktivitäts-, entwicklungs- oder serviceorientierte Häuser ausweisen. Kooperation und Solidarität zeigt sich also mit unterschiedlichen Schwerpunkten als vornehmlich beziehungsstiftend, Freizeit gestaltend, Lernen und Bildung fördernd oder haushaltsnahe Dienstleistungen erbringend. Diese unterschiedlichen Entstehungs- und Nutzungszusammenhänge haben wesentlichen Einfluss darauf, wer in welchem Ausmaß die Akteure in den Beziehungsnetzen sind. Zwar ist der Anteil der Freiwilligen, bürgerschaftlich Engagierten mit über 60% besonders hoch, jedoch konzentrieren sich in den dienstleistungsorientierten Häusern die professionellen und mit Wirtschaftsunternehmen verknüpften Kontaktmuster (Bundesministerium für Familie, Senioren, Frauen und Jugend 2011).

Interventionen zur Herstellung von intergenerationeller Solidarität und Kooperation

Diese Ressourcen sind Ziel und Instrument zugleich. In fast keiner Übersichtsarbeit fehlt der Hinweis, dass neben solchen Momenten, wie die Beteiligung von Stakeholdern, vor allem auch Partizipation und Kooperation eine notwendige Voraussetzung für das Gelingen intergenerationeller Projekte und Einrichtungen darstellen (Jarrott 2006, 2007, 2010). Nach Scheunpflug und Franz (2009 und i.d.B.) kann die Diversität der Beteiligten, ihre unterschiedlichen Interessen, Biografien, Lebenswelten und Zeitperspektiven, nur durch einen reziprok angelegten Austausch der Beteiligten, auch über die unterschiedlichen Sozialräume und über partizipative Prozesse bzw. gemeinsames aber auch reflektiertes Handeln am Projekt wie ein Mehrgenerationenhaus, überwunden werden. Dabei geht es aber nicht um die Aufhebung von Unterschiedlichkeit und auch nicht von Unabhängigkeit. Vielmehr stärkt die Unabhängigkeit bzw. Selbstbestimmtheit der älteren Generation die Kontakthäufigkeit zu Jüngeren. Die Abhängigkeit der Jüngeren von der älteren Generation sagt eher ambivalente Beziehungen zu den Älteren vorher (Even-Zohar 2011). Auch hängt die Minimierung der Diversität und Konfliktpotentiale in intergenerationellen Beziehungen wiederum von sozialpolitischen Maßnahmen zur Herstellung größerer sozialer Gerechtigkeit ab (Bengtson/Putney 2006). Neben solchen strukturellen und organisatorischen Vorschlägen zur Gestaltung intergenerationeller Projekte fehlt es an Interventionsvorschlägen, welche die innere Dynamik der Beteiligten mehr in den Mittelpunkt stellt. Netzwerktherapeutische Vorschläge können dieses Defizit nicht ausgleichen (Garrison/Howe 1976). Inwieweit dies die Umsetzung von stadtplanerischen Vorschlägen, wie sie von Vliet (2011) vorgelegt wurden, vermag, diese Frage ist noch nicht beantwortet.

Trotz vieler gut gemeinter Ratschläge dieser Art sind systematische Studien rar, welche die Effektivität intergenerationeller Projekte nicht nur in Hinsicht auf die Herstellung von Solidarität und Kooperation in einem evidenzbasierten Sinne überprüfen. Mit Ausnahme von intergenrationell angelegten Gesundheitsförderungsprogrammen überwiegen Projektberichte, Kasuistiken und einfachen Vorher-Nachher-Vergleichen zur Effektivität insbesondere familiär orientierter intergenerationeller Interventionen (Jarrott 2007, 2010; Jarrott/Schroeder 2008; Slaght/Stampley 2006; Swanson/Studts/Bardach/Bersamin/Schoenberg 2011).

Das gilt auch für das groß angelegte Projekt zur Förderung der Mehrgenerationenhäuser durch das Bundesministerium für Familie, Senioren, Frauen und Jugend (2011). Deskriptive Analysen deuten allenfalls an, dass diese intergenerationellen Projekte über eine Vielfalt an Kooperationsbeziehungen verfügen und zugleich in einem hohen Ausmaß zentrale Knotenpunkte in den kommunalen Netzen darstellen (insbesondere auch hin zu Vereinen und verschiedenen Initiativen). Unternehmen und Wirtschaftsverbände stellen den größten Anteil der Partner der Mehrgenerationenhäuser dar. Eine vergleichbare Studie wird aus Spanien berichtet. Sie untersuchte allerdings die für diesen Beitrag zentrale Wirkung auf verschiedene Solidaritätsarten. Im Ergebnis wird vermutet, dass die dort erfassten affektiven, assoziativen und funktionellen Solidaritätsformen deutlicher als in der Allgemeinbevölkerung ausgeprägt waren (Sánchez/García/Díaz/Duaigües 2011).

Einige Vergleichsstudien zur Wirkung intergenerationeller Projekte unterstützen solche Ergebnistendenzen, wenngleich nicht in konsistenter Weise. Bei Senioren, die sich als Trainer zur Ausbildung von Lebensfertigkeiten bei Kindern engagierten, steigerte sich die Intergenerativität (Bereitschaft für die jüngere Generation da zu sein) deutlich mehr als bei einer Nicht-Trainergruppe (Herrmann/Sipsas-Herrmann/Stafford/Herrmann 2005).

In einer randomisierten Studie, welche den Einfluss von intergenerationellen Kontakten systematisch variierte, waren bedeutsam mehr positive Einstellungen gegenüber der jeweils anderen Generation herzustellen (Meshel/Glynn 2004). Dieses Ergebnis ließ sich in einer experimentell angelegten Studie zur Wirkung intergenerationeller Gruppenarbeit nicht bestätigen (Pinquart/Wenzel/Sorensen 2000). Generell werden die Ergebnisse entsprechender Studien in Übersichtsarbeiten als inkonsistent dargestellt (Reisig/Fees 2007).

Ebenfalls in einer randomisierten Studie von De Souza und Grundy (2007) war nachzuweisen, dass durch gemeinsame Reminiszensprozesse in intergenerationellen Projekten die Interventionsgruppe nicht nur ihre Gesundheit besser einschätzte, sondern auch ihr soziales Kapital vergleichsweise positiver darstellte (bessere Beurteilung der nachbarschaftlichen Kontakte, mehr soziales Vertrauen und bessere familiäre Beziehungsqualität).

Ausblick

Die Hoffnungen, durch intergenerationelle Projekte und auch eine entsprechend ausgerichtete Sozialpolitik die eingangs erwähnten Kompensationswünsche für sich verändernde Lebensverhältnisse, nicht nur zwischen den Generationen, sind hoch gesteckt. Dies gilt vor allem auch für die Frage nach der Gestaltung der hierfür notwendigen und auch ultimativ angezielten solidarischen und kooperativen Beziehungsverhältnisse zwischen den Generationen und den kommunalen Strukturen. Die Wissensbasis sowohl für die Beantwortung der Frage, was im Kern das intergenerationelle Solidarische ausmacht und was sie alles bedingen kann, ist im Vergleich zur Frage, wie evident entsprechende Maßnahmen abgesichert sind, noch als zufriedenstellend zu bezeichnen. Die wenigen intergenerationellen, Solidarität erzeugenden Maßnahmen behandeln dabei selten die Voraussetzungen des Gelingens in einem umfassenden Sinne. Insgesamt betrachtet ist die Thematik für viele sozialwissenschaftliche Fragestellungen ein höchst interessantes Feld, das mikro- und makrosoziale, aber auch psychologische und auch sozial-politische Betrachtungen fordert. Dabei scheinen mir folgende Perspektiven und Aufgaben vorrangig zu sein:

- Es gilt zunächst zu überprüfen, welche der zentralen Begrifflichkeiten zum sozialen Anteil der Fragen (Kooperation, Partizipation, Solidarität, soziales Kapital, soziale Netzwerke) sich für verschiedene Teilfragen zur Bedeutung des Intergenerationellen am jeweils nützlichsten erweisen.
- Wünschenswert ist auch, dass Bedingungen intergenerationeller Beziehungen in möglichst umfassenden Wirkzusammenhängen untersucht werden; dabei sollte die Analyse von Mehrgenerationenhäuser vor allem folgende Aspekte genauer untersuchen:
    - Einfluss räumlicher und kommunaler Zusammenhänge.

- o Verbindung von informellen mit formellen und ökonomisch geprägten sozialen Handlungszusammenhängen.

Für die Überprüfung von intergenerationell angelegten Interventionen ist zu empfehlen, dass die Vorgaben der Evaluationsforschung vom Fallbericht bis hin zur Überprüfung von Implementationsstrategien über randomisierten Wirksamkeitsstudien in voller Breite genutzt werden sollten(vgl. Larkin 2010). Projektberichte sollten versuchen, empirische Zusammenhänge zwischen voraussetzenden Bedingungen, Wirkfaktoren und Projektergebnissen –ebenfalls in komplexen (korrelativ angelegten) Modellen –zu rekonstruieren. Dabei müssen auch die vorliegenden Manuale zur Implementation zum Gegenstand von Wirksamkeitsanalysen werden.

Auf dieser Grundlage wird mehr darüber zu erfahren sein, welche Bedingungen im Vergleich für das Gelingen intergenerationeller Projekte und Interventionen entscheidend sind. Dass solche Projekte zunehmend notwendig sind, machen die Überlegungen von Bengtson und Oyma (2010) deutlich. Sie gehen davon aus, dass allein die wachsende Zahl ältere Menschen zu wahrgenommenen Ungleichgewichten im Zugang von Ressourcen, gerechten Verteilungsverhältnissen und neuen Rollenanforderungen führen. Diese können ohne hinreichende Solidarität die Kontinuität gesellschaftlich bedeutsamer Traditionen und Werte gefährden. Um solchen Gefahren vorzubeugen, sind nicht nur intergenerationelle Projekte notwendig, sondern eine durch Interdisziplinarität getragene Sozialpolitik, die Solidarität und Kooperation zwischen den Generationen als gesellschaftliches Projekt zur Gestaltung von Lebenszyklen und -orten auffasst. Dabei muss sie immer beide Seiten im Blick haben, Gelegenheiten für Solidarität und Kooperation schaffen, familiär, sektoral und intersektoral (Sánchez/Sáez/Pinazo 2010).

Literatur

Allport, G. W. (1954): The nature of prejudice. Reading, MA: Addison-Wesley.

Antonucci, T. C./Jackson, J. S./Biggs, S. (2007): Intergenerational relations: Theory, research, and policy. In: Journal of Social Issues, 63(4), S. 679-693.

Ashida, S./Heaney, C. A. (2008): Social networks and participation in social activities at a new senior center: Reaching out to older adults. Who could benefit the most. In: Activities, Adaptation & Aging, 32(1), S. 40-58.

Atkinson, M. P./Kivett, V. R./Campbell, R. T. (1986): Intergenerational solidarity: An examination of a theoretical model. In: Journal of Gerontology, 41(3), S. 408-416.

Bailey, J. A./Hill, K. G./Oesterle, S./Hawkins, J. D. (2009): Parenting practices and problem behavior across three generations: Monitoring, harsh discipline, and drug use in the intergenerational transmission of externalizing behavior. In: Developmental Psychology, 45(5), S. 1214-1226.

Balliet, D. (2010): Communication and cooperation in social dilemmas: A meta-analytic review. In: Journal of Conflict Resolution, 54(1), S. 39-57.

Balliet, D. L./Norman, P./Macfarlan, S. J./Van Vugt, M. (2011): Sex differences in cooperation: A meta-analytic review of social dilemmas. In: Psychological Bulletin, 137(6), S. 881-909.

Bengtson, V. L./Martin, P. (2001): Families and intergenerational relationships in aging societies: comparing the United States with German-speaking countries. In: Zeitschrift für Gerontologie und Geriatrie, 34(3), S. 207-217.

Bengtson, V. L./Oyama, P. S. (2010): Intergenerational solidarity and conflicts: What does it mean and what are the big issues? In: Cruz-Saco, M./Zelenev, S. (Eds.): Intergenerational solidarity: Strengthening economic and social ties, New York, S. 35-52.
Bengtson, V. L./Putney, N. M. (2006): Future conflicts across generations and cohorts? In: Vincent, J. A./Phillipson, C./Downs, M. (Eds.): The futures of old age. London.
Bengtson, V. L./Roberts, R. E. L. (1991): Intergenerational solidarity in aging families: An example of formal theory construction. In: Journal of Marriage and the Family, 53(4), S. 856-870.
Bengtson, V. L./Schrader, S. S. (1982): Parent–child relations. In: Mangen, D. J./Peterson, W. A. (Eds.): Research instruments in social gerontology, Vol. 2, Minneapolis,S. 115-185.
Bengtson, V. L./Schrader, S. S. (1982): Parent-child relations. In: Mangen, D. J./Peterson, W. A. (Eds.): Research instruments in social gerontology, Vol. 2, Minneapolis, S. 115-128.
Bengtson, V. L./Giarrusso, R./Silverstein, M./Wang, H. (2000): Families and intergenerational relationships in aging societies. In: Hallym International Journal of Aging, 2, S. 3-10.
Bengtson, V. L./Olander, E. B./Haddad, A. A. (1976): The „generation gap“ and aging family members: Toward a conceptual model. In: Gubrium, J. F. (ed.): Time, roles, and self in old age. New York, S. 237-263.
Bogaert, S./Boone, C./Declerck, C. (2008): Social value orientation and cooperation in social dilemmas: A review and conceptual model. In: British Journal of Social Psychology, 47(3), S. 453-480.
Boon, S. D./Megan J. S. (2007): Grandchildrens perceptions of grandparents health. In: Journal of Intergenerational Relationships, 5(1), S. 57-78.
Boström, A.-K.(2009): Social capital in intergenerational meetings in compulsory schools in Sweden. In: Journal of Intergenerational Relationships, 7(4), S. 425-441.
Boström, A.-K. (2011): Lifelong learning in intergenerational settings: The development of the Swedish granddad program from project to National Association. In: Journal of Intergenerational Relationships, 9(3), S. 293-306.
Brake, A. (2005): Intergenerationale Austauschprozesse und ihre Voraussetzungen in familialen Mehrgenerationennetzwerken. In: Otto, U./P. Bauer (Hrsg.): Mit Netzwerken professionell zusammenarbeiten, Band I. In: Soziale Netzwerke in Lebenslauf- und Lebenslagenperspektive. Tübingen, S. 209-238.
Bundesministerium für Familie, Senioren, Frauen und Jugend (2008):
Erste Ergebnisse der Wirkungsforschung im Aktionsprogramm Mehrgenerationenhäuser. Online im Internet: http: //www.bmfsfj.de/RedaktionBMFSFJ/Broschuerenstelle/Pdf-Anlagen/Starke-Leistung-f_C3_BCr-jedes-Alter,property=pdf,bereich=bmfsfj,sprache=de,rwb=true.pdf [Zugriff: 23.05.2012]
Bundesministerium für Familie, Senioren, Frauen und Jugend (2011): Zukunftsprogramm Mehrgenerationenhäuser. http: //www.bmfsfj.de [Zugriff: 23.05.2012]
Cherniss, C./Deegan, G. (2000): The creation of alternative settings. In: Rappaport, J./Seidman, E. (Eds.): Handbook of community psychology. New York, S. 359-378.
Cox, C. (2008): Empowerment as an intervention with grandparent caregivers. In: Journal of Intergenerational Relationships, 6(4), S. 465-477.
Cruz-Saco, M. A. (2010): Intergenerational solidarity. In: Cruz-Saco, M./Zelenev, S. (Eds.): Intergenerational solidarity: Strengthening economic and social ties. New York, S. 1-25.
Daatland, S. O. (2007): Marital history and intergenerational solidarity: The impact of divorce and unmarried cohabitation. In: Journal of Social Issues, 63(4), S. 809-825.
De Souza, E. M./Grundy, E. (2007): Intergenerational interaction, social capital and health: Results from a randomised controlled trial in Brazil. In: Social Science & Medicine,65(7), S. 1397-1409.
D'Onofrio, B. M./Slutske, W. S./Turkheimer, E./Emery, R. E./Harden, K. P./Heath, A. C./Madden, P. A. F./Martin, N. G. (2007): Intergenerational transmission of childhood

conduct problems: A children of twins study. In: Archives of General Psychiatry, 64(7), S. 820-829.

Dunlap, E./Sturzenhofecker, G./Sanabria, H./Johnson, B. D. (2004): Mothers and daughters: The intergenerational reproduction of violence and drug use in home and atreet life. In: Journal of Ethnicity in Substance Abuse, 3(2), S. 1-23.

Durkheim, E. (1964/1893): The division of labour in society. Trans George Simpson. New York.

Eisentraut, R. (2008): Intergenerational programs in one German city: The specific views of middle-aged participants. In: Journal of Intergenerational Relationships, 6(4), S. 449-462

Epstein, A. S./Boisvert, C. (2006): Let's do something together: Identifying the effective components of intergenerational programs. In: Journal of Intergenerational Relationships,4(3), S. 87-109.

European Commision (2005): Greenpaper „Confronting Demographic Change: A New Solidarity Between the Generations". Online im Internet: http: //www.berlin-divercity.de/di-wiki/images/e/ee/Green_paper_demography.pdf [Zugriff: 04.06.2012].

Even-Zohar, A. (2011): Intergenerational solidarity between adult grandchildren and their grandparents with different levels of functional ability. In: Journal of Intergenerational Relationships, 9(2), S. 128-145.

Filipp, S./Mayer, A.-K.(1999): Bilder des Alters. Altersstereotype und die Beziehungen zwischen den Generationen. Stuttgart.

Foster-Fishman, P. G./Berkowitz, S. L./Lounsbury, D. W./Jacobson, S./Allen, N. A. (2001): Building collaboration capacity in community coalitions: A review and integrative framework. In: American Journal of Community Psychology, 29(2), S. 241-262.

Funderburk, B./Damron-Rodriguez, J./Storms, L. L./Solomon, D. (2006): Endurance of undergraduate attitudes toward older adults. In: Educational Gerontology, 32, S. 447- 462.

Garrison, J. E./Howe, J.-A. (1976): Community intervention with the elderly: A social network approach. In: Journal of the American Geriatrics Society, 24(7), S. 329-333.

Gillath, O./Johnson, D. K./Selcuk, E./Teel, C. (2011): Comparing old and young adults as they cope with life transitions: The links between social network management skills and attachment style to depression. In: Clinical Gerontologist: The Journal of Aging and Mental Health, 34(3), S. 251-265.

Gosseries, A./Meyer, L. H. (2009). Introduction: Intergenerational Justice and Its Challenges. In: Gosseries, A./Meyer, L. H. (Eds.): Intergenerational justice. New York.

Gosseries, A. (2009): Three models of intergenerational reciprocity. In: Gosseries, A./Meyer, L. H. (Eds.): Intergenerational justice. New York.

Gregson, J./Sowa, M./Flynn, H. K. (2011): Evaluating form and function of regional partnerships: Applying social network analysis to the Network for a Healthy California, 2001-2007. In: Journal of Nutrition Education and Behavior, 43(4), Suppl. 2), S. 67-74.

Grünendahl, M./Martin, M. (2005): Intergenerative Solidarität und praktische Implikationen. In: Otto, U./Bauer, P. (Hrsg.): Mit Netzwerken professionell zusammenarbeiten. Band I: Soziale Netzwerke in Lebenslauf- und Lebenslagenperspektive. Tübingen, S. 239-265.

Hammarström, G. (2005): The construct of intergenerational solidarity in a lineage perspective: A discussion on underlying theoretical assumptions. In: Journal of Aging Studies, 19, S. 33-51.

Henrard, J. C. (1996): Cultural problems of ageing especially regarding gender and intergenerational equity. In: Social Science & Medicine, 43(5), S. 667-680.

Herrmann, D. S./Sipsas-Herrmann, A./Stafford, M./Herrmann, N. C. (2005): Benefits and risks of intergenerational program participation by senior citizens. In: Educational Gerontology,31(2), S. 123-138.

Heusinger, J./Klünder, M. (2005): Die Bedeutung der professionell Pflegenden für die Netzwerke pflegebedürftiger ältere Menschen. In: Bauer, P./Otto, U. (Hrsg.): Mit Netzwerken

professionell zusammenarbeiten. Band II: Institutionelle Netzwerke in Steuerungs- und Kooperationsperspektive. Tübingen, S. 369-400.
Hillcoat-Nalletamby, S./Dharmalingam, A./Baxendine, S. (2006): Living together and communicating at a distance: Structural and associational solidarity between mid-life parent and adult child in New Zealand. In: Journal of Comparative Family Studies, 37(3), S. 381-397.
Högnäs, R. S./Carlson, M. J. (2010): Intergenerational relationships and union stability in fragile families. In: Journal of Marriage and Family, 72, S. 1220-1233.
Homans, G. C. (1961): Social behavior: Its elementary forms. New York.
Howard, K./Singleton, J. F. (2001): The forgotten generation: The impact a grandmother with Alzheimer's disease has on a granddaughter. In: Activities, Adaptation & Aging, 25(2), S. 45-57.
Jarrott, S. E. (2006): Tried and true: A guide to successful intergenerational activities at shared site programs. Washington, DC.
Jarrott, S. E. (2007): Programs that affect intergenerational solidarity. Online im Internet: http: //www.un.org/esa/socdev/unyin/documents/egm_unhq_oct_07_jarrott.pdf [Zugriff: 29.5.2012].
Jarrott, S. E. (2010): Programs that affect intergenerational solidarity. In: Cruz-Saco, M./Zelenev, S. (Eds.): Intergenerational solidarity: Strengthening economic and social ties. New York,S. 113-127.
Jarrott, S. E./Bruno, K. (2007): Shared site intergenerational programs: A case study. In: Journal of Applied Gerontology,26(3), S. 239-257.
Jarrott, S. E./Schroeder, A. (2008): Intergenerational shared sites: Saving dollars while making sense. Online im Internet: http: //www.gu.org/LinkClick.aspx?fletcket=wMQ JSS9bBg%3D&tabid=157&mid=606 [Zugriff: 20.5.2012]
Kagan, C./Burton, M./Duckett, P./Lawthom, R./Siddiquee, A. (2011): Critical community psychology. New York.
Katz, R. (2009): Intergenerational family relations and subjective well-being in old age: a cross-national study. In: European Journal of Aging, 6, S. 79-90.
Kelly, J. G. (2006): Becoming ecological. An expedition into community psychology. New York.
Kessler, E.-M./Staudinger, U. M. (2007): Intergenerational potential: Effects of social interaction between older adults and adolescents. In: Psychology and Aging, 22(4), S. 690-704.
Komter, A. E./Vollebergh, W. A. M. (2002): Solidarity in Dutch families: Family ties under strain? In: Journal of Family Issues, 23(2), S. 171-188.
Larkin, E. (2010): Who is needy and who should gie care? Promoting intergenerational solidarity. In: Cruz-Saco, M./Zelenev, S. (Eds.): Intergenerational solidarity: Strengthening economic and social ties. New York,S. 99-112.
LeRoux, K./Brandenburger, P. W./Pandey, S. K. (2010): Interlocal service cooperation in U.S. cities: A socialnetwork explanation. In: Public Administration Review, 70(2), S. 268-278.
Levy, B. R. (2003): Mind matters: Cognitive and physical effects of aging self stereotypes. In: Journal of Gerontology, 58B,S. 203-211.
Levy, B. R./Slade, M. D./Kasl, S. V. (2002): Increased longevity by positive self perceptions of aging. In: Journal of Personality and Social Psychology, 83,261-270.
Litwin, H./Landau, R. (2000): Social network type and social support among the old-old. In: Journal of Aging Studies, 14(2), S. 213-228.
Litwin, H. (2001): Social network type and morale in old age. In: The Gerontologist, 41(4), S. 516-524.
Lowenstein, A./Katz, R. (2005): Living arrangements, family solidarity and life satisfaction of two generations of immigrants in Israel. In: Ageing & Society, 25(5), S. 749-767.
Lowenstein, A. (2007): Solidarity-conflict and ambivalence: Testing two conceptual frameworks and their impact on quality of life for older family members. In: The Journals of Gerontology: Series B: Psychological Sciences and Social Sciences, 62B(2), S. 100-107.

Lowenstein, A. (2010): Determinants of the complex interchange among generations. Collaboration and conflict. In: Cruz-Saco, M./Zelenev, S. (Eds.): Intergenerational solidarity: Strengthening economic and social ties. New York, S. 53-80.
MacManus, S. (1996): Young v. old: Generational combat in the 21st century. Boulder, CO.
Mangen, D./Bengtson, V. L./Landry, P. H. (Eds.). (1988): Measurement of intergenerational relations. Newbury Park.
Meshel, D. S./McGlynn, R. P. (2004): Intergenerational contact, attitudes, and stereotypes of adolescents and older people. In: Educational Gerontology,30(6), S. 457-479.
Michels, T. (2008): In: Ferring, D./Haller, M./Meyer-Wolters, H./Michels, T./Schmit, C. (Hrsg.): Soziokulturelle Konstruktion des Alters. Transdisziplinäre Perspektiven. Würzburg, S. 169-189.
Nelson, G./Prilleltensky, I. (2010): Community Psychology in pursuit of liberation and wellbeing. New York.
Neppl, T. K./Conger, R. D./Scaramella, L. V./Ontai, L. L. (2009): Intergenerational continuity in parenting behavior: Mediating pathways and child effects. In: Journal of Personality, 77(6), S. 1645-1675.
Norris-Baker, C. (1999): Aging on the old frontier and the new: A behaviorsetting approach to the declining small towns of the Midwest. In: Environment and Behavior, 31(2), S. 240-258.
Orford, J. (2008): Community psychology. Challenges, controversies and emerging consensus. New York.
Otto, U. (2005a): Soziale Netzwerke und Unterstützung Älterer: Status Quo und Perspektiven im Lichte demografischer Befunde. In: Otto, U./Bauer, P. (Hrsg.): Mit Netzwerken professionell zusammenarbeiten. Band I: Soziale Netzwerke in Lebenslauf- und Lebenslagenperspektive. Tübingen, S. 433-469.
Otto, U. (2005b): Soziale Netzwerke und soziale Unterstützung älterer Pflegebedürftiger: Potenziale, Grenzen und Interventionsmöglichkeiten im Lichte demografischer Befunde. In: Otto, U./Bauer, P. (Hrsg.): Mit Netzwerken professionell zusammenarbeiten. Band I: Soziale Netzwerke in Lebenslauf- und Lebenslagenperspektive. Tübingen, S. 471-513.
Pettigrew, T. F. (1998): Intergroup contact theory. In: Annual Review of Psychology,49, S. 65-85.
Pettit, J. W./Olino, T. M./Roberts, R. E./Seeley, J. R./Lewinsohn, P. M. (2008): Intergenerational Transmission of Internalizing problems: Effects of parental and grandparental major depressive disorder on child behavior. In: Journal of Clinical Child and Adolescent Psychology, 37(3), S. 640-650.
Pilkington, P. D./Windsor, T. D./Crisp, D. A. (2012): Volunteering and subjective well-being in midlife and older adults: the role of supportive social networks. In: The Journals of Gerontology, Series B: Psychological Sciences and Social Sciences, 67(2), S. 249-260.
Pinquart, M./Sörensen, S. (2005): Belastungen pflegender Angehöriger. Einflussfaktoren und Interventionsansätze. In: Otto, U./Bauer, P. (Hrsg.): Mit Netzwerken professionell zusammenarbeiten. Band I: Soziale Netzwerke in Lebenslauf- und Lebenslagenperspektive. Tübingen, S. 617-637.
Pinquart, M./Wenzel, S./Sorensen, S. (2000): Changes in attitudes among children and elderly adults in intergenerational group work. In: Educational Gerontology,26(6), S. 523-540.
Pretty, G. H./Chipuer, H. M./Bramston, P. (2003): Sense of place amongst adolescents and adults in two rural Australian towns: The discriminating features of place attachment, sense of community and place dependence in relation to placeidentity. In: Journal of Environmental Psychology, 23(3), S. 273-287.
Prilleltensky, I./Nelson, G. (2004): Research and solidarity: Partnerships for knowing with community members. In: Pare, D. A./Larner, G. (Eds.): Collaborative practice in psychology and therapy. New York, S. 243-258.

Reisig, C. N./Fees, B. S. (2007): Older adults perceptions of well-being after intergenerational experiences with youth. In: Journal of Intergenerational Relationships, 4(4), S. 6-22.
Röhrle, B. (1994): Soziale Netzwerke und Unterstützung. Weinheim.
Ruggiano, N. (2012): Intergenerational shared sites: An examination of socio-physical environments and older adults behavior. In: Research on Aging, 34(1), S. 34-55.
Ruggles, S. (2007): The decline of intergenerational coresidence in the United States, 1850 to 2000. In: American Sociological Review, 72, S. 964-989.
Salari, S. M. (2002): Intergenerational partnerships in adult day care centers: Importance of age appropriate environments and behaviors. In: The Gerontologist,42(3), S. 321-333.
Sánchez, M./García, J. M./Díaz, P./Duaigües, M. (2011): Much more than accommodation in exchange for company: Dimensions of solidarity in an intergenerational homeshare program in Spain. In: Journal of Intergenerational Relationships, 9(4), S. 374-388.
Sánchez, M./Sáez, J./Pinazo, S. (2010): Intergenerational solidarity. Programs and policy development. In: Cruz-Saco, M./Zelenev, S. (Eds.): Intergenerational solidarity: Strengthening economic and social ties. New York, S. 129-146.
Sarason, S. B. (1972): The creation of settings and the future societies. San Francisco.
Schans, D./Komter, A. (2010): Ethnic differences in intergenerational solidarity in the Netherlands. In: Journal of Aging Studies, 24(3), S. 194-203.
Scheunpflug, A./Franz, J. (2009): Gelingungsbedingungen intergenerationeller Bildungsarbeit. Beitrag im Kontext eines vom Bundesministerium für Bildung und Forschung (BMBF) geförderten und von der Katholischen Bundesarbeitsgemeinschaft für Erwachsenenbildung (KBE) getragenen Projekts „Generationen lernen gemeinsam“.
Schlesinger, M./Kronebusch, K. (1994): Intergenerational tensions and conflict: Attitudes and perceptions about social justice and age-related needs. In: Bengtson, V./Harootyan, R. (Eds.): Intergenerational linkages: Hidden connections in American society. New York, S. 152-184.
Schmeeckle, M./Giarrusso, R./Feng, D./Bengtson, V. L. (2006): What makes someone family? Adult children's perceptions of current and former stepparents. In: Journal of Marriage and Family, 68(3), S. 595-610.
Silverstein, M./Bengtson, V. (1997): Intergenerational solidarity and the structure of adult child-parent relationships in American families. In: American Journal of Sociology, 103, S. 429-460.
Silverstein, M./Bengtson, V. L. (1994): Does intergenerational social support influence the psychological well-being of older parents? The contingencies of declining health and widowhood. In: Social Science & Medicine, 38(7), S. 943-957.
Silverstein, M./Marenco, A. (2001): How Americans enact the grandparent role across the family life course. In: Journal of Family Issues, 22(4), S. 493-522.
Silverstein, M./Parrott, T. M. (1997): Attitudes toward public support of the elderly: Does early involvement with grandparents moderate generational tensions? In: Research on Aging, 19(1), S. 108-132.
Silverstein, M./Bengtson, V. L. (1997): Intergenerational solidarity and the structure of adult childparent relationships in American families. In: American Journal of Sociology, 103, S. 429-460.
Silverstein, M./Chen, X./Heller, K. (1996): Too much of a good thing?Intergenerational social support and the psychological well-being of older parents. In: Journal of Marriage and the Family, 58(4), S. 970-982.
Silverstein, M./Conroy, S. J./Wang, H./Giarrusso, R./Bengtson, V. L. (2002): Reciprocity in parent-child relations over the adult life course. In: The Journals of Gerontology: Series B: Psychological Sciences and Social Sciences, 57B(1), S. 3-13.
Silverstein, M./Gans, D./Lowenstein, A./Giarrusso, R./Bengtson, V. L. (2010): Older parent-child relationships in six developed nations: Comparisons at the intersection of affection and conflict. In: Journal of Marriage and Family, 72(4), S. 1006-1021.
Slaght, E./Stampley, C. (2006): Promoting intergenerational practice. Journal of Intergenerational Relationships, 4(3), S. 73-86.

Steinbach, A./Kopp, J. (2008): Intergenerationale Beziehungen. Theoretische Diskussionen, empirische Befunde und offene Fragen. In: Feldhaus, M./Huinink, J. (Hrsg.): Neuere Entwicklungen in der Beziehungs- und Familienforschung. Vorstudien zum Beziehungs- und Familienentwicklungspanel (PAIRFAM). Würzburg, S. 403-430.
Swanson, M./Studts, C. R./Bardach, S. H./Bersamin, A./Schoenberg, N. E. (2011): Intergenerational energy balance interventions: A systematic literature review. In: Health Education & Behavior, 38(2), S. 171-197.
Tönnies, F. (1887/1957): Gemeinschaft und Gesellschaft (Original veröffentlicht 1887; englische Version (Community and society) 1957 übersetzt und hrsg. von C. P. Loomis). East Lansing.
Uslucan, H. H./Fuhrer, U. (2009): Intergenerational transmission of violence. In: Schönpflug, U. (Ed.): Cultural transmission: Psychological, developmental, social, and methodological aspects. New York, S. 391-418.
Vliet, van W. (2011): Intergenerational cities: A framework for policies and programs. In: Journal of Intergenerational Relationships, 9(4), S. 348-365.
Vogel, C./Kuenemund, H. (2010): Familiale Generationenbeziehungen. Befunde sozialwissenschaftlicher Studien. In: Psychotherapie im Alter, 7(3), S. 289-301.
Wade-Benzoni, K. A./Tost, L. P. (2009): The egoism and altruism of intergenerational behavior. In: Personality and Social Psychology Review, 13(3), S. 165-193.
Wade-Benzoni, K. A. (2008): Maple trees and weeping willows: The role of time, uncertainty, and affinity in intergenerational decisions. In: Negotiation and Conflict Management Research, 1(3), S. 220-245.
Wagner, M./Franzmann, G./Stauder, J. (2001): Neue Befunde zur Pluralität der Lebensformen. In: Zeitschrift für Familienforschung, 13(3), S. 52-73.
Ward, R. A. (2001): Linkages between family and societal-level intergenerational attitudes. In: Research on Aging, 23(2), S. 179-208.
Williams, A./Nussbaum, J. (2001): Intergenerational Communication Across the Life Span. Mahwah. New York.
Wisensale, S. K. (2003): Global aging and intergenerational equity. In: Journal of Intergenerational Relationships, 1(1), S. 29-47.
Zeman, P. (2005): Altenpflegearrangements: Vernetzung der Netzwerke. In: Bauer, P./Otto, U. (Hrsg.): Mit Netzwerken professionell zusammenarbeiten. Band II: Institutionelle Netzwerke in Steuerungs- und Kooperationsperspektive. Tübingen, S. 315-334.

Die zivilgesellschaftlichen Wurzeln und Impulse der Mehrgenerationenhäuser

Heiner Keupp

Nachbarschaftshilfen oder Mütter- bzw. Familienzentren sind eindrucksvolle Beispiele für eine gelebte „Bürgergesellschaft" oder „Zivilgesellschaft". Die Akteurinnen in diesen Projekten reagieren durchaus überrascht, wenn man sie so einordnet. Ich habe einen guten Grund dafür, Projekte der Familienselbsthilfe als zukunftsfähige Trendsetter zu bezeichnen. Sie stehen für gesellschaftliche Gestaltungsprozesse, in denen Menschen in Selbstorganisation ihre eigene „Lebenspolitik" betreiben und nicht darauf warten, dass der „Vater Staat" schon alles richten wird[1].

Als die Nachbarschaftshilfen im Münchner Umland in den 70er Jahren oder die Mütterzentren in den 80er Jahren gegründet wurden, gab es den heute so prominenten Begriff des „bürgerschaftlichen Engagements" noch gar nicht, aber das, was er meint, hat in Nachbarschaftshilfen oder Mütterzentren längst Gestalt angenommen. Oft empfinden wir Wörter wie Kopfgeburten, die keine gelebte Praxis spiegeln. Bei „bürgerschaftlichem Engagement" ist es umgekehrt. Es existiert reiches Erfahrungsmaterial für einen Begriff, der einem jetzt überall begegnet. Meine einschlägigen Erfahrungen mit Nachbarschaftshilfe liegt auch mehr als ein Vierteljahrhundert zurück. Da zogen meine Frau und ich mit unserer kleinen Familie nach Unterschleißheim, eine dieser expandierenden Münchner Umlandgemeinden, deren Wohnungsmarkt bezahlbar war. Unsere Tochter war sieben Monate und sie bekam bald auch einen Bruder. Wir kannten erst einmal niemanden, aber wir nahmen bald wahr, dass eine Nachbarschaftshilfe im Aufbau war. Sie bot im Frühjahr und Herbst jeweils einen Basar an, in dem wir Kinderkleidung und viele andere nutzbringende Dinge erwerben und loswerden konnten. Meine Frau hat über Jahre an der Durchführung dieser Basare mitgewirkt (ihre „guten Taten" hängen wir jedes Jahr an unseren Weihnachtsbaum). Wir haben den „Kinderpark" nutzen können. Die Nachbarschaftshilfe bot vielfältige Unterstützung, aber verlangte auch Engagement. Sie bot Chancen der sozialen Integration und Anerkennung für uns und in der Mitwirkung an diesem gemeinschaftlichen Projekt erzeugte man diese Chance auch für andere. In ihr verschränkten sich „Eigennutz" und „Gemeinwohlorientierung"– zwei Haltungen, die man immer wieder als Gegensätze genannt findet, aber sie gehören in einer Nachbarschaftshilfe zusammen. Und genau in dieser Verknüpfung bilden sie eine zentrale Quelle dessen, was wir heute „Bürgerschaftliches Engagement" nennen. Neben vielen anderen Projekterfahrungen im Sozialbereich und zuletzt im Agendaprozess der Stadt München ist also die Nachbarschaftshilfe für mich ein Stück „Primärerfahrung" mit bürgerschaftlichem Engagement – bevor ich diesen Begriff zu buchstabieren wusste. Konrad Hummel, der ehemalige Augsburger Sozialreferent, definiert dieses als „ganzheitliches Handeln oder auch die Handlungsbereitschaft von Bürgern im Eigeninteresse mit anderen gemeinsam zugunsten aller gemeinsam" (1997: 43). Genau diese Trias von Eigeninteresse, gemeinschaftlichem Handeln und Orientierung am Gemeinwohl findet in Nachbarschaftshilfen statt.

1 Wenn im Folgenden schwerpunktmäßig auf die Gründungsphase von Nachbarschaftshilfen und Mütterzentren in den 70er Jahren des vergangenen Jahrhunderts Bezug genommen wird, dann ist klar, dass sich dieser Erfahrungshintergrund auf die Entwicklung in Westdeutschland bezieht.

Man könnte die These aufstellen, dass Nachbarschaftshilfen und Mütterzentren Pionierprojekte der neuen Freiwilligenkultur oder des „Bürgerschaftlichen Engagements" darstellen. Wer endlich mal wissen möchte, was Stich- und Schlagworte wie „Bürgergesellschaft", „Zivilgesellschaft", „Bürgerarbeit" bedeuten, der soll sich mal diese Projekte genauer anschauen. Und: Diese Begriffe werden ja nicht nur in sozialwissenschaftlichen Seminaren verwendet, nein, sie tauchen immer häufiger dort auf, wo Politik und soziale Arbeit gemacht werden.

Meine Ausgangsthese lautet: Familiäre Lebenswelten waren historisch betrachtet in hohem Maße selbstorganisierte Systeme, die als primärer Lebenszusammenhang für Menschen eine jeweils zeitgerechte Form der Selbstorganisation innerhalb der soziokulturell gesetzten Normen zu entwickeln hatte. Umso mehr wir in die Gegenwart kommen, reduzieren sich die familiären Systeme immer mehr auf die schrumpfende Kernfamilie und der Bestand an Multigenerationenfamilien ist immer weniger durch die gemeinsame Ortsgebundenheit der Familienmitglieder bestimmt. Die Sicherung des Zusammenhalts und des Erhalts dieses Mikrosystems wird in der traditionellen Arbeitsteilung zu einer Kernaufgabe der Frauen. Für diese wird das zunehmend zu einer Aufgabe, die in die Isolation führt. Die „Neuerfindung" der Familienselbsthilfe ab den 70er Jahren des letzten Jahrhunderts reagiert – wie fast alle Selbsthilfeprojekte – auf eine gesellschaftliche Mangel- oder Leidenssituation: Frauen suchen einen Weg aus ihrer Isolation und gehen in den öffentlichen Raum, um mit Gleichbetroffenen nach innovativen Lösungen zu suchen. Die Familienselbsthilfe in Form von Nachbarschaftshilfen, Mütter- und Familienzentren hat hier ihren gesellschaftlichen Entstehungszusammenhang.

Mein Patenkind: Prototyp des Mehrgenerationenhauses

Ich möchte Sie jetzt dazu einladen, mit mir eines meiner „Patenkinder" zu besuchen. Es wohnt in Salzgitter und ist jetzt schon bald 40 Jahre alt. Es heißt Mütterzentrum und meine Patenschaft ist eher jüngeren Datums. Ich wurde als „Expo"-Pate ausgewählt, denn es hat aus Expomitteln und aus solchen des SOS-Kinderdorf-Trägervereins die Möglichkeit bekommen, ein wunderbares neues Gebäude zu erstellen. In diesem Haus gibt es einen Bereich für die ganz Kleinen, für die Kindergartenkinder und für Ältere bis hin zu Pflegebedürftigen, die im Obergeschoss des Hauses betreut werden. Im Erdgeschossbereich betritt man einen Café- und Restaurantbetrieb, in dem vor allem mittags für alle ein Mittagstisch angeboten wird. Auch viele ältere Bürgerinnen und Bürger aus Salzgitter kommen hierher zum Mittagessen oder werden hierher gebracht. „Essen auf Rädern" mal ganz anders! In dem Haus trifft man auch kleine Läden, in denen Frauen einen Friseurbetrieb und andere Einkaufsmöglichkeiten anbieten. Der Friseurbereich ist so angelegt, dass die Räume der Pflegebedürftigen im Blickfeld sind. So kann eine alte Dame oder ein alter Herr ein Bad nehmen, ohne dass permanent jemand dafür eingeteilt werden muss. In diesem Haus laufen Qualifizierungsprogramme für junge Frauen, die, von ihren Bildungsabschlüssen her, schlechte Arbeitsmarktchancen haben. Wenn Sie jetzt wissen wollen, wie viele Hauptamtliche diesen Betrieb am Laufen halten, dann werden Sie überrascht sein, dass das ganz wenige sind. Die Frauen (und auch Männer), die in diesem Familienzentrum tätig sind, haben nur zum geringeren Teil eine entsprechend zertifizierte Ausbildung gemacht. Es wird sehr schnell erkennbar, dass in diesem Haus eine ganz und gar ungewöhnliche Mischung von Selbsthilfe, Bürgerengagement und professioneller Kompetenz gefunden wurde und gelebt wird. Hildegard Schooß, die Gründerin dieses Zentrums hat mich anfangs mit der Aussage provoziert, dass sie und ihre MitstreiterInnen eine besser integrierte kommunale Sozialarbeit „aus einem Guss“ anbieten könnten, als wir das mit unseren hoch differenzierten und spezialisierten professionellen Diensten könnten und außerdem seien wir auch noch viel teurer. Das konnte ich so nicht akzeptieren, es schien mir eine Aussage in Richtung Lohndumping tariflich abgesicherter Erwerbsarbeit zu sein und ich kam mit einer Fachtagung zur Gemeindepsychologie nach Salzgitter. Wir haben einen ganz wichtigen Lernprozess dort machen können und seither denke ich sehr viel selbstkritischer über unser Wohlfahrtssystem nach. Das Mütterzentrum Salzgitter ist übrigens das „Best-practice“-Beispiel, das das Programm der „Mehrgenerationenhäuser“ in Niedersachsen und jetzt auch auf der Bundesebene angeschoben hat.

Eltern-Kind-Gruppen, Nachbarschaftshilfen oder Mütterzentren bilden eine Art Brückeninstanz zwischen jener Kultur der Frauen, in der traditionellerweise und meist abseits von öffentlicher Wahrnehmung Netzwerkarbeit geleistet wird und der neuen Frauenbewegung, die mit gewachsenem politischem Selbstbewusstsein und dem Anspruch auf Selbstorganisation das Handeln von Frauen im öffentlichen Raum sichtbar zu machen. Hildegard Schooß hat diese Brückenfunktion der Mütterzentren klar formuliert: „Mütterzentrums-Frauen wollen einen selbstbestimmten Raum schaffen, wo sie sich einen Alltag organisieren, in dem sie ihren eigenen Rhythmus entwickeln und Arbeit mit Leben so verbinden können, dass sie weder unter der Isolation in der Kleinfamilie leiden noch sich mit der Vielfachbelastung von Berufs- und Familienarbeit überfordern müssen. Darüber hinaus wollen sie das Lebens- und Lernfeld Familie und Haushalt, Gemeinwesen und Alltagspolitik sichtbar werden lassen und eine öffentliche Anerkennung dafür erreichen“ (1996: 232).

Die traditionellen Produzentinnen von Gemeinsinn

In individualistisch geprägten Gesellschaft wird ein Problem verhandelt, dass Frauen schon deshalb gar nicht so besonders aufregend und beachtenswert finden, weil sie es schon über Generationen in spezifischer Weise bearbeiten mussten: Durch ihre alltägliche Beziehungsarbeit haben sie den sozialen Flickenteppich geschaffen, ohne den kein „Staat zu machen“ wäre. Laura Balbo, eine italienische Politologin, spricht in diesem Zusammenhang von der „Dienstleistungsarbeit“ der Frauen, sie verwendet zur Charakterisierung die auch mir sehr sympathische Metapher des „Patchworks“. Die Bilder und die Geschichte des Patchworks hält sie für besonders geeignet, um die alltäglichen Sozialleistungen von Frauen zu beschreiben: „... sie eignen sich zur Beschreibung der vorhandenen Mittel, der Methoden, sie zu 'bündeln', der Tricks und Strategien, die angewendet werden, um zu überleben, der sozialen Unterstützungsnetze, der Kultur der Bedürfnisse und Dienstleistungen“ (Balbo 1983: 181). Es geht also um die aktive Verknüpfungs- und Vermittlungstätigkeit von Frauen, die im Zusammenfügen von Fragmenten immer wieder erst sozial verlässliche Kontexte, also Gemeinsinn herstellen. Reproduktionsarbeit wird das auch genannt.

Diese Art von Arbeit ist vielen klugen Analytikern der modernen Industriegesellschaften entgangen. Bei ihnen werden entweder traditionelle Ligaturen, also Einbindungen, Zugehörigkeiten, Werte und Normen untersucht, die den gesellschaftlichen Zusammenhalt bis in die jüngste Vergangenheit garantiert hätten. Oder es wird die sozialpolitische Staatstätigkeit herausgestellt, die im Zuge immer neuer Modernisierungsschübe an die Stelle traditioneller sozialer Systeme treten. Aber in beiden Modellen wird der Herstellungsaspekt des „doing family“ unterschlagen, ohne den letztlich die Entstehung von Vergemeinschaftung überhaupt nicht denkbar wäre (Jurczyk/Lange/Thiessen 2013).

Es ist die freiwillige und unbezahlte Dienstleistungsarbeit der Frauen, die den Kitt unserer Gesellschaft garantiert. „Insbesondere *leisten* die Frauen in der Familie als Gattinnen, Mütter, Töchter, aber auch als Großmütter und Schwestern *Dienste* für die übrigen Angehörigen“ (ebd.: 186). Dienstleistungsarbeit heißt in diesem Zusammenhang: „Die Bedürfnisse jedes einzelnen zu interpretieren und zu definieren sowie Dinge herbeizuschaffen und zu produzieren, wobei stets Entscheidungen getroffen werden müssen, für die man Verantwortung trägt; Mittel zusammenzustellen, Prioritäten zu setzen, Wünsche zu erfüllen“ (ebd.: 187).

Frauen vermitteln zwischen den unterschiedlichen gesellschaftlichen Teilsystemen und ihren unterschiedlichen Logiken (der Logik des Privaten und Intimen, der Logik des Profits und der Logik des staatlichen Dienstleistungs- und Fürsorgesystems). Sie schaffen Verträglichkeiten, Anschlüsse, Vor- und Nachsorge, sie sind die Hiwis von Kindergärten, Schulen, professionellen Gesundheitsleistungen und Pflegeleistungen. „Die Frauen sind es, die Kontakt zu den Lehrern und Lehrerinnen halten, kranke Kinder oder Verwandte zum Arzt/zur Ärztin oder zu einer Untersuchung im Ambulatorium begleiten, ihnen beistehen, wenn sie im Krankenhaus sind. Die Frauen sind es, die enorm viel Zeit dafür aufwenden, für den täglichen Bedarf und fürs Wochenende einzukaufen und auf Ausverkäufe und Sonderangebote zu achten. Abgesehen von Zeit sind Kompetenz, Information und Anstrengung erforderlich, um zwischen den zahllosen Möglichkeiten auszuwählen und die Werbeanzeigen zu sondieren; auch viel körperliche Arbeit: heben, transportieren, einräumen: Pakete, Kisten, Dosen, Einkaufswagen im Supermarkt, Abfalltüten“ (ebd.: 188). Diese Art von Dienstleistungsarbeit bildet eine zentrale Voraussetzung für die Sicherung verlässlicher Strukturen des Alltagslebens, aber sie wird als selbstverständlich verbraucht und findet kaum gesellschaftliche Anerkennung.

Vielleicht müssen wir uns ja heute nur deshalb über Gemeinsinn und Alltagssolidarität Gedanken machen, weil Frauen das unsichtbare Patchwork von alltäglicher Gemeinschaftlichkeit, jenes Netz von Verknüpfungen in einer fragmentierten Welt, jene Basis jeder Sozialstaatlichkeit nicht mehr fraglos herstellen. Eine von der Emanzipationsbewegung in den 70er und 80er Jahren geprägte Generation von Frauen zeigt ihr Patchwork als wertvolles und zukunftsfähiges Produkt vor. Aus der Schattenarbeit soll öffentliche Tätigkeit werden, in der Frauen ihre Vorstellungen gelingender Familienarbeit und kommunitärer Lebensformen öffentlich durchsetzen und sichtbar machen wollen. Zugleich erzeugen sie damit eine neue Kultur sozialer Arbeit, die den Grundriss klassischer sozialpolitischer Dienstleistungsproduktion in Frage stellt.

Selbstsorge und nicht Selbstverleugnungals Basis neuer Alltagssolidaritäten

Für diese neue weibliche Kultur sozialer Arbeit bin ich durch die Münchner Initiative „Treff + Tee“ aufmerksam geworden. An dieser Initiative lässt sich aufzeigen, unter welchen Bedingungen Gemeinsinn produziert wird, Gemeinsinn, der dadurch entsteht, dass Menschen sich auf den Weg machen, etwas für sich zu verändern, Lebenssinn zu stiften und sich dabei in das Leben und die Interessengeflechte ihrer kommunalen Alltagswelt einzumischen.

„Treff + Tee“ hat mir von meiner ersten Begegnung an Eindruck gemacht. Als Mitglied des ersten Selbsthilfebeirates der Stadt München habe ich die Initiative an einem langen Sitzungsabend im Herbst 1986 kennengelernt, oberflächlich, als eine Antrag stellende Gruppe neben vielen anderen. Eine Mütterinitiative, bei der mir vor allem das Engagement und der Ernst in Erinnerung geblieben sind, mit der sie ihr Anliegen vortrug.

Ein Jahr später kam sie erneut mit einem Antrag, der einen bemerkenswerten Prozess der Wachstums und der Differenzierung des eigenen Vorhabens zum Ausdruck brachte: Eine Initiative hatte sich offensichtlich stabilisiert, ihr Konzept weiterentwickelt und daraus Konsequenzen für ihren Finanzierungsantrag gezogen. Aus einem Mütterselbsthilfezentrum waren die Idee und der Anspruch eines Bürgerzentrums entstanden. Frauen vor allem, aber auch Männer, hatten in einem infrastrukturell unterversorgten Gebiet ein beeindruckendes Angebot an sozialen, kulturellen und Selbsthilfeaktivitäten entwickelt; sie investierten viel Energie und Lebenszeit; sie schufen ein dringend erforderliches stadtteilbezogenes Dienstleistungsangebot, das im Stadtteil ankam; und nun beantragten sie für ihre Dienstleistungsarbeit auch ein – durchaus bescheidenes – Stundenhonorar.

Bei mir hat sich „Treff + Tee“ als Paradebeispiel für eine lebendige Initiativenszene in München ins Bewusstsein eingegraben. Oft fiel sie mir ein, wenn ich über Möglichkeiten und Grenzen von Initiativen nachdachte. Für mich ist sie vor allem auch ein Beispiel dafür, welche Innovationen die Initiativen- und Selbsthilfebewegung in die politische Landschaft der Bundesrepublik gebracht hat. Sie stellen eine bürgerschaftliche Antwort auf die spezifischen Anforderungen der „Risikogesellschaft“ dar.

Was den Bürgertreff München Süd kennzeichnet, wird von einigen ihrer interviewten Mitglieder deutlich formuliert[2]. Die Tragfähigkeit des selbstgespannten Netzes lebt davon, dass alle Beteiligten aus ihm etwas beziehen können, was für sie wichtig ist, ihren Interessen und Bedürfnissen entspricht. Das kommt sehr schön im folgenden Interviewausschnitt zum Ausdruck: „Es macht mir unheimlich Spaß, in der Teestube mit den Frauen zu reden. Der Umgang mit den vielen verschiedenen Menschen; zu schauen, wo kann man was machen, was vermitteln, einfach zuhören, miteinander reden. Gestern war eine Frau da mit einem Baby, die ist hier neu zugezogen. Ich hatte das Gefühl, das tut ihr gut und mir tat es auch gut. Und auch so, wenn so Gruppen zusammen sind, zu sehen, dass Ideen da sind, die andere haben und die ich auch habe. Also, dass es so ein Verband, ein Netz ist. (...) Es entstehen wahnsinnig viele Ideen auch von anderen. Man braucht das praktisch nur antippen“.

Kommunikative Angebote in einem solchen selbstorganisierten Treffpunkt zu machen sind Dienstleistung und Selbsthilfe zugleich. Die Dienstleistung in einem Neubaugebiet kommt in folgendem Interviewausschnitt gut zum Ausdruck: „Wir haben hier einen Treffpunkt errichtet, der Anlaufstelle ist für viele, die hier neuzugezogen sind, die eigentlich auf der Suche sind einmal nach Kommunikation, aber auch ein bisschen was tun dabei. Die sich ein bisschen verloren oder einsam vorkommen–wenn ich so die jungen Mütter anschaue“. Und der Selbsthilfeaspekt kommt im nächsten Satz: „Ich habe so viel davon gehabt. Und der Kleine auch. Was gemeinsam zu machen“. Eine andere Frau spricht in eindrucksvoller Weise an, was sie durch ihre Mitarbeit im Zentrum gewonnen hat: „Eine Zeit lang habe ich das Gefühl gehabt, ich bin abgestorben. Jeden Tag sitzt man da vorm Fernseher. Ich hab' gedacht, ich bin tot irgendwie. Da war kein Leben, nichts. Jetzt ist das Leben da, ich kann das auch weitergeben an die Familie. Da spielt sich jetzt auch wieder mehr ab. Da bin ich schon wirklich froh drüber“. Geben und Nehmen finden zusammen. Die Bilanz muss stimmen. Und weil

2 Wolfgang Kraus und Waltraud Knaier (1989) haben für ihre Untersuchung im Auftrag der „Anstiftung“ ein Interview durchgeführt, auf das ich freundlicherweise zurückgreifen durfte.

ich schon bei einem betriebswirtschaftlichen Begriff bin: Eine für die Gemeinschaft erbrachte Dienstleistung muss auch honoriert werden. Die „Ressource Liebe“, vor allem eine weibliche Ressource in der traditionellen Arbeitsteilung zwischen den Geschlechtern, darf nicht länger unentgeltlich von der Gemeinschaft in Anspruch genommen und kassiert werden.

Wir wollten damals nicht am grünen Tisch entscheiden, es ging schließlich auch um einen Präzedenzfall. Zusammen mit einer engagierten Mitarbeiterin des städtischen Sozialreferats besuchte ich „Treff + Tee“ an einem eiskalten Wintertag in ihren alten Räumen. Ich wurde zunehmend in meiner Überzeugung gefestigt, dass hier aus einer Selbsthilfegruppe zunehmend ein „Bürgerhaus von unten“ entsteht. Alles, was ich aufnehmen konnte, schien mir dies zu bestätigen. Jede Stadt, in der solche Aktivitäten von Bürgerinnen und Bürgern ergriffen werden, kann stolz sein. Sie braucht keine künstlichen Implantate in die unbeackerte soziale und kulturelle Landschaft zu setzen. In meiner optimistischen Naivität habe ich damals überhaupt nicht verstanden, warum die öffentliche Förderung von „Treff + Tee“ zunächst erhebliche Schwierigkeiten bereitete. War man misstrauisch gegenüber Initiativen von unten? Stand hier eine Initiative quer zu einer politischen Bürgerhausidee, die damals propagandistisch durch die Stadt getragen wurde? Bei mir jedenfalls hat sich „Treff + Tee“ als Paradebeispiel für eine lebendige Initiativenszene in München ins Bewusstsein eingegraben. Oft fiel sie mir ein, wenn ich über Möglichkeiten und Grenzen von Initiativen nachdachte. Für mich ist sie vor allem auch ein Beispiel dafür, welche Innovationen die Initiativen- und Selbsthilfebewegung in die politische Landschaft der Bundesrepublik gebracht hat.

Der gesellschaftliche Modernisierungsschub, der vor allem seit den 70er Jahren den gesellschaftlichen Grundriss der Bundesrepublik nachhaltig verändert hat, hat in Form neuer sozialer Bewegungen und Initiativen auch eine selbstaktive Gestaltungskraft hervorgebracht. Für viele neue Probleme des Alltags gab es in den traditionellen Strukturen alltäglicher Lebenswelten keinen Lösungsvorrat, auf den man einfach hätte zurückgreifen können. Für eine Reihe von neuen biographischen Konstellationen (wie z.B. die weibliche Doppeloption Familie und Beruf oder Erfahrungen von Vorruhestand) gab es keine institutionell abgesicherten Lösungsmöglichkeiten und in vielen Bereichen war das Vertrauen auf „das Bewährte“ erschüttert und gerade die neuen sozialen Bewegungen verstanden sich als kollektive Zukunftswerkstätten, in denen – im Sinne des „demokratischen Experimentalismus“ – neue Lösungsentwürfe erprobt wurden. In einer Vielzahl konkreter Projekte wurden neue Wege erprobt. Diese Projekte lassen sich verstehen als „soziale Experimentierbaustellen, als emanzipatorische Antworten auf Risiken der aktuellen Modernisierungsprozesse“ deuten (Helbrecht-Jordan 1996: 107).

Familienselbsthilfe als soziale Experimentierbaustelle

Ein eigenständiger Subbereich der Selbsthilfe bildet die Familienselbsthilfe. In den späten 60er und verstärkt in den 70er Jahren[3] sind eine Reihe vonNachbarschaftshilfen vor allem in den Einzugsbereichen der Großstädte entstanden. Ab 1980 begann dann die Gründungswelle von Mütterzentren. In einer ganz eigenwilligen Verknüpfung von Selbsthilfe und Dienstleistungsproduktion rund um die Bedürfnisse und Probleme vor allem von Familien mit kleinen Kindern sind hier kommunale Knotenpunkte entstanden, die teilweise innovative Integrationslösungen lokaler Sozialpolitik geschaffen haben (vgl. hierzu Helbrecht-Jordan 1996;

3 Die erste Nachbarschaftshilfe wurde bereits im Jahre 1967 mit dem Sozialdienst Unterpfaffenhofen Germering gegründet, der dann in den 70er Jahren weitere folgten.

Deutsches Jugendinstitut 1998; Rieken 2000). Der gesellschaftliche Stellenwert der Familienselbsthilfe ist noch unzureichend im öffentlichen und politischen Raum wahrgenommen (vgl. Dettling 2000). Man könnte ihn so umreißen:

1. Initiativen wie Nachbarschaftshilfen und Mütterzentren sind Ergebnis und Antwort auf die „Risikogesellschaft“. Traditionelle Bindungen werden von einem sich beschleunigenden gesellschaftlichen Prozess immer mehr aufgerieben. Initiativen stellen eine neuartige Form der sozialen Vernetzung im Alltag dar. Sie sind nicht das einfach sozial immer schon Vorgefundene. Sie sind eine spezifische soziale Leistung, in die Bedürfnisse und Wünsche der einzelnen eingehen. Hier ist nicht eine Gemeinschaft da, in die sich die einzelnen Subjekt integrieren müssen, sondern hier schaffen sich diese ihre Gemeinschaft nach ihren eigenen Vorstellungen und sie leben von den Wünschen nach Selbstverwirklichung.
2. In diesen neuen sozialen Netzwerken entstehen wichtige Quellen alltäglicher sozialer Unterstützung, die beim Umgang mit Krisen und Krankheiten, bei der praktischen Alltagsbewältigung und bei dem kontinuierlichen Prozess der Identitätsarbeit von zentraler Bedeutung sind. Gemeinsinn ist hier kein abstraktes kulturell-moralisch definiertes Projekt, sondern er realisiert sich in dem Gebrauchswert für einzelne. Wer in seiner Kommune etwas für die Gesundheitsförderung tun will, der investiere in solche Initiativen.
3. In solchen kommunitären Initiativen werden zugleich Dienstleistungen und Selbsthilfe erbracht. Beides hat Anspruch auf öffentliche Förderung. Gerade die alltägliche Beziehungsarbeit von Frauen, ist eine fundamentale Dienstleistungsarbeit in unserer Gesellschaft, die nicht länger als kostenlose Ressource betrachtet werden darf. Initiativen zur Förderung von Gemeinsinn dürfen nicht als aktueller Versuch missbraucht werden, erneut die Ressource Liebe anzuzapfen.
4. Initiativen dürfen mit Funktionen und Erwartungen nicht überlastet werden. Sie sind vor allem völlig ungeeignet, ein billigeres soziales Netz zu bilden, das den Sozialstaat aus der Verantwortung frei ließe. Sie sollen aber ein Ferment bilden, das kommunale Wirtschafts-, Sozial-, Gesundheits- Wohnungs- und Kulturpolitik zunehmend mit der Idee der Selbstorganisation durchwirken soll.
5. In den kommunitären Projekten wird nicht nur für die unmittelbar beteiligten Personen solidarische Selbstsorge möglich, sondern hier sind die Werkstätten eines „demokratischen Experimentalismus“ (Brunkhorst 1998) entstanden, in denen zukunftsfähige Lösungen für eine sich dramatisch wandelnde Welt (vgl. Habermas 1998) erprobt werden und sich bewähren können. Hier wird im Sinne von Manuel Castells (1997) jene „Projekt-Identität“ entwickelt, die die Gestaltung der gesellschaftlichen Zukunft nicht den Dynamiken eines nicht mehr fassbaren globalisierten Finanznetzwerkes überlässt, sondern ihr eine selbstbestimmte Gestaltungsform zumisst.
6. Die Projekte der Selbstorganisation wie Selbsthilfegruppen oder Projekte der Familienselbsthilfe stellen die etablierten Zuständigkeitsüberschneidungen zwischen Laien und Professionellen grundlegend in Frage. Notwendig sind ein kritisches Hinterfragen und eine Modifikation starrer berufsrechtlicher Zuständigkeiten. Fonds sollten für kommunitäre Projekte unabhängig von ihrem professionell-institutionellen Zuschnitt zugänglich sein. Entscheidungskriterium für die Vergabe öffentlicher Mittel sollte allein die Qualität der Dienstleistung sein.
7. Auch wenn die Familienselbsthilfe zunächst einmal ihren Ausgangspunkt in der Initiative von Müttern und Vätern hatte, nicht professionell initiiert wurde und Defizite im

institutionellen Gefüge traditioneller Familien- und Sozialpolitik aufzeigte und zu überwinden versuchte, ist sie kein Ersatz für gute professionelle Arbeit in der Förderung von Kindern und ihren Familien. Sie ist vielmehr ein besonderes fachliches Ziel professioneller Arbeit geworden und es gelingt ihr am ehesten aus einer Empowerment-Perspektive.

Über die Größenordnungen der Familienselbsthilfe gibt es keine präzisen Daten. Ihr Umfang ist aber bemerkenswert. Im Bundesverband der Mütterzentrensind mehr als 400 Mütterzentren in der Bundesrepublik organisiert. Das „Netzwerk Mütter- und Familienzentren in Bayern e.V." wurde 2001 als Dachorganisation der damals 92 bayerischen Mütter- und Familienzentren gegründet. Es ist eine wichtige Säule im Selbsthilfesektor Bayerns. Dieser wiederum ist ein integraler Teil des bayerischen Landesnetzwerkes bürgerschaftliches Engagement.

Die Familienselbsthilfe als integrales Element in einer zeitgemäßen Familienförderung: das KiTZ-Modell

Man kann immer wieder hören, dass die Familienselbsthilfe und die sie bildenden Projekte sehr stark von Frauen und Männern getragen werden, die einen guten Bildungshintergrund haben. Es gibt aber auch eine Reihe von Ansätzen der Familienbildung und frühen Förderung von Kindern und ihren Familien, die sich gezielt an Familien mit prekären materiellen Möglichkeiten und Migrationshintergrund richten und deshalb als Standorte benachteiligte Stadtbezirke oder Regionen wählen.

Am besten geeignet scheinen da Early-excellence-Projekte, Kinder-Tages-Zentren (KiTZ), „Haus für Familien", Mütter- und Familienzentren bis hin zu Mehrgenerationenhäusern, die sozialraumbezogen ausgerichtet sind und ein komplexes Angebot machen können. Sie dürfen nicht unter einer Kontrollperspektive wahrgenommen werden, sondern als abrufbare Assistenz oder als Orte, an denen sich Familien treffen und austauschen können und damit auch Selbstorganisationswünsche der Betroffenen erreichen. Nach der wissenschaftlichen Begleitung eines KiTZ-Projektes in München-Ramersdorf (Straus, Dill, Gmür, Höfer & Keupp 2008), einem problembelasteten Stadtbezirk, sehe ich hier einen innovativen Ansatz. KiTZ-Projekte versuchen sich durch eine Ausweitung des Angebots über eine reine Kindertagesbetreuung hinaus zu Nachbarschaftszentren bzw. familienorientierten Begegnungszentren (sogenannte integrierte Angebote) zu entwickeln. Daran ansetzend geht es auch um eine stärkere Integration von benachteiligten Bevölkerungsgruppen und um die Frage, welchen Stellenwert vorschulische Einrichtungen einnehmen können, um möglichst frühzeitig bestimmten Benachteiligungen oder zumindest deren Chronifizierung entgegenzuwirken. Folgende Schlussfolgerungen lassen sich aus diesem Ansatz ziehen:

1. *Unterstützung gegen Kinderarmut.* Armut verbaut Chancen, vergrößert gesundheitliche Defizite und ist einer der häufigsten Hintergründe für psychisches Leid. Für betroffene Familien wären Anlaufstellen hilfreich, die frühzeitig und mit einem breit gefächerten Angebot beraten, stützen und durch die Möglichkeit der gesicherten Betreuung von Kindern oft erst die Voraussetzung für einen Einstieg in die Arbeitswelt schaffen. Im Kampf gegen die Folgen der Kinderarmut haben KiTZe einen wichtigen Platz. Ihre niedrigschwelligen Angebote erlauben auch jenen, für die Armut ein tabubeladenes Thema ist, den Zugang.

2. *Zentren der frühen Förderung.* Armut ist einer von mehreren Gründen, aber beileibe nicht der einzige, warum das Thema der frühen Förderung eine solche Brisanz gewonnen hat. Auch andere Faktoren führen dazu, dass Kinder von ihren Eltern vernachlässigt, in ihrer Entwicklung nur mangelhaft gefördert oder gar misshandelt werden. Die Fachwelt ist sich einig, dass Kinder, die unter schwierigen Lebensbedingungen aufwachsen, wirksam vor Vernachlässigung nur dann zu schützen sind, wenn frühzeitig einsetzende Hilfe- und Unterstützungsangebote vorhanden sind. Stellvertretend macht die Erklärung der AGJ (2006) deutlich, dass wichtige Qualitätsmerkmale der frühen Förderung von einem KiTZ gewährleistet werden können.
3. *Ausgleich von Benachteiligung.* Übereinstimmendes Ergebnis vieler Studien zur frühkindlichen Entwicklung ist, dass je früher der Förderprozess ansetzt, desto nachhaltiger auch die Ergebnisse werden. Auch die beiden Forschungsrichtungen, die sich um den Aufbau von Widerstandskräften bemühen (Salutogenese- und Resilienzforschung), zeigen, dass die Förderung von Widerstandskräften und Invulnerabilitätsfaktoren in der (frühen) Kindheit ansetzen. Kinder stark machen bedeutet, sie früh zu fördern.
4. *Integration von Migrantenkindern.* Diese ausgleichende Wirkung gilt, so die Studien, gerade auch für Kinder mit Migrationserfahrung. Das Erlernen der Sprache und der anderen Werte und Regeln gelingt in der spielerischen Kultur der Kindertageseinrichtungen am besten. Auch kann hier einem eventuell vorhandenen zusätzlichen Förderbedarf am besten Rechnung getragen werden. Gerade die intensive Kooperation mit den Institutionen der Frühförderung und anderen Fördereinrichtungen für kleine Kinder sowie die – in dieser Altersphase leichter gelingende – Kooperation mit den Eltern können die Basis für eine Integrationsarbeit legen, die auch aus demografischen Gründen ausgebaut werden sollte.
5. Nationaler und internationaler Trend: *„Kinderbetreuung PLUS“.* Es gibt europaweit eine breite Erfahrung, die für eine Integration von gemeinwesen-orientierten Ansätzen mit Konzepten der Kinderbetreuung spricht. Insbesondere das Konzept des Early Exellence Centres, das von Neuseeland über England seinen Siegeszug angetreten hat, macht dies deutlich. Auf der Basis der offenen Grundidee, „die Förderung des Kindes sollte von Anfang an exzellent sein“, wird eine stark kind- und elternzentrierte Angebotsstruktur in eine sozialräumliche Ausrichtung übersetzt. Diese Erkenntnis führt zu einem schrittweisen Ausbau von Eltern-Kind-Zentren in Deutschland.
6. *Fachliche Herausforderung und Weiterentwicklungspotenzial.* Die Verknüpfung von verschiedenen Angeboten zu Eltern-Kind-Zentren hat sich als innovative Praxis aus verschiedenen Hintergründen heraus entwickelt. Mütterzentren/Familienbildungs-einrichtungen und Kindertagesbetreuungseinrichtungen haben sich, mit ähnlichen Erkenntnissen zur Bedarfslage von Eltern, von jeweils anderer Seite kommend angenähert. Dabei ist die Herausforderung eine neue Stufe von Vernetzung. Nun geht es nicht nur um Informationsaustausch und, darauf aufbauend, Fallvermittlung. Kern der fachlichen Weiterentwicklung ist die Koproduktion. Sie garantiert neue und passgenauere Angebote. Eine weitere Herausforderung besteht in der oft geforderten fachlichen Weiterentwicklung der Kitafachkräfte. Ein Teil der fachlichen Weiterqualifizierung geschieht durch den koproduktiven Alltag mit den Kooperationspartner/innen und den Qualifikationen. Der andere Teil bedarf einer Weiterentwicklung der Aus- und Weiterbildung der pädagogischen Fachkräfte.

KiTZe rechnen sich. Dies ist zunächst eine These, die empirisch noch durch keine Nutzen-Kosten-Rechnung belegt werden kann, jedoch hoch plausibel erscheint. In einem KiTZ vereinen sich mehrere Einrichtungstypen, ohne dass diese alle in ihrer Infrastruktur (Miete, Verwaltung ...) bezahlt werden müssen. Selbst wenn beispielsweise die Aufgaben einer heilpädagogischen Förderung dazukommen und entsprechend Personal dazugeschaltet wird, ist dies immer noch billiger, als eine neue Heilpädagogische-Tagesstätten-Gruppe (HPT-Gruppe) aufzumachen.

Der Bedarf wird steigen. Wir brauchen KiTZe dringend vor allem in Quartieren mit besonderem Förderbedarf, wir brauchen sie aber mittelfristig auch als flächendeckendes Angebot. Viele Untersuchungen sprechen dafür, dass der nach wie vor tiefgreifende gesellschaftliche Wandlungsprozess einen wachsenden Unterstützungsbedarf junger Eltern generiert und diese jungen Eltern, die zudem auch offener als frühere Generationen von Eltern sind,breitgefächerte Unterstützungsangebote, wie sie ein KiTZ bietet, rechtzeitig annehmen.

Mehrgenerationenhäuser: Familienselbsthilfe auf neuem Niveau

Die Familienselbsthilfe hat sich als ein zentraler Motor der Sozialpolitik erwiesen. Sie hat vor allem die politische Argumentationsfigur in Frage gestellt, dass das politische System rechtzeitig und einfühlsam auf veränderte Lebenslagen der Bürgerinnen und Bürger reagieren würde. Eine zivilgesellschaftliche Perspektive zeigt ein anderes Muster auf, das gerade auch an der Entstehung der Mehrgenerationenhäuser sichtbar wird: Aus der Eigeninitiativen von Müttern, Vätern und Familien, die im kommunalen Raum gemeinschaftliche Lösungen für Familien gesucht haben, die im Zuge dynamischer Modernisierungsprozesse nicht mehr in traditionell engmaschigen Netzwerken auf Unterstützungsressourcen zurückgreifen konnten, hat sich in Gestalt der Mehrgenerationenhäuser ein innovatives Strukturelement kommunaler Sozialpolitik entwickelt. Zu Beginn dieses Jahrhunderts hat Warnfried Dettling (2000) bezogen auf die Mütterzentren von einem zentralen Element in der „Landschaft des Sozialen im einundzwanzigsten Jahrhundert" gesprochen. Sein Aufsatz steht in dem Sammelband des SPI (2000) zur Aktualität der Mütterzentren. Eine Reihe von Beiträgen in diesem Buch ordnen die Familienselbsthilfe in die politisch-gesellschaftliche Landschaft der Bundesrepublik ein und zeigt ihre Zukunftspotentiale auf. In den Mehrgenerationenhäusern haben sich diese Potentiale weiter produktiv entfaltet.

Literatur

AGJ (2006). Frühe Förderung gefährdeter Kinder. Besserer Schutz von Kindern im Vorschulalter. http: //www.agj.de/fileadmin/files/positionen/2006/Fruehe_Foerderung_gefaehrdeterKinder.pdf

Balbo, L. (1984). Crazy Quilts: Gesellschaftliche Reproduktion und Dienstleistungsarbeit. In: Kickbusch, I./Riedmüller, B. (Hrsg.): Die armen Frauen. Frauen und Sozialpolitik. Frankfurt, S. 179-200.

Brunkhorst, H. (Hrsg.) (1998). Demokratischer Experimentalismus. Politik in der komplexen Gesellschaft. Frankfurt..

Bulmer, M. (1987): The Social Basis of Community Care. London: Policy Studies Institute.

Castells, Manuel (1997): The power of identity. Vol. II von The information age: Economy, society and culture. Oxford.

Dettling, W. (2000): Familie, Selbsthilfe und die Landschaft des Sozialen im einundzwanzigsten Jahrhundert. In: Sozialpädagogisches Institut im SOS-Kinderdorf e.V. (Hrsg.): Die Rückkehr des Lebens in die Öffentlichkeit. Zur Aktualität von Mütterzentren. Neuwied, S. 235-242.
Habermas, J. (1998): Die postnationale Konstellation. Frankfurt.
Heinze, R./Keupp, H. (1997): Gesellschaftliche Bedeutung von Tätigkeiten außerhalb der Erwerbsarbeit. Gutachten für die „Kommission für Zukunftsfragen" der Freistaaten Bayern und Sachsen. Bochum/München.
Hummel, K. (1997): Projekte zwischen Eigennutz und Gemeinsinn – lernen für die Bürgergesellschaft. In: Arbeitsgruppe Bürgerschaftliches Engagement für München, S. 43-54.
Jakob, G. (1993): Zwischen Dienst und Selbstbezug. Eine biographieanalytische Untersuchung ehrenamtlichen Engagements. Opladen.
Jurczyk, K./Lange, A./Thiessen, B. (Hrsg.) (2013): Doing Family – Familienalltag heute: Warum Familienleben nicht mehr selbstverständlich ist. Weinheim.
Körber-Stiftung (Hrsg.) (1993): Wie viel Gemeinsinn braucht die liberale Gesellschaft? Tagungsdokumentation 13./14.11.1993 in Dresden.
Kraus, W./Knaier, W. (1989): Selbsthilfeinitiativen und kommunale Selbsthilfeförderung. Weinheim.
Marbach, J.H./Mayr-Kleffel, V. (1988): Soweit die Netze tragen... Familien und soziales Umfeld. In: Deutsches Jugendinstitut (Hrsg.): Wie geht's der Familie? Ein Handbuch zur Situation der Familien heute. München.
Meier, B. (1996): Sozialkapital in Deutschland. Eine empirische Skizze. Köln.
Meyer, P. C./Budowski, M. (Hrsg.) (1993): Bezahlte Laienhilfe und freiwillige Nachbarschaftshilfe. Zürich.
Müller-Kohlenberg, H. (1990): Die Helferrückwirkung. Was profitiert der Helfer von seiner Hilfeleistung? In: Heinze, R. G./Offe, C. (Hrsg.) (1990): Formen der Eigenarbeit. Opladen, S. 212-224.
Mütterzentrum Salzgitter (1998): Was ist los im Mütterzentrum? München.
Nadai, E. (1996): Gemeinsinn und Eigennutz. Freiwilliges Engagement im Sozialbereich. Bern.
Prokop, E./Schroll-Decker, I./Hofer, B. (1996): Ehrenamtliche soziale Arbeit in der städtischen Gesellschaft. München.
Rieken, I. (2000): Soziales Engagement in Elterninitiativen. Zwischen theoretischen Konzepten und Alltagswirklichkeit. Bielefeld.
Schooß, H. (1996): Mütterzentren als Antwort auf Überprofessionalisierung im sozialen Bereich. In: Teufel, E. (Hrsg.): Was hält die moderne Gesellschaft zusammen? Frankfurt, S. 232-246.
SPI (Sozialpädagogisches Institut im SOS-Kinderdorf e.V.) (Hrsg.) (2000): Die Rückkehr des Lebens in die Öffentlichkeit. Zur Aktualität von Mütterzentren. Neuwied.
Straus, F./Dill, H./Gmür, W./Höfer, R./Keupp, H. (2008): Die Entwicklung von KinderTagesZentren in München. Projektbericht Institut für Praxisforschung und Prävention. München.
Ueltzhöffer, J. (1996): Wege zur Bürgergesellschaft. Die Geislingen-Studie. In: W.R.Wendt u.a.: Zivilgesellschaft und soziales Handeln. Bürgerschaftliches Engagement in eigenen und gemeinschaftlichen Bezügen. Freiburg, S. 121-137.
Wuthnow, R. (1997): Handeln aus Mitleid. In: Beck, U. (Hrsg.): Kinder der Freiheit. Frankfurt, S. 34-84.
Wuthnow, R. (1998): Loose connections. Joining together in America's fragmented communities. Cambridge.

Partizipation – Beteiligung – Teilhabe: Gemeindepsychologische Perspektiven auf Beteiligungsprozesse

Mike Seckinger

In diesem Beitrag wird aus einer gemeindepsychologischen Perspektive beschrieben, warum es notwendig und fachlich geboten ist, AdressatInnen an psycho-sozialen Angeboten zu beteiligen und welche Anforderungen an Beteiligungsprozesse zu stellen sind. Förderliche Bedingungen für Partizipation werden dargestellt und Hinweise auf Möglichkeiten, Beteiligung in Mehrgenerationenhäuser zu fördern, aufgezeigt.

Psycho-soziale Arbeit, unabhängig davon, an welche Zielgruppe sie sich richtet und in welchem psychosozialen Handlungsfeld (Kinder- und Jugendhilfe, Seniorenarbeit, Gesundheitsbereich, Obdachlosenarbeit etc.) sie verortet ist, hat sich der Frage zu stellen, wie umfangreich und wie gut sie ihre AdressatInnen an den Konzeptentwicklungen, den Planungen, den Entscheidungen und der konkreten Ausgestaltung der professionellen Aktivitäten einbezieht. Nicht-Beteiligung ist nämlich ein Qualitätsmangel, sie widerspricht fachlichen Standards und bedarf einer besonderen Rechtfertigung. Dies zeigt sich auch an etlichen gesetzlichen Regelungen (z.B. SGB VIII, SGB IX, HeimG) und dem endlich auch in Deutschland aufkeimenden Interesse an niedrigschwelligen und abgesicherten Beschwerdeverfahren (vgl. z.B. Neuregelung des §45 (2) SGB VIII, Diskussion über Neugestaltung der Patientenrechte[1]).

Forderungen nach mehr Bürger- bzw. NutzerInnenbeteiligung werden unter anderem mit einem Verweis auf mangelnde Alltagstauglichkeit zurückgewiesen. Beteiligungsprozesse würden Entscheidungen verlangsamen, zu nicht sachgerechten Lösungen oder einen zu hohen Aufwand für ihre Organisation führen. In den Bereichen, in denen es zudem noch (wirtschaftliche) Konkurrenzen mit anderen Akteuren gibt, werden Beteiligungsmöglichkeiten zusätzlich eingeschränkt, weil die Befürchtung besteht, die Konkurrenz könnte von der mit Beteiligung verbundenen Transparenz profitieren. In ihrer Struktur ähnliche Argumente werden auch in der sozialen Arbeit vorgebracht: Die AdressatInnen könnten die Reichweite ihrer Entscheidung nicht überblicken, sie würden die Zusammenhänge nicht verstehen, es würde zu lange dauern, bis eine Entscheidung getroffen werde. Es wird also damit argumentiert, dass eigentlich nur ExpertInnen die richtigen Entscheidungen treffen können und Aushandlungsprozesse deshalb nicht zielführend seien. Wohl auch wegen dieser Orientierung an Expertenmeinungen gibt es selbst in demokratischen Gesellschaften, wie z.B. Deutschland, noch immer eine ganze Reihe von Entscheidungen, die einer gesellschaftlichen Aushandlung entzogen bleiben. Bestimmte Bevölkerungsgruppen sind von solchen Ausschlüssen in besonderer Weise betroffen und erst langsam beginnen eine Sensibilisierung und ein Umdenken in unserer Gesellschaft. Man denke nur an den mühsamen Prozess, Beteiligungsrechte von Kindern zu realisieren, an die Beschränkungen im Ausländerrecht, an den bevormundenden Regelungen im SGB II, an den Entzug von Rechten bei psychischen Erkrankungen, unseren Umgang mit Hochbetagten oder den diversen expertendominierten Präventionskonzepten, die so tun, als würden sie wissen, was für den Einzelnen am besten ist (Seckinger 2010; Zeh 2012; Klemperer 2012).

1 Siehe hierzu http://www.bmg.bund.de/praevention/patientenrechte/patientenrechtegesetz.html und die Regelungen in den § 65b, § 139a, § 139b, § 140f und § 140h SGB V.

1. Warum Beteiligung wichtig ist

Es gibt eine große Anzahl fachwissenschaftlicher Erkenntnisse, die aufzeigen, dass Partizipation eine notwendige Bedingung für eine positive Entwicklung des Menschen ist. Die Säuglingsforschung kann zeigen, dass bereits Neugeborene ihre Interaktionen mit der Umwelt aktiv gestalten und fehlende Achtsamkeit im Umgang mit diesen Gestaltungswünschen zu Entwicklungsstörungen führt (vgl. z.B. Papoušek 2003). Die Diskussionen über kindliche Bildungsprozesse verweisen auf die Notwendigkeit, Selbstbildungsprozesse anzuregen, also Kindern die Möglichkeiten der aktiven Auseinandersetzung mit der Welt zu eröffnen, und Bildungsprozesse an ihren Wünschen und Bedürfnissen zu orientieren (z.B. Laewen/Anders 2003). Aber auch schon ältere Konzepte wie die Pädagogik von Maria Montessori, der Situationsansatz oder die Reggio-Pädagogik setzen aus den gleichen Gründen darauf, kindliche Eigentätigkeit und Interessen in den Mittelpunkt der Bildungsprozesse zu setzen. Wie hilfreich und förderlich Partizipationserfahrungen und -möglichkeiten für die Bewältigung schwieriger Lebenslagen sind, beweisen die Erfahrungen der Kinderrepubliken (Kamp 1995) für den Jugendbereich, die positiven Effekte der Selbsthilfe für den Gesundheitsbereich (vgl. z.B. Borgetto 2004) und die Effekte von shared decision making bei medizinischen Behandlungen (z.B. Caspari u.a. 2006; Dirmaier/Härter 2012). Warum Partizipation mit so vielen positiven Effekten einhergeht, wird durch einige psychologische Theorien (Kontrollüberzeugung, Selbstwirksamkeitserwartung, Widerstandsfähigkeit, Kohärenzgefühl) erklärt. Einen Überblick hierzu findet sich bei Lenz (2006).

Diese Zusammenhänge wären für sich genommen schon als Begründung ausreichend, sich ausführlich und systematisch mit der Frage zu befassen, wie es gelingt Partizipation zu fördern. Aber auch gesellschaftliche Veränderungsprozesse erfordern es, sich systemtisch mit dieser Frage auseinanderzusetzen. Pilisuk u.a (1996) verweisen auf die Entbettungsprozesse moderner Gesellschaften. Der schnelle soziale Wandel (hierzu auch Rosa 2005), die Verdichtung des Alltags (in Bezug auf Jugendliche: Lüders 2007) und die fortschreitende Individualisierung haben zur Folge, dass die selbstverständliche, in langfristigen sozialen Beziehungen gewachsene Solidarität immer unwahrscheinlicher wird und damit auch beteiligt zu sein. Die Möglichkeiten ungeregelt, also ohne formale Absicherung, Einfluss auf Entscheidungen zu nehmen, werden so immer geringer. Dies ist an sich eine paradoxe Entwicklung, denn schließlich ist ein Modernisierungseffekt, dass jeder mehr Verantwortung für sein eigenes Leben übernehmen muss. Vorgegebene Lebenswege, von denen nicht abgewichen werden kann, werden seltener, aber die Bedingungen diese Aufgabe, nämlich sein Leben selbst in die Hand zu nehmen, als positive Herausforderung zu begreifen, werden für viele immer schlechter. Die Unübersichtlichkeit moderner Gesellschaften, die Belastungen täglicher Lebensführung, die Rezentralisierung von Macht in den Händen internationaler Konzerne und die sich verschlechternden Arbeitsbedingungen (z.B. Leiharbeit, Ausweitung des Niedriglohnsektors, befristete Arbeitsverträge) tragen zur Entmutigung bei (vgl. Orford 2008). Es wird somit immer mehr zur Aufgabe psychosozialer Arbeit, dieser Entmutigung und Entmachtung entgegen zu wirken, da sie sonst ihren Auftrag, unnötiges Leid zu minimieren und dazu beizutragen, förderliche Bedingungen für ein gelingendes Leben zu schaffen, nicht erfüllen kann.

2. Positive Effekte von Beteiligung

Das Zusammenwirken subjektiver Wünsche, Bedürfnisse und Fähigkeiten mit den die jeweiligen Lebensbedingungen charakterisierenden materiellen, psychosozialen und sozialen Ressourcen führen zum Wohlbefinden bzw. zum Leid (vgl. z.B. Keupp 1995: 7). Dieses Zusammenwirken geschieht in Interaktionen zwischen dem Subjekt und seiner Umwelt. Weder ist das Subjekt seiner Umwelt hilflos ausgeliefert noch vollständig von ihr unabhängig. Gemeindepsychologische Interventionen beschränken sich deshalb (auch im klinischen Kontext) nicht auf rein individuums- bzw. kleingruppenbezogene Ansätze, sondern versuchen „psychosoziales Wohlbefinden dadurch zu verbessern und psychosoziales Leid dadurch zu mindern, dass sie Subjekte, Gruppen und Netzwerke dabei unterstützt(en), den Zugang zu Ressourcen zu verbessern, die für eine adäquate Auseinandersetzung mit alltäglichen Widersprüchen und Belastungen und für die Realisierung selbstbestimmter Lebenspläne erforderlich sind“ (Keupp 1995: 7-8). Angesichts dieser grundlegenden Perspektive der Gemeindepsychologie verwundert es nicht, dass viele Ergebnisse zum Nutzen von Partizipation im Rahmen von gemeindepsychologischer Forschung entstanden sind.

1979 beschreibt Wandersman, ein US-amerikanischer Gemeindepsychologe, auf der Basis empirischer Studien folgende drei positiven Effekte, die sich durch „Citizen participation“[2] erzielen lassen:

1. Partizipation geht einher mit einer verbesserten Qualität des eigenen Lebens und des Umfelds, in dem man lebt
2. Partizipation erhöht die Kontrolle über die eigenen Lebensumstände
3. Es gibt einen positiven Zusammenhang zwischen Partizipation, größere Hilfsbereitschaft und einem ausgeprägterem Verantwortungsgefühl (Wandersman 1979; Wandersman/Florin 2000).

Weskamp (2000) beschreibt bei Aktiven in Mütterzentren ähnliche Effekte. Es werden durch Beteiligungsprozesse Entwicklungen auf persönlicher und sozialer Ebene angeregt, die aktiven Frauen erhalten vermehrt Anerkennung, da sie sich einmischen und Verantwortung übernehmen.

Aufgrund der methodischen Anlage der Studien zu Partizipationseffekten lässt sich allerdings noch kein kausaler Zusammenhang nachweisen. Es könnte auch sein, dass Menschen mit mehr Lebensqualität, mit zumindest einem Gefühl von mehr Kontrolle über ihre eigenen Lebensumstände und mit ausgeprägterer Hilfebereitschaft und größerem Verantwortungsgefühl sich mehr beteiligen. Es spricht vieles dafür, dass wir es hier mit einer positiven Spirale (einem Engelskreis) zu tun haben, es zu einer positiven wechselseitigen Beeinflussung kommt.

2 Unter Citizen Participation versteht Wandersman den Prozess, in dem der/die Einzelne an Entscheidungen in Institutionen, Programmen und oder Umgebungen (also Nachbarschaften, Kommunen, Länder) mitwirken, die ihn oder sie betreffen.

3. Faktoren, die Beteiligung begünstigen oder erschweren

Bei so viel positiver Wirkung von Partizipation stellt sich umso mehr die Frage, welche Bedingungen erforderlich sind, damit Partizipationsprozesse in Gang kommen. Auch hierzu gibt es Forschungsbefunde, die im Wesentlichen auf drei Gruppen von Faktoren verweisen (Übersicht bei Orford 2008): *Individuelle Faktoren*, wie Dauer des Wohnens am selben Ort, Kinder in der Familie oder auch Ethnie (es zeigt sich zum Beispiel, dass sich in den USA afro-amerikanische Bürger stärker beteiligen als Weiße, wenn man die sozio-ökonomischen Variablen kontrolliert), auf einer *sozialen Ebene* einen entwickelten Sense of Community (also Zugehörigkeitsgefühl, gute Kontakte zu anderen in der Nachbarschaft oder eben auch im Mehrgenerationenhaus) und schließlich Hinweise, die dazu führen, dass die *individuelle Aufwand-Nutzen-Abwägung* zumindest ausgeglichen ausfällt. Zur Beurteilung des Nutzens werden auch Kriterien wie Veränderbarkeit der Umgebung in die Richtung, die man selbst anstrebt, wachsendes Vertrauen in die Nachbarschaft, steigendes Selbstvertrauen und persönliche Kompetenzgewinne herangezogen. Interessanter Weise steigt der Nutzen, wenn auch das Engagement zunimmt. Dieser sich selbst verstärkende Prozess trägt vielleicht etwas zur Erklärung des altbekannten Phänomens bei, dass Menschen, die sich engagieren, sich häufig vielfältig engagieren.

Gebremst wird die Bereitschaft sich zu beteiligen auf der individuellen Ebene durch einen ausgeprägten Mangel an Selbstvertrauen und die Erfahrung gesellschaftlicher Ausgrenzung (z.B. Campbell/Mclean 2003). Auf der Ebene von Organisationen gibt es ebenfalls Strukturen, die Beteiligungsprozessen entgegenstehen. Denn unabhängig davon, ob eine Organisation eher informelle oder eher formale Strukturen besitzt, führt eine Intransparenz von Entscheidungswegen und Entscheidungsprozessen zur Abnahme von Beteiligung. Ebenso hat sich in verschiedenen Studien herausgestellt (vgl. Wandersman/Florin 2000), dass eine fehlende Aufgabenorientierung Beteiligungsprozesse eher behindert. So wichtig es für erfolgreiche Beteiligungsprozesse ist, dass Einzelne in besonderer Weise Verantwortung übernehmen, so demotivierend kann dies auf andere wirken. Diese befürchten, weniger gut zu sein und sehen keine Möglichkeiten mehr für ein eigenes Engagement. Sie verharren hierdurch in einer eher konsumorientierten Haltung. Mit diesem Spannungsverhältnis haben sich Organisationen also auseinanderzusetzen. Dies gilt erst recht für Organisationen, die mit sehr heterogenen Gruppen arbeiten, wie z.B. Mehrgenerationenhäuser, da es zwischen den einzelnen Gruppen meist sowieso schon Formen unausgesprochener Hierarchisierung und mehr oder weniger offenen ausgetragener Konkurrenz gibt.

4. Partizipation – eine Definition

Bevor näher auf die Strategien eingegangen wird, die dazu beitragen können, Beteiligungsprozesse zu fördern, wird Beteiligung genauer definiert. Traditionelle Beteiligungsmodelle werden in Stufen oder als Leitern beschrieben, die mit fehlender Beteiligung starten und in denen sich dann Stufe für Stufe das Ausmaß an Beteiligung erhöht, Der Umfang der Beteiligung wird an dem Einfluss auf Entscheidungen gemessen (z.B. Arnstein 1969). Die Stufenmodelle suggerieren zum einen, dass man nur Stufe um Stufe voranschreiten kann, und zum anderen sind sie zu sehr auf Entscheidungen hin fixiert. Der Beteiligungskreis von Pluto (2007: 53), der auf ein Stufenmodell von Brückner (2001) zurückgeht, ist angemessener für die Beschreibung der vielfältigen Dimensionen von Partizipationsprozessen. Die grundlegende Idee dieses Modells ist es, Beteiligungsprozesse in sechs Dimensionen zu beschreiben und zu verdeutlichen, dass Partizipation erst dann umfassend verwirklicht ist, wenn Personen oder Gruppen sich auf allen Dimensionen einbringen können. Die sechs Dimensionen heißen:

1. Mitdenken
2. Mitreden
3. Mitplanen
4. Mitentscheiden
5. Mitgestalten und
6. Mitverantworten.

Die Namen der sechs Dimensionen verdeutlichen, dass Beteiligungsprozesse nicht das Ziel haben, Alleinentscheidungen der einen Powergroup durch die einer anderen zu ersetzen, sondern tatsächlich gemeinsam zu handeln. Zudem wird deutlich, dass es nicht ausreicht, allein auf eine Mitsprache an Entscheidungen zu setzen, ganz nach dem Motto: Fachkräfte haben sich drei Dinge überlegt und die AdressatInnen bzw. NutzerInnen dürfen daraus auswählen. Auch aus der Arbeit in Familienzentren und Mehrgenerationenhäusern gibt es genug Beispiele dafür, dass eine Beteiligung allein im Rahmen von Auswahlentscheidungen nicht funktioniert. Für Partizipation ist es vielmehr erforderlich, an dem gesamten Prozess, also von den ersten Überlegungen bis hin zur Umsetzung involviert zu sein bzw. sich direkt einbringen zu können. Fehlt ein Segment aus dem Beteiligungskreis, dann ist der Partizipationsprozess unvollständig und bleibt in seiner motivierenden Wirkung, sich auch weiterhin zu beteiligen, beschränkt.

Der Kreis symbolisiert darüber hinaus, dass man zu jeder Phase eines Prozesses mit Beteiligung und Einmischung beginnen kann. Also auch wenn nicht alle Dimensionen der Aushandlung von Anfang offenstehen, lohnt es sich zu beginnen und positive Erfahrungen zu sammeln. So dass eine Ausweitung der Entscheidungsräume wahrscheinlicher wird.
Diese Definition von Beteiligung setzt Beteiligung nicht mit Freiwilligentätigkeit gleich. Es wäre ein Fehler, aus der Anzahl der Freiwilligen auf die Beteiligungsorientierung einer Organisation zu schließen. Viele Ehrenamtliche insbesondere in traditionellen Organisationen

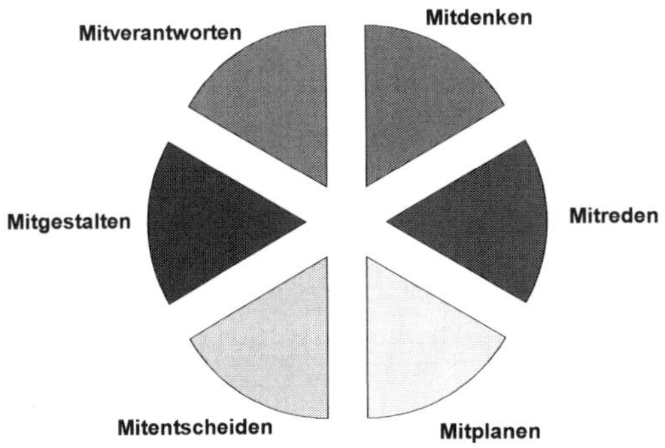

Abb. 1: Beteiligungskreis nach Pluto (2007, 53)

dürfen weder mitplanen, noch mitentscheiden, geschweige denn mitgestalten und mitverantworten. Allerdings sollte eine Organisation, in der Beteiligung im Sinne Plutos gepflegt wird, mittelfristig auch hinsichtlich der Anzahl der bürgerschaftlich Engagierten profitieren, denn mitgestalten und mitverantworten erscheint ohne ein Engagement in der Sache nur sehr eingeschränkt möglich.

5. Anregungen für die Beteiligungsförderung in Mehrgenerationenhäusern

In diesem Abschnitt sollen nun Anregungen für die Praxis in Mehrgenerationenhäusern vor dem Hintergrund der Erkenntnisse und konzeptuellen Überlegungen zu Partizipation diskutiert werden. Hierzu wird ein Blick auf Entscheidungsstrukturen, auf das Verhältnis von Hauptamtlichen zu Ehrenamtlichen, auf die Bedeutung sozialer Vernetzung, auf das Engagement von Menschen mit Migrationshintergrund und auf Schwankungen der Bereitschaft zum Engagement geworfen.

5.1. Transparente aber unbürokratische Entscheidungsstrukturen

Für Organisationen, die vom bürgerschaftlichem Engagement ihrer NutzerInnen leben, wie zum Beispiel Mehrgenerationenhäuser, stellt es eine besondere Herausforderung dar, die Entscheidungsstrukturen innerhalb der Einrichtung transparent zu gestalten und gleichzeitig den informellen Charakter und die Handlungsautonomie der einzelnen Aktiven zu erhalten. Die Ergebnisse von z.B. Wandersman/Florin (2000) legen es jedoch nahe, die Transparenz der Entscheidungsfindung und der Möglichkeiten, selbst aktiv zu werden, immer wieder kritisch zu reflektieren, denn fehlt diese sinkt die Bereitschaft sich zu engagieren. Es erscheint notwendig, dass jede Besucherin des Mehrgenerationenhauses weiß bzw. zumindest auf einfache und verlässliche Art und Weise erfahren kann, wie man in die Position kommt, etwas Eigenes im Rahmen des Gesamtkonzepts des Mehrgenerationenhauses auszuprobieren, anzubieten oder zu entwickeln. Die besondere Herausforderung liegt darin, Transparenz nicht mit einem hohen Formalisierungsgrad von Entscheidungsprozessen zu verwechseln. Denn muss jede Idee erst einmal von einer Hausversammlung oder einem anderen Entscheidungsgremium gemäß einem genau definierten Procedere abgestimmt werden, wird das Engagement bescheiden bleiben. Ein fein austariertes System von informellen Abstimmungen, die in einem gewissen Maße intransparent bleiben werden, und regelmäßigen, allen NutzerInnen zugänglichen Abstimmungs- und Entscheidungsverfahren, ist erforderlich. Eröffnet man auf allen im Beteiligungskreis (vgl. Abb. 1) genannten Dimensionen den Zugang zu gemeinsamen Aushandlungen, so erhöht dies bei den NutzerInnen die Sicherheit, Einfluss auf die für sie wesentlichen Dinge ausüben zu können. Mehrgenerationenhäuser brauchen also, wollen sie attraktiv für bürgerschaftliches Engagement sein, eine gute Mischung aus demokratischen Verfahren und demokratischen Formen des Interessensausgleichs sowie Handlungsfreiheit für die Umsetzung spontaner Ideen. Damit dieses gelingen kann, sollte sich das Mehrgenerationenhaus als lernende Organisation begreifen und regelmäßig bisherige Verfahrensweisen reflektieren.

5.2. Reflexiver Umgang mit den verschiedenen Rollen von hauptberufliche und freiwillig Tätigen

Bürgerschaftliches Engagement wird umso attraktiver, je besser die Bedingungen hierfür sind. Eine triviale Aussage, deren Folgen häufig unterschätzt werden. Damit gute Bedingungen für Beteiligung hergestellt werden können, müssen die bezahlten MitarbeiterInnen des Mehrgenerationenhauses spezifische Aufgaben übernehmen, z.B. eine Kinderbetreuung für die Mütter zu organisieren, die sich an einem Projekt beteiligen möchten. Hierdurch wird die individuelle Kosten-Nutzen-Bilanz für die, die sich einbringen möchten, positiv verändert. Das Herstellen guter Bedingungen ist eine wichtige Form der Anerkennung des Engagements. Das Mehrgenerationenhaus signalisiert damit, welche Bedeutung der Beteiligung zugeschrieben wird. Ein weiterer Aspekt, eng mit den Arbeitsbedingungen verknüpft, ist, dass diejenigen die sich unbezahlt engagieren, bestimmte Tätigkeiten nicht oder nur sehr ungern übernehmen. Integrieren Hauptamtliche diese, bei den Ehrenamtlichen unbeliebten Tätigkeiten in ihre Aufgaben, so steigt das freiwillige Engagement an. Für die Jugendarbeit kann dieser Zusammenhang empirisch gezeigt werden (Seckinger et al. 2009). Auch Eccles und Gootman kommen in ihre Analyse förderlicher Bedingungen für die Beteiligung von Jugendlichen zu dem Ergebnis, dass „organizations that allow adolescents the freedom to make real decisions and take leadership roles while adults still provide some structure help to promote positive youth outcomes“ (Smetana/Campione-Barr/Metzger 2006: 273). Eine solche Aufgabenverteilung hat aber auch häufig zur Folge, dass hauptberufliche MitarbeiterInnen sich zurückgesetzt fühlen und einen intensiveren Einbezug der NutzerInnen zu vermeiden suchen. Roß und Tries konnten in ihrer Studie bei einem großen freien Träger sozialer Dienstleistungen zeigen, dass dort die Freiwilligenarbeit am meisten durch die negative Einstellung der Hauptamtlichen behindert wird. Diese erleben die Förderung der Freiwilligen als Ausdruck der mangelnden Anerkennung ihrer professionellen Arbeit, die zudem immer stärker beschränkt wird auf die ungeliebten und undankbaren, wenig sinnstiftenden Aufgaben (Roß/Tries 2010). Um solche nicht intendierten Effekte nicht zu groß werden zu lassen, ist es erforderlich, mit den Hauptberuflichen ein entsprechendes Verständnis ihrer Aufgaben und Rolle zu erarbeiten. Oft behindert eine Vorstellung von Expertenschaft, die an technische Berufe angelehnt ist, die Beteiligung der NutzerInnen zu fördern bzw. zu akzeptieren (Pluto/Seckinger 2008). Deshalb ist es lohnenswert, an der Entwicklung einer aufgeschlossenen Haltung der Hauptberuflichen gegenüber den NutzerInnen und ihrem freiwilligen Beitrag zu arbeiten (siehe z.B. Deutscher Bibliotheksverband e.V. (dbv) 2011). Allerdings erscheint die in diesem Zusammenhang immer wieder vorgeschlagene Beschränkung der Freiwilligentätigkeit auf von den hauptamtlichen vordefinierten Aufgaben, für die Mehrgenerationenhäuser wenig angemessen. Denn diese sind konzeptionell auf die Vielfalt des Engagements und die Eigeninitiative der NutzerInnen angewiesen.

5.3. Soziale Vernetzung fördern

Beteiligung und aktive Einmischung wird dann umso wahrscheinlicher, je verbundener sich der oder die einzelne der Region gegenüber fühlt und je mehr er oder sie darauf vertraut, dass durch ein gemeinsames Engagement Veränderungen möglich werden (Foster-Fisherman et al. 2009). Alle Aktionen in und um das Mehrgenerationenhaus, die zu einer Stärkung einer Quartiersidentität beitragen, erhöhen auch die Bereitschaft sich gemeinsam zu engagieren und einzumischen. Gleichzeitig sollten alle Möglichkeiten zur Beteiligung so organisiert sein, dass sie dem Aufbau realer sozialer Netzwerke dienen können. Es sollte also auch die Zeit und der Raum für den persönlichen Austausch bleiben.

Die Bereitschaft zum Engagement hängt nicht nur von der persönlichen Verbundenheit mit dem Quartier und der Integration in das Quartier ab, sondern eben auch von der Erwartung, durch gemeinsames Handeln etwas verändern zu können. Um diese gruppenbezogene Selbstwirksamkeitserwartung zu stärken, ist es einerseits hilfreich, gelungene Partizipationsprozesse sichtbar zu machen und Erfolge, die durch Beteiligung und Einmischung erzielt wurden, herausstellen. Andererseits ist es notwendig, für den Fall dass die Ziele nicht erreicht wurden, gemeinsam die Erfahrungen zu reflektieren und so zu versuchen, Erklärungsmodelle zu finden, die das Zusammengehörigkeitsgefühl stärken und die gruppenbezogene Selbstwirksamkeitserwartung nicht schwächen.

5.4. Interkulturelle Entwicklungen anregen

Für Menschen mit Migrationshintergrund gibt es selbst dann, wenn ihre Beteiligung gewollt ist, spezifische Hinderungsgründe, Partizipationsangebote anzunehmen. Einer liegt darin, dass eine Gesellschaft, die zumindest in Teilen als ausgrenzend erlebt wird, wenig dazu einlädt, sich für diese Gesellschaft zu engagieren. Ein zweiter ist die Skepsis gegenüber Beteiligungsangebote, die vielfach als Beschäftigungsangebote und Bewährungsaufgaben wahrgenommen werden und weniger als ernstgemeinte Angebote zur Teilhabe an relevanten Prozessen. Bezogen auf Angebote in Mehrgenerationenhäuser bedeutet dies, insbesondere auch gegenüber NutzerInnen mit Migrationshintergrund ein Klima zu schaffen, in dem eine Aneignung des Mehrgenerationenhauses auch durch diese Gruppen möglich wird. Mit Aneignung ist gemeint, Einfluss auf die konkrete Ausgestaltung sowohl der räumlichen wie der inhaltlichen und sozialen Gegebenheiten zu haben. Ein dritter Hinderungsgrund ist in dem eingeschränkten Selbstvertrauen zu sehen, das viele Menschen mit Migrationshintergrund haben. Sie fühlen sich in der Einwanderungsgesellschaft unsicher, empfinden es als unhöflich zu kritisieren und trauen sich selbst auch nicht zu, etwas zur Neugestaltung beitragen zu können (Campell/Mclean 2002, 2003). Dies ist ein weiterer Grund, warum die Verantwortlichen in Mehrgenerationenhäuser darauf achten sollten, dass die Aktivitäten der Freiwilligen ausreichend Anerkennung erfahren und positive Selbstwirksamkeitserfahrungen ermöglichen.

5.5. Dynamik im Beteiligungsverhalten

Montero (2004) hat ein Partizipationsmodell aus der Perspektive der sich Beteiligenden entwickelt (zitiert nach Stewart/Kagan 2008). Ein wichtiger Aspekt dieses Modells ist, dass aus der Sicht derjenigen, die sich engagieren, ein wechselndes Ausmaß an Engagement normal ist. Montero beschreibt Beteiligung als ein dynamisches System, in dem Kräfte wirken, die zu mehr Beteiligung anregen und solche, die Beteiligung eher verringern. Ähnlich wie bezahlte Arbeit kann auch Freiwilligentätigkeit zu einer gesundheitlichen Überlastung führen. Schwankungen im Ausmaß des Engagements können deshalb auch als gesunde Reaktion auf Belastungen interpretiert werden. Ein solcher Blick auf Beteiligung und die Kontinuität von ehrenamtlicher Betätigung hilft zu verstehen, warum es normal ist, dass Personen in Mehrgenerationenhäusern immer wieder ihr Engagementverhalten ändern. Diese Veränderungen sind kein Grund für Frustrationen oder Zweifel daran, dass es möglich ist, Personen langfristig für das Mehrgenerationenhaus zu begeistern. Vielmehr sind diese Veränderungen Ausdruck normaler Zyklen. Anerkennung der Leistungen derer, die sich beteiligen und eine regelmäßige Reflexion der Erfahrungen im freiwilligen Engagement können etwas zur Herausbildung einer Identität als „active citizen“ beitragen und so die Schwankungen abschwächen. Eine Studie aus Spanien (Chacón et al. 2007) zeigt, dass für eher kurzfristiges Engagement, also z.B. in zeitlich befristeten Einzelprojekten, die durch das Engagement erfahrene persönliche Befriedigung und für ein langfristiges Engagement ein hohes Maß an Verbundenheit mit der Organisation sowie eine entsprechende Rollenidentität als bürgerschaftlich Engagierte von besonderer Bedeutung sind.

Fazit

Die Eröffnung von Beteiligungsmöglichkeiten und die Unterstützung bürgerschaftlichen Engagements sind zentrale fachliche Aufgabenstellungen für Mehrgenerationenhäuser. Eine Konzeptualisierung von Partizipation als gemeinsames Aushandeln und Tun in allen Teilprozessen von Projekten und auch der alltäglichen Aufgaben und Angebote eines Mehrgenerationenhauses eröffnet viele Ansätze Beteiligung zu fördern und positive Ausstrahlungseffekte auf das Stadtviertel bzw. die Gemeinde zu haben. Mehrgenerationenhäuser können aktiv zu einer lebendigen Beteiligungskultur beitragen.

Literatur

Arnstein, S. R. (1969): A Ladder of Participation. In: Journal of American Planning Association, 35, S. 216-224.
Borgetto, B. (2004): Selbsthilfe und Gesundheit – Analysen, Forschungsergebnisse und Perspektiven; Buchreihe des Schweizerischen Gesundheitsobservatoriums. Bern.
Brückner, H.-R. (2001): Beteiligung in der Schule. Welchen Rahmen bietet die Schule für die Beteiligung von Schülerinnen und Schülern? In: BMFSFJ (Hrsg.): Partizipation von Kindern und Jugendlichen als gesellschaftliche Utopie? Ideale – Erfahrungen – Perspektiven. Berlin, S. 149-154. Online im Internet: http: //www.kinderbeteiligen.de/dnld/partizipationvonkindernundjugendlichenalsgesellschaftlicheutopie.pdf] [Zugriff: 31.08.2012].
Chacón, F./Vecina, M. L./Dávila, M. (2007): The Three-Stage Model of Volunteers Duration of Service. In: Social Behaviour and Personality, 35 (5), S. 627-642.
Campbell, C./McLean, C. (2002): Ethnic identities, social capital and health inequalities: factors shaping African-Caribbean participation in local community networks: a microqualitative study. In: Journal of Community and Applied Social Psychology, 10.S. 255-270.
Campbell, C./McLean, C. (2003): Social Capital, local community participation and the construction of Pakistani identities in England: implications for health inequalities policies. In: Journal of Health Psychology, 8, S. 247-262.
Caspari, C./Vodermaier, A./Köhm, J./Untch, M. (2006): Partizipative Entscheidungsfindung im medizinischen Kontext – eine qualitative Studie zu „Shared Decision Making“ bei ersterkrankten Brustkrebspatientinnen. In: Seckinger, M. (Hrsg.): Partizipation – ein zentrales Paradigma. Analysen und Berichte aus psychosozialen und medizinischen

Handlungsfeldern. Fortschritte der Gemeindepsychologie und Gesundheitsförderung Bd. 13. Tübingen, S. 73-88.
Deutscher Bibliotheksverband e.V. (dbv) (2011): Bürgerschaftliches Engagement in Bibliotheken. Ein Handbuch für das Ehrenamts-Management. Online im Internet: http: //www.bibliotheksverband.de/dbv/themen/ehrenamt-in-bibliotheken/handbuch-fue r-das-ehrenamts-management [Zugriff: 31.08.2012]
Dirmaier, J./Härter, M. (2012): Partizipative Entscheidungsfindung in der medizinischen Versorgung. In: Rosenbrock, R./Hartung, S. (Hrsg.): Handbuch Partizipation und Gesundheit. Bern, S. 318-330.
Eccles, J./Gootman, J. A. (Hrsg.) (2002): Community Programs to Promote Youth Development. Washington, DC.
Foster-Fisherman, P. G./Pierce, S. J./van Egeren, L. (2009): Who Participates ans Why: Buildunng a Process Modell of Citizen Participation. In: Health Education/Behavior, 36, S. 550-569.
Kamp, J.-M. (1995): Kinderrepubliken. Geschichte, Praxis und Theorie radikaler Selbstregierung in Kinder- und Jugendheimen. Opladen.
Keupp, H. (1995): Gemeindepsychologische Identitäten: Vergangenheiten und mögliche Zukünfte. In: Röhrle, B./Sommer, G. (Hrsg.): Gemeindepsychologie: Bestandsaufnahmen und Perspektiven. Tübingen, S. 5-25.
Klemperer, D. (2012): Die Bedeutung der Patientenpartizipation für die Krankheitsversorgung. In: Rosenbrock, R./Hartung, S. (Hrsg.): Handbuch Partizipation und Gesundheit. Bern, S. 296-307.
Laewen, H.-J./Anders, B. (Hrsg.) (2003): Bildung und Erziehung in der frühen Kindheit. Bausteine zum Bildungsauftrag von Kindertageseinrichtungen. Berlin.
Lenz, A. (2006): Psychologische Dimensionen der Partizipation. Überlegungen zu einer theoretischen Fundierung eines Handlungs- und Organisationsprinzips. In: Seckinger, M. (Hrsg.): Partizipation – ein zentrales Paradigma. Analysen und Berichte aus psychosozialen und medizinischen Handlungsfeldern. Fortschritte der Gemeindepsychologie und Gesundheitsförderung Bd. 13. Tübingen, S. 13-34.
Lüders, C. (2007): Entgrenzt, individualisiert, verdichtet. Überlegungen zum Strukturwandel des Aufwachsens. In: SOS-Dialog, S. 4-10. Online im Internet: http: //www.sosfachpotal.de/linkableblob/86296/data/sosdialog2007data.pdf;jsessinid= 34239237FA87317ACZE7794C5246525D8] [Zugriff: 31.08.2012]
Montero, M. (2004): Introducción a la Psicología Comunitaria: Desarrollo, conceptos y procesos.(Introduction to community psychology: development, concepts and processes). Buenos Aires.
Orford, J. (2008): Community Psychology. Challenges, Controversies and Emerging Consensus. West Sussex.
Papoušek, M. (2003): Frühe Gefährdungen der vorsprachlichen Kommunikation und Ressourcen für Frühförderung und Beratung. Fiduz Vertrauen, Zutrauen, Infoblatt der medizinischen Abteilung der Arbeitsstelle Frühförderung Bayern, 12 (6), S. 6-9.
Pilisuk, M./MacAllister, J./Rothman, J. (1996): Coming together for action: the challenge of contemporary grassroots community organizing. Journal of Social Issues, 52, S. 15-37.
Pluto, L. (2007): Partizipation in den Hilfen zur Erziehung. Eine empirische Studie. München.
Pluto, L./Seckinger, M. (2008): Experten stehen sich selbst im Weg – einige Anmerkungen zur Beteiligung von Adressaten in den stationären Hilfen zur Erziehung. In: Musfeld, T./Quindel, R./Schmidt, A. (Hrsg.): Einsprüche. Kritische Praxis Sozialer Arbeit in der Kinder- und Jugendhilfe. Baltmannsweiler, S. 113-137.
Rosa, H. (2005): Beschleunigung. Die Veränderung der Zeitstrukturen in der Moderne. Frankfurt am Main.
Roß, P.-S./Tries, H. (2010): Die Kernfrage des freiwilligen Engagements ist die Gewinnung der Hauptberuflichen. In: Newsletter Wegweiser Bürgergesellschaft 10/2010. Online im Internet:
http: //www.buergergesellschaft.de/fileadmin/pdf/gastbeitrag_ross_triesZ10058.pdf

[Zugriff: 31.08.2012].
Seckinger, M. (2010): Prävention statt Erziehung? In: Dialog Erziehungshilfe: Sonderheft mit Dokumentation der AFET-Fachtagung 2010 „Ausgrenzung und Integration – Erziehungshilfe zwischen Angebot und Eingriff", 2010, Heft 4, S. 32-40.
Smetana, J. G./Campione-Barr, N./Metzger, A. (2006): Adolescent Development in Interpersonal and Societal Contexts. Annual Review of Psychology, 2006, 57, S. 255-284.
Stewart, A./Kagan, C. (2008): The In Bloom competition: gardening work as a community involvement strategy. Manchester: Research Institute for Health and Social Change. Online im Internet: http: //e-space.openrepository.com/e-space/bitstream/2173/41941-/1/978-1-900139-24-3.pdf [Zugriff: 31.08.2012].
Wandersman, A. (1979): User Participation: A study of types of participation, effects, mediators and individual differences. In: Environment and Behavior, 11, S. 185-208.
Wandersman, A./Florin, P. (2000): Citizen Participation and Community Organizations. In: Rappaport, J./Seidmann, E. (Hrsg.): Handbook of Community Psychology. New York, S. 247-272.
Weskamp, H. (2000): Mütterzentren zwischen Selbsthilfe und Institutionalisierung. Empowerment und Partizipation als Konzeptmerkmale. In: Seckinger, M./Stiemert-Strecker, S./Teuber, K. (Hrsg.): Qualität durch Partizipation und Empowerment. Einmischungen in die Qualitätsdebatte. Fortschritte der Gemeindepsychologie und Gesundheitsförderung Bd. 6. Tübingen, S. 93-102,
Zeh, J. (2012): Wie viel Wissen ist gesund? In: Impulse für Gesundheitsförderung, 74, S. 14.

Teil V

Facetten des Aktionsprogramms Mehrgenerationenhäuser

Programmkern und Nachhaltigkeit des Aktionsprogramms Mehrgenerationenhäuser aus Sicht der Wirkungsforschung

Christopher Gess

1. Einleitung

Das Aktionsprogramm Mehrgenerationenhäuser ist im Vergleich zu anderen Bundesprogrammen thematisch sehr breit aufgestellt. Während die Bezeichnung „Mehrgenerationenhäuser" den generationenübergreifenden beziehungsweise intergenerationellen Aspekte in den Vordergrund stellt, war die Förderung jedoch auf sieben Handlungsfelder zugeschnitten, die über diesen Aspekt hinausgehen.

Die thematische Breite des Aktionsprogramms wird besonders deutlich, wenn dessen Handlungsfelder mit den Tätigkeitsbereichen des Bundesfamilienministeriums verglichen werden. In dessen Organigramm sind vier thematische Abteilungen notiert: Familie (Abteilung 2), Ältere Menschen, Wohlfahrtspflege, Engagementpolitik (Abteilung 3), Gleichstellung, Chancengleichheit (Abteilung 4) sowie Kinder und Jugend (Abteilung 5). Alle Bereiche außer Jugend und Gleichstellung sind auch gleichzeitig explizite Handlungsfelder des Aktionsprogramms – und selbst diese beiden Themen werden von vielen Mehrgenerationenhäusern behandelt.

Es lassen sich daher auch aus Sicht der Wirkungsforschung viele Anknüpfungspunkte finden, um an dieser Stelle von den Ergebnissen zu berichten. Gleichwohl lassen Platz und Anspruch auf angemessene Darstellung es nicht zu, sich hier jedem Handlungsfeld zu widmen. Ich möchte mich daher im Folgenden auf den Kern des Aktionsprogramms beschränken.[1] Doch, was ist der Kern? Dieser Frage gehe ich im ersten Teil dieses Artikels nach. Ist die Frage des Kerns geklärt, bleibt noch die Frage nach dessen Haltbarkeit. Es handelt sich im zweiten Teil dieses Artikels also um eine Analyse der Nachhaltigkeit des Aktionsprogramms. Was bleibt, wenn das Aktionsprogramm ausläuft? Und: Wo wird man das, was bleibt, auffinden können?

Entwicklung zur sozialen Anlaufstelle

Nach fünf Jahren Aktionsprogramm lässt sich konstatieren, dass die Entwicklung zur sozialen Anlaufstelle in dessen Zentrum steht. Was gute und weniger gute Häuser unterscheidet – das wurde in den zusammen gerechnet 100 Fallstudien in Mehrgenerationenhäusern deutlichist, wie weit fortgeschritten deren Entwicklung zur sozialen Anlaufstelle ist.

1 Umfassende Ergebnisse und Analysen zu allen Handlungsfelder finden sich bei Emminghaus/Staats/Gess (2012) und in Kurzfassung bei Gess (2011). Große Teile der hier vorgestellten Ergebnisse lassen sich in der Langfassung detaillierter nachlesen. Auch die angewandten Methoden der Wirkungsforschung sollten dort rezipiert werden.

Dies ist ein erwartbares, trotzdem aber nicht triviales Ergebnis. Erwartbar ist es insofern, als dass schon früh im Programm die Weichen gestellt wurden, eine solche Entwicklung zu ermöglichen (beispielsweise durch die Forcierung der Einrichtung eines offenen Treffs in den Häusern). Ein Jeder weiß jedoch, dass Menschen und ebenso Organisationen dazu neigen, sich bei einer Mehrzahl von gegebenenfalls sogar konkurrierenden Zielen jene auszusuchen, die am Besten passen – aus welchen Motiven auch immer. Daher ist es keineswegs trivial, dass sich die Entwicklung zur sozialen Anlaufstelle als Kern des Programms erwiesen hat. So hätten sich die Mehrgenerationenhäuser auch auf das Handlungsfeld der Kinderbetreuung konzentrieren und die anderen Handlungsfelder hinten anhängen können.

Diesen Prolog vorweg, nun also die Suche nach dem Programmkern. Im Folgenden werden drei Bereiche betrachtet, die die Sonderstellung der Entwicklung zur sozialen Anlaufstelle begründen: Der Begegnungscharakter der Häuser, die Generationenbegegnung und das Freiwillige Engagement in den Häusern.

Begegnungscharakter der Mehrgenerationenhäuser

Salopp formuliert: Ohne ausgeprägten Begegnungscharakter keine soziale Anlaufstelle. Um also mehr über die Entwicklung zur sozialen Anlaufstelle zu erfahren, lohnt der Blick auf den Begegnungscharakter der Häuser. Dies erfolgte durch die Wirkungsforschung quantitativ auf Basis von Indikatoren wie der Öffnungszeiten, der durchschnittlichen Besucherzahl sowie der Nutzungsfrequenz begegnungsorientierter Angebote. Darüber hinaus wurden qualitativ Beobachtungen zur Bedeutung offener Begegnung in den Häusern gemacht, erfolgreiche Strategien der Häuser identifiziert sowie die Identifikation der Aktiven in den Häusern mit dem Ziel der Förderung von Begegnung untersucht. Mit welchen Ergebnissen?

Alle Häuser haben – nicht nur aufgrund der Anforderungen des Aktionsprogramms, sondern häufig auch aus Eigenantrieb – einen sogenannten „offenen Treff" eingerichtet, in dem sich Menschen aller Altersgruppen begegnen. In Häusern, die sich zu sozialen Anlaufstellen entwickeln konnten, steht der offene Treff im Zentrum der Entwicklung. Er erfüllt unterschiedliche Funktionen zugleich. Zum einen dient der offene Treff als erste Anlaufstelle für neue Besucherinnen und Besucher, so dass erste Kontakte zum Personal als auch zu anderen Besucherinnen und Besuchern hier stattfinden. Zum anderen dient er der zufälligen Begegnung beispielsweise am Rande von Angeboten. Zudem wird der offene Treff auch gezielt für die Ansprache potenzieller Engagierten genutzt. Deshalb ist er zu fast allen Bereichen der Mehrgenerationenhäuser verzahnt. Der Vorteil des offenen Treffs gegenüber anderen Formen der Ansprache und Begegnung im Mehrgenerationenhaus ist seine Niedrigschwelligkeit. Sie wird von erfolgreichen Häusern bewusst eingesetzt und in Planungsprozessen berücksichtigt.

Die hohe Bedeutung des offenen Treffs für die Häuser wird auch in den quantitativen Daten deutlich: Von allen Angeboten der Häuser wird der offene Treff im Durchschnitt am häufigsten genutzt. Dank des offenen Treffs gelingt es den Häusern, viele Besucherinnen und Besucher anzuziehen. So kommen täglich durchschnittlich mehr als 120 Menschen in jedes Mehrgenerationenhaus.

Den Mehrgenerationenhäusern ist es zudem gelungen, über ihre traditionelle Zielgruppe hinaus auch andere Altersgruppen anzusprechen. Dies wird exemplarisch durch den von der

Wirkungsforschung etablierten „Generationenindex" deutlich.[2] In den fünf Jahren des Aktionsprogramms ist der Generationenindex kontinuierlich gestiegen (siehe Tabelle 1). Im ersten Halbjahr 2011 waren in fast der Hälfte der Häuser – rein rechnerisch – drei Lebensalter gleichmäßig vertreten.

	2. Hbj. 2007	2. Hbj. 2008	2. Hbj. 2009	2. Hbj. 2010	1. Hbj. 2011
Durchschnittlicher Generationenindexwert	0,62	0,64	0,65	0,66	0,67
Anteil der Häuser mit Indexwert über 0,70	29 %	37 %	41 %	43 %	46 %

Tabelle 1: Längsschnittanalyse – Entwicklung des Generationenindex (Reinecke/Rösch 2012: 62).

Generationenbegegnung

Dass die Häuser unterschiedliche Generationen erreichen, wie durch die Mischung der Generationen in den Häusern belegt, bedeutet jedoch nicht zwangsläufig, dass sich die Generationen auch begegnen. Oder anders ausgedrückt: Findet ein Nebeneinander oder ein Miteinander der Generationen statt? Diese Unterscheidung ist für die Frage nach der sozialen Anlaufstelle von hoher Bedeutung – an ihr manifestiert sich der Begegnungscharakter der Häuser. In der Wirkungsforschung wurde daher ein besonderer Fokus auf Generationenbegegnung gelegt.

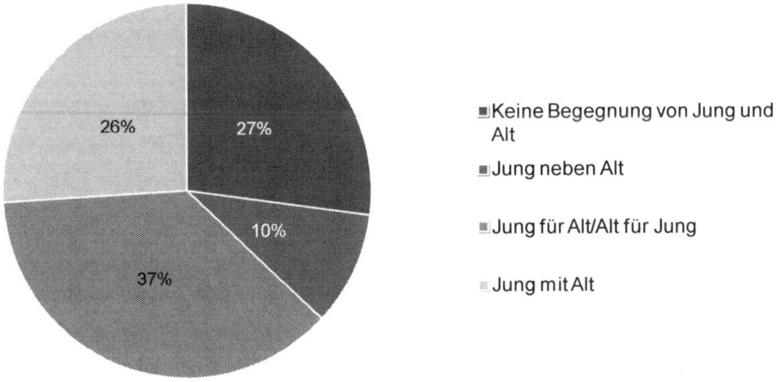

Abbildung 1: Art der Begegnung in den Mehrgenerationenhäusern (Reinecke/ Rösch (2012: 68).

2 Der Generationenindex ermöglicht Aussagen über die Altersstruktur der NutzerInnen der Angebote – nimmt der Generationenindex den Wert von 1 an, wären alle vier Lebensalter (Kinder und Jugendliche, junge und mittlere Erwachsene, ältere Erwachsene, Senior/innen und Hochbetagte) im Mehrgenerationenhaus zu je 25 Prozent gleichermaßen vertreten.

Die quantitative Betrachtung der Aktivitäten und Ergebnisse der Häuser im Bereich der Generationenbegegnung liefert überraschende Ergebnisse. Auf der einen Seite sind die Häuser stark bemüht, Generationenbegegnung zu schaffen und richten – laut Eigenauskunft – zwei Drittel der Angebote bewusst auf die Generationenbegegnung aus (Jung mit Alt, Jung für Alt, Alt für Jung, siehe Abbildung 1). Somit sollte nur in wenigen Angeboten keine Generationenbegegnung stattfinden. Auf der anderen Seite erreicht dies jedoch viele Besucherinnen und Besuchern nicht: Sie geben an, dass sich ihre Kontakte im Mehrgenerationenhaus häufig auf die eigene oder die direkt benachbarte Altersgruppe beschränken. Einzig die Gruppe der unter 24-Jährigen hat regen Kontakt zu unterschiedlichen Altersgruppen. Die 25- bis 34-Jährigen zeichnen sich zudem durch intensiven Kontakt zu Kindern und Jugendlichen aus (vgl. Reinecke/Rösch 2012: 65).

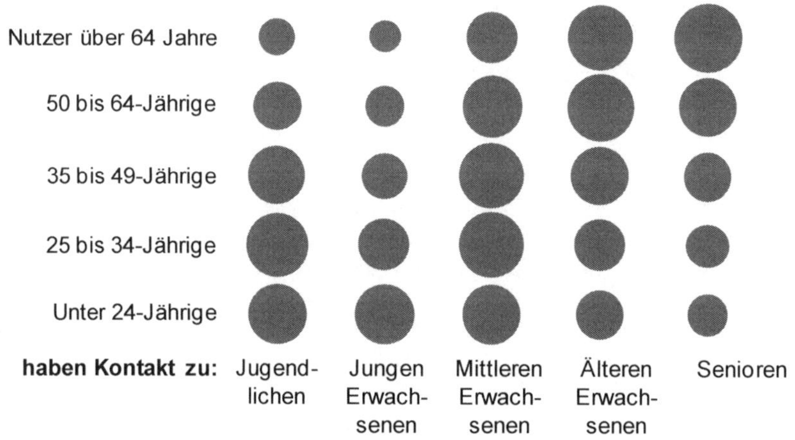

Abbildung2: Kontakthäufigkeit zwischen den Generationen (Reinecke/Rösch 2012: 65).

Ein Grund für diese Diskrepanz zwischen Begegnungsangebot und wahrgenommener Begegnungshäufigkeit könnte sein, dass die Besucherinnen und Besucher stärker Angebote auswählen, die ihrer eigenen Lebenslage entsprechen (beispielsweise Treffen für Alleinerziehende oder Seniorentanzcafés). Dies deckt sich mit Befunden an anderer Stelle, dass außerfamiliäre Netzwerke durch eine hohe Altershomogenität geprägt sind (vgl. Knopf 2000: 145).

Diese Ergebnisse verdeutlichen, dass es nach wie vor nötig ist, Menschen für den Aufbau generationenübergreifender Beziehungen zu sensibilisieren und zu motivieren. Diese Aufgabe ist auch nach fünf Jahren Laufzeit des Aktionsprogramms noch nicht abgeschlossen. Wie aber gelingt es, die Begegnungsintensität zwischen Generationen zu erhöhen? Im Kontext der Mehrgenerationenhäuser hat sich hier ein Fünf-Stufen-Modell als erfolgreiche Strategie erwiesen:

1. Bedürfnisse der unterschiedlichen Altersgruppen erheben (Bedarfsanalyse);
2. alle Altersgruppen durch auf sie zugeschnittene Angebote ansprechen (zum Beispiel Kinderbetreuung, Hausaufgabenhilfe, Sprachkurse, Seniorencafé);
3. Möglichkeiten für Begegnungen schaffen (zum Beispiel offener Treff);
4. Angebote zum Wissenstransfer zwischen den Generationen aufbauen (zum Beispiel Erzählcafé);
5. Unterstützung der Generationen füreinander fördern (zum Beispiel Leihgroßeltern).

Dabei bauen die verschiedenen Stufen aufeinander auf. So kann es zwar durchaus bereits auf der dritten Stufe zu Begegnungen zwischen Generationen kommen, diese sind jedoch eher zufälliger Natur. Erst auf Stufe vier beziehungsweise fünf werden Begegnungen aktiv gefördert. Dieses Fünf-Stufen-Modell hat sich in vielen Häusern zeitgleich und unabhängig voneinander entwickelt und dort einen großen Beitrag zur Öffnung gegenüber allen Alters- und Zielgruppen geleistet.

Freiwilliges Engagement

Die fünfte Stufe – Unterstützung der Generationen füreinander – überschneidet sich mit einem weiteren zentralen Ziel des Aktionsprogramms Mehrgenerationenhäuser, nämlich dem, Freiwilliges Engagement zu fördern. Ergeben sich auch in dieser Wirkungsdimension starke Überschneidungen und Wechselwirkungen mit dem Begegnungscharakter der Häuser, unterstreicht es die Bedeutung der Entwicklung zur sozialen Anlaufstelle in besonderem Maß.

Worin kann sich „Freiwilliges Engagement" mit „Begegnung" überschneiden? Das Engagement Freiwilliger kann auf der einen Seite als Inputfaktor für die Ansprache neuer Zielgruppen und für die Durchführung begegnungsorientierter Angebote sein. Auf der anderen Seite kann Freiwilliges Engagement auch ein Ergebnis der Begegnung im Mehrgenerationenhaus sein. Die Wirkungsforschung hat dieses Feld wiederum sowohl quantitativ (Umfang des Engagements und Bedeutung für die Häuser) als auch qualitativ (Ansätze der Mehrgenerationenhäuser) untersucht.

Ein erster Blick auf die rein quantitativen Ergebnisse zeigt, dass sich die Häuser im Bereich des Freiwilligen Engagements sehr positiv entwickelt haben: Die durchschnittliche Anzahl der Engagierten pro Haus ist in den fünf Förderjahren von 44 Personen auf 57 Personen gestiegen. Sie stellen damit 66 Prozent aller Aktiven in den Mehrgenerationenhäusern und sind mit 34 Prozent aller Arbeitsstunden die aktivste Gruppe in den Häusern – noch vor den Festangestellten, die 33 Prozent aller Arbeitsstunden erbringen. Die restlichen Arbeitsstunden werden von extern finanzierten Arbeitskräften, von Auszubildenden, Praktikant/innen und Honorarkräften geleistet (vgl. Henkel 2012a: 75). Den Großteil ihrer Zeit im Mehrgenerationenhaus verbringen die Freiwilligen mit der Durchführung von Angeboten. Ohne sie würde sich die Zahl der Angebote und damit auch die der Begegnungsmöglichkeiten erheblich reduzieren.

Insofern ist bereits deutlich, dass die Entwicklung zur sozialen Anlaufstelle stark mit der Zahl und dem Aktivitätsgrad der Freiwilligen in Verbindung steht. Aber auch andersherum besteht ein deutlicher Zusammenhang. So lassen sich zwei idealtypische Ansätze zur Förderung von Freiwilligem Engagement kontrastieren, die wiederum mit der Entwicklung zur sozialen Anlaufstelle eng verwoben sind: Die „Freiwilligenbegegnungsstätte" (Henkel 2012a: 79) und die „Freiwilligendrehscheibe" (ebd.: 81).

Bei Freiwilligenbegegnungsstätten sind die Freiwillig Engagierten vornehmlich im Mehrgenerationenhaus aktiv. Sie werden vor allem durch die Mitarbeiterinnen und Mitarbeiter des Hauses zu Freiwilligen Engagement motiviert (siehe auch Abb. 3). Ihre Hauptmotivation ist es, anderen Menschen zu begegnen. Sie führen daher oft begegnungsorientierte Angebote durch. Zudem nutzen Freiwilligenbegegnungsstätten den offenen Treff. Auf diese Weise verschwimmen die Grenzen zwischen Besuch, Begegnung und Engagement. *Analog dazu verschwimmen auch die Grenzen zwischen einer Freiwilligenbegegnungsstätte und einer sozialen Anlaufstelle.* Demgegenüber sind Freiwilligendrehscheiben stärker nach Außen gerichtet. Freiwillig Engagierte sind hier nicht im Haus, sondern in dessen Umfeld, beispielsweise in den Haushalten von Hilfebedürftigen oder bei Partnerorganisationen aktiv. Dieser Ansatz ermöglicht es den Engagierten, sich themenbezogen einzubringen, wodurch besonders der stärker anlassbezogenen Motivation von Engagierten Rechnung getragen wird (vgl. Olk et al. 2010). In diesem Ansatz verschwimmen die Grenzen zwischen „intern“ und „extern“. Häuser, die diesen Ansatz wählen, entwickeln sich zu zentralen sozialen Motoren innerhalb ihres räumlichen Umfelds und motivieren Personen außerhalb der Häuser, sich auch innerhalb der Häuser zu engagieren oder dort am Leben teilzunehmen. *Die Häuser entwickeln sich so zu sozialen Anlaufstellen ihres Stadtteils.*

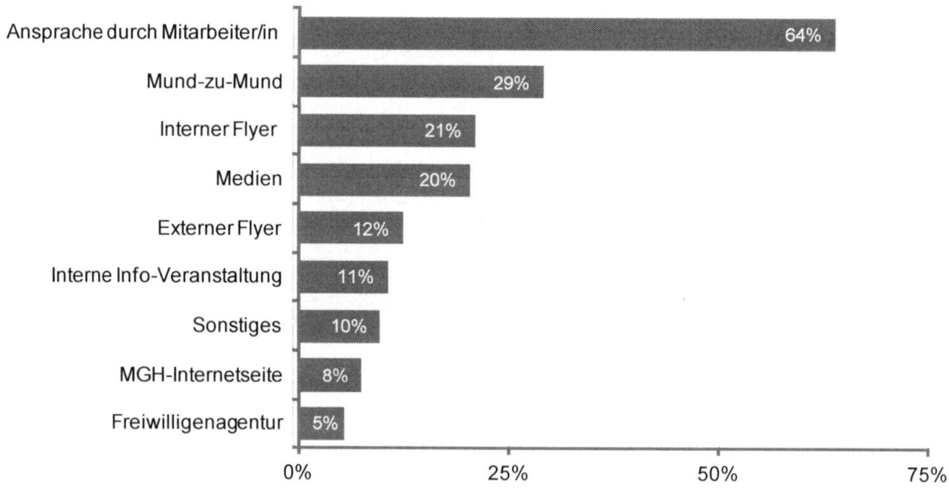

Abbildung 3: Ansprache freiwillig Engagierter (Henkel 2012a: 76).

Analog zu den hier dargestellten Erkenntnissen lassen sich weitere Aspekte finden, die auf die hohe Bedeutung der Entwicklung zur sozialen Anlaufstelle auch für andere Handlungsfelder hinweisen. So stellt der direkte Zugang zu potenziellen Kundinnen und Kunden haushaltsnaher Dienstleistungen und deren enge Bindung an die Häuser einen wichtigen Vorteil gegenüber anderen (privatwirtschaftliche) Dienstleistungsagenturen dar (Gess/Henkel 2012: 107). Ähnliches gilt für die Kinderbetreuung, wo flexible Kinderbetreuungsangebote oftmals mit Begegnungsangeboten oder dem offenen Treff verzahnt sind (Jürgens/Puschbeck 2012: 123f). Auch für die Arbeit mit pflegenden Angehörigen lassen sich solche Hinweise finden, beispielsweise in Bezug auf die Etablierung niedrigschwelliger Angehörigengruppen (Jablonski und Gess 2012: 137f).
Diese Ausführungen machen deutlich, dass sich trotz der Mehrzahl an Handlungsfeldern und damit verbundenen Zielen, ein zentrales Ziel herausgebildet hat, das über umfangreiche Wechselwirkungen in alle Handlungsfelder verfügt: die Entwicklung zur sozialen Anlaufstelle. Dort, wo es gelingt, als soziale Anlaufstelle im lokalen Umfeld anerkannt zu werden, kann auch in den anderen Handlungsfeldern ein höherer Entwicklungsstand beobachtet werden. Insofern ist dies der Kern des Aktionsprogramms.

Wenn dies der Kern des Aktionsprogramms ist, wird er es auch überleben, wenn es das Aktionsprogramm nicht mehr gibt? Diese Frage der Nachhaltigkeit wird im Folgenden behandelt.

2. Nachhaltigkeit

Die Frage der Nachhaltigkeit fehlt in kaum einer Evaluation. Und doch spaltet vermutlich kein Analyseaspekt die Gemüter stärker als die Frage, was passiert, wenn kein Geld mehr fließt, keine Stellen mehr finanziert werden und keine programmbegleitenden Unterstützungsleistungen mehr erbracht werden. Für die Praktiker/innen vor Ort ist meist klar: „Ohne Geld geht nichts". Und für die programmauflegenden Organisationen, meist Ministerien wird das Pferd andersherum aufgezäumt: „Ihr habt Geld bekommen, um selbsttragende Strukturen aufzubauen". In diesem Spannungsfeld zu evaluieren, bringt also so manche Probleme mit sich. Und dies ganz besonders dann, wenn ein Ergebnis in Form einer Prognose vorliegen soll – also vor Ablauf eines Programms. Getreu dem Motto: „Was bleibt, wenn ich, das Aktionsprogramm, mal nicht mehr bin?".[3]

Begriffsdefinition

Wenn die Gefahr besteht, mal der einen Seite und mal der anderen Seite durch die folgenden Ausführungen zu Nachhaltigkeit auf die Füße zu treten, bietet es sich an, zunächst eine Begriffsdefinition von Nachhaltigkeit und dessen Anwendung auf das Aktionsprogramm Mehrgenerationenhäuser vorzunehmen.[4] Die Wirkungsforschung hat auf ein multidimensionales Nachhaltigkeitsverständnis zurückgegriffen, das sowohl die Fortführung des Programms innerhalb der geförderten Einrichtungen als auch in deren Umfeld betrachtet. Die folgende Abbildung verdeutlicht dies.[5]

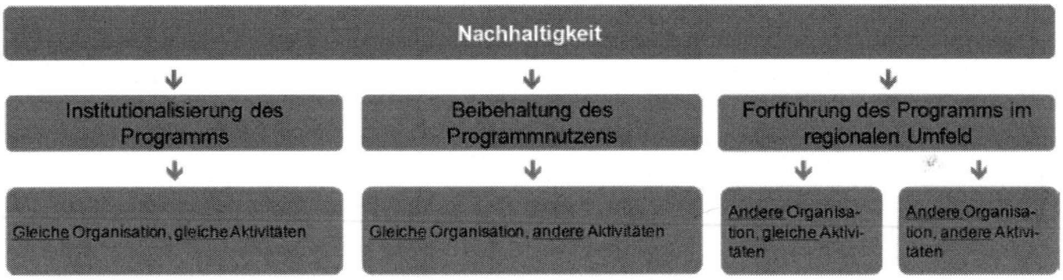

Abbildung 4: Aspekte der Nachhaltigkeit politischer Programme (Gess/Jablonski 2012: 146)

Dieses Nachhaltigkeitsverständnis hat die Wirkungsforschung in einem zweiten Schritt auf das Aktionsprogramm Mehrgenerationenhäuser angewendet, um die folgende konkrete For-

3 Weniger pathetisch, aber dem Inhalt nach weitgehend konform, definieren Stockmann, Caspari und Kevenhörster (2003) Nachhaltigkeit als, „das Ausmaß, in dem die Ziele des Programms auch nach dessen Ende vom Programmpartner und der Zielgruppe aufrechterhalten und weiterverfolgt werden" (S. 7).

4 Eine gute Gegenüberstellung der Nachhaltigkeitskonzepte in der Evaluation nehmen Shediac-Rizkallah und Bone (1998) vor.

5 Eine Begründung sowie eine Herleitung aus in der Fachliteratur verwendeten Definitionen kann in Gess (2012b) gefunden werden.

schungsfrage abzuleiten (vgl. Gess und Jablonski 2012): *Inwieweit bestehen die Programminnovationen, die der Entwicklung zur sozialen Anlaufstelle zuträglich sind, fort?* Vor diesem Hintergrund und anhand des in Abbildung 4dargestellten multidimensionalen Verständnisses von Nachhaltigkeit wird den folgenden Analysen eine an die Mehrgenerationenhäuser angepasste Definition zugrunde gelegt: *Nachhaltigkeit bedeutet im Kontext der Mehrgenerationenhäuser, dass Aktivitäten, die Begegnung und insbesondere Generationenbegegnung ermöglichen, in den geförderten Einrichtungen oder ihrem Umfeld nach Ende des Programms unverändert oder modifiziert fortbestehen.*[6]

Untersuchung der Nachhaltigkeit der Mehrgenerationenhäuser

Selbst diese, auf das Aktionsprogramm angewendete Definition ist noch zu allgemein, um operationalisierbar zu sein. Sie wurde daher in Anlehnung an Caspari (2004) in vier Analyseaspekte unterteilt:

- Aspekt I – projektorientierte Nachhaltigkeit: Ein Mehrgenerationenhaus ist projektorientiert nachhaltig, wenn in der Einrichtung auch nach Ende des Aktionsprogramms in ähnlichem Umfang Aktivitäten verfolgt werden, die Begegnung und insbesondere Generationenbegegnung ermöglichen.
- Aspekt II – nutzenorientierte Nachhaltigkeit: Ein Mehrgenerationenhaus ist nutzenorientiert nachhaltig, wenn andere soziale Einrichtungen aus eigenem Antrieb vom Mehrgenerationenhaus Aktivitäten aufnehmen, die Begegnung und insbesondere Generationenbegegnung ermöglichen.
- Aspekt III – systemorientierte Nachhaltigkeit: Ein Mehrgenerationenhaus ist systemorientiert nachhaltig, wenn es Veränderungen auf Systemebene im regionalen Umfeld bewirkt, die Begegnung und insbesondere Generationenbegegnung ermöglichen.
- Aspekt IV – verhaltensorientierte Nachhaltigkeit: Ein Mehrgenerationenhaus ist verhaltensorientiert nachhaltig, wenn es seine Aktivitäten so an neue NutzerInnengruppen oder veränderte Bedarfslagen anpassen kann, dass sie auch bei veränderten Bedingungen im Umfeld Begegnung und insbesondere Generationenbegegnung ermöglichen.

Die Wirkungsforschung hat diese Analyseaspekte wiederum durch Indikatoren[7] unterlegt und stellvertretend für das Aktionsprogramm in 20 Mehrgenerationenhäusern untersucht. Wichtig ist an dieser Stelle noch der Hinweis, dass nicht „Nachhaltigkeit“, sondern nur das „Nachhaltigkeits*potenzial*“ untersucht werden konnte, da die Untersuchungen während der Programmlaufzeit (und nicht in zeitlichem Abstand zu dessen Ende) durchgeführt wurden.[8]

Die exemplarischen Analysen in 20 Mehrgenerationenhäusern haben ein differenziertes Bild des Nachhaltigkeitspotenzials der Mehrgenerationenhäuser ergeben. So konnte auf der einen Seite bei 12 der 20 untersuchten Häusern hohes projektorientiertes Nachhaltigkeitspotenzial nachgewiesen werden. Zentrale Erfolgsfaktoren dieser Häuser sind:

- Hohe Identifikation der Mitarbeiter/innen, Engagierten und Besucher/innen mit den Zielen des Aktionsprogramms.
- Auf Nachhaltigkeit ausgerichtete Organisationsstrukturen und insbesondere eine von Personalmitteln des Programms unabhängige Einrichtungsleitung.

6 Zu den einzelnen Bestandteilen und Vorteilen dieser Definition, muss an dieser Stelle auf Gess und Jablonski (2012) verwiesen werden.

7 Die zur Analyse der vier Untersuchungsaspekte verwendeten Indikatoren können Gess (2012b) entnommen werden.

8 Siehe dazu auch Caspari (2004: 81).

- Geringer Anteil der Fördermittel am Gesamthaushalt der Einrichtungen.

Es wurden aber auf der anderen Seite auch fünf Häuser identifiziert, die zwar über ein geringes projektorientiertes Nachhaltigkeitspotenzial verfügen, trotzdem aber im Umfeld zur nachhaltigen Verankerung des Mehrgenerationenansatzes beigetragen haben. Es reicht daher nicht aus, nur die einzelnen Untersuchungsaspekte von Nachhaltigkeit zu beleuchten. Schließlich interessiert, wie eingangs angemerkt, die – nennen wir sie – Großmutter-Frage: „Was bleibt, wenn ich mal nicht mehr bin?“. Es macht einen großen Unterschied, ob wenige Häuser in allen Dimensionen nachhaltig sind oder ob alle Häuser ein bisschen nachhaltig sind. Wichtig ist also die Frage: Was bleibt von den *einzelnen* Häusern, wenn das Aktionsprogramm nicht mehr besteht? Zur Beantwortung dieser Frage hat die Wirkungsforschung – ebenfalls weitgehend analog zu Caspari (2004) – *Nachhaltigkeitsprofile* gebildet. Es ergeben sich dabei fünf übergeordnete Häusertypen, die zur besseren Übersicht im Folgenden als Typ A bis E bezeichnet werden:

- *Drei der zwanzig exemplarisch untersuchen Häuser gehören zum Typ A und zeichnen sich durch das höchste Nachhaltigkeitspotenzial aus.* Den Einrichtungen dieses Typs gelingt es wahrscheinlich, sowohl intern ihre eigenen zentralen Angebote aufrechtzuerhalten als auch extern den Mehrgenerationenansatz im Umfeld weiter zu verbreiten. Sie haben durch gezielte Öffentlichkeitsarbeit und eine enge Kooperation mit der Kommune sogar systemweite Transferwirkungen erzielt.
- *Fünf Mehrgenerationenhäuser werden dem Typ B zugeordnet. Sie verfügen ebenfalls über ein hohes Nachhaltigkeitspotenzial.* Von Typ A unterscheidet diese Häuser lediglich, dass sie weniger Transferwirkungen entfaltet haben. Nichtsdestoweniger werden die zentralen Programminnovationen in diesen Einrichtungen mit großer Wahrscheinlichkeit erhalten bleiben und sich auch in Zukunft im lokalen Umfeld weiter verbreiten.
- Die *vier Häuser des Typs C* weisen ein Nachhaltigkeitspotenzial auf, das eingeschränkter ist als bei Typ A und B. Zwar können die Programminnovationen in den eigenen Einrichtungen über die Laufzeit des Aktionsprogramms hinaus fortgesetzt werden, jedoch *besteht die Gefahr, dass sich die Häuser zu Projektinseln mit einer geringen oder gänzlich fehlenden lokalen Ausstrahlung entwickeln.* Sobald der Fokus hier beispielsweise durch interne Umstrukturierungen oder neue Projektförderungen von den Zielen des Aktionsprogramms abgewendet wird, kann dies für die Häuser unmittelbar auf Kosten ihrer Nachhaltigkeit gehen.
- *Den fünf Häusern, die dem Typ D zuzuordnen sind, wird es vermutlich nicht gelingen, die zentralen Programminnovationen in der eigenen Einrichtung zu sichern.* Diese Häuser haben jedoch durch Transferwirkungen dazu beigetragen, dass der Mehrgenerationenansatz nicht völlig aus ihrem lokalen Umfeld verdrängt wird und zumindest als Grundgedanke in anderen Einrichtungen fortbesteht. Diese Transferwirkungen wurden oft bewusst erzielt, beispielsweise über intensive Kooperationsbemühungen – sind jedoch auch teilweise ohne direktes Zutun der Häuser entstanden, beispielsweise durch eine konkurrenzinduzierte Übernahme von Zielen und Aktivitäten durch andere soziale Einrichtungen.
- Die drei verbleibenden Mehrgenerationenhäuser gehören zum Typ E und erhielten in keiner der vier Dimensionen eine positive Nachhaltigkeitsprognose. Ebenso wenig ist es ihnen während der Programmlaufzeit gelungen, im lokalen Umfeld Transferwirkungen zu erzeugen. Diese Häuser werden sich daher mit hoher Wahrscheinlichkeit nach Ablauf des Aktionsprogramms in Richtung ihrer Ursprungseinrichtungen zurückentwickeln.

Nachhaltigkeit des Aktionsprogramms Mehrgenerationenhäuser

Dies also sind die empirischen Befunde zur Beantwortung der Großmutter-Frage. Welche Schlüsse lassen sich daraus folgern? Zunächst einmal wird anhand der Nachhaltigkeitsprofile deutlich, dass bei 17 der 20 untersuchten Mehrgenerationenhäuser mit hoher Wahrscheinlichkeit einige der Programminnovationen in den Einrichtungen oder im Umfeld auch nach Ablauf des Aktionsprogramms fortgeführt werden. Nur in drei Häusern bleibt vermutlich nur wenig oder gar nichts bestehen.

Insgesamt wird damit zweierlei deutlich: Erstens wird klar, dass es ohne Geld tatsächlich schwer ist, vormals geförderte Aktivitäten fortzusetzen. Zwar können Organisationsstrukturen geschaffen werden, die es wahrscheinlicher werden lassen, Programmaktivitäten fortzusetzen (vgl. Nestlinger 2012). Und es können auch finanziell frühzeitig Grundlagen für Nachhaltigkeit gelegt werden, beispielsweise durch eine Diversifizierung der Finanzierungsbasis (vgl. Henkel 2012b). Doch bleiben auch die Vorbedingungen der Einrichtung (Größe, Führungsstruktur, etc.) sowie das lokale Umfeld (Finanzkraft der Kommune, Konkurrenzen, etc.) von hoher Bedeutung. Nicht ohne Grund können mit zwölf Häusern nur etwas mehr als die Hälfte der untersuchten Häuser die Programmaktivitäten in ähnlichem Umfang auch nach Förderende fortsetzen (Untersuchungsaspekt I).

Zweitens wird aber auch deutlich, dass der eingeschränkte Blick ausschließlich auf die Fortführung von Programmaktivitäten nach Förderende innerhalb geförderter Einrichtungen stark kurzsichtig ist. Wichtige, teilweise entscheidende Veränderungen wurden durch Mehrgenerationenhäuser im lokalen Umfeld erreicht und nicht primär innerhalb der eigenen Einrichtung. Zentraler Erfolgsfaktor war hier nicht die Finanzierungsstruktur der Häuser sondern Faktoren wie eine enge Kooperation zwischen den Häusern und der Kommune, die Durchführung gemeinsamer Angebote und Projekte mit Kooperationspartnern sowie die Einbindung dieser Partner und der Kommune in Steuerungsgremien der Häuser. Wer also sagt: „Ohne Geld geht nichts", verkennt in der Regel seine eigene strukturbildende Wirkung im Umfeld. Daraus lässt sich nicht nur für Evaluationen lernen, dass ein mehrdimensionales Konzept von Nachhaltigkeit verwendet werden sollte. Vielmehr lässt sich auch für programmauflegende Organisationen lernen, den Fokus frühzeitig auf die Umfeldwirkungen zu legen. Es ist – nebenbei bemerkt – insofern ein vielversprechender Schritt, im Aktionsprogramm Mehrgenerationenhäuser II die Kommunen wie geplant mit ins Boot zu holen.

Wer hat also recht? Diejenigen, die sagen: „Ohne Geld geht nichts" oder diejenigen, die argumentieren: „Ihr habt Geld bekommen, um selbsttragende Strukturen aufzubauen". Ich denke, eher Letztere.

3. Fazit

In der Einleitung habe ich eine Frage in zwei Teilen aufgeworfen: Was ist der Kern des Aktionsprogramms und wie haltbar ist er? Nun eine kurze Antwort in drei Teilen: (1) Kern ist die Entwicklung zur sozialen Anlaufstelle und (2) dessen Haltbarkeit ist mittelmäßig – aber (3) der Kern entwickelt Ableger.

(1) Die Analysen der Wirkungsforschung zeigen, dass die Niedrigschwelligkeit, Begegnungsorientierung, Öffnung für nicht-traditionelle Ziel- und Altersgruppen und die Entwicklung einer ausgeprägten Engagementkultur in und um das Mehrgenerationenhaus für die Entwicklung aller Handlungsfelder zentral sind. Alle diese Faktoren lassen sich unter der Ent-

wicklung zu einer sozialen Anlaufstelle subsumieren. Dies ist neben dem generationenübergreifenden Ansatz, der im Namen des Aktionsprogramms steckt, der zentrale verbindende Aspekt zwischen allen weit entwickelten Mehrgenerationenhäusern.

(2) Dort wo die Entwicklung zur sozialen Anlaufstelle weit fortgeschritten ist, ist auch das Nachhaltigkeitspotenzial der Programminnovationen hoch. Bei mehr als der Hälfte der Häuser konnte in Bezug auf eine Fortführung der Programminnovationen innerhalb der eigenen Einrichtung positives Potenzial ermittelt werden. Andersherum allerdings auch bei fast der Hälfte der Häuser nicht. Zentrale Einflussfaktoren sind dabei die Organisationsstrukturen (insbesondere die Einbindung und Finanzierung der Hausleitung), der Finanzierungsmix und die Identifikation der Mitarbeiterinnen und Mitarbeiter, der Engagierten und Besucherinnen und Besucher der Häuser mit den Zielen des Aktionsprogramms.

(3) Auch wenn nur bei etwa der Hälfte der Häuser hohes Nachhaltigkeitspotenzial der Programminnovationen innerhalb der Einrichtungen ermittelt wurde, so konnte jedoch auch festgestellt werden, dass bei fast allen Häusern Teile der Programminnovationen entweder intern oder im Umfeld fortgeführt werden. Bei mehr als der Hälfte der Häuser wurde der Transfer des Mehrgenerationenansatzes ins Umfeld, beispielsweise an andere soziale Einrichtungen oder an die Kommune, erreicht. Nicht immer erfolgte dies bewusst und geplant – aber auch scheinbar zufällige Effekte können für die Nachhaltigkeit der ursprünglichen Programminnovationen sorgen.

Literatur

Caspari, A. (2004): Evaluation der Nachhaltigkeit von Entwicklungszusammenarbeit – zur Notwendigkeit angemessener Konzepte und Methoden. Wiesbaden.

Gess, C. (2012a): Vernetzung mit Kooperationspartnern und Zusammenarbeit mit der Kommune. In: Emminghaus, C./Staats, M./Gess, C. (2012): Lokale Infrastruktur für alle Generationen – Ergebnisse aus dem Aktionsprogramm Mehrgenerationenhäuser. Bielefeld, S. 41-58.

Gess, C. (2012b): Inhaltliche Nachhaltigkeit. In: Emminghaus, C./Staats, M./Gess, C. (2012): Lokale Infrastruktur für alle Generationen – Ergebnisse aus dem Aktionsprogramm Mehrgenerationenhäuser. Bielefeld, S. 169-180.

Gess, C. (2011): Ein Ort, wo Alt und Jung zusammenkommen. In: Neue Caritas 20/2011. Freiburg.

Gess, C./Henkel, A. (2012): Haushaltsnahe Dienstleistungen. In: Emminghaus, C./Staats, M./Gess, C. (2012): Lokale Infrastruktur für alle Generationen – Ergebnisse aus dem Aktionsprogramm Mehrgenerationenhäuser. Bielefeld, S. 101-114.

Gess, C./Jablonski, N. (2012): Einführung in die Nachhaltigkeitsanalyse. In: Emminghaus, C./Staats, M./Gess, C. (2012): Lokale Infrastruktur für alle Generationen – Ergebnisse aus dem Aktionsprogramm Mehrgenerationenhäuser. Bielefeld, S. 145-150.

Henkel, A. (2012a): Stärkung des Freiwilligen Engagements. In: Emminghaus, C./Staats, M./Gess, C. (2012): Lokale Infrastruktur für alle Generationen – Ergebnisse aus dem Aktionsprogramm Mehrgenerationenhäuser. Bielefeld, S. 73-84.

Henkel, A. (2012b): Finanzielle Nachhaltigkeit. In: Emminghaus, C./Staats, M./Gess, C. (2012): Lokale Infrastruktur für alle Generationen – Ergebnisse aus dem Aktionsprogramm Mehrgenerationenhäuser. Bielefeld, S. 151-160.

Jablonski, N./Gess, C. (2012): Pflege und Demenz. In: Emminghaus, C./Staats, M./Gess, C. (2012): Lokale Infrastruktur für alle Generationen – Ergebnisse aus dem Aktionsprogramm Mehrgenerationenhäuser. Bielefeld, S. 129-144.

Jürgens, O./Puschbeck, M. (2012): Kinderbetreuung. In: Emminghaus, C./Staats, M./Gess, C. (2012): Lokale Infrastruktur für alle Generationen – Ergebnisse aus dem Aktionsprogramm Mehrgenerationenhäuser. Bielefeld, S. 115-128.

Knopf, D. (2000): Die Inszenierung „gelungener" außerfamilialer Generationsbeziehungen – Tendenzen und Beispiele intergenerationeller Projekte. In: von Tippelskirch, D. (Hrsg.): Solidarität zwischen den Generationen – Familie im Wandel der Gesellschaft. Stuttgart [u.a.].

Nestlinger, J. (2012): Organisatorische Nachhaltigkeit. In: Emminghaus, C./Staats, M./Gess, C. (2012): Lokale Infrastruktur für alle Generationen – Ergebnisse aus dem Aktionsprogramm Mehrgenerationenhäuser. Bielefeld, S. 161-168.

Olk, T./Klein, A./Hartnuß, B. (2010): Engagementpolitik – Die Entwicklung der Zivilgesellschaft als politische Aufgabe. Wiesbaden.

Reinecke, M./Rösch, C. (2012): Mehrgenerationenarbeit. In: Emminghaus, C./Staats, M./Gess, C. (2012): Lokale Infrastruktur für alle Generationen – Ergebnisse aus dem Aktionsprogramm Mehrgenerationenhäuser. Bielefeld, S. 59-72.

Shediac-Rizkallah, M. C./Bone, L. R. (1998): Planning for the sustainability of community-based health programs: conceptual frameworks and future directions for research, practice and policy. Health Education Research 13/1 1998. Oxford.

Stockmann, R./Caspari, A./Kevenhörster, P. (2003): Das Schweigen des Parlaments. Die vergessene Frage der Nachhaltigkeit deutscher Entwicklungszusammenarbeit. In: Bundeszentrale für politische Bildung (Hrsg.): Aus Politik und Zeitgeschichte. B 13-14/2003. Bonn.

Presse- und Öffentlichkeitsarbeit für Mehrgenerationenhäuser

Inga Draeger

„Tu Gutes und rede darüber"[1], lautet eine populärwissenschaftliche Definition von PR. Sie mag dem komplexen theoretischen Hintergrund der Public Relations – der Öffentlichkeitsarbeit – zwar nicht in allen Facetten gerecht werden, doch im Fall der Mehrgenerationenhäuser trifft sie den Nagel auf den Kopf. Viele Engagierte machen die enttäuschende Erfahrung, dass ihr Tun nicht die notwendige Resonanz erfährt. Das kann bedeuten, dass nicht genügend Menschen das gemachte Angebot wahrnehmen oder nicht genügend Mittel für den Unterhalt eines Projekts aufgebracht werden können. Gutes zu tun reicht eben nicht aus, man muss auch darüber reden, um den Erfolg eines Projekts im Allgemeinen und eines Mehrgenerationenhauses im Speziellen dauerhaft zu ermöglichen.

Es ist für Mehrgenerationenhäuser und andere Non-Profit-Einrichtungen daher von essentieller Bedeutung, ihre Zielgruppen über ihre Angebote und Leistungen zu informieren. Professionelle Presse- und Öffentlichkeitsarbeit ist ein wichtiges strategisches Instrument, um Zielgruppen anzusprechen, für sich einzunehmen und an sich zu binden. Sowohl Nutz-er und Nutzerinnenals auch Engagierte aller Altersgruppen, politische Förderer und Wirtschaftspartner können nur mit Hilfe von Kommunikation von den vielfältigen Leistungen der Mehrgenerationenhäuser überzeugt werden.

Im Rahmen dieses Artikels sollen daher Anregungen zur Professionalisierung der eigenen Kommunikation gegeben werden. Dabei wird sowohl auf klassische Instrumente der Presse- und Öffentlichkeitsarbeit als auch die Kommunikation im Internet eingegangen.

Klassische Instrumente der Presse- und Öffentlichkeitsarbeit

Öffentlichkeitsarbeit kann als die Einflussnahme auf die öffentliche Berichterstattung verstanden werden. Während in der Werbung mit Euro bezahlt wird, um die eigenen Botschaften in Form einer Anzeige im Medium zu platzieren, heißt die Währung der PR „Nachrichtenwert". Mit einem geeigneten Nachrichtenwert lassen sich die eigenen Botschaften zum Beispiel in Form von Pressemitteilungen in einem Medium platzieren – ganz ohne finanzielle Gegenleistung. Dabei bestimmen Faktoren wie Nähe, Relevanz oder Neuigkeit den Nachrichtenwert. Allerdings funktioniert die Währung Nachrichtenwert nicht genauso zuverlässig wie der Euro. Denn täglich erreichen jede Redaktion hunderte E-Mails, Faxe und Briefe. Der Großteil landet im Müll. Die eigene Nachricht muss sich deshalb abheben, um durchzudringen. Glücklicherweise gibt es aus Mehrgenerationenhäusern viele Neuigkeiten zu berichten, die für die (Lokal)Presse interessant sein können. Neue Angebote, neue freiwillig Engagierte oder neue Kooperationspartner können zum Beispiel Anlass zur Berichterstattung sein.

---

1 Zedtwitz-Arnim, Georg-Volkmar (1981): Tu Gutes und rede darüber, München, Heyne.

Die Pressemitteilung

Um die eigenen Nachrichten in die Redaktionen zu bringen, gibt es eine Reihe von Möglichkeiten.[2]Das bei weitem meistgenutzte Instrument ist die Pressemitteilung, mit der Journalistinnen und Journalisten schriftlich, in der Regel per E-mail, über Neuigkeiten informiert werden.[3]Entscheidend für den Erfolg einer Pressemitteilung sind sowohl ihr Inhalt als auch ihre Form. Je professioneller eine Pressemitteilung formuliert ist, desto größer ist die Chance, mit den eigenen Botschaften durchzudringen. Dabei sollte man eine gut geschriebene Pressemitteilung als einen Service der Redaktion gegenüber betrachten und darf sich nicht frustrieren lassen, wenn die örtlichen Redaktionen nicht immer auf die eigenen Pressemitteilungen zurückgreifen. Pressemitteilungen sind Informationsangebote. Jeder Redakteur und jede Redakteurin besitzt die journalistische Freiheit, dieses Angebot anzunehmen – oder eben auch nicht.

Man kann jedoch die eigenen Erfolgsaussichten erhöhen, wenn man einige Grundregeln beim Verfassen von Pressemitteilungen beachtet: Jede Pressemitteilung braucht einen Nachrichtenwert. Es sollte keine Pressemitteilung das Haus verlassen, nur „weil es mal wieder an der Zeit ist", sondern nur wenn es etwas zu sagen gibt. Alles Wichtige muss vorne stehen, im Zweifel wird nämlich unter Zeitdruck von hinten weggekürzt. Überschriften müssen kurz und griffig sein, damit sie schnell Aufmerksamkeit auf sich ziehen. Pressemitteilungen müssen die sogenannten „W-Fragen" beantworten (wer, wann, was, wie, wo, warum) und sollten nicht länger als eine Seite (absolutes Maximum zwei Seiten) sein. Zitate werden gerne übernommen, unterstreichen den Nachrichtenwert und rücken den Absender auf elegante Art ins Licht. Und zu guter Letzt: Eine Pressemitteilung ist kein Werbetext, sie sollte sachlich geschrieben sein, um dem journalistischen Schreibstil möglichst zu entsprechen.

Ein so genannter Abbinder enthält Informationen zum Mehrgenerationenhaus bzw. zum jeweiligen Absender. Er umfasst etwa einen Absatz und schließt sich an den eigentlichen Text der Pressemitteilung an. Den Abschluss bilden die Angaben zum Pressekontakt inklusive Ansprechpartner und Telefonnummer. Visuell sollten Pressemitteilungen immer dem jeweiligen Corporate Design, den Gestaltungsrichtlinien, entsprechen. So kann die Redaktion die Pressemitteilung schon optisch dem jeweiligen Absender zuordnen.

Und noch ein dringender Hinweis zum Versand von Pressemitteilungen: Sie werden inzwischen fast ausschließlich elektronisch per E-Mail versendet. Das ist schnell, preiswert und erleichtert den Redaktionen die Arbeit, da Textpassagen direkt kopiert werden können. Emails müssen entweder individuell oder mit den gesammelten Adressen der Journalistenkontakte in der BCC-Zeile (Blind-Copy) versendet werden, nie offen in der Adresszeile, um nicht ungewollt sämtliche Adressen für alle AdressatInnen sichtbar zu veröffentlichen. Das wird von Journalisten gar nicht gerne gesehen und ist in Sachen Datenschutz äußerst problematisch.

Das Pressegespräch

Ein weiteres Instrument der Pressearbeit ist das Pressegespräch. Zu einem Pressegespräch werden mehrere Journalistinnen und Journalisten gleichzeitig eingeladen. Dies erfordert einen wichtigen Anlass. Denn das kostbarste Gut jedes Journalisten ist Zeit. Nicht immer

---

2 Für eine ausführliche Einführung in die Presse- und Öffentlichkeitsarbeit siehe zum Beispiel Brauer, Gernot (2005): Presse- und Öffentlichkeitsarbeit: Ein Handbuch. Konstanz. UVK.

3 Für eine ausführliche Darstellung zum Verfassen von Pressemitteilungen siehe zum Beispiel Falkenberg, Viola (2008): Pressemitteilungen schreiben. Die Standards professioneller Pressearbeit. Frankfurt am Main. F.A.Z.-Institut.

„lohnt" sich von der Warte der Journalisten aus betrachtet der Weg aus der Redaktion ins Mehrgenerationenhaus. Das Gespräch wird in einem informellen Rahmen geführt und gegebenenfalls mit einer Führung, Demonstration oder ähnlichem verbunden.

Ein guter Zeitpunkt für ein Pressegespräch ist zwischen 11.30 und 13.00 Uhr.Davor werden in den meisten Redaktionen Themenkonferenzen abgehalten, amNachmittag wird die aktuelle Zeitung produziert, sodass die Redakteurinnen undRedakteure an ihren Schreibtischen Texte verfassen.

Die persönliche Einladung

Die persönliche Einladung eines einzelnen Medienvertreters kann einen aktuellen Aufhänger haben oder auch als Hintergrundgespräch angelegt sein, bei dem allgemeine Information oder das Kennenlernen im Vordergrund stehen. Vor Ort kann sich der Pressevertreter ein genaues Bild vom Mehrgenerationenhaus und ausgewählten Angeboten machen. Eine Hausführung kann mit einem informellen Gespräch verbunden werden. Solch eine Einladung kann, muss aber nicht unmittelbar zur Berichterstattung führen. In jedem Fall hat sich der Journalist oder die Journalistin mit dem Haus und dessen Leistungen auseinander gesetzt, hat ein Gesicht zum Mehrgenerationenhaus im Kopf und ist aller Wahrscheinlichkeit nach in Zukunft Pressemitteilungen von diesem Absender gegenüber aufgeschlossen.

Der Redaktionsbesuch

Natürlich kann man den Spieß auch umdrehen und relevante Journalistinnen und Journalisten im Rahmen eines so genannten Redaktionsbesuchs im Büro aufsuchen. Der Termin sollte vorher in jedem Fall abgestimmt werden und bietet sich besonders als „Antrittsbesuch" an, wenn wichtige neue Personalien zu vermelden sind. Der neue Hausleiter bzw. die neue Hausleiterin darf sich zum Beispiel gerne persönlich vorstellen. Im Gespräch können die Zukunftspläne für das Mehrgenerationenhaus oder vielleicht eine Medienkooperation besprochen werde.

Die Medienkooperation

Bei einer Medienkooperation verabreden das Mehrgenerationenhaus und eine Redaktion eine bestimmte Form von Berichterstattung über das Haus, bei deren Vorbereitung das Haus den Journalisten oder die Journalistin intensiv unterstützt. Ein Anwendungsbeispiel für Mehrgenerationenhäuser ist eine Portraitserie über Freiwillig Engagierte aus dem Mehrgenerationenhaus: Die Lokalzeitung könnte ein halbes Jahr lang monatlich einen Engagierten oder eine Engagierte aus dem Haus vorstellen. Bürgerschaftliches Engagement ist ein aktuelles Thema, das von Medien derzeit gerne aufgegriffen wird. Auf diesem Gebiet sind Mehrgenerationenhäuser Experten und können der Redaktion herausragende Personen nennen bzw. Gesprächspartner vermitteln, Informationen und ggf. Bildmaterial beisteuern. Unterm Strich profitieren die Redaktion und das Mehrgenerationenhaus. Die Redaktion generiert mit vermindertem Aufwand interessante Texte für die Lokalseite, das Haus erhält Publizität. Und die Portraitierten einen zusätzlichen Motivationsschub.

Pressekontakte

Damit Pressearbeit erfolgreich ist, sind neben den genannten Instrumenten vor allem die Pressekontakte von großer Bedeutung. Gute Pressekontakte entstehen nicht über Nacht, sondern festigen sich erst mit der Zeit. Der Ansprechpartner im Mehrgenerationenhaus und der Redakteur bzw. die Redakteurin sind Partner, beide sollten von der Zusammenarbeit profitieren. Das Haus erhält Publizität durch die Berichterstattung, der Redakteur erhält relevante Neuigkeiten und interessante Geschichten. Damit der Kontakt reibungslos funktioniert, sollte der Presseverteiler regelmäßig gepflegt werden und möglichst genaue Daten beinhalten, zum Beispiel eine direkte E-Mail-Adresse des korrekten Ansprechpartners statt nur einer info@-Adresse. Außerdem sollten der Name des Mediums, die vollständige Anschrift, der Ansprechpartner mit Titel und Funktion und die Telefonnummer zum Beispiel in einer Excel Liste dokumentiert werden. Ideal ist ein Verteiler mit Kontakthistorie. So können auch andere Mitarbeiter des Hauses nachvollziehen, was bislang im Kontakt mit einem Medienvertreter gelaufen ist. Nach Möglichkeit sollte der Ansprechpartner für Medienvertreter zwar immer derselbe sein. Aufgrund von Fluktuation, der Vielzahl freiwillig engagierter Mitarbeiterinnen und Mitarbeiter und begrenzter Ressourcen lässt sich dies jedoch nicht immer sicherstellen.

Kommunikation im Internet

Rund drei Viertel der Deutschen nutzen das Internet. Und es werden immer mehr. Zwar wird das Internet von jungen Menschen besonders intensiv genutzt, aber der Anteil der InternetnutzerInnen in der Altersgruppe der 55- bis 64-jährigen liegt bereits bei rund zwei Dritteln.[4] Ein immer größerer Teil des Alltags wird über das Internet abgewickelt. Hier werden Nachrichten gelesen, Überweisungen getätigt und Schuhe gekauft. Mit Hilfe moderner Mobiltelefone ist die Nutzung des Internets quasi von überall aus möglich. Das Internet ist zum wichtigsten Informationsmedium überhaupt geworden.

Deshalb sollten Mehrgenerationenhäuser das Internet nutzen, um sich den eigenen Zielgruppen zu präsentieren. NutzerInnen können aktuelle Neuigkeiten, Termine oder Kurszeiten nachlesen, Interessierte können sich über die Angebotspalette oder Möglichkeiten des Engagements im Haus informieren. Nicht zuletzt ist auch die erste Kontaktaufnahme über das Internet auf besonders niedrigschwellige und unverbindliche Weise möglich. Und auch politische Partner wie Förderer aus der Wirtschaft können sich online ein Bild des Mehrgenerationenhauses machen. Das besondere Merkmal des Internets ist, dass Informationen besonders schnell (und preiswert) verbreitet werden können. Dieser Umstand stellt jedoch auch hohe Anforderungen an Mehrgenerationenhäuser und generell jeden, der mit einer Eigendarstellung im Internet präsent sein möchte. Ist eine Website unprofessionell gestaltet oder mit veralteten Informationen gefüllt, kann sich dieser negative Eindruck ebenso schnell und weit verbreiten.

Daher sollen zunächst einige Hinweise zur Erstellung einer Webpräsenz und deren Gestaltung gegeben werden. Im Anschluss wird auf rechtliche Rahmenbedingungen sowie auf Chancen und Risiken der Sozialen Medien eingegangen.

---

4 Statistisches Bundesamt (2011): Internetnutzung nach Alter und Geschlecht 2010 in Prozent.: http://www.destatis.de/jetspeed/portal/cms/Sites/destatis/Internet/DE/Presse/pm/2011/02/PD110063931,templateId=renderPrint.psml

Gestaltung einer Webpräsenz

Die Gestaltung eines eigenen Webauftritts beginnt mit der Erstellung eines Konzepts. Bevor Fragen zum Design oder zu Funktionalitäten beantwortet werden können, müssen zunächst die richtigen Fragen gestellt werden. Welches sind die Zielsetzungen, die mit der Website in erster Linie verfolgt werden sollen, welches sind nachrangige Ziele? Welche Zielgruppen sollen angesprochen werden? Wenn Seniorinnen und Senioren adressiert werden sollen, könnte beispielsweise das Thema Barrierefreiheit, etwa die freie Wahl der Schriftgröße, für die Gestaltung eine große Rolle spielen. Welche finanziellen und personellen Ressourcen stehen für die Gestaltung und die spätere Pflege der Webseite zur Verführung? Wie viele Stunden pro Woche könne ganz konkret für die Pflege der Webseite aufgebracht werden? Wie umfangreich soll die Seite dementsprechend werden? Ist auch ein Intranet sinnvoll, über das die Mitarbeiterinnen und Mitarbeiter miteinander kommunizieren können? Welche Inhalte sollen in jedem Fall Platz auf der Seite finden? Wo liegen inhaltliche Schwerpunkte? Gibt es gestalterische Vorgaben eines Trägers oder vielleicht sogar mehrerer Träger, die berücksichtigt werden müssen? Soll die Seite interaktive Elemente beinhalten? Zum Beispiel eine Kommentarfunktion oder ein Gästebuch?

Die technische Lösung

Sind alle diese Fragen beantwortet, ist der Rahmen für die Gestaltung der Webseite und deren Struktur abgesteckt und eine sinnvolle Entscheidung in Bezug auf die technische Lösung möglich. Abhängig vom gewünschten Umfang des Internetangebots ist die eigenständige Erstellung mit etwas technischem Sachverstand möglich. Doch ganz gleich, ob die Webseite selbständig erstellt oder von einem Dienstleister erarbeitet wird, an den oben gestellten Fragen führt kein Weg vorbei. Von einer schlichten Webvisitenkarte ohne weitergehende Informationsangebote oder sonstige Funktionalitäten bis hin zu einer komplexen Lösung inklusive Intranet ist alles denkbar. Für die meisten Mehrgenerationenhäuser wird eine relativ einfach gehaltene Seite auf Basis eines schlanken Content Management Systems oder alternativ auf Basis einer Blogsoftware sinnvoll sein[5]. Eine solche Seite ermöglicht die regelmäßige Aktualisierung von Informationen wie zum Beispiel Kurszeiten und Angeboten, ist aber noch in Eigenregie mit wenigen Stunden pro Woche leistbar.

Externe Dienstleister

Wer die notwendigen technischen Kompetenzen zur Gestaltung und Programmierung eines Webauftritts nicht im Haus hat, wird einen externen Dienstleister beauftragen müssen. Um geeignete Ansprechpartner vor Ort zu finden, empfiehlt es sich, Webseiten lokaler Unternehmen zu sichten. Wer eine Seite gefunden hat, die ihm gefällt, kann über das Impressum oder das jeweilige Unternehmen den Ersteller der Seite ausfindig machen. Auf der Webseite des Anbieters kann man in der Regel weitere Referenzen ansehen. Um ein Angebot bewerten zu

---

5 OpenSource-Software (kostenlos) zur Erstellung von Content Managementsystemen: http: //www.drupalcenter.de/; http: //www.joomla.de/
OpenSource-Software (kostenlos) zur Erstellung von Blogs: http: //wordpress-deutschland.org/

können, hilft es, sich über die in der Region branchenüblichen Preise zu informieren oder mindestens drei Angebote einzuholen. Die Preisdifferenzen können gewaltig sein.

Eine belastbare Zeitplanung

Ist der passende Partner gefunden, sollte ein Zeitplan erstellt werden. Am sinnvollsten ist es, den gewünschten Fertigstellungstermin festzusetzen und von da aus rückwärts zu rechnen. Absolute Untergrenze für die Entwicklung einer einfachen Seite sind acht Wochen, größere Online-Auftritte benötigen bis zu sechs Monaten. Im Zeitplan müssen die Konzeption, das Design, die Programmierung, Korrekturschleifen und Testphasen und natürlich die Erstellung der Inhalte berücksichtigt werden. Mit dem Design und der Programmierung sollte wirklich erst begonnen werden, wenn der Konzeptionsprozess abgeschlossen ist und Klarheit darüber besteht, was genau gewünscht und gebraucht wird.

Die passende Adresse

Hat man sich einen möglichst kurzen, aussagekräftigen Namen für sein online-Angebot überlegt, kann man die Adresse – sofern sie noch nicht vergeben ist – bei der zentralen Registrierungsbehörde für deutsche Webseiten „DENIC" eintragen lassen[6]. Hierbei ist es besonders wichtig, keine Markennamen oder urheberrechtlich geschützten Begriffe zu verwenden.

Der Inhalt

Bevor man schließlich mit der Erstellung der Inhalte beginnt, ist es sinnvoll, Leitlinien für Inhalt und Gestaltung zu entwickeln. Insbesondere wenn mehrere Personen in die Erstellung und Pflege der Inhalte eingebunden sein sollen, macht es Sinn, gemeinsame Regeln zum Schreibstil, zur Bildästhetik, etc. zu entwickeln. Schließlich soll die Webseite das Leitbild des Mehrgenerationenhauses widerspiegeln und wie aus einem Guss wirken. Solche Leitlinien werden auch dann nützlich sein, wenn später die Besetzung des Online-Teams wechseln sollte.

Rechtliche Fragen

Neben den skizzierten Überlegungen zur Gestaltung macht eine eigene Webseite die intensive Auseinandersetzung mit rechtlichen Fragestellungen zwingend erforderlich. Denn Sie bietet eine Angriffsfläche für Datenmissbrauch, Viren und viele Fallstricke im Zusammenhang mit dem Urheber- und Persönlichkeitsrecht. Verschiedene rechtliche Rahmenbedingungen können hier nun kurz skizziert werden.[7]Die folgenden Hinweise haben jedoch keinerlei Anspruch auf Vollständigkeit oder Rechtsverbindlichkeit. Es ist dringend empfohlen, sich bei der Erarbeitung einer Webpräsenz von einem Experten individuell beraten zu lassen. Die finanziellen Folgen (auch unbeabsichtigter) Rechteverletzungen können ganz erheblich sein.

---

6 http: //www.denic.de

7 Auf der Webseite des Bundesministeriums für Justiz http: //www.gesetze-im-internet.de sind die relevanten Gesetze abrufbar: Telemediengesetz, Bundesdatenschutzgesetz, Gesetz über Urheberrecht und verwandte Schutzrechte, Gesetz über den Schutz von Marken und sonstigen Kennzeichen.

Pflichtangaben und Datenschutzerklärung

Jeder Webseitenbetreiber, der seine Seite nicht zu rein privaten Zwecken verwendet, muss eine Reihe von Pflichtangaben wie Impressum[8]und Datenschutzhinweise machen. Mehrgenerationenhäuser und vergleichbare Einrichtungen fallen in jedem Fall unter die Impressumspflicht und müssen daher den Namen und Vornamen des verantwortlichen Herausgebers (Leitung, verantwortlicher Redakteur, Vereinsvorsitzende), eine Postanschrift (kein Postfach), eine Telefonnummer, eine E-Mailadresse (kein Kontaktformular) und ggf. den Träger mit Kontaktdaten und Ansprechpartnern angeben. Bei Vereinen sollte das Impressum zusätzlich die Vereinsregisternummer und wenn vorhanden, die Umsatzsteueridentifikationsnummer beinhalten. Das Impressum sollte von überall auf der Seite mit maximal zwei Klicks erreichbar sein. Die Datenschutzerklärung kann dem Impressum beigefügt werden. Mustertext und weiterführende Informationen gibt es bei den Datenschutzbeauftragten der Bundesländer und im Bundesdatenschutzgesetz (BDSG)[9]. Sie ist in jedem Falle notwendig, wenn Besucherinnen und Besucher der Seite persönliche Daten von sich preisgeben, wie zum Beispiel beim Abonnement eines Newsletters oder der Nutzung eines Kontaktformulars. Wenn es einen internen Bereich oder eine Community gibt, sollten die NutzerInnen beim ersten Besuch neben der AGB auch der Datenschutzerklärung zustimmen.

Werden Analyse-Tools wie zum Beispiel Google Analytics verwendet, ist eine Passage zur Verwendung dieser Instrumente in der Datenschutzerklärung verpflichtend. Außerdem ist es nötig, auch über die Datenschutzbestimmungen anderer Anbieter zu informieren, wenn eine Seite mit diesen verbunden ist, zum Beispiel, wenn ein Facebook-Like-Button eingebunden ist.

Haftungsausschluss

Der Betreiber einer Seite ist auch für die Inhalte fremder Seiten verantwortlich, auf die er verlinkt. Denn er trägt zu ihrer Verbreitung bei. Es empfiehlt sich, einen so genannten Disclaimer auf der eigenen Seite zu platzieren, der ebendiese Haftung ausschließt. Die Rechtsverbindlichkeit solcher Disclaimer ist zwar umstritten, sie schaden jedoch in keinem Fall und können die eigene Position im Falle eines Rechtsstreits verbessern. In jedem Fall muss der Betreiber einer Webseite die Inhalte verlinkter Seiten regelmäßig prüfen und bei Beschwerden – z.B. über Verletzungen des Urheberrechts – sehr zeitnah reagieren und die entsprechenden Verlinkungen entfernen, wenn er nicht in Mithaftung genommen werden möchte. Regelmäßig überprüft werden müssen auch Gästebücher, Foren und Kommentarfelder. Der Seitenbetreiber kann nämlich auch für Rechtsverletzungen anderer in Haftung genommen werden, die auf seiner Seite begangen werden.

---

8 Bundesministerium der Justiz – Leitfaden zur Impressumspflichthttp: //www.bmj.de/cln102/DE/Service/StatistikenFachinfaormationenPublikationen/Fachinformationen/LeitfadenzurImpressumspflicht/node.html

9 Siehe auch http: //www.bfdi.bund.de/DE/Home/homepagenode.html

Urheberrecht

Abbildungen, Texte, Audio- und Videodateien und zum Beispiel auch Kartenmaterial sind grundsätzlich durch das Urheberrecht geschützt, in der Regel bis 70 Jahre nach dem Tod des Urhebers. Bei geschützten Werken muss man diesen bzw. den Inhaber der Verwertungsrechte (z.B. einer Bildagentur) um eine Genehmigung zur Veröffentlichung bitten. Bei Audio- und Videodateien ist außerdem zu beachten, dass diese mehrere Urheber haben können. Ein Klavierkonzert auf CD könnte zum Beispiel einen Komponisten, einen Interpreten und einen Musikverlag als Inhaber der Verwertungsrechte haben. Ob ein Werk geschützt ist oder nicht – in jedem Fall muss der Urheber kenntlich gemacht, also namentlich genannt werden.[10]Inhalte, die unter so genannten OpenContent-Lizenzen stehen, können unter bestimmten Voraussetzungen frei verwendet werden. Dabei müssen jedoch stets die Geschäftsbedingungen des jeweiligen Anbieters und die Auflagen des Erstellers berücksichtigt werden.[11]

Recht am eigenen Bild – Persönlichkeitsrechte

Das Kunsturhebergesetz (KUG) schützt abgebildete Personen vor der unerwünschten Veröffentlichung.[12]Um sich rechtlich auf die sichere Seite zu bringen, ist es dementsprechend dringend empfehlenswert, sämtliche abgebildeten Personen, ganz gleich ob Mitarbeiter oder Besucher, vor der Veröffentlichung um eine schriftliche Genehmigung zu bitten. Entscheidend ist die Erkennbarkeit einer Person, nicht etwa die Anzahl der abgebildeten Personen.[13]Sind Kinder, geistig behinderte Menschen oder sonstige eingeschränkt geschäftsfähige Personen unter den abgebildeten Personen, ist rechtlich besondere Vorsicht geboten. Die Eltern (alle erziehungsberechtigten Elternteile) bzw. der gesetzliche Vertreter müssen ihre Einwilligung erteilen.[14]

Social Media

Social Media ist in aller Munde. Facebook, Twitter, Google und Co. können sinnvolle Kommunikationsinstrumente sein, müssen jedoch sensibel genutzt werden. Immer wieder gehen Datenschützer auf die Barrikaden. Auch Urheberrecht und Persönlichkeitsrecht werden allzu oft verletzt. Und auch hier gilt: Der Betreiber eines Profils wird für Fehler anderer auf dem eigenen Profil in Mithaftung genommen. Das wirft für Mehrgenerationenhäuser potentiell weitreichende rechtliche Probleme und Ressourcenfragen auf. Wer stellt sicher, dass das Einverständnis der Eltern vorliegt, wenn beim Kinderschminken geschossene Fotografien auf dem Facebook-Profil des Hauses landen? Und wer beobachtet tagesaktuell das Profil, um auf Kommentare zu reagieren und ggf. rechtswidrige Kommentare umgehend zu löschen?

Social Media-Instrumente zeichnen sich nämlich dadurch aus, dass die Kommunikation nicht nur in eine Richtung verläuft, sondern eine Plattform geboten wird, auf der NutzerInnen mit dem Anbieter und auch untereinander in Kontakt treten können. Es gibt also einen Rückkanal, der auch noch öffentlich sichtbar ist. Wer Social Media nutzt, muss also damit rechnen,

10 § 13 UrhG: Recht auf Anerkennung der Urheberschaft am Werk

11 Eine Übersicht zu freien Lizenzen unter http: //www.ifross.org/lizenz-center

12 § 22 KUG: „Bildnisse dürfen nur mit Einwilligung des Abgebildeten verbreitet oder öffentlich zur Schau gestellt werden."

13 In Paragraph 22 und 23 des KUG finden sich einzelne Ausnahmen von dieser Grundregel.

14 Weitergehende Informationen zu Urheberrecht und Persönlichkeitsrecht sind abrufbar unter http: //www.irights.info/; https: //www.klicksafe.de; http: //www.bpb.de/themen/0GNUL9

Feedback zu erhalten – auch negatives. Dann gilt es Nerven zu bewahren, auf die Kritik einzugehen und sie im besten Fall positiv zu nutzen. Wer negative Kommentare einfach löscht, begeht den Kardinalfehler des Social Web und wird in aller Regel mit umso heftigerer Kritik bedacht. Wenn die Rechte Dritter verletzt werden, etwa durch Beleidigungen oder das Einstellen fremder, geschützter Inhalte, müssen solche Beiträge aus rechtlichen Gründen allerdings umgehend entfernt werden.

So oder so, der Einsatz von Social Media ist mit erheblichem Aufwand verbunden. Die Reaktionszeiten sollten kurz sein und nichts wirkt so trostlos und unprofessionell wie ein Facebook-Profil, auf dem der letzte Beitrag Monate zurückliegt. Mehrgenerationenhäuser und ähnliche Einrichtungen mit begrenzten personellen Ressourcen sollten sich also sehr gut überlegen, ob solche Profile den Mehraufwand und die rechtlichen Risiken lohnen und sorgfältig selektieren. Die Vielfalt der Plattformen ist groß und wird immer größer. Überall dabei sein zu wollen, wird in der Regel zu einer Überforderung führen. Deshalb sollte das Motto heißen: Weniger ist mehr. Mehrgenerationenhäuser sollten nur solche Instrumente für die eigene Kommunikation auswählen, die sie sicher beherrschen und regelmäßig pflegen können.

Fazit

Die Zielgruppen von Mehrgenerationenhäusern sind sehr vielfältig. Dies bedeutet eine besondere Anforderung an die Presse- und Öffentlichkeitsarbeit, da unterschiedliche Ziel- und besonders Altersgruppen auf ganz unterschiedlichen Kanälen adressiert werden müssen. Das kann bei Seniorinnen und Senioren die Tageszeitung sein und bei Jugendlichen ein Social Media-Profil. Ein Mix von klassischer Pressearbeit und Online-Kommunikation wird in der Regel am sinnvollsten sein, um die unterschiedlichen Zielgruppen der Mehrgenerationenhäuser jeweils dort abzuholen, wo sie stehen. Auch wenn im Alltag die Durchführung von Angeboten und der allgemeine Betrieb des Hauses im Vordergrund stehen: Nur durch die Kommunikation der eigenen Leistungen wird der Erfolg von Mehrgenerationenhäusern nachhaltig sein. „Tu Gutes und rede darüber!“

Literatur

Brauer, G. (2005): Presse- und Öffentlichkeitsarbeit. Ein Handbuch. Konstanz.

Falkenberg, V. (2008): Pressemitteilungen schreiben. Die Standards professionellerPressearbeit. Frankfurt am Main.

Zedtwitz-Arnim, G.-V. (1981): Tu Gutes und rede darüber. München.

Besondere Herausforderungen des demografischen Wandels auf dem Lande

Fachgruppe Ländlicher Raum

Mehrgenerationenhaus-Strukturen im ländlichen Raum

Ein Drittel der insgesamt 500 Mehrgenerationenhäuser im Aktionsprogramm des Bundesministeriums für Familie, Senioren, Frauen und Jugend liegt im ländlichen Raum. Dass diese so heterogen und multifunktional sind wie ihre Raumkategorie, ist nur allzu verständlich. Das hat nicht nur mit der geografischen Zuordnung im jeweiligen Bundesland zu tun, sondern auch mit der Historie des Hauses, der Intension des Trägers sowie der Kompetenz und Erfahrung der Gestalter in einem Mehrgenerationenhaus. Vor allem aber auch mit den Anforderung an die lokalen Bedarfe und den Angeboten, die von Seiten der Nutzer und Nutzerin gemacht werden.

Der ländliche Raum

Wie auch für andere Begrifflichkeiten, so existiert auch für den ländlichen Raum keine einheitliche Definition. Einigkeit besteht jedoch bei den Regionalentwicklern, Raumplanern und anderen Fachexperten darin, dass es „*den* ländlichen Raum" als einheitliche Raumkategorie nicht gibt.

Wie der ländliche Raum definiert wird, ist maßgeblich davon abhängig, welche Indikatoren zur Abgrenzung gegenüber anderen Räumen genutzt werden. Sehr häufig wird der ländliche Raum zur Kategorie des „nicht-städtischen" eingeordnet. Dieser Definition liegen meist die Bevölkerungsdichte sowie weitere Verdichtungs- und Zentralitätsmerkmale zugrunde. Der Bundesraumordnungsbericht von 2005 definiert die Raumkategorien Deutschlands in Anlehnung an die Indikatoren der Bevölkerungsdichte und der Erreichbarkeit der Zentren. Unterschieden wird zwischen einem inneren und einem äußeren Zentralraum, einem Zwischenraum mit Verdichtungsansätzen und einem solchen mit geringer Dichte. Auch der sogenannte Peripher-Raum wird in zwei Bereiche gegliedert: Einen mit Verdichtungsansätzen sowie einen weiteren mit sehr geringer Dichte. Letzterer zeichnet sich durch das Fehlen von Suburbanisierungstendenzen, einer Einwohnerdichte von weniger als 100 EW pro km^2 sowie durch eine große Distanz zu den Zentren aus. Zudem würden dort die stärksten Rückgänge der Bevölkerungszahlen verzeichnet und die Alterung der Bevölkerung schreite schneller voran – Vorgänge, die tendenziell in peripheren ländlichen Räumen zu beobachten sind.

Andere Definitionen besagen, dass der ländliche Raum ein naturnaher, von der Land- und Forstwirtschaft geprägter Siedlungs- und Landschaftsraum mit geringer Bevölkerungs- und Bebauungsdichte sowie niedriger Wirtschaftskraft und Zentralität der Orte, aber höherer Dichte der zwischenmenschlichen Beziehungen und Bindungen ist. Sie schließen dabei auch soziale und naturräumliche Aspekte mit ein.

Zusammenfassend kann festgestellt werden, dass es sich als sehr schwierig erweist, eine einheitliche Definition für ländliche Räume zu erarbeiten. Sie wird je nach Blickwinkel und Abgrenzungskriterien unterschiedlich ausfallen, da ländliche Räume durch zahlreiche Indikatoren und Kriterien beschreibbar sind. Der Vielfältigkeit ländlicher Räume entspricht der im Bundesraumordnungsbericht verwendete Begriff der „Multifunktionalität". Mit ihm wird versucht, der Heterogenität ländlicher Räume gerecht zu werden und neben den bereits genannten, vorwiegend quantitativen Indikatoren, auch solche zu berücksichtigen, die auf individuelle Charakteristika und mögliche Entwicklungspotenziale ländlicher Räume hinweisen.

Für ländliche Räume sollten daher möglichst individuelle, auf die regionalen und lokalen Gegebenheiten ausgerichtete, multifunktionale Strategien entwickelt und für deren Umsetzung geeignete Planungsinstrumente bereitgestellt werden.

Der demografische Wandel im ländlichen Raum

Die Auswirkungen des demografischen Wandels sind je nach Region in Deutschland sehr unterschiedlich. (Groß-)Städte mit ihren urbanen Einzugsgebieten wachsen, der ländliche Raum – vornehmlich in Ostdeutschland – dünnt aus. Hier führt speziell die Auswanderung insbesonders von Frauen zu einem Männerüberschuss. Dem ohnehin schon dünn besiedelten ländlichen Raum droht die gebietsweise Entleerung.

In diesem Umfeld agieren die Land-Mehrgenerationenhäuser. Mit ihrer Multifunktionalität bereichern sie das öffentliche Leben der ländlichen Kommunen und bieten Unterstützung für die Landbevölkerung. Dank ihres lokalen Alleinstellungsmerkmals sind sie für ihre NutzerInnen:

- Kompensation von Angeboten, die wegbrechen
- Beherberger und Motor für das Freiwillige Engagement
- Beschäftigungsförderer und Arbeitgeber
- Kommunikations- und Geselligkeitszentrum
- Service- und Informationsstelle
- Partner der lokalen Wirtschaft
- Förderer der Regionalentwicklung
- Ideengeber für Kommunalpolitik
- Minderer der Problemstellungen des demografischen Wandels vor Ort.

Land-Mehrgenerationenhäuser bieten praktische Hilfe im Alltag und leisten einen gewichtigen Beitrag zur Gestaltung des demografischen Wandels durch:

- Kooperation und Koordinierung
- Moderation und Wegweisung
- Service und Angebote
- Beschäftigung und Freiwilliges Engagement.

Fest steht: Für das Alltagsleben und die Attraktivität des ländlichen Raumes sind die Land-Mehrgenerationenhäuser unverzichtbar. Jedes Land-Mehrgenerationenhaus ist ein immens wichtiger Partner für die Kommune, denn dort, wo die kommunalen Pflichten enden, beginnen die (freiwilligen) Anforderungen und Leistungen für die Mehrgenerationenhäuser. Somitbasiert die Zusammenarbeit mit der Kommune aufgrund von gemeinsamen Zielsetzungen, nämlich zur infrastrukturellen Entwicklung von Ort und Region beizutragen. So z.B. mit:

- Erweiterte Beschäftigungsangebote durch Mitarbeit im Mehrgenerationenhaus
- Gesicherte Standorte für Kinderbetreuungseinrichtungen
- Stabile Nahversorgungsangebote
- Ärztliche Grundversorgung
- Umfassende Freizeitangebote und Betreuung für alle Altersgruppen

Und auch der Dienst am Menschen wandelt sich. Alltagsbegleitung und Mobilitätssicherung, Wohnen und Wirken im Alter, aber auch der Umgang mit Demenz oder gar Pflege sind neue Herausforderungen für die Land-Mehrgenerationenhäuser.

Den demografischen Wandel im ländlichen Raum können allerdings auch die Mehrgenerationenhäuser nicht aufhalten, aber sie können ihn aktiv gestalten und somit dessen Auswirkungen mildern. Mit ihrem engagierten Personal, mit ihrer Kompetenz im Umgang mit den Generationen, mit äußerst realitätsnahen Ideen und einem umfangreichen Tätigkeitsspektrum sind die Land-Mehrgenerationenhäuser sowohl in der Theorie als auch in der Praxis exzellente Partner bei der gesamtgesellschaftlichen Gemeinschaftsaufgabe zur Bewältigung der Herausforderungen, die der demografische Wandel mit sich bringt.

Das Mehrgenerationenhaus: Der aktive Gestalter im ländlichen Raum

Nicht nur, dass das Leben und Wirken im ländlichen Raum eine besondere Herausforderung darstellt, auch die Aufgaben und Inhalte dieser Mehrgenerationenhäuser haben sehr spezielleAnforderungen. Sie unterscheiden sich grundlegend in Funktion und Tätigkeit gegenüber den Häusern in Ballungszentren und (Groß-)Städten. Neben den Entwicklungsaufgaben, die alle Mehrgenerationenhäuser in dem Aktionspgramm haben, erfüllen sie vor allem Freiwilligenaufgaben. Ohne ihre (Dorf-)Mehrgenerationenhäuser sehen die Kommunen kein Land. Daraus ergeben sich spezifische Alleinstellungsmerkmale der Mehrgenerationenhäuser, besondern wirksam ist diese aber im ländlichen Bereich wie z.B:

a) Sozialbetreuer für die vier Generationen
- Kinderbetreuung bis Seniorengruppe unter einem Dach
- Schüler-Nachhilfe-Kurs und Alten-Fahrdienst aus einer Hand

b) Allgemein-Dienstleister fürs öffentliche Leben
- Haushaltsnahe Dienstleistungen: Vielfältige Angebote von A bis Z
- Vielfältiges Netzwerk-Management und Berater vor Ort

c) Beherberger und Motor für das allgemeine Ehrenamt
- Förderung des Freiwilligen-Engagements
- Geben- und Nehmen-Effekte im Ehrenamt

d) Beschäftigungsförderer und Arbeitgeber
- Mehrgenerationenhäuser als Arbeitsplatz-Schaffer vor Ort
- Träger zusätzlicher Beschäftigungen für Arbeitslose

e) Kommunikations- und Geselligkeitszentrum
- Anbieten niveauvoller Freizeitgestaltungsmöglichkeiten
- Platz zum austauschen und Erfahren für alle Generationen

f) Service- und Informationsstelle
- Info-Zentrale für Einheimische und Besucher
- Vermittlung eigener und fremder Service-Angebote

g) *Partner der lokalen Wirtschaft*
   - NutzerInnen und Auftraggeber für die einheimische Wirtschaft
   - Aufbau und Pflege eines Netzwerkes zur kommunalen Wirtschaftsförderung
h) *Förderer der Regionalentwicklung*
   - Mitwirker und Umsetzer des ländlichen Entwicklungsprozesses
   - Anreger nachhaltiger Projekte
i) *Mitgestalter der Kommunalpolitik*
   - Absicherer von freiwilligen (aber auch Pflicht-)Aufgaben der Kommunen
   - Unterstützer und Mitwirker am kommunalen Alltag
j) *Problemlöser des demografischen Wandels vor Ort*
   - Familienfreundlichkeit: Vermittlung von Hierbleib- u. Wohlfühl-Effekten
   - Unterstützung der Vereinbarkeit von Familie und Beruf

Wer, außer den Mehrgenerationenhäusern, sollte diese Vielfalt an Aufgaben unter einem Dach im Dorf übernehmen?Die größte Schwierigkeit für alle Mehrgenerationenhäuser, aber insbesondere für die Land-Mehrgenerationenhäuserliegt in ihrer finanziellen Nachhaltigkeit. Wichtige Nachhaltigkeits-Faktoren sin die Themen Öffentlichkeitsarbeit und Vernetzung.Deshalb sind die Häuser neben der momentan bestehenden Bundesförderung auf die Unterstützung von Sponsoren und auf Spenden angewiesen. Allerdings gibt es in den ländlichen Räumen meist keine Groß-Industrie, sondern eher nur kleinere Firmen und Handwerksbetriebe, so dass sich dieses Sponsoring- und Spendenaufkommen meist in bescheidene Grenzen hält. Deshalb ist es wichtig, dass die Mehrgenerationenhäuser einen hohen Bekanntheitsgrad, ein positives Image und gute Kontakte zu den wenigen bestehenden Firmen, Institutionen und der allgemeinen Öffentlichkeit in ihrer Region haben. Dies ist eben nur durch eine gute Öffentlichkeitsarbeit und eine hohe Vernetzung möglich.

Denn die in der Regel geldlich eher schwach ausgestatteten Land-Kommunen können kaum unterstützen, brauchen aber ihre Mehrgenerationenhäuser als soziale Heimstätte für ihre Bürgerinnen und Bürger. An einem tadellosen Funktionieren und einem nachhaltigen Fortbestehen ihrer Mehrgenerationenhäuser haben Land-Kommunen deshalb ein überaus großes Interesse, denn diese sind erster Kooperationspartner und Interessenvertreter vor Ort.

Fazit: Land-Mehrgenerationenhäuser schaffen einen Mehrwert, sie sind für die tägliche Daseinsvorsorge und Attraktivität des ländlichen Raumes unentbehrlich.

Zukunft des ländlichen Raumes

Der demografische Wandel zwingt viele ländliche Gemeinden neu zu denken. Vielerorts finden sich leer stehende Häuser oder Anwesen, in denen nur noch eine Person wohnt.

Viele junge Menschen ziehen in die Städte und die Gemeinden müssen für immer weniger Menschen Gemeinschaftseinrichtungen und Infrastruktur vorhalten.
Unter diesem Kostendruck müssen neue Konzepte entwickelt und Netzwerke mit Vereinen und Institutionen gebildet werden. So z. B. die Bildung größere Verwaltungseinheiten, wenn dafür Ressourcen für das Gemeinwesen vor Ort freiwerden. Wichtig dabei ist aber, die kleinen Kommunen als eigenständigen Lebens- und Wirtschaftsraum zu erhalten. Denn nur diese Selbständigkeit sorgt bei den Bürgerinnen und Bürgern für Eigenverantwortung und Engagement.

Deshalb gilt es Anreize zu schaffen, um den ländlichen Lebensraum für die eigene Lebensplanung zu entdecken. Dabei geht es einerseits um die Vereinbarkeit von Familie und Beruf, aber auch um die Attraktivität des ländlichen Raumes bzgl. der Lebensqualität für Familien. Andererseits aber auch um Strukturen zu entwickeln, die nachhaltige Grundlagen schaffen, das Leben auf dem Land den Bedarfen entsprechend zu gestalten. Das bedeutet z. B., die Dienstleistungsangebote auf kommunaler, institutioneller und Vereinsebene zu bündeln und zu vernetzen. Dabei sollte das Interesse an der Beteiligung jeder einzelnen Bürgerin und Bürgers am Gemeinwesen geweckt und gefördert werden. Mit neuen Ideen die Infrastruktur beleben, möglichst ortsnahe Arbeitsplätze schaffen, mit kulturellen und sozialen Angeboten, aber auch mit entsprechendem Wohnraum, die jungen Menschen an ihre Heimat binden, viele kleine Schritte zur wirtschaftlichen Belebung gehen – das sind die Herausforderungen, denen sich das Land immer wieder stellen muss.

Damit das Angebot nahe an den Bedürfnissen der Bürgerinnen und Bürger anknüpft und Beteiligungsmöglichkeiten zulässt, bzw. eröffnet, bedarf es einer Sozialraumanalyse und eines individuellen Entwicklungszeitraums in jeder kleinen Einheit. Dies kann von Dorf zu Dorf, bzw. Gemeinde zu Gemeinde, sehr unterschiedlich sein. Unbestritten ist, dass Einrichtungen, die im Bereich der Prävention arbeiten, die Beziehungs- und Nachbarschaftsbindungen schaffen, das Gemeinwesen nachhaltig positiv beeinflussen.
Somit sind Mehrgenerationenhäuser ein wichtiger Kristallisationspunkt innerhalb der Dörfer und in der Region. Man kann zusammen mit der Kommune neue gemeinsame Aufgaben formulieren (z.B. Alter und Pflege, Bildung und Integration usw.) und damit alle Vereine und Institutionen einbeziehen. Hier werden Potenziale, die durchaus nicht überall ausreichend genutzt werden, neu erschlossen. Die Mehrgenerationenhäuser im ländlichen Bereich haben hier in den vergangenen Jahren bereits ein eigenes Profil entwickelt und sich zukunftsfähig aufgestellt. So könnte z.B. in den bereits bestehenden Mehrgenerationenhäusern der Landkreise eine Servicestelle eingerichtet werden, die dezentrale Konzepte für jedes einzelne Dorf gemeinsam mit den Bürgerinnen und Bürgern vor Ort entwickeln. Diese Servicestelle vernetzt sich mit den vorhandenen Ehrenamtsagenturen, Zukunftsbeauftragten, Institutionen, Wirtschaftsunternehmen und- Fördergesellschaften, Vereinen und Regionalforen, wie z.B. den lokalen Aktionsgruppen (LAG) des Leader-Regionalmanagements, ein Förderprogramm der Europäischen Union für den ländlichen Raum. Hier könnten sich die Mehrgenerationenhäuser etablieren und mit ihnen sich auch die Kommunen und die Regionweiterentwickeln. Intensive Kontakte zwischen Mehrgenerationenhäuser und den Kommunal-Verantwortlichen erhöhen die Akzeptanz. Die offensive Öffentlichkeitsarbeit ist dabei ein wichtiger Baustein zur Vermittlung der Mehrgenerationenhaus-Idee, wie auch der jeweils angedachten Projekte.

Eine große Chance für den ländlichen Raum besteht vor allem auch in der Energiewende. Denn diese kann in hohem Maße nicht nur in den Städten, sondern auch im ländlichen Raum stattfinden. Windräder, Biogasanlagen, großflächige Photovoltaikanlagen, nachwachsende

Rohstoffe wie Holz für Hackschnitzelheizungen usw. werden allerdings nur auf dem Land möglich sein.

Auch das positive soziale Miteinander in den Dörfern, die hohe Bereitschaft der „Nachbarschaftshilfe", die nicht so stark vorhandenen sozialen Brennpunkte wie in den Städten, die hohe Wohn- und Lebensqualität kann durchaus wieder Zuzug für die ländlichen Räume bedeuten und somit in Zukunft die Dörfer durchaus auch wieder mehr beleben.

All dies dient letztendlich der Nachhaltigkeit der Mehrgenerationenhäuser, der Zukunft der Dörfer im ländlichen Raum und damit den Menschen vor Ort.

Vom Sinn finanzieller Nachhaltigkeit: Mehrgenerationenhäuser als Baustein einer strategischen Sozialpolitik für die Zukunft

Fachgruppe Nachhaltige Finanzierungsstrategien

Im Jahr 2006 veröffentlichte das Bundesministerium für Familie, Senioren, Frauen und Jugend (BMFSFJ) ein Konzept für Mehrgenerationenhäuser, die vor dem Hintergrund des demografischen Wandels und den Veränderungen traditioneller Familienformen neue Möglichkeiten des Miteinanders schaffen sollten. Für die deutsche Gesellschaft wurden eine wachsende ältere Bevölkerung und ein Rückgang bei den Kinderzahlen prognostiziert. „Umso wichtiger werden außerfamiliale Beziehungen, die über die traditionelle Form des Zusammenlebens in einem Haushalt oder einer Familie hinausgehen. Hierfür müssen Räume geschaffen werden, in denen Erziehungswissen, Alltagssolidaritäten und Kulturtechniken ausgetauscht und gelebt werden können."[1] Dabei war von Beginn an geplant, Aktive sowohl aus dem Bereich der Fachkräfte als auch aus den Bereichen der Freiwilligen und Nebenberuflichen zu gewinnen. „Wir brauchen neue Strukturen, die private und freiwillige Initiative stärken und sie klug verbinden mit staatlichen Leistungen.[...] Dafür müssen junge und alte Menschen über die Grenze der Familie hinweg in verlässlichen Räumen zusammengebracht werden, müssen sich auch Berufstätige in das Gemeinschaftsleben einbringen können und bürgerschaftlich Engagierte und professionelle Kräfte zusammen an gemeinsamen Aufgaben arbeiten."[2]

Nach den fünf Jahren der ersten Phase desModellvorhabens Aktionsprogramm Mehrgenerationenhäuser kann konstatiert werden, dass die Häuser den demografischen Wandel als Chance begriffen haben. Sie sind zu Kompetenzzentren für das Miteinander der Generationen und für bürgerschaftliches Engagement geworden. Ihre Angebotspalette hat sich gemäß den gesellschaftlichen Herausforderungen gewandelt, da die Akteure über umfassende Orientierungskompetenzen und die Fähigkeit verfügen, in wechselnden Konstellationen handlungs- und kommunikationsfähig zu bleiben. Die Begegnung der Generationen unter einem Dach führt im Mehrgenerationenhaus zur konstruktiven Weitergabe von Erfahrungswissen im Lebensalltag aller Beteiligten. Die selbstbewusster werdende Bürgergesellschaft findet im Mehrgenerationenhaus sinnstiftende Tätigkeiten auch in außerberuflichen Lebensphasen und im Ruhestand. Damit erfüllen sich die notwendigen Mitbestimmungsmöglichkeiten, die unsere heutige Gesellschaft braucht. Ehrenamt, Patenschaften und Freiwilligentätigkeit erlangen im Mehrgenerationenhaus eine neue Kultur und Anerkennung. Die lange Jahre geltende klare Rollenverteilung zwischen staatlichen und wirtschaftlichen Akteuren muss heute neuen sozialen Verhältnissen weichen. Die Mehrgenerationenhäuserbieten hier einen neuen Ansatz, sie sind der Prototyp für den gelebten gesellschaftlichen Zusammenhalt in Zeiten des beschleunigten sozialen Wandels. Sie geben Antworten auf die Frage: Wie wollen wir gemeinsam leben? Mehrgenerationenhäuser haben sich oft über viele Jahre hinweg bereits ein hohes Maß an Erfahrungen und Erkenntnissen auf allen Gebieten der Familie angeeignet. Sie sind

---

1 Bundesministerium für Familie, Senioren, Frauen und Jugend: Alle(s) unter einem Dach – Das Aktionsprogramm Mehrgenerationenhäuser. Konzept. Berlin Juni 2006 (im Folgenden zitiert als BMBFSJ-Konzept), S. 3.

2 BMBFSJ-Konzept, S. 3.

niederschwellige Anlaufstellen im Sozialraum für alle Generationen und Familienkonstellationen, leisten einen maßgeblichen Beitrag zur Prävention, sind Zentren mit Dienstleistungs- und Entlastungsangeboten. Sie sind innovative Einrichtungen zur Unterstützung Älterer als Voraussetzung für ein selbstbestimmtes Leben mit dem Ziel, so lange wie möglich in gewohnter häuslicher Umgebung zu verbleiben und verwirklichen den Ansatz „Alt und Jung" auch über die eigene Ursprungsfamilie hinaus. Mehrgenerationenhäuser werden regelmäßig von hunderttausenden Menschen genutzt, unabhängig von Alter, Geschlecht, Nationalität, Hautfarbe, Religion, Behinderung, sexueller Prägung, Bildung, sozialer und kultureller Herkunft.

Mehrgenerationenhäuser produzieren einen erheblichen Mehrwert nicht nur auf sozialem sondern auch auf ökonomischem Gebiet. Die 500 Mehrgenerationenhäuser des Aktionsprogramms sind ein gesellschaftliches „Pfund". Sie vermehren durch Kooperation mit der Wirtschaft, mit der Kommune, mit Stiftungen sowie zahlreichen gesellschaftlichen Partnern und Spendern das eingesetzte Geld um ein Vielfaches. Darüber hinaus „erwirtschaften" die vielen Freiwillig Engagierten in Mehrgenerationenhäusern jährlich eine enorm hohe Arbeitsleistung und tragen zu einem Mehrwert in zweifacher Millionenhöhebei– neben einem erkennbaren Effekt auf das soziale Klima.[3]Die niedrigschwelligen Angebote der Mehrgenerationenhäuser führen zu einem größeren Facettenreichtum und damit zu höherer Effizienz im Sozial- und Gesundheitswesen, im Kinder- und Jugendhilfebereich, in der Familienpolitik, in der Seniorenarbeit, in der Integrations- und Inklusionspolitik sowie in der Arbeitsförderung.

Durch das Bundesprogramm wurden regional, bundes- und landesweit Vernetzungsstrukturen geschaffen, die eine qualitative Weiterentwicklung von gesellschaftspolitischen Themen und praktischer Arbeit gleichermaßen beförderten. Austauschtreffen, Telefonkonferenzen, Schulungen, Internetforen und gemeinsam entwickelte Instrumente für die Arbeit führten dazu, dass Mehrgenerationenhäuser als Netzwerk zeitgemäß agieren. Die Vielzahl und Vielfalt der Häuser ermöglichte eine beinahe flächendeckende Analyse der sozialen LandschaftDeutschlands und der aktuellen Problemlagen und Potenziale nicht nur in den Städten, sondern gerade auch im ländlichen Raum. Zudem haben die Mehrgenerationenhäuser durch langjährige Kooperationen mit einer breit angelegten Trägerlandschaft eine Verknüpfung von Angeboten erreicht, die zu einer deutlichen Verbesserung der sozialen Vernetzungsstrukturen und Effizienz auf lokaler Ebene beitragen. Standen sich möglicherweise manche Träger auf der Ortsebene als Konkurrenten gegenüber, verbindet sie das Mehrgenerationenhausträgerübergreifend. Eine neue Kultur des Miteinanders, der Anerkennung und Wertschätzung der Träger untereinander entwickelten sich und wirken in alle Ebenen.

Das Auslaufen des Aktionsprogramms I der Mehrgenerationenhäuser vor Augen entwickelten engagierte Häuser und deren Befürworter verschiedene Strategien zum Erhalt der geschaffenen Strukturen und Angebote. Die Fachgruppe „Nachhaltige Finanzierungsstrategien" des Expertennetzwerks der Mehrgenerationenhäuser veröffentlichte ein Positionspapier als Argumentationsgrundlage für Lobbyarbeit. Unter Anderem benannte das Positionspapier vier Ebenen der Wirksamkeit von Mehrgenerationenhäusern:

1. Alle Mehrgenerationenhäuser widmen sich unmittelbar den Menschen vor Ort und sind Wohlfühlorte für Begegnung, Unterstützung, Information und Hilfe: Starke Leistung für den Einzelnen in der Gemeinschaft.

3 Als Anhaltspunkt kann hier gelten: „Wenn man diesen Stundenlohn bei 7,50 Euro ansetzt, dann tragen engagierte Bürger jährlich eine Arbeitsleistung im Wert von nahezu 35 Mrd. Euro zum Gemeinwesen bei."Engagementatlas 2009 der AMB Generali Holding AG, S. 14. http: //zukunftsfonds.generali-deutschland.de/online/portal/gdinternet/zukunftsfonds/content/314342/3
09588

2. Mehrgenerationenhäuser in strukturschwachen ländlichen Räumen erweisen sich oft als einzige Möglichkeit zur Pflege sozialer Netzwerke, vor allem dann, wenn andere Orte der Kommunikation nicht mehr vorhanden sind: Keine Post und keine Sparkasse, kein Bäcker und kein Gemeindeamt, keine Schule und kein Laden. Auch in den Städten geht diese Infrastruktur in vielen Stadtteilen immer mehr verloren. Die überwiegende Mehrheit der Mehrgenerationenhäuser ist in der Region etabliert und ein wichtiger Standortfaktor für Kommune und Wirtschaft: Starke Leistung für die Region.
3. Mehrgenerationenhäuser haben sich zu einem Erfolgsmodell der nachhaltigen Sicherung der Gemeinwesenarbeit entwickelt: Starke Leistung für die Gesellschaft.
4. Mehrgenerationenhäuser sind Zentren moderner Integrations-, Inklusions- und Sozialpolitik: Starke Leistung für die Nation und ein europäisches Modellprojekt.

Das Positionspapier erwies sich als ein wichtiger Baustein für den Weiterbestand der Idee der Mehrgenerationenhäuser. Die Ansprache politischer Fürsprecher auf Bundes- und Landesebene, die Unterstützung durch lokale Partner aus Politik, Wirtschaft und Soziallandschaft führte unter anderem zum Aktionsprogramm Mehrgenerationenhäuser II. Auch die durch die Wirkungsforschung des Programms nachgewiesenen deutlichen Erfolge und Innovationen der Mehrgenerationenhäuser trugen erheblich dazu bei. Unabhängig von Parteizugehörigkeiten und Interessengruppen wurde die geleistete Arbeit der Häuser anerkannt und ihr Weiterbestand als wünschenswert und notwendig erachtet.

Mit neuen Schwerpunkten und den bis dato entwickelten Erfolgsstrategien wird für drei Jahre (2012 – 2014) die geschaffene Struktur weiter unterstützt und ausgebaut. Der Logik des Aktionsprogramms I folgend, die Kommunen und Landkreise stärker mit einzubeziehen, sind Gemeinden, Städte und Landkreise im Aktionsprogramm II an der Finanzierung der Mehrgenerationenhäuser beteiligt – für finanzschwache Kommunen kann das jeweilige Bundesland diesen Part ganz oder teilweise übernehmen. Einige Bundesländer erkennen die hohe Bedeutung der Mehrgenerationenhäuser als Bestandteil der sozialen Landschaft in besonderem Maße an und fördern diese mit einem freiwilligen Zuschuss, unabhängig von den Vorgaben des Aktionsprogramms IIder Mehrgenerationenhäuser.
Dennoch stellt sich die Frage nach einer Beteiligung der Bundesebene an der Finanzierung der geschaffenen Strukturen nach Auslaufen des Aktionsprogramms II im Dezember 2014. Das Risiko, dass die Mehrgenerationenhäuser ab 2015 aufgrund wegbrechender Förderungen den generationenübergreifendenAnsatz aufgeben, ist gegeben. Die damit verbundene mögliche Zerschlagung der gewachsenen Strukturen wäre ein unwiederbringlicher Verlust, der unter anderem auch zur Folge hätte, dass ein hoher Mehrwert verloren ginge und die soziale Landschaft in Deutschland um ein Vielfaches ärmer würde. Mehrgenerationenhäuser arbeiten in einem breiten Themenspektrum. Zukunftsfragen des Sozialstaats wie die Veränderung von Familienmodellen, die Vereinbarkeit von Pflege und Beruf, aber auch die Förderung der Beschäftigungsfähigkeit von schwer einzugliedernden Personengruppen sowie die sinnvolle und anerkennende Förderung Freiwilligen Engagements sollen hier nur exemplarisch benannt werden. Der innovative und zukunftsorientierte Gedanke der Mehrgenerationenhäuser muss daher unbedingt verfestigt und die bisherigen Erfolge gesichert werden.

Bundesprogramme mit lokalem Bezug sind auf Grundlage des föderalen Systemssogenannte Modellprojekte. Eine langfristige finanzielle (Grund-)Sicherung ab 2015 und der dann seit gut acht Jahren aufgebauten Strukturen ist nur möglich, wenn Mehrgenerationenhäuser gesetzlich so verankert und aus der öffentlichen Hand (mit-)finanziert werden, wie es auch bei Frauenhäusern oder der Aidshilfe der Fall ist. Daher ist eine Sockelförderung, die Personalkosten für die Koordination, ein Basisbudget für Sachkosten wie Miete und Aufwandsentschädigungen für Freiwilliges Engagement abdeckt, nicht nur wünschenswert, sondern unabdingbar. Hier ist neben der Trägerverantwortung die Politik auf allen staatlichen Ebenen (Bund, Land, Kommune) gefordert, um nahtlos an die aktuelle Förderperiode anzuschließen und ab 2015 eine dauerhafte finanzielle Lösung für die generationenübergreifenden Ansätze zu manifestieren – idealerweise in Form eines Gesetzes oder rechtsverbindlicher Verordnungen und Richtlinien.

Für die langfristige institutionelle Förderung von Mehrgenerationenhäusern sind unterschiedliche inhaltliche Ansätze denkbar. Die Förderung gesellschaftlicher Teilhabe und Freiwilligen Engagements unter besonderer Berücksichtigung der unterschiedlichen Zielgruppen in Mehrgenerationenhäuser träfe den Kern der Arbeit. Doch auch eine Spezifizierung, beispielsweise die besondere Förderung der Teilhabe älterer Menschen am gesellschaftlichen Leben im Generationenkontext sowie die Inklusion von Menschen mit Migrationshintergrund könnte und sollte die Grundförderung für Mehrgenerationenhäuser sein.

Mehrgenerationenhäuser haben einen ressortübergreifenden Ansatz. Dieser Ansatz ist ganz besonders innovativ. Mehrgenerationenhäuser arbeiten in den Bereichen der Kinder- und Jugendhilfe, der Altenhilfe, der Behindertenhilfe, der Inklusion, der Arbeitsmarktpolitik, der Stadtentwicklung, der Gemeinwesenarbeit und weiteren Themengebieten. Eine klare Zuordnung der Häuser zu Ministerien und Fachreferaten ist somit zwar schwer, gleichzeitig bietet dieser Facettenreichtumjedoch eine große Chance, Mehrgenerationenhäuser als Querschnittsaufgabe zu definieren und die auf allen Verwaltungsebenen angestrebte Zusammenarbeit verschiedener Ressorts voranzutreiben.

Fazit

In der verbleibenden Förderphase der Mehrgenerationenhäuser bis Ende 2014 ist es notwendig, eine Sicherheit für den Weiterbestand ab 2015 zu schaffen, gegebenenfalls auf mehreren Finanzierungssäulen entsprechend der beschriebenen inhaltlichen Vielfalt zu stellen. Mehrgenerationenhäuser als regionale intergenerative Kompetenzzentren für gesellschaftspolitische Herausforderungen sind mit ihrer erprobten Vernetzungs- und Qualifizierungsstruktur sowie dem Erfahrungsschatz von Jahren der praktischen Arbeit in ihrer Kontinuität bei gleichzeitiger Flexibilität aus der sozialpolitischen Landschaft nicht mehr wegzudenken. Sie sind in der Lage- gerade auch im Verbund mit kompetenten Partnern -sozialen Fragen und Notwendigkeiten der Gegenwart und Zukunft adäquat zu begegnen und handlungsorientierte Maßnahmen zu ergreifen. Wie beschrieben gilt es, eine der größten Herausforderungen der nächsten Jahrzehnte zu meistern, um das Miteinander und Füreinander der Generationen gesellschaftlich zu gestalten und zu verfestigen. Durch die gezielte generationenübergreifende Arbeit werden die sozialen Lebensbedingungen aller Generationen bereichert und nachhaltig verbessert.

Finanzierungsmix – ein Baustein zum Erfolg

Christa Burghardt und Fachgruppe Nachhaltige Finanzierungsstrategien

In Zeiten des beschleunigten sozialen und demografischen Wandels benötigt der gelebte gesellschaftliche Zusammenhalt *aller* Generationen neue Begegnungsformen und Unterstützungsmöglichkeiten, da familiäre Strukturen in den vergangen Jahrzehnten mehr und mehr weggebrochen sind. Jung braucht Alt und Alt braucht Jung, dieses nach wie vor wichtige Subsidiaritätsprinzip kann sich heute nicht mehr ausschließlich auf die Ursprungsfamilie verlassen. Neue Ankerpunkte, punktuelle Begegnungen, hinzu gewonnene Freundschaften, Zweckgemeinschaften und veränderte Lebensmitten bestimmen den Alltag immer größer werdender Teile der Bevölkerung. Mit seinem konsequent generationenübergreifenden und inklusionsorientierten Ansatz erbringt jedes Mehrgenerationenhaus gegenüber anderen sozialen Einrichtungen ein besonders breites Spektrum an niedrigschwelligen Angeboten im Miteinander von Alt und Jung. Die langfristige finanzielle Sicherung stellt für alle Mehrgenerationenhäuser als Non-Profit-Organisationen eine große Herausforderung dar. Wie in der Wirtschaft, so gilt auch für die Mehrgenerationenhäuser, dass es für ein gesundes Unternehmen ratsam ist, mehrere Standbeine zu haben. Das bezieht sich sowohl auf die Angebotspalette als auch auf die dafür notwendigen Finanzierungsgrundlagen. Bei der stetig wachsenden Nachfrage und Weiterentwicklung benötigen die Mehrgenerationenhäuser planbare Mittel. Ein Finanzierungsmix ist unausweichlich.

Die vier Säulen der Mehrgenerationenhaus-Finanzierung

Die Finanzierung eines jeden Mehrgenerationenhauses fußt auf vier Säulen:

- Öffentliche Mittel
- Eigenmittel des Trägers
- Fundrainsing
- Freiwilliges Engagement

Die Verzahnung dieser vier Säulen bildet das wirtschaftliche Fundament eines Mehrgenerationenhauses. Ein auf mehreren Säulen basierendes Finanzierungskonzept trägt zur Stabilisierung des Hauses bei, verhindert einseitige finanzielle Abhängigkeiten und minimiert Risiken. Dadurch sind die Steuerungsmöglichkeiten des Mehrgenerationenhauses größer, besonders im Falle einer wegbrechenden Finanzierungsquelle. Die Verteilung auf viele Schultern schafft zudem bei den Zuwendungsgebern eine größere Akzeptanz, führt eher zu positiven Entscheidungen und einem Engagement für das Mehrgenerationenhaus. Selbstverständlich sind die erzielten Mittel sparsam, wirtschaftlich und zielgerichtet einzusetzen.

1. Säule – Öffentliche Mittel

In der ersten Modellphase, die 2006 begann und für die letzten Häuser 2012 endete, wurde ein Zuschuss aus Bundesmitteln (BMFSFJ) in Verbindung mit dem Europäischen Sozialfonds (ESF) für 5 Jahre in Höhe von 40.000 Euro jährlich gewährt. Im Aktionsprogramm II der Mehrgenerationenhäuser werden 3 Jahre gefördert (2012, 2013 und 2014). Hier übernimmt der Bund wiederum unter Inanspruchnahme der ESF-Mittel jährlich 30.000 Euro, die restlichen 10.000 Euro müssen von der Kommune bzw. alternativ vom Land aufgebracht werden.

Dem BMFSFJ war es von Anfang an wichtig, dass die Kommunen bzw. alternativ das Land verpflichtet sind, sich am Aktionsprogramm II der Mehrgenerationenhäuser zu beteiligen. Damit sollen die Aussichten erhöht werden, dass nach Ablauf der Förderung Nachfolgefinanzierungen auf kommunaler Ebene oder beim Land beantragt und bewilligt werden können. Hierbei handelt es sich jedoch um sogenannte freiwillige Leistungen. Das birgt die Gefahr, dass finanzschwache und hoch verschuldete Kommunen und Länder die finanzielle Beteiligung an den Mehrgenerationenhäusern ab 2015 aufgeben könnten.

Damit das Aus der Mehrgenerationenhäuser mit seinen ausgesprochen vielfältigen generationenübergreifenden Aufgaben verhindert werden kann, ist es wichtig, Mehrgenerationenhäuser bundespolitisch so zu verankern, wie es bei Frauenhäusern, Mütterzentren, Aidshilfe usw. gelungen ist und erfolgreich praktiziert wird. Auch sie wurden durch Modellförderungen, die der Bund finanziert hatte, erprobt und können auf eine anteilige öffentliche Finanzierung von Bund und Land bauen. So erhalten z.B. Mütterzentren von Seiten der Länder unterschiedlich hohe Zuschüsse zu den laufenden Kosten bzw. Kostenübernahmen für Vernetzungen oder die Einrichtung von Landesgeschäftsstellen. Beispielhaft sind hier auch die Tageselternvereine zu nennen, welche in einigen Bundesländern per Gesetz in jeder Kommune gefördert werden müssen. Dies sind Beispiele dafür, wie der Bestand der Mehrgenerationenhäuser weiter erhalten werden kann. Hier ist die Politik auf allen staatlichen Ebenen gefordert. Bund, Länder und Kommunen müssen per Gesetz oder Verordnung zu einer tragbaren Lösung kommen. Insbesondere der Personalbereich und der laufende Betrieb müssen nach der Modellphase weiterhin mit unterstützt werden. Hierfür können die Träger bei Spendern in der Regel kaum Finanzmittel akquirieren, da diese sich lieber für einzelne, klar abgrenzbare pädagogische, soziale, gemeinnützige oder mildtätige Projekte entscheiden, nicht aber für laufende Personal- und Betriebskosten. Daher stehen Bund, Länder und Kommunen in der Verantwortung.

Eine Sockelfinanzierung aus öffentlichen Mitteln gewährleistet nicht nur das nachhaltige Bestehen von mehr als 500 Mehrgenerationenhäusern. Sie trägt auch weiterhin zur Schaffung eines guten sozialen Klimas im Austausch und Miteinander aller Generationen bei, geprägt von mannigfaltigen Hilfen und Angeboten, einem außerordentlich umfangreichen Freiwilligen Engagement sowie einem gesellschaftlichen Mehrwert, der sich sowohl sozial als auch finanziell erheblich auswirkt. Eine Sockelfinanzierung würde auch weitere Anbieter jenseits der im Aktionsprogramm geförderten Häuser ermutigen, sich zu generationenübergreifenden Einrichtungen weiterzuentwickeln und an demografischen Lösungen für die Zukunft mitzuwirken.

2. Säule – Eigenmittel des Trägers

Jeder Träger, der sich zusätzlich zu seinem bestehenden Angebot für die Betreibung eines Mehrgenerationenhauses entscheidet, stellt hierfür beträchtliche finanzielle Mittel zur Verfügung. Manchmal besteht eine Gratwanderung zwischen den Interessen des Trägers (z.B. Finanzierung der ureigensten Aufgaben) und den hinzu gekommenen spezifischen Bedürfnissen des Mehrgenerationenhauses. Da Zuschüsse und Spenden Dritter nur begrenzt zu erlangen sind, kann es durchaus zur „Konkurrenz" im eigenen Haus kommen. Letztlich befruchten sich jedoch die Angebote des Trägers und die spezifischen des Mehrgenerationenhauses. Sie verschmelzen mehr und mehr zu einer Einheit, was auch auf Spender und Zuschussgeber eine positive Wirkung hat und die Unterstützung steigert. Doch man darf sich nichts vormachen: Der eigenen Ausrichtung des Trägers gerecht zu werden (z.B. Seniorenheim) und gleichzeitig die Zielrichtung des Mehrgenerationenhauses zu schultern (also ergänzende generationenübergreifende Angebote zwischen Kindern, Jugendlichen, Familien und Senioren zu gestalten) bedeutet auch, doppelte Anstrengungen unternehmen zu müssen, um beide Bereiche finanzieren zu können.

Da jedes Mehrgenerationenhaus und jeder Träger unterschiedliche Bedingungen hat, ist eine jeweils individuelle Finanzierungsstrategie von Nöten, um alle Kosten decken zu können, denn es gibt nicht *das* Finanzierungskonzept, das überall gelingt. Was bei dem einen Mehrgenerationenhaus mühelos funktioniert, kann beim anderen zum Misserfolg führen, vielleicht sogar recht zeitraubend sein und zusätzliche Kosten verursachen, die einer vorgeschalteten Projektentwicklung geschuldet sind.

Um die vielfältigen generationenübergreifenden Projekte und dauerhaften Angebote finanzieren zu können, ist jedes Mehrgenerationenhaus grundsätzlich auf eine ausgeprägte Mittelbeschaffung angewiesen. Hinzu kommt, dass insbesondere Menschen mit wenig Geld (Arbeitslosigkeit, geringe Rente, Armut usw.) eine Nutzung von kostenlosen oder günstigen Angeboten ermöglicht werden soll. Um diesem Personenkreis ohne große Finanzkraft eine gesellschaftliche Teilhabe zu sichern, ist die zusätzliche Erschließung mehrerer Finanzierungsquellen, wie beispielsweise Spenden, unbedingt notwendig.

Der nachfolgende Überblick ist sicherlich nicht vollständig. Er zeigt jedoch eine Fülle von Chancen auf, die bei einem geschickten Finanzierungsmix zum Erfolg und zur Bestandssicherung der Mehrgenerationenhäuser und ihrer einzelnen Projekte führt. Er soll Denjenigen als Leitfaden dienen, die noch nach Anregungen suchen.

Mitgliedsbeiträge

Die ureigensten Mittel eines Vereins sind Mitgliedsbeiträge. Sie kommen seinen sozialen Zielen und Projekten zugute und können auch für Personal, Mieten, Betriebskosten, Anschaffungen und dergleichen verwendet werden. Meist sind die Vereinsbeiträge dafür jedoch zu gering.

Spenden

Vereine und Mehrgenerationenhäuser sind zur Umsetzung ihrer Ziele auf Spenden angewiesen. Sie sind bewährte Einnahmequellen. Das Aufstellen von Spendendosen in Geschäften und im eigenen Haus, Straßensammlungen bei Festen und Weihnachtsmärkten, Klein- und Großspenden, Geburtstags-, Jubiläums- und Verabschiedungsspenden, Schulfest- und Kita-Spenden, Belegschaftsspenden, Kollekten, Kondolenzspenden, Erbschaften – die Bandbreite der Spendenmöglichkeiten ist groß. Meist wird das Mehrgenerationenhaus selbst aktiv. Oft kommen jedoch auch Spender aus einer eigenen sozialen Motivation heraus auf das Mehrgenerationenhaus zu. Neben obligatorischen Spenden werden zusätzliche Finanzquellen gesucht, die sehr vielfältig sein können. Ebenso wie beim Fundraising bieten sich gezielte Spendenanfragen an, z.B. bei Berufsgruppen wie Ärzten, Apothekern, Lehrern, Rechtsanwälten, Handwerksbetrieben sowie bei Institutionen und Zusammenschlüssen wie Firmen, Konzernen, Lionsclub, Rotaryclub etc. Günstig sind dafür eine direkte Ansprache, persönliche Briefe, regelmäßige Rundschreiben (2-3x jährlich), Neujahrsempfang usw.

Sachspenden

Oft erhalten Mehrgenerationenhäuser Bücher, Spielzeug, Hausrat für den Trödelmarkt, Kleidung für Bedürftige, Lebensmittel für den sozialen Mittagstisch oder Warenkorb, Baumaterial für den Umbau, Einrichtungsgegenstände, Elektrogeräte, PC-Technik etc. Diese Dinge können sie für ihren eigenen Bedarf gebrauchen, sozialverträglich weitergeben oder veräußern, um von den Einnahmen wiederum soziale Projekte zu finanzieren.

Dienstleistungsspenden

Viele Betriebe und Selbständige bieten ihre Dienstleistungen kostenlos an, z.B. durch Gestaltung von Flyern, Drucken von Rundschreiben, PC-Wartung, Pflege der Außenanlage, Reparaturen, Renovierung von Räumen, projektspezifische Hilfen etc. pp.

Förderverein

Die Gründung eines Fördervereins ist eine wirksame Strategie, um insbesondere durch Fördermitglieder weitere Finanzquellen zu erschließen und durch diverse Aktivitäten zur Basis- und Projektfinanzierung beizutragen.

Erwirtschaftete Eigenmittel

Unter den Begriff „erwirtschaftete Eigenmittel" fallen alle Einnahmen, die das Mehrgenerationenhaus mit seinen Angeboten erzielt. Sie verknüpfen das soziale Anliegen mit Erlösen, um möglichst zu einer Kostendeckung zu gelangen. Üblicherweise sind das Beiträge für: Kinderbetreuungen, Spielkreise, Teilnehmergebühren für Kochkurse, Sprachkurse, Elternkurse, Kreativkurse, Ausflüge, Ferienaktionen, Eintrittsgelder für Veranstaltungen, Vermittlungsgebühren für Babysitter, Einnahmen durch Café-Bewirtungen, auch Dienstleistungen wie das Ausrichten von Kindergeburtstagen, Catering, Raumvermietungen, Technikvermietung und dergleichen gehören dazu. Trotz dieser Einnahmen können die Angebote meist nicht kostendeckend durchgeführt werden. Sollten jedoch Gewinne erwirtschaftet werden, können diese in den laufenden Betrieb oder in Projekte investiert werden.

Wie vielfältig Mehrgenerationenhaus-Projekte und der Finanzierungsmix sein können, belegen ein paar interessante Beispiele. Im Mehrgenerationenhaus Nordenham ist es ein Kinderhotel, im Mehrgenerationenhaus Salzgitter ein Kurzzeit-Tag-und-Nachtaufenthalt für Senioren, im Mehrgenerationenhaus Herford die Vermietung des Spielmobiles, im MehrgenerationenhausBernsdorf der Verleih eines lebensgroßen (selbstgebauten) Mensch-ärgere-Dich-nicht-Spiels, im Mehrgenerationenhaus Freudenstadt ein Bügelservice, im Mehrgenerationenhaus Greifswald ein Mangelservice, im Mehrgenerationenhaus Stutensee gibt es All-you-can-eat-Grill-Abende und vieles mehr. Einnahmen aus Dienstleistungsangeboten wie ein Mangel- und Bügelservice werden häufig durch Beschäftigungsprogramme ermöglicht.

Verkäufe

Der Verkauf von eigenen Mehrgenerationenhaus-Produkten wie selbst gestaltete Kalender, Postkarten, Bastelarbeiten etc. füllt die Kassen ein wenig. Höhere Einnahmen werden oft durch Trödelmärkte, Bücher- und Spielzeugbasare, Weihnachtsbasare oder Second-Hand-Shops erzielt.

Wirtschaftlicher Zweckbetrieb u.a.

Wenn *alle* erzielten Einnahmen eines Mehrgenerationenhauses zusammen genommen den gemeinnützigen Freibetrag von 35.000,- Euro jährlich überschreiten, sind sie in der Regel nicht mehr steuerfrei. In diesem Fall muss ein „Wirtschaftlicher Zweckbetrieb" gegründet werden, dessen Einnahmen der Steuerpflicht unterliegen. Da gemeinnützige Vereine keine Gewinne erzielen dürfen und Rücklagen nur in einem begrenzten Umfang möglich sind, gründen manche auch eine gemeinnützige Gesellschaft mit beschränkter Haftung (gGmbH) oder eine Gesellschaft bürgerlichen Rechts (GbR), die ihre Überschüsse dann der sozialen Einrichtung zugutekommen lassen.

Zuschüsse und Erstattungen Dritter

Zum Finanzierungsmix gehören auch Zuschüsse von Bildungsträgern für Kurse, Zuschüsse für Selbsthilfegruppen durch Krankenkassen, Erstattungen von Honoraren für den Familienunterstützenden Dienst (FuD), für Eingliederungshilfen, für Menschen mit Behinderung u.v.m.

Sonstige Einnahmen

Bußgeldzuweisungen, Tombola, Versteigerungen von Kunstwerken, Benefiz-Veranstaltungen, Konzerte, Theatervorstellungen, Lesungen – auch sie sind ein Standbein beim Finanzierungsmix.

3. Säule – Fundraising

Fundraising ist ein komplexer Prozess, der sich aus vielen kleinen und großen Bausteinen zusammensetzt. Es ist eine Finanzierungsstrategie für Non-Profit-Organisationen (NPO), die auf einer systematischen Analyse, Planung und Durchführung sowie auf Controlling und Evaluation basiert. Sämtliche Aktivitäten sind darauf ausgerichtet, Bereitsteller von Ressourcen (Privatpersonen, Unternehmen, Stiftungen und öffentliche Institutionen) zu gewinnen, die Geld-, Sach- und Dienstleistungen zur Erfüllung des Satzungszwecks beisteuern. Dazu zählen auch Leistungen mit marktadäquaten Gegenleistungen wie Sponsoring, Merchandising, Einnahmen aus Vermögensverwaltung sowie – je nach Definition – auch staatliche Zuwendungen.

Erfolgreiches Fundraising lebt – genau wie die Spendenakquise – von der Eigeninitiative des Mehrgenerationenhauses und der Tatkraft seiner Akteure, ebenso von der Fähigkeit, sich selbst für ein bestimmtes Projekt zu begeistern und den Funken bei potentiellen Förderern überspringen zu lassen. Der Dialog mit den zu gewinnenden Ressourcengebern ist die Voraussetzung für den Erfolg, übrigens auch *nach* Abschluss der Akquise. Eine individuelle Ansprache, die Berücksichtigung der Motive und die Erwartungen der Unterstützer sind unabdingbar. Ausgesprochen wichtig für das Verhältnis zwischen dem Mehrgenerationenhaus und seinen Förderern ist die Klarstellung im Leitbild, nämlich dass es bei seinen konzeptionellen und finanziellen Entscheidungen unabhängig bleiben muss.

Beim Fundraising geht es in der Regel um größere Akquisen wie z.B. um die Beteiligung an einem Hausbau, die Übernahme von projektbezogenen Personalkosten, die Anschaffung eines Autos, den Renovierungseinsatz eines Betriebes, die Spende einer Heizungsanlage usw. Je konkreter das Projekt, desto aussichtsreicher ist der Erfolg.

Sponsoring

Sponsoring ist ein Geschäft auf Gegenseitigkeit mit einer fest vereinbarten win-win-Situation. Da es je nach Konstellation dazu führen kann, dass die finanzielle Einnahme vom Mehrgenerationenhaus zu versteuern ist, wird ein reines Sponsoring selten als klassische Spendenakquise praktiziert. Der Begriff Sponsoring wird im Sprachgebrauch jedoch häufig anstelle von „Spendeneinnahmen" verwendet.

Kooperation mit der Wirtschaft

Die Kooperation mit der Wirtschaft besteht sowohl in finanzieller Hinsicht, als auch in Form von Sachspenden, Dienstleistungen oder Beratungen. Die Übernahme von Patenschaften für Jugendliche mit Handicap sei hier exemplarisch genannt.

Stiftungen

In Deutschland gibt es mehr als 17.000 Stiftungen. Die Recherche nach passenden Stiftungen zur Unterstützung der Mehrgenerationenhaus-Aufgaben ist arbeitsintensiv, lohnt sich jedoch, zumal es sich meistens um hohe Fördersummen handelt. Viele Stiftungen fördern allgemein soziale Projekte und Aktivitäten, es gibt jedoch eine Reihe von Stiftungen mit einem klar umrissenen Förderziel. Es gilt, dieses vor Antragstellung mit den Zielen des Mehrgenerationenhauses oder des Einzelprojektes genau abzugleichen.

Eigene Stiftungen

Zunehmend entscheiden sich gemeinnützige Vereine und Mehrgenerationenhäuser dafür, eine eigene Stiftung zu gründen. Das ist ein gutes Instrumentarium, um Spender zu gewinnen, die vornehmlich hohe Kapitaleinlagen stiften wollen.

Es gibt unterschiedliche Stiftungsformen. Relativ wenig beachtet, jedoch unkompliziert zu gründen, ist die treuhänderische Stiftung, die auch als nicht rechtsfähige Stiftung bzw. als unselbstständige Stiftung bezeichnet wird und sich in treuhänderischer Verwaltung befindet. Diese ist in der Regel bei einem externen Treuhänder angesiedelt, kann aber auch in den Händen des eigenen Vereins oder des eigenen Mehrgenerationenhaus liegen und wird durch einen Treuhandvertrag geregelt. Sie bedarf keiner staatlichen Anerkennung und keiner hohen Stiftungskapitaleinlage. Ihre Satzung kann so gestaltet werden, dass jede hinzu gewonnene Spende jederzeit unmittelbar für die festgelegten Stiftungszwecke verwendet werden kann, also z.B. für die Aufgaben im Mehrgenerationenhaus. Lediglich das Stiftungskapital und gezielte Zustiftungen bleiben unantastbar. Zinserträge dürfen allerdings ausgeschüttet werden.

Im Gegensatz dazu ist die Gründung einer *selbstständigen Stiftung,* auch Stiftung des öffentlichen Rechts genannt, umfangreicher und muss vom jeweiligen Bundesland genehmigt werden. Sie erfordert ein Stiftungskapital ab 50.000 Euro, das dauerhaft erhalten bleiben muss. Da die Begünstigten (Destinatäre) nur in den Genuss der daraus erzielten Zinsen und sonstigen Erträge kommen können, ist diese Stiftungsform auf hohe Zustiftungen angewiesen, die ebenfalls im Grundstock der Stiftung verbleiben müssen und die damit die Zinsausschüttungen an Begünstigte erhöhen. Nicht als Zustiftung zufließende Spenden können jedoch unabhängig davon unmittelbar 1: 1 für den Stiftungszweck verwendet werden.

Auch Bürgerstiftungen sind für Mehrgenerationenhäuser interessant. Sie finden zunehmende Verbreitung und werden nicht nur von einem Stifter, sondern von mehreren gemeinsam betrieben. Oft haben sie einen regionalen Bezug und fördern als Gemeinschaftsstiftung Projekte vor Ort. Mehrgenerationenhäuser können nicht nur Nutznießer, sondern auch Mitstifter sein.

Für alle Stiftungsformen gilt, dass sie die Gemeinnützigkeit beantragen können. Außerdem bestehen für Spender bzw. Zustifter höhere Steuervorteile gegenüber Spenden an einen Verein.

Beirat – Kuratorium – Patenschaften

Bei der Akquise von Unterstützungen jeglicher Art (Finanzmittel, Sachspenden oder Dienstleistungen) benötigt ein Mehrgenerationenhaus Fürsprecher. Dieses können bekannte Persönlichkeiten oder Mehrgenerationenhaus-Paten sein. Das Mehrgenerationenhaus kann sich aber auch dafür entscheiden, ein Kuratorium oder einen Beirat einzusetzen. Sie alle fungieren als „Türöffner“ wenn es darum geht, für die gute Sache in einem bestimmten Umfeld zu werben, Vorsprechtermine zu erhalten etc.

Öffentliche Förderungen von Kommune – Gemeinde – Landkreis

Anträge an die Kommune (Gemeinde/Landkreis) sind selbst bei ungünstigen Haushaltslagen durchaus erfolgreich. Gründe hierfür sind, dass vor Ort eine Lobbyarbeit betrieben werden kann, die Entscheidungsträger in Verwaltung und Politik von der Notwendigkeit des Antrages überzeugen und bei Zustimmung dessen einwandfreie Durchführung überprüfbar macht. Die Möglichkeiten reichen von Personalkostenanteil, Betriebskostenzuschuss, Sachleistungen, einmalige oder dauerhafte Projektzuwendungen, Übernahme von Dienstleistungen, Basisfinanzierung des Mehrgenerationenhauses, Sonderausschüttungen aus Fonds bis hin zur Spendenempfehlung des Bürgermeisters.

Öffentliche Förderungen von Land – Bund – Europa

Lohnenswert ist eine Recherche, welche Landesmittel im eigenen Bundesland aufgelegt sind und ob sie im Einzelfall zu der Ausrichtung des jeweiligen Mehrgenerationenhauses passen. Neben landesspezifisch unbefristeten Basisfinanzierungen (in NRW z.B. für Familienzentren), können auch Projektmittel beantragt werden, deren Thematik von Jahr zu Jahr wechselt und die meist über einen befristeten Zeitraum für etwa 2-3 Jahre festgeschrieben sind (z.B. das Projekt „Stärke“ aus BaWü). Die gleiche Aufmerksamkeit ist bei Bundesmitteln sowie EU-Mitteln erforderlich. Zu beachten ist, dass sich eine zeitgleiche Förderung ähnlicher oder gleicher Projekte auf Bundes-, Landes- und europäischer Ebene ausschließt, da der Zuschuss des Aktionsprogramm I + II bereits Europäische Sozialfondmittel (ESF) für Mehrgenerationenhäuser enthält.

Beschäftigungszuschüsse

Viele Mehrgenerationenhäuser beantragen Beschäftigungszuschüsse bei Arbeitsagenturen und Jobcentern wie AGH-Maßnahmen, Eingliederungshilfen (SGB), Maßnahmen für schwer vermittelbare Jugendliche, Resozialisierungsmaßnahmen, Zuschüsse für 50 plus etc. Die Palette ist sehr breit und unterliegt einem ständigen Wandel, auch in Bezug auf die gesetzlichen Grundlagen und Verordnungen. Die Mehrgenerationenhäuser tragen durch Sozialpraktikumsplätze für Berufsvorbereitungsschülerinnen- und Schüler und Berufseinsteigerinnen- und Einsteiger zur Lebensplangestaltung und Beschäftigungsförderung junger Menschen mit erhöhtem Förderbedarf bei. Sie gewähren darüber hinaus eine individuelle Begleitung, oft in Kooperation mit Firmen. Auch landesspezifische Programme sind attraktiv, wie z.B. die „Aktion 5“ in NRW, bei der die Integration von Menschen mit Behinderung auf dem ersten Arbeitsmarkt forciert wird.

Bußgeldmarketing

Viele Mehrgenerationenhäuser erhalten Bußgelder vom Amts-, Kreis- oder Landgericht sowie vom Gericht für Steuerstrafsachen. Hierzu muss das Mehrgenerationenhaus dafür sorgen, in eine Liste eingetragen zu werden. Ein (behutsames) Bußgeldmarketing bei Richtern kann zu einer Empfehlung führen, aber auch Rechtsanwälte und Steuerberater sollten nicht vernachlässigt werden. Zudem kann es den Zugang zu Bußgeldspenden ebnen, wenn ein Mehrgenerationenhaus Projekte durchführt, an denen Richter ein berufsspezifisches Interesse haben, z.B. ein Deeskalationstraining für Jugendliche im sozialen Brennpunkt. Von Vorteil können auch die Kooperationen mit der Bewährungshilfe und Bereitstellungen von Plätzen für straffällig gewordene Menschen sein.

Wettbewerbe und Ausschreibungen

Teilnahmen an öffentlichen oder zivilen Ausschreibungen und Wettbewerben sind oft sehr arbeitsintensiv und umfangreich. Sie geben jedoch häufig neue Impulse. Bei Erfolg sind Preisgeldeinnahmen eine schöne Belohnung, besonders jedoch auch der Imagegewinn.

Erbschaften

Erbschaften sind selten und kommen oft unerwartet. Doch immer mehr Vereine richten ihr Fundraising auch auf Erbschaften aus. Diese Akquise muss besonders pietätvoll angegangen werden, etwa durch dezente Broschüren.

Presse als Förderer

Die Presse ist aus drei Gründen ein wichtiger Partner und Förderer. Erstens steht es in ihrer Macht, über bestimmte Projekte zu schreiben und dadurch an deren Akzeptanz und Spendenbereitschaft in der Bevölkerung mitzuwirken (Spender werden motiviert). Zweitens dokumentiert sie den Erfolg, indem sie oftmals über Spendenübergaben berichtet und dem Förderer dadurch eine win-win-Situation in Form der öffentlichen Aufmerksamkeit beschert (Spender erhalten einen Mehrwert). Zudem werden Leser motiviert, bei Gelegenheit ebenfalls für das Projekt zu spenden, z.B. bei einem runden Geburtstag. Und drittens ist es nicht selten, dass die Presse eigene Spendenprojekte ins Leben ruft oder andere Formen entwickelt, um Projekten und sozialen Einrichtungen wie Mehrgenerationenhäusern eine Plattform zu bieten (Presse als Fundraiser für den guten Zweck). Immer wieder offen auf die Presse zuzugehen und sie als Partner zu gewinnen ist nicht nur ein sehr wichtiger Baustein im Fundraising, der sich durch eine gute Berichterstattung auch finanziell positiv auswirkt, sondern auch eine menschliche Bereicherung.

Beispielhaft sei hier die Presse im westfälischen Hagen genannt. Als der örtliche Kinderschutzbund „Ein Haus für Kinder“ bauen wollte, berichtete die Presse unermüdlich immer wieder über die Fortschritte und Spendenübergaben. Verteilt auf die beiden Tageszeitungen, zwei Wochenblätter und Radio Hagen kamen pro Woche 2-3 Reportagen zustande. Der Erfolg war überwältigend. Es kam quasi zu einer Bürgerbewegung, die etwa eine Million Euro einbrachte. Das Haus konnte innerhalb von vier Jahren zu 100% aus Spendenmitteln schuldenfrei gebaut werden und wurde beim Einzug gleichzeitig als Mehrgenerationenhaus im Aktionsprogramm anerkannt. Die Folge der nachhaltigen Spendenakquise, an der die Presse äußerst intensiv als Agitator mitgewirkt hat, macht es möglich, dass der Kinderschutzbund finanziell besser dasteht denn je zuvor. Viele (Groß-)Spender blieben Verbündete. Es erfolgten größere Erbschaften, die Zahl der freiwillig Engagierten hat sich um ein Drittel erhöht und sowohl das Aufgabenspektrum als auch das Personal konnte mehr als verdoppelt werden. Erfreulich ist auch die Wirkung auf andere Mehrgenerationenhäuser, selbst Häuser zu kaufen, umzubauen oder gar neu zu bauen.

4. Säule – Freiwilliges Engagement

Ohne freiwilliges Engagement sind Mehrgenerationenhäuser undenkbar. Egal, ob Menschen an sozialen Angeboten mitwirken, Spendenprojekte begleiten, Verwaltungsaufgaben übernehmen, bei der Zubereitung von Mahlzeiten für den Mittagstisch helfen, in Kleiderbörsen oder Schulaufgabenhilfen aktiv werden, beim Hausdienst zum Einsatz kommen, kreative Angebote durchführen oder sich anderweitig in all ihrer Vielfalt einbringen – Freiwillig Engagierte sind eine der vier tragenden Säulen eines jeden Mehrgenerationenhauses. Sie tragen zum lebendigen Miteinander und zum Gelingen des Ganzen erheblich bei. Gerade ihr menschliches Bedürfnis, dem Mehrgenerationenhaus ihre Zeit, ihre spezifischen Fähigkeiten und Kompetenzen zur Verfügung zu stellen, gibt jedem Haus eine persönliche Note und besondere Atmosphäre.

Der Einsatz der Einzelnen ist sehr unterschiedlich. Manche können 2-3 Stunden pro Monat investieren, andere mehrere Stunden und Tage pro Woche. Für einige ist das Engagement zeitlich auf ein fest umrissenes Projekt begrenzt, andere sind jahrelang dabei, oft auch Jahrzehnte. Es gibt Mehrgenerationenhäuser, in denen 100 oder mehr Freiwillig Engagierte tätig sind. Oftmals übernehmen sie eine große Verantwortung für die laufenden Angebote, in einigen Häusern reicht das bis hin zu einer federführenden Geschäftsführung. Der Mehrwert ihrer Leistungen lässt sich rechnerisch durchaus ermitteln, der enorm hohe ideelle Wert ist jedoch unbezahlbar, der gesellschaftliche Nutzen ebenso.

Auch Menschen mit Migrationshintergrund wollen sich zunehmend gesellschaftlich einbringen und finden in den Mehrgenerationenhäusern vielfältige Betätigungsfelder. Inklusion wird in den Häusern ohnehin praktiziert. Darüber hinaus sind Mehrgenerationenhäuser in der Lage, Menschen ins Freiwillige Engagement einzubinden, die sich wenig zutrauen oder die zurück gezogen leben. Sie ermutigen Menschen mit geringem Bildungsstand, knappem Einkommen oder einer Behinderung, sich je nach ihren Fähigkeiten einzubringen. Selbst Menschen, die für sich entschieden haben, nicht (mehr) ehrenamtlich tätig zu sein, können punktuell gewonnen werden, wie beispielsweise Besucherinnen eines Seniorentreffs, die vor Weihnachten zu Stricknadeln greifen und warme Schals für bedürftige Kinder anfertigen. Die Offenheit der Häuser erleichtert auch Kindern und Jugendlichen den Zugang und kommt ihrem Bedürfnis entgegen, sich für andere Kinder einzusetzen, älteren Menschen vorzulesen, sich an Spielnachmittagen für Alt und Jung zu beteiligen etc.

Freiwilliges Engagement wird in der Regel ohne die Erwartung einer finanziellen Gegenleistung ausgeübt. Unabhängig davon besteht die Möglichkeit, dass der Träger eine sog. Ehrenamtspauschale in Höhe 500 Euro jährlich zahlt oder eine Aufwandsentschädigung von jährlich 2.100 Euro leistet. Beides ist sowohl für die Einrichtung als auch für die Freiwillig Engagierten steuerfrei (darf aber nicht auf 2.600 Euro addiert werden, weil dann die Steuerbegünstigung entfällt). Auf diese Zuwendungen verzichten viele Freiwillig Engagierten bewusst, weil für sie die sinnstiftende Tätigkeit im Vordergrund steht und sie ihren Verein bzw. ihr Mehrgenerationenhaus finanziell nicht belasten wollen. Außerdem können sich die meisten Mehrgenerationenhäuser eine solch finanzielle Anerkennung nicht oder nur punktuell leisten, besonders wenn sie 50, 100 oder mehr Freiwillig Engagierte haben. Hier hätte der Gesetzgeber gut daran getan, den Freiwillig Engagierten einen Steuervorteil einzuräumen, der auch ohne Geldfluss zum Tragen kommt.

Junge Leute, die sich für ein freiwilliges soziales Jahr (FSJ) entscheiden sowie ältere Menschen, die sich über den Bundesfreiwilligendienst (BFD) einsetzen, können dafür ein Taschengeld erhalten. Im Verhältnis zu den umfangreichen Aufgaben und zu ihrer Präsenz ist das Taschengeld bei einer Vollzeitstelle mit maximal 336 Euro (BFD) bzw. 330 Euro (FSJ) monatlich jedoch sehr gering.

Ausklang

Es bleibt viel zu tun, um ein aktives Fundraising zum Erfolg zu führen und einen passgenauen Finanzierungsmix für das Mehrgenerationenhaus zu finden, Unterstützer und Fürsprecher zu gewinnen, Kontakte zu pflegen. Manchmal dauert es Jahre, bis sich der Erfolg einstellt. Neben einer hohen Kompetenz braucht es Fleiß, Geduld, Zeit und Personal. Doch mit Überzeugungskraft, Offenheit, Herzlichkeit, Transparenz, Glaubwürdigkeit, Verlässlichkeit, Ausdauer, liebevoller Hartnäckigkeit und einer Portion Glück lässt sich Vertrauen aufbauen. Gepaart mit einem Augenmaß für das Machbare und dem Mut zum Unmöglichen lässt sich vieles bewegen. Am Ende einer Kette von vielfältigen sozialen Angeboten und Projekten sowie den dazu notwendigen Finanzierungsstrategien stehen die herausragenden Bemühungen vieler Menschen, die zum Gelingen eines Mehrgenerationenhauses beitragen, egal ob sie als Privatpersonen, Firmeninhaber, Freiwillig Engagierte, hauptamtliche Mitarbeiter, Praktikanten, Teilnehmer in arbeitsmarktpolitischen Maßnahmen, Verantwortliche in Politik und Verwaltung, Kooperationspartner etc. daran mitwirken. Ihre gemeinsame Vision und ihr gemeinsames Ziel verbinden all diese Menschen miteinander. Ihnen gebührt Dank und Anerkennung für all das, was durch ihren Idealismus, ihre Kreativität, ihre Tatkraft und ihr Engagement rund um die Mehrgenerationenhäuser für das Gemeinwohl geschaffen worden ist. Ihre Bereitschaft zur Übernahme einer hohen sozialen Verantwortung bereichert unsere Gesellschaft nachhaltig.

Zukunftsmodell Kommune – Mehrgenerationenhäuser als Impulsgeber und Partner für sozialen Zusammenhalt

Fachgruppe Kommunale Vernetzung

1. Mehrgenerationenhaus als Motor für sozialen Wandel in der Kommune

„Deutschland schrumpft und wird älter, gleichzeitig wird das Zusammenleben von Familien vielfältiger [...] Wenn wir gesellschaftlichen Zusammenhalt und soziale Teilhabe auch im Jahr 2020 erhalten wollen, müssen wir heute Antworten auf diese grundlegenden Veränderungen geben."[1] In diesem Zusammenhang nehmen Mehrgenerationenhäuser eine entscheidende Rolle ein:

1. „Mehrgenerationenhäuser sind niederschwellige Anlaufstellen im Sozialraum: Mit den Mehrgenerationenhäusern wird ein Ort und eine Infrastruktur gefördert, nicht einzelne Leistungen und Zielgruppen. Zum Beispiel erweisen sich Mehrgenerationenhäuser in strukturschwachen ländlichen Räumen oft als einzige Möglichkeit zur Pflege sozialer Netzwerke, vor allem dann, wenn andere Orte der Kommunikation nicht mehr vorhanden sind. Auch in den Städten geht diese Infrastruktur in vielen Stadtteilen immer mehr verloren.
2. Mehrgenerationenhäuser arbeiten für alle Generationen und Familienkonstellationen: Sie entwickeln und implementieren neue zukunftsfähige Modelle für sozialraumorientiertes Denken und Handeln. Sie brechen bisherige Versäulungsstrukturen auf und arbeiten ressort- und generationenübergreifend, z.B. in den Bereichen Soziales und Integration, Arbeit, Gesundheit und Bildung.
3. Mehrgenerationenhäuser sind Zentren mit Dienstleistungs- und Entlastungsangeboten. Sie bieten ein flexibles und vielfältiges Angebot an passgenauen familienunterstützenden Diensten und leisten einen maßgeblichen Beitrag zur Prävention."[2]
4. Mehrgenerationenhäuser vernetzen unterschiedliche gesellschaftliche Akteure in einer Atmosphäre des Willkommens, der Verlässlichkeit, des gegenseitigen Respektes und des Vertrauens.
5. Mehrgenerationenhäuser aktivieren das Freiwillige Engagement und fördern die generationenübergreifende Begegnung.Was braucht es, um diese Haltung abzusichern: Es ist wichtig, die unterschiedlichen Qualitäten und Fähigkeiten der Akteure zu benennen und zu definieren. Diese ist Voraussetzung dafür, dass die unterschiedlich eingebrachten Beiträge gleichermaßen viel wert und auch aufeinander abgestimmt sind. Hierüber muss bei allen Beteiligten (professionelle Kräfte und Freiwillig Engagierte) darüber ein Bewusstsein herrschen.

---

1 Pressemitteilung BMFSFJ, Ministerin Kristina Schröder, Januar 2012.

2 „Hinweise zur kommunalen Vernetzung", Fachgruppe Kommunale Vernetzung und Serviceagentur Mehrgenerationenhäuser, April 2011.

- Es ist ebenso von Bedeutung, dass es keine Hierarchie gibt im Sinne von: Professionelle Kräfte in leitender und bestimmender Funktion, Freiwillig Engagierte in zuarbeitender Funktion.
- Es muss regelmäßige Formen der Reflektion der Zusammenarbeit zwischen den beiden Gruppen geben.

Auf Grund der Erfahrungen in der praktischen Umsetzung sozialraumorientierter Handlungsansätze ist das Mehrgenerationenhaus Experte für eine ganzheitliche, ressourcenorientierte und intergenerative Strukturgebung. In dieser Funktion ist es Ideengeber und Impulsträger und platziert sich als Motor für sozialen Wandel vor Ort. Das Mehrgenerationenhaus ist prädestiniert für eine aktivierende und unterstützende Rolle in Zusammenarbeit mit der Kommune. Es bringt die statische Struktur kommunaler Verwaltung in Bewegung – ein Prozess, der evtl. mit Zurückhaltung oder gar Widerstand begleitet, im Laufe der Zusammenarbeit jedoch als positiv angesehen wird, da zukunftsfähige Strukturen die Grundlage für sozialen Zusammenhalt in einer Kommune darstellen.

Praxisbeispiel: Motor Mehrgenerationenhaus als Impulsgeber für zukunftsweisende Lösungen im Gemeinwesen

Das Mehrgenerationenhaus Pattensen wurde seitens der Kommune angesprochen, für eine Antragstellung auf Fördermittel im Rahmen des Europäischen Fonds für regionale Entwicklung (EFRE) ein Konzept für ein Gesundheits- und Bildungszentrum in Pattensen zu erstellen. Seitens der Kommune wurde dem Mehrgenerationenhaus die Rolle des Ideengebers- und Entwicklers für eine in diesem Kontext zukunftsweisende Stadtentwicklung zugesprochen und eine Umsetzung in Anbindung an das Mehrgenerationenhaus unterstützt. Ein Büro für Stadt- und Regionalentwicklung erstellte auf der Grundlage des Konzeptes eine Projektskizze, aus der die Rolle des Mehrgenerationenhauses in Bezug auf die kommunale Entwicklung hervorgeht.

2. Mehrgenerationenhaus als verlässlicher Kooperationspartner

Voraussetzung für die Rolle als verlässlicher Kooperationspartner ist, dass sich die Akteure des Mehrgenerationenhauses ihre Rolle eines ernst zu nehmenden Partners erarbeiten. Auf Grund weitestgehend unterschiedlicher Strukturen (Hierarchien, Abläufe, Entscheidungsfindung) beider Partner unterliegt die Praxis der Zusammenarbeit einem Vertrauensbildungsprozess. Verlässlichkeit, Ernsthaftigkeit und Nachhaltigkeit im Handeln sowie feste Ansprechpartner auf Seiten des Mehrgenerationenhauses sind wichtige Indikatoren für die Partner auf kommunaler Seite. Ebenso spielen Transparenz und verantwortungsvoller Umgang im Zusammenhang mit öffentlichen Mitteln eine wichtige Rolle, damit das Mehrgenerationenhaus in Entwicklungsprozesse nicht nur einbezogen wird, sondern auch eine entscheidende Rolle als Triebfeder bei der Gestaltung bekommt.

Praxisempfehlungen:

- Eine gleichberechtigte Zusammenarbeit erfordert das Einbringen der ganzen Person, man kann sich nicht hinter einer „beruflichen Distanz“ verstecken.

- Ganzheitliche Verantwortlichkeit statt Versäulungs- und Ressortdenken fördert eine ganzheitliche Wahrnehmung.
- Zu einer guten Kooperation gehört auch der transparente und gleichberechtigte Informationsfluss: Es darf nicht auf einer Seite ein Informationsvorsprung bzw. Informationsdefizit geben.
- Eine Kultur der Offenheit bei den Finanzen fördert gegenseitiges Vertrauen und gemeinsame Verantwortlichkeit für die Zukunftsgestaltung in einer allgemein finanziell schwierigen Situation.
- Kooperationen müssen regelmäßig reflektiert und evaluiert werden: Läuft die Zusammenarbeit gut? Wo gibt es Schwierigkeiten? Wie fühlen sich beide Seiten? Was kann in der Zusammenarbeit verbessert werden?

Praxisbeispiel: Kooperationen mit dem Mehrgenerationenhaus Lösungen für Kommune und Betroffene finden

Das Mehrgenerationenhaus Fürth entwickelte gemeinsam mit dem Jugendamt der Stadt Fürth sowie den Familienrichtern ein Konzept zum begleiteten Umgang im Mehrgenerationenhaus. Ziel war es, in einer kindgerechten, sicheren Umgebung maßgeschneiderte Lösungen für Familien zu schaffen, die die Kommune sowohl zeitlich (Wochenende) als auch räumlich nicht leisten kann.

3. Vom Mehrgenerationenhaus lernen – Ist die Erfahrung eines ressort- und generationenübergreifenden Ansatzes auf eine Kommune übertragbar?

Für die konstruktive Bewältigung der gesellschaftlichen Herausforderungen der Zukunft sind ein vernetztes Denken und Handeln nötig. Ein wichtiger Schritt ist die Formulierung einer Gesamtstrategie für die Kommune. Die Stadt Stuttgart entwickelte im Jahr 2007 als Gesamtstrategie einen Generationenvertrag. In 12 Zielen verschreibt sich die Kommune einer zukunftsfähigen Stadtentwicklung. U.a.:

- Kinder- und Familienfreundlichkeit
- Selbstbestimmung älterer Menschen
- Generationenübergreifende Begegnung (Mehrgenerationenhaus in jedem Stadtteil)

Kommunale Vernetzung bedeutet Bedarfsorientierung statt Trägeregoismus

Zu einer kommunalen Gesamtstrategie gehört die Anforderung seitens der Kommune an die lokalen Akteure, gemeinschaftlich Ziele zu entwickeln, Kooperationen einzugehen und generationenübergreifend zu handeln. Dazu gehört der Wille zu Veränderungen, Weiterentwicklung und dem Aufbrechen bestehender Strukturen, um den zukünftigen Herausforderungen begegnen zu können.

Kommunale Vernetzung bedeutet Steuerung statt „Modellhopping"

Kommunale Steuerung bedeutet in der Konsequenz, dass für die Entwicklung einer sorgenden Gesellschaft Zeit, Raum und Geld benötigt wird, während kurzfristige Projekte Lernprozesse seitens der Kommune und der lokalen Akteure verhindern.

Praxisbeispiel: Bedarfsorientierung Mehrgenerationenhaus als Sensor für den„Puls der Zeit"

Das Projekt „Local to Local" in Stuttgart unternahm auf kommunaler Ebene den Versuch, neue Strukturen direkter bürgerlicher Einmischung und Beteiligung für die Stadt Stuttgart zu entwickeln und zu üben. Das Mehrgenerationenhaus Stuttgart brachte unterschiedliche Akteure aus unverbundenen gesellschaftlichen Bereichen zusammen, um miteinander ins Gespräch zu kommen und gemeinsam die besten Ideen für die Zukunftsentwicklung in der Nachbarschaft zu erarbeiten. An diesem runden Tisch kamen Bürgerinnen und Bürger mit unterschiedlichsten Kompetenzen und Erfahrungen mit Entscheidungsträgern aus Verwaltung, Wirtschaft und Politik zusammen.[1]

4. Ergebnisse nutzen und in die Zukunft transportieren

Die Erfahrungen der Mehrgenerationenhäuser sind sorgfältigst dokumentiert und evaluiert worden. Sie sind die Grundlage für zukünftige ganzheitliche, generationenübergreifende Ansätze. Bundes-, Landes- und kommunale Ebenen sowie Spitzenverbände sind aufgefordert, dieses Potential zu nutzen und Orte der Begegnung mit generationenübergreifenden Angeboten in Leistungsgesetzen zu verankern und als Pflichtaufgabe abzusichern.

---

1 Der „Local to Local"-Dialog steht im Zusammenhang mit der langjährigen internationalen Arbeit des Mehrgenerationenhauses Eltern-Kind-Zentrums Stuttgart-West (EKiZ) und hat ihm bereits mehrere internationale Preise eingebracht. Entwickelt wurden die „Local to Local"-Dialoge von der Huairou Commission im Rahmen der UN Habitat Kampagne „Engendering Local Governance".

Das Offene Haus – ein Ort der Begegnung für alle Menschen

Sabine Genther, Hildegard Schooß

Philosophie über das Offene Haus – Mehrgenerationenhaus Salzgitter

„Ich betrete das Haus und befinde mich in einer anderen Welt", sagt Erwin „Pico" Jordan, Regionsrat, Dezernat II Soziale Infrastruktur der Region Hannover. *„Es ist unglaublich: Die Tür geht auf – sie geht immer auf von früh bis spät, für alle Menschen! Wirklich jeder Mensch findet diese offene Tür jeden Tag und trifft auf ein herzliches Willkommen."* So und ähnlich berichten zahlreiche BesucherInnen über ihren Zugang zum Mehrgenerationenhaus Salzgitter und drücken großes Erstaunen aus, dass es so etwas wirklich gibt.

In Salzgitter ist die Praxis des offenen Hauses schon lange erfolgreich und so ist dies zum Herzstück des Mehrgenerationenhauses geworden. Immer wieder wurde aber auch über den passenden Begriff nachgedacht. Lange war es der „offene Treff", aber immer deutlicher zeigte sich, dass diese Bezeichnung es nicht richtig beschreibt. Offene Treffs gibt es überall, aber in der Regel wird dort keineswegs die offene Kultur, wie sie das Mehrgenerationenhaus-Konzept vorsieht, umgesetzt. Deshalb haben wir uns in Salzgitter für den Begriff: *„Das Offene Haus"* entschieden, was somit auch verpflichtet, für die Nachbarschaft immer offen zu sein.

Das Offene Haus stellt Gelegenheitsstrukturen für niedrigschwellige Begegnungen im öffentlichen Raum her und ist damit erste Anlaufstelle für alle Menschen im Stadtteil. Es ist ein pulsierendes, äußerst komplexes System von Angebot und Nachfrage, Beziehung und Kommunikation, Geben und Nehmen, Aktivitäten und Unterstützung, das Einsamkeit und emotionaler Verarmung entgegenwirkt.

Das Offene Haus ist somit kein Angebot, sondern die Methode zur Beteiligung am gesellschaftlichen Leben für alle und zur Vermittlung von Werten und Leitbildern in einer sozialen Gesellschaft.Die Kultur, mit der das SOS-Mütterzentrum Salzgitter – Mehrgenerationenhaus seit mehr als 30 Jahren in der Trägerschaft des SOS-Kinderdorfvereins erfolgreich arbeitet, lässt sich aus heutiger Sicht unter den Begriffen Selbstwirksamkeit, Ressourcenorientierung, Niedrigschwelligkeit, Empowerment, Partizipation, Intergenerationalität, Integration und Inklusion zusammenfassen. Es ist ein Lernort für Alltagswissen und soziale Kompetenz, Freiwilliges Engagement und demokratische Strukturen, Gesundheitsvorsorge an Geist, Seele und Körper und noch vieles mehr.

Oft werden wir gefragt: „Ist ein solches Haus denkbar auf dem Lande, ist es denkbar in Großstädten?" Unsere Antwort darauf: „Ein solches Haus gehört an jede Straßenecke!" Oft werden wir auch gefragt: „Vertragen sich denn Jung und Alt, Professionelle und Laien, Männer und Frauen, Menschen aus unterschiedlichen Kulturen unter einem Dach?" Unsere Antwort darauf: „In einer Kultur der gegenseitigen Wertschätzung und Zuwendung können sich Wahlverwandtschaften bilden, in denen Menschen lernen, füreinander Verantwortung zu übernehmen und diese zu pflegen.

So ist das Mehrgenerationenhaus Salzgitter ein Lernort zur individuellen Weiterentwicklung von Jung und Alt. In diesem Sinne findet Lernen an jedem Tag, im alltäglichen Umgang miteinander statt.

Beispiel: Sinn und Lebensfreude entwickeln durch Begegnung in einer offenen Gemeinschaft: Susanna wird ihr Kind vom Jugendamt weggenommen als es 8 Jahre alt ist und dem Vater zugesprochen. Das Jugendamt kommt zu der Entscheidung, dass Susanna nicht in der Lage ist, für ihr Kind zu sorgen oder gar es zu erziehen. Susanna wird von der Fachkraft als hochgradig psychisch gestört beschrieben und sie selbst ist der Meinung, dass sie mit dieser manifesten Störung auch nicht im Mehrgenerationenhaus bleiben könne. Aber sie kommt trotzdem jeden Tag. Hier findet sie Menschen, die ihre Trauer, ihre Wut und ihr ganzes Unglück zulassen, sie wird angenommen mit all ihrer Last – wie es eine intakte Familie auch tun würde. Zusehends entwickelt sich Susanna positiv, sie wird ein fröhlicher und zuverlässiger Mensch und immer öfter übernimmt sie Verantwortung im Kinderzimmer. Das ist für sie der beste Ort im Haus. Hier geht sie mit Kindern um und die Kolleginnen sind aufmerksam im Umgang mit ihr, sind aber da, wenn ihr nach Reden zumute ist. Sie lernt aufmerksam und im Laufe der Zeit führt ihr Weg steil nach oben. Sie nimmt erfolgreich an der Qualifikation für Tagesmütter teil und bekommt sogar eine Stelle im Kinderzimmer mit der Aufgabe, sich um Kinder mit Migrationshintergrund zu kümmern. Damit hat sie allen bewiesen, dass sie doch in der Lage ist, Verantwortung für Kinder zu tragen.

Das Erfolgsgeheimnis – die wichtigsten Faktoren

Der Erfolg des Mehrgenerationenhauses Salzgitter beruht im Wesentlichen auf drei Faktoren:

1. Die Kultur im Offenen Haus

Das Offene Haus ist eine Art öffentliches Wohnzimmer, der Mittelpunkt eines jeden Mehrgenerationenhauses. Hier entwickeln sich vielfältige Gelegenheitsstrukturen nach dem Prinzip der offenen Begegnung für alle Menschen, das sich in dem Slogan „Wir leben" (Mütterzentren-Bundesverband e.V.) ausdrückt.

Das große Geheimnis des Gelingens dieser Idee ist die alltägliche Einladung zu vielfältigen Mitmach- und Gestaltungsmöglichkeiten. An erster Stelle sind es die gemeinsamen Mahlzeiten, die anziehend wirken. Hier fühlen sich die NutzerInnen sicher und entwickeln schnell Neugier auf die Menschen, denen sie begegnen und die Möglichkeiten, die sich ihnen bieten. Tischgemeinschaften oder Gesprächsgruppen mit tausend Themen entstehen spontan und selbst organisiert. Kaffeeklatsch, Kartenrunden, Gesang, handwerkliche Tätigkeiten bieten Kontakte zwischen den Generationen. SchülerInnen machen Hausaufgaben oder treffen sich mit FreundInnen, sie helfen aber auch z.B. Frau Krüger, 82 Jahre alt, damit sie ihre selbst geschriebenen Gedichte allein am PC bearbeiten kann. Junge Mütter tauschen sich mit anderen aus, ihre Kinder werden im Kinderzimmer betreut. Ein handwerklich begabter Mann ist fast jeden Tag im Haus, er packt mit an und jeder kann ihn mal fragen: „Wie repariere ich das...?" Frauen mit Kopftüchern gestalten die Kaffeestube mit anderen gemeinsam. Ein Kind mit Downsyndrom oder eines im Rollstuhl, ein an Demenz erkrankter Mensch oder eine junge Frau, schwer beeinträchtigt durch die Folgen eines Schlaganfalls, sind selbstverständlich voll integriert. Kinder sind selbstbewusst und aktiv, sie lernen im Spiel und im gemeinsamen Tun wichtige Schlüsselqualifikationen von Gleichaltrigen und anderen. Ein Offenes Haus besticht durch seine Offenheit nach innen und nach außen.

2. Das offene Angebot

Charakteristisch für unsere Arbeitsweise sind Flexibilität und Bedarfsorientierung der Angebote. Sie sind auf Alltagsanforderungen ausgerichtet und werden auf Nachfrage der BesucherInnen umgesetzt. Manche Angebote gibt es über Jahre hinweg, weil das Interesse daran ungebrochen ist, andere entstehen spontan, können aber auch nach kurzer Zeit wieder eingestellt werden, weil die Bedürfnisse danach befriedigt sind. Das Kurssystem wird möglichst vermieden, es ist üblich, dass Angebote offen bleiben für neue TeilnehmerInnen und neue Themen. Es hat sich sehr bewährt, verschiedene Angebote gleichzeitig zu machen, dazu muss manchmal nur die Tischdecke abgenommen werden und ein Werkangebot für junge Leute kann neben dem Kartenspiel der alten Damen beginnen. Das Prinzip der Begegnung gilt nicht nur für diejenigen, die das Gleiche tun wollen. Viel wichtiger ist, dass die Menschen Gelegenheit haben, auch mal eng zusammenzurücken, um zu beobachten, was andere machen. Die oft beklagten Störfaktoren (alte Menschen fühlen sich durch Kinder gestört oder Gespräche stören sich gegenseitig) sind meist nur vorgeschoben. Flexibilität und Gleichzeitigkeit in der Angebotsgestaltung sind leider noch immer ungewöhnlich. Unsere Erfahrung zeigt, dass die Lerneffekte im Umgang miteinander größer sind, sobald sich Menschen erstmal näher kennen lernen, als bei der gewohnten Separierung der Menschen voneinander. Damit es gelingt, wird eine kompetente Begleitung gebraucht, die Mut macht, großzügig zu sein und vorlebt, wie alles funktioniert, wenn gegenseitige Rücksichtnahme gelebt wird. So werden auch Menschen aus bildungsfernen Schichten und mit ausländischen Wurzeln viel eher und nachhaltiger erreicht.

3. Die Kompetenz der Gastgeberinnen

Damit Offenheit und Flexibilität gelingen, wird das richtige Personal gebraucht. Im Mehrgenerationenhaus Salzgitter sind es die Gastgeberinnen, die dieses lebendige Leben im Haus organisieren und gestalten. Sie sind die ersten Ansprechpartnerinnen für das Geschehen. Diese Mitarbeiterinnen brauchen vor allem soziale Kompetenz, Organisationstalent, Empathie und Führungsstärke. Sie gehen davon aus, dass alle Menschen Ressourcen und Möglichkeiten haben, um für individuelle und gesellschaftliche Probleme Lösungen zu erarbeiten. Sie sind daher die Vermittlerinnen für Menschen, die eine Aufgabe suchen oder Unterstützung brauchen. Eine fachliche Ausbildung ist dafür nicht erforderlich, die Gastgeberinnen kommen meist aus dem Kreis der aktiven Besucherinnen und bringen Herzensbildung und Lebenserfahrung für ihre Aufgaben mit. Die Besten verfügen über eine seelische Klugheit, die ansteckend wirkt. Manche machen daraus einen Beruf, andere nutzen diese Zeit für eine Neuorientierung zwischen zwei Lebensphasen. Alle nehmen regelmäßig an gemeinsamen Reflexionen und Fortbildungen teil. Sie sind die guten Seelen des Hauses und der Dreh- und Angelpunkt für viele Menschen und Aufgaben.

Beispiel: Entwicklung von Sozialkapital

Moni ist von Haus aus Verkäuferin. Ihr Weg zu uns war verschlungen. Zuerst führten sie ihre Kinder ins Haus, nahm dann die Möglichkeiten wahr, selber aktiv zu werden und schließlich wagte sie den riesigen Schritt von der Besucherin zur Mitarbeiterin. „Dieser Weg war mir nicht in die Wiege gelegt, aber ich habe gespürt, dass mir hier viel zugetraut wird. So konnte ich schließlich selbst meinen eigenen Kompetenzen vertrauen, sie ausbauen und weiter entwickeln. Seit einigen Jahren bin ich jetzt verantwortlich für den offenen Bereich mit der Caféstube und dem Kinderzimmer. Ich bin an diesen Aufgaben gewachsen und spüre immer mehr Sicherheit im Umgang mit den vielen Menschen und den unterschiedlichen Anforderungen. Ich glaube inzwischen, mir ist der Beruf der Gastgeberin auf den Leib geschnitten. Monis Stärke ist, dass sie die BesucherInnen annimmt wie sie sind, ob alt oder jung, sie denkt nicht in Zielgruppen und sucht auch nicht nach Methoden für den Umgang. Sie wendet sich den Menschen zu, indem sie unmissverständlich zeigt: Du bist mir wichtig. Die Gäste schätzen diese Haltung und fühlen sich deshalb ernst genommen. Vor allem in der Anfangszeit kommen viele BesucherInnen wieder, weil sie Moni treffen wollen und sich über die persönliche Ansprache freuen.

Das Modell Großfamilie – Wahlverwandtschaften

Das Mehrgenerationenhaus Salzgitter ist ein Ort zum Leben und Arbeiten. Hier geht es nicht um Zielgruppen oder Klienten, sondern um viel mehr, nämlich alle Menschen im Stadtteil. Es geht um Menschen aus allen Schichten, Eltern und Kinder, Männer und Frauen, Behinderte, Alleinerziehende, Alte und Junge, Menschen aus unterschiedlichen Kulturen und Glaubensrichtungen. Es ist ein Ort, an dem eine Kultur des „sich umeinander Kümmerns“ (to take *care*) entsteht. Für Menschen, die Kontakte suchen, begleitet oder beschützt werden müssen, Hilfe und Unterstützung brauchen, gebildet, betreut oder geliebt werden wollen. Kinder brauchen Zeit und Zuwendung, Jugendliche wünschen sich Anerkennung, Eltern brauchen Entlastung und alte Menschen wünschen sich mehr Kontakte zu anderen. Menschen wollen sich engagieren und einbringen in ein Gemeinwesen, das sie kennen, sie wollen Zeit spenden und Sinn finden für ihr eigenes Leben. Wir brauchen deshalb Orte, an denen es möglich ist, dass alle Generationen sich alltäglich begegnen, um voneinander zu lernen und sich gegenseitig zu unterstützen, eben wie in einer Wahlverwandtschaft.

Beispiel: Sinn und Struktur für das eigene Leben finden

Georg hatte die Betreuung seiner kleinen Enkeltochter übernommen, weil die Mutter keinen Krippenplatz für das Kind fand. Er machte seinen Großvaterdienst an sich ganz gut, nur mit dem Mittagessen kam er nicht zurecht. Deshalb war er begeistert, als er dafür eine Lösung im Mehrgenerationenhaus entdeckte. Nach der warmen Mahlzeit für beide folgte der Mittagsschlaf im Haus für das Baby und für Georg die Zeit, andere Menschen im Mehrgenerationenhaus kennen zu lernen. Bald schon machte er sich nützlich und reparierte, was kaputt war, das Mädchen fühlte sich wohl mit den anderen Kindern und so war die Welt für Opa und Enkelin in Ordnung. Als das Kind in die Kita kam, hatte er längst seinen Platz im Haus gefunden. Er kümmerte sich jetzt um die blinde Dunja und begleitete sie auf ihren Wegen im Haus und in der Stadt so lange, bis sie das alleine konnte. Sein freiwilliger Dienst als „Handwerker für alle Fälle“ wurde zur festen Aufgabe. Jeden Tag war er da und fand immer etwas zu tun. Die Früchte seiner Freiwilligen-Arbeit erntete er, als er schwer erkrankte. Jetzt wurde er umsorgt, die Wahlverwandtschaft funktionierte prima und immer war jemand da, der sich jetzt um Georg kümmerte.

Das öffentliche Wohnzimmer – gegen Einsamkeit und Überforderung

Wenn die Stammfamilie nicht (mehr) am Ort lebt und sich die Verantwortung für Kinder, kranke und alte Menschen nicht in der eigenen Familie organisieren lässt, wenn in Nachbarschaften die Tradition der Mitverantwortung nicht mehr gelingt und Institutionen und Einrichtungen mit ihrer professionellen Hilfe nicht in den Alltag der Familien reichen, muss etwas anderes an ihre Stelle treten. Hier wirkt unser Mehrgenerationenhaus mit einem Konzept, das den MitarbeiterInnen ermöglicht, flexibel, bedarfsgerecht, zeitnah und persönlich zu reagieren. Deshalb liegt der Fokus auf „offen" und „alltäglich", d.h. spontan, nicht verabredet nach Zielgruppen, Stundenplänen, Lehrplänen oder festen Zeitrhythmen. Es ist ein Ort, an dem soziale Netzwerke geknüpft werden, wo keine/r allein bleiben muss, wo Hilfe geleistet wird und es Gelegenheiten gibt, eigene Kompetenzen in Aktivitäten umzusetzen, um sie mit anderen zu erproben. Das Geben und Nehmen wird austariert.

Hier findet man Entlastungen durch alltagpraktische Dienstleistungen und Antworten auf Fragen in einer Informationsbörse. Mütter wie Väter sollen Beruf und Familie miteinander vereinbaren können und alte Menschen familiennahe Kontakte, Betreuung und Dienstleistungen finden. Die Generationen, alte und junge, lernen im Sinne der Selbsthilfe voneinander.

Beispiel: Kontaktbereitschaft und Kontaktfähigkeit – Wiederaufbauen

Es ist wie bei Schneewittchen und den 7 Zwergen. Der Mittelpunkt im Offenen Haus ist der Familientisch, um ihn herum sitzen alltäglich in der Mittagszeit Frau Schulze und sieben ältere Herren. Sie sind fröhlich, freundlich zueinander und wirken einladend, so dass sich junge Leute und Kinder ganz selbstverständlich dazu setzen, mitreden und -lachen. Oft kommen auch aktuelle Themen auf, die diskutiert werden. Es ist deutlich zu spüren, dass alle die gemeinsame Begegnung genießen. Dabei war das nicht selbstverständlich für sie. Die meisten sind verwitwet und litten unter ihrer Einsamkeit, trotzdem mussten sie erst wieder lernen, miteinander in Kontakt zu kommen und selbst etwas zur Kontaktpflege beizutragen. „Mir haben zuerst die aufmunternden Gespräche mit der Gastgeberin geholfen, sie hat mich an diesen Tisch gebracht und mich damit ermutigt, mich einzulassen auf die neue Situation. Die offene Atmosphäre und die liebevolle Ansprache durch die Gastgeberinnen sorgen immer wieder dafür, dass diese Tischrunde so positive Wirkung auf uns hat"; sagt Herr S. (80 Jahre). Er hat hier nach dem Tod seiner Frau wieder zu sich gefunden.

Zuschauen – Mitmachen – Selbermachen

Das Offene Haus schafft alltägliche Gelegenheiten, sich auf den Umgang mit anderen Menschen einzulassen. Dabei kommt es sehr darauf an, dass eine Kultur der Anerkennung und Wertschätzung besteht, in der jede Leistung gleichwertig ist und die Menschen partnerschaftlich und gleichberechtigt, eben auf Augenhöhe, miteinander umgehen.

Unsere Bildungsarbeit gestaltet sich in der Alltagsstruktur. In vertrauter Umgebung wird Bildung ermöglicht ohne Leistungsdruck, Konkurrenz oder Hierarchie. Die BesucherInnen lernen im eigenen Rhythmus und erleben sich so als kompetent. Damit bringen sie sich da ein, wo sie sich etwas zutrauen und auf Zutrauen von anderen treffen. Oft entwickeln zwei Menschen Fürsorge füreinander, die niemand so erwartet hätte. Sie alle tun etwas für- und miteinander, das Lernen und Erfahrungen sammeln ist da nicht so schwer. Dabei wird Selbstbewusstsein und ein Gefühl für die eigenen Fähigkeiten und Stärken entwickelt.

Beispiel: Lernen von – und miteinander – Erziehungskompetenz stärken:

İnci und ihr Mann sind in der Türkei geboren. Sie haben drei Töchter im Alter von 6, 4 und 1,5 Jahren. Die Älteste ist entwicklungsverzögert und wird zusammen mit ihrer jüngeren Schwester in unserem Kinderhaus (KiTa) betreut. Die Jüngste liebt es, mit vielen Kindern und Erwachsenen im Kinderzimmer und in der Caféstube zu sein. So sind die Kinder gut versorgt, haben ihre Mutter in der Nähe und finden sie, wenn nötig. Das Leben der Familie ist nicht immer glatt verlaufen, deshalb war es für İnci enorm wichtig, passgenaue Unterstützung über die Kinderbetreuung hinaus zu bekommen. Heute sind alle, auch der Vater, fest im Mehrgenerationenhaus integriert. Inzwischen geben sie zurück, was sie selber bekommen haben; sie engagieren sich, wo sie gebraucht werden. Vater O. macht Fahrdienste, wenn er Zeit hat. İnci hat mehr und mehr dazu gelernt: „Ich konnte mir viel von den anderen Frauen abgucken und habe deshalb gerne mitgeholfen. Dabei bin ich immer besser geworden, die Krönung meiner Karriere ist bisher, dass ich im Team der Gastgeberinnen mitarbeite und auch schon selbständig verantwortliche Dienste übernehme. Das freut uns alle. Wir profitieren davon, die Kinder besonders, aber auch mein Mann. Wir haben längst nicht mehr soviel Stress in der Familie."

Die Caféstube – Gemeinschaft als Therapie

„Nicht nur Schnupfen ist ansteckend, sondern auch das Wohlbefinden. Soziale Netzwerke helfen, gesund zu bleiben – und glücklich" (Albrecht 2009).
Als soziale Wesen sind wir offenbar darauf eingerichtet, uns relativ schnell auf andere Menschen einzustellen, vorausgesetzt man versteht sich miteinander; das wird derzeit von Hirnforschern immer wieder bestätigt.

Wir sind Praktikerinnen und gewinnen unsere Erfahrungen aus Beobachtungen der Menschen um uns herum. Was wir erleben ist, dass viele Menschen in Krisensituationen, Kranke oder Einsame, unser Haus nutzen. Die Gründe dafür sind vielfältig und unabhängig von Schichtzugehörigkeit oder Bildungsstand. Die Offenheit ist unsere Stärke – sie ermöglicht uns, Menschen so anzunehmen, wie sie sind. Wir stecken unsere BesucherInnen nicht in Schubläden oder sortieren sie gar in Problemgruppen, wir machen sie nicht zu KlientInnen oder TeilnehmerInnen, sondern wir lassen ihnen die Zeit, die sie brauchen, sich zu öffnen und Fragen zu stellen oder um Unterstützung zu bitten. Dabei ist es ein Segen, dass wir Beratung anbieten, die auf einem offenen Ohr und einem offenen Herzen basiert. Menschen wenden sich einander zu und zeigen Interesse am Anderen. Oft sind es Besucherinnen selber, die anbieten, sich um andere zu kümmern und dabei wirken sie meist wirklich segensreich. Die Aufgabe des Personals – insbesondere der Gastgeberinnen – ist es, diese Bemühungen zu unterstützen, den Raum und die Atmosphäre dafür zu schaffen. Wir nennen das Gelingensstrukturen herzustellen. Die meisten Beratungen finden am Kaffeetisch statt. Das ist der lebendigste Ort, wo Kinder spielen, viele Gespräche und Aktivitäten stattfinden. Hier fühlen sich Ratsuchende am sichersten. Sie müssen keine Stigmatisierung fürchten und keine störende Hierarchie, die sie als problematisch definiert, wie das oft in professionellen Beratungssituationen passiert. Wenn es aber angesagt ist, für sich zu sein, dann stehen auch Räume zur Verfügung, die Ruhe bieten.

Beispiel: Fürsorge für andere – heilsame Kräfte:

Herr G. hatte einen schweren Schicksalsschlag erlitten und war tief verzweifelt. Sein Arzt riet ihm, Kontakt zu suchen und empfahl ihm dazu die Angebote in der Volkshochschule oder einer Seniorenbegegnungsstätte. Seine Bemühungen dort scheiterten alle: „Niemand sprach mit mir, persönliche Gespräche kamen einfach nicht zustande. Überall traf ich nur auf geschlossene Runden", berichtet er. Per Zufall führte ihn das Mittagessen in das Mehrgenerationenhaus. Hier wurde er freundlich angesprochen und schon bald ließ er sich ein auf die Angebote des Hauses, einfach da zu bleiben und zu spüren, was ihm gut tut. Das gewonnene Vertrauen führte bei ihm dazu, seine Trauer zu fühlen. „Ich konnte endlich meine Tränen fließen lassen und fühlte mich hier geborgen. Niemand drängte mich zu etwas, was ich nicht wollte. Ich fühlte auch keine Peinlichkeit, die Menschen waren mir gegenüber zugewandt und *freundlich* und das hat mir geholfen. Heute bin ich fest integriert in einem Kreis von Menschen, die mir immer wichtiger werden und ich merke, dass ich langsam mein Schicksal akzeptieren kann."

Das Freiwilligen Management – Selbstwirksamkeit

„Wer Gutes tun will, muss mehr tun als man muss."[2]
Wir haben uns für den Begriff Freiwillige entschieden, dieser beschreibt zutreffend unsere Wertschätzung für Menschen, die unentgeltlich ihre Zeit spenden und sich für das Gemeinwohl engagieren. Freiwillige Arbeit bedeutet einerseits Hilfe für andere, andererseits aber auch Zufriedenheit für sich selbst. Sie bereichert das Leben an sich und schafft zusätzlichen (persönlichen) Gewinn, der ohne diese Arbeitsleistung nicht möglich wäre. Bei uns ist diese „Wertschöpfung" ganz erheblich, wir könnten die zahlreichen Angebote nicht zur Verfügung stellen ohne unsere 170 Freiwilligen. Sie bringen die Vielfalt der Kompetenzen und Persönlichkeiten mit, sie gestalten die herzliche und zugewandte Kultur, sie spenden Zeit, die Jung und Alt nutzen können. Sie übernehmen Verantwortung für sich und andere und leben so das Prinzip vom Geben und Nehmen beispielgebend vor.

Unsere Freiwilligen werden von Aktiven begleitet. Sie werden Teammitglied und haben teil an allen Besprechungen, Entscheidungen und Fortbildungen. Sie erfahren Wertschätzung und Anerkennung von den Menschen, für die sie da sind und ihren Kolleginnen. Sie erhalten für verbindliche Leistungen Aufwandsentschädigungen und nicht-monetäre Leistungen wie Kinder- oder Seniorenbetreuung, kostenlose Mahlzeiten, Nutzung der Infrastruktur des Hauses, etc.

2 Hermann Gmeiner, Gründer SOS-Kinderdorf.

Beispiel: Zurückgeben was man selber bekommen hat.

Mit 22 Jahren kam Dani sehr frustriert von erfolgloser Arbeitsplatzsuche bei uns an. Hier begann sie allerdings gleich mit ihrem großen Freiwilligen Engagement, wofür sie sehr bewundert wurde. Wo immer Hilfe gebraucht wurde, war sie zur Stelle und bekam so schnell ihre Chance. Im Umgang mit den alten Leuten entwickelte sich ihr Berufswunsch. Altenpflegerin wollte sie werden und schließlich bekam sie einen perfekten Ausbildungsplatz im Altenheim. Dani blieb aber auch dann noch Mitglied ihrer Wahlfamilie, sie beteiligt sich nach wie vor, wenn im Haus Hilfe gebraucht wird und wird aufgefangen, wenn es mal bei ihr nicht so gut läuft. Besonders stolz ist sie auf die Einladung des Bundespräsidenten zu einer Ehrung für engagierte Jugendliche 2011. Eine so hohe Anerkennung gibt es ja wohl nur selten.

Beispiel: Geben was man selber gut kann.

Erika war Geschäftsfrau, bis sie und ihr Mann das Geschäft aus Altersgründen aufgaben. Von da an brachte sie ihr Wissen und Können im Mehrgenerationenhaus ein. Ihr Steckenpferd ist seitdem der Nachlass-Laden. Hier werden Sachspenden gesichtet, geordnet, sortiert und ansprechend präsentiert. Erika macht aus all den alten Dingen immer wieder attraktive „Waren“, die kostenlos oder gegen eine kleine Spende abgegeben werden. So wird Dank Erikas Geschick aus manch Weggeworfenem wieder ein wertvolles Gut.

Wissen, was wirkt – Wirkungsfaktoren

Wir berichten gern über unsere Wirkung, insbesondere über unsere „Erfolgsgene“ und machen sie damit nachvollziehbar für andere, die sich dafür interessieren. Folgende Kriterien machen unseren Erfolg aus:

Die Zielsetzung

Unsere Philosophie des Offenen Hauses stammt von den Mütterzentren, die auch Vorbild für das Konzept der Mehrgenerationenhäuser waren. Dieses Konzept ist in Salzgitter seit 30Jahren entwickelt, erprobt, fortgeschrieben und von den NutzerInnen immer wieder bestätigt worden. Es sind täglich mehr als 400 Menschen, die das Haus nutzen und mit ihren Füßen dafür abstimmen. Die Menschen merken hier, wie sehr sie „Kleine Einheiten“ in ihrer Nähe brauchen, die auf ihre Bedürfnisse flexibel und direkt reagieren und sich ihrem Alltag anpassen(Biedenkopf/Bertram/Niejahr 2009).

Raumgestaltung

„Das säulenartige System sozialer Einrichtungen geht an den tatsächlichen Bedürfnissen vieler Menschen vorbei. Das Mütterzentrum – Mehrgenerationenhaus ist ein Ansatz, der eine

Abkehr von dieser Säulenstruktur darstellt. Damit ist ein neuer Gebäudetyp (Raumgestaltung) gefragt, indem bisher nebeneinander agierende Einrichtungen miteinander in Verbindung treten und somit Synergieeffekte bewirken“ (Klaus 2000).

Die Räume müssen in diesem Sinne dem prozesshaften Ablauf entsprechen. Die Nutzung der Räume soll offen bleiben, so kommt es sehr auf ihre Gestaltung an. Räume, die überwiegend von Kindern genutzt werden, sollen auch Möglichkeiten für Erwachsene bieten und umgekehrt. Wichtig ist ihre flexible Möblierung, man muss sie schnell umräumen können, vor allem sind „Eigentumsansprüche“ (z.B. von Gruppen) zu vermeiden: Die gemeinsame Nutzung steht immer im Vordergrund. Ganz unglücklich sind standardisierte Möbel wie sie in vielen sozialen Einrichtungen vorherrschen. Schöner wirken Einrichtungen, die einen eher privaten Charakter haben. Das Allerwichtigste aber ist eine offene zentrale Küche, diese ist durch nichts zu ersetzten.

In Salzgitter wurde vor 30 Jahren in einer alten Wäscherei mit ca. 80 m^2 begonnen, nach drei Jahren begann der Wachstumsprozess, der schließlich im Jahr 2000 in einem Neubau mit 2500 m^2 endete und der jeden Tag reichlich genutzt wird

Die offenen Angebote

Das Angebot im Offenen Haus ist so breit gefächert wie die Wünsche der BesucherInnen, prinzipiell wird all das angeboten, was nachgefragt wird. Das heißt, zunächst wird versucht, das Angebot im eigenen Haus zu realisieren, wenn das nicht möglich ist, wird an Kooperationspartner vermittelt. Dabei ist es von ganz großer Bedeutung, viele verschiedene Angebote gleichzeitig umzusetzen. Obwohl das oft angezweifelt wird, ist es sehr wohl möglich, dass sich unterschiedliche Menschen in einem Raum treffen, daneben Kinder spielen, an einem Tisch gebastelt und an einem anderen Essen zubereitet wird. Es hat sich gezeigt, dass gerade diese Vielfalt als niedrigschwellig erlebt wird, die Menschen kommen gerade deswegen zu uns. Insbesondere junge Mütter und Menschen mit ausländischen Wurzeln schätzen diese Kultur. Spitzenreiter bei den offenen Angeboten sind ohne Zweifel die gemeinsamen Mahlzeiten, sie wirken wie ein Magnet auf alle Generationen und sind meist die Voraussetzung dafür, dass auch andere Angebote wahrgenommen werden.

Das Personal/Beteiligung

Für die Aufgaben im Offenen Haus sind traditionelle fachliche Qualifikationen nicht erforderlich. Voraussetzung ist Engagement und Leidenschaft, Lebenserfahrung, Liebe zu Menschen, Konfliktfähigkeit, auch Mut zur Lücke an der richtigen Stelle und Talent für die Organisation des gelegentlichen Chaos. Im Grunde werden ausgeprägte soziale Kompetenzen und Führungsqualitäten für den Alltag gebraucht. Wer bringt das schon aus einer traditionellen Ausbildung oder einem akademischen Studium mit? Tatsächlich sind es Kompetenzen, die in der Haltung gegenüber Menschen und Aufgaben liegen. Wir sind überzeugt, diese hat man oder man hat sie nicht, sie sind in der Persönlichkeit angelegt und können kaum gelehrt werden. Aber oft müssen sie erst erkannt und gehoben werden und dann kommt es auf ihre Weiterentwicklung an. Dazu brauchen die Menschen die Bereitschaft, sich ständig zu bewegen und von- und miteinander zu lernen. Das gelingt am ehesten in einer hierarchiefreien Kommunikation.

Für den Bedarf von spezieller Fachlichkeit sind wir intern und extern vernetzt. In dieser Kultur des Miteinanders ist es selbstverständlich, dass alle Aktiven *Mitarbeitende* sind mit unterschiedlichen Fähigkeiten und Aufgaben. Sie sind verschieden, aber gleichwertig und gleichberechtigt. Wir unterscheiden nicht nach Haupt-, Freiwlligen- und regulärem Amt, nicht nach Könnern und Helfern. Mitarbeitende sind sowohl Angestellte als auch Freiwillige, Fachkräfte als auch Laien, alle arbeiten auf Augenhöhe zusammen. Deshalb sind Fortbildungen, Besprechungen und Entscheidungen für alle Aktiven offen. Wir nennen das die „bunten Teams", hier wird Augenhöhe erlebt und geübt.

Zum Schluss lassen wir einen Gast beschreiben, wie er unser Mehrgenerationenhaus erlebt hat: In das Mehrgenerationenhaus Salzgitter kam ich zufällig, mein Auftraggeber hatte ein Seminar, hierhin verlegt. Wenn man ein Kommunikationstraining anbietet, erwartet man als Dozent in der Regel kühle funktionale Seminarräume mit entsprechender technischer Ausstattung und maximal ein oder zwei Personen, die man auf den Gängen trifft.

Im Mehrgenerationenhaus Salzgitter dagegen wurde ich erst einmal in einem zentralen Café in Empfang genommen, wo Menschen aßen, miteinander redeten und arbeiteten. Kinder machten sich offensichtlich für den Kindergarten und die Schule fertig. Es herrschte familiäres Treiben. Ich fühlte mich erinnert an die ökologischen Gemeinschaften, in denen ich lange Jahre gearbeitet hatte. Eine Hemmschwelle, jemanden anzusprechen und nach dem Raum zu fragen, gab es nicht. Der Seminarraum selbst war zwar schön, aber kleiner als es für mein Seminar notwendig gewesen wäre und zudem relativ voll mit allen möglichen Dingen. Was mich woanders gestört hätte, war hier aber kein Problem, denn das Haus war von einer so einladenden und offenen Atmosphäre, dass ich während des Seminar das ganze Haus mit seinen Möglichkeiten einbezog: die kleine Bibliothek diente uns für die Gruppenarbeit und der große Raum im Dachgeschoss bot uns die Möglichkeit, einige Körperübungen nach der Mittagspause zu machen. Schnell bewegten sich alle Seminarteilnehmer ungezwungen, offen und entspannt miteinander und mit den anderen Menschen, die im Haus waren: Kinder, Senioren und die vielen Erwachsenen, die hier arbeiteten und Zeit miteinander verbrachten. Ich habe selten einen Ort erlebt, an dem die eigene Philosophie und innere Haltung so deutlich zu allen gesprochen hat, die den Ort betreten haben. Das MehrgenerationenhausSalzgitter schafft es, einen familiären, gemeinschaftlichen Ort der Offenheit und Geborgenheit für alle zu schaffen, ohne dass einem diese Prinzipien oder besondere Verhaltensweisen erklärt werden müssten. Es reicht, da zu sein und mitzumachen: ungezwungen, aufgehoben. Obwohl ich arbeiten musste, konnte ich während des Tages im Mehrgenerationenhaus auftanken, innerlich zur Ruhe kommen, loslassen und entspannt mein Bestes geben.

Literatur

Albrecht, H. (2009): Zusammenleben: Gemeinschaft als Therapie. In: Die Zeit, Ausgabe 17, S.31-32

Biedenkopf, K./Bertram, H./Niejahr, E. (2009): Die Bedeutung der kleinen Lebenskreise. In: Robert Bosch Stiftung (Hrsg): Starke Familien – Solidarität, Subsidiarität und kleine Lebenskreise. Stuttgart, S. 8-27.

Klaus, Georg (2000): Der Neubau und die Expo – auf dem Weg zu einem lebendigen Stadtteil. In: SPI (Sozialpädagogisches Institut im SOS-Kinderdorf e.V.) (Hrsg.): Die Rückkehr des Lebens in die Öffentlichkeit. Zur Aktualität von Mütterzentren. Neuwied, S. 195-200.

Neue Perspektiven – Qualifizierungen von freiwilligen Senioren- und Demenzbegleitern

Irmgard Neuß

Das Dülmener Modell: Vom Ehrenamt zum Beruf in der Altenhilfe – Schwerpunkt Demenz

Das Mehrgenerationenhaus Dülmen/Westfalen unter Trägerschaft der Stadt Dülmen hat einen seiner beiden Standorte in der Kath. Familienbildungsstätte (FBS) Dülmen. Das Mehrgenerationenhaus Dülmen macht sich seit vielen Jahren stark für die Förderung und Qualifizierung im bürgerschaftlichen Engagement, Ehrenamt und in der Freiwilligenarbeit. Es informiert und berät über berufliche Perspektiven und bietet dazu Weiterbildungsangebote insbesondere in der Betreuung von Menschen mit Demenz.

Die Qualifizierungen nach dem Dülmener Modell haben in weiteren Mehrgenerationenhäusern und Weiterbildungseinrichtungen in den verschiedenen Städten Deutschlands inzwischen zahlreiche Nachahmer gefunden. Das Mehrgenerationenhaus Dülmen als Leuchtturmhaus Demenz (2009-2011) hat anderen Mehrgenerationenhäuserkollegiale Unterstützung bei Fragen zum Aufbau geeigneter Maßnahmen zur Qualifizierung rund um das Thema Altern und Pflege sowie Demenz geben. Aber auch Ehrenamtliche, Freiwillige, Betroffene und Angehörige finden im Mehrgenerationenhaus Dülmen täglich Unterstützung und Beratung.

Das Mehrgenerationenhaus Dülmen und die FBS Dülmen arbeiteten mit der lokalen Wirtschaft, Vereinen und Organisationen zusammen und sind gut vernetzt. Sie kooperieren insbesondere mit Unternehmen, um die Vereinbarkeit von Familie und Beruf und Pflege zu fördern. Auch integriert das Mehrgenerationenhaus vorhandene Bildungs- und Beratungsangebote und ergänzt diese. Des Weiteren werden das Bürgerschaftliche Engagement durch das Mehrgenerationenhaus aktiv gefördert und Freiwilligennetzwerke, die auf Selbsthilfe und Austausch beruhen, aktiv unterstützt.

Die heutigen Aktivitäten hatten bereits vor dem Bundesprogramm der Mehrgenerationenhäuser in den Tätigkeiten der Familienbildungsstätte Dülmen ihren Anfang.

Wie alles begann: Von der Idee zum Erfolgsmodell

„Alte Menschen brauchen Menschen, die sie unterstützen, die ihnen Zeit schenken, mit ihnen ihre Interessen gestalten, ihnen zuhören und Anteil an ihrem Leben nehmen. Der Anteil alter Menschen nimmt kontinuierlich zu. Die Gefahr der Vereinsamung alter Menschen ist nicht zu übersehen, eine personelle Ausweitung nicht in Sicht. Pflegende Angehörige brauchen Entlastung in ihrem Alltag, der allein durch ambulante und medizinische Pflegedienste nicht ausreichend bewältigt werden kann." Mit diesen Worten begann der Ausschreibungstext für die erste *Fortbildung zum freiwilligen Seniorinnen- und Seniorenbegleiter im Jahr 1999, dem Internationalen Jahr der Seniorinnen und Senioren*, welches sich erstmalig verstärkt öffentlich mit den Interessen und zukünftigen Bedürfnissen älterer Menschen beschäftigte.

„Leben im Alter – Grenzen und neue Wege“ hieß eine Vortragsreihe in einem Dülmener Altenheim, die aufgrund zahlreicher Fallbeispiele und ergreifender Einzelschicksale von pflegenden Angehörigen 1999 den Anstoß zu dem bundesweit einmaligen Grundkurs Seniorinnen-und Seniorenbegleiter gab. Dazu kamen die persönlichen Erfahrungen als Leiterin der FBS Dülmen und als (pflegende) Angehörige. Bereits damals erlebte ich selber: Das „Netzwerk Familie“ verändert sich. Viele Kinder leben auf Dauer nicht mehr am gleichen Ort wie ihre alten Eltern. Viele Familien können in den nächsten 10 bis 20 Jahren nur schwer alleine die Aufgaben bewältigen, die früher von der Großfamilie oder zumindest der Verwandtschaft und Nachbarschaft geleistet wurden.

Neue Perspektiven im Alter – Fortbildung zum/r Seniorenenbegleiter/innen

So lautet der Titel des Modellprojekts der Kath. Familienbildungsstätte (FBS) Dülmen, das in Zusammenarbeit mit sechs verschiedenen familienbezogenen Diensten der Beratung und Betreuung in Dülmen im Jahr 1999 gemeinsam entwickelt wurde. Die Familienbildungsstätte leistete damit einen Beitrag zum *Modellprojekt NRW „Familienbildung 2010“*. An der Durchführung des *Grundseminars „Freiwillige Seniorenbegleiter/in nach dem Dülmener Modell“* mit ca. 56 Unterrichtsstunden Theorie und 36 Stunden Praxis wirken Fachreferent/innen in der Altenhilfe und Mitarbeiter/innen der stationären und ambulanten Altenpflegeeinrichtungen aus der Praxis mit. Die Themen werden vermittelt durch Erfahrungsaustausch, Impulsreferate, Filme sowie Gruppen- und Einzelarbeit. Die Kurse finden in Zusammenarbeit mit Altenheimen und ambulanten Pflegediensten im ganzen Kreis Coesfeld statt.

Die Fortbildung zu Seniorenbegleiter/innen sollte Personen ansprechen, die Spaß und Freude im Umgang mit älteren Menschen haben und sich für eine freiwillige Aufgabe unter dem *Motto „Jung hilft Alt“* interessieren. Ein bis zwei Mal pro Woche bei einem älteren Menschen vorbeischauen, mit ihm sprechen, spazieren gehen, Besorgungen machen oder Spiele spielen – das sind die Aufgaben in der freiwilligen Seniorenbegleitung. Zukünftige Seniorenbegleiter/innen können hier eine wichtige psychosoziale Aufgabe übernehmen, um der Einsamkeit im Alter entgegen zu wirken und auch um pflegende Angehörige zu entlasten.

Stand, Ergebnisse und Weiterführung des Projektes

Die Familienbildungsstätte Dülmen – Mehrgenerationenhaus Dülmen – kann im Jahr 2013 auf 14 Jahre Erfahrungen in der *„Seniorenbegleitung nach dem Dülmener Modell“* zurückblicken. Der Bedarf an Freiwilligem Engagement, insbesondere in der häuslichen Unterstützung von älteren, pflegebedürftigen Menschen, ist in den letzten Jahren deutlich gestiegen. Denn immer noch werden ca. 70% der pflegebedürftigen Menschen zu Hause gepflegt. Die durchschnittliche Pflegezeit liegt bei 8,2 Jahren.[1] Die freiwilligen „Seniorenbegleiter/innen“ sind in der Regel zwischen 20 und 70 Jahren und bieten älteren Menschen Kontakt und praktische Hilfen im Alltag an. Ohne ein gezieltes Fortbildungskonzept hätten sich nicht so viele Freiwillige in Deutschland zum „Freiwilligen Seniorenbegleiter/innen“ ausbilden lassen und wären stundenweise ehrenamtlich in häuslichen Bereich oder Altenheimen tätig. Inzwischen wurde das *Dülmener Modell auf über 130 Städte* Deutschlands, Österreichs und der Schweiz

1 Statistische Ämter des Bundes und der Länder (2008): Demographischer Wandel in Deutschland, H. 2: Auswirkungen auf Krankenhausbehandlungen und Pflegebedürftige im Bund und in den Ländern, Ausgabe 2008, Wiesbaden.

übertragen. Alleine im Kreis Coesfeld wurden von der FBS Dülmen in 14 Jahren über 700 Freiwillige qualifiziert und auch von der FBS Dülmen vermittelt.

Ähnlich sieht es in anderen Städten in Deutschland aus, wie Hamburg, Dessau, Wiesbaden, München etc. Und das Modell findet weiterhin jährlich vielfache Nachahmer. Noch heute bitten viele Einrichtungen, Kirchen, Kommunen und Kreise die FBS und das Mehrgenerationenhaus Dülmen um Hilfestellung bei der Umsetzung dieses Projektes. Als Mehrgenerationenhaus (seit 2008) und Leuchtturmhaus Demenz (2009 – 2011) versucht die Einrichtung diese Grundidee der Seniorenbegleitung und ihre Folgekonzepte weiterhin auf andere Einrichtungen mit zu übertragen.

Hier zeigt sich, dass der zukünftige Bedarf von Familien mit pflegenden Angehörigen an niedrigschwelliger Unterstützung nach § 45b SGB XI und Begleitung auch im Jahr 2013 aktueller denn je sind und auch in ländlichen Regionen immer stärker zunehmen nachgefragt werden.

Der Ablauf der Schulungen verläuft an vielen Standorten ähnlich:

Nach einer kostenfreien Informationsveranstaltung für Interessierte findet jeweils ein Kurs mit ein bis zwei Wochenenden und 12 Kursabenden in der Regel zwischen 17.15 bis 19.30 Uhr statt und *schließt mit einem Zertifikat ab*. Viele Teilnehmende haben anfänglich oft unrealistische Vorstellungen in Hinblick auf ihr späteres FreiwilligesEngagement. Im Verlaufe der Schulung erfahren sie, dass auch der Kontakt, insbesondere mit dementiell erkrankten, älteren Menschen, sehr anspruchsvoll ist und viele Grundkenntnisse nicht nur über Kommunikation, Beschäftigungsmöglichkeiten Biographiearbeit, Glaubensfragen im Alter, Umgang mit Demenzerkrankten, Erkrankungen im Alter, etc. erforderlich sind, um ältere Menschen im Ehrenamt zu begleiten.

Nach einer internen Befragung waren im Jahr 2010 über 90% der Freiwillig Engagierten in der Senioren/innenbegleitung im ambulanten Bereich und nur 10% im stationären Bereich tätig. Im Jahr 1999 war es genau umgekehrt. Und der Bedarf insbesondere im häuslichen Bereich steigt jährlich an. Im Gegensatz zu vielen anderen Angeboten im Freiwilligen Engagement setzt das Konzept Senioren/innenbegleitung nach dem Dülmener Modell nach Aussage von Prof. Dr. Elisabeth Bubolz-Lutz – und dies ist das Besondere – auf „Bildung und Kompetenzentwicklung" an. Entwickelt wurde das Profil des "kompetenten Nachbarn und Nachbarin und Bürgers und Bürgerin", der sich für diese Aufgabe der Begleitung zunächst qualifiziert und fit macht. Über die Vorbereitungskurse zur Senioren/innen- und später auch Demenzbegleitung entstanden neue Engagement-Profile mit fest umrissenen Aufgabenschwerpunkten. Freiwillige qualifizieren sich, um dann ihre Kompetenzen anderen zur Verfügung zu stellen. Indem sie sich darauf vorbereiten und mit den Senioren und Seniorinnen in Kontakt kommen, erleben sie auch für sich selbst, wie wertvoll ein Leben sein kann, auch wenn eine völlig selbständige Lebensführung nicht mehr möglich ist. In einem Interview sagte eine Freiwillige einmal: „Ich habe über meine Begleitungsarbeit die Angst vor dem eigenen Alter verloren". Damit wird deutlich: Freiwilliges Engagement ist keine einfache Dienstleistung – sondern beruht auf einer gesellschaftlichen Vision des Miteinanderlebens und füreinander Einstehens.

Übersicht über die verschiedenen Kurskonzepte der FBS Dülmen:

Der Bedarf an Qualifizierungsangeboten in der freiwilligen Begleitung älterer Menschen wurde in den letzten 14 Jahren so stark nachgefragt, so dass weitere Kurskonzepte auf der Grundlage des Konzeptes *„Freiwillige Senioren/Innenbegleitung nach dem Dülmener Modell"* bedarfsgerecht und modifiziert mit unterschiedlichsten Kooperationspartnern entwickelt wurden. Unter dem Motto*"Vom Ehrenamt zum Beruf"* können die Teilnehmer familien- oder berufsbegleitend an dieser Fortbildung teilnehmen (s. Bausteine 1 bis 6: Weiterentwicklung der Kurskonzepte nach dem Dülmener Modell (1999–2012) der Familienbildungsstätte Dülmen).

Bausteine 1 -6: Vom Ehrenamt zum Beruf

Abschluss Betreuungsassistent/in in der Begleitung von Menschen mit Demenz

- Baustein 1:
  Freiwillige Senioren/innenbegleitung(anerkannt nach §45b, SGB XI)
- Baustein 2:
  Freiwillige Begleitung von Menschen mit Demenz – Demenzbegleitung (anerkannt nach §45b, SGB XI)
- Baustein 3:
  Hauswirtschaftliche Begleitung von Menschen mit Menschen mit Demenz
- Baustein 4:
  Freiwillige Begleitung in Wohngemeinschaften und betreutem Wohnen
- Baustein 5:
  Sturzprophylaxe bei älteren Menschen
- Baustein 6:
  Qualifizierung zum/r Betreuungsassistent/in der Alltagsbegleitung von Menschen mit Demenz in der Altenhilfe nach den Richtlinien 87b Abs. 3 SGB XI zur Qualifikation zusätzlicher Betreuungskräfte.

Durch dieses bisher einmalige Fortbildungskonzept in Deutschland haben interessierte Teilnehmer und Teilnehmerinnen die Möglichkeit, zunächst freiwillig als *Senioren/innen- und Demenzbegleiterin* (Bausteine 1 und 2) tätig zu werden, praktische Erfahrungen zu sammeln und sich dann bei persönlichem Interesse oder beruflicher Notwendigkeit, in weiteren vier Bausteinen fortzubilden.

Von der hauswirtschaftlichen Begleitung (Baustein 3), über die Begleitung von Menschen in Betreutem Wohnen und Wohngemeinschaften(Baustein 4) und Sturzprophylaxe (Baustein 5) bis hin zum beruflichen Abschluss als Betreuungsassistent/Betreuungsassistentin (Baustein 6) mit Abschlussprüfung und Zertifikat. Der Gesamtstundenumfang umfasst 170 Unterrichtsstunden Theorie und mindestens 35-50 Std. Praxis. Die Teilnehmer und Teilnehmerinnen haben die Möglichkeit, innerhalb von ein bis anderthalb Jahren alle sechs Bausteine zu absolvieren, in der Regel einmal pro Woche und an drei bis vier Wochenenden im Jahr. Sie können sich dafür auch über Jahre Zeit lassen.
Als ein neuer Hauptschwerpunkt im Rahmen des Mehrgenerationenhauses Dülmen hat sich die Entwicklung der Kursreihe *Baustein 1 bis 6 Fortbildung zum Betreuungsassistent/Betreuungsassistentin nach den Richtlinien § 87b Abs. 3 SGB XI* entwickelt. Bei der Teilnahme an allen sechs Bausteinen, erhalten die Teilnehmer/innen zum Abschluss ein *Zertifikat,* das dem neuen Berufsbild der *„Betreuungsassistenten/innen in der* Altenpflege" (nach den Richtlinien 87b, ABS. 3 SGB XI für Betreuungskräfte) entspricht.

Das „Erfolgsrezept" des Konzeptes „Freiwillige Seniorenbegleitung"

Die praktische Wirksamkeit dieses Fortbildungs-Konzeptes ergibt sich aus der Kombination mehrerer *passgenauer Bausteine* und *Fortbildungsmodule*, die die Teilnehmer/innen je nach eigenem Interesse und Bedarf besuchen können.

Insbesondere die überregionale Nachfrage nach diesem Qualifizierungskonzept ist riesig. Der Abschluss „Betreuungsassistent/Betreuungsassistentin" wurde erst 2008 mit der Reform der Pflegeversicherung ein anerkanntes Berufsbild in der Betreuung von Menschen mit Demenz nach §87b SGB XI. Es befähigt die Teilnehmer, nicht nur als Mitarbeiter und Mitarbeiterin in einer stationären Altenhilfeeinrichtung tätig zu sein, sondern auch in der Betreuung von Menschen mit Demenz im häuslichen Bereich. Zudem erhalten die Teilnehmer/innen mit dem Abschlusszertifikat als Betreuungsassistent/Betreuungsassistentin nach §87b SGB XIauch ein Zertifikat als Senioren/innen- und Demenzbegleiter/innen nach §45b SGB XI im Rahmen der niedrigschwelligen Betreuungs- und Hilfeangebote, die als Anerkennung für den ambulanten Bereich im Rahmen des Pflegeleistungsergänzungsgesetztes notwendig ist.

Bei den verschiedensten Fortbildungsmodulen geht es nicht nur um die Förderung und Weiterentwicklung von Fähigkeiten und Kompetenzen bei den Kursteilnehmenden. Wichtig sind die Bildung von Gruppen in den Fortbildungsgängen, die praxisorientierten Fortbildungsschwerpunkte und Austauschtreffen.

Die professionelle Vermittlung und Begleitung der Freiwilligen erfolgt durch die Koordinatorin der *Netzwerk-Agentur: Senioren/innen- und Demenzbegleitung im Kreis Coesfeld.* In der FBS/Mehrgenerationenhaus Dülmen befindet sich seit 2006 eine eigene Vermittlungsstelle für Ehrenamtliche/Freiwillige, pflegende Angehörige und Senioren und Seniorinnen, die nach §45b SGB XI als Vermittlungsagentur vom Land NRW anerkannt ist.

Darüber hinaus werden Fortbildungen und Aufbauseminare für die Absolventen/innen der Kurse angeboten. Regelmäßige Sonderprogramme, wie Qualifizierungen für Beruf und Ehrenamt im Bereich Alter – Pflege – Betreuung und Soziales und der Internetauftritt der Einrichtung, laden zur Teilnahme an den Fortbildungsveranstaltungen ein. Neben einer guten Presse, Medien und Öffentlichkeitsarbeit, ist aber insbesondere im ländlichen Bereich des Münsterlandes eine „Mund-zu-Mund-Propaganda" sehr wichtig. Zusätzlich zur Gewinnung der Freiwilligen musste insbesondere in den ersten Jahren sehr viel Zeit für die Bekanntmachung des Themas: Senioren/innen- und Demenzbegleitung in der Öffentlichkeit investiert werden.

Eine zentrale Bedeutung für den Erfolg der Projektidee hat die gute Vernetzung der verschiedensten Träger im Kreis Coesfeld untereinander. Des Weiteren auch das kurzfristige Aufgreifen des konkreten Bedarfes von älteren Menschen, der Einrichtungen oder der Kursteilnehmer/innen in Rahmen von „Fortbildungen auf Bestellung". Sie finden zum Teil auch in den Altenhilfeeinrichtungen vor Ort oder in Kooperation mit ambulanten Pflegediensten und Netzwerkgruppen statt.

Auf der Grundlage der Erfahrungen aus der Praxis werden verschiedene Elemente des Curriculums immer wieder umgebaut und angepasst. So wurde das Grundkonzept „Senioren/innenbegleitung" im Laufe der letzten 14 Jahre auf verschiedenste Bereiche evaluiert, modifiziert und weiterentwickelt.

Insbesondere gelang es,den *Baustein 1 Senioren/innenbegleiter* inzwischen vom Mehrgenerationenhaus Dülmen in verschiedenen Städten unter dem Titel*: „Jugendliche begleiten*

Senioren/innen" –in Zusammenarbeit mit weiterführenden Schulen und Altenhilfeeinrichtungen im Rahmen des sozialen Engagements für Schüler und Schülerinnen anzubieten. Er findet verstärkt Nachfrage und hohes Interesse in der Öffentlichkeit, bei Schulen und Sponsoren. Des Weiteren wurde das Kurskonzept auf die *freiwillige Begleitung von Seniore/innen mit geistiger Behinderung*(anerkannt nach §45b, SGB XI) modifiziert und mit Erfolg durchgeführt.

Ausblick – Vision einer neuen Kultur des Alterns

Die Aufmerksamkeit, die die seit 14 Jahre bestehende Qualifizierung nach dem Dülmener Modell und seine weiteren Konzepte immer noch erfährt, macht deutlich, dass hier etwas Besonderes stattfindet. Intensive Lernprozessen finden in den Schulungen und Kooperationen der verschiedensten Partner, wie Bildungseinrichtungen, Kirchengemeinden, Altenheime, ambulanten Pflegediensten, Tagespflege, Demenzwohngruppen, Ärzten, Selbsthilfegruppen etc. und auch untereinander, statt. Es deutet auf eine neue „Pflegekultur" hin – geprägt von einer gemeinsamen Sinnperspektive, dessen Mehrwert sich im und während des Tuns, in der Begegnung erschließt und bewahrt.[2] „Wir müssen heute schon neue Möglichkeiten und Rahmenbedingungen für unser eigenes Alter schaffen". Unter diesem Motto haben sich viele Menschen in Deutschland bisher für diese Projektidee begeistern lassen. Dadurch kommt es nicht nur zu einer Stärkung des Ehrenamt und der Freiwilligenarbeit, sondern auch zu der Entwicklung einer *Kultur des „Sich-Kümmerns"*.

Gerade in Zeiten der großen Veränderungen und des demografischen Wandels ist es wichtiger denn je, neue Visionen des Miteinanderlebens und für einander Einstehens generationsübergreifend zu schaffen. Darüber hinaus ist es insbesondere auch für Mehrgenerationenhäuser und Weiterbildungseinrichtungen bedeutend, neue ehrenamtliche und berufliche Perspektiven im Bereich der Betreuung und Begleitung von Menschen mit Demenz aufzuzeigen und zu ermöglichen. Vielleicht können die Dülmener Erfahrungen auf diesem Weg Anregungen und Ideen geben.

Literatur

Bubolz-Lutz,E. (2009): Freiwilliges Engagement im Pflege-Mix – Neue Impulse. Vortrag im Rahmen der Jubiläumsfeier „10. Jahre Seniorenbegleitung nach dem Dülmener Modell" am 22.09.2009, Dülmen.

Forum Seniorenarbeit NRW: Fortbildungen für die Seniorenarbeit – Themenschwerpunkte 4/2007 (www.forum-senioenarbeit.de)

Haas, B./Raasch, C. (2003): Qualifikation zum/zur freiwilligen Seniorenbegleiter/in. Handbuch für die Praxis. Kuratorium Deutsche Altenhilfe. Köln.

Neuß, I./Heidenreich, H. (2009): „Altersbildung im Kontext der Familienbildung" – Praxishilfen für die Familienbildung. Kath. Bundesarbeitsgemeinschaft für Einrichtungen der Familienbildung. Düsseldorf.

---

2 Vgl. Prof. Dr. Elisabeth Bubolz-Lutz, Freiwilliges Engagement im Pflege-Mix – Neue Impulse, Vortrag im Rahmen der Jubiläumsfeier 10. Jahre Seniorenbegleitung nach dem Dülmener Modell 22.09.2009, Dülmen.

Neuß, I./Kranemann, G. (2010): Vom Neben- zum Miteinander. Intergenerationelle Bildung in der Familienbildung. In: Erwachsenenbildung, 1/2010.
Neuß, I. (2011): Von der Idee zum Erfolgsmodell – Freiwillige Seniorenbegleitung nach dem Dülmener Modell. In: Unsere Seelsorge, 7/2011.
Statistische Ämter des Bundes und der Länder (2008): Demografischer Wandel in Deutschland, H. 2: Auswirkungen auf Krankenhausbehandlungen und Pflegebedürftige im Bund und in den Ländern. Wiesbaden.

Gesellschaftliche Vielfalt – Bereicherung, Chancen und Herausforderungen. Interkulturelle Arbeit im Mehrgenerationenhaus Köln Kalk

Maristella Angioni, Peter Schmitz

Eine kurze Eingangsbetrachtung

Gibt man den Suchbegriff „Vielfalt“ bei Google ein, erzielt man über sieben Millionen Ergebnisse. Bei den Begriffen „Gesellschaftliche Vielfalt“ oder „Kulturelle Vielfalt“ sind es immer noch über eine Million Einträge. Vielfalt scheint also ein vieldiskutiertes Thema zu sein. Aber was genau ist damit gemeint? Geschlecht, Herkunft, Ethnie, sexuelle Orientierung, Alter und auch Religion und Weltanschauung sind Aspekte von Vielfalt. Rund 80 Millionen Menschen in Deutschland sind keine uniforme Masse, sondern bilden ein großes und sehr breites Spektrum an Vielfalt ab. Jeder Mensch trägt mit seiner Individualität zur Vielfalt in der Gesamtbevölkerung bei.

Auch die BewohnerInnen des Stadtteils Kalk und die Besucherinnen und Besucher des Mehrgenerationenhauses sind sehr unterschiedlich. Was bedeutet diese individuelle und kulturelle Vielfalt für das Zusammenleben im Stadtteil? Welche gesellschaftlichen Prozesse führen dazu, dass Menschen sich nicht ausgegrenzt, sondern in den Stadtteil einbezogen fühlen? Erst die gleichberechtigte gesellschaftliche Teilhabe aller BewohnerInnen macht aus der Vielfalt das Besondere und Starke. Dazu bedarf es der Aktion und Interaktion miteinander. Das ist die Voraussetzung für ein gesellschaftliches Miteinander und deshalb unverzichtbar.

Zurzeit leistet sich unsere Gesellschaft bei bestimmten Menschen und Gruppierungen noch den Luxus der Ausgrenzung. Die Einteilung in sogenannte Randgruppen oder Problemgruppen ist weit verbreitet. Je nach politischer oder gesellschaftlicher Couleur werden Menschen eingeteilt in die Gruppen der

- Migranten und Migrantinnen
- alten Menschen
- Menschen mit Behinderungen
- alleinerziehenden Frauen und Männer
- Kinder und Jugendlichen aus sogenannten bildungsfernen Familien
- armen Menschen
- etc., etc., etc.,

Es gibt viele Menschen und Gruppierungen, die scheinbarnicht zur sogenannten „Mitte der Gesellschaft“ gehören. Wenn von einer bunten Gesellschaft die Rede ist, sind damit zahlreiche Nuancierungen und Abstufungen, also Unterschiede, gemeint. Diese gesellschaftliche Vielfalt ist eine Bereicherung und eine Chance. Die Integration und Teilhabe all‘ derer, die diese Vielfalt ausmachen, muss ein wichtiges Ziel sein.

In der öffentlichen Diskussion und in der medialen Landschaft wird der Begriff der Integration fast ausschließlich auf den Bereich der Migration projiziert. Und was noch fataler ist, Integration wird oftmals als Assimilation, als einseitige – in diesem Falle von alleiniger Seite der Migranten und Migrantinnen – zu leistende Aufgabe, beachtet.

Das Thema Vielfalt oder Diversität wird in der allgemeinen öffentlichen Wahrnehmung inzwischen positiver gesehen, das breite Spektrum der daraus resultierenden Chancen wird jedoch noch zum wenig Gegenstand der allgemeinen Betrachtung. Industrie und Wirtschaft haben das Konzept des Umgangs mit personeller und kultureller Vielfalt schon längst für sich entdeckt. Sie haben begriffen, dass ein geschicktes Managen von Diversität zum besseren Miteinander und zur Leistungssteigerung führen kann. Mehrgenerationenhäuser sind keine Wirtschafts- oder Industrieunternehmen. Menschliche Vielfalt in den Mehrgenerationenhäusern ist jedoch ein Kennzeichen der Einrichtungen. Zwischenmenschliche Begegnungen stehen im Mittelpunkt ihres Selbstverständnisses. Ressourcen sind deshalb Menschen, die in diese Häuser gehen, egal ob haupt- oder ehrenamtlich. Das Aktionsprogramm Mehrgenerationenhaus sieht ja per se Vielfalt vor. Das Kölner Mehrgenerationenhaus mit seinem Leitbild: Interkulturell, Intergenerativ und Integrativ verdeutlicht, dass dieser Slogan programmimmanent ist.

Der Stadtteil Köln-Kalk

Köln Kalk ist ein Stadtteil mit sogenanntem Erneuerungsbedarf. In den letzten Jahrzehnten hat sich im Stadtbezirk ein starker Strukturwandel vollzogen. Die traditionellen KalkerGroßindustrieunternehmen des Maschinenbaus und der Chemischen Industrie wichen kleinen und mittelständischen Unternehmen aus anderen Branchen. Außerdem entwickelte sich ein Teil des Stadtbezirks zum Verwaltungsstandort durch die Ansiedlung des Polizeipräsidiums und den Bau des Kalk Karrees mit Dienststellen der Stadt Köln. Ein großes Einkaufszentrum zieht viele Menschen aus Köln und dem Umland an. Das Straßenbild ist „bunt", die Vielfalt ist sehr präsent.

Historisch betrachtet war Kalk schon immer eher ein sogenanntes „Arbeiterviertel". In den 1960er und 1970er Jahren warb die „Chemische Fabrik Kalk", damals der einzige große Arbeitgeber des Viertels, Arbeiter aus Italien, Spanien und der Türkei, den typischen Auswanderungsländern, an. Die sogenannten „Gastarbeiter" kamen und siedelten sich mit ihren Familien im Stadtteil an. In späteren Jahren kamen Menschen aus Osteuropa und aus dem arabischen Raum an. Einheimische deutsche Familien stammten i.d.R. aus dem Arbeitermilieu.

Die aktuelle Situation ist geprägt von der ethnischen Vielfalt und den daraus resultierenden Möglichkeiten und Herausforderungen. Themen, wie die Arbeitslosigkeit von über 20 %, demografischer Wandel, Zugang zu Bildung aber auch Wandel von Familienstrukturen und Armut, stellen eine besondere Herausforderung sowohl für die Bevölkerung als auch für die sozialen Akteure dar. Der Anteil von Menschen mit Migrationshintergrund liegt bei 50 %. Bei den unter 18jährigen bei 64 %.

Bedarfsorientierung und Bedarfsermittlung

Diese kurze Beschreibung des Stadtteils verdeutlicht, dass es unabdingbar ist, das Mehrgenerationenhaus immer auch als Schmelztiegel der vielfältigen lokalen Milieus zu verstehen. Diese besondere Bevölkerungsstruktur erfordert einen sensiblen Umgang mit Angeboten, die sich am Bedarf der BewohnerInnen orientiert. Die Umsetzung des intergenerativen und interkulturellen Gedankenansatzes im Aktionsprogram kann durch die Vielfalt der BewohnerInnen erschwert werden. So trifft eine zunehmend älter werdende Gruppe von „Ureinwohnern" auf eine junge, sehr heterogene Migrantengruppe (beispielsweise Türken, Italiener, Araber, Russen, Aussiedler, Polen). Dieser Pluralität und diesen Herausforderungen stellen wir uns täglich in der Arbeit unseres Mehrgenerationenhauses.

Grundlage der Arbeit ist eine stetige, direkte und bewohnerorientierte Kommunikation. Alltagssituationen werden geschildert und Bedarfe geäußert. So sind Kontakte und Gespräche mit den Besuchern und NutzerInnen unseres Hauses sowie die gute Netzwerkarbeit mit den weiteren Akteuren (z.B. Beratungsdiensten) vor Ort die Grundlage unserer Bedarfsermittlung und Umsetzung. Aus dem Vergleich mit den Ressourcen, Wünschen und Bedarfen dieser Gruppen werden die aktuellen Angebote für die Arbeit im Mehrgenerationenhaus entwickelt. Eine wissenschaftlich unterstützte Bedarfsanalyse für den Stadtteil Köln Kalk wäre am Tag der Veröffentlichung bereits überholt.

Angebotsentwicklung und Förderung der Herkunftskultur

Interkulturelle Ausrichtung für das Mehrgenerationenhaus Köln Kalk heißt, dass alle Menschen unseres Sozialraumes eingeladen sind, an Angeboten in unserem Haus teilzunehmen. Dabei sind wir zunächst gespannt auf die vielfältigen Ressourcen, die die Menschen (ob mit oder ohne Zuwanderungsgeschichte, ob Jung oder Alt, ob mit oder ohne Beeinträchtigungen) mitbringen.

Spezifische Angebote für Menschen mit Migrationshintergrund werden dann entwickelt, wenn Kenntnisse fehlen, die zur Integration und zum Zurechtkommen in der neuen Heimat benötigt werden. Dies sind in der Regel Sprachkurse, Alphabetisierungskurse oder Kurse zur Landeskunde.

Diese Regel gilt auch für unsere Beratungsangebote. So werden Menschen aus der ersten sogenannten „Gastarbeitergeneration", die nun ins Rentenalter kommen, über ihren Rentenantrag von der Seniorenberatung unterrichtet und nicht etwa vom Fachdienst für Integration und Migration. Die verschiedenen Dienste unterstützen sich kollegial und bieten so ein großes Spektrum an bedarfsorientierten und vernetzten Hilfsmöglichkeiten für die Besucherund Besucherinnen.

Integration darf und kann nicht Assimilation bedeuten, nie die Aufgabe der eigenen kulturellen Identität. Für unser Haus bedeutet die Zugehörigkeit zu einer bestimmten Kultur, Ethnie oder Religion nicht ein Problem, sondern Chance und Reichtum für unsere Gesellschaft. Durch das Zusammentreffen und den Austausch der Kulturen entstehen neue Formen des Zusammenlebens durch gemeinsames Miteinander und voneinander lernen. Menschen entwickeln sich weiter und es entsteht etwas Neues. Ein Beispiel schildert ein griechischer Kollege, der in den 70er Jahren nach Deutschland kam. Damals litt er darunter, dass niemandauf der Straße saß und er deshalb seinen Kaffee in Köln nicht auf der Straße zu sich nehmen konnte. Heute kann sich in Köln auch kein „ganz gewöhnlicher Deutscher" die Stadt vorstellen ohne Straßenkaffees und Biergärten, die aus der Tradition der vielen neuen Bürger und Bürgerinnen aus dem Mittelmeerraum stammen, die diese Kultur mitgebracht haben.
In unserem Haus ist es erwünscht, dass sich Menschen treffen, um die Bräuche, Lieder, Sprache, Tänze des Herkunftslandes zu pflegen. Beispiele:

- eine spanische (Groß)elterngruppe trifft sich regelmäßig zum Kartenspiel, zur Seniorengymnastik und zum regen Austausch, meist mit spanischen Köstlichkeiten,
- eine bulgarische Gruppe, die zunächst muttersprachlichen Unterricht für eine handvoll Kinder erteilte, erreicht inzwischen wöchentlich ca. 60 Personen, die unseren Treffpunkt besuchen,
- eine Gruppe älterer türkischer Damen verabredet sich in unserem Haus zu Tee, Gebäck und zum Plaudern.

Bereitstellung von Infrastruktur

Bei den oben genannten Beispielen handelt es sich um Gruppen, denen das Mehrgenerationenhaus und das Interkulturelle Zentrum Unterstützung bei der Realisierung der eigenen Idee bieten. Damit engagierte Menschen und Gruppen sich einbringen können, erhalten sie Räume, in denen sie sich begegnen, Entwicklungen beeinflussen und gestalten können. Wird Unterstützung benötigt, wird diese gegeben. So tragen wir dazu bei, dass durch die Teilhabe von Migranten an unterschiedlichen Formen des Freiwilligen Engagementsgesellschaftliche Integration geleistet wird. Zugleich kann die ethnische Selbstorganisation einen wichtigen Beitrag zur Bewahrung der kulturellen Identität im Integrationsprozess leisten.

Angebot der Kooperation

Alle Gruppen und Initiativen des Hauses sind Kooperationspartner des Mehrgenerationenhauses/Interkulturellen Zentrums. Sie sind die Akteure. Als durchaus eigenständige Gruppen werden sie in die Struktur des Hauses einbezogen. Des Weiteren arbeiten wir in enger Kooperation mit vielfältigen sozialen Akteuren mit dem Ziel der Förderung des friedlichen und partnerschaftlichen Zusammenlebens von Zugewanderten und Einheimischen.

Unterstützung von Freiwilligen Engagement

In diesem Sinne findet im Mehrgenerationenhaus Kalk auch die Förderung des Freiwilligen Engagements statt. Neben der üblichen Akquise von freiwilligen HelferInnen, die im Haus Aufgaben übernehmen, werden Ideengeber, Gruppengründer und weitere Interessierte motiviert und unterstützt. Informationen und Fortbildungen, beispielsweise zur Vereinsgründung oder Beschaffung von Finanzmitteln sind Angebote neben der Einzelberatung.

Die Bildung von Gruppenstrukturen kann z.B. in der Startphase durch Referentenhonorare oder die Übernahme von Materialkosten gefördert werden. Freiwillige HelferInnen werden in Kooperation mit der Caritas-Integrationsagentur zum Führen und Leiten von Gruppen qualifiziert. Zur besseren interkulturellen Verständigung werden sie sensibilisiert zum Thema Diskriminierung und Konfliktbearbeitung. Zum Abschluss werden drei herausragende Angebote des Hauses dargestellt, die dann in Kooperation mit der Caritas- Integrationsagentur durchgeführt wurden.

A. Transkulturelles und interreligiöses Lernhaus der Frauen

Frauen verschiedener soziokultureller Herkunft werden für unterschiedliche Arbeitsfelder im interkulturell-interreligiösen Kontext qualifiziert, bringen ihr Fachwissen und ihre Kompetenzen ein, schaffen mehr Verständnis füreinander, indem sie informieren, vermitteln und „übersetzen". Sie tragen dazu bei, die multikulturelle Gesellschaft erfolgreich und friedlich zu gestalten und engagieren sich freiwillig im beruflichen und privaten Umfeld für mehr Verständnisund Toleranz zwischen Migrantinnen und der Aufnahmegesellschaft.

Ziele des Projekts

- Qualifizierung von Frauen zu „Kulturmittlerinnen", d.h. zu Vermittlerinnen in transkulturellen und interreligiösen Kommunikationsprozessen,
- Förderung des freiwilligen und politischen Engagements von Frauen,
- Nutzung der Ressourcen von Frauen und ihrer bereits bestehenden Netzwerke als Multiplikatorinnen im interreligiös-interkulturellen Kontext,
- ggf. Aufbau von Frauen-Netzwerken im interreligiös-interkulturellen Kontext,
- Förderung integrativer Prozesse in der Unterstützung von Einzelnen und Systemen.

Methodik des Projektes

Kern des Projekts ist das halboffene Curriculum zum Erwerb transkultureller und interreligiöser Kompetenzen. Dies umfasst neben den für den Lernprozess besonders zentralen Gruppentreffen, group meetings, folgende Elemente, auch Module genannt.

basics: Teilnehmerinnen erarbeiten sich gemeinsam und mit Hilfe von Expertinnen theoretische und fachliche Kenntnisse über soziale, kulturelle und politische Entwicklungen in einer Einwanderungsgesellschaft, über verschiedene kulturelle und religiöse Orientierungsmuster und Traditionen, und über Mechanismen von gruppenbezogenen Stereotypisierungen, Kulturalisierungen sowie Diskriminierungen.

skills: Angebote, in denen unter professioneller Anleitung Kommunikations- und Vermittlungstechniken vorgestellt und trainiert werden, die geeignet sind, interkulturelle Kommunikationsprozesse zu erleichtern. Sie fördern methodische Fertigkeiten in Kommunikation, Organisation, Mediation, Moderation und in kritischer Selbstreflexion.

net & practices: Während des Projektes betätigen sich die Frauen freiwillig in unterschiedlichen Bereichen und können so ihr neu erworbenes Wissen direkt in der Praxis einsetzen und erproben. Außerdem beinhaltet das Modul Angebote, die dem Austausch mit Fachkräften aus verschiedenen Praxisfeldern dienen und die es den Teilnehmerinnen ermöglichen, diese Felder kennen zu lernen und sich mit ihnen zu vernetzen.

workshops: Veranstaltungen, die die Möglichkeit bieten, sich mit einem Thema aus dem transkulturellen und interreligiösen Dialog vertiefendauseinanderzusetzen und verschiedene Perspektiven dazu kennen zu lernen.

Von der Durchführung des Projektes profitieren sowohl die Teilnehmenden selbst, als auch ihr Umfeld und Institutionen, die auf interkulturell-interreligiöse Kompetenzen angewiesen sind.Das Projekt bietet u.a. für qualifizierte und/oder engagierte Frauen, die beruflich noch nicht ausreichend Fuß fassen konnten, den Erwerb von Sozial- und Zusatzkompetenzen, die sie für ihre persönliche und berufliche Weiterentwicklung nutzen können. Es bietet ihnen auch Zugänge zu Frauen-Netzwerken. Eine Gruppe der Teilnehmenden der ersten Projektphase hat sich z.B. selbständig gemacht und bietet jetzt Einsätze als Kulturmittlerinnen gegen Honorar an. Eine weitere Gruppe engagiert sich ehrenamtlich in Integrations-, Kommunikations- und Beratungsprozessen. Dadurch wird aktiv das Gemeinwohl gefördert.

Die Praxiseinsätze stellen eine bemerkenswerte Unterstützung für die beteiligten Vereine und Institutionen, aber auch für einzelne Personen oder Familien mit Integrationsbedarf dar. Die Einsätze bewegen sich in einem großen Spektrum: von der Förderung einzelner Kinder im Bereich der deutschen Sprache über die Durchführung einer multireligiösen Frauengruppe, der Begleitung von Ratsuchenden zu Behörden bis hin zum Einsatz als Sprachmittlerin im therapeutischen Setting.

B. „Deutsch lernen in Köln“ (Konversationskurs und Freizeitgruppe)

Der Kurs wurde konzipiert, um die Lücke, die nach einem absolvierten Integrationskurs entsteht, zu schließen. Oft haben die Absolventinnen und Absolventen der Integrationskurse nicht im ausreichenden Maß Gelegenheit, ihre Deutschkenntnisse zu erweitern und das Erlernte praktisch anzuwenden.

Ziele des Projektes

Der von uns konzipierte Kurs soll zum einen Gelegenheit zum lustvollen Sprechen der deutsche Sprache geben und zum andern einen Rahmen bieten, die Freizeitmöglichkeiten und Kulturhöhepunkte der Stadt kennenzulernen.

Methodik des Projektes

Die Teilnehmer dürfen abwechselnd das Buch „111 Schöne Plätze in Köln“ mit nach Hause nehmen. Jede/r sucht einen Platz aus, den er/sie gerne mit der Gruppe besuchen möchte. Einzige Bedingung für den Ausflug nach persönlichem Geschmack: diejenige, die den Platz ausgewählt hat, muss den anderen erklären, was dort so schön ist, was das Besondere des Platzes ist.

Als Grundprinzip für die bezahlte Gruppenleiterin gilt: es muss Spaß machen zu der Gruppe zu gehören und es soll Spaß machen Deutsch zu reden. Die Kinder der Gruppenmitglieder sind willkommen. Sie regen in der Regel die Kommunikation an – wie überall auf der Welt.

C. „Zu Hause im Land der Dichter und Denker“ (Theater-) spielend Deutsch lernen. Migranten lesen und spielen deutsche Dichter

Auch dies ist im Prinzip ein Sprachkurs. Mit den Mitteln der Theaterpädagogik wird in diesem Projekt geübt, die Sprache deutscher Dichter und Denker zu benutzen. Ganz nebenbei finden hier die Teilnehmerinnen und Teilnehmer neue Mittel, ihre Gefühle und Befindlichkeiten auszudrücken. Ein Auftritt der Gruppe im Rahmen der Interkulturellen Woche war ein voller Erfolg: Brecht, Rilke, Borchert wurden ergänzt durch selbst geschaffene Texte, die die sehr unterschiedlichen Migrationsgründe der Teilnehmer und Teilnehmerinnen und ihre Ankunft in Deutschland beschrieben.

Angebote dieser Art führt das Mehrgenerationenhaus in Kooperation mit der Integrationsagentur des Caritas-Verbandes durch, die dann für die Fachlichkeit im Sinne der interkulturellen Öffnung sorgt.

Abschlussgedanken

Auf die Mehrgenerationenhäuser kommen wichtige Aufgaben und Funktionen zu. Im Zusammenspiel mit den verschieden sozialen Akteuren vor Ort, den haupt- und ehrenamtlichen MitarbeiterInnen, aber auch den „interessierten BürgerInnen von nebenan" – haben sie eine gute Ausgangsposition. Wichtig ist, die Vielfalt der Menschen zu sehen, zu erkennen und Begegnungen auf Augenhöhe zu ermöglichen. Es soll keine Kultur der Anpassung, sondern eine Kultur der Mitgestaltung Leitgedanke sein, gemäß dem Leitspruch: „Gemeinsam macht das Leben Freude und Sinn!"

Ausblick:
Weniger und mehr zugleich – Familie und Generationen 2030

Konrad Hummel, Andreas Lange

Ein Blick in die soziologische Kristallkugel ist riskant und reizvoll zugleich. Riskant, weil sich soziale Sachverhalte durch eine Vielfalt höchst komplexer Wechselwirkungen auszeichnen und selbst sozialstrukturelle Parameter nicht einfach mathematisch-statistisch aus Trendverläufen abgeleitet werden können. Reizvoll, weil der Mensch als Gattungswesen sich zumindest in Nicht-Notzeiten dadurch auszeichnet, dass er sich von der Gegenwartsorientierung lösen kann und in unterschiedlicher Skalierung (nächste Woche, in hundert Jahren) auf das schaut, was da kommen mag – und damit dann Einblick gibt in vielfältigste Stimmungslagen einer bestimmten Population.

Diese Kombination von Riskanz und Reiz gilt umso mehr für einen Gegenstand, über den jeder und jede ohnehin Bescheid zu wissen scheint. So gehören die Redeweisen von der „Pluralisierung der Lebensformen" und „die Demographie" mittlerweile zum Standard des argumentativen Festredenrepertoires von Bürgermeistern. Das Spekulieren über die durch die Reproduktionsmedizin möglich werdenden Variationen der Elternschaft sind das Metier des anspruchsvollen Journalismus oder gehobener Science Fiction. Was und wie lässt sich nun aber über die Zukünfte der Familien, Mehrgenerationenbeziehungen, der Mehrgenerationenhäuser und der sie umgebenden sozialen Ökologien spekulieren, ohne weder einfach Trends zu extrapolieren noch biomedizinische Innovationen über zu bewerten? Wir versuchen uns dieser Aufgabe im Folgenden zu stellen, indem wir erstens nicht nur strukturelle, sondern auch sinnbezogene Aspekte im Hinblick auf ihre zukünftige Bedeutung untersuchen und zusätzlich weitere Akteure, die auf Familie einwirken, spekulativ miteinbeziehen. Zudem orientieren wir uns an den gesellschaftlichen Aufgaben, die konkret für Familien relevant sein werden. Schließlich soll es auch um den notwendigen Beitrag von Familienmitgliedern für eine neue Form von Gesellschaft und Gemeinschaft gehen, die neben dem Wirtschaftswachstum, andere qualitativ bestimmte Ziele für sich entdeckt haben könnte. Mit anderen Worten wird darüber zu spekulieren sein, welche Rolle Familien und Generationenbeziehungen für Konzeptionen und Realisationen eines gelingenden guten Lebens, für einen Aufbruch in eine neue Gesellschaft (Plöger 2011) spielen können.

Familie 2030: Sinnstiftungsinstanz ohne Dramatik und Rhetorik

Nachdem die Auseinandersetzungen um die richtige Form des Zusammenlebens in den 60er Jahren noch den Stoff lieferten, der Vertreter unterschiedlicher Weltanschauungslager unerbittlich miteinander streiten ließ, setzte in den 2010er Jahren eine nüchterne Normalisierung der Bewertung der Formen des Zusammenlebens ein. Den Kern des Familienlebens machten demnach Kinder sowie sorgende Beziehungen zwischen den Generationen und den Geschlechtern aus. Die Ehe büßte an normativer Strahl- und Bannkraft ein und es wurde zusehends als richtig und notwendig zugleich gesehen, dass die familialen wie außerfamilialen Aufgaben gleichmäßiger und gerechter verteilt werden sollten. Die sexuellen Orientierungen der Eltern, homo- oder heterosexuell verloren an Aufregungswert, selbst Kinderlose sahen sich kaum mehr dem Vorwurf des Sozialschmarotzertums ausgesetzt. Aber es existierten auch hartnäckig Rudimente einer klassisch-bürgerlichen Familienauffassung, die im krassen Gegensatz zu den Realitäten des Lebens im Jahr 2013 standen: So votierten noch viele Männer und Frauen für eine „gute Mutter", die ihre Selbstverwirklichung tunlichst auf den Vormittag beschränken sollte, und die dann am Nachmittag vor allem für ihre Kinder da sein soll. Gleichzeitig aber nahm die Selbstverständlichkeit zu, mit der gefordert wurde, dass sich die Mütter auch in der Erwerbsarbeit zu bewähren und Anerkennung zu holen haben. 2030 sind die angesprochenen Normalisierungen und Entdramatisierungen ehemaliger familienrhetorischer Scharmützel weiter vorangeschritten. Es kann zwar nicht von einem „anything goes" in der Vorstellung eines guten und gelingenden Familienlebens gesprochen werden, aber immerhin von einer großen Gestaltungsoffenheit- und neugier. Familie wird sehr pragmatisch als eine wichtige Institution der Erfüllung individueller Bedürfnisse nach Glück und Selbstverwirklichung angesehen, ohne dabei als einzige diesbezügliche soziale Einrichtung zu gelten.

Familie 2030: Unspektakuläre Vielfalt der Formen und die Renaissance nebenfamilialer Beziehungen

Die demografischen Prognosen haben sich weitgehend bewahrheitet, Deutschland ist „kleiner" und die Familien sind noch stärker „bohnenstangenförmig" geworden. Dies ist den Menschen sehr bewusst und sie sind dabei, schon im jungen Erwachsenenalter aktiv mit diesen Herausforderungen umzugehen, was unter anderem zur Aufwertung des Konzeptes der Freundschaft (Schobin 2013) geführt hat. Diese soziale Erfindung des Bürgertums kommt zu neuen Ehren und auch das starke Geschlecht kümmert sich mittlerweile um tragfähige soziale Konvois jenseits der Kernfamilie. Die Unterschiede zwischen dem östlichen und westlichen Teil Deutschlands sind den Voraussagen von Schneider/Naderi/Ruppenthal (2012) folgend zum Teil verschwunden wie z.B. das Alter der Mütter bei der Geburt ihrer Kinder, zum Teil haben sie sich weiter verstetigt wie z.B. die größere Variabilität der Lebensformen. Dies spricht für eine Hybridisierung als theoretischer Figur für eine Auseinandersetzung mit Modernisierungen von Familie und Generationen: übergreifende Prozesse der späten Moderne und damit der Gesellschaft des langen Lebens treffen auf je differente kulturelle, strukturelle und ökonomische Bedingungen. Für diese Hybridisierung kann auch folgender Fakt stark gemacht werden: Gleichzeitig sind durch die Innovationen im Ausländer- und Asylrecht die Familien „bunter" geworden. Die „Weltfamilien" (Beck/Beck 2011) tragen dabei nicht nur in den Binnengefügen von Familie selbst zu größerer Kulturvielfalt- und vermischung bei, sondern sie beliefern alle an Familie anschließenden Institutionen und Einrichtungen mit belebenden Varianzen an Lebensstilen, Ritualen und Wissensbeständen. Dass dies auch mit erheblichen Irritationen und vielen mühsamen Aushandlungsprozessen einhergeht, liegt auf der Hand und gilt sowohl für die Institutionen der Bildung und der Jugendhilfe gleichermaßen. Auch die Einrichtungen für ältere Menschen arbeiten sich an dieser Herausforderung ab. Gemeinwesenarbeit, Familienbildung- und beratung sind so zu hochgradig interkulturell, generationell und milieuspezifisch pluralisierten Unternehmungen geworden.

Die durchgreifende Hochschulreform aus dem Jahr 2020 hat zugleich dazu beigetragen, dass das durchschnittliche Alter bei der Geburt wieder gesunken ist, woraus sich neue Lebenslaufmuster ergeben haben. Die Planung und Geburt von Kindern wird stärker über den

Biographieverlauf hinweg „gestreut“, was auch bedeutet, dass die Erwerbsbiographien vielfältiger geworden sind; Frühstarterinnen und Frühstarter, Spätstarterinnen und Spätstarter, Wiedereinsteiger und Wiederinsteigerinnen prägen das Mosaik der unterschiedlichen zeitlichen Ausgestaltungen der Balancen von Erwerbsintegration und Familienintegration.

Die Familie ist insgesamt „erwachsener“ geworden: Die Geburtenziffer ist trotz eines ansehnlichen familienpolitischen Bouquets nicht signifikant gestiegen und die Beziehungen zwischen erwachsenen Familienmitgliedern haben weiter an Relevanz gewonnen. Zusehends werden diese ergänzt um andere Formen der Beziehungsgestaltung. Im gleichen Atemzug hat die Generationszugehörigkeit an Bedeutung für die alltägliche Lebensführung und die Lebensstile gewonnen. Die Männer und Frauen, Mütter und Väter, werden in noch stärker fluktuierenden temporären Vergemeinschaftungsformen aufzufinden sein, ohne dass sich Familie als materielle „homebases“ der alltäglichen Logistik auflöst.

Familie 2030: Ernstgenommener und unterstützter Wohlfahrtsproduzent

Der siebte und achte Familienbericht hatte in den 2010er-Jahren dafür plädiert, die penetrant wertbezogenen, moralisierenden Aussagen über Familien zu überwinden zugunsten eines auf die tatsächlichen Praktiken und daraus resultierenden Leistungen zentrierten Blicks. Familien wurden so mehr und mehr als vielfältig in die Wohlfahrtsproduktion eingewobene Gebilde verstanden, die es aufgrund dieser Leistungen zu unterstützen galt. Unterstrichen wurde damit das komplexe Geflecht aus Qualifikationen, notwendigen Ressourcen und den jeweiligen Eigensinnigkeiten der familialen Lebensformen, die im günstigen Fall für das breite Spektrum an familialen Outcomes wie dem „Humanvermögen“ sorgen.

Gegenüber dieser Ausgangslage hat sich heute im Jahre 2030 das Volumen und die Struktur dieser Leistungen sowie die Art und Weise der Leistungserbringung entscheidend verändert. Zum einen ist das durchschnittliche Bildungsniveau der Eltern weiter gestiegen, was der Wohlfahrtsproduktion ohne Zweifel zugutekommt. Zum anderen hat die breitflächige Akzeptanz haushaltsnaher Dienstleistungen sowie die flächendeckende Institutionalisierung und Verstetigung der Mehrgenerationenhäuser die familiale Leistungsproduktion in den Bereichen der Hauswirtschaft und Haushaltsführung entlastet, womit eine Konzentration auf andere sinn- und kulturstiftende Tätigkeiten einhergehen konnte. Zu dieser Spezialisierung von Familien auf Sozialisation und emotionale Unterstützung gerade nicht nur der Kinder, sondern auch der älteren Familienmitglieder hat ferner die Einführung der im 7. Familienbericht vorgeschlagenen „Optionszeiten“ beigetragen. Sie ist rechtlich und finanziell so implementiert worden, dass sie für Männer und Frauen gleichermaßen attraktiv wie sozial akzeptabel geworden ist. Diese gestiegene Akzeptanz von familienpolitischen und lebenslaufpolitischen Maßnahmen (Klammer 2012) ist das Resultat der Einführung von verpflichtenden Bildungsmaßnahmen für Personalverantwortliche auf allen Ebenen der Betriebe und Verwaltungen. Damit hat es sich erwiesen, dass sowohl die vielbeschworene Zivilgesellschaft als auch die in den 2010er-Jahren systematisch diffamierte staatliche und professionalisierte Unterstützung notwendig ist, um „Care“ und andere Leistungen systematisch produzieren und gewährleisten zu können. Die 2010 sich andeutende Reproduktionskrise der deutschen Gesellschaft (Jürgens 2010) konnte so entschärft werden.

Familie 2030: neue und alte Leistungen im Verbund

Sprach man in der Familienforschung noch in den 1960er Jahren von der Auslagerung von Funktionen, so ist man sich mittlerweile einig darüber, dass es um das jeweilige Spektrum an Leistungen geht, die Familien in Relation zu den anderen Wohlfahrtsproduzenten ergänzend oder ohne Konkurrenzgenuin erbringen. Die primäre Sozialisationsleistung wird weiterhin von den Familien übernommen, wenn auch mit deutlich stärkerer Unterstützung durch öffentliche Akteure. Hier hat der fachinterne Diskurs in den Sozialwissenschaften solche Formate entwickelt, die es erlauben, Familien aller Milieus und Schichten zu unterstützen, ohne sie zu „kolonialisieren" oder interventionistisch zu bevormunden.

Die Leistung der unbedingten, ohne an die Erfüllung von bestimmtenKriterien geknüpfte Anerkennung der gesamten Person (Luhmann 1988) verbleibt zwar ebenfalls primär in der Familie, aber der oben skizzierte Bedeutungszugewinn von Freundschaften im mittleren und späten Erwachsenenleben für Frauen und Männer bietet Analoges und entlastet damit auch die Familie vor einer emotionalen Überfrachtung. Familie entgrenzt sich dadurch ein Stück, was komplexe Aushandlungsprozesse und auch neue rechtliche Regulierungen bedingt. Die neue interne Vielfalt familialer Beziehungen forciert dabei die schon immer virulenten Tendenzen hin zu einer Ambiguität und zu Ambivalenzen in den familialen und parafamilialen Beziehungen, was neue personale Kompetenzen erfordert (Lüscher 2013).

Familie 2030: Eine neue Balance zwischen privatem Eigensinn und öffentlicher Fürsorge

Die skandalisierten Fälle von Kindeswohlgefährdung sowie die PISA-Ergebnisse hatten seit 2001 zu einer intensiven Debatte um die Notwendigkeit und Legitimation einer stärkeren staatlichen Einflussnahme und Kontrolle des Privaten geführt. Professionelle und Laien haben seitdem neue Maßstäbe und Regularien entwickelt, die auf der Basis einer speziellen Förderung der Lebenskompetenzen in der Schule und in der Jugendhilfe sowie in der Familienbildung eine Neuformatierung des Verhältnisses Privatheit und Öffentlichkeit geschaffen haben: Kern dieses neuformatierten Verhältnisses ist dabei eine Umwertung der öffentlichen Sphäre dergestalt, dass diese als Ressource und Unterstützer des Privatbereichs verstanden wird und nicht mehr als primär ordnungsstaatliches Gebilde. Hilfreich hierfür war die Integration von Sozialwissenschaftlern und Sozialarbeitern in die Neugestaltung des Verwaltungs- und Leistungsapparates des Staates auf allen Ebenen im Jahr 2025. Nicht zuletzt das Obligatwerden der Mehrgenerationenhäuser hat diese neue Balance gefördert. Diese sind mittlerweile in vielen Kommunen in vielfältigste Arbeitsbündnisse mit Bildungseinrichtungen undJugend- sowie Altenhilfe integriert. Heftig diskutiert wird heute hingegen das Verhältnis professioneller Angebote der Familienunterstützung und der als notwendig angesehenen „Eigenleistung" der Familie. Manche Beobachter befürchten eine neue Kolonialisierung des Familienlebens, stärker noch in den mittleren Lebensphasen als in den frühen Lebensphasen. Die Konzeption einer „öffentlichen Familie", die professionalisiert auf hohem Niveau Kinder und Jugendlich über weite Strecken des Tages betreut und bildet, hat sich zwar durchgesetzt, sie ist und bleibt aber hoch umstritten (Pfau-Effinger 2009).

Festzuhalten bleibt indes: Durch die Entlastung von Familien in den zur Norm gewordenen KITAS, Ganztagsschulen auf der einen Seite des Lebenslaufs und die vielgestaltigen kommunalen Angebote zur Unterstützung bei der Betreuung und Pflege der älteren Angehörigen kommen die eigensinnigen „Familienkulturen“ zu neuer Blüte. Auch die Neuordnung der Besoldungsstruktur für Pflege- und Erziehungsberufe sowie deren umfassende Akademisierung im Jahr 2024, die deren Wert (Raehlmann 2013) endlich umfassend gewürdigt haben und die unwürdigen Belastungen in diesen Feldern (Hielscher u.a. 2013) aufgelöst haben, hat dies wesentlich befördert. Die in den 2010er Dekaden sich andeutenden Polarisierungen und Abschottungen zwischen den Milieus (Koppetsch 2013) in den frühen wie späten Familienphasen konnten so auf der Ebene der Benachteiligung zumindest abgepuffert werden.

Familie 2030: Mobilisiert und mediatisiert

Telemetrie und andere Formen der Kommunikationstechnologien prägen mittlerweile das Familienleben als „Doing Family“ und die Videokonferenzen sind selbstverständlicher Bestandteil der Verknüpfungsaktivitäten multilokaler Mehrgenerationenfamilien (Theunert/ Lange 2012). Ältere pflegebedürftige Familienmitglieder werden schonend und unaufdringlich hinsichtlich ihrer physiologischen Basisparameter bewacht; Nachbarn und Familienmitglieder können mit ihren smart phones im Bedarfsfall Hilfeketten aktivieren. Auch die Haushaltstechnologie hat sich beträchtlich weiterentwickelt und sorgt dafür, dass die Familienzeit für selbst gewählte Aktivitäten genutzt werden kann. Die Dokumentation der Familienbiographien in Form multimedialer Arrangements nimmt darin einen zentralen Stellenwert ein, was nicht nur zu intensiven Aushandlungen von Familien- und Generationenbeziehungen beiträgt (Hartung 2012), sondern wiederum der Familienforschung ungeahnte neue Analysemöglichkeiten verschafft. Elektromobilität und Care-Sharing sowie der gezielte Ausbau des Öffentlichen Nahverkehrs ermöglichen es mittlerweile allen Familiengenerationen ohne großen Aufwand ihre persönlichen Mobilitätsbedürfnisse zu befriedigen.

Familie 2030: Gleichbleibend intensiver und zum Teil noch belasteter Austausch mit der Arbeitswelt

Der starke Ausbau von Informations- und Kommunikationstechnologie und die massive Durchdringung des Familienlebens mit Technologie ist im Jahr 2030 dabei einerseits ein wachstumsintensiver und lukrativer Markt, andererseits aber auch aufgrund der immer noch sehr intensiven Einbindung der erwachsenen Familienmitglieder in die Erwerbswelt schlichte Notwendigkeit. Den dramatischen Entwicklungen seit dem Jahr 2000 in Begriffen von Stress, Belastung und „Burnout“ und erschöpfter Familien (Jurczyk u.a. 2009) wurde zwar durch eine Reihe von strategischen Marketingmaßnahmen und Ansätzen familienpolitischer Regulierung zu entgegnen versucht. Aber der sich noch verschärfende internationale Wettbewerb und die notwendige Intensivierung der Forschungs- und Entwicklungsanstrengungen sowie der sie begleitenden Dienstleistungen, der immer noch starke Zwang zur Mobilität im Tages- und Wochenrhythmus haben den Status von Erwerbsarbeit im Jahr 2030 sogar noch aufgewertet. Anspruchsvolle und wissensintensive Arbeit in vielen Segmenten bedeutet für Familie, dass sie ihre Regenerationsleistungen aufwerten können und müssen, was einerseits durch vermehrte Anstrengungen diesbezüglicher Familienbildungsmaßnahmen unterstützt wird und andererseits auch zu einem neuen Faktor der Ungleichheit zwischen den Familien geworden ist: Wem gelingt es, eine Ausgleichszone für die anspruchsvolle Indienstnahme zu schaffen, wem nicht? Wer schafft es, Selbstsorge trotz entgrenzter Erwerbs- und Lebensverhältnisse (Flick 2013) zu etablieren? Daneben führt die lebenszeitlich nach hinten geschobene Verrentungsgrenze (73 Jahre) und das stete Neuentstehen von Berufsbildern zu einer neuen Aufgabe für Familie im Verbund mit der Erwachsenenbildung: Der alters- und interessenadäquaten Berufsgestaltung.

Auf der Basis der wissensintensiven Beschäftigung eines immer größeren Segments der Bevölkerung setzen sich gleichzeitig immer mehr Initiativen zur Infragestellung der bloßen ökonomischen Wachstumsdynamik durch und die Kinder und Jugendlichen dieser Generation 2030 nehmen innerhalb ihrer Familien dazu komplementär und verstärkend eine treibende Rolle ein, um Aspekte der Ressourcenschonung, der intelligenten Umgestaltung des Verkehrs und der Produktion von Nahrungsmitteln sowie der Qualitätssteigerung eines breiten Portfolios sozialer Dienstleistungen zum Kern der gesellschaftlichen Anstrengungen für ein gutes Leben zu befördern.

Familie 2030: Noch mehr „doing", noch weniger Selbstverständlichkeiten

Das familiale Leben im Jahr 2030 wird also ganz anders sein: Weder wird das bürgerliche Ideal technologisch aufgepeppt und revitalisiert, noch verschwindet Familie angesichts demografischer Entwicklungen und staatlicher Kontrollen. Vielmehr wird Familie sich als soziale Gruppe diversifizieren und entgrenzen, neue Verbünde mit öffentlichen Akteuren erfinden. Zudem wird, wie schon in den 2010er Jahren deutlich zu sehen war, wenigerWeltanschauliches als vielmehr Pragmatisches das Familienleben der „zerstreuten" Familienverbände prägen. Familienleben wird aber auch noch weniger selbstverständlich sein und von Entscheidungen und Kompetenzen der sich zu ihr zählenden Individuen abhängen. Da sich die sozialen Ökologien um Familie herum ebenfalls weiter ausdifferenzieren und zugleich für Familie wichtig bleiben werden, gehört ein gekonntes „Schnittstellenmanagement" zu den Basisanforderungen erfolgreichen Familienlebens 2030.

Literatur

Beck, U./Beck-Gernsheim, E. (2011): Fernliebe. Frankfurt am Main.

Burkart, G. (2013): Konsequenzen gesellschaftlicher Entwicklungstrends für Familie und private Lebensformen der Zukunft. In: Krüger, D.C./Herma, A./Scheierbaum, A. (Hrsg): Familie(n) heute. Entwicklungen, Kontroversen, Prognosen. Weinheim, S. 392-411.

Flick, S. (2013): Leben durcharbeiten. Selbstsorge in entgrenzten Arbeitsverhältnissen. Frankfurt/New York.

Hartung, A. (2012): Alter(n) als Gegenstand medienbezogener Forschung und Praxis in Deutschland. Medien & Altern, 1(1), S. 6-21.

Hielscher, V./Nock, L./Kirchen-Peters, S./Blass, K. (2013): Zwischen Kosten, Zeit und Anspruch. Das alltägliche Dilemma sozialer Dienstleistungsarbeit. Wiesbaden.

Jürgens, K. (2010): Deutschland in der Reproduktionskrise. Leviathan, 38(4), S. 559-587.

Jurczyk, K./Schier, M./Szymenderski, M./Lange, A./Voß, G.-G. (2009): Entgrenzte Arbeit – entgrenzte Familien. Grenzmanagement im Alltag als neue Herausforderung. Berlin.

Klammer, U. (2012): Die Lebenslaufperspektive als Referenzrahmen und Gestaltungsaufgabe – Herausforderungen an Politik und Betriebe. In Bertram, H./Bujard, M. (Hrsg.): Zeit, Geld, Infrastruktur – zur Zukunft der Familienpolitik. Baden-Baden, S. 45-66.

Koppetsch, C. (2013): Die Wiederkehr der Konformität. Streifzüge durch die gefährdete Mitte. Frankfurt am Main.

Lüscher, K. (2013): Das Ambivalente erkunden. Familiendynamik, 38(3), S. 238-247.

Luhmann, N. (1988): Sozialsystem Familie. System Familie, 1(1), S. 75-91.

Pfau-Effinger, B. (2009): Entwicklungspfade und Zukunft der Kinderbetreuung. In: Burkart, G. (Hrsg.): Zukunft der Familie. Prognosen und Szenarien. Zeitschrift für Familienforschung, Sonderheft 6. Opladen, S. 237-254.

Plöger, P. (2011): Einfach ein gutes Leben. Aufbruch in eine neue Gesellschaft. München.

Raehlmann, I. (2013): Dienst am Menschen – unter Wert? Entgelt für personenbezogene Dienstleistungen. Wiesbaden.

Schneider, N. F./Naderi, R./Ruppenthal, S. (2012): Familie in Deutschland nach dem gesellschaftlichen Umbruch. Sind Ost-West-Differenzierungen in der Familienforschung zwanzig Jahre nach der Wiedervereinigung noch sinnvoll? In Huinink, J./Kreyenfeld, M./Trappe, H. (Hrsg.), Familie und Partnerschaft in Ost- und Westdeutschland. Ähnlich und doch immer noch anders. Sonderheft Zeitschrift für Familienforschung 9. Opladen, S 29-53.

Schobin, J. (2013): Wie weit trägt die Freundschaft. Psychologie heute, 40(6), S. 8-9.

Theunert, H./Lange, A. (2012): „Doing Family“ im Zeitalter von Mediatisierung und Pluralisierung. merz, 56(2), 10-20.

Autorinnen und Autoren

Albrecht-Bindseil, Nicolas (Dr.) ist Mitbegründer der Diakonischen Hausgemeinschaftene.V. und Leitung des Mehrgenerationenhauses Heidelberg und gründete als „Social-Entrepreuneur“ 2010 die interdiszilinäre Beratungsgesellschaft Innovation in Heidelbergund Essen.
Kontakt: albrecht-bindseil@innovation-beratung.de

Binne, Heike (Dipl. Soz. Päd.) ist Leiterin des Mehrgenerationenhauses „Haus der Zukunft“ und als Quartiermanagerin in Bremen tätig. Seit 1998 unterrichtet sie nebenberuflich als Lehrbeauftragte an der Hochschule Bremen, Fakultät Gesellschaftswissenschaften im Bereich Gemeinwesenarbeit. Sie ist zweite Vorsitzende der Bundesarbeitsgemeinschaft (BAG) Soziale Stadtentwicklung und Gemeinwesenarbeit.
Kontakt: projektbuero-luessum@afsdnord.bremen.de, www.hdzbremen.com

Bronke, Karl (Dr.) ist als Senatsdirektor bei der Senatorin für Soziales, Kinder, Jugend und Frauen der Freien Hansestadt Bremen tätig und leitet dort die Abteilung Soziales. Ehrenamtlich tätig ist er in der stadtteilbezogenen Kinder- und Jugendarbeit.
Kontakt: bronke@soziales.bremen.de

Draeger, Inga hat als Kommunikationswissenschaftlerin die Presse-und Öffentlichkeitsarbeit des Aktionsprogramms Mehrgenerationenhäuser als PR-Beraterin bei der Agentur Scholz & Friends Agenda über Jahre begleitet. Mittlerweile verantwortet sie die Unternehmenskommunikation der Agenturgruppe DDB Tribal Group.
Kontakt: inga.draeger@ddb-tribal.com

Dummann, Jörn (Prof. Dr. Dipl.-Päd. Dipl.-Theol. Gem.-Päd.) ist seit 2009 Professor für Handlungskompetenzen in der Sozialen Arbeit an der Fachhochschule Münster u.a. mit den Schwerpunkten Theorien der Sozialen Arbeit sowie Intergenerative Arbeit.
Kontakt: dummann@fh-muenster.de

Flügge, Erik ist als Politologe und Germanist Experte für politische Kommunikation und Geschäftsführer der Squirrel & Nuts Gesellschaft für strategische Beratung mbH in Köln.
Kontakt: info@squirrelandnuts.de

Fooken, Insa (Prof.) ist seit 1992 Professorin für Psychologie mit einem Schwerpunkt der Entwicklungspsychologie der Lebensspanne an der Universität Siegen. Sie war u.a. Mitglied der Ersten Altenberichtskommission der Bundesregierung und des Wissenschaftlichen Beirats für Frauenpolitik.
Kontakt: fooken@psychologie.uni-siegen.de

Franz, Julia (Dr. phil.) ist wissenschaftliche Mitarbeiterin am Lehrstuhl für Allgemeine Erziehungswissenschaft I der Friedrich-Alexander Universität Erlangen-Nürnberg. Ihre Arbeitsschwerpunkte sind Intergenerationelles Lernen sowie Lehren und Lernen in der Erwachsenenbildung.
Kontakt: julia.franz@ewf.uni-erlangen.de

Genther, Sabine/Schooß, Hildegard sind seit über 30 Jahren im Mütterzentrum Salzgitter tätig und Frau Genther hat seit 2004 die Gesamtleitung des Hauses und ist Koordinatorin des Mehrgenerationenhauses im Aktionsprogramm. Frau Schooß gründetet das Mütter-

zentrum Salzgitter und leitete es bis zum Jahr 2004 und ist heute freiberuflich als Beraterin, Coach und Trainerin von Initiativen, Trägern, Behörden und Politik zu Fragen von generationenübergreifenden Konzepten tätig.
Kontakt: mz-salzgitter@sos-kinderdorf.de
www.muetterzentrum.de, www.sos-kinderdorf.de

Gerzer-Sass, Annemarie war über 25 Jahre am Deutschen Jugendinstitut als Familienforscherin tätig und hat für zwei Familienberichte der Bunderegierung die Geschäftsführung übernommen. Die Schwerpunkte ihrer Forschungsarbeit waren zur besseren Vereinbarkeit von Familie und Beruf, zur Stärkung der Eigenressourcen von Familien, zur Entwicklung von Instrumenten zur Erfassung von Kompetenzen aus informellen Lernorten wie z.B. aus Familienarbeit und Freiwilliges Engagement. Sie wurdebeurlaubt für die Leitung der Serviceagentur Mehrgenerationenhäuser im pme Familienservice.
Kontakt: annemarie.gerzer@mehrgenerationenhaeuser.de

Gess, Christopher ist wiss. Mitarbeiter an der Humboldt-Universität zu Berlin im Bereich Evaluation und Bildungsforschung mit den Schwerpunkten Kompetenzmessung und Hochschuldidaktik. Zwischen 2009 und 2011 leitete er bei Ramboll Management als Projektmanager die Evaluation des Aktionsprogramms Mehrgenerationenhäuser.
Kontakt: gess@hu-berlin.de

Herwartz-Emden, Leonie (Prof. Dr.) ist geschäftsführende Direktorin des Zentralinstituts für didaktische Forschung und Lehre der Universität Augsburg und Mitbegründerin und Sprecherin des Promotionskollegs „Heteregenität und Bildungserfolg".
Kontakt: leonie.herwartz-emden@phil.uni-augsburg.de

Hummel,Konrad (Dr.) war langjähriger Mitarbeiter im Sozialministerium in Baden Württemberg und maßgeblich für die Bürgerbeteiligung zuständig, war längere Zeit Sozialdezerdent der Stadt Augsburg und ist gegenwärtig Beauftragter des Oberbürgermeisters der Stadt Mannheim für die Konversion.
Kontakt: konrad.hummel@mannheim.de

Keupp, Heiner (Prof. Dr.) war Professor für Sozial-und Gemeindepsychologie an der LMU München und Leiter der Sachverständigenkommission des 13. Kinder-und Jugendberichts und arbeitet weiterhin aktiv in Verbänden wie der Deutschen Gesellschaft für Soziale Pychiatrie,der Deutschen Gesellschaft für Verhaltenstherapie und der Gesellschaft für gemeindespsychologische Forschung und Praxis.
Kontakt: keupp@psy.uni-muenchen.de

Klimsa, Anja (Prof. Dr.) ist Professorin an der Hochschule Ravensburg-Weingarten, Fakultät Soziale Arbeit, Gesundheit und Pflege. Ihre Arbeitsschwerpunkte sind Beratung, Mediation, Medien und Kommunikation.
Kontakt: anja.klimsa@hs-weingarten.de

Kruse, Andreas (Prof. Dr. Dr. h.c.) ist Professor für Gerontologie und Direktor des Instituts für Gerontologie der Universität Heidelberg und seit 2003 Vorsitzender der Altenberichtskommissionen der Bundesregierung. Auch war er Mitglied der vom Generalsekretär der Vereinten Nationen berufenen Expertenkommission zur Erstellung des Weltaltenplans der Vereinten Nationen.
Kontakt: andreas.kruse@gero.uni-heidelberg.de

Lange, Andreas (Prof. Dr.) ist Professor an der Hochschule Ravensburg-Weingarten, Fakultät Soziale Arbeit, Gesundheit und Pflege. Arbeitsschwerpunkte: Soziologie der Familie und Kindheit.
Kontakt: andreas.lange@hs-weingarten.de

Lüscher, Kurt (Prof. Dr. rer. pol.) war bis zu seiner Emeritierung im Jahr2000 Professor für Soziologie an der Universität Konstanz. Generationenbeziehungen und Generationenpolitik sind nach wie vor Schwerpunkte seiner Arbeit.
Kontakt: kurt.luescher@uni-konstanz.de
Informationen zu den laufenden Projekten sowie Texten zum Herunterladen finden sich unter: www.kurtluescher.de

Neuß, Irmgard (Dipl. Soz. Päd. Fundraiserin FA) ist seit 1991 Leiterin der Kath. Familienbildungsstätte Dülmen/Westfalen,seit 2008 verantwortlich im Mehrgenerationenhaus Dülmen und seit 2009 Mitglied im Expertennetzwerk der Mehrgenerationenhäuser auf Bundesebene.
Kontakt: irmgardneuß@bistum-muenster.de,
www.fbs-duelmen.de, www.igz-duelmen.de

Oelschlägel, Dieter (Prof. Dr.) war Hochschullehrer an der Universität Duisburg-Essen mitden Arbeitsschwerpunkten Gemeinwesenarbeit, kommunale Sozialpolitik und Sozialgeschichte. Er engagiert sich in der Gesellschaft für soziale Arbeit in der Sektion Gemeinwesenarbeit.
Kontakt: doe39@hotmail.de

Röhrle, Bernd (Prof. Dr.) lehrt am Fachbereich04 der Philipps-Universität Marburg im Bereich Klinischer Psychologie und Psychotherapie, approbierter Psychotherapeut, Supervisor, Sprecher des German Network for Mental Health sowieMitglied der European Federation of Psychological Association (EFPA).
Kontakt: roehrle@staff.uni-marburg.de

Roß, Paul-Stefan (Prof. Dr.) ist Leiter des Studiengangs „Soziale Dienste in der Jugend-Familien-und Sozialhilfe“ an der Dualen Hochschule Baden Württemberg in Stuttgart und ist wissenschaftlicher Leiter des Masterstudiengangs „Governance Soziale Arbeit“ und leitet das Institut für angewandte Sozialwissenschaften (IfasS).
Kontakt: ross@dhbw-stuttgart.de

Scheunpflug, Annette (Prof. Dr. phil.) ist Professorin für Allgemeine Erziehungswissenschaften an der Friedrich-Alexander Universität Erlangen-Nürnberg. Ihre Arbeitsschwerpunkte liegen im Bereich der systematischen Fragen Allgemeiner Erziehungswissenschaft und der Pädagogischen Anthropologie sowie International und Interkulturell Vergleichender Erziehungswissenschaft mit dem Schwerpunkt Weltbürgerliche Erziehung/Globales Lernen.
Kontakt: annette.scheunpflug@ewf.uni-erlangen.de

Seitz, Cornelia (Dr.) ist Leiterin der Forschungsstelle des Bildungswerkes der Hessischen Wirtschaft e.V.
Kontakt: seitz.cornelia@bwhw.de

Seckinger, Mike (Dr.) ist seit 1992 wissenschaftlicher Referent am Deutschen Jugendinstitut in der Abteilung Jugend und Jugendhilfe. Seine Forschungsschwerpunkte sind Strukturen der Kinder- und Jugendhilfe, interinstitutionelle Kooperation, Gemeindepsychologie.
Kontakt: seckinger@dji.de

Strasser, Josef (Dr.) ist am Zentralinstitut für didaktische Forschung und Lehre der Universität Augsburg tätig. Er beschäftigt sich insbesondere mit Fragen des Kompetenzerwerbs vor dem Hintergrund zunehmender kultureller Heterogenität.
Kontakt: josef.strasser@zdfl.uni-augsburg.de

Teske, Irmgard (Prof. Dipl.-Psych.) ist Professorin an der Hochschule Ravensburg-Weingarten, Fakultät Soziale Arbeit, Gesundheit und Pflege.Arbeitsschwerpunkte: Arbeit mit Familien, Methoden der Sozialen Arbeit und Zusammenarbeit von Sozialarbeitenden mit bürgerschaftlich Engagierten. Gleichstellungsbeauftragte der HRW. Gemeindepsychologin.
Kontakt: teske@hs-weingarten.de

Thiessen, Barbara (Prof. Dr. phil. Dipl. Soz. Päd. und Supervisorin) ist Professorin für Gendersensible Soziale Arbeit an der Hochschule Landshut, Arbeitsschwerpunkte: Genderdynamiken in intersektioneller Perspektive, Familie und Familienpolitik im sozialen Wandel, Soziale Ungleichheitslagen und Migration, Leitbilder von Elternschaft, Professionalisierung in personenbezogenen Dienstleistungen.
Kontakt: thiessen@fh-landshut.de

Tries, Hilli (Dipl. Soz. Päd. BA) ist wissenschaftliche Mitarbeiterin am Institut für angewandte Sozialwissenschaften der Dualen Hochschule Baden-Württemberg Stuttgart.
Kontakt: hilli.tries@ifas-stuttgart.de

Wenzl, Udo (Dipl. Soz. Päd.) ist Referent für Jugendbeteiligung beim Landesjugendring Baden-Württemberg und als systemischer Kommunalberater für den Bereich der Kinder und Jugendbeteiligung zuständig, ebenso Lehrbeauftragter an der Hochschule für öffentliche Verwaltung in Kehl.
Kontakt: udowenzl@web.de

Mehrgenerationenhaus Köln Kalk

Angioni, Maristella ist Leiterin der Caritas-Integrationsagentur (FIM-IN)
Kontakt: Maristella.angioni@caritas-koeln.de

Schmitz, Peter ist Koordinator des Mehrgenerationenhaus/IZ Köln Kalk
Kontakt: peter.schmitz@caritas-koeln.de

Fachgruppen im Expertennetzwerk

„Kommunale Vernetzung"

Köppel, Annette leitet als Koordinatorin im Aktionsprogramm das Mehrgenerationenhaus Pattensen
Kontakt: annette.koeppel@mobile-pattensen.de

Laux, Andrea leitet als Koordinatorinim Aktionsprogramm das Mehrgenerationenhaus Stuttgart
Kontakt: andrea.laux@eltern-kind-zentrum.de

Wenzl, Kerstin leitet als Koordinatorin im Aktionsprogramm das Mehrgenerationenhaus Fürth
Kontakt: mgh.muetterenzentrum-füerth@nefkom.de

„Ländlicher Raum"

Reinboth, Holger/Weidner, Robert
Ostelbisches Mehrgenerationenhaus Arzberg, 04886 Arzberg
Kontakt: info@ostelbien.de
www.mehrgenerationenhaeuser.de/arzberg, www.ostelbien.de

Haas, Gudrun
Mehrgenerationenhaus Friedberg, 61169 Friedberg
Kontakt: gudrun.haas@fab-wetterau.de
www.mehrgenerationenhaeuser.de/friedberg, www.fab-wetterau.de

Seidler, Angelika
Mehrgenerationenhaus Groß-Zimmern, 64846 Groß-Zimmern
Kontakt: seidler@dw-darmstadt.de
www.mehrgenerationenhaeuser.de/gross-zimmern

Klähn, Jörgen
Mehrgenerationenhaus Haunetal-Wehrda, 36166 Haunetal-Wehrda
Kontakt: kontakt@kulturscheune.net
www.mehrgenerationenhaeuser.de/haunetal-wehrda, www.kulturscheune.net

Rückert, Wolfgang
Mehrgenerationenhaus Dorflinde Langenfeld, 91474 Langenfeld
Kontakt: dorflinde@langenfeld-mfr.de
www.mehrgenerationenhaeuser.de/langenfeld, www.dorflinde-langenfeld.de

Kompch-Maneshkarimi, Christiane
Mehrgenerationenhaus Oestrich-Winkel, 65375 Oestrich-Winkel
Kontakt: christiane.kompch-maneshkarimi@oestrich-winkel.de
www.mehrgenerationenhaeuser.de/oestrich-winkel, www.oestrich-winkel.de

„NachhaltigeFinanzierungsstrategien"

Burghardt, Christa leitet als Koordinatorin das Mehrgenerationenhaus Hagen
Kontakt: burghardt@kinderschutzbund-hagen.de

Düsberg, Maren leitet als Koordinatorin das Mehrgenerationenhaus Bernsdorf
Kontakt: duesberg@netzwerk-bernsdorf.de

Dworschak, Klaudia leitet als Koordinatorin das Mehrgenerationenhaus Stutensee
Kontakt: info@buergerwerkstatt-stutensee.de

Eichner, Henriette leitete als Koordinatorin das Mehrgenerationenhaus Nordenham
Kontakt: eichner@caritas-wesermarsch.de

Hofmann, Ralf leitet als Koordinator das Mehrgenerationenhaus Herford
Kontakt: hoffmann.ralf@drk-herford.de

Meyer-Klette, Monika (Dr.) leitet als Koordinatorin das Mehrgenerationenhaus Greifswald
Kontakt: monika.meyer-klette@pmmerscher-diakonieverein.de

Reißing, Marianne leitet als Koordinatorin das Mehrgenerationenhaus Freudenstadt
Kontakt: mail@familienzentrum.de